Paris

Pont-Neuf; S. Sauvignier/MICHELIN

DER GRÜNE REISEFÜHRER

PARIS BEGEGNEN

Bildagentur Huber / G. Simeone

LEBEN IN PARIS

PARIS FÜR GENIESSER

KUNST UND KULTUR

GESCHICHTE

PARIS ENTDECKEN

Sigfrid López / MICHELIN

DIE INNENSTADT

DIE UMGEBUNG

PRAKTISCHE HINWEISE

Anne Duquênoy / MICHELIN

WISSENSWERTES AUF EINEN BLICK

METROPLAN UND STADTTEILPLÄNE

GRUNDRISSE, SKIZZEN UND LAGEPLÄNE

MICHELIN-BEWERTUNG

	Unbedingt besichtigen	Nicht verpassen	Interessant
Sehenswürdigkeiten	★★★	★★	★

Symbole im Text

- Wegweiser
- Unbedingt sehenswert
- Mit Kindern
- Orte in der Nähe
- Wanderweg
- Fahrradausflug
- Verweis auf Öffnungszeiten und Eintrittspreise, S. 370 ff
- Behindertengerecht
- A2 B Lage auf dem Plan

Tipps und Adressen

Informationen zu den Preisklassen s. S. 400

- Untere Preisklasse
- Mittlere Preisklasse
- Obere Preisklasse
- Spitzenkategorie
- *9 Zi: 38/45 €* Anzahl der Zimmer: Preis für 1 Pers./für 2 Pers.
- *8 €* Preis des Frühstücks
- *50 €* Preis pro Übernachtung, Frühstück inklusive
- P Für Gäste reservierter Parkplatz
- Keine Kreditkarten

Karten und Pläne

KUNST- UND NATURDENKMÄLER

- Beschriebene Strecke, Ausgangspunkt d. Besichtigung
- Kirche: kath. – protestant.
- Synagoge
- Moschee
- Bildstock – Brunnen
- Befestigungsmauer – Turm, Tor
- Schloss, Burg – Ruine(n)
- Fabrik – Staudamm
- Aussichtspunkt
- Orientierungstafel
- Festung – Grotte, Höhle
- Steinbruch – Bergwerk

PRAKTISCHE INFORMATIONEN

- Informationsstelle
- Parkplatz – Park-and-Ride
- Straßenbahn – Metrostation
- Bahnhof – Busbahnhof
- Seilbahn, Kabinenbahn
- Standseilbahn, Zahnradbahn
- Museumseisenbahn, touristisch interessante Strecke
- Hauptpostamt – Markthalle
- Auto- und Personenfähre
- Personenfähre

VERKEHRSNETZ

- Autobahn – Schnellstraße
- Autobahnein-/ausfahrt
- Fußgängerzone
- (Zeitweise) gesperrte Straße
- Treppen
- Weg
- ③ Ausfallstraße
- B F Fähre
- Bewegliche Brücke

SPORT UND FREIZEIT

- Freibad – Hallenbad
- Stadion – Pferderennbahn
- Jachthafen
- Schutzhütte – Wanderweg
- Freizeiteinrichtungen
- Vergnügungspark
- Tierpark, Zoo
- Blumenpark, Arboretum
- Vogelpark – Vogelschutzgebiet

ABKÜRZUNGEN

A	Landwirtschaftskammer	P	Präfektur
C	Handelskammer	POL.	Polizei
H	Rathaus		Gendarmerie
J	Justizgebäude	T	Theater
M	Museum	U	Universität

CAFE

PARIS BEGEGNEN

Das legendäre Café de Flore in St-Germain ist weltberühmt.
laif/Le Figaro Magazine: Mylonas

Leben in Paris

Wie sieht das Leben im heutigen Paris aus? Wie erleben Touristen die Seine-Metropole? Hat sie sich verändert? Für viele bleibt Paris immer Paris. Die französische Hauptstadt entwickelt sich ständig weiter, strebt nach vorne, ist immer ihrer Zeit voraus. Dennoch bewahrt sie sich diesen einzigartigen, typisch pariserischen Charme voller Nonchalance und Temperament, der Einheimische wie Besucher in seinen Bann zieht.

Porträt der Stadt

Nehmen Sie einen Plan von Paris in die Hand (z.B. den Plan in der vorderen Umschlagklappe): Umgeben von einem viel befahrenen Umgehungsring und zwei „grünen Lungen" (Bois de Boulogne und Bois de Vincennes) hat die Stadt eine fast runde Form und eine massige Silhouette, die breiter (12 km von Ost nach West) als hoch (9 km von Nord nach Süd) ist und von der Seine durchschnitten wird. Sie besitzt im Vergleich zu anderen Hauptstädten eine kleine Grundfläche von nur 87 qkm – während Madrid eine Grundfläche von 607 qkm und Moskau eine von 879 qkm hat –, auf der sich eine große Einwohnerzahl konzentriert: In Paris wohnen 20 000 Menschen auf 1 qkm, während es in Marseille dagegen nur 3300 sind. Hier auf diesem kleinen Fleckchen Erde, auf dem zurzeit fast genau 2 181 371 Pariser leben, schlägt das Herz von Frankreich …

DER FLUSS UND DIE INSEL

Paris hat sich um eine Insel in der Seine, die Île de la Cité, entwickelt, die man auf dem Weg von der Loire nach Norden passieren musste. Die strategische Lage der Insel war, wie für die meisten Ansiedlungen der damaligen Zeit, ein entscheidender Faktor für die Auswahl des Standorts. Die Seine war nicht nur Verkehrs- und Handelsweg, sondern bildete für die Insel auch einen natürlichen Schutz gegen feindliche Überfälle.

Diesem Fluss hat Paris seinen Wappenspruch zu verdanken: „Fluctuat nec mergitur" („Sie ist den Fluten ausgesetzt, doch geht sie nicht unter"). Die Seine hat Paris aus der Taufe gehoben und durch ihren Verlauf durch die Hügel Buttes-Chaumont, Montmartre, Montparnasse, Montagne Ste-Geneviève, Butte-aux-Cailles die Geografie der Stadt bestimmt.

Die Seine hat Paris ein ausdrucksvolles Gesicht gegeben, und das aktuelle Logo der RATP (Régie Autonome des Transports Parisiens) hat dieses Bild vollständig übernommen: Der Lauf der Seine stellt den Umriss eines Gesichts im Profil dar, das von einem Kreis umgeben wird, der wiederum die Grenzen von Paris symbolisiert.

PARIS, EIN SCHNECKENHAUS

Aus Verwaltungssicht ähnelt Paris einem Schneckenhaus: Die Seine und das 1. Arrondissement in der Mitte sowie die sich darum herum anschließenden 2., 3., 4. und 5. Arrondissements bilden zusammen das historische (antike und mittelalterliche) Zentrum. Um dieses historische Zentrum winden sich schneckenförmig die nächstliegenden Arrondissements (6., 7., 8., 9., 10. und 11. Arrondissement), die zur Zeit des Ancien Régime die Vororte bildeten. Die Spirale endet schließlich mit dem 12., 13., 14., 15., 16., 17., 18., 19. und 20. Arrondissement.

Für weitere Einzelheiten s. das Kapitel „Städtebauliche Entwicklung" in „Geschichte", S. 52.

DIE STADTVIERTEL VON PARIS

Paris besteht aus 20 Arrondissements, von denen jedes seine eigene Verwaltung und seine besonderen Merkmale hat (*Kasten „Eine eigene Verwaltung"*). Jedes Arrondissement setzt sich aus vier Vierteln zusammen, deren Grenzen von ih-

Das historische Zentrum von Paris: die Seine und die Île de la Cité.

Jérôme Delahaye / Fotolia.com

ren Bewohnern festgelegt wurden, d.h., wenn Sie eine Straße überqueren, sind Sie nicht mehr unbedingt in demselben Viertel, aber noch im selben „Dorf".

Ein Viertel, eine Funktion

Will man Paris beschreiben, kann man die einzelnen Viertel aufgrund der für sie charakteristischen Tätigkeitsfelder unterscheiden. Dies ist eine historisch bedingte Vorgehensweise. Man unterscheidet z.B. von jeher das vom Handel und Geschäftsleben geprägte rechte Seineufer von der linken Seineseite, auf der mit zahlreichen Universitätsinstituten und Verlagen die Wissenschaft beheimatet ist. Der Sitz der Staatsgewalt, der sich ursprünglich auf der Île de la Cité befand, wurde zu gleichen Teilen auf die rechte Seineseite (Faubourg St-Honoré mit dem Élysée-Palast) und auf die linke Seineseite (Faubourg St-Germain mit den Ministerien, dem Senat und der Nationalversammlung) entlang der historischen Achse der Voie triomphale verteilt (La Voie triomphale - 14).

Nach dem Vorbild der mittelalterlichen Zünfte konzentrieren sich noch heute verschiedene Handwerks- oder Handelsgruppen auf bestimmte Viertel und geben ihnen ein ganz besonderes, charakteristisches Gepräge: Boutiquen bekannter Modeschöpfer gibt es in der Faubourg St-Honoré, in der Avenue Montaigne und in der Rue François-Ier, Luxusgeschäfte um die Garnier-Oper herum, Juweliere in der Rue de la Paix und an der Place Vendôme, Verlage und Buchhandlungen im Viertel um das Théatre de l'Odéon, Kunsttischler in der Faubourg St-Antoine (auch wenn sie immer weniger werden), Trödel und Secondhand-Kleidung im Sentier- und Temple-Viertel, Antiquariate in der Rue Bonaparte und der Rue La Boétie, Devotionalien rund um St-Sulpice, Geigenbauer in der Rue de Rome, Kristallwaren in der Rue de Paradis, Blumensamen am Quai de la Mégisserie ...

Auch durch den großen Zustrom von Immigranten sind neue Geschäftsviertel entstanden: So sind Chinesen vor allem in Arts-et-Métiers (3. Arrondissement), Belleville (20. Arrondissement) und im 13. Arrondissement zu finden, Afrikaner und Bewohner der Antillen im Viertel Château-Rouge (18. Arrondissement), Maghrebiner in Barbès, la Goutte d'Or (18. Arrondissement) und Belleville, Juden im Marais-Viertel (4. Arrondissement) und in Sentier (2. Arrondissement), Pakistani in La Chapelle (10. Arrondissement).

Ein Viertel, eine Welt für sich

Jedes Viertel ist ein kleines Universum mit ganz besonderen charakteristischen Eigenarten, und jeder findet eines, in dem er sich wohlfühlt. Für die einen ist es das Viertel Butte-aux-Cailles mit seinen Weinbars, das durch die steilen Sträßchen vor allzu großer Betriebsamkeit sicher ist. Für andere ist es der Markt in der Rue Mouffetard und rund um die Église St-Médard mit seinen Farben und Gerüchen, oder auch die Place de la Contrescarpe mit den Cafés, wo man die Welt oft neu erfunden hat.

Andere bummeln zwischen Maubert und Seine, zwischen schiefen Häusern und kleinen Plätzen, wo Tische an der Straße zum Verweilen einladen, in den engen und gewundenen Gässchen wie der Rue Maître-Albert, von der aus man unvermittelt die Spitzen von Notre-Dame erblicken kann, bevor man an den grünen Ständen der Bouquinisten entlangschlendert.

Wieder andere bevorzugen die intime und stille Île St-Louis: ein Eis bei Berthillon, eine Runde in den Kunstgalerien, danach ein Spaziergang in dieser vergangenheitsträchtigen Gegend am grünen Wasser der Seine entlang, während ein Saxofonist an den Stamm einer Ulme gelehnt unbeeindruckt vom Lärm der Stadt für sich allein spielt.

Rund um die Place des Vosges und die Rue des Francs-Bourgeois im Marais-Viertel eröffnet sich eine andere, faszinierende Welt: Die alten Stadtpalais sind wieder zum Leben erwacht, Antiquitätengeschäfte, Modeboutiquen, Bars und Buchhandlungen geben dem Viertel ein anderes Gesicht, während in der Rue des Rosiers Läden zu finden sind, die unabhängig von Modetrends ihr Dasein führen.

Im Osten der Stadt wird es dörflicher: in Ménilmontant, in der Rue St-Blaise – die gegenüber der Église de Charonne bergab führt – mit ihren Straßenlaternen, ihren großen Pflastersteinen, ihren weißen Häusern, in die nun Künstler und Restaurants eingezogen sind.

Klassische Ziele sind der Stadtteil St-Germain-des-Prés und das Straßengewirr zwischen Seine und St-Germain. Der Marché de Buci, das Café Procope, die Rue St-André-des-Arts, die Cour St-Germain oder auch St-Sulpice mit seinen Modeläden bzw. das anschließende Quartier Latin mit all seinen Kinos.

EINE EIGENE VERWALTUNG

An der Spitze des Rathauses von Paris steht ein vom Stadtrat ernannter Bürgermeister. Der Stadtrat besteht aus 163 Räten, die alle sechs Jahre aus 518 Räten der Arrondissements gewählt werden. Letztere werden von den Parisern der jeweiligen Arrondissements in direkter Wahl ernannt.

Der Bürgermeister verfügt über die gleichen Vollmachten wie der Bürgermeister einer anderen Gemeinde, doch ist die Befehlsgewalt über die Polizei ausgenommen (Verkehr, Ordnung und öffentliches Gesundheitswesen), die dem Polizeipräfekten obliegt; dieser ist ein Staatsbeamter, der auf Vorschlag des Ministerrats vom Präsidenten der Republik berufen wird.

20 Arrondissement-Räte, die ihren Sitz jeweils in den Rathäusern der Arrondissements haben, sind Bindeglied und Mittler zwischen Verwaltung und Bevölkerung. Sie haben keine Entscheidungsgewalt, sondern unterstützen den Bürgermeister und den Rat von Paris. Diese Räte setzen sich zu gleichen Teilen aus den von den Wählern eines jeden Arrondissements gewählten Räten, aus den vom Pariser Bürgermeister ernannten städtischen Beamten und aus Mitgliedern, die der Rat von Paris gewählt hat, zusammen. Paris ist zugleich Kommune und Département, sein Rat versammelt sich einmal als Stadtrat und einmal als Generalrat. Der Präfekt der Region Île-de-France ist auch Präfekt von Paris; er wird von der Regierung ernannt.

DIE PARISER IN-VIERTEL

Die In-Viertel wechseln, sobald ein altes Viertel saniert wird oder neu entsteht. So haben etwa die Viertel Bastille, Belleville, Ménilmontant und Oberkampf, die früher sehr bodenständige Viertel mit einfacher Bevölkerungsschicht waren und niemanden anzogen, von einem umfassenden Sanierungsprogramm profitiert und sind dadurch zu begehrten In-Vierteln geworden. In ehemaligen Künstlerateliers und alten Fabriken entstehen dort nach Umbau- und Renovierungsarbeiten Lofts, die der schönsten Inneneinrichtungshäuser würdig wären. Cafés, Restaurants und Geschäfte mit trendigen Designer-Interieurs siedeln sich dort an und verleihen den Vierteln ein ganz anderes Gesicht mit einer neuen Lebensart.

Wieder andere bestaunen die Auslagen der prachtvollen Modeboutiquen in der Avenue Montaigne und in der Rue du Faubourg-St-Honoré, nachdem sie vielleicht das Glück hatten, eine der zahlreichen internationalen Modeschauen zu sehen. Oder man bewundert die fantastischen Schmuckstücke bei den Juwelieren an der Place Vendôme und in der Rue de la Paix.

EINE STADT ZUM AUSGEHEN

Paris verdankt seinen Charme den unzähligen Cafés, 12 000 sind es insgesamt: Straßencafés mit Terrasse, traditionelle Literatencafés, In-Cafés, kleine Bistros … Eine gute Zeit für einen Café-Besuch ist frühmorgens, am späten Nachmittag oder am frühen Abend zwischen 17 und 19 Uhr zum Apéritif. Am Abend wird die Suche nach guten Adressen schwieriger. Das Pariser Nachtleben schottet sich nach außen hin ab, bleibt vielen verschlossen. Nur Eingeweihte und versierte Nachtschwärmer dringen in diese Welt ein. Die Moden wechseln, die In-Viertel auch: Marais, Bastille, Charonne, Ménilmontant, Oberkampf.

Nachts, wenn Schatten und Licht die Stadt in Szene setzen, ist Paris besonders zauberhaft: eine Fahrt mit dem *bateau-mouche*, wenn Scheinwerferlicht die Schönheit der Architektur offenbart, hier ein Fries, da ein Giebel erscheint, und das mit einem Geheimnis umgibt, was man zu kennen glaubt. Man hat die Qual der Wahl: Montmartre und seine Kabaretts (das Moulin-Rouge und sein *french cancan* für die einen, das Divan du Monde oder La Cigale mit ihrer kosmopolitischen Musik für die anderen), Montparnasse mit seinen Kinos, seinen Crêperien und seinen berühmten Brasserien, das Bastille-Viertel mit seiner Oper und den Weinbars, St-Germain und seine Jazzlokale, die Rue Oberkampf und ihre Themenbars, die Grands Boulevards, wo von der Oper bis zur Porte St-Martin sich Theater an Theater reiht, die Champs-Élysées, wo das Fouquet's und Lido nur eine Attraktion unter vielen sind, das Marais mit seinen Schwulen-Bars und Theatercafés oder die Seine-Quais mit ihren zu Veranstaltungsplätzen umgewandelten Frachtkähnen. Es gibt unzählige Möglichkeiten, einen interessanten Abend in Paris zu verbringen!

Der Pariser Stadtstrand an der Voie Georges Pompidou.

S. Sauvignier / MICHELIN

Kulinarischer Sprachführer

A

à la Zubereitungsart
à point „auf den Punkt": bei Fleisch: rosa, fast durch; bei Wein: trinkreif
A.O.C. (Appellation d'Origine Contrôlée) kontrollierte Herkunftsbezeichnung, üblich bei Wein
acide sauer
addition *f* Rechnung
agneau *m* Lamm
ail *m* Knoblauch
aile *f* Flügel
amande *f* Mandel; auch Sandmuschel
amer (amère) bitter, herb
anguille *f* Aal
arête *f* Gräte
asperge *f* Spargel
assiette *f* Teller
au four im Ofen gegart

B

bar *m* Seebarsch, Wolfsbarsch (Atlantikfisch)
baudroie *f* Seeteufel, Lotte de mer
bayonnaise, à la nach Bayonner Art: meist mit rohem Schinken und Steinpilzen
bette *f* Mangold
betterave *f* rote Bete
beurre *m* Butter
bien cuit(-e) durchgebraten, gar
bière *f* Bier
bifteck *m* Beefsteak
blanc *m* **de poisson** Fischfilet
blanc *m* **de volaille** Geflügelbrust
blanc(-he) weiß, hell
blé *m* Weizen, Korn
bœuf *m* Rind, Ochse; auch Rindfleisch
boisson *f* Getränk
bon(-ne) *m* gut
bouilli(-e) gekocht, Suppenfleisch
braisé(-e) geschmort
brebis *f* Mutterschaf, Schafkäse (Pyrenäen)
brème *f* Brasse (Süßwasserfisch)
brioche *f* süßer Hefekuchen
brochet *m* Hecht
brochette *f* Bratspieß
brosme Lumb (Atlantikfisch)
brûlé(-e) gebrannt
brun(-e) braun

C

caille *f* Wachtel
calamar *m* Tintenfisch
camomille *f* Kamille
campagne *f* Land
canard *m* Ente
cancre *m* Taschenkrebs
cannelle *f* Zimt
câpre *f* Kaper
cari *m* Curry
carpe *f* Karpfen
carré *m* Rückenstück
carrelet *m* Glattbutt, auch große Scholle
carte *f* Speisekarte
casse-croûte *m* Imbiss
céleri *m* **en branches** Stauden-, Stangensellerie
cèpe *m* Steinpilz
céréales *f, pl* Getreide
cerf *m* Hirsch
cerise *f* Kirsche
cervelle *f* Hirn
champignon *m* Pilz (alle Sorten)
chanterelle *f* Pfifferling
chantilly, crème *f* Schlagsahne
chapon *m* Kapaun (kastrierter Masthahn)
charbon *m* **de bois** Holzkohle, Holzkohlengrill
châtaigne *f* Esskastanie
châtaigne de mer *f* Seeigel
chaud(-e) warm
cheval *m* Pferd, Pferdefleisch
chèvre *f* Ziege, auch kurz für Ziegenkäse
chevreuil *m* Reh, Rehfleisch
chipiron *m* Tintenfisch
chocolat *m* Schokolade
choix, au nach Wahl
choix, de von erlesener Qualität
chou *m* Kohl
cidre *m* Apfelwein
citron *m* Zitrone
citrouille *f* Kürbis
civet *m* Wildragout, meist mit Rotwein und Zwiebeln
cochon *m* Schweinefleisch
commande, sur auf Bestellung
compris(-e) inbegriffen
coq *m* Hahn, Hähnchen
coquillages *m, pl* Schalentiere (Schnecken, Muscheln und Austern)
coquilles *f, pl* **Saint-Jacques** Jakobsmuscheln
corsé(-e) kräftig; beim Essen: pikant, scharf; beim Wein: körperreich, stark
cou *m* Hals
coupe *m* Becher, Trinkschale
courgettes *f* Zucchini
couvert *m* Gedeck, Besteck
cru(-e) roh
crudités *f, pl* Rohkost; als Vorspeise: diverse Gemüse, roh oder blanchiert serviert
crustacés *m, pl* Krustentiere (Hummer, Krabben, Langusten u. a.)
cuillère *f* **(cuiller)** Löffel
cuire kochen

cuisine *f* Küche
cuit(-e) gekocht

D

daurade *f* **(dorade)** Goldbrasse, Dorade
dégustation *f* Weinprobe
déjeuner *m* Mittagessen
demi halb, auch kleines Bier (0,25 l)
dinde *f* Pute
dîner *m* Abendessen
discrétion, à nach Belieben
doré(-e) goldbraun gebraten
dos *m* Rücken
double doppelt
doux (douce) süß, mild
dur(-e) hart

E

eau *f* **gazeuse** Mineralwasser mit Kohlensäure
eau-de-vie *f* „Lebenswasser", Branntwein
entier (entière) ganz, vollständig; bei Milchprodukten: vollfett
entrecôte *m* Zwischenrippenstück vom Rind
entrée *f* Vorspeise
épices *f, pl* Gewürze
épinards *m, pl* Spinat
escargot *m* Weinbergschnecke

F

façon *f* Art, Weise
farine *f* Mehl
faux-filet *m* Lendenstück vom Rind
feuilleté *m* Blätterteigpastete
fin (-e) fein, zart
flûte *f* dünne Weißbrotstange
foie *m* Leber
- **de volaille** Geflügelleber
- **gras** Gänse- oder Entenstopfleber

fondant(-e) schmelzend

Die cèpes, Steinpilze, sind vielseitig verwendbar.
M.-H. Carcanague/MICHELIN

fort(-e) stark, kräftig, deftig, scharf
fourchette *f* Gabel
frais *f* **(fraîche)** frisch
fraise *f* Erdbeere
framboise *f* Himbeere
fressure *f* Innereien
frit(-e) frittiert
fromage *m* Käse
- **blanc** Quark, oft als Dessert mit Zucker

fruits *m, pl* Früchte, Obst
- **de mer** Meeresfrüchte

fumé(-e) geräuchert

G

gâteau *m* Kuchen, Torte, Gebäck
germe *m* Sprosse, Keim
gibier *m* Wild, Wildbret
gigot *m*, **(gigue** *f***)** Keule, Schlegel von Lamm oder Reh
gingembre *m* Ingwer
girolle *f* Pfifferling
gîte *m* **à la noix** Nuss, bestes Stück der Rinderkeule, des Rinderschlegels
glace *f* Eis, Eiscreme
- **de viande** Fond, Fleischextrakt

goût *m* Geschmack
graisse *f* Fett, Schmalz
grand(-e) groß
gras(-se) fett, speckig
gratiné(-e) gratiniert, überbacken
grenouille *f* Frosch
gros(-se) dick, stark, groß

H

haché(-e) gehackt
hachis *m* **de bœuf** Rinderhackbraten
herbes *f, pl* Kräuter
homard *m* Hummer
hors-d'œuvre Vorspeise
huile *f* Öl
huître *f* Auster

I

infusion *f* Aufguss, Kräutertee

J

jambon *m* **braisé (cuit, de Paris)** gekochter Schinken
- **cru** roher Schinken

jets *m* Sprossen
jus *m* Saft, auch Bratensaft

K

kir *m* **royal** Aperitif, Champagner mit Cassis

L

lait *m* Milch
laitue *f* Kopfsalat
lamproie *f* Neunauge (aalähnlicher Fisch)
langue *f* Zunge
léger (légère) leicht
légumes *m* Gemüse
levure *f* Hefe
lièvre *m* Hase
lotte *f* **de mer (baudroie)** Seeteufel
lourd(-e) schwer, fett

M

macédoine *f* **de fruits** Obstsalat
mâche *f* Feldsalat
magrets *m, pl* **de canard** Entenbrustfilet
maigre mager; auch Adlerfisch
maïs *m* Mais
maison (à la maison) nach Art des Hauses
maquereau *m* Makrele
massepain *m* Marzipan; auch Mandelgebäck
mélange *m* Mischung
menu *m* Menü; auch Speisekarte
merlu *m* Seehecht
mi-... Halb...
miel *m* Honig
millefeuille *f* Blätterteig
minute, à la kurzgebraten; auch schnell, frisch zubereitet
mollusques *m, pl* Weichtiere (Muscheln, Schnecken)
morue *f* Stockfisch, luftgetrockneter Kabeljau
moule *f* Miesmuschel
mousse *f* **au chocolat** Schokoladenschaumcreme
moutarde *f* Senf
mouton *m* Hammel; Hammelfleisch
mulet *m* Meeräsche (Meeresfisch)
mûr(-e) reif

Das Loiretal ist nicht nur bekannt für seinen Sancerre-Wein, sondern auch für den Ziegenkäse Crottin de Chavignol.
S. Sauvignier/MICHELIN

N

nappé(-e) übergossen, überzogen
nids *m* Nester
noir(-e) schwarz, dunkel
noix *f* Walnuss, bei Fleisch: Rückenstück
 - de coco Kokosnuss
 - de muscade Muskatnuss
nougatine *f* Krokant
nouilles *f, pl* Nudeln
nouveau (nouvelle) neu, jung, aus diesem Jahr

O

œuf *m* Ei
 - à la coque weiches Drei-Minuten-Ei
 - au plat (sur le plat) Spiegelei
œufs *m, pl* **brouillés** Rühreier
 - **durs** hart gekochte Eier
oie *f* Gans
oignon *m* Zwiebel
omble *m* Saibling (Süßwasserfisch)
onctueux (oncteuse) ölig, cremig, sahnig
onglet *m* **de boeuf** Ochsenfleischscheibe
os *m* Knochen
Ossau-Iraty *m* fester Schafskäse, mildaromatisch (Baskenland und Béarn)
oursin *m* Seeigel

P

pain *m* Brot
paire *f* Paar
panaché gemischt; auch kurz für Bier mit Zitronenlimonade
pastèque *f* Wassermelone
patate *f* Süßkartoffel
pâte *f* Teig
 - levée Hefeteig
 - brisée Mürbeteig
 - feuilletée Blätterteig
pâtes *f* Nudeln
pâtisserie *f* Gebäck
paupiette *f* Roulade
pays, du regional, aus der Gegend, typisch für die Region
peau *f* Haut, Schale
perche *f* Flussbarsch
petit-déjeuner *m* Frühstück
petits-pois *m, pl* grüne Erbsen
pièce *f* Stück
piment *m* Gewürz allgemein; auch kleine, scharfe Paprikaschote (Baskenland)

pintade *f* Perlhuhn
piperade *f* Omelette mit Tomaten, scharfen Paprikaschoten, Knoblauch und Bayonner Schinken oder Speck (Baskenland)
pistache *f* Pistazie
plat *m* Teller, Platte, Gericht
- **du jour** Tagesgericht
- **principal** Hauptgericht

plein(-e) voll
poché(-e) pochiert
poêle *f* Pfanne
poire *f* Birne
poireau *m* Lauch, Porree
pois *m* Erbsen
poisson *m* Fisch
poivre *m* Pfeffer
pomme *f* Apfel
pommes *f, pl* **de terre** Kartoffeln
porc *m* Schwein, Schweinefleisch
pot *m* Topf, Krug
potable trinkbar
poulet *m* **rôti** Brathähnchen, Brathendl
poulpe *m* Krake, Tintenfisch
pourboire *m* Trinkgeld
pression, une *f* Kurzform für Bier vom Fass
prêt(-e) fertig
prix *m* Preis
- **tout compris** Preis inkl. Bedienung und Mehrwertsteuer

pulpe *f* Fruchtfleisch
pur(-e) rein, echt
pyrénées *f* **pur brebis** würziger Schafskäse aus den Pyrenäen

Q

queue *f* **de bœuf** Ochsenschwanz
quiche *f* herzhafter Mürbeteigkuchen mit Ei, Gemüse, Fleisch und Käse

R

râble *m* **de lapin** Kaninchenrücken
radis *m* Rettich
raie *f* Rochen
raisin *m* Weintraube, Weinbeere
recette *f* Rezept
rich(-e) reich, ergiebig
riz *m* Reis
- **au lait** Milchreis
- **brun** ungeschälter Naturreis

rognon *m* Niere
rosbif *m* Roastbeef
rôti *m* gebraten, Braten
rouget-barbet *m* Rotbarbe
roux *m* Mehlschwitze

S

saignant(-e) blutig
salade *f* Salat
sandre *f* Zander
sanglier *m* Wildschwein
sans ohne
sarrasin *m* Buchweizen
sauce *f* **béarnaise** helle Buttersauce mit Eigelb, Essig oder Weißwein, Schalotten, Estragon und anderen Kräutern
saucisse *f* Wurst (zum Kochen oder Braten)
saumon *m* Lachs
sauté(-e) geschmort; auch Ragout
sauvage wild
sec (sèche) trocken
seigle *m* Roggen
sel *m* Salz
semoule *f* Grieß
service *m* Bedienung
sole *f* Seezunge
soupe *f* Suppe
- **du berger** „Schäfersuppe“, Zwiebelsuppe mit Gemüse und Käse (Béarn)

souper *m* spätes Abendessen, in manchen Gegenden auch Abendessen
steak de cheval Pferdesteak
sucre *m* Zucker
supion *m* Tintenfisch
supplément *m* Aufpreis
sur commande auf Bestellung
surgelé(-e) tiefgefroren

T

taboulé (tabbouleh) *m* Couscous-Salat mit Minze, Zwiebeln, Tomaten u.a.
tanche *f* Schleie (Süßwasserfisch)
tartine *f* Butterbrot
tendre zart, weich
tête *f* Kopf, Kopfstück; auch kurz für Sülze
thé *m* Tee
thon *m* Tunfisch
tiède lauwarm
tisane *f* Kräutertee
tournesol *m* Sonnenblume
tout compris alles im Preis inbegriffen
trancher ab- oder zerschneiden
trempé(-e) eingeweicht, getränkt
truite *f* Forelle
ttorro Fischragout mit Atlantikfischen (Baskenland)
turbot *m* Steinbutt

V

vache *f* Kuh
varié(-e) verschieden
veau *m* Kalb, Kalbfleisch
velouté *m* gebundene Suppe, Cremesuppe
venaison *f* Wildfleisch
ventre *m* Bauch
verdure *f* Salat, Gemüse
verre *m* Glas
vert(-e) grün
viande *f* Fleisch
vieux (vieille) alt
vinaigre *m* Essig
volaille *f* Geflügel
volonté, à nach Belieben

Y

yaourt *m* Joghurt

Kunst und Kultur

Illustrationen zur Baukunst

Die folgenden Abbildungen bieten Ihnen einen Überblick über die Geschichte und Architektur der in diesem Reiseführer beschriebenen Region und ihre Besonderheiten. Das kunsthistorische Vokabular wird Ihnen vor Ort beim Besuch der Sakral-, Militär- und Profanbauten eine große Hilfe sein.

Sakralbauten

Grundriss von ST-GERMAIN-DES-PRÉS

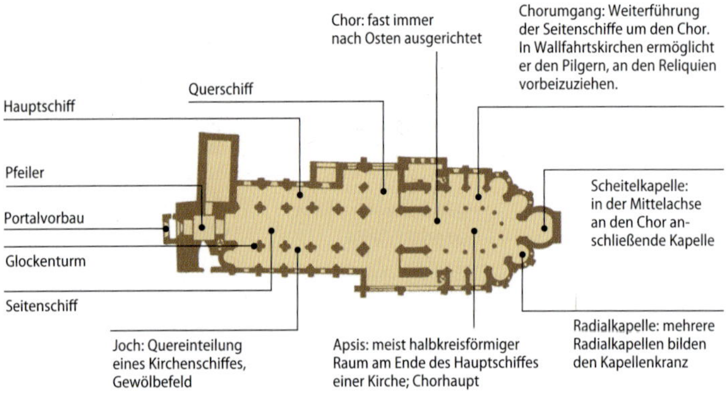

R. Corbel/MICHELIN

Querschnitt von ST-SÉVERIN

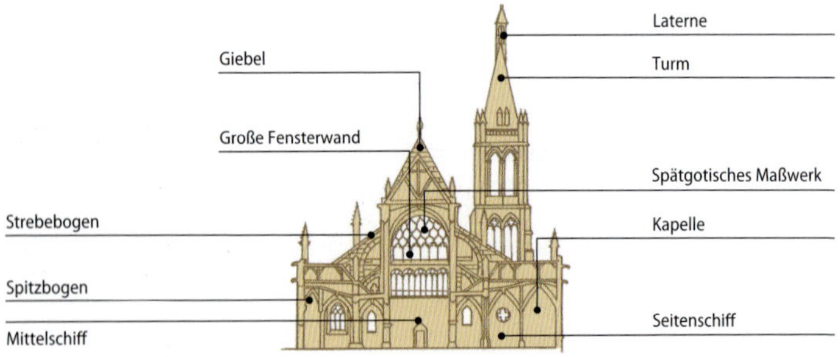

R. Corbel/MICHELIN

Kirche ST-GERMAIN-DES-PRÉS

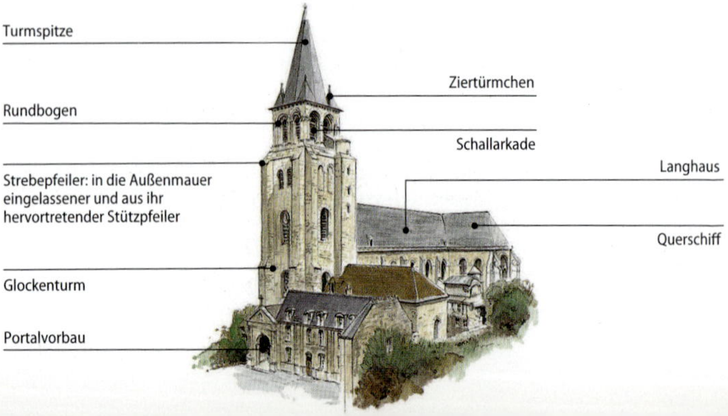

R. Corbel/MICHELIN

Chorhaupt von NOTRE-DAME

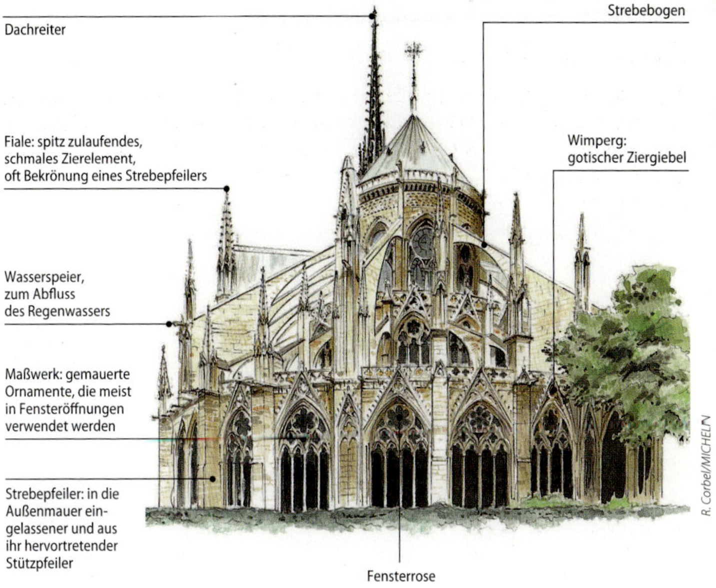

Kirche der SORBONNE

Die in den Jahren 1635 bis 1642 von Jacques Le Mercier errichtete Kirche ist der älteste Teil der Universität.

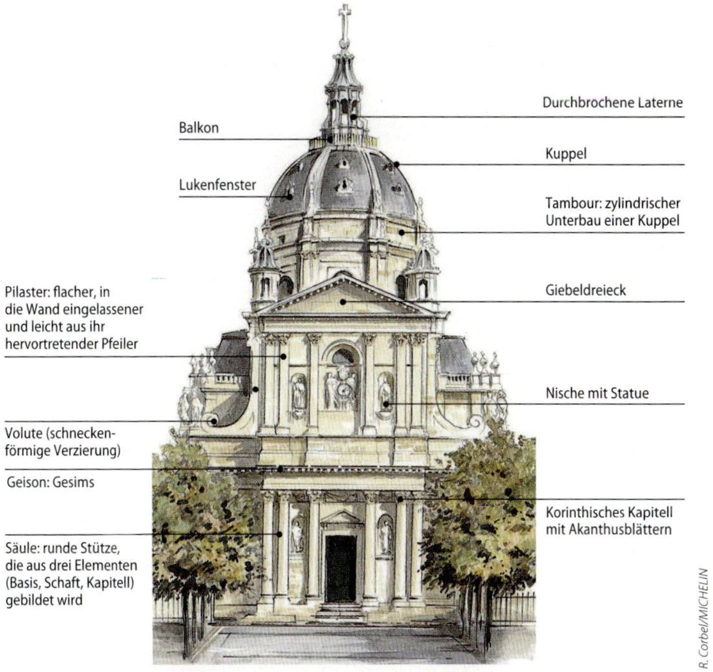

Profanbauten

PONT-NEUF

Die „Neue Brücke" ist die älteste Brücke von Paris. Ihre zwölf Bögen sind mit Masken verziert.

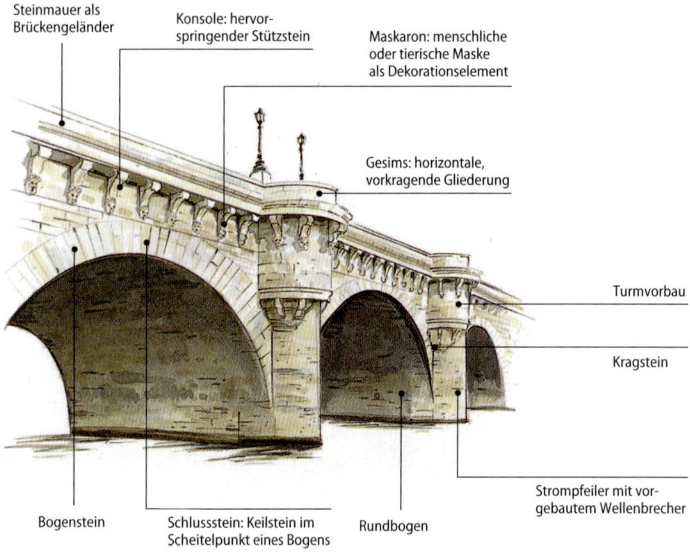

R. Corbel/MICHELIN

Pavillon de l'Horloge du LOUVRE

Der Uhrpavillon, auch Pavillon de Sully genannt, wurde im 17. Jh. von Le Mercier errichtet.

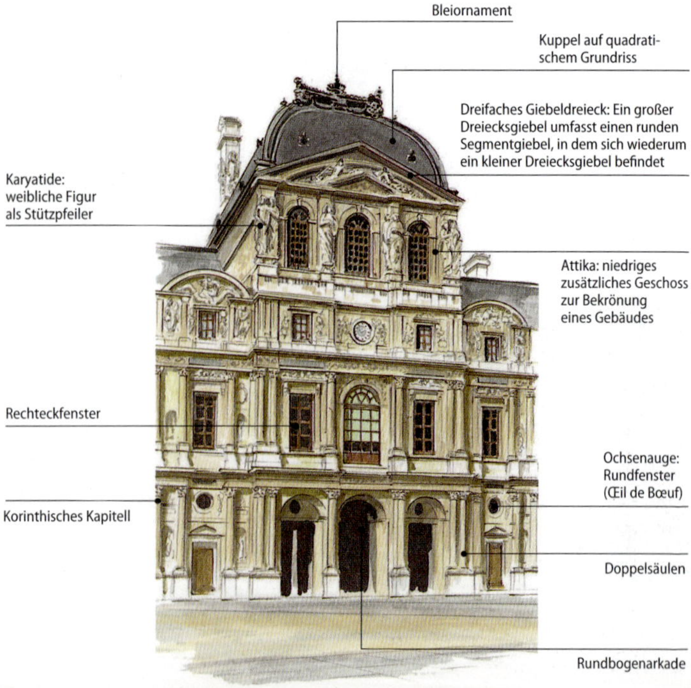

R. Corbel/MICHELIN

INSTITUT DE FRANCE

Die Kapelle des Instituts wird von einer Kuppel bekrönt und von zwei halbkreisförmigen Bauten gerahmt, die in quadratische Pavillons übergehen.

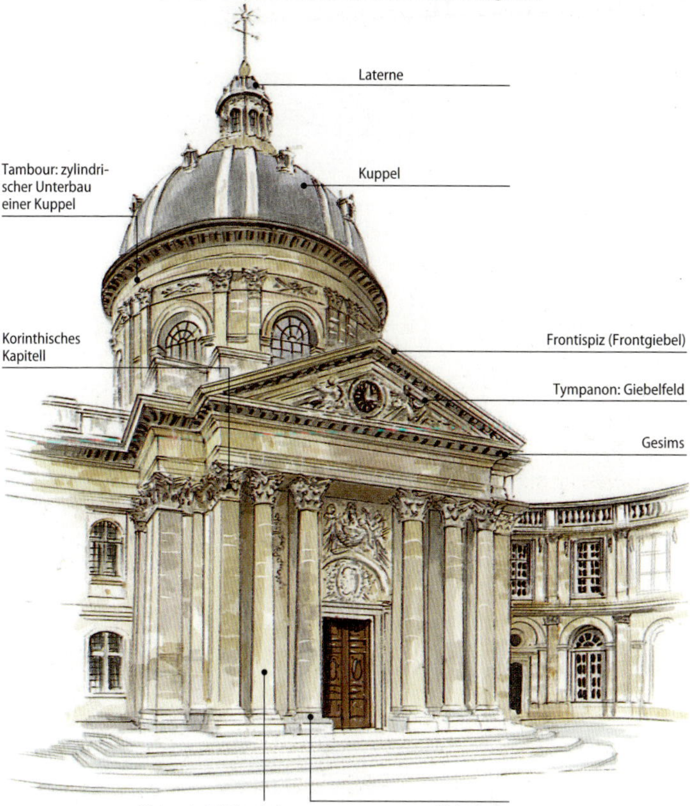

R. Corbel/MICHELIN

PLACE VENDÔME

Jules Hardouin-Mansart erbaute dieses herrliche architektonische Ensemble. Im Erdgeschoss verlaufen Arkaden; die Obergeschosse sind durch korinthische Pilaster gegliedert; in den „Mansard"-Dächern befinden sich Gauben.

R. Corbel/MICHELIN

WOHNHAUS in der Rue de Seine

Schöne Louis-Quinze-Fassade mit mehreren Schmuckelementen.

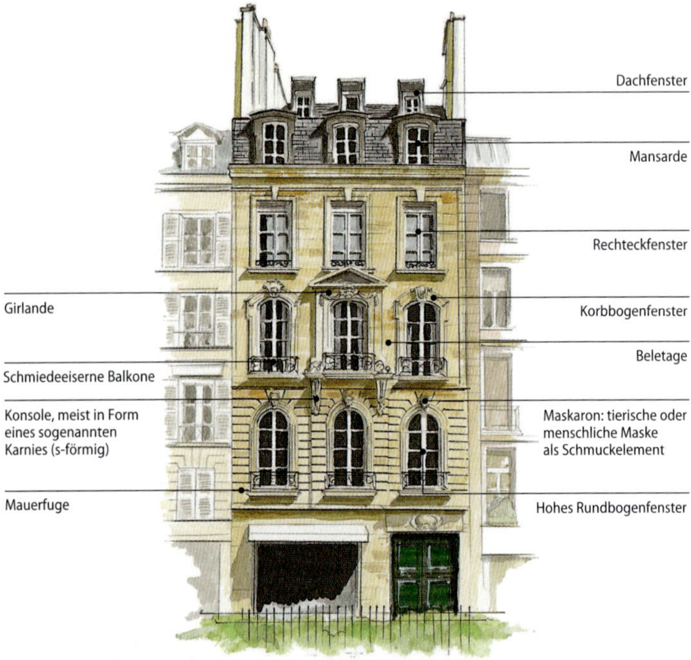

R. Corbel/MICHELIN

LA MADELEINE

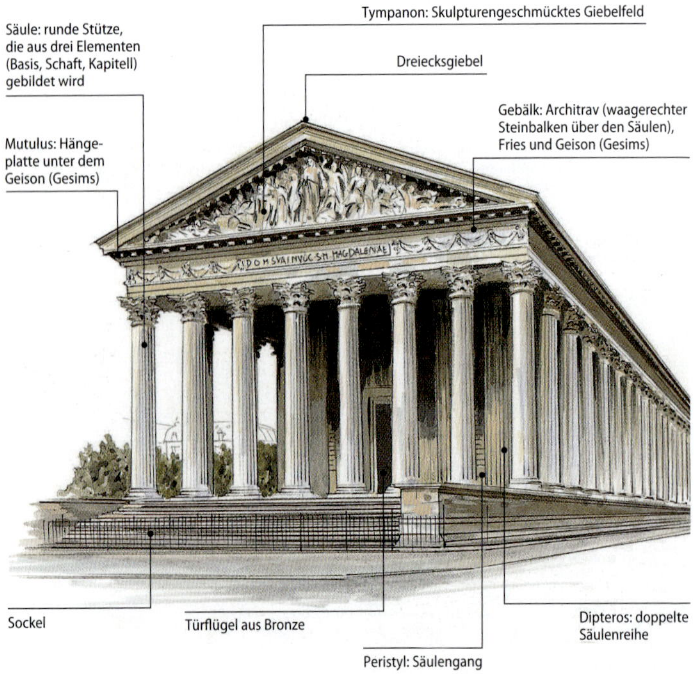

R. Corbel/MICHELIN

GARE DU NORD

Der zwischen 1861 und 1868 erbaute Nordbahnhof ist ein Werk des Architekten Jakob Ignaz Hittorff.

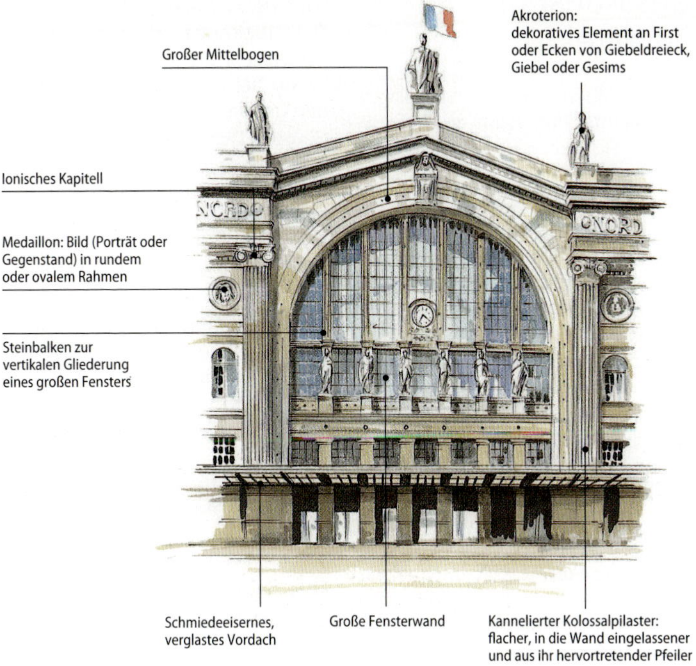

R. Corbel/MICHELIN

OPÉRA BASTILLE

Die Oper mit ihrer imposanten halbkreisförmigen Fassade ist ein neues Wahrzeichen der Place de la Bastille.

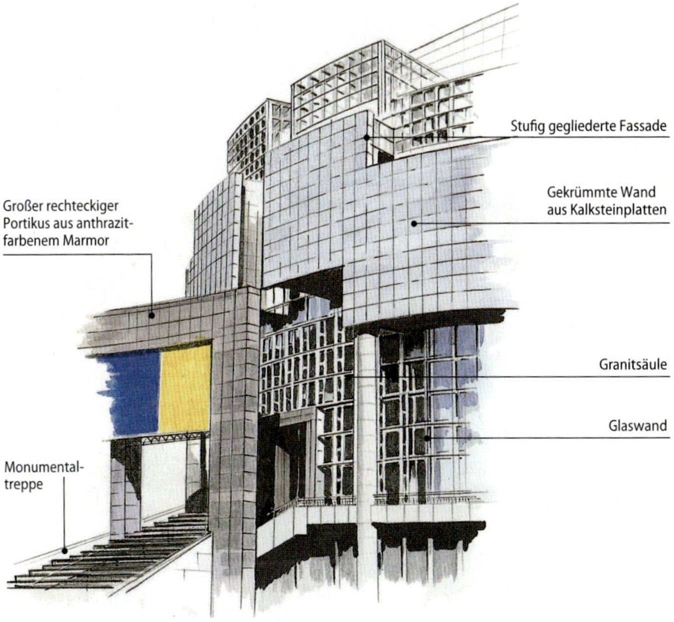

R. Corbel/MICHELIN

Fachbegriffe aus Kunst und Architektur

Apsis, halbkreisförmiger, vieleckiger oder rechteckiger Raum zur Aufnahme des Hochaltars in der christlichen Kirche.

Archivolte, vom Mauerwerk abgesetzte, bandartige Einfassung eines Rund- oder Spitzbogens.

Attika, umlaufender Aufsatz über dem Abschlussgesims oder Gebälk.

Balustrade, Säulenreihe als Brüstung oder Geländer an Treppen, Terrassen oder Balkonen.

Blendarkade, Andeutung einer Arkade zur Auflockerung einer Wandfläche.

Bossenwerk, Mauerwerk aus Steinen, deren Vorderseite nur sehr grob behauen ist.

Chorschranken, Steinbrüstungen oder Gitter, die den Chor einer Kirche vom Gemeinderaum trennen; in Kirchen mit Chorumgang führen sie oft um den ganzen Chor herum.

Dachreiter, kleines Türmchen, das frei auf dem Dachstuhl von Kirchen sitzt.

Donjon, Wachtturm französischer Burgen, der zugleich als Wohnturm diente; Bergfried.

Fiale, schlankes, spitzes Türmchen an gotischen Bauwerken, das als Bekrönung von Strebepfeilern dient; auch Pinakel genannt.

Fresko, Wandmalerei auf feuchtem Kalkputz mit Wasserfarben, die sich beim Trocknen fest mit dem Kalk verbinden.

Geschlechterturm, Wohnturm des städtischen Adels im Mittelalter.

Gesims, horizontales Bauteil zur Fassadengliederung.

Gesprengter Giebel, die beiden hochstrebenden Seiten enden bereits nach etwa zwei Dritteln, sie sind gleichsam „gesprengt". Die endenden Seitenteile sind meist nach innen gebogen und werden von der Mitte ausgehend von Zierat (Urnen-, Vasen- oder Kreiselformen) überhöht.

Gewände, seitliche Umgrenzung von Fenstern und Türen, vergleichbar einem Rahmen.

Gewölbekappe, Bezeichnung der gewölbten, annähernd dreieckigen Felder bei Kreuzgewölben, die von den Graten begrenzt werden.

Giebel, Fläche, die von den Schnittlinien der Schmalseite eines Gebäudes mit den Dachflächen des Satteldaches begrenzt wird, meist dreieckig.

Joch, durch vier Stützen gebildete räumliche Einheit.

Kapitell, oberer Abschluss von Säulen und Pfeilern in ornamentaler, pflanzlicher oder figürlicher Ausbildung.

Kartusche, zumeist barocker Zierrahmen für Wappen, Inschriften, Medaillons.

Kassette, vertieftes Feld einer Decke oder eines Gewölbes.

Konche bzw. Halbkuppel, Kuppel mit viertelkreisförmigem Querschnitt über halbkreisförmigem Grundriss.

Konsole, vorspringendes tragendes Element, auf dem Bögen, Gesimse, Balken etc. ruhen.

Krabbe bzw. Kriechblume, blumenartiges Ornament der Gotik an den Kanten von Fialen, Wimpergen, Turmhelmen etc.

Kreuzarme, Bezeichnung der Querhausarme zu beiden Seiten der Vierung.

Kreuzgewölbe, Kreuzgratgewölbe, aus der Durchdringung zweier gleich hoher Tonnengewölbe entstehendes Gewölbe, dessen Schnittkanten Grate heißen.

Kreuzrippengewölbe, Kreuzgewölbe, unterlegt mit Verstärkungsrippen.

Krypta, meist unter dem Chor liegender Raum für die Aufbewahrung von Reliquien oder zur Bestattung von Märtyrern und Heiligen.

Langhaus, Kirchenraum zwischen Fassade und Querhaus bzw. Chor.

Laterne, lichteinlassender Aufsatz über Decken- bzw. Gewölbeöffnungen.

Lettner, Trennwand zwischen dem Mittelschiff und dem Chor, der den Geistlichen vorbehalten ist; diente auch zur Lesung des Evangeliums (später oft durch die Kanzel ersetzt).

Lisene, schwach vortretende vertikale Mauerverstärkung ohne Basis und Kapitell; untereinander sind die Lisenen zumeist oben durch Rundbogenfriese verbunden.

Lukarne, Dacherker, meist mit reicher Fensterrahmung und Giebelkontur.

Maßwerk, geometrisches Bauornament der Gotik zur Gliederung von Fenstern, Giebeln und Wänden.

Miserikordie, Bezeichnung für die Verbreiterung unter dem Klappsitz von Chorgestühlen, die aus „Barmherzigkeit" (lat. misericordia) als Gesäßstütze beim Stehen dient.

Maschikulis, Pechnasenkranz.

Medaillon, rundes oder ovales (gerahmtes) Bild oder Relief.

Narthex, westliche Vorhalle frühchristlicher, byzantinischer oder mittelalterlicher Kirchen.

Obergaden, über den Seitenschiffdächern liegender oberer Teil des Mittelschiffs, in dem sich die Hochschiff- bzw. Obergadenfenster befinden.

Ochsenauge, Œil-de-bœuf, rundes oder ovales Fenster.

Pechnase, erkerartiger Ausguss für heißes Pech oder Öl, zumeist zwischen den Konsolen eines Wehrgangs.

Pendentifkuppel, Kuppel, bei der der Übergang vom polygonalen Unterbau zum (kleineren) Fußkreis der Kuppel durch Hängezwickel, sogenannte Pendentifs (sphärische Dreiecke), hergestellt wird.

Pietà, Andachtsbild, das die trauernde Maria mit dem toten Christus auf dem Schoß darstellt; auch Vesperbild genannt.

Pilaster, der Wand vorgelagerter flacher Pfeiler mit Basis und Kapitell.

Querhaus oder -schiff, Querbau zwischen Langhaus und Chor, der dem Grundriss der Kirche die Form eines lateinischen Kreuzes verleiht. Bei der Durchdringung von Lang- und Querhaus entsteht die Vierung.

Retabel, Altaraufsatz; besteht zumeist aus mehreren aufklappbaren Flügeln (ein Triptychon ist ein Retabel mit drei Flügeln).

Rollenfries, romanisches Schmuckelement, bei dem sich waagerechte Zylinder schachbrettartig mit Hohlräumen abwechseln.

Rundstab, stabförmiger zylindrischer Bauteil, v. a. zur Verzierung von Fenstern und Portalen.

Schallarkaden, Maueröffnungen in Türmen in Höhe des Glockenstuhls.

Schlussstein, Scheitelstein eines Bogens oder Stein im Schnittpunkt der Hauptrippen eines Gewölbes.

Sparrenkopf, kleines Tragelement von Kranzgesims oder Dachstuhl.

Sturz, oberer waagerechter Abschluss von Tür oder Fenster.

Stützenwechsel, wiederkehrender Wechsel von Pfeilern und Säulen.

Tonnengewölbe, Gewölbeform mit halbkreis-, viertelkreis- oder spitzbogenförmigem Querschnitt.

Trompe-l'œil-Malerei, Darstellungsweise, bei der mithilfe perspektivischer Mittel ein Gegenstand so wiedergegeben wird, dass der Betrachter nicht zwischen Wirklichkeit und Gemaltem unterscheiden kann.

Trompenkuppel, Kuppel, bei der die oberen Ecken eines vieleckigen Unterbaus durch halbe Hohlkegel (Trompen) überbrückt und in ein Achteck überführt werden, auf dem sich der Fußkreis der Kuppel erhebt.

Tympanon, Bogenfeld oberhalb eines Portals.

Vierung, Raumteil einer Kirche, der sich aus der Durchdringung von Lang- und Querhaus ergibt; die Vierung dient oft als Grundeinheit für die Raumaufteilung des Bauwerks.

Vase, Dekorelement, oft Zinnenaufsatz.

Volute, schneckenförmig geschwungene Verzierung.

Wasserspeier, wasserabführendes Rohr an der Dachtraufe, häufig in figürlicher, oft fratzenhafter und grotesker Ausgestaltung.

Wehrgang, befestigter Gang auf der Innenseite einer Burgmauer.

Wimperg, giebelartige, mit Maßwerk verzierte Bekrönung gotischer Portale und Fenster.

Der Wandel der Baustile

Die Kunst wurde auf der Straße geboren, und die Straßen von Paris sind voll von ihr: in Form von Skulpturen sowie profaner und religiöser Architektur. Zweifelsohne besteht der Reiz von Paris in seinen zahlreichen Kunstschätzen, seinen Kirchen, für die die besten Maler und Bildhauer der Zeit tätig waren, und seinen seit dem 18. Jh. entstandenen Museen. „Paris muss sich Meisterwerke aller Gattungen sichern, in seinen Kunstsammlungen die wichtigen Werke der Kunstgeschichte vereinen, die einen Überblick über alle wesentlichen Neuerungen und alle Epochen der Malerei vermitteln“: Diese Politik hat seit der Gründung des Louvre im Jahr 1793 die Sammeltätigkeit vieler Pariser Museen bestimmt, von denen einige aufgrund ihrer reichen Kollektionen einzigartig in Frankreich, mitunter auch auf der ganzen Welt sind.

Von der Romanik bis heute bietet Paris ein eindrucksvolles Spektrum architektonischer Meisterwerke. Sie überdauerten die Zeiten und die bewegte französische Geschichte.

DIE ROMANISCHE ARCHITEKTUR

Die romanische Architektur erlebte in Paris und seiner nahen Umgebung bei Weitem nicht die Blüte wie in den übrigen Gebieten Frankreichs. Die kleinen Säulen des Chors sowie der Portalvorbau mit Glockenturm von St-Germain-des-Prés (St-Germain-des-Prés - 8), die Apsis der ehemaligen Klosterkirche von St-Martin-des-Champs, einige Kapitelle von St-Pierre-de-Montmartre (Montmartre - 24) sowie die Krypta von St-Denis sind die wenigen Zeugnisse dieses Baustils.

Es gab bei den Pariser Bauwerken keinen kompletten Bruch zwischen der Romanik und der auf sie folgenden Gotik, sondern eher einen fließenden Übergang.

DIE ARCHITEKTUR WÄHREND DER GOTIK

Die Gotik hingegen entstand in Paris und seinem Umland, um dem Hauptanliegen der mittelalterlichen Dombaumeister zu entsprechen, nämlich große, hochstrebende und zugleich helle Kirchen zu bauen. Solche Kirchenbauten konnten mit Kreuzrippengewölben und Strebepfeilern, aus denen sich dann auch Strebebögen entwickelten, realisiert werden. Die Gotik wird hauptsächlich in drei Entwicklungsphasen unterteilt:

Die frühgotische Architektur

Die frühgotische Architektur und ihre Entwicklung vom 12. bis zum frühen 14. Jh. lässt sich am Beispiel von Notre-Dame (La Cité - 1) gut nachvollziehen: Der große Chor, das kaum hervortretende Querschiff und die dunklen Emporen hinter dem Triforium sind typische Merkmale der Frühgotik. Die Kapitelle sind mit heimischen Pflanzen- und Blumenmotiven geschmückt. Zur Erhellung des Innenraumes beschränkte man sich

---

DIE ARCHITEKTEN MANSART

François Mansart (1598-1666) hat die Gebäude des Militärkrankenhauses Val-de-Grâce, das Hôtel de la Vrillière (Banque de France) und die Fassade des Hôtel Carnavalet errichtet. Sein Neffe Jules Hardouin-Mansart (1646-1708) indes erbaute die Kuppel des Invalidendomes, die Place Vendôme und die Place des Victoires und das Hôtel Conti. Im Jahr 1699 ernannte Ludwig XIV. ihn zum Surintendant des Bâtiments, Arts et Manufactures. Vom Namen dieser Familie stammt das Wort „Mansarde“ ab, das François Mansart, ohne dessen Schöpfer zu sein, verallgemeinerte: Er bezeichnete mit diesem Begriff einen Raum unter dem Dach mit einem Fenster, das aus dem Dachstuhl heraustrat.

zunächst auf schmale, hohe Fenster und darüber angeordnete runde Öffnungen (Oculi).

Die Hochgotik

Die Hochgotik (13.-14. Jh.) entwickelte sich während der Herrschaft Ludwigs des Heiligen, als die Ingenieurskunst unter dem Architekten **Pierre de Montreuil** einen Höhepunkt erreichte. Die Wände werden nun durch große Glasflächen ersetzt, die das Tageslicht verschwenderisch in das Kircheninnere strömen lassen. Schlanke Säulen, am Außenbau durch Strebepfeiler oder Strebebögen verstärkt, tragen das Gewölbe, z. B. im Refektorium der ehemaligen Abtei St-Martin-des-Champs. Das Öffnen der Wandflächen hin zu einer leichteren Gebäudestruktur stellte neue Anforderungen an die Glasfenster und begünstigte die Entwicklung der Glasmalerei.

Der Chor von Notre-Dame, die Sainte-Chapelle (La Cité - 1) und die Kapelle von Schloss Vincennes (Bois und Château de Vincennes - 20) sind Meisterwerke der Hochgotik in Paris. Eine Neuerung dieses Baustils sind die Wasserspeier, die das Regenwasser von den Mauern leiteten.

In der zweiten Hälfte des 14. Jh. entstanden mehrere massiv-düstere, feudalistische Profanbauten wie die Salle des Gens d'Armes in der Conciergerie, deren Formensprache sich aus den Wirren des 1337 ausgebrochenen Hundertjährigen Krieges erklären lässt (La Cité - 1).

Die Spätgotik

Im 15. Jh. wurde der nüchtern-klare Baustil durch mitunter übertrieben ausgeschmückte Innenräume ersetzt. In der spätgotischen Architektur haben Bögen häufig nur noch rein dekorativen Charakter (Querschiff von St-Merri: Beaubourg und les Halles - 4). Das Maßwerk der Fenster wird durch zusätzliche Lanzettmotive filigraner und kleinteiliger; das Motiv des Triforiums in Kombination mit Obergadenfenstern verschwindet: Die Pfeiler gehen nun ohne Kapitelle nahtlos in die

Die Kathedrale von St-Denis gilt als eines der Meisterwerke der Gotik.

Jacass / MICHELIN

Rippen des Gewölbes über (Chorumgang von St-Séverin: Quartier Latin - 7), das in reich verzierten Schlusssteinen endet (St-Étienne-du-Mont: Quartier Latin - 7).

Bedeutende Zeugnisse der spätgotischen Architektur sind die Tour St-Jacques (Beaubourg und les Halles - 4) und der Kreuzgang des Cloître des Billettes (24 rue des Archives, im Marais-Viertel) sowie das Hôtel de Sens (Die Quais - 2) und das Hôtel de Cluny (Quartier Latin - 7), die ersten großen Privatresidenzen von Paris, bei denen wie bei den ersten Loire-Schlössern für Wehrbauten typische Elemente (Erkertürmchen, Zinnen und sogenannte *Pfefferbüchsen*) mit reichem Bauschmuck (Balustraden, Lukarnen mit steinernen Fensterkreuzen) kombiniert sind.

DIE RENAISSANCE

Während die gotische Kunst eine rein französische Schöpfung war, entstand hingegen die Kunst des 16. Jh. in Italien. Die französischen Künstler haben diese dann übernommen und ihr ein französisches Gepräge gegeben. Vor allem durch die Italienkriege wurde in Frankreich das Interesse an der Antike und an nicht religiös inspiriertem Bauschmuck geweckt, bei dem man nun häufig die zuvor üblichen Kreuzrippengewölbe durch Tonnengewölbe oder Kassettendecken ersetzte. Ein gutes Beispiel hierfür ist die Kirche St-Nicolas-des-Champs der ehemaligen Abtei St-Martin-des-Champs.

Rundbogenfenster (St-Eustache: Beaubourg und les Halles - 4) ruhen auf kannelierten Pilastern (St-Médard: Jardin des Plantes – Mouffetard - 6) mit ionischen und korinthischen Kapitellen.

Der Lettner von St-Étienne-du-Mont (Quartier Latin - 7) ist das schönste Beispiel für eine Renaissance-Innenausstattung in Paris.

Auch das Aussehen der Häuser veränderte sich um die Mitte des 16. Jh. Die Palais der reichen Bürger haben keine zur Straße gewandten Giebel, sondern verbergen ihre eigentlichen Fassaden in einem Innenhof (Hôtel Carnavalet: Le Marais - 5).

DIE FRANZÖSISCHE KLASSIK: VON LUDWIG XIV. BIS LUDWIG XVI.

Das 17. Jh. wird in Frankreich das „Große Jahrhundert" genannt. Unter dem Einfluss der antiken Kunst und der von ihr inspirierten französischen Klassik veränderte sich das architektonische Erscheinungsbild von Paris. Die 1671 gegründete Akademie der Baukunst stellte die Regeln einer Architektur auf, die dank der Festigung der absolutistischen Monarchie stark an Bedeutung gewannen. Die Verbindung von Religion und Antike und die Vereinheitlichung der Regeln auf allen Gebieten der Kunst führten zur Blütezeit der französischen Klassik.

Die Kirchenbaukunst orientierte sich an römischen Kirchen, in denen Säulen, Giebel, Statuen und Kuppeln die Hauptelemente sind.

Der im Gegensatz zur reformatorischen Strenge stehende **Jesuitenstil der Gegenreformation**, der in der Kirche St-Paul-St-Louis (Le Marais - 5) umgesetzt wurde, hat großen Erfolg, und der Himmel von Paris füllt sich mit weiteren Kirchenkuppeln. Lemercier etwa errichtete die Kuppeln der Sorbonne (Quartier Latin - 7) und des Militärkrankenhauses Val-de-Grâce, die von Le Muet vollendet wurden.

Die Baumeister des Sonnenkönigs stellten in der Hauptstadt vielfach ihr Können unter Beweis: **Hardouin-Mansart** erbaute den Invalidendom (Les Invalides - 11) und die Kirche St-Roch (Opéra – Palais-Royal - 17), **Libéral Bruant** indes die Salpêtrière; Le Vau errichtete St-Louis-en-l'Île und **Soufflot** die später in Panthéon umbenannte Kirche Ste-Geneviève (Quartier Latin - 7).

Die Profanbauten zeichnen sich durch klare Linien und klassische Symmetrie aus. Die Place des Vosges (Le Marais - 5), die Place Dauphine (La Cité - 1) sowie das Hôpital St-Louis

DAS ARCHITEKTEN-TRIO DER PARISER RENAISSANCE

Wenn man von der Renaissance in Frankreich spricht, denkt man in erster Linie an die Schlösser der Loire. Aber auch in Paris entstanden zwei herausragende Bauten: der Louvre und die Tuilerien, die auf drei Architekten zurückgehen: Pierre Lescot (1515-1578), Baptiste Androuet du Cerceau (1560-1602) und Philibert Delorme (um 1510-1570). Alle drei waren von der italienischen Architektur beeinflusst. Lescot und Du Cerceau übernahmen in ihren Bauwerken die italienische Vorliebe, eine regelmäßige Fassade durch einen Vorbau mit geschwungenem Giebel zu unterbrechen. In der Cour Carrée des Louvre hat man die schlichte Harmonie der antiken Ordnung mit üppigem Bauschmuck kombiniert. Zwischen kannelierten Pilastern befinden sich Nischen mit Statuen. Gesimse und Friese bekrönen die Portale sowie das gesamte Gebäude. Im Inneren sind dekorative Kassettendecken eingezogen (Escalier Henri II im Louvre).

sind mit ihrem Mauerwerk aus Natur- und Backstein typisch für den Louis-treize-Stil. **Salomon de Brosse** verbindet in dem für **Maria de Medici** errichteten Palais du Luxembourg (Quartier Latin - 7) italienische und französische Stilelemente miteinander. Androuet Du Cerceau, Mansart, Delamair und Le Muet schaffen im Marais den Typus des Pariser Stadthauses für Adelige, des sogenannten *Hôtel particulier*, das kleiner ausfällt als früher und immer auch einen Garten umfasst.

Zwischen 1650 und 1750 erlebte die französische Klassik mit Prachtbauten von **Perrault** (Kolonnade des Louvre: Le Louvre - 3), **Le Vau** (Institut de France: St-Germain-des-Prés - 8) und **Gabriel** (Concorde: La Voie triomphale - 14; École militaire: Tour Eiffel und Trocadéro - 12) ihre Blütezeit.

Obwohl man gegen Ende des 17. Jh. nach Originalität strebt, um sich vom Akademismus abzuheben, setzt sich der Rokokostil bis auf wenige Ausnahmen (Dekor des Hôtel de Soubise: Le Marais - 5) in Paris nicht durch. Unter Ludwig XVI. zieht man die elegante Schlichtheit antiker Formen vor (Palais de la Légion de l'Honneur Faubourg St-Honoré - 16), wie sie von **Ledoux** entworfen werden (Zollhäuser der Mauer der Generalpächter). Der Monumentalstil erlebt eine Renaissance bei Soufflot (Panthéon: Quartier Latin - 7).

DAS TYPISCHE PARISER HAUS

Profilleisten an der Decke, Kamin, Parkett, eine Flucht von Zimmern, die von einem langen Flur aus zugänglich sind, in einem Haus aus Quadersteinen, das nicht mehr als fünf Stockwerke hat (zuzüglich Erdgeschoss), mit Balkonen in der ersten und vierten Etage: Dies ist die kurze Skizzierung einer typischen Wohnung bzw. eines typischen Hauses im Stil Haussmanns, und vor allem auch typisch für Paris!

Seit ihrer Errichtung zur Zeit des Second Empire haben die von Haussmann entworfenen, zur Schaffung größerer architektonischer Ensembles ideal geeigneten Bauten mit ihrem uniformen Aussehen die Zeitgenossen beeindruckt. Heute gehören sie ebenso zum Pariser Stadtbild wie der Eiffelturm und die Bateaux Mouches.

DIE NEUEN TENDENZEN DES 19. JH.

Unter Napoleon (Empire) und während der Restauration entstand in der Architektur wenig Neues. Die Madeleine, der Arc de Triomphe du Carrousel und der Triumphbogen auf der Place de l'Étoile knüpfen an die Architektur der Antike an.

Im Second Empire hingegen modernisierte der Präfekt Baron Haussmann die Stadt im großen Stil. Die neu entwickelte **Eisenkonstruktion**, durch die sich ganz neue Möglichkeiten ergaben, revolutionierte die Architektur. **Baltard** errichtete an der Place St-Augustin (8. Arrondissement) die Kirche St-Augustin in Eisenkonstruktion sowie die Markthallen (Les Halles – von denen ein Pavillon heute in Nogent zu sehen ist), **Labrouste** die Bibliothèque St-Geneviève (Quartier Latin - 7) sowie den Lesesaal der Nationalbibliothek in der Rue de Richelieu (Opéra – Palais Royal - 17), **Hittorff** den Nordbahnhof und **Gustave Eiffel** seinen berühmten Eiffelturm.

Gegen Ende des Jahrhunderts machten sich neue Tendenzen in der Architektur bemerkbar. Die Architekten des **Art nouveau**, des französischen Jugendstils, dessen Hauptvertreter in der Architektur **Hector Guimard** ist, entwickelten bei der Fassadengestaltung, der Innenausstattung und im Möbeldesign eine neue Formensprache, deren Hauptmerkmale stilisierte florale Motive und Asymmetrie waren. Darüber hinaus war auch die häufigere Verwendung bestimmter Materialien wie Glas und Keramik charakteristisch für den neuen Stil.

Architektonischer Stilmix rund um die Gare de Lyon.
S. Sauvignier / MICHELIN

DAS 20. JAHRHUNDERT

Im 20. Jh. erlebten Architektur und Städtebau große, umwälzende Veränderungen. Immer häufiger wurden Materialien wie **Zement** und **Stahlbeton** verwandt: **de Baudot** etwa errichtete mit St-Jean-de-Montmartre den ersten Kirchenbau aus Stahlbeton (Montmartre - 24) und auch die **Brüder Perret** entschieden sich beim Bau des Théâtre des Champs-Élysées für eine Betonkonstruktion, die dann mit weißem Marmor verblendet wurde (La Voie triomphale - 14; siehe außerdem das Gebäude in der Rue Benjamin-Franklin.

Auch der **Art déco** fand seinen Niederschlag in der Pariser Architektur (Palais de Chaillot und Palais de Tokyo: Alma - 13).

Die Zeit nach 1945

Nach dem Zweiten Weltkrieg erlebte die Architektur unter dem Einfluss **Le Corbusiers** (obwohl er in Paris nur wenig gebaut hat) eine grundlegende Erneuerung durch bislang noch nicht da gewesene Formen, die sich in die bereits existierende Umgebung gut integrieren: So entstanden etwa Bauten, die auf Pfählen ruhen, oder auch Segeldächer von enormen Spannweiten. Diese neuen Formen der Architektur kommen vor allem in dem seit den 70er-Jahren stetig wachsenden sozialen Wohnungsbau zum Tragen, aber auch bei Projekten größerer Dimension. Dazu zählen z. B. der Sitz der UNESCO an der Place de Fontenoy (7. Arrondissement), einem Werk der Architekten Bernard Zehrfuss, Marcel Breuer und Pier-Luigi Nervi (1958) sowie der von Oscar Niemeyer gemeinsam mit Pierre Chemetov, Jean Deroche und Jean Prouvé entworfene Sitz der kommunistischen Partei an der Place du Colonel Fabien (19. Arrondissement). In den 1980er-Jahren berücksichtigen die Architekten bei ihren Entwürfen zunehmend die urbane Umgebung. Ziel ist dabei, die neuen Viertel so zu gestalten, dass sie sich in das alte Paris gut einfügen. Ein Symbol für die Wiedergeburt der Pariser Architektur ist der Gebäudekomplex Les Hautes Formes (1979) mit 209 Sozialwohnungen. Der Architekt Christian de Portzamparc entschied sich, hier

anstelle der geplanten zwei Hochhaustürme acht niedrigere Gebäude zu errichten, die sich in das Pariser Straßenbild einfügen. So knüpfte er an die städtebauliche Tradition an und schuf Bezüge zwischen Gegensätzen wie innen und außen bzw. Architektur und urbane Umgebung.
Ricardo Bofill etwa hat seine soziale Wohnungsbauanlage (1985) Les Échelles du baroque an der Place de Catalogne im 14. Arrondissement wie ein Stadtviertel konzipiert. Seine Architektur wird heute allerdings kritisch betrachtet, da sie Merkmale der monumentalen klassizistischen Architektur nachempfindet. Dennoch verstand Bofill sie als modern und verwendete für seine streng klassizistischen Bauformen Materialien wie Glas und Zement.

Architektur der Gegenwart

Die meisten Bauten der letzten Jahrzehnte bestehen zu einem Großteil aus **Glas**, denn mit Glas lassen sich interessante technische und ästhetische Effekte erzielen: die Türme von La Défense (der erste Turm wurde 1967 gebaut), das Institut du Monde Arabe (1987 – Architekt **Jean Nouvel**), die Pyramide des Louvre (1989 – **Ieoh Ming Pei**), die Bibliothèque nationale de France (1997 – **Dominique Perrault**), die Maison de la culture du Japon (1998 – **Masayuki und Armstrong**) oder das in jüngster Zeit errichtete Musée du Quai Branly (2006 – **Jean Nouvel**), bei dem Glas mit Holz und Pflanzen kombiniert ist. Die Glasfassaden erlauben das Spiel mit Lichtreflexen von einem Gebäude zum anderen. In technischer Hinsicht ist der Einsatz dieser Materialien eine Spitzenleistung. Des Weiteren hat die Integration von Architektur in ihre natürliche oder künstlich geschaffene Umgebung nach wie vor große Bedeutung und ist ein wichtiges Auswahlkriterium für Bauprojekte und ihre Akzeptanz durch die städtischen Nutzer. Auch ökologische Fragen spielen zunehmend eine Rolle und sind bereits auf originelle Weise beantwortet worden. In Paris gilt Jean Nouvel mit der vorhangsartigen Fassade des IMA (Institut du Monde Arabe) und ihren Solarzellen sowie der begrünten Wand des Musée du Quai Branly als Vorreiter in Sachen Ökologie.

Malerei und Bildhauerei

Nachdem Malerei und Bildhauerei jahrhundertelang im Dienste der Monarchie und der Kirche standen, bot Paris den Künstlern im 19. und 20. Jh. ganz neue Freiheiten und Möglichkeiten, ihrer Schaffenskraft freien Lauf zu lassen.

MITTELALTER

Malerei und Skulptur traten immer im religiösen Kontext auf, als Ausschmückung der romanischen und vor allem der gotischen Kirchen. Die Malerei fand in der Gotik vor allem Ausdruck in der Glasmalerei, da durch die Öffnung der Wandflächen nun ein erhöhter Bedarf an Buntglasfenstern bestand. Die Fenster der Sainte-Chapelle und die Fensterrose von Notre-Dame etwa sind Meisterwerke dieser Technik. Im Laufe des Mittelalters wurde die Farbpalette immer breiter, gewannen die Farben immer mehr an Leuchtkraft. Die Malerei dieser Zeit zeichnet sich durch einen packenden Realismus aus: Die Gesichter sind ausdrucksstark, die Kleidung minutiös bis ins kleinste Detail wiedergegeben. Die Maler dieser Epoche werden auch „Primitive" genannt.
Auch die Skulptur erlebte in der Gotik eine Blüte. In ihr vereinten sich Realismus und Dramatik auf neuartige Weise und machten aus der zuvor rein dekorativen Kunst eine eigenständige Kunstform. Die Kirchen wurden nun vermehrt mit Statuen ausgeschmückt: Besonders reichhaltig ist der Skulpturenschmuck an der Balustrade und am inneren Chorumgang von Notre-Dame in Paris. Das Portal des Jüngsten Gerichts kennzeichnet den Übergang zu einem schlichteren Stil, der sich im 13. Jh. durchsetzt.

DIE RENAISSANCE

Anfang des 14. Jh. milderte sich der Realismus der Pariser Malerschulen ab. Der Gesichtsausdruck wurde feiner, man legte mehr Wert auf Details. Es fanden sich nun neue Inhalte in der Malerei: Man behandelte mythologische Themen und humanistische Fragen, entdeckte das Ideal der Antike neu und verlegte sich zunehmend auf die Porträtmalerei. In der französischen Malerei war der Einfluss der italienischen Malerei allgegenwärtig, die Skulptur mit ihrem charakteristischen Gepräge hingegen blieb weitgehend eigenständig. Die Kunst der **Glasmalerei** befand sich auf ihrem Höhepunkt. **Jean Cousin der Jüngere** (1522-1594) entwickelte die Farbtechniken weiter. Die Glasfenster *Das Urteil des Salomon* und *Marienleben* in St-Gervais sowie *Die Geschichte des hl. Joseph* in der Kirche St-Merri (Beaubourg und les Halles - 4) wirken wie Gemälde. Mit den in der Folgezeit entstandenen Grisaillen von Künstlern, die ihre Inspiration aus dem Werk Albrecht Dürers zogen, hatte die Farbenpracht der Glasfenster ein Ende.

DAS 17. JAHRHUNDERT

Auch Anfang des 17. Jh. war der italienische Einfluss in der französischen Malerei noch sehr stark. In dieser Zeit entstanden vor allem Werke, die zur Ausschmückung der königlichen Paläste wie etwa des Louvre oder des Palais du Luxembourg dienten. Auch die Skulptur wurde nun von der italienischen Kunst beeinflusst und bekam einen rein dekorativen Charakter. Skulpturen hatten ihren Platz nur noch in Nischen oder über Türen.

Das Große Jahrhundert der französischen Kunst setzte in der zweiten Hälfte des 17. Jh. ein: Unter der Autorität und dem Patronat der absolutistischen Herrscher entwickelte die französische Klassik ihren Formenkanon, und trotz des Konkurrenten Versailles profitierte Paris am meisten von dieser neuen Entwicklung. Hauptziel der Malerei und der Skulptur war nun, die französische Monarchie zu verherrlichen, die ihre Hauptstadt mit prachtvollen Denkmälern ausstattete, für deren Ausführung die besten Bildhauer des Hofes herangezogen wurden. Zu ihnen gehörten Girardon (Grabmal Richelieus), Coysevox (Skulpturen im Jardin des Tuileries), Coustou (Pferde von Marly).

1648 wurde die Akademie für Malerei und Skulptur gegründet, die bis 1793 die bedeutendste Kunstschule Frankreichs war. Zu ihren Gründern gehörten Charles Le Brun und Eustache Le Sueur. Die Auseinandersetzungen zwischen den sogenannten *Korporatisten* unter Vouet und den Unabhängigen unter Le Brun haben wahrscheinlich nicht unerheblich zur dynamischen Entwicklung der Akademie beigetragen.

PIERRE MIGNARD

Nachfolger Le Bruns im Amt des „Ersten Malers des Königs" (Premier Peintre du Roi) wurde Pierre Mignard (1612-1695), dessen kleine Gemälde im Stile Raffaels als *Mignardes* bezeichnet werden. Seine Kompositionen sind von noch größerer Leichtigkeit und Eleganz als bisher bekannt, dabei auch von ausgeprägtem Realismus. Mit ihm beginnt der Streit zwischen den *Poussinistes*, den Anhängern Nicolas Poussins, die für eine Vorrangstellung des *disegno*, der Linie in der Malerei, plädierten, und den *Rubenistes*, den Anhängern Peter Paul Rubens', die das Primat der Farbe forderten. Genau wie bei der *Querelle des Anciens et des Modernes* in der Literatur war es ein Streit zwischen Anhängern der akademischen Malerei und den moderner orientierten Malern, die größere Natürlichkeit in ihren Werken suchten (Landschaften der Brüder Le Nain). In Paris setzte sich nun Schritt für Schritt ein Stil durch, der bis dahin für die Provinz typisch war.

Um **1650** versöhnten sich die beiden Lager unter Colbert, der den Mitgliedern der Akademie ihre ersten Statuten gab. Aufgabe der Akademie war es in erster Linie, die künstlerische Doktrin festzulegen und junge Talente auszubilden.

BAROCK UND KLASSIZISMUS

In der französischen Malerei des 18. Jh. sind die Gemälde religiöser Thematik mit Details überfrachtet (**Boucher**, *Schäferszene*, Louvre), während die mythologischen Inhalte vermenschlicht werden. Dieser manieristische französische Stil brachte eine Reihe von Werken hervor, die wie **Watteaus** (1684-1721) *Aufbruch von Kythera* (1717, Louvre) das „Liebesfest" (*fête galante*) zum Thema haben. Die typische klare Farbgebung findet sich auch in der dekorativen Malerei von **Jean-François de Troy** (1679-1752), wie etwa *Geschichte der Esther* (1739, Louvre). Porträtmaler wie **Maurice-Quentin de La Tour** (*Bildnis der Marquise von Pompadour*, 1752-1755, Louvre) bevorzugten die Pastelltechnik. **Jean Baptiste Siméon Chardin** (1699-1779), einer der Hauptvertreter der französischen Malerei dieser Zeit, konzentrierte sich auf Genreszenen, Stillleben und Porträts. Bouchers zarte Landschaften eröffneten die Zeit der Frühromantik.

Das ausgehende 18. Jh. kannte zwei bedeutende Bewegungen, die Frühromantik, wie sie sich in den Werken **Jean Honoré Fragonards** (1732-1806) ausdrückt, und den Klassizismus, dessen Hauptvertreter der Historienmaler **Jacques-Louis David** (1748-1825) ist (*Schwur der Horatier*, Louvre).

In der Skulptur entstanden ebenso zahlreiche monumentale Werke wie im Großen Jahrhundert: Berühmte Bildhauer dieser Zeit waren **Robert Le Lorrain** (*Tränke der Sonnenrosse Apollos*, Hôtel de Rohan: Le Marais - 5), **Bouchardon** (*Fontaine des Quatre-Saisons:* Faubourg St-Germain - 9) und **Jean-Baptiste Pigalle** (Weihwasserbecken in St-Sulpice: St-Germain-des-Prés - 8).

19. UND 20. JAHRHUNDERT

Malerei und Skulptur spiegeln die politischen Umwälzungen dieser Zeit wieder.

Malerei

Die großen Strömungen der ersten Hälfte des 19. Jh. – Kräftige Farben und eine neuartige Freiheit bezüglich der inhaltlichen Wahl kennzeichnen die Kunst dieser Zeit. **Théodore Géricault** (1791-1824) begründete die **Romantik** in Frankreich: Sein Gemälde *Das Floß der Medusa* (1819, Louvre) bricht mit seiner kühnen Komposition, seiner Bewegtheit und dem eindringlichen, expressiven Ausdruck der dargestellten Personen radikal mit dem Klassizismus. **Eugène Delacroix** (1798-1863) ist sein würdiger Nachfolger auf diesem Weg. Die offiziellen Salons, in denen Maler ihre Werke ausstellten, waren Schauplatz heftiger Auseinandersetzungen zwischen zwei großen Strömungen, deren eine den Vorrang der Zeichnung, die andere das Primat der Farbe predigte. **Ingres** (1780-1867), der seine Inspiration in der Antike suchte, verlor die „Schlacht", als er im Salon von 1827 seine *Apotheose Homers* zeigte. Doch diese Rückkehr zum Akademismus kam beim Salon von 1863 wieder zu Ehren.

Als Reaktion darauf gründete Édouard Manet die Gruppe von 1863, in der sich all jene Maler zusammenschlossen, die vom offiziellen Salon abgewiesen wurden: **Henri Fantin-Latour** (1836-1904) und **Manet** (1832-1883) erzählen in ihren Werken von den Vergnügungen des täglichen Lebens, doch ihre Frauendarstellungen lösten mitunter Skandale aus (so etwa Manets *Olympia*, 1863, Orsay). Beide Maler sind ebenso wie **Gustave Courbet** (1819-1877) Vorläufer des Impressionismus.

Vom Impressionismus zum Expressionismus – Der Impressionismus übernahm die Prinzipien des Realismus, d. h. nach der Natur malen, erreichte aber in seinen Werken – dank einer erweiterten Farbpalette und einer neuen Malweise – eine ganz neue Leuchtkraft und Farbigkeit. Doch die Impressionisten widmeten sich auch der Zeichenkunst. **Edgar Degas'** (1834-1917) Skizzen von Tänzerinnen weisen feste Konturen auf. Die Maler des Impressionismus hatten eine ausgeprägte Vorliebe für Landschaften (**Monet**, *Die Brücke von Argenteuil*, 1834, Orsay). **Cézanne** (1839-1906) und **Pissarro** (1830-1903) indes malten Personen, Landschaften und auch Interieurszenen (Cézanne, *Kartenspieler*, um 1890-1895, Orsay).

Der Erfolg der Bewegung eröffnete neue Wege: **Seurat** (1859-1891) erfand den Divisionismus, indem er seine Bilder nach streng geometrischen Kriterien aufbaute. Das systematische Nebeneinandersetzen von Primär- und ihren Komplementärfarben ist charakteristisch für den Pointillismus. In den Gemälden von **Puvis de Chavannes** (1824-1898) wurde die Natur zum Symbol. **Gauguin** (1848-1903) und **Van Gogh** (1853-1890) brachen zwar nicht mit dem Impressionismus, fanden aber einen eigenen Stil, indem sie den Eigenwert der Farbe und die ihr innewohnende Symbolkraft betonen. Der Expressionismus, dessen Hauptvertreter in Frankreich **Georges Rouault** (1871-1958) und **Chaim Soutine** (1894-1943) sind, hat die sozialen Spannungen des frühen 20. Jh. zum Thema.

Vom Fauvismus zum Kubismus – Die Fauvisten, Anhänger einer Anfang des 20. Jh. neu entstehenden Bewegung, haben mit den Realisten und den Symbolisten nichts mehr gemein. Ihre Farb- und Formenpalette ist häufig aggressiv, was beim Herbstsalon von 1905 einen Skandal auslöste. **Maurice de Vlaminck** (1876-1958), **Henri Matisse** (1869-1954) und **André Derain** (1880-1954) sind die Hauptvertreter dieser Bewegung, die absolute Freiheit predigte; dies ging so weit, dass sie sich bis in ihr Privatleben hinein von allen gesellschaftlichen und künstlerischen Zwängen befreiten (Montmartre - 24). Doch das Primat der Farbe bedeutete für Matisse nicht, dass er keinen Wert auf Form oder Komposition legte.

Der Kubismus brach sich Bahn. **Pablo Picasso** (1881-1973) führte diese Bewegung in den *Demoiselles d'Avignon* zu einem ersten Höhepunkt. **Braque** (1882-1963) schuf kubistische Landschaften. Einige Künstler jedoch zogen dem Kubismus die schöpferische Freiheit vor. Modigliani, Soutine, Chagall, Zadkine und Léger ließen sich in Montparnasse nieder und ließen den Expressionismus wieder aufleben. Dies war das goldene Zeitalter der **Schule von Paris**, die erst mit Ausbruch des Zweiten Weltkriegs ein Ende fand und vom Surrealismus abgelöst wurde.

Skulptur

Im Second Empire und in der Dritten Republik wurde Paris im Laufe der Zeit zu einem regelrechten Freilichtmuseum. **Carpeaux** entwarf die Fontaine de l'Observatoire, **Rude** das Hochrelief *La Marseillaise* am Arc de Triomphe. Ihnen folgten Meisterwerke des ausgehenden 19. Jh. bzw. aus der Zwischenkriegszeit: **Rodins** *Balzac* auf dem Boulevard Raspail, **Dalous** *Triomphe de la République* auf der Place de la Nation, **Bourdelles** Skulpturen am Palais de Tokyo und am Théâtre des Champs-Élysées, **Maillols** Skulpturen im Jardin des Tuileries, **Landowskis** *Sainte Geneviève* beim Pont de la Tournelle und seine Tierskulpturen bei der Porte de St-Cloud. Aus dem Jugendstil sind noch einige Dutzend Eingänge zu Metrostationen erhalten, die **Hector Guimard** um 1900 entwarf.

Auch die abstrakte Kunst hat sich in Paris ihren Platz erobert: Herausragende Beispiele hierfür sind die Mobiles von **Alexander Calder** im Garten des UNESCO-Gebäudes und in La Défense sowie die Skulpturen von Yaacov Agam, Philolaos und von Louis Leygue.

An die Tradition des 19. Jh. anknüpfend findet man in den Straßen und Grünanlagen der Stadt seit geraumer Zeit immer mehr Statuen berühmter Persönlichkeiten (Georges Pompidou, Jean Moulin, Arthur

Die Bouquinisten an den Quais sind eine Pariser Institution.
S. Sauvignier / MICHELIN

Rimbaud) oder Skulpturenbrunnen (Fontaine Stravinski in Beaubourg).

PARIS IN DER MALEREI

Bis zu den Religionskriegen taucht die Stadt Paris in der Malerei weder als Hauptsujet noch als Hintergrund für eine Szene auf. Erst unter Heinrich IV. und Ludwig XIII. finden sich Darstellungen von Paris in Kupferstichen von **Jacques Callot** (1592-1635) und in Gemälden holländischer Landschaftsmaler wie Abraham de Verwer oder Regnier Nooms Zeeman, die das Licht und die Atmosphäre an den Seineufern faszinierten. Die Maler im 17. Jh. indes bevorzugten Ansichten des Pont-Neuf und des Louvre, wo das Herz der Hauptstadt schlug.

Mit den Impressionisten und ihrer Vorliebe für die Plein-air-Malerei erlebten Parisansichten am Ende des 19. Jh. einen Höhepunkt. **Camille Corot** malte bevorzugt die Quais an der Seine und den Vorort Ville-d'Avray. Nach ihm ließen sich **Monet** (*St-Germain-l'Auxerrois, Gare St-Lazare*), **Renoir** (*Moulin de la Galette, Moulin Rouge*), **Sisley** (*Île St-Louis*) und **Pissarro** (*Le Pont-Neuf*) von den Lichteffekten und den Grautönen der Stadt in den Bann ziehen und schufen heute weltberühmte Werke. Paris spielt auch in den Gemälden von **Albert Lebourg** (*Notre-Dame*), **George Seurat** (*Der Eiffelturm*), **Gauguin**, **Cézanne** und **Van Gogh** (Ansichten von Montmartre) eine bedeutende Rolle.

Toulouse-Lautrec interessierte sich weniger für die Denkmäler und Plätze der Stadt als vielmehr für das Leben in den Cabarets, die er besuchte. Unter den Nabis war es **Vuillard**, der den Zauber von Plätzen und Gärten in seinen Werken festhielt.

Anfang des 20. Jh. zeigten die Fauvisten **Albert Marquet** und **Maurice Utrillo** die Welt der kleinen und armen Leute in Paris, von den Kubisten ist es **Robert Delaunay.**

Ende des 20. Jh. waren es schließlich der polnisch-französische Maler und Bühnenbildner **Balthus** (geboren als Graf Balthazar Klossowski de Rola, Paris in der Zwischenkriegszeit), sowie der Künstler **Yves Brayer** und der Graphiker und Maler **Bernard Buffet,** die sich in ihren Werken mit dem Leben in Paris auseinandersetzten.

Literatur und Geistesleben

Aufgrund des französischen Zentralismus konzentrieren sich in Paris so gut wie alle politischen und kulturellen Aktivitäten des Landes. Trotz zunehmender Dezentralisierung bleibt Paris die Wiege der kulturellen Kreativität: Paris ist die Heimat der Literatur, in den Universitäten der Metropole wird eine Intellektuellen-Generationen nach der anderen ausgebildet, Musiker, Cineasten und Fotografen finden hier finanzielle Mittel, die richtigen Orte und das richtige Publikum, um ihre Talente frei zu entfalten. Die Geschichte der französischen Kultur ist mit Paris verbunden und seit Jahrhunderten kategorisch von der Hauptstadt bestimmt.

Die Geschichte von Paris als Zentrum der Literatur und Geisteswissenschaften beginnt mit der Gründung der Universität. In der Zeit der Aufklärung erlangte die Stadt ihr intellektuelles und kulturelles Renommee. Die Geschichte der französischen Literatur ist untrennbar mit Paris verbunden. Zahlreiche Schriftsteller wurden hier geboren und haben die Stadt in ihren Werken verewigt. Ihnen ist es zu verdanken, dass Paris einen so hohen Stellenwert in der französischen Literatur erhielt.

ENTWICKLUNG IM LAUF DER JAHRHUNDERTE

Mittelalter und Renaissance

12.-13. Jh. – Paris gründet seine erste Universität, die lange die einzige Universität in Nordfrankreich ist. Der Pariser Dialekt wird zur offiziellen Sprache des Hofes, Paris wird nun zu einem literarisch wichtigen Schauplatz.

15.-16. Jh. – Die Schriftsteller und ihre Helden erobern Paris, erstere um zu schreiben, letztere um zu studieren. François Rabelais, einer der größten Schriftsteller jener Epoche, kritisierte zwar den Charakter der Pariser, was ihn jedoch nicht daran hinderte, seine berühmten Helden, die jungen Riesen Pantagruel und Gargantua zum Studium an die Sorbonne zu schicken.

1530 – Franz I. und Guillaume Budé gründeten das Collège des lecteurs royaux, aus dem später das renommierte Collège de France wird. Pierre de Ronsard und die ganze Dichterschule der Pléiade studierten hier Griechisch.

Je mehr Paris in seine Rolle als Hauptstadt des Königreichs hineinwuchs, desto mehr Schriftsteller wählten es als Zweitheimat. So entstand im Collège de France die Humanistenbewegung, die dann schnell zu einer europäischen Bewegung wurde.

Das „Große Jahrhundert": 17. Jahrhundert

Trotz der umfangreichen Bautätigkeit und der Wirren der Fronde fanden unter Heinrich IV. und Ludwig XIII. in Paris die ersten literarischen Salons statt.

Nachdem Paris im 16. Jh. das Zentrum des Humanismus war, wurde es im 17. Jh. mit der absoluten Monarchie zum Mittelpunkt der französischen Klassik. Nach dem Vorbild von Franz I. wurde Ludwig XIV. ein außergewöhnlicher Förderer der Geisteswissenschaften. Unter ihm war es Schriftstellern sogar erlaubt, in einem gewissen Rahmen Gesellschaftskritik zu üben; das beste Beispiel hierfür sind die Komödien des französischen Schauspielers und Dramatikers **Molière**.

1630-1645 – Blütezeit des literarischen Salons im Hôtel de Rambouillet, der oft auch *Chambre bleue* genannt wurde.

1634-1635 – Richelieu gründet die Académie française. Paris wird Zentrum der französischen Literatur. Im Gegensatz zu den Salons, in denen offene Diskussionen gepflegt werden und erwünscht sind, versucht die Académie, die französische Sprache zu standardisieren und auf alle Bereiche der Literatur Einfluss auszuüben.

1636 – Verurteilung der Tragikomödie *Le Cid* von Pierre Corneille durch die Académie.

Nach 1661 – Unter der Regierung Ludwigs XIV. schwindet die Beliebtheit der literarischen Salons, da der Hof mit seinem festen klassischen Kanon eine große Anziehungskraft ausübte.

1678-1694 – *Querelle des Anciens et des Modernes,* wörtlich: „Der Streit der Alten und der Neuen", d.h. die geistesgeschichtliche Debatte, die in Frankreich an der Wende vom 17. zum 18. Jh. geführt wurde.

1680 – Gründung der Comédie-Française unter dem Patronat des Königs.

Die Rückkehr der literarischen Salons im 18. Jahrhundert

Ludwig XV. und Ludwig XVI. zeigten wenig Interesse für die Literatur. So übernahmen die philosophischen Salons und Cafés die Aufgabe, neuen Ideen Raum zu geben, sie zu befürworten oder zu verwerfen und über Erfolg oder Misserfolg der französischen Schriftsteller zu entscheiden.

1710-1735 – Salon von Madame de Lambert, an dem La Motte, Marivaux und Montesquieu teilnehmen.

1726-1749 – Fontenelle, Marivaux, Montesquieu und der Abbé Prévost finden sich im Salon von Madame Tenan zusammen.

Im Salon der Marquise du Deffand sind Fontenelle, Marivaux, Voltaire, Montesquieu, Diderot und Sainte-Beuve zu Gast.

1780er-Jahre – Salon von Madame Necker, an dem auch ihre Tochter – die spätere Madame de Staël – teilnimmt.

Vom 19. Jahrhundert bis heute

Nach der Französischen Revolution war die Literatur nicht mehr auf eine begrenzte Gesellschaftsschicht beschränkt. Die Schriftsteller nahmen aktiv am politisch-gesellschaftlichen Leben teil, machten sich zum Sprachrohr politischer Forderungen, die Literatur wurde „volkstümlicher", sowohl was ihre Themen als auch was ihre Leserschaft anbelangte. Die Schriftsteller nahmen innerhalb der großen literarischen Strömungen – Realismus, Romantik, Symbolismus, Naturalismus, Surrealismus – an den politischen und sozialen Debatten ihrer Zeit teil.

Wenn Paris im 19. und 20. Jh. auch nicht mehr in dem Maße Schriftsteller anzog wie zuvor, so war es dennoch der Ort, an dem über den Erfolg der französischsprachigen Autoren entschieden wurde (Rimbaud musste diese schmerzliche Erfahrung machen). Genauso verhielt es sich mit dem Theater: In den Pariser Theatersälen wurde über die Zukunft eines Bühnenschriftstellers entschieden. Das **Vaudeville,** die Seele des Boulevardtheaters, hat seine Ursprünge in den Possenspielen, die auf den Bühnen der Jahrmärkte in St-Germain und St-Laurent aufgeführt wurden und die neben gesprochenen Dialogen auch Gesangs- und Tanzeinlagen beinhalteten. Operetten und Revuen zogen seit dem Second Empire ein großes Publikum an, das nicht mit hochpolitischer Problematik behelligt werden wollte. Doch auch das Drama ist eine Theatergattung, die ihren Platz in den Boulevardtheatern hatte.

KÜNSTLERTREFF LE PROCOPE

Das 1664 von dem Sizilianer Procopio Dei Coltelli gegründete Café war im 18. und 19. Jh. bei Literaten und Philosophen beliebt und berühmt: Schöngeister gingen hier ein und aus. La Fontaine, Voltaire und die Enzyklopädisten waren Stammgäste, später auch Musset, George Sand und Verlaine.

DIE GROSSEN LITERATENVIERTEL VON PARIS

Die wichtigen Literaturzentren wechselten innerhalb der Stadt regelmäßig. Die Frauensalons des 16. und 17. Jh. fanden in den wohlhabenden Vierteln von Paris, wie etwa in Monceau, statt. Das literarische

Leben verlagerte sich dann zunächst nach Batignolles, wo Mallarmé, Verlaine und Rimbaud wohnten, daraufhin nach Montmartre (Gérard de Nerval), im Anschluss von Montmartre ins Marais-Viertel (Victor Hugo) und schließlich nach St-Sulpice (Huysmans). Auch wenn die Closerie des Lilas in Montparnasse zu Beginn des 20. Jh. einer der wichtigsten Literatentreffpunkte war, so hatte doch St-Germain-des-Prés eine stärkere Anziehungskraft: Sartre, Simone de Beauvoir und Dichter wie Boris Vian und Prévert befanden sich hier in bester Gesellschaft mit Jazzmusikern wie Sidney Bechet. Heute werden hier die großen Literaturpreise – Prix Goncourt, Prix Fémina, Prix Médicis, Prix Renaudot – verliehen. Auch das Quartier Latin nimmt in der Welt der Literatur eine Sonderstellung ein, da sich hier die Sorbonne und die großen Verlage befinden.

In jedem Viertel von Paris hat mindestens ein bedeutender Schriftsteller gelebt oder gewirkt. Achten Sie auf die Gedenktafeln an den entsprechenden Häusern, sie geben Hinweise für Passanten.

PARIS IN DER LITERATUR

Paris war seit dem Mittelalter ein häufig wiederkehrendes Thema in der Literatur: Die Stadt bietet eine Überfülle an Sujets, und die Schriftsteller wurden nicht müde, den besonderen Geist, die besondere Atmosphäre von Paris einzufangen, ihr Geheimnis zu lüften, den Mythos der Stadt zu entschlüsseln, die Frankreich ausmacht.

Die mittelalterlichen Mysterienspiele brachten die einfache Bevölkerung von Paris ins Spiel, während die Klagelieder des mittelalterlichen französischen Dichters **Rutebeuf** und die Gedichte von **Villon** das derbe Paris der Ganoven vor unseren Augen erstehen lassen. In der Renaissance machte **Montaigne** Paris eine leidenschaftliche Liebeserklärung, **Agrippa d'Aubigné** indes legte mit seinen Werken Zeugnis ab über die Religionskriege, die Paris mit Feuer und Schwert verwüsteten.

Im 17. Jh. sangen die Literatenkreise Lobeshymnen auf Paris, doch auch Kritik wurde laut: St-Amant und **Madame de Sévigné** beschreiben in ihren Briefen ein lächerliches Paris, während die Stadt in **Boileaus** Werk *Embarras de Paris* zu einem grotesken Ort wird.

Während im 18. Jh. **Voltaire** der Pariser Schriftsteller par excellence war, ironisch und leicht, verkündete der aus der Provinz stammende **Rousseau** auf abstoßende und zugleich faszinierende Art seine Geringschätzung dieses Ortes „voller Lärm, Rauch und Schmutz". Die meisten Autoren fühlten sich jedoch hingezogen zum Leben in Paris: Die Werke der Enzyklopädisten sind untrennbar mit dem Paris der Aufklärung verbunden.

Im 19. Jh. gewann die Stadt an Anziehungskraft: Die aus der Provinz stammenden Romanhelden der beiden bedeutendsten Pariser Romanciers – **Victor Hugo** und **Honoré de Balzac** – erlagen den Versuchungen des Pariser Lebens; Lucien de Rubempré muss in *Verlorene Illusionen* sterben. In der *Menschlichen Komödie* oder auch in *Die Elenden* bekommt Paris menschliche Züge mit einem eigenen Charakter, mit Krankheiten, abwechselnd Monstrum und Wunderwerk, Kloake und Kathedrale. Julien Sorel in *Rot und Schwarz* von **Stendhal** sowie der Notar Léon in *Madame Bovary* von **Flaubert** ziehen es vor, der Pariser Welt zu entfliehen. Einige Romane von **Émile Zola** zeigen soziale Milieus und Viertel von Paris in düsterem Licht, die aus der Stadt ein Gefängnis machen. Paris besitzt zwei Gesichter in der Literatur: ein reiches, prunkvolles Paris von Rang und ein „volkstümliches" Paris, wo das Laster König ist.

Die echten Pariser Schriftsteller konnten sich nicht für eines der Bilder entscheiden: **Alexandre Dumas der Jüngere** und **Alfred de Musset** beschäftigen sich in ihren Werken häufig mit der höheren Gesellschaft, **Eugène Sues** *Mystères de Paris* spielen im Pariser Unterschichten-Milieu, **Henri Murger** stand für sein berühmtes Werk *Scènes de la vie de bohème* mit seinem eigenen Leben im Kreise der Bohémiens im Quartier Latin Modell, **Gérard de Nerval** indes beging in Paris Selbstmord.

In dem von Haussmann völlig umgekrempelten Paris brachten **Baudelaire**, die Dichtergruppe Parnassiens und die Symbolisten ihre gegensätzlichen Seelenzustände zum Ausdruck und zeichneten düstere, melancholische Bilder.

Um die Jahrhundertwende versuchten wiederum andere Dichter, Musik und Schriftstellerei zu verbinden, so etwa Paul Fort, dessen Gedichte von großer Musikalität sind. Die Dichter **Max Jacob** und **Léon-Paul Fargue** *(Le Piéton de Paris)* schildern in ihrem Werk das Viertel Montparnasse.

Die Romanciers wählten wieder andere Schauplätze in Paris: **Colette** und **Cocteau** wählten das Palais-Royal, **Simenon** den Quai des Orfèvres, **Céline** die Passage Choiseul in der Nähe der Place des Victoires. **Marcel Aymé** ist mit Montmartre verbunden. Für einen Surrealisten wie **Aragon** *(Le Paysan de Paris)*, für einen Amerikaner wie **Hemingway** war Paris eine Stadt, die es zu entdecken gilt, gleich ob in seiner politischen Aktivität („Paris qui n'est Paris qu'arrachant ses pavés", dt.: „Paris ist nur Paris, wenn es seine Pflastersteine herausreißt", Aragon) oder mit seiner festlich-erhabenen Atmosphäre. Ende des 20. Jh. verschwanden diese „romantischen" Beschreibungen der Pariser. Die letzte große Monumentalschilderung von Paris – nach *Notre-Dame de Paris* von Victor Hugo – schuf **Jean Diwo** (1987), der die facettenreiche soziale und politische Geschichte des Viertels Faubourg St-Antoine vom 15. Jh. bis heute darstellt (*Les Dames du Faubourg, Le Lit d'acajou* und *Le Génie de la Bastille*).

Musik

Paris: ein großes Orchester, dessen Musik verzaubert. Die Musik hat in der Stadt eine lange Tradition und erfüllt noch heute die Straßen der Hauptstadt. Paris ist zugleich Thema und Rahmen für musikalische Werke.

MITTELALTER

Ende des 12. Jh. – Gründung der Schule der Polyphonie von Notre-Dame, an der Léonin und Perotin lehren: Die hier entstehenden Werke sind Ausdruck mittelalterlicher Frömmigkeit.

13.-14. Jh. – Mehrteilige Kompositionen wie die Messen von Machaut (um 1300-1377) und die Motetten von Dufay, der später zu kontrapunktischen Formen überleitete. Die *Confrérie de St-Julien* der Musikanten von Paris (Instrumentalmusiker) wird gegründet.

Unter Franz I. – Gründung des ersten französischen Musikverlags in Paris. Balladen von Janequin, italienische Renaissancemadrigale und Lieder, die von Laute oder Gitarre begleitet werden, sind sehr beliebt.

MUSIKALISCHER STREIT

Im 18. Jh. entfachte sich ein Streit um die neue Gattung der komischen Oper. Zwei ausländische, in Paris lebende Komponisten, Christoph Willibald Gluck (1714-1787) und Niccolò Vito Piccini (1728-1800), lösten ihn aus. 1766 hatte der Direktor der Grand Opéra die Idee, Piccini und Gluck aufeinanderzuhetzen, indem er sie das gleiche Sujet – *Iphigenie auf Tauris* – bearbeiten ließ. Das Pariser Publikum wurde daraufhin in zwei feindliche Lager gespalten, die *Piccinisten* und die *Gluckisten*.

Gluck komponierte in Paris zwischen 1774 und 1779 seine bedeutendsten Opern (*Orpheus und Eurydike, Iphigenie auf Aulis* und *Alceste*). Er reduzierte die Handlung auf drei Akte, ersetzte das Cembalo durch die Flöte und legte die Grundlagen zur tragischen Oper französischen Stils.

1571 – Gründung der Akademie für Musik und Dichtung durch den Dichter Baïf, der anhand der Gedichte der Pléiade versuchte, die antike Harmonie von Vers und Rhythmus wieder aufleben zu lassen.

RENAISSANCE

Die ersten Pariser Chansons wurden veröffentlicht, damit öffnete sich die Musik, die sich dann auf den Festen der Lehnsherren weiterentwickelte, auch dem Volk.
Auch am Hof wurde die Musik weiter gefördert. Herrscher und Höflinge traten selbst in Balletten, allegorischen Tänzen, Opern und Schauspielen auf.

DIE MUSIKALISCHE BLÜTEZEIT IM 17. JH.

Genau wie die Literatur erlebte auch die Musik unter dem königlichen Patronat eine Blütezeit. Man spielte die großen ausländischen Opern in Paris, so etwa die Oper *L'Orfeo* des italienischen Komponisten Luigi Rossi, die im Jahr 1647 auf Initiative des Kardinals Mazarin vor dem 9-jährigen Ludwig XIV. aufgeführt wurde. Der Hof spielte bei dieser Entwicklung eine tragende Rolle. Pierre Perrin (1620-1675) wurde 1670 der erste Direktor der Opernakademie in Paris. Der Florentiner Komponist **Jean-Baptiste Lully** (1632-1687) ließ sich in Paris nieder. Ludwig XIV. ernannte ihn zum Hofmusikdirektor und 1672 zum Leiter der Königlichen Musikakademie. Lully komponierte Opern und Ballette, beherrschte alle Gattungen und war in der zweiten Hälfte des 17. Jh. die zentrale Figur der französischen Musik. 1655 wurden seine Ballette *Ballet des Bienvenus* und *Ballet de la naissance de Vénus* im Louvre uraufgeführt. 1661 kam es zu einer Zusammenarbeit von Lully mit Molière; sie entwickelten die Form der Ballettkomödie, eine Verbindung von Komödie, Musik und Tanz: *Die Lästigen, Der Sizilier – oder Die Liebe als Maler, Der Bürger als Edelmann.* Auch religiöse Musik gehörte zu Lullys Repertoire: 1677 wurde sein *Te Deum* uraufgeführt. Er verhalf in Notre-Dame-des-Victoires und in Notre-Dame, zusammen mit André Campra, der Kirchenmusik wieder zur Blüte. In der Kirche St-Gervais und in der Sainte-Chapelle wirkte die Familie **Couperin**; in St-Paul-St-Louis der Komponist **Marc Antoine Charpentier**.

DIE NEUEN OPERNFORMEN IM 18. JAHRHUNDERT

Nach dem für die Künste ruhmreichen Jahrhundert Ludwigs XIV. entwickelte sich die Musik in eine neue Richtung weiter.
Die Kompositionen wurden allmählich volkstümlicher und erfassten weitere Kreise. Auf den Pariser Märkten in St-Germain und St-Laurent entstand die *Opéra-comique* (Mouret, Monsigny). **Jean-Philippe Rameau** (1683-1764) führte die Tradition Lullys weiter, wies aber dabei dem Orchester neue Bedeutung zu. Seine Ballettopern *(Les Indes galantes)*, lyrischen Tragödien *(Castor et Pollux, Dardanus)* und lyrischen Komödien *(Platée)* brachten einen neuen französischen Stil hervor.
Als sich Rameau vom italienischen Vorbild der Oper entfernte, entfachte er den sogenannten *Buffonistenstreit*. Diese musikalische Auseinandersetzung zwischen den überzeugten Anhängern der italienischen Oper und den begeisterten Vertretern des französischen Stils leitet ihren Namen von einer italienischen Theatergruppe (Bouffons) ab, die 1752 in Paris auftrat.
Die Musik drängte im 17. und 18. Jh. auch in die Pariser Salons. Madame de Rambouillet verband die lebhaften Literaturdiskussionen mit den Freuden der Musik. Dieser musikalische Eifer des Adels wurde einige Jahre später als „Laienkonzerte" bezeichnet.
Zur gleichen Zeit förderte die Königliche Akademie die Einführung geistlicher Konzerte, die an kirchlichen Feiertagen in der Oper aufgeführt wurden. Das „spirituelle Konzert", auch „Tuileries" genannt, leitete eine musikalische Erneuerung ein, die den

Gesang in den Vordergrund rückte. Doch die Revolution ließ seine Bedeutung wieder verblassen.

DIE ZEIT NACH DER REVOLUTION UND DAS 19. JAHRHUNDERT

Die Entwicklung der Musik in Paris stand in unmittelbarem Zusammenhang mit den politischen und militärischen Ereignissen in der Hauptstadt. Während der Französischen Revolution etwa entstanden zahlreiche Volkslieder. Das bekannteste ist ohne Zweifel *La Carmagnole*, ein satirisches Chanson aus dem Jahr 1792. Die Dichter und Komponisten stellten sich bei großen vaterländischen Festen in den Dienst der politischen Regime: „Amis, rassurez-vous: les rois n'auront qu'un temps / Paris sera toujours le tombeau des tyrans" (1793). Soldatenlieder und Militärmusik erlebten ebenfalls einen Aufschwung und gaben den Marschtakt der Soldaten vor.

Im 19. Jh. wurde Paris zur internationalen Musikhauptstadt und zog so die größten Musiker des Jahrhunderts an. Die Musik in Frankreich erlebte keine Revolution und entwickelte sich kontinuierlich hin zur Romantik. Paris wurde dank der vielen ausländischen Künstler, die hier auftraten, und seiner einheimischen Komponisten zum großen Schauplatz der Oper, gleich ob komische Oper oder nicht. **Hector Berlioz** führte in Frankreich die tonmalerische Musik ein, eine Vorläuferin der Programmmusik, und **Charles François Gounoud** ließ die lyrische Oper wieder aufleben.

1795 – Gründung des Staatlichen Konservatoriums von Paris, das nacheinander Cherubini, Auber und Ambroise Thomas leiteten.

1801 – Das Théâtre de Feydeau und das Théâtre de Favart werden zur Opéra-Comique de Paris.

1830 – Hector Berlioz komponiert seine berühmte *Symphonie fantastique*, musikalisches Manifest der jungen romantischen Schule.

1866 – Premiere von Offenbachs Operette *Pariser Leben*.

Nach 1870 – Bizet, Saint-Saëns, Charpentier und Dukas erneuern Symphonie und Oper. Frankreich ist führend im Bereich der Ballettmusik.

JAHRHUNDERTWENDE (19.–20. JAHRHUNDERT)

Die beiden bedeutendsten impressionistischen Komponisten am Ende des 19. Jh. waren **Claude Debussy** und **Maurice Ravel.** Für die symphonische Musik lehnten sie ausländische Einflüsse (einschließlich Wagner) völlig ab und entwickelten einen eigenen französischen Stil. Debussy verwendete Barockakkorde in seinen *Proses lyriques* und zeigte sich offen für russische Einflüsse. Zusammen mit Ravel arbeitete er eng mit Diaghilews „Ballets russes" zusammen.

1894 – Charles Bordes, Alexandre Guilmant und Vincent d'Indy gründen die *Schola cantorum*.

1899 – Premiere von Berlioz' *La Prise de Troie* in der Oper.

1902 – Premiere von Claude Debussys *Pelléas et Mélisande* in der Opéra-Comique.

DIE GARDE RÉPUBLICAINE

Eine Beschreibung des Pariser Musiklebens wäre unvollständig, würde man die Garde Républicaine nicht erwähnen. Die Garde wurde 1848 gegründet und besitzt seit 1871 ein Orchester. Es besteht aus 127 Musikern und ist Sinfonieorchester, Streichorchester und Blasorchester in einem. Seine großen Militärmärsche sind Hymnen auf französische Siege: *Sambre et Meuse*, *Marche lorraine*, *La Fille du régiment*. Die Garde versucht, bei großen feierlichen Anlässen der Bevölkerung von Paris wie den Touristen die Zeit in Erinnerung zu rufen, als die Soldaten, angestachelt von Volks- und Soldatenliedern, das Land verteidigten.

20. JAHRHUNDERT

Anfang des 20. Jh. waren die Kabarette, in denen beliebte Chansonniers auftraten, Treffpunkt der Vergnügungshungrigen. Toulouse-Lautrec verewigte in seinen Plakaten und Lithographien die Cabarets von Montmartre.

1885-1899 – Das **Chat Noir** ist das beliebteste Cabaret der Chansonniers.

1903 – Das **Lapin Agile** öffnet seine Pforten.

Erster Weltkrieg – Eine neue Pariser Bewegung in der Musik, die als neoklassizistische Schule bekannt wurde, entsteht unter der Leitung von Nadja Boulanger. Zahlreiche französische und ausländische Komponisten erhielten hier ihre Ausbildung.

1922 – Mit Cocteau und der Gruppe Les Six beginnt die legendäre Geschichte des **Le Bœuf sur le Toit**. Jean Wiener, der in dem Lokal als fester Klavierspieler beschäftigt war, spielt mit den ersten Jazzmusikern aus Amerika: Das ist der Anfang einer langen Liebesbeziehung zwischen der Musik der Schwarzen, die aus Amerika kamen, und Paris, das unter der Ägide von Persönlichkeiten wie Hugues Panassié oder Boris Vian Musiker wie Louis Amstrong, Sidney Bechet, Dizzie Gillespie, Duke Ellington und Dexter Gordon zu Gast hatte.

Nach 1920 – Auch nach 1920 pflegte Paris eine Tradition musikalischer Innovation. Leute wie Maurice Martenot, der das elektronische Tasteninstrument *Ondes Martenot* konstruierte, bis hin zu P. Schaeffer, dem Erfinder der sogenannten *Konkreten Musik*, Pierre Boulez, Iannis Xénakis und Olivier Messiaen leisteten alle einen entscheidenden Beitrag zur Musik dieser Zeit. Nach Paris kamen zahlreiche Musiker aus dem Ausland, von denen viele zu dem speziellen Musikstil der Pariser Schule, die sich 1951 gründete, beitrugen.

DIE GROUPE DES SIX

Die aus den Komponisten Honegger, Tailleferre, Auric, Milhaud, Poulenc und Durey bestehende Gruppe wurde 1920 gegründet. Sie verfolgte in Abgrenzung zur Romantik und zum Impressionismus neue ästhetische Ziele, eine neue Einfachheit in der Musik, die einen langen Schaffensprozess voraussetzte. Obwohl Satie zu ihren Vorbildern zählte, ließen sie spontane Kompositionen nicht zu. Die Groupe des Six, kurz Les Six genannt, hatte nicht lange Bestand. Nach ein paar Jahren entwickelte sich jeder der sechs Komponisten in eine eigene Richtung.

Paris in Bildern

Welcher Künstler ist nicht versucht, wenn er durch die Straßen von Paris geht, die einmalige Atmosphäre dieser Stadt einzufangen? Wer ist nicht schon einmal vor einem Schwarz-Weiß-Foto des alten Paris in nostalgische Träume versunken?

FOTOGRAFIE

Das Auge des Fotografen legt Zeugnis über das Leben in Paris ab, es verewigt Straßenszenen und kleine Berufszweige, die es heute in Paris längst nicht mehr gibt. Einer der Väter der modernen Fotografie war **Eugène Atget**. Ihm ist es zu verdanken, dass wir uns heute eine Vorstellung vom Paris früherer Zeiten machen können. Einige der großen Fotografen versuchten vor allem, die Magie des nächtlichen Paris einzufangen (**Marcel Bovis**), andere wiederum die besonderen, charakteristischen Seiten der Viertel, die heute nicht mehr existieren (**Willy Ronis** und das Viertel Belleville-Ménilmontant). Allen gemeinsam war jedoch, dass sie in ihren Fotos das Paris einer längst vergangenen Zeit festhielten.

Fotografiesammlung im Musée d'Orsay (Musée d'Orsay - 10), Ausstellungen im Maison européenne de la Photographie und im Hôtel de Sully (Le Marais – 5).

Freuden des Pariser Sommers: Freiluftkino im Parc de la Villette.
Marc Bertrand / Paris Tourist Office

KINO

Ende des 19. und Anfang des 20. Jh. trug Paris zur Entwicklung der Filmkunst bei, indem es einige ihrer Pioniere unterstützte, die aus den traditionellen Bereichen Fotografie und Theater etwas ganz Neues zu schaffen versuchten.

1799 – Eröffnung der Passage des Panoramas. Die Panoramen, entfernte Vorläufer des Kinos, sind Gemälde, die sich über die gesamte Wandfläche einer Rotunde erstrecken, in deren Mitte die Betrachter stehen.

1892 – Émile Reynaud eröffnet im Musée Grévin das Optische Theater, in dem innerhalb von acht Jahren 12 000 Vorstellungen von 500 000 Zuschauern besucht werden.

28. Dezember 1895 – Erste öffentliche Vorführung des Kinematographen der Brüder Lumière.

1896-1897 – Georges Méliès (1861-1938) erfindet die Doppelbelichtung und zeigt seine ersten Drehbuchfilme.

1898 – Charles Pathé gründet die nach ihm benannte Firma und ihre Studios, die den Beginn der Filmindustrie markieren. Erste Nachrichtenschauen *(Pathé-Journal)*.

1900 – Auf der Pariser Weltausstellung wird das Cinéorama, der von Grimoin-Sanson erfundene Rundbildschirm, vorgestellt.

Die Gebrüder Lumière und der Kinematograph – Auguste (1862-1954) und Louis (1864-1948) Lumière meldeten am 13. Februar 1895 ein Patent auf den Kinematographen an, einen Apparat, der 18 bewegte Bilder pro Sekunde auf die Leinwand projizierte. Ihr 1894 gedrehter Film *Sortie des usines Lumière* (Feierabend im Lumière-Werk) war ein voller Erfolg: Nachdem er im März 1895 bei der Société d'encouragement de l'industrie nationale und danach im April an der Sorbonne gezeigt worden war, wurden im Dezember im Salon Indien des Grand-Café (Boulevard des Capucines) öffentliche Vorführungen angeboten.

Léon Gaumont (1863-1946) setzte mit seinem Chronophone das Werk der Gebrüder Lumière fort: Die Filme wurden nun synchron vertont. Charles Pathé kommerzialisierte das Kino zu Beginn des 20. Jh. Er errichtete seine Filmstudios in der Pariser Rue Francœur Nr. 6. Was von dem Goldenen Zeitalter übrig blieb? Mit 374 Kinosälen (davon 89 Programmkinos), 450-500 Kinofilmen pro Woche, mehreren Festivals und über 30 Millionen Zuschauern pro Jahr zählt Paris zu den internationalen Metropolen der Siebten Kunst. Zwar ziehen Hollywood-Produktionen die meisten Besucher an, doch die Pariser Kinos bieten zugleich eine große Vielfalt an Filmen aller Genres und Epochen aus der ganzen Welt. Die meisten Kinos der ersten Stunde gibt es nicht mehr, aber einige – wie La Pagode und Le Studio 28 – bewahren die Erinnerung einer glanzvollen Vergangenheit. Dazu zählt auch das Grand Rex (2. Arrondissement), mit 2650 Plätzen auf drei Etagen immer noch das größte Kino der Hauptstadt. Dieser 1932 errichtete Filmtempel mit seiner Art-Deco-Fassade und seiner Sternenkuppel steht seit 1981 unter Denkmalschutz. Im Forum des Images entdecken Sie die Pariser Geschichte seit der Erfindung des Kinos. (Beaubourg und les Halles – 4).

PLAKATKUNST

In Paris entwickelte sich zwischen Malerei und Fotografie ein neues Medium, das Plakat.

Paul Gavarni (1804-1866) zeigte in seinen Schwarz-Weiß-Plakaten das Paris der armen Leute und der Prostituierten; bekannt sind seine Plakate zu Werken Balzacs. Von Balzac inspiriert sind auch die Petites misères de la vie humaine von J.-I. Grandville.

In der zweiten Hälfte des 19. Jh. revolutionierte **Jules Chéret** (1836-1932) die französische Plakatkunst durch seine lebendigen, in Rokoko-Art gestalteten Plakate, für die er zum ersten Mal farbige Lithographien verwendete.

Der Pariser Maler und Graphiker **Toulouse-Lautrec** (1864-1901), Schüler von Chéret und Bonnat, stammte von einem alten Adelsgeschlecht ab. Seine Werk zeichnen sich durch seinen klaren, stark farbigen und eindringlichen Stil aus. Er wandte sich von der Werbeplakatkunst ab und schilderte lieber das Elend mancher Pariser Viertel und vor allem das Leben in den Cabarets und Tanztheatern, die er häufig besuchte und die ihn zu Werken wie *La Goulue im Moulin Rouge* inspirierten. Viele seiner scharf beobachteten Illustrationen zwischen Karikatur und Groteske lösten einen Skandal aus.

Der Prager Künstler **Alfons Mucha** (1860-1939) kam 1887 nach Paris, in einer kulturellen Blütezeit, als die Vorbereitungen zu den Weltausstellungen auf Hochtouren liefen. Während Toulouse-Lautrec auf der Suche nach dem Wahrheitsgehalt seiner Sujets war, umgab Alfons Mucha diese mit einer dekorativen, manchmal mit figürlichen Motiven überladenen Fülle. Seine Entwürfe für den Pavillon de l'Homme sind ein treffendes Beispiel dafür. Wie Lautrec entwarf auch Mucha Plakate für Theaterpremieren, u. a. für Sarah Bernhardt. Seine Kunst wird dem Jugendstil zugeordnet.

ROBERT DOISNEAU

In den Augen seiner Kollegen, darunter Edouard Boubat, Izis oder Brassaï, war Robert Doisneau (1912-1994), der auch „Toulouse-Lautrec der Fotografie" genannt wird, einer der ersten großen Fotografen von Paris. In seinen Fotos kommen Stimmung und Mitgefühl des Künstlers zum Ausdruck, sie sind Bilder voller Poesie. Ungewöhnliche Szenen waren seine bevorzugten Themen: Concierges, spielende Kinder, die Cafés, die Märkte usw. *Der Kuss vor dem Rathaus* ist sein bekanntestes Foto. Während Cartier-Bresson, ein echter Globetrotter (und Gründer der Agentur Magnum), der Nachwelt einige Ansichten von Paris mit Aquarellqualitäten hinterlassen hat, war Albert Monnier einer der allerersten, die Stimmungsfotos in der Art von Postkarten gemacht und in Tausenden von Exemplaren verteilt haben.

Geschichte

Die Geschichte von Paris ist eng mit der Geschichte Frankreichs verbunden, weil sich hier schon sehr früh die politische, wirtschaftliche und kulturelle Macht konzentrierte. Von Paris gingen alle großen Umwälzungen der Landesgeschichte aus und hier brauten sich die Revolten zusammen. Das heutige Paris und seine Entwicklung kann man nur verstehen, wenn man sich mit seiner bewegten Geschichte befasst.

Geschichtlicher Überblick

Auch Paris wurde nicht an einem Tag erbaut, sondern im Lauf der Jahre und Jahrhunderte und unter dem Einfluss einschneidender Ereignisse.

Es wird auf in dem Führer beschriebene Denkmäler verwiesen.

Beachten Sie zur Ergänzung auch die Kapitel „Paris und seine Revolutionen" (S. 49) und „Städtebauliche Entwicklung" (S. 52).

VOR- UND FRÜHGESCHICHTE

Vom Paläolithikum an ziehen Wandervölker durch das Pariser Becken, die dort Weidewirtschaft betreiben. Die ersten Dörfer entstehen dann im Neolithikum (um 5000 v.Chr.). Ausgrabungen in Bercy im Jahr 1991 haben ein ganzes Dorf mit Überresten von Holzhütten und eines über die Seine führenden Pontons sowie vor allem ein Dutzend bemerkenswert gut erhaltene Pirogen (einfache Boote) ans Licht gebracht (im Musée Carnavalet zu besichtigen: Le Marais - 5).

GALLO-RÖMISCHE ZEIT

3. Jh. v. Chr. – Die Parisii, ein keltischer Volksstamm von Fischern, siedelt sich auf der Île de la Cité, dem damaligen *Lutetia* an.

52 v. Chr. – Labienus, einer der Offiziere von Gaius Julius Cäsar, schlägt die Gallier, nimmt die Stadt ein und baut sie wieder auf.

1. Jh. n. Chr. – Die gallo-römische Stadt Lutetia wächst. Legt man den heutigen Plan der Stadt zugrunde, erstreckte sich Lutetia damals auf der linken Seineseite entlang des Flusses vom Boulevard St-Michel bis zur Place Maubert und weiter oben von der Rue Descartes bis zum Jardin du Luxembourg.

Um 250 – Martyrium des **hl. Dionysius**, des ersten Bischofs der Stadt. Unter dem Einfluss seiner Bischöfe, die Kirchen errichten lassen, wird Lutetia christianisiert (St-Denis - 28).

Um 280 – Zerstörung Lutetias durch Barbareneinfälle. Die Bewohner ziehen sich auf die Île de la Cité zurück und errichten unter Verwendung der Steine von römischen Bauten eilig einen Mauerring um die verbliebenen 8 oder 9 ha.

360 – Julian Apostata, Präfekt von Gallien, wird von seinen Soldaten auf der Île de la Cité zum Kaiser proklamiert. Lutetia wird nach seinen Bewohnern (Parisii) in Paris umbenannt.

MEROWINGER UND KAROLINGER

451 – Der Legende nach schützt Genoveva, eine junge Frau aus Nanterre, Paris vor dem Hunnenkönig Attila und seinen 700 000 Soldaten. Die Stadt erwählt die junge Frau zu ihrer Schutzpatronin, die zur **hl. Genoveva** wird (La Cité - 1).

508 – Der Frankenkönig **Chlodwig** macht Paris nach deren Eroberung aus strategischen Gründen zu seiner Hauptstadt. Er nimmt Residenz auf der Île, die daraufhin den Namen Île de la Cité erhält.

543 – Nach Chlodwigs Tod (er stirbt 511 im heutigen Justizpalast, der damals Königspalast war) gründet sein Sohn Childebert die Abtei Ste-Croix-Vincent (später St-Germain-des-Prés) und dann, auf der Île de la Cité, die Kirche Notre-Dame.

Anfang des 8. Jh. – Der Frankenkönig Karl der Große erhebt Aachen zur Hauptstadt des Karolingerreiches. Paris verliert daraufhin seine politische Bedeutung.

Ab 840 – Die Normannen nutzen die innenpolitische Krise, welche die Karolinger schwächte, und verstärken die Invasionen entlang der Seine.

885 – Fünfte Belagerung der Stadt durch die Normannen; Graf **Odo** verteidigt und befreit schließlich die Stadt und wird 888 zum König der Franken gewählt.

KAPETINGER

Die Proklamierung **Hugo Capets** zum König im Jahr 987 führt einen Dynastiewechsel herbei. Die Karolinger werden von den Kapetingern abgelöst. Paris wird zum Zentrum und zur Hauptstadt des Landes, das nun Frankreich genannt wird.

1163 – Baubeginn von Notre-Dame (La Cité - 1).

1180-1223 – Bau der **Stadtmauer von Philipp II. August** und der Louvre-Festung (Le Louvre - 3).

1215-1227 – Gründung der Universität von Paris. Die Stadt wird zu einem bedeutenden kulturellen Zentrum, dessen Ansehen über die Grenzen des Königreichs Frankreich hinaus reicht (Quartier Latin - 7).

Auf der rechten Seineseite siedelt sich der berühmte Markt St-Lazare aux Champeaux an (auf dem Areal des heutigen Les Halles). Dieser große Markt, der Lebensmittellieferant von Paris, verbleibt hier bis zu seinem Umzug nach Rungis (Beaubourg und les Halles - 4).

1226-1270 – In der Regierungszeit **Ludwigs des Heiligen**, Enkel von Philipp II. August, werden die Sainte-Chapelle errichtet sowie Notre-Dame und die Basilika St-Denis weitergebaut (La Cité - 1; St-Denis - 28).

1253 – Gründung des Collège de Sorbon (Quartier Latin - 7)

1260 – Der Vorsteher der mächtigen Kaufmannsgilde wird Bürgermeister von Paris.

1285-1314 – Unter der Herrschaft Philipps des Schönen festigt sich die Machtstellung von Paris.

DIE VALOIS

1358 – Volksaufstand unter **Étienne Marcel**, Vorsteher der Kaufmannsgilde: Ziel dieses Aufstands war u. a., dem König von Navarra und den Engländern die Pforten von Paris zu öffnen.

1364-1380 – Errichtung der **Stadtmauer von Karl V.**

Bau der Bastille, die neben der Stadtmauer eine zusätzliche Befestigung im Osten von Paris ist (Bastille und Faubourg St-Antoine - 19).

1380-1422 – Herrschaft **Karls VI.**, während der es zu Unruhen in der Hauptstadt kommt: Die Pariser wollen sich von der Steuerlast befreien und revoltieren 1382. Durch diesen Aufstand verliert der Vorsteher der Kaufmannsgilde die im 12. Jh. erlangten Freiheiten und Amtsbefugnisse und ist fortan nur noch ein einfacher königlicher Beamter.

1408-1437 – Bürgerkrieg zwischen Armagnaken und Burgundern. Paris ist in den Händen der Engländer. **Karl VII.** belagert Paris im Jahr 1429 ohne Erfolg – Jeanne d'Arc wird an der Porte St-Honoré verwundet – und die Engländer krönen Heinrich VI. in Notre-Dame zum König von Frankreich. Jedoch erst 1437 nimmt Karl VII., „der Siegreiche", Residenz in der Hauptstadt.

1530 – Baubeginn eines neuen Rathauses, das die Maison aux Piliers von Étienne Marcel ersetzen soll (Die Quais - 2).

Gründung des Collège de France durch **Franz I.** (Quartier Latin - 7).

24. August 1572 – In der Bartholomäusnacht werden Tausende Hugenotten ermordet; dies ist der Beginn der Religionskriege.

1589 – Die katholische Liga wendet sich gegen Heinrich III. und vertreibt ihn durch den Barrikadentag (12. Mai) aus Paris.

1578-1604 – Bau der Doppelbrücke Pont-Neuf (Die Quais - 2), der ältesten Brücke der Stadt.

Detail der Fassade von Notre-Dame.
Andre Pessoa / Fotolia.com

BOURBONEN

16. Jh. – Erweiterung der Stadtmauer Philipps II. August durch **Karl IX.** und **Ludwig XIII.**

1594 – Heinrich IV. tritt zum Katholizismus über. Paris öffnet ihm seine Tore. Der König kümmert sich intensiv um die Verschönerung der Stadt.

1594-1610 – Anlage der Place des Vosges (Le Marais - 5). Gründung des Hôpital de la Charité und des Hôpital Saint-Louis. Bau des Arsenals (Bastille und Faubourg St-Antoine - 19).

14. Mai 1610 – Heinrich IV. fällt einem Attentat durch François Ravaillac zum Opfer.

1610-1643 – Unter der Regentschaft Ludwigs XIII. entwickelt sich Paris zu einer großen Hauptstadt.

1615-1626 – Bau des Palais du Luxembourg für Maria de Medici (Quartier Latin - 7).

1627 – Beginn mit dem Bau der Anlage der Île St-Louis durch Zusammenschluss der Île Notre-Dame und der Île aux Vaches. Gegen 1664 sind die Arbeiten abgeschlossen (La Cité - 1).

1629 – Baubeginn des Palais-Royal, das dann von **Richelieu** in Palais-Cardinal umbenannt wird (Opéra – Palais-Royal - 17).

1635 – Gründung der Académie française durch Richelieu (St-Germain-des-Prés - 8).

1636 – Rasante Vergrößerung der Stadt, deren Straßenzahl auf über 400 ansteigt.

1643-1715 – Während seiner Regentschaft vernachlässigt der Sonnenkönig **Ludwig XIV.** Paris nicht, wie es die Legende berichtet, sondern mit Unterstützung Colberts bestimmt er aktiv die Geschicke der Stadt.

1648-1653 – Die in der Fronde zusammengeschlossenen Adeligen wiegeln Paris gegen den König auf.

1661 – Jules Mazarin gründet das Collège des Quatre-Nations, das spätere Institut de France (St-Germain-des-Prés - 8).

1667 – **Colbert** gründet das Observatorium und die Gobelinmanufaktur.

17. Jh. – Das Marais-Viertel ist im Entstehen. Das goldene Zeitalter des Marais beginnt Mitte des 17. Jh. und währt etwa ein dreiviertel Jahrhundert (Le Marais - 5).

Ende des 17. Jh. – Bau des Hôtel des Invalides (Les Invalides - 11) und der Louvre-Kolonnade (Le Louvre - 3).

Um 1660 – Ludwig XIV. lässt die Stadtmauer Karls V. niederreißen und ersetzt sie durch eine Allee, die sich am Anfang der heutigen Grands Boulevards befand. Die Porte St-Denis (1672) und die Porte St-Martin (1674) bildeten die Endpunkte der Allee.

1667-1670 – Le Nôtre konzipiert eine prachtvolle Ost-West-Achse durch Anlage der Allée des Tuileries, die später in den Champs-Élysées ihre Verlängerung findet (La Voie triomphale - 14).

Anfang des 18. Jh. – Anlage der Place Vendôme (1686-1720) auf Betreiben von Louvois sowie der Faubourg St-Germain (Fauboug St-Germain - 9).

1755 – Da eine Nord-Süd-Achse fehlte, begann man mit der Anlage der Place de la Concorde (La Voie triomphale - 14) und danach 1764 der Place de la Madeleine.

1760-1780 – **Ludwig XV.** lässt die École militaire (Tour Eiffel und Trocadéro - 12) und die Kirche Ste-Geneviève, das spätere Panthéon (Quartier Latin - 7), errichten.

1774-1792 – Unter der Herrschaft Ludwigs XVI. entwickelt sich der Faubourg St-Honoré (Faubourg St-Honoré - 16).

1777 – Fertigstellung der Kirche St-Sulpice (St-Germain-des-Prés - 8).

1782 – Eröffnung des Théâtre de l'Odéon (St-Germain-des-Près - 8).

1784-1791 – Bau der **Zollmauer der Generalpächter** zur Vermeidung von Zollbetrugsdelikten an den Grenzen. Die Ortschaften Charonne, Belleville und Montmartre werden in Paris eingemeindet.

14. Juli 1789 – Sturm auf die als Gefängnis genutzte Bastille und deren Zerstörung.

10. August 1792 – Einnahme der Tuilerien und Sturz der Monarchie.

September 1792 – Frankreich ist in Gefahr. „Septembermorde" (am 2. und 4. September) während des Volksaufstands vom 2. bis 6. September. Ausrufung der Republik am 21. September.

21. Januar 1793 – Enthauptung **Ludwigs XVI**.

2. Dezember 1804 – Krönung **Napoleons I.** in Notre-Dame.

1805 – Einführung des heute bestehenden Systems der Häusernummerierung: von der Seine ab oder ihrem Verlauf entlang, die geraden Nummern auf der einen, die ungeraden Nummern auf der anderen Seite.

1806-1814 – Napoleon lässt den Louvre erweitern, den Arc de Triomphe du Carrousel (Le Louvre - 3) und den Triumphbogen auf der Place de l'Étoile (La Voie triomphale - 14) sowie die Säule auf der Place Vendôme (Opéra – Palais-Royal - 17) errichten.

In seiner Regierungszeit entstehen auch viele Nutzbauten: der Canal de l'Ourcq, mehrere Brücken, die Quais und Brunnen wie der auf der Place du Châtelet. Baubeginn der Börse, Errichtung von Märkten und Schlachthäusern. Es werden die Friedhöfe Père-Lachaise, Montmartre und Montparnasse sowie neue Straßen wie die Rue de Castiglione angelegt.

31. März 1814 – Die Alliierten besetzen Paris. Erster Pariser Frieden.

VON DER RESTAURATION BIS 1870

2. Mai 1814 – **Ludwig XVIII.** unterzeichnet die Charta von St-Ouen.

27., 28. und 29. Juli 1830 – **Julirevolution**: Die „Juliordonnanzen", in denen die Abgeordnetenkammer aufgelöst, der Wahlzensus nach oben gesetzt und die Pressefreiheit weiter eingeschränkt wurden, lösen Barrikadenkämpfe in den Straßen von Paris aus.

1832 – 19 000 Pariser fallen einer Choleraepidemie zum Opfer.

1837 – Erste Eisenbahnlinie von Paris nach St-Germain-en-Laye.

1840 – Überführung der Gebeine Napoleons I. in den Invalidendom.

1841-1845 – Bau der Befestigungsanlage um Paris durch Ministerpräsident **Thiers**.

24. Februar 1848 – Die Februarrevolution führt zur Ausrufung der **Zweiten Republik**. Man stellt die Pressefreiheit wieder her und führt das allgemeine Wahlrecht ein.

Juni 1848 – Die Auflösung der Nationalwerkstätten führt zu einem Arbeiteraufstand in Faubourg St-Antoine und kennzeichnet das Scheitern der Zweiten Republik. Der Aufstand wird niedergeschlagen, und man organisiert Wahlen. **Louis-Napoléon** wird zum Präsidenten der Republik gewählt, doch die Mehrheit der Legislative gehört der Parti de L'Ordre, der „Ordnungspartei", an, die der Republik und dem Bonapartismus feindlich gegenüberstand.

2. Dezember 1851 – Staatsstreich Louis-Napoléons, gegen den Paris sich erneut erhebt. Die Aufstände werden gewaltsam niedergeschlagen, Louis Napoléon wird als Napoleon III. Kaiser der Franzosen; dies ist der Beginn des **Second Empire**.

1852-1870 – Gigantische städtebauliche Maßnahmen unter **Baron Haussmann** (Präfekt von Paris). In dieser Zeit werden bedeutende bauliche Veränderungen vorgenommen, die das heutige Gesicht von Paris bestimmen. In allen Vierteln werden breite Straßen angelegt oder verändert, um den infolge des erweiterten Eisenbahnnetzes wachsenden Verkehr besser zu kanalisieren: Es entstehen die Rue de Rivoli, der Boulevard St-Michel, Boulevard Sébastopol, Boulevard Magenta, Boulevard St-Germain, Malherbes …

1855 – Erste Weltausstellung in Paris.

4. September 1870 – Niederlage in der Schlacht von Sedan; Paris fordert die Absetzung des Kaisers und die Zerschlagung seines Reiches. Die **Dritte Republik** wird ausgerufen. Wegen der Bedrohung durch ausländische Truppen, die sich in der Nähe von Paris befinden, wird eine Regierung zur nationalen Verteidigung gebildet. Dennoch wird die Hauptstadt belagert und dann von den Preußischen Truppen im Winter 1870-1871 eingenommen.

28. März 1871 – Proklamation der **Kommune**.

28. Mai 1871 – Der Aufstand der Kommune von Paris (Kommunisten und Sozialisten) wird in der sogenannten *Blutigen Woche* niedergeschlagen; Brände und Zerstörung wüten (Tuilerien, Rechnungshof, Rathaus, Säule auf der Place Vendôme usw.), es kommt zu Massakern.

DIE ZEIT ZWISCHEN DER DRITTEN UND DER VIERTEN REPUBLIK

Paris wird auf Kosten von Versailles wieder politische Hauptstadt Frankreichs. Am 14. Juni 1879 setzt der Kongress nach einer ersten Niederlage einen der Artikel der Verfassung von 1875 außer Kraft. Exekutive und Legislative kehren wieder nach Paris zurück: Der Senat nimmt Sitz im Palais du Luxembourg, der Gerichtshof im Palais-Bourbon.

13. Juli 1882 – Einweihung des neuen Rathauses (Die Quais - 2).

1876-1914 – Bau der Basilika Sacré-Cœur auf dem Hügel Montmartre (Montmartre - 24).

1889 – Errichtung des Eiffelturms für die Weltausstellung (Tour Eiffel und Trocadéro - 12).

1900 – Bau des Pont Alexandre-III, des Grand Palais und des Petit Palais für die Weltausstellung (La Voie triomphale - 14).

1910 – Paris wird von schweren Hochwassern heimgesucht.

1914-1918 – Bei Ausbruch des Ersten Weltkriegs zieht die Regierung von Paris nach Bordeaux. Unter der Führung des Militärbefehlshabers von Paris, Joseph Simon Gallieni, konnte die von deutschen Truppen bedrohte Hauptstadt durch die Schlacht an der Marne gerettet werden. Bei einem Bombenangriff wird die Kirche St-Gervais getroffen.

1919 – Die Befestigungsanlagen werden geschleift und an ihrer Stelle entsteht der Boulevard des Maréchaux.

1920 – Bestattung des Unbekannten Soldaten unter dem Arc de Triomphe.

1925 – Die endgültigen Grenzen von Paris werden festgelegt (Erlass vom 3. April 1925).

Die Verrückten Jahre – Paris erlebt nach dem Ersten Weltkrieg eine neue kulturelle Blüte und den Beginn der großen Bewegungen in der Literatur und der Kunst.

1930er-Jahre – Die Weltwirtschaftskrise erreicht auch die französische

Hauptstadt und macht aus den Parisern wieder leidenschaftliche Politiker.

6. Februar 1934 – Antiparlamentarische Demonstrationen bei der Abgeordnetenkammer werden blutig niedergeschlagen.

1937 – Bau des Palais de la Découverte, des Palais de Chaillot und des Palais de Tokyo (La Voie triomphale - 14; Alma - 13).

PARIS – GEQUÄLT, ABER FREI

10. Juni 1940 – Paris bleibt nicht länger politische Hauptstadt, die Regierung zieht von Paris nach Vichy um.

Die Stadt wird bombardiert, dann zur „offenen Stadt" erklärt und von den deutschen Truppen besetzt.

Während der **Besatzung** erleiden die Pariser Restriktionen. Sie akzeptieren die Präsenz der deutschen Truppen nicht und opponieren im Stillen. Geiseln und Widerstandskämpfer werden in der Festung Mont Valérien inhaftiert.

11. November 1940 – Eine Studentendemonstration gegen die Besatzungstruppen am Arc de Triomphe ist der Beginn der Pariser Widerstandsbewegung.

1942 – Rafle du Vél' d'Hiv, Razzia in der Pariser Winter-Radrennbahn, bei der 13 152 Pariser Juden, davon 4115 Kinder, von der französischen Polizei festgenommen und deportiert werden. Die meisten von ihnen sterben später in Auschwitz.

27. Mai 1943 – Der Nationalrat der Widerstandsbewegung kommt in Paris zusammen. Die Stadt wird Sitz der Forces Françaises de l'Intérieur (Französische Streitkräfte des Inneren), die bei der Vorbereitung der alliierten Invasion im Juni 1944 und der anschließenden Befreiung Frankreichs eine wesentliche Rolle spielten.

25. August 1944 – Befreiung von Paris. Triumphaler Einzug General de Gaulles am 26. August über die Champs-Élysées.

27. Oktober 1946 – Ausrufung der **Vierten Republik** im Rathaus. Die Stadt erlangt wieder ihre politische Position. Durch die Politik der Zentralisierung, welche die Regierungen der Vierten Republik verfolgen, wird Paris Dreh- und Angelpunkt des wirtschaftlichen, politischen und kulturellen Lebens.

FÜNFTE REPUBLIK

Nach dem Misserfolg der Vierten Republik in Französisch-Indochina und der Algerienkrise, die zu einer konstitutionellen Krise führte, ließ sich de Gaulle am 1. Juni 1958 zum Ministerpräsidenten nominieren und mit den von ihm geforderten weitreichenden Notstandsmachtbefugnissen für sechs Monate ausstatten. Dies ermöglichte ihm, am 8. Januar 1959 eine neue Verfassung beschließen zu lassen. Die Pariser kümmerten sich immer weniger um die nationale Politik und wandten sich stattdessen der Verschönerung ihrer Stadt zu. Nur die Streiks im Mai 1968 stören für kurze Zeit diese Ruhe.

1958-1963 – Bau des UNESCO-Gebäudes (Tour Eiffel und Trocadéro - 12), der Messehalle CNIT im Viertel La Défense (La Défense - 27) und des Gebäudes von Radio-France (1963 durch Henri Bertrand).

Mai 1968 – Die Studenten der Sorbonne setzen einen Streik in Gang, der sich einige Tage lang auf das ganze Land ausdehnt. Mit 10 Millionen Beteiligten ist er der größte, den das Land jemals erlebt hat.

1969 – Die Großmarkthallen (Les Halles), bisher im Zentrum von Paris gelegen, werden nach Rungis in der Nähe von Orly ausgelagert (Beaubourg und les Halles - 4).

1973 – Vollendung des Autobahnrings um Paris und des Hochhauses Montparnasse.

25. März 1977 – Erste Direktwahl eines Pariser Bürgermeisters: Jacques Chirac.

1977 – Eröffnung des Centre Georges-Pompidou (Beaubourg und les Halles - 4).

1986 – Eröffnung des Musée d'Orsay im ehemaligen Bahnhof Gare d'Orsay (Musée d'Orsay - 10).

April 1989 – Einweihung der Pyramide du Louvre (Le Louvre - 3).

1989 – Zweihundertjahrfeier zum Gedenken an die Französische Revolution: Einweihung der Grande Arche im Viertel La Défense (La Défense - 27) und der Bastille-Oper (Bastille und Faubourg St-Antoine - 19). Das bislang in einem Flügel des Louvre untergebrachte Finanzministerium zieht nach Bercy um (Bercy - 21).

1995 – Einweihung des Neubaus der Bibliothèque Nationale de France durch François Mitterrand am Standort Tolbiac (Bercy - 21).

26. Dezember 1999 – Ein orkanartiger Sturm richtet in Versailles, den Pariser Parks und an bedeutenden Bauten großen Schaden an.

2006 – Eröffnung des Musée du Quai Branly mit Kunst aus Afrika, Ozeanien, Asien und Amerika (Tour Eiffel und Trocadéro - 12).

2007 – Errichtung des ersten Fahrradverleihsystems: Vélib'.

2009 – Zehn internationale Teams aus Architekten und Städteplanern stellen dem Staatspräsidenten ihr Projekt „le grand pari de l'agglomération parisienne" („die große Herausforderung des Ballungsraums Paris") vor, eine mehrere Jahrzehnte umfassende Vision zu den erforderlichen Entwicklungen der Hauptstadt und ihrer Vorstädte. (Städtebauliche Entwicklung S. 52).

Paris und seine Revolutionen

In der Geschichte von Paris gab es mehrere Revolutionen und große politische und soziale Protestbewegungen, die häufig nationale Auswirkungen hatten. Hängt das vielleicht damit zusammen, dass Paris die Hauptstadt eines Landes mit einer langen zentralistisch orientierten Tradition ist? Oder kommt es daher, dass die Pariser den Hang zu Protest und Revolution haben?

ÉTIENNE MARCEL IM JAHR 1358

Im Rahmen der politischen Auseinandersetzung zwischen König Ludwig VI. und seinen Lehnsherren Anfang des 12. Jh. zog sich Paris geschickt aus der Affäre und führte eine kommunale Verwaltung ein, in der Kaufmannsgilden die Verantwortung trugen. Die wichtigste Gilde war die der Handelschiffer, deren Sitz das **Parloir aux Bourgeois** in der Nähe des linken Seineufers war.

Auf Betreiben Étienne Marcels, eines reichen Tuchhändlers, der 1355 Vorsteher der Gilde geworden war, wurde im Jahr 1357 das Parloir aux Bourgeois in das Maison aux Piliers an der Place de Grève verlegt.

In Abwesenheit des Königs Johann II. des Guten, der sich in englischer Gefangenschaft befand, versuchte der Vorsteher die Macht an sich zu reißen. Doch der Dauphin, der spätere Karl V., opponierte gegen diese Bestrebungen. Étienne Marcel, der Paris in seiner Hand hatte, stiftete die Bevölkerung zur Revolte an.

Unter der Führung Étienne Marcels drangen am 22. Februar 1358 die Aufständischen in den Königspalast (den heutigen Justizpalast) ein und verschafften sich Zutritt zu dem Zimmer des Dauphin. Vor seinen Augen schnitten sie seinen Beratern die Kehlen durch.

Der Aufstand scheiterte, und Marcel wurde von den Parisern ermordet, als er Karl dem Bösen, König von Navarra, Einlass in die Stadt gewähren wollte.

DIE HEILIGE LIGA (1588-1594)

In der Nacht vom 23. auf den 24. August 1572, der **Bartholomäusnacht**, läuteten die Glocken von St-Germain-l'Auxerrois den Beginn der Religionskriege ein.

Das katholische Paris gründete eine Heilige Liga: Die Stadt führte eine theokratische Regierungsform mit einem 16-köpfigen Rat ein und konsolidierte ihre politische Machtstellung: Der König war nicht mehr König und auch nicht mehr das Oberhaupt von Paris.

Heinrich III. bekam dies bitter zu spüren: Als er seine königlichen Machtbefugnisse überschritt, wurde er von der Pariser Bevölkerung am 12. Mai 1588, dem sogenannten *Barrikadentag*, aus der Stadt vertrieben.

Heinrich IV. kam erst am 22. März 1594 in die Stadt, nachdem er zum Katholizismus übergetreten war und Paris von Brissac, dem Gouverneur der Stadt, für 200 000 Taler gekauft hatte.

DIE FRONDE (1648-1652)

Die Zeit der Fronde war eine der dunkelsten Episoden in der Geschichte von Paris. Sie gründete auf der herrschenden politischen (zentralisierte Machtverhältnisse in der Monarchie) und finanziellen (Erhebung von Steuern) Unzufriedenheit der Bevölkerung. Wenngleich auch das einfache Volk beteiligt war, so war die Fronde doch in erster Linie ein Oppositionsbündnis der reichen Pariser Bourgeoisie und der großen Lehnsherren gegen den immer weiter wachsenden Absolutismus der Krone: Einmal mehr trat Paris als Verteidigerin der Freiheit auf, wenngleich ihre Ziele letztlich nicht immer so lobenswert waren.

Die Regentschaft Annas von Österreich versuchte in der Tat, die wegen des äußeren Konflikts leeren Staatskassen durch Erhöhung der ohnehin schon erdrückenden Steuern wieder zu füllen. Als sich der Tuchhändler Cadeau weigerte, die königlichen Steuern zu zahlen, rotteten sich all seine Nachbarn zusammen und unterstützten ihn. Der Bürgerkrieg dauerte bis 1648 in Paris an, während der auf Europa ausgedehnte Dreißigjährige Krieg mit dem Westfälischen Frieden beendet wurde. Der Barrikadentag am 26. August 1648 ebnete der Fronde den Weg, sich auf Parlamentsebene (Fronde parlementaire) sowie bis 1653 auf den Hochadel (Fronde des Princes) auszudehnen.

DIE FRANZÖSISCHE REVOLUTION VON 1789

Das Aufbegehren des Volkes, das Paris zwischen 1789 und 1793 erschütterte und zur Französischen Revolution führte, begann in den Ostpariser Stadtvierteln nicht weit entfernt von der Bastille und den Adelspalais im Marais.

Am 5. Mai 1789 versammelten sich die Generalstände in Versailles. Während das Ziel der Versammlung war, eine Lösung für den Staatsbankrott zu finden, wollten viele Mitglieder eine Reform der Monarchie in Angriff nehmen. Da der Konflikt, ob nach Köpfen oder nach Ständen (Klerus, Adel und der dritte Stand) abgestimmt werden sollte, nie geregelt worden war, erklärten sich die Generalstände am 17. Juni 1789 zur Nationalversammlung. Durch den Ballhausschwur am 20. Juni beschloss die neue Nationalversammlung, erst dann auseinanderzugehen, wenn sie Frankreich eine Verfassung gegeben hätte.

Am 12. Juli 1789 sprang der Funke über: Der populäre Minister Necker wurde vom König entlassen. Die Pariser waren entsetzt und lehnten sich auf. Auf der Suche nach Waffen plünderten sie am Morgen des 14. Juli 1789 das Hôtel des Invalides und brachen dann zur Bastille auf, um sich dort Waffen und Munition zu beschaffen. Am Spätnachmittag erreichten die französischen Garden, die aus den Kasernen geflohen waren, das Parlament, das bestürzt die Kapitulation akzeptierte. Rasch war die Bastille gestürmt und das Volk begann mit ihrer Zerstörung. Das Symbol der Tyrannei war gefallen, und im folgenden Jahr tanzte das Volk an der Stelle, an der einst die Bastille stand.

DIE REVOLUTIONEN VON 1830 UND 1848

Die Julirevolution von 1830 – Die Julirevolution fand am 27., 28. und 29. Juli 1830 in Paris statt.

König Karl X., der die im Juli durchgeführten Wahlen missbilligte, weigerte sich, sich den Abgeordneten zu unterwerfen und beschloss, seine Machtstellung zu behaupten. Er verfasste vier Ordonnanzen. Die zweite und die vierte waren direkt gegen die Abgeordneten gerichtet, da sie die Auflösung der vor weniger als einem Monat gewählten Abgeordnetenkammer verkündeten und ein Datum für Neuwahlen festsetzten.

„Der Sturm auf die Bastille" von Charles Thévenin (1793).
D.R.

Die erste schränkte die Pressefreiheit weiter ein und die dritte änderte den Wahlzensus, um die Bourgeoisie von der Wahl auszuschließen.

Die Bevölkerung reagierte sofort. Bereits am nächsten Tag riefen Journalisten auf Initiative des Chefredakteurs des *National*, Adolphe Thiers, zum Aufstand auf. Am 27. Juli ging die Bevölkerung auf die Straße, und Barrikaden blockierten überall die Straßen. Weniger als zehn Tage nach der Veröffentlichung seiner Juliordonnanzen wurde Karl X. zur Abdankung gezwungen. Die Julirevolution setzte der Restauration ein Ende und rief am 29. Juli 1830 die Julimonarchie aus.

Die Februarrevolution von 1848 – Wie die Revolution von 1789 resultierte auch die Februarrevolution von 1848 aus der Wirtschaftskrise, die vor allem die Bauern und Arbeiter traf. Sie fand am 23., 24. und 25. Februar in Paris statt.

Am 22. Februar 1848 wurde ein Bankett der Republikaner im 12. Pariser Arrondissement verboten, was einen Aufstand auslöste. Am Abend des 23. Februar eröffneten die vor dem Außenministerium postierten Truppen das Feuer auf die Demonstranten: Der Aufstand wuchs sich zur Revolte aus. Die siegreichen Aufständischen umzingelten das Tuilerien-Schloss, den Wohnsitz König Louis-Philipps. Der König musste abdanken, die Republikaner setzten eine Übergangsregierung ein, womit das Ende der Julimonarchie gekommen war, und gründeten am 25. Februar 1848 die Zweite Republik.

☺ Die auf der Place de la Bastille errichtete Julisäule erinnert an die beiden Revolutionen in den Jahren 1830 und 1848.

DIE KOMMUNE (1871)

Die Kommune war ein singuläres Ereignis: Vom 26. März 1871 bis zur „Blutigen Woche" errichtete sie eine gegen die bestehende Regierung opponierende Arbeiterorganisation als proletarische Regierung.

Nach dem Desaster von Sedan riefen am 4. September 1870 Gambetta, Jules Favre und Jules Ferry am Rathaus die Republik aus und bildeten eine Regierung der Nationalen Verteidigung.

Doch die Kapitulation der Hauptstadt am 28. Januar 1871 rief Empörung bei der Pariser Bevölkerung hervor, die die Macht an sich riss und im Rathaus die „Pariser Kommune" einsetzte. In der „Blutigen Woche", in der die aus dem neuen Regierungssitz Versailles angerückten französischen Truppen, hinter denen Adolphe Thiers stand, gegen die Aufständischen vorgingen (21.-28. Mai), gingen das Rathaus, die Tuilerien und mehrere andere Pariser Denkmäler in Flammen auf und die Säule auf der Place Vendôme wurde umgestürzt.

MAI 68

Im Mai 1968 war Paris von lauten Parolen durchdrungen, die bei Demonstrationen und bei Zusammenstößen mit der Polizei herausgeschrien wurden. Das Quartier Latin war blockiert, die Universitäten befanden sich im Streik, Pflastersteine flogen durch die Luft. Die Studentenschaft revoltierte gegen eine bürgerliche, verknöcherte Gesellschaft. Die Arbeiterschaft schloss sich bald den Studenten an: Frankreich befand sich in der Krise.

Den eigentlichen Anstoß zur Revolution gab die Besetzung des Büros des Dekans der Université de Nanterre durch einige Studenten der extremen Linken am 22. März. Vom 13. Mai an schlossen sich Arbeiter den Studenten an. Die CFDT, der Französische Demokratische Arbeitsbund, verknüpfte ihre Forderungen mit denen der Studenten.

Bald war aus der universitären Krise eine soziale Krise geworden, die schließlich zur politischen Krise wurde. Pierre Mendès France ging zum Angriff über, die Machtposition de Gaulles war in Frage gestellt.

Am 20. Mai forderte die parlamentarische Linke den Rücktritt der Regierung und allgemeine Wahlen. Der von der Linken geforderte Misstrauensantrag wurde abgelehnt, und General de Gaulle kündigte ein Referendum über die Beteiligung der Arbeiter an der Unternehmensführung und zur Universitätsreform an. Am 30. Mai verkündete er der Bevölkerung, dass er sich weigere, sich aus dem politischen Leben zurückzuziehen. Er löste die Nationalversammlung auf und forderte die Bürger zum Handeln auf: Es marschierten 100 000 Leute auf, um ihre Unterstützung für den General zu bekunden. Anfang Juni wurde in den öffentlichen Unternehmen wieder gearbeitet. Am 30. Juni gewannen die Gaullisten die Wahlen, die Revolution vom Mai 1968 war beendet, doch nichts war mehr wie es ursprünglich mal gewesen war.

Städtebauliche Entwicklung

Die erste Stadtmauer, die erste „Verteidigung" der Insel, die das von den Parisii bewohnte Lutetia besaß, war keine von Menschenhand geschaffene: „Das Ufer der Insel war die erste Umfassung, und die Seine ihr erster Graben", schrieb einst Victor Hugo. Die stetig wachsende Bevölkerungszahl, die Notwendigkeit militärischer Verteidigung sowie der Erhebung von Steuern zur Finanzierung der städtebaulichen Erweiterung und die wachsende politische Rolle von Paris haben im Lauf der Jahrhunderte zum Bau von sechs Umfassungsmauern geführt, da die Stadt nach und nach ihre Vororte mit eingemeindet hat.

DIE GALLO-RÖMISCHE MAUER

Siehe Stadtmauer **1** *auf dem Plan S. 53*

Die Parisii nutzten den römischen Frieden, um vom gallischen Lutetia, das auf der Île de la Cité lag und durch den Fluss und die umliegenden Sümpfe geschützt wurde, wegzuziehen und sich auf der linken Seite der Seine niederzulassen. Eine neue, vollständig römische Stadt erstreckte sich so im 1.-2. Jh. am Ufer der Seine, vom Boulevard St-Michel bis zur Place Maubert, und weiter oben, von der Rue Descartes bis zum Jardin du Luxembourg.

Doch um 276-285 zwangen die Barbareneinfälle die Parisii, sich in die Cité zurückzuziehen, die sie mit einer Mauer unter Wiederverwendung

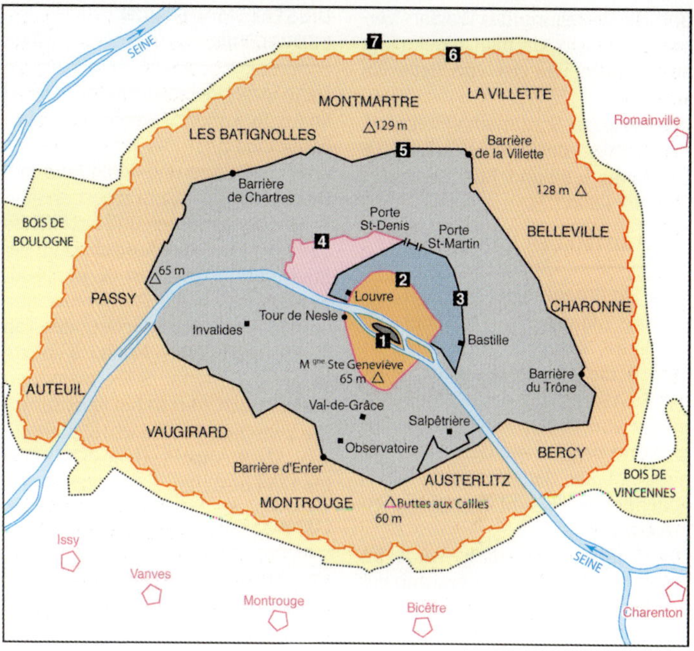

Die verschiedenen Stadtmauern im Lauf der Jahrhunderte.

der Steine von römischen Bauten umgaben. Ein Areal von 8-9 ha lag innerhalb dieser Mauern. Im 4. und 5. Jh. blieb die Stadt innerhalb dieser Grenzen bestehen.

VON CHLODWIG ZU ABT SUGER

Vom 6. bis zum 10. Jh. wurden die Sümpfe trockengelegt und erschlossen, ein Hafen- und Handelsbetrieb indes entwickelte sich rund um die Place de Grève.

In der Merowingerzeit wurden verschiedene heilige Stätten errichtet, von denen nichts mehr übrig geblieben ist außer einige Reste in der Église de la chapelle St-Symphorien von der ehemaligen Kirche St-Germain-des-Prés (die einst die Grablege der merowingischen Herrscher war).

Unter der Herrschaft Hugo Capets, der Paris zur Hauptstadt gemacht hatte, wuchs die Stadt über beide Ufer hinaus, wobei die rechte Seineseite die linke übertraf. Der König machte das Palais de la Cité (der heutige Justizpalast) zu seiner Residenz. Es entstanden vor allem auf der Île de la Cité dank Suger, Abt von St-Denis und Minister von Ludwig VI. und Ludwig VII., große Kirchenbauten.

DIE STADTMAUER VON PHILIPP II. AUGUST

Siehe Stadtmauer **2** *auf dem Plan S. 53*

Von 1180 bis 1210 wurde auf Befehl Philipps II. August eine mächtige Stadtmauer errichtet, die Paris und seine Bevölkerung vor Beginn der Kreuzzüge schützen sollte.

Über eine Länge von mehr als 5 km wurde sie flussaufwärts durch eine durch die Seine verlaufende Kettensperre und flussabwärts durch die Louvre-Festung und die Tour de Nesle (heute Institut de France) verstärkt.

Das Leben der Stadt konzentrierte sich auf das rechte Seineufer rund um Châtelet und den Grand Pont, der die Île de la Cité mit dem Ufer verband, westlich der Place de Grève (heute Place de l'Hôtel-de-Ville).

Die Straßen wurden zur Verbesserung der Verkehrssituation und der Hygiene gepflastert. Die Qualität und die Verteilung des Wassers verbesserten sich, da man regelmäßig aus Quellen wie der von Belleville schöpfte.

Überreste der Stadtmauer Philipps II. August: Rue des Jardins-St-Paul (Le Marais - 5) und Rue Clovis (Quartier Latin - 7).

DIE STADTMAUER KARLS V.

Siehe Stadtmauer 3 auf dem Plan S. 53

Étienne Marcel, der Vorsteher der Kaufleute, nahm im Jahr 1356, als er sich die Macht verschafft hatte, die Restaurierung der alten Stadtmauer von Philipp II. August in Angriff und begann mit dem Bau einer neuen Mauer, die dann unter Karl V. vollendet wurde und dessen Namen erhielt.

Diese neue Befestigung wurde im Osten durch die Bastille-Festung zusätzlich verstärkt, außerdem waren ihr Gräben vorgelagert, an die noch die Straßennamen Rue des Fossés-St-Bernard und Rue des Fossés-St-Jacques erinnerten.

Paris hatte zu dieser Zeit eine Ausdehnung von 440 ha und zählte mehr als 150 000 Einwohner.

Straßen führten zum Dorf Montmartre, zur Basilika St-Denis, zur Komturei des Templerordens und zum Schloss von Vincennes, wobei der Städtebau auf der rechten Seineseite stärker als im Universitätsviertel auf der linken Seineseite und in der Cité stärker vorangetrieben wurde.

DIE STADTMAUER VON LUDWIG XIII.

Siehe Stadtmauer 4 auf dem Plan S. 53

Im 16. Jh. konnten weder die katholische Liga noch die Religionskriege oder die Belagerung der Stadt durch Heinrich von Navarra die starke Zunahme der profanen und kirchlichen Bauten sowie die Ausdehnung der Stadt verhindern. Karl IX. und Ludwig XIII. ließen die Stadtmauer Philipps II. August zum Schutz des von ihnen vergrößerten Palais du Louvre sowie der Viertel St-Germain und Gaillon nach Westen hin erweitern.

Die zwischen 1633 und 1636 errichtete Stadtmauer Ludwigs XIII. blieb bis 1754 bestehen.

LUDWIG XIV. UND PARIS

Der Königshof verließ Paris; Ludwig XIV., der 1653 feierlich in die Stadt eingezogen war, verbrachte hier nur wenig Zeit. Doch auch wenn sich der König in Versailles niederließ, vergaß er Paris nicht: Hiervon zeugen zahlreiche bauliche Maßnahmen wie etwa die Anlagen der Place Vendôme bis hin zur Place des Victoires.

Ende der 1660er-Jahre war Ludwig XIV. bei seiner Rückfahrt von Vincennes erschüttert über den Anblick, den die alten Befestigungsanlagen Karls V. boten. Sie waren baufällig und hatten seit den letzten Siegen jeglichen Nutzen verloren.

NAPOLEON III., HAUSSMANN UND DAS MODERNE PARIS

Das Second Empire, das sich eine den Bedürfnissen der Zeit entsprechende Hauptstadt wünschte, konkurrierte mit dem schönen Wien. Haussmann, Baltard, Alphand und Labrouste machten dies zu ihrem persönlichen Anliegen.

Der bedeutende Stadtplaner Haussmann (1809-1891) wurde von Napoleon III. berufen. Mit seinen Entwürfen und Bauprojekten gab er Paris ein neues Gesicht: Es wurden breite Boulevards angelegt, an denen wichtige Verkehrsknotenpunkte wie die Place de l'Étoile entstanden.

Diese großen Achsen setzten die Monumente, die sie säumten, in Szene und brachten sie zur Geltung, wie etwa die Garnier-Oper. Haussmann war auch der Wegbereiter der Grünflächen-Politik: Der Parc der Buttes-Chaumont, der Parc Monceau und der Parc Montsouris stammen aus dieser Zeit. Außerdem hat Haussmann die Straßenbeleuchtung durch Gaslaternen eingeführt.

Er ordnete an, die Befestigungsanlagen abzureißen und an deren Stelle eine Allee mit vier Baumreihen anzupflanzen. Man schüttete die Gräben auf und legte eine erhöhte Terrasse an, von wo aus man einen freien Blick auf die Landschaft hatte. Alleen und Terrasse bildeten zusammen eine schöne Promenade, wo vier Kutschen nebeneinander fahren konnten. Die Anlage dieser Grands Boulevards leitet die Ausdehnung der Stadt zu den Vororten hin ein: St-Germain und St-Marcel werden in die Stadt eingemeindet, St-Antoine neu erbaut.

DIE MAUER DER GENERALPÄCHTER

Siehe Stadtmauer 5 auf dem Plan S. 53

Von 1784 an waren die Grenzen von Paris durch die Mauer der Generalpächter festgelegt. Bei dieser handelte es sich nicht mehr um eine Schutzmauer, sondern um eine Zollgrenze, die die Hinterziehung der erhobenen Steuern an den Barrieren der Stadt verhindern sollte.

Die von 1784 bis 1797 errichtete Mauer entspricht dem Verlauf der heutigen äußeren Boulevards. Über eine Länge von 23 km und mit einer Höhe von 3 m umgab sie Paris mit 57 Barrieren, die von dem Architekten Ledoux gebaut wurden.

Heute sind noch vier dieser Sperren übrig: die Rotunden von Monceau und La Villette und die quadratischen Pavillons von Denfert-Rochereau und La Nation.

Alle der Mauer benachbarten Orte waren von Gebühren und Steuern befreit, die die Pariser zahlen mussten, um Waren wie Wein, Kohle oder Holz in die Stadt einführen zu können. Diese Orte erfuhren einen wachsenden Zulauf, da viele Bewohner von Paris durch das teure Leben und die immer schwierigeren Wohnbedingungen aus der Stadt flüchteten.

DIE BEFESTIGUNGSANLAGEN VON THIERS

Siehe Stadtmauer 6 auf dem Plan S. 53

Diese Mauer wurde aus militärischen Gründen errichtet, da die Invasion der russischen Armee in Frankreich und Paris in den Jahren 1814 und 1815 gezeigt hatte, dass Paris eines Schutzes bedurfte. Thiers schlug vor, eine befestigte Stadtmauer in 1 bis 3 km Entfernung von der Mauer der Generalpächter zu errichten, die feindlichen Angriffen standhalten konnte. Am 1. August 1841 begann man, diesen Vorschlag in die Tat umzusetzen. Es wurde eine 39 km lange Mauer aus Quadersteinen und kieseligen Kalksteinen errichtet, die im Innenbereich durch einen 15 m breiten Graben (der heutige Boulevard des Maréchaux) und außen durch eine etwa 200 m breite Militärzone mit 94 Bastionen geschützt wurde.

Wenngleich die Befestigungsanlagen von Thiers niemals Paris vor feindlichen Truppen schützen mussten, so spielten sie dennoch eine bedeutende Rolle, da 18 Jahre nach ihrer Errichtung ein Gesetzesentwurf die Grenzen von Paris bis zu dem ent-

DIE WELTAUSSTELLUNGEN IN PARIS

Die Kolonialisierung der Welt, insbesondere durch Frankreich, ließ diese Politik im Lauf der zweiten Hälfte des 19. Jh. populär werden. So verwundert es auch nicht, dass in dieser Zeit die Weltausstellungen entstanden. Die erste fand 1841 in London statt. Paris war Austragungsort gleich mehrerer Weltausstellungen: 1855, 1867, 1889, 1900 und 1937. Zahlreiche historische Denkmäler von Paris gehen direkt auf diese Ausstellungen zurück: Der Eiffelturm (1889), aber auch der Pont Alexandre-III, Grand Palais und Petit Palais im Jahr 1900 sowie das Palais de la Découverte, das Palais de Chaillot und das Palais de Tokyo im Jahr 1937. Ebenfalls für die Weltausstellung gebaut wurden auch die Cité universitaire (1937), der Pavillon du Musée des Colonies und das Palais de la Porte Dorée (1931), in dem sich heute die Cité de l'Immigration befindet.

lang der Befestigungsanlagen verlaufenden inneren Graben zu verlegen vorsah.

Die Angliederung von 1860 – Von 1860 an wurden alle Gebiete, die zwischen der Mauer der Generalpächter und der Befestigungsmauer von Thiers lagen, an die Stadt Paris angegliedert. Vier Kommunen wurden zugunsten von Paris vollständig abgeschafft: Vaugirard, Grenelle, La Villette und Belleville, 7 weitere blieben nur noch teilweise bestehen (wie Passy, Auteuil, Bercy) und wieder 13 andere traten nur einen kleinen Teil ihres Landes ab (Vanves, Issy, Neuilly, St-Ouen ...).

Von diesen 7800 ha neuen Areals ausgehend, das die Entstehung von 20 statt der bisherigen 12 Arrondissements zur Folge hatte, und durch die ungeheure städtebauliche Aktivität des Präfekten Haussmann entstand das moderne Paris.

VON DER KOMMUNE BIS ZUM JAHR 1900

Glücklicherweise wurden fast alle großen öffentlichen Gebäude, die beim Aufstand der Pariser Kommune 1871 in Flammen aufgegangen waren, wieder aufgebaut: das Rathaus, das Finanzministerium, die Ehrenlegion. Auch Palais Royal und Justizpalast wurden restauriert, die Garnier-Oper wurde vollendet, und man begann mit dem Bau von Sacré-Cœur.

1889 schließlich wurde für die Weltausstellung der Eiffelturm, das Wahrzeichen des modernen Paris, in Eisenkonstruktion errichtet. Auch im Jahr 1900 wurde viel gebaut: Der Pont Alexandre-III verbindet die Champs-Élysées mit dem Invalidendom, der Bahnhof Gare d'Orsay erhob sich nun am rechten Seineufer gegenüber dem Louvre, und die Pariser U-Bahn wurde eröffnet: Die von dem Architekten Hector Guimard entworfenen Eingänge zu den Metrostationen stellen einen bedeutenden Einschnitt im Stadtbild dar und wurden neben dem Eiffelturm zu einem weiteren Wahrzeichen der Stadt.

DIE HEUTIGEN STADTGRENZEN

Siehe Stadtmauer 7 auf dem Plan S. 53

Während der Dritten Republik wurden die Befestigungsanlagen von Thiers geschleift (1919) und zwischen 1925 und 1930 die Stadtgrenzen von Paris neu festgelegt: Bois de Boulogne und Bois de Vincennes gehörten nun ebenso wie ein schmaler, rund um die Stadt verlaufender Geländestreifen zum Stadtgebiet, das sich nun über eine Fläche von 10 540 ha erstreckte und im Jahr 1945 2 700 000 Einwohner zählte.

NACHKRIEGSZEIT

Während der Fünften Republik erlebte Paris von den Staatspräsidenten initiierte große Bauvorhaben und ähnlich umfassende Baumaßnahmen wie zu Zeiten der Königsherrschaft. Anfang der 1950er-Jahre beschloss die Regierung, eine Büro- und Geschäftsstadt anzulegen, die mit den größten Geschäftszentren der Welt mithalten konnte: Dies ist die Geburtsstunde von La Défense. Dieses großartige Bauprojekt fügte sich in eine nicht weniger großartige historische Sichtachse ein, die vom Louvre über die Place de l'Étoile und von dort weiter nach Westen führt.

Nach dem Bau der Maison de Radio France und der Gestaltung der Seinefront unter de Gaulle entstand in Paris ein Gebäude, das leidenschaftliche Begeisterung auslöste: Das 1977 auf Initiative des Präsidenten Georges Pompidou eröffnete Centre d'art contemporain de Beaubourg.

In der siebenjährigen Amtszeit von Valérie Giscard d'Estaing wurde beschlossen, die Gare d'Orsay zum Museum und die Schlachthäuser von La Villette zu einem Wissenschaftsmuseum umzubauen.

DIE REGIERUNGSZEIT VON FRANÇOIS MITTERRAND

Die großen Architekturprojekte, die unter dem Staatspräsidenten Mitterrand entstanden sind, haben internationalen Ruf. Doch muss daran erinnert werden, dass von all diesen

Projekten nur eines, der Grand Louvre, vom Präsidenten direkt bei einem Architekten in Auftrag gegeben wurde. Für alle anderen Bauten wie das Finanzministerium, das Institut du Monde Arabe, die Cité de la Musique, die Bastille-Oper, die Bibliothèque Nationale oder die Arche de la Défense wurden nationale oder internationale Architektenwettbewerbe ausgeschrieben.

Wenngleich unter der Präsidentschaft von Jacques Chirac das Musée du Quai Branly entstanden ist, so schien die Zeit der großen Bauten beendet zu sein und der Schwerpunkt nun auf der Verbesserung des Lebensumfeldes der Bevölkerung und der Erhaltung der Kulturgüter zu liegen.

PARIS HEUTE

Im Rahmen einer „Aufteilung des öffentlichen Raumes" wurde der Schwerpunkt auf den Verkehr (in den sogenannten *Axes rouges*, den Hauptverkehrsadern, werden Radfahrwege oder Busspuren angelegt) und auf die öffentlichen Verkehrsmittel (Metro Météor, erste Linie der vollautomatischen U-Bahn im Jahr 1998, Erweiterung des Straßenbahnnetzes rund um Paris) gelegt. Ziel dieser Maßnahmen ist die Reduzierung des Autoverkehrs in Paris.

Grund und Boden werden immer knapper, und die Erschließung stillgelegter Eisenbahnstrecken oder Industriebrachen sowie die Umwidmung existierender Bauten sind absolute Glücksfälle für die Anlage neuer Viertel.

Die Großbaustelle Paris Rive Gauche, durch die die Viertel Austerlitz, Tolbiac und Masséna ein neues Gesicht erhalten haben, ist das beste Beispiel hierfür (Bercy - 21). Die neue Avenue de France wurde teilweise über den Gleisen des Gare d'Austerlitz angelegt. Das Vorzeigeprojekt, die Bibliothèque de France, wird künftig von Büroblocks, Wohnungen und einem Universitätszentrum rund um die Anciens Moulins von Paris umgeben sein. Die Neugestaltung dieses Viertels ging mit der Sanierung von Bauten einher, die ursprünglich zum Abriss freigegeben waren: Die öffentlichen

PARIS UND DIE HERAUSFORDERUNG LES HALLES

Der Abriss der Hallen von Baltard im Jahr 1971 hinterließ ein gewaltiges Loch im Zentrum von Paris, ein physisch fassbares Loch, das den Parisern, die gewöhnt waren, hier das pulsierende Zentrum der Stadt zu sehen, zu Herzen ging.

In zehn Jahren Bauzeit entstand hier das, was für die einen ein ästhetischer und städtebaulicher Fehlgriff und für die anderen ein beliebter Treffpunkt ist. Die Planungsfehler und Mängel des Forum Les Halles sind jedoch offenkundig (Die Vorkehrungen zur Evakuierung des Umsteigebahnhofs der RER entsprechen nicht den Sicherheitsstandards; die Pavillons Willerval sind, was die Heizung anbelangt, ein Fass ohne Boden; der Garten mit unzähligen Umzäunungen ist überhaupt nicht vollständig zu nutzen.) Die neue linke Bürgermeisterin trug sich seit ihrem Amtsantritt im Jahr 2001 mit dem Gedanken, die Hallen neu zu gestalten. Im Dezember 2004 wurde der Architekt und Stadtplaner David Mangin mit diesem Projekt beauftragt. 2006 wurde beschlossen, dass die Arbeiten 2009 beginnen sollen. Im April 2009 übergab der Pariser Stadtrat das Projekt an Patrick Berger, dem 2004 der Grand Prix d'Architecture verliehen worden war, und Jacques Anziutti. Die Arbeiten sollen 2013 beginnen und 2016 abgeschlossen sein. Das Forum wird komplett abgerissen. Für den neuen Komplex mit nicht weniger als 23 unterirdischen Etagen entwarfen die Architekten ein organisch geformtes Dach mit 90 m Spannweite in einem Stück. Das Viertel Les Halles ist ein Verkehrsknotenpunkt, was einen Umbau nicht gerade erleichtert. In öffentlichen Umfragen haben die Anwohner ihre Meinung zur Zukunft ihres Viertels zum Ausdruck gebracht.

Lagerhäuser von Austerlitz wurden in ein Mode- und Designzentrum umgewandelt, in der alten Druckluftfabrik Sudac befindet sich eine Hochschule für Architektur. Und seit Juli 2006 gibt es dank der neuen Fußgängerbrücke Simone-de-Beauvoir und des zu Füßen der Bibliothèque Nationale de France liegenden Schwimmbads (Piscine Joséphine-Baker) eine neue Verbindung zwischen dem linken und dem rechten Seineufer.

Im Oktober 2008 wurde das Gebäude des ehemaligen städtischen Bestattungsinstituts in der Rue d'Aubervilliers (19. Arrondissement) restauriert. Das Resultat ist ein Ort künstlerischer Kreativität internationalen Ranges: Centquatre (La Villette - 25).

AUSBLICK

Zu den geplanten Großprojekten gehört die Neugestaltung von weiteren Bahnarealen: In der Cour du Maroc im 19. Arrondissement soll entlang der Gare du Nord ein weitläufiger Garten entstehen, ein neues Viertel mit Wohnungen, öffentlichen Einrichtungen, Büros und Parkflächen rund um den Bahnhof St-Lazarre und den Güterbahnhof Batignolles sowie eine Jugendherberge, eine Bibliothek und ein Park an der Stelle der Güterabfertigung in der Rue Pajol (18. Arrondissement).

Und weil man sich schließlich die Zukunft von Paris nicht ohne eine stärkere Anbindung der rund um Paris gelegenen Vororte bzw. Départements der Île de France vorstellen kann, sollen Teile der Ringstraßen *(périphérique)* überdacht werden (auf Höhe der Porte des Lilas, der Porte de Vanves und der Porte des Ternes). Auf diesen Dachplateaus sollen dann Gartenanlagen und öffentliche Plätze entstehen, die für die Bewohner der Randgebiete besser und schneller zugänglich sind.

Es wird auch über ein Paris debattiert, das die umliegenden Vororte und Départements der Île de France stärker integriert, was bereits zu zahlreichen Polemiken geführt hat. Die Frage „Wie kann man Paris vergrößern?" bewegt sich nun in die Richtung „Warum wollen wir Paris vergrößern?".

Muss man unbedingt an eine Angliederung der Nachbarkommunen denken, wie es bereits immer in der Geschichte von Paris der Fall war? Oder sollte man besser einen „Verbund von Ballungsräumen" gründen? Die Erweiterung von Paris wird also zu einer hochpolitischen Angelegenheit.

DAS „GRAND PARIS"

Präsident Nicolas Sarkozy möchte die Stadtentwicklung prägen und die Erweiterung des Großraums von Paris vorantreiben, damit die Metropole den wichtigsten internationalen Hauptstädten in nichts nachsteht. So erstaunt es nicht, dass er 2009 zehn internationale Arbeitsgruppen mit Mitgliedern verschiedener Disziplinen (Architekten, Stadtentwickler, Soziologen aus Frankreich, Großbritannien, den Niederlanden, Italien ...) beautragte. Unter der Leitung namhafter Architekten wie Jean Nouvel, Christian de Portzamparc, Richard Rogers, Roland Castro, Antoine Grumbach, Bruno Fortier, Yves Lion, Jean-Pierre Le Dantec stellten sie am 29. April 2009 ihre Projekte bzw. Ideen im Rahmen des sogenannten „**grand pari de l'agglomération parisienne**" vor. Dabei handelt es sich nicht um sofort realisierbare Projekte, sondern um eine Präsentation der Visionen, die das Expertenteam für die französische Hauptstadt der künftigen Jahrzehnte entwickelt hat. Das architektonische Abenteuer der Pariser Agglomeration kann beginnen: Pläne bestehen bis 2050!

Wo aber liegen die städteplanerischen Probleme? Es geht um die Überlastung der öffentlichen Verkehrsmittel, Wohnungsknappheit, die für die Haushalte teure und für die Umwelt belastende Ausdehnung der Vorstädte, das Ungleichgewicht zwischen den Wohnvierteln im Osten und einer Konzentration von Büros im Westen, das endlose Verkehrsstaus und Energieverschwendung

Ein Ort für zeitgenössische Kunst und Kultur: das Centquatre, im Osten der Stadt gelegen.
Amélie Dupont / Paris Tourist Office

mit sich bringt. Zudem fühlen sich die Bewohner der Vorstädte – oft Immigranten – zurückgewiesen und ausgeschlossen.

Paris muss die Schranke der Périphérique überschreiten, die sie einschließt und von den Vorstädten abschneidet. Die Hauptstadt erstickt innerhalb von Grenzen, die sich in eineinhalb Jahrhunderten nie verändert haben. Wie lässt sich der Effekt des Pariser Rings aufheben oder verringern? Dieser letzte Gürtel um Paris stammt aus der Regierungszeit von Georges Pompidou und folgte auf die Stadtmauer von Philippe Auguste, die Zollmauer der Generalpächter und den Boulevard des Maréchaux. Die 20 Pariser Arrondissements sind hinter den Stadtmauern nach und nach wie ein Schneckenhaus gewachsen, aber wie können sie das Niemandsland der Schnellstraßen überwinden, die sie einschnüren?

Antoine Grumbach und andere gehen in ihren Visionen so weit, dass Paris sich über Rouen bis nach Le Havre erweitern könnte. Bereits unter Napoléon III. pflanzte Baron Haussmann 35 km von Paris entfernt zwei Zedern, um die künftige Größe der Hauptstadt anzuzeigen … Letztendlich stimmen die Überlegungen zum „Grand Paris" in Folgendem überein:

– Entstehen soll eine integrative, abwechslungsreiche und vielfältige Stadt, die niemanden ausschließt und Standort, Nutzung sowie Mobilität unter einen Nenner bringt.

– Es gilt, die städteplanerische Form der Hauptstadt und ihre Ausdehnung zu bewältigen.

– Die Maßstäbe für die Metropole müssen auch auf der Ebene der Viertel funktionieren.

– Bestehendes zu erhalten hat Vorrang vor Abriss und Komplettsanierung.

– Die Stadt soll in einer Art städteplanerischer Collagetechnik über der Stadt aufgebaut werden. Dabei gilt jede urbane Schicht als historisches Zeugnis der Stadtentwicklung, das nicht unberücksichtigt bleiben darf.

Dies sind die Bedingungen für die Entwicklung der französischen Hauptstadt zu einer leistungsfähigeren wirtschaftlichen Region, einem gastfreundlicheren Raum für eine immer heterogenere Bevölkerung und einer immer wichtigeren Drehscheibe der internationalen Touristenströme.

PARIS ENTDECKEN

Den schönsten Blick über Paris haben die berühmten Wasserspeier von Notre-Dame.

laif/hemis.fr: Sylvain Sonnet

Innenstadt 1

Michelin-Stadtplan Nr. 57

Die Hochbahn fährt über den Pont de Bercy.

S. Sauvignier / MICHELIN

1 - La Cité★★★

Die von der Seine umschlossene Île de la Cité, Wiege und Herz von Paris, ist neben der Nachbarinsel Île St-Louis einer der Hauptanziehungspunkte der französischen Hauptstadt. Hier stehen zwei der bedeutendsten Denkmäler von Paris, die Kathedrale Notre-Dame und die Sainte-Chapelle. Doch nicht weniger bezaubern die Place Dauphine, der Blumenmarkt oder auch der besondere Inselcharme der Île de la Cité, die durch neun Brücken mit den Seineufern verbunden ist.

WEGWEISER – *Umschlagkarte vorne C-D3 – 1. und 4. Arr. – Michelin-Stadtplan Nr. 57, Planquadrate J 14-15, K 15-16.* M° Cité (Linie 4), Châtelet (Linien 4 und 11) – RER St-Michel-Notre-Dame (Linie C) – Busse 21, 27, 38, 58, 70 und 96. Zur Île St-Louis: M° Pont-Marie oder Sully-Morland. Busse 67, 69, 86, 87.

UNBEDINGT SEHENSWERT – Pont Neuf, Square du Vert-Galant, Place Dauphine, der Blumenmarkt, die Quais der beiden Inseln und vor allem der Blick auf die Inseln von den Uferstraßen des rechten Seineufers aus (*Die Quais – 2*).

GUT GEPLANT – Beginnen Sie den Tag mit der Besichtigung von Notre-Dame, was Ihnen die größte Energie abverlangt. Bei einem anschließenden Besuch der Sainte-Chapelle können Sie sich dann ein gutes Bild davon machen, wie sehr sich die Architektur in einem Zeitraum von nur 80 Jahren weiterentwickelt hat. Anschließend bietet sich ein ruhiger, gemütlicher Nachmittag auf der Île St-Louis an.

MIT KINDERN – Notre-Dame und die Legende von Quasimodo, auch bekannt als Glöckner von Notre-Dame, sowie ein Eis bei Berthillon (auf der Île St-Louis).

Sehenswürdigkeiten Übersichtsplan Notre-Dame S. 65

★★★DIE KATHEDRALE NOTRE-DAME B2

℘ 01 42 34 56 10 – www.cathedraledeparis.com – 8-18.15, an Wochenenden 8-19.15 Uhr – Eintritt frei. Es werden kostenlose Führungen in mehreren Sprachen angeboten (Fassade und Innenraum, 1,5-2 Std.). Informieren Sie sich bitte am Eingang.
Während der Gottesdienste und Messen nur eingeschränkte Besichtigung möglich.

Vorplatz

Seit Haussmann den Vorplatz um das Vierfache vergrößert hat, hat man einen freien Blick auf die Fassade der Kathedrale, doch wurde dadurch gleichzeitig der optische Eindruck eines enormen In-die-Höhe-Strebens geschmälert, den die zwischen Häusern eingepferchte Kathedrale zuvor vermittelt hatte.

In der Mitte des Platzes markiert eine kleine Bronzeplatte den Nullpunkt, von dem aus die Entfernungen der französischen Nationalstraßen gemessen werden.

Zur Zeit der mittelalterlichen **Mysterienspiele** stellte das Kirchenportal den Eingang zum Paradies dar (davon kommt die franz. Bezeichnung *parvis* für Vorplatz, eine im Laufe der Zeit entstandene Abkürzung von *paradis*). Mysterienspiele, die vor Notre-Dame aufgeführt wurden, waren etwa *Miracle de Théophile* (1260) des Minnesängers Rutebeuf und *Vray mistère de la Passion* (1452) von Arnoul Gréban, ein bemerkenswertes Werk, das 34 574 Verse umfasst und dessen Aufführung, an der mehrere Hundert Schauspieler teilnahmen, vier ganze Tage dauerte.

★Ausgrabungen (Crypte archéologique)

✆ 01 55 42 50 10 – www.carnavalet.paris.fr – tgl. außer Mo und an Feiertagen 10-18 Uhr – 4 € (13–26 J. 2 €, unter 13 Jahre Eintritt frei). Unter dem Vorplatz wurden auf einer Länge von 118 m Überreste von Bauwerken gefunden, die aus der Zeit zwischen dem 3. und 19. Jh. stammen. Man sieht u. a. Reste von zwei durch Hypokausten beheizten Sälen aus gallo-römischer Zeit (*links vom Eingang*), Grundmauern der im 3. Jh. errichteten Stadtmauer, Keller von Häusern, die ehemals an der Rue Neuve-Notre-Dame standen, einige von ihnen noch aus dem Mittelalter, sowie die Grundmauern des Waisenhauses und Teile der Fundamente der Kirche Ste-Geneviève-des-Ardents.

Westfassade

Die Gliederung der Fassade wirkt majestätisch und ausgewogen. Im Mittelalter wandten die Baumeister eine gewisse Asymmetrie an, um bei großen Flächen Monotonie zu vermeiden. So ist das mittlere Portal höher und breiter als die übrigen, während das linke von einem gotischen Ziergiebel überragt wird. Die Portale boten in der Vergangenheit ein anderes Bild als heute: Ursprünglich hoben sich an den Portalen farbig gefasste Statuen vor einem Goldgrund ab – eine „steinerne Bibel" für die Gläubigen, von denen viele nicht lesen konnten.

Schöne schmiedeeiserne Beschläge zieren die sechs Türflügel. Alle außer denen des Mittelportals stammen aus dem Mittelalter. Die Legende berichtet, dass der Satan, dem der Kunstschmied seine Seele verkauft hatte, jene Beschläge schuf. Allerdings nicht für das mittlere Portal, durch das bei Prozessionen die Hostie getragen wird: Hier handelt es sich um Nachbildungen aus dem 19. Jh.

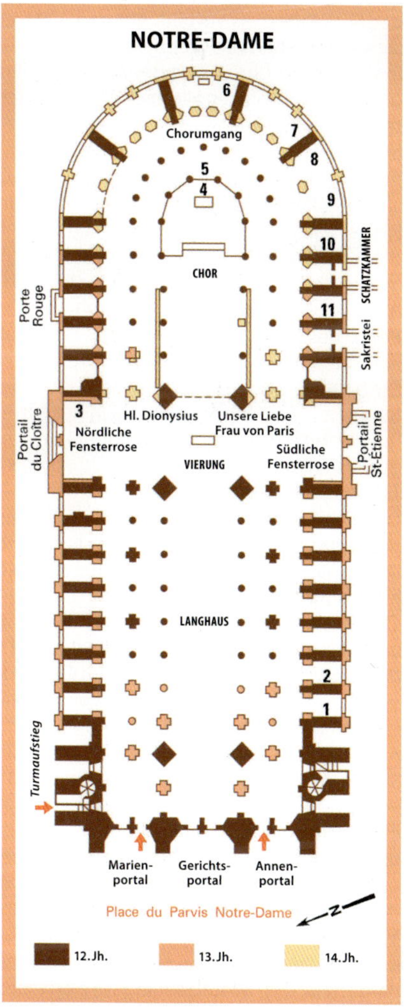

__1.__ und __2.__ Maigaben von Le Brun

__3.__ Maigabe von Le Sueur

__4.__ Pietà von Coustou

__5.__ Liegefigur eines Bischofs (14. Jh.)

__6.__ Mgr. Pierre de Gondi, einer der Vorfahren des Kardinals von Retz. Innerhalb eines Jahrhunderts gingen aus dieser Familie vier Erzbischöfe hervor.

__7.__ Mgr. Darboy, 1871 während der Kommune als Geisel erschossen.

__8.__ Grabmal des Herzogs von Harcourt (von Jean-Baptiste Pigalle).

__9.__ Kniende Figuren von Jean Juvénal des Ursins und seiner Frau.

__10.__ Mgr. Sibour, ermordet 1857.

__11.__ Mgr. Affre, beim Aufstand des Faubourg St-Antoine 1848 getötet.

Marienportal – Das kunstvoll gemeißelte Tympanon diente allen Bildhauern des Mittelalters als Vorbild. Auf dem unteren Türsturz ist die Bundeslade zu sehen, umgeben von Propheten und Königen, darüber die Grablegung Mariä in Gegenwart Christi und der Apostel. Auf der oberen Stufe Mariä Krönung und Aufnahme in den Himmel. Christus reicht in feierlicher Haltung das Zepter seiner Mutter Maria, der ein Engel die Krone aufsetzt.

In den fein mit Blattwerk, Blumen und Früchten gesäumten Archivolten befinden sich Engel und Patriarchen, Könige und Propheten. Am Mittelpfeiler steht eine moderne Statue der Maria mit Kind; an den Seitenpfeilern stellen kleine Reliefs die Monatsarbeiten und die entsprechenden Tierkreiszeichen dar. Die Gewände schmückten Künstler der Werkstatt Viollet-le-Ducs mit Statuen, unter diesen der hl. Dionysius, von zwei Engeln gestützt, sowie Johannes der Täufer und der hl. Stephan.

Portal des Jüngsten Gerichts – Das Bogenfeld war 1771 von Soufflot teilweise abgetragen worden, damit bei Prozessionen der Tragaltar passieren konnte. Die beiden unteren Felder wurden von Viollet-le-Duc wiederhergestellt. Unten sieht man die Auferstehung, in der Mitte die Seelenwägung: Engel geleiten die Auserwählten in den Himmel, während die Verdammten in die Hölle gezerrt werden. Darüber thront Christus als Weltenrichter, Maria und den hl. Johannes als Fürbitter an seiner Seite.

Die sechs Archivolten repräsentieren das Himmelsreich: Unten links werden die Seelen von Abraham stellvertretend für den Himmel, rechts von schrecklichen Dämonen stellvertretend für die Hölle empfangen. Den Mittelpfeiler hatte Soufflot ebenfalls entfernen lassen; die Christusfigur stammt aus dem 19. Jh. Die modernen Seitenpfeiler zeigen die Parabel von den Klugen *(links, unter dem offenen Eingang zum Paradies)* und den Törichten Jungfrauen *(rechts, die Paradiespforte ist geschlossen)*. Im Gewände die 12 Apostel, eine Schöpfung Viollet-le-Ducs, über einer Reihe von Medaillons aus dem 13. Jh., welche die Laster *(untere Reihe)* und die Tugenden *(obere Reihe)* darstellen.

Annenportal – Die beiden oberen Teile des Tympanons enthalten die ältesten Skulpturen von Notre-Dame, die etwa 1160 – also 60 Jahre vor dem Bau des Portals – für einen kleineren Eingang entstanden waren. Oben thront die in ihrer starren Haltung noch typisch romanische Madonna mit dem Jesuskind, umringt von zwei Weihrauch tragenden Engeln sowie einem Bischof (stehend) und einem König (kniend), wahrscheinlich die Stifter der Kirche aus der Merowingerzeit. Auf dem mittleren Feld (12. Jh.) erkennt man Szenen aus dem Marienleben, unten ihre Eltern Anna und Joachim (13. Jh.).

In den Archivolten ist das Himmelsreich mit Engeln, Königen und Patriarchen dargestellt. Den **Mittelpfeiler (13)** ziert eine Statue des hl. Marcellus, im 5. Jh.

Die große Fensterrose von Notre-Dame hat einen Durchmesser von zehn Metern.
patrickw / Fotolia. com

Bischof von Paris, der die Stadt von einem Drachen befreit haben soll, indem er ihm seinen Bischofsstab in den Rachen gestoßen hat. Genau wie die anderen großen Figuren stammt auch diese Statue aus dem 19. Jh. In den Gewänden zu beiden Seiten sind Königspaare und Heilige zu sehen.

Moderne Statuen zieren die Strebepfeiler zwischen den Portalen: der hl. Stephan, die Kirche und die Synagoge (mit verbundenen Augen) und der hl. Dionysius.

Königsgalerie – *Über den Portalen.* Die 28 Statuen stellen die Könige von Juda und Israel dar, die Vorfahren Christi. Im Jahr 1793 ließen die Revolutionäre, die sie für französische Herrscher hielten, die Skulpturen auf den Platz hinunterstürzen *(Man kann die Originale heute im Musée national du Moyen Âge – Hôtel de Cluny sehen).* Bei den Restaurierungsarbeiten ersetzte Viollet-le-Duc sie dann durch Nachbildungen.

Fensterrose – Mit nahezu 10 m Durchmesser war sie lange Zeit die größte Rose, die man aus der Wandfläche zu brechen wagte. Sie bildet eine Art Aureole um das Standbild der Jungfrau Maria mit dem Kind zwischen zwei Engeln.

Vor den Seitenfenstern, die von einem Entlastungsbogen überfangen werden, stehen die Statuen von Adam *(links)* und Eva *(rechts)*, Symbole für die Erlösung nach dem Sündenfall (Nachbildung Viollet-le-Duc).

Große Galerie – Diese filigrane, 3 m hohe Arkadenreihe scheint den Türmen alle Schwere zu nehmen. An den oberen Ecken der Strebepfeiler hat Viollet-le-Duc Wasserspeier in Form von Ungeheuern und Dämonen anbringen lassen, die trotz ihrer Größe vom Vorplatz der Kathedrale kaum wahrnehmbar sind.

Türme

☏ 01 53 10 07 00 – Juni-Aug. 10-23 Uhr; Okt.-März 10-17.30 Uhr (letzter Einlass 45 Min. vor Schließung) – Nordturm: Zugang zu Fuß (402 Stufen) – 1. Jan., 1. Mai, 25. Dez. geschl. – 8 € (unter 18 J. Eintritt frei).

Sie sind 69 m hoch; ihre schmalen, über 16 m hohen Fenster lassen sie leicht und elegant erscheinen. „Emmanuel", die große Glocke des Südturms, wiegt 13 t, ihr Klöppel allein 500 kg. Als sie im 17. Jh. neu gegossen wurde, sollen die Pariserinnen Gold- und Silberschmuck in die flüssige Bronze geworfen haben, was der Glocke ihren besonders reinen Klang verlieh.

Über eine steile Treppe gelangt man auf die Spitze des Südturms, von wo aus man einen herrlichen **Blick★★★** auf den Dachreiter und die Strebebögen von Notre-Dame, St-Julien-le-Pauvre, die Cité und über ganz Paris hat. In Höhe der Großen Galerie sieht man die berühmten Chimären und die große Glocke. In der Oberkapelle des Südturms wird in einem Museum die bewegte Geschichte der Kathedrale per Videofilm lebendig (Dauer 15 Min.).

Ein Monument mit Symbolcharakter

BAUGESCHICHTE

Schon seit 2000 Jahren wird an dieser Stelle gebetet: Dem gallo-römischen Tempel folgte zuerst eine christliche Basilika, dann eine romanische Kirche, erst danach wurde die heutige Kathedrale gebaut.

Die seit 300 Jahren immer wieder durchgeführten Grabungen haben eine erste, dem hl. Stephan geweihte merowingische Kirche zutage gebracht, die sich im Westen unter den ersten Jochen des heutigen Gotteshauses befand. Um 1163 ließ **Maurice de Sully** den Bau der heutigen Kathedrale beginnen. Der Sohn einer armen Holzfällersfrau von Sully-sur-Loire war zu kirchlichen Würden gelangt. 1159 wurde er zum Domherrn der Pariser Kathedrale und im folgenden Jahr zum Oberhaupt der Diözese bestellt, das er die folgenden 36 Jahre bleiben sollte. Wie Suger, Bauherr und Abt von St-Denis, wollte er eine der Hauptstadt würdige Kathedrale errichten lassen. König, Klerus und Adel spendeten für die Kathedrale, und das einfache Volk trug mit der eigenen Hände Arbeit zu dem Bauwerk bei: Steinmetze, Zimmerleute, Schmiede, Bildhauer und Glasmacher arbeiteten im 13. Jh. unter der Leitung von **Jean de Chelles** und **Pierre de Montreuil**, Baumeister der Sainte-Chapelle. Um 1300 war der Bau vollendet.

Notre-Dame ist eine der letzten großen Emporenbasiliken und eine der ersten mit Strebebögen. Neu daran war, dass man sie mit Wasserspeiern ausstattete, über die das Regenwasser weitab von den Fundamenten abfließen konnte.

FEIERLICHKEITEN

Schon lange vor ihrer Vollendung war Notre-Dame Schauplatz großer geistlicher und weltlicher Ereignisse. 1239 trug **Ludwig der Heilige** barfüßig die Dornenkrone in die Kirche, wo sie bis zur Weihe der Sainte-Chapelle verwahrt wurde. 1302 eröffnete **Philipp der Schöne** feierlich die ersten Generalstände des Königreichs. In den späteren Jahrhunderten folgten immer öfter höchste Feierlichkeiten, die Kathedrale war die „Pfarrei der französischen Geschichte“: 1431 wurde der neunjährige König Heinrich VI. von England zum König von Frankreich gekrönt; 1455 folgte hier die Eröffnung des Revisionsprozesses der Jeanne d'Arc; 1559 die Krönung Maria Stuarts zur französischen Königin. 1572, eine Woche vor der Bartholomäusnacht, fand dann die denkwürdige Vermählung der Margareta von Valois mit dem Hugenotten Heinrich von Navarra, dem späteren Heinrich IV. statt, bei der sie allein im Chor am Altar stand und er am Portal warten musste; doch Jahre später wohnte auch er – diesmal zum Katholizismus übergetreten – in Notre-Dame dem Gottesdienst bei, denn „Paris ist eine Messe wert“. 1687 hielt **Bossuet** hier die Leichenrede für den Großen Condé. François-Henri de Montmorency-Bouteville, besser bekannt unter dem Namen Maréchal von Luxemburg, ging Anfang der 90er-Jahre des 17. Jh. siegreich aus mehreren Schlachten in Flandern hervor. Er brachte die zahlreichen erbeuteten feindlichen Flaggen als Siegestrophäen mit und ließ sie im Chor von Notre-Dame aufhängen, was ihm den Spitznamen „Tapissier de Notre-Dame“ („Teppichwirker von Notre-Dame“) einbrachte.

ZERSTÖRUNGEN UND RESTAURIERUNGEN

Die Geschichte von Notre-Dame ist leider auch eine Abfolge von Zerstörungen. 1699 entfernten Mansart und Robert de Cotte unter dem Vorwand der Modernisierung den prachtvollen Lettner, im 18. Jh. ersetzte man die mittelalterliche Bleiverglasung durch einfache Glasscheiben, um mehr Licht in den Innenraum zu lassen. Soufflot zerstörte 1771 das Mittelportal, um mehr Platz zu schaffen für den Traghimmel bei Prozessionen.

Von der Île St-Louis aus gesehen gleicht Notre-Dame einem Schiffsbug.
G. Targat / MICHELIN

Während der Revolution zerstörte man alle Statuen, und die Kathedrale wurde „Tempel der Vernunft" und dann „Tempel des höchsten Wesens". Außer der großen wurden alle Glocken eingeschmolzen. Unter den Gewölben wurden Lebensmittel und Viehfutter gelagert. Als Papst Pius VII. am 2. Dezember 1804 der Kaiserkrönung Napoleons beiwohnte, war die Kathedrale mit Wandbehängen geschmückt, um den desolaten Zustand des Baus zu verbergen. Umstritten, doch effizient waren die **Restaurierungsarbeiten** von **Viollet-le-Duc** und Lassus, die im Jahr 1841 begonnen wurden und bis 1864 andauerten. Man restaurierte alle Statuen und Glasfenster, Verkleidungen und später hinzugefügte Teile wurden entfernt, das Dach und die oberen Partien der Kirche ausgebessert, die Portale und der Chor instand gesetzt und Dachreiter (man vermutet, dass er bereits vor Jahrhunderten vom Blitz getroffen wurde) und Sakristei angebaut. Die durch Umwelteinflüsse schwarze Fassade wurde in den 1990er-Jahren gereinigt, und ihre Steine haben wieder ihre ursprüngliche helle Farbe.

ZEITZEUGE DER PARISER GESCHICHTE

Die Kathedrale Notre-Dame, die den Aufstand der Kommune 1871 und den Zweiten Weltkrieg unbeschadet überstanden hat, ist noch heute das Sinnbild für die großen Stunden in der Geschichte von Paris. So wurde etwa am 26. August 1944 das *Te Deum* anlässlich der Befreiung von Paris in der Kathedrale gesungen. Auch die Totenmesse für den Staatspräsidenten De Gaulle (12. November 1970) wurde hier gelesen. Am 31. Mai 1980 zelebrierte Papst Johannes Paul II. auf dem Vorplatz der Kathedrale, der seither nach diesem benannt ist, eine feierliche Messe. Auch zum Begräbnis von Jean-Marie Lustiger, Kardinal und Erzbischof von Paris, am 10. August 2007 kam eine imposante Menschenmenge auf den Platz.

MUSE DER KÜNSTLER

Die Kathedrale hat die Künstler zu den unterschiedlichsten Werken angeregt, von Victor Hugos berühmtem Roman „Der Glöckner von Notre-Dame" über das 1998 uraufgeführte Musical „Notre-Dame de Paris" von Luc Plamondon bis hin zu Gina Lollobrigidas unvergesslicher Darstellung der Esméralda in dem Film von Jean Delannoy (1956) und dem Zeichentrickfilm von Walt Disney „Der Glöckner von Notre Dame" (1996).

Nordseite

An der Nordseite von Notre-Dame stand früher der Domherrenhof, von dem sich die Namen der Rue du Cloître-Notre-Dame und der Fassade des nördlichen Querhauses ableiten.

Jean de Chelles errichtete um 1250 das wundervolle **Portail du Cloître.** Der Baumeister nutzte die beim Bau der Sainte-Chapelle (1248 vollendet) gesammelten Erfahrungen, um die Kreuzarme so zu gestalten, dass ein Maximum an Licht in den Raum dringt. Die große, kunstvoll gearbeitete Fensterrose und die Maßwerkfenster, die zu einer lichten Höhe von 18 m aufsteigen, sind von einer beispiellosen Kühnheit und Anmut. Mit 13 m Durchmesser ist die Rose noch etwas größer als ihr Vorbild, die Fensterrose an der Fassade. Die große Portalvorhalle mit dem skulpturenverzierten Gewände ist von mehreren Wimpergen überfangen, deren reiche Dekoration in Kontrast steht zu den 30 Jahre früher erbauten Portalen der Hauptfassade. Im dreigliedrigen Tympanon sind unten Szenen aus dem Leben Mariä und in den beiden oberen Reihen die Geschichte des Diakons Theophilus, die im Mittelalter auch auf dem Kathedralenvorplatz szenisch aufgeführt wurde, zu sehen. Theophilus soll seine Seele an den Teufel verkauft haben, doch die Muttergottes rettete ihn, indem sie dem Teufel den Vertrag entriss, den der Diakon dem Volk zeigte. Bei der herrlichen **Statue der Jungfrau Maria** am Mittelpfeiler des Portals ist leider beim Bildersturm während der Revolution das Jesuskind auf ihrem Arm zerstört worden. Mit ihrem anmutigen Lächeln und ihrer vornehm-grazilen Haltung ist sie ein Meisterwerk der Bildhauerkunst des 13. Jh.

Die **Porte Rouge**, ein Werk des Pierre de Montreuil, war den Domherren des Kapitels vorbehalten. Im Gewände sind Szenen aus dem Leben des hl. Marcellus dargestellt, im Typanon indes die Krönung Mariä. An ihrer Seite knien Ludwig der Heilige und seine Gemahlin Marguerite de Provence.

Die sieben **Sockelreliefs** der Chorkapellen zeigen Tod und Himmelfahrt Mariä (14. Jh.).

Chorhaupt

In 15 m weiten Bögen spannt sich das Strebewerk vom Anfang des 14. Jh. über den doppelten Chorumgang und die Emporen hinweg und stützt das Kirchenschiff so genau am Punkt des Gewölbeschubs.

Vom Square Jean-XXIII und der Terrasse des Institut du Monde arabe (freier Zugang) bietet sich dem Paris-Besucher eine herrliche Sicht auf das Chorhaupt der Kathedrale.

Aus etwas größerer Entfernung sieht man das Dach aus dem 13. Jh., das noch seinen originalen Dachstuhl besitzt. Über der Vierung hat Viollet-le-Duc den in der Revolution zerstörten **Dachreiter** neu errichtet, der sich zwischen Evangelisten- und Apostelfiguren aus Kupfer in 90 m Höhe erhebt und aus 500 t Eichenholz und 250 t Blei besteht.

Südseite

Gleich hinter der Sakristei aus dem 19. Jh. gelangt man zu dem herrlichen **Portail St-Étienne**, das fast identisch mit dem Portail du cloître ist, jedoch noch reicheren Skulpturenschmuck besitzt. Das 1258 von Jean de Chelles begonnene und von Pierre de Montreuil vollendete Portal hat ein herrliches Tympanon, das auf drei Ebenen Leben und Steinigung des Diakons Stephan zeigt, dem die Vorgängerkirche geweiht war. Die Statuen des Mittelpfeilers (hl. Stephan) und des Giebels (hl. Marcellus) stammen aus dem 19. Jh., ebenso die meisten Skulpturen des Gewändes. Zu beiden Seiten des Portals stellen acht kleine Reliefs aus dem 13. Jh. Szenen aus dem Straßen- und Studentenleben dar.

Innenraum

Nach dem Vorbild von Notre-Dame wurden in der Folgezeit alle großen gotischen Kathedralen erbaut. Ihre architektonische Gliederung und die erhabenen Proportionen stehen für die Frühgotik.

In der Königsgalerie wachen die während der Schreckensherrschaft geköpften Könige heute wieder über die Bevölkerung von Paris.

G. Targat / MICHELIN

Um die Seitenkapellen zwischen den Strebepfeilern zu erhellen, vergrößerte man im 13. und 14. Jh. die Fenster, die von den oberen Emporen abgeschirmt wurden. Der ganze Schub der Gewölbe und Mauern wird durch die äußeren Strebebögen abgefangen, sodass dem Inneren ein Maximum an Raum und Licht erhalten bleibt. In der Vierung erkennt man noch die Architektur des 12. Jh. (kleine Rose und Obergadenfenster). Die mächtigen Turmpfeiler erreichen einen Durchmesser von 5 m.

Die mittelalterlichen Glasmalereien wurden im 18. Jh. größtenteils durch klare Glasfenster mit Lilien, im 19. Jh. durch Grisaillescheiben ersetzt. Die modernen Glasfenster von Le Chevalier (1965) nehmen die mittelalterliche Technik und Farbigkeit wieder auf.

Die **Orgel**, die 1992 restauriert wurde, gehört zu den besten Frankreichs *(Orgelkonzerte So um 17.45 Uhr)*.

Kapellen – Notre-Dame besaß als erste Kirche einen umlaufenden Kapellenkranz. Im 13. Jh. hatten Bruderschaften und reiche Familien ihn gestiftet und zwischen die Strebepfeiler einfügen lassen. Deshalb musste man die Flügel des Querschiffs verlängern, damit diese weit genug über den Kapellenkranz hinausragten.

1949 nahm die Innung der Pariser Goldschmiede eine alte Tradition wieder auf und stiftet der Kathedrale seither alljährlich im Mai ein Kunstwerk. Die schönsten **Maigaben** stammen von Le Brun **(1-2)** und von Le Sueur **(3)**. Insgesamt 66 Maigaben wurden von 1630–1707 der Kirche gestiftet, nur wenige haben die Revolution überstanden.

Links Grabsteine vom Grab eines Domherren aus dem 15. Jh. und des Kardinals Amette.

Querschiff – Erst mit der gotischen Baukunst wurden so filigrane **Fensterrosen** möglich.

Die Rose der Nordseite aus dem 13. Jh. ist noch erhalten: Sie zeigt Maria umgeben von Gestalten des Alten Testaments. In der restaurierten Rose der Südseite thront Christus zwischen Engeln und Heiligen.

Am Vierungspfeiler steht die Statue des hl. Dionysius von Nicolas Coustou und gegenüber eine **Maria mit Kind**, genannt „Unsere Liebe Frau von Paris"

(14. Jh.), die aus der ehemaligen Kapelle St-Aignan stammt. Nicht weit entfernt erinnert eine Inschrift im Fußboden an die Bekehrung Paul Claudels an dieser Stelle, die von einem persönlichen Erweckungserlebnis rührte.

Chor – Nach 23-jähriger kinderloser Ehe weihte Ludwig XIII. Frankreich der Mutter Gottes (1638). Dieses Gelübde sollte in einer neuen Ausschmückung des Chores durch Robert de Cotte versinnbildlicht werden. Von dieser Ausstattung blieben das Chorgestühl, eine Pietà und ein Standbild von Ludwig XIII. von Guillaume Coustou sowie ein Standbild von Ludwig XIV. von Coysevox erhalten. Dieser Veränderung fielen im 17. Jh. allerdings die Chorschranken zum Opfer: Von den **Flachreliefs** des 14. Jh. sind nur noch Szenen aus dem Leben Christi *(links)* und von seinen Erscheinungen nach der Auferstehung *(rechts)* erhalten; diese hat Viollet-le-Duc restauriert. Im Chor befindet sich auch der Eingang zur Krypta, in der Bischöfe und Erzbischöfe von Paris bestattet sind. Grabmale im Chorumgang:

Mgr. de Juigné, Erzbischof von Paris während der Revolution. In dieser Kapelle liegt auch Pierre Lescot, Architekt und Maler des 16. Jh. begraben.

Schatzkammer – *✆ 01 42 34 56 10 – www.notredamedeparis.fr – Mo-Fr 9.30-18 Uhr, Sa 9.30-18.30 Uhr, So 13.30-18.30 Uhr (letzter Einlass 30 Min. vor Schließung) – 3 € (Kinder: 12 Jahre 1 €, 12–18 J. 2 €).*

In der von Viollet-le-Duc erbauten Sakristei wird der kostbare Kirchenschatz aufbewahrt: illuminierte Handschriften, Paramente und liturgische Geräte des 19. Jh. Die Passionsreliquien (Dornenkrone, Nagel vom Kreuz Christi und ein Splitter vom Kreuz) werden an den Freitagen der Fastenzeit sowie am Karsamstag vor dem Hauptaltar verehrt.

Zu Fuß unterwegs

★★★DIE ÎLE DE LA CITÉ 1

Ab M° Pont-Neuf. 1,5 Std. Siehe Plan des Viertels.

★Pont-Neuf

Ihrem Namen zum Trotz ist die „Neue Brücke“ die älteste von Paris, die bis heute unversehrt erhalten geblieben ist. Fast hätte man sie Tränenbrücke genannt, denn bei der Grundsteinlegung kam Heinrich III. gerade vom Begräbnis seiner beiden Günstlinge, die bei einem Duell zu Tode gekommen waren, und der untröstliche König weinte immerfort. Die beiden Hälften der Brücke, die 1578 von Androuet du Cerceau begonnen und 1604 vollendet wurden, ergeben zusammen keine gerade Linie *(Fachbegriffe aus Kunst und Architektur, S. 22)*. Masken zieren die zwölf Rundbögen. Zum ersten Mal gab es keine Häuser auf einer Pariser Brücke, sondern nur offene Buden, denn der König wünschte, sie unbebaut zu lassen, damit die Sicht vom Louvre auf die alte Königsburg nicht verdeckt werde. Als weitere Neuerung wurden zum Schutz der Fußgänger erhöhte Gehsteige eingeführt – es gab sie noch in keiner Pariser Straße. Auf der Bastion des Pont-Neuf ließ Heinrich IV. sein **Reiterstandbild** errichten – eine Sensation, denn noch nie zuvor war das Abbild eines Herrschers öffentlich aufgestellt worden. 1792 wurde das Reiterstandbild niedergerissen und später durch das heutige Denkmal ersetzt, das aus der Bronze der eingeschmolzenen Figuren gefertigt wurde, die zuvor die Säule auf der Place Vendôme und die Desaix-Säule auf der Place des Victoires geziert hatten. Der Legende zufolge soll der Gießer, ein glühender Anhänger Napoleons, in das Denkmal die *Henriade* Voltaires, eine Napoleon-Statuette und den Kaiser verherrlichende Schriften eingeschlossen haben. Dieses Gerücht hat sich 2004 bestätigt: Bei der Restaurierung der Statue hat man in den Gliedmaßen und im Kopf des Pferdes sieben Schachteln entdeckt, in denen sich 26 Medaillen mit dem Bildnis Ludwigs XVIII., eine Geschichte Heinrichs IV., die Memoiren von Sully, Pergamenthandschriften und zwei Bände der *Henriade* Voltaires befanden.

Die bewegte Geschichte der Cité

VON DEN PARISII BIS ZU DEN KAPETINGERN

Lutetia

Um 200 v. Chr. errichteten keltische Fischer vom Stamm der *Parisii* ihre ersten Hütten auf der größten der Seine-Inseln, der heutigen Île de la Cité. Dies war die Geburtsstunde von Lutetia, was soviel bedeutet wie „Werft in einem Fluss". 52 v. Chr. eroberten die römische Legionen des Labienus die Siedlung, aus der sich eine kleine gallo-römische Stadt entwickelte, die sich dem Schiffsbau widmete. Das Schiff im Wappen von Paris spielt auf die Form der Île de la Cité, dem alten Lutetia, an und erinnert heute noch an das damalige Gewerbe ihrer Bewohner. Im Osten der Insel befand sich zu dieser Zeit ein Tempel, im Westen der Festungspalast der römischen Statthalter auf der Île de la Cité.

Hauptstadt im Niedergang

Nachdem Chlodwig Herrscher in Gallien geworden war, machte er 508 Paris zur Hauptstadt. Sein Sohn Childebert I. ließ auf der Île de la Cité die erste Kathedrale errichten. Auch die anderen Merowingerkönige logierten in dem Palast auf der Insel, wenn sie sich in Paris aufhielten. Zur Karolingerzeit verlagerte sich das Zentrum des Reiches jedoch weiter nach Osten. Die Könige kamen nicht mehr in ihren Palast in Paris, und die Cité entvölkerte sich.

Die Cité: Zentrum der weltlichen und religiösen Macht

Unter den Kapetingern wurde Paris wieder Hauptstadt, und der Palast auf der Île de la Cité wurde das Zentrum der Macht. Vier Jahrhunderte lang, von Robert dem Frommen über Ludwig den Heiligen bis zu Johann II. dem Guten, waren die kapetingischen Könige unentwegt darum bemüht, die alte Festung zu erweitern und zu verschönern, um daraus das Symbol ihrer Macht zu machen. Im 14. Jh. ist der Palast auf der Île de la Cité der schönste Palast Europas. In der Zwischenzeit war im Osten der Insel, dem Zentrum der religiösen Macht, die grandiose Kathedrale Notre-Dame entstanden.

Die dunklen Kapitel in der Geschichte des Palastes

1358 drangen von dem Prévôt von Paris, Étienne Marcel, angeführte Rebellen in den Palast ein und schnitten vor den Augen des Dauphin, des späteren Karl V., dessen Beratern die Kehlen durch. Infolge dieses schrecklichen Erlebnisses wollte Karl V. nicht mehr länger in dem Palast auf der Île de la Cité bleiben, stattdessen siedelte er hier das Parlament, den höchsten königlichen Gerichtshof an. Die Französische Revolution schrieb ein weiteres dunkles Kapitel in der Geschichte der Île de la Cité, als die Conciergerie in ein Gefängnis umgewandelt wurde und das Revolutionsgericht im Justizpalast tagte.

DIE INSEL IM WANDEL

Zu Beginn des 17. Jh. ließ Heinrich IV. die Île de la Cité durch Angliederung benachbarter kleinerer Inseln vergrößern und sie durch den Pont-Neuf mit den beiden Ufern der Seine verbinden. Unter Louis-Philippe und vor allem unter Napoleon III. wurde das gesamte Zentrum der Île dem Erdboden gleichgemacht und 25 000 Personen evakuiert. In der Folge errichtete man mächtige Verwaltungsgebäude: Spital, Kaserne und Handelsgericht. Die Fläche des Justizpalastes wurde verdoppelt, die Größe der Place du Parvis wurde gar vervierfacht. Der große Palast-Boulevard war zehn Mal so groß wie die Straße, die er ersetzte.

Im August 1944 verschanzte sich die Pariser Polizei in der Polizeipräfektur und hisste die Trikolore. Drei Tage lang, bis zur Ankunft der Division des Generals Leclerc, leisteten die Polizeibeamten Widerstand gegen die Deutschen.

Square du Vert-Galant

Gehen Sie hinter der Statue Heinrichs IV. die Treppe hinunter. Von dem ruhigen Platz mit schönen, Schatten spendenden Weiden am äußersten Punkt der Île de la Cité, bietet sich ein schönes Panorama mit Pont-Neuf, Louvre und Münze. *Gehen Sie auf den Pont-Neuf zurück.*

★Place Dauphine

Einst endete die Cité im Westen in einer Gruppe kleiner, sumpfiger Inseln, die häufig überschwemmt waren. Dort ließ Philipp der Schöne 1314 den Scheiterhaufen für Jacques de Molay, den letzten Großmeister des Templerordens, errichten; vom Fenster des Palastes aus wohnte er dem Schauspiel bei. Im 16. Jh. ließ Maria de Medici hier den ersten botanischen Garten anlegen. Ende des 16. Jh. ließ Heinrich II. die schlammigen Seine-Arme zuschütten, um die kleinen Inseln miteinander zu verbinden, den festen Untergrund für den künftigen Pont-Neuf anlegen sowie das Südufer um 6 m erhöhen. Heinrich IV. schenkte 1607 dem vermögenden Parlamentspräsidenten Achille de Harlay die Grundstücke zwischen dem Palais und Pont-Neuf unter der Bedingung, dort einen dreieckigen Platz mit einheitlichen Häusern zu errichten. So entstand die Place Dauphine, die ihren Namen zu Ehren des lang ersehnten Dauphin, des späteren Ludwig XIII., erhielt. Einige wenige Häuser dieser Platzanlage, wie z. B. Nr. 14, haben noch ihr ursprüngliches Aussehen erhalten.

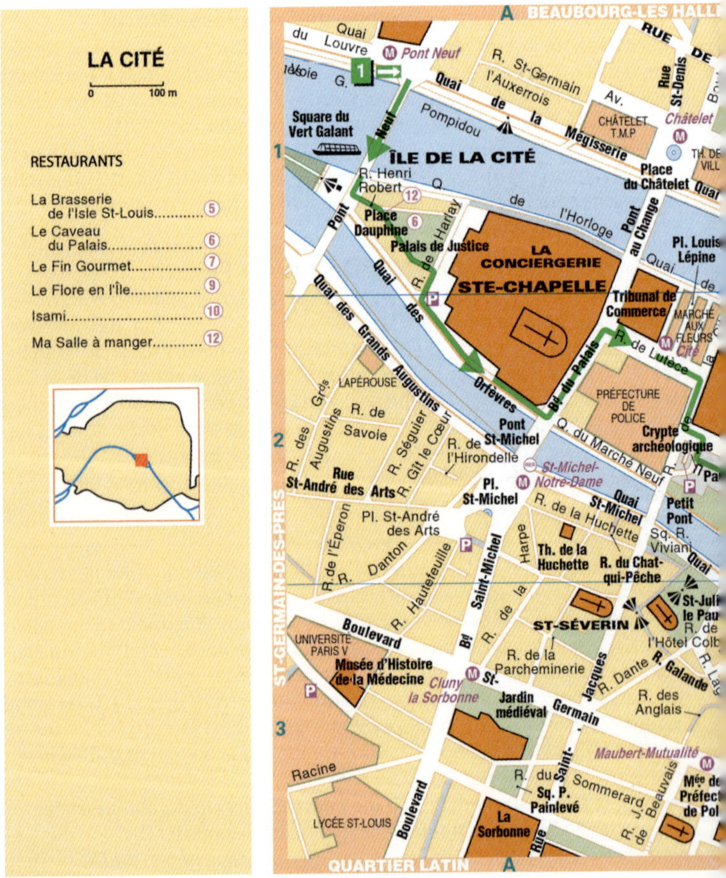

Quai des Orfèvres

Der Kai der Goldschmiede war im 17. und 18. Jh. das Zentrum der Pariser Juweliere. Strass, dessen Name noch heute mit künstlichen Edelsteinen verbunden ist, Boehmer und Bassenge, die das verhängnisvolle Halsband für Marie Antoinette angefertigt hatten, besaßen hier und an der Place Dauphine ihre Werkstätten und Verkaufsräume. Der Kai führt zum **Pont St-Michel**: 1857 wurde hier die ältere Brücke aus dem Jahr 1378 durch die heutige ersetzt.

Boulevard du Palais

In der Verlängerung des Pont St-Michel. Hier befand sich ein kleiner Gerichtsplatz, auf dem die Verurteilten öffentlich gebrandmarkt wurden. Der Boulevard führt an den Eingängen zum Justizpalast vorbei zum Pont au Change, den Karl der Kahle im 9. Jh. errichten ließ.

Place Louis-Lépine

Auf den Polizeipräfekten Louis Lépine gehen die Reglementierung des Autoverkehrs und der Typ des modernen Ordnungshüters zurück. Der bunte **Blumenmarkt** bringt Farbe zwischen die kühlen Verwaltungsgebäude aus der Zeit des Second Empire. Sonntags wird hier ein Vogelmarkt abgehalten. An der Westseite des Platzes steht das **Handelsgericht** und die Polizeipräfektur an der Südseite. Das im 9. Jh. gegründete **Krankenhaus Hôtel-Dieu** ist zwischen 1864 und 1877 in ein Gebäude an der Ostseite des Platzes eingezogen.

Das ursprüngliche Krankenhaus stand auf dem kleinen Platz, in dessen Mitte nun das Reiterstandbild Karls des Großen mit Roland und Oliver steht (19. Jh.).

★★★**Notre-Dame** – *Sehenswürdigkeiten.*

Viertel des ehemaligen Domherrenhofs

Zwischen der Nordflanke der Kathedrale und der Seine umschloss im Mittelalter eine Mauer mit vier Toren das Areal des mächtigen Domkapitels. Hier lebten die Domherren in eigenen Häusern und nahmen Schüler in Pension. Im 11. und 12. Jh. lehrten Bonaventura, Abélard und der hl. Dominikus an der Schule von Notre-Dame. Heute legt dieses Viertel trotz großer Restaurierungsmaßnahmen als einziges noch Zeugnis über das Aussehen der alten Cité ab.

In der **Rue Chanoinesse**, der Hauptstraße der alten Domherrenstadt, stehen die letzten alten Kapitelhäuser (Nr. 22 und 24). Im Haus Nr. 14 starb der Anatom und Physiologe Xavier Bichat (1771-1802), der den grundlegenden Aufbau der Gewebestruktur entdeckte und daher als Begründer der Histologie gilt.

In der **Rue de la Colombe** verschwand beim Durchbruch der Rue d'Arcole eine kleine Marienkapelle, in der unkeusche Mädchen heiraten konnten, allerdings mit einem Trauring aus Stroh!

Die **Rue des Ursins** liegt auf der Höhe des ehemaligen Seineufers. Hier befand sich bis zum 12. Jh. der Hafen St-Landry, der erste Hafen von Paris, bevor das Ufer vor dem Rathaus befestigt wurde.

Von dem **Quai aux Fleurs** hat man einen schönen Panoramablick auf die Kirche St-Gervais-St-Protais und die äußerste Spitze der Île St-Louis.

Square Jean-XXIII

Die Häuser, Kapellen und der Erzbischofssitz von einst existieren nicht mehr. Doch auch der kleine, 1844 an ihrer Stelle angelegte Platz hat Charme.

Square de l'Île-de-France

Auf dem einst unbebauten Gelände ließ Napoleon III. das Leichenschauhaus errichten. Bis 1910 war es ein beliebtes, wenngleich makabres Ausflugsziel, da man freien Zugang zu den Räumen hatten, in denen Ertrunkene, Selbstmörder, noch nicht identifizierte Leichen und Opfer von Gewalttaten ausgestellt waren.

Mémorial de la Déportation

10-12 Uhr, 14-17 Uhr (April-Sept. bis 19 Uhr) – Führungen (45 Min.) in den oberen Räumen auf Anfrage möglich (eine Woche vorher) bei der Direction interdépartementale des Anciens Combattants d'Île-de-France – 10 av. du Val-de-Fondenay – 94135 Fondenay-sous-Bois Cedex – ☎ 01 49 74 35 10 – Eintritt frei. Ein schmaler Eingang führt in eine moderne Krypta, in der Urnen von Opfern der Konzentrationslager, das Grab eines umgekommenen Deportierten und Inschriften über Leben und Tod ausgestellt sind. Eine Stätte der Erinnerung.

DIE HL. GENOVEVA

Im Jahr 451 kommt Attila mit seinem Heer von 700 000 Mann über den Rhein nach Laon. Die Pariser fliehen in Panik. Genoveva, ein junges, Gott ergebenes Mädchen aus Nanterre, beruhigt sie in der Gewissheit, dass die Stadt unter dem Schutz Gottes steht und so verschont bleiben wird. Die Hunnen kommen, zögern jedoch und drehen dann in Richtung Orléans ab. Daraufhin wird das Mädchen die Schutzheilige von Paris. 461 leidet die von den Franken besetzte Île de France unter einer schweren Hungersnot. Genoveva entkommt den feindlichen Wachen, treibt in der Champagne Lebensmittel auf und kehrt auf scheinbar wundersame Weise wieder zurück. Als sie 512 stirbt, wird sie neben Chlodwig, der ein Jahr zuvor verstorben war und dessen Söhne um das Königreich stritten, beigesetzt. Der Familienzwist dauert ein ganzes Jahrhundert lang an, bis Chlotar im Jahr 613 die Macht übernimmt und die Einheit wieder herstellt.

★★DIE ÎLE ST-LOUIS 2

Ludwig IX. (1214-1270), der bereits im Alter von 14 Jahren König von Frankreich wurde, wollte unbedingt heilig gesprochen werden, ein Wunsch, der 1297 erfüllt wurde. In Erinnerung an ihn trägt die Insel seinen Namen.
Ursprünglich lagen an dieser Stelle zwei kleine Inseln, die Île aux Vaches und die Île Notre-Dame, wo im Mittelalter die berühmten Gerichtsduelle, die sogenannten *Gottesurteile*, stattfanden. Zu Beginn des 17. Jh. erhielt der Unternehmer Christophe Marie von König Ludwig XIII. und dem Domkapitel von Notre-Dame die Erlaubnis, auf eigene Kosten den trennenden Seine-Arm aufzufüllen, Straßen anzulegen und die Insel durch zwei Steinbrücken mit dem Festland zu verbinden. So entstand zwischen 1627 und 1664 eine einheitliche Bebauung im Stil der Klassik. In diesen Häusern des 17. Jh. mit schönen Fassaden und eleganten schmiedeeisernen Balkonen wohnten einst Bankleute und hohe Beamte, heute indes Schriftsteller, Künstler und Liebhaber des alten Paris.

Pont St-Louis

Die moderne Metallkonstruktion (1970) verbindet die beiden Pariser Inseln miteinander. Sie entstand an der Stelle der alten Pont St-Landry aus dem Jahr 1630. Auf der Fußgängerbrücke kann man in Ruhe die wundervolle Aussicht auf Notre-Dame, das Rathaus und das Pantheon genießen.

Quai de Bourbon

Vom Pont St-Louis führt links der Quai de Bourbon um die malerische Westspitze der Insel. Die Angler, die mit Ketten untereinander verbundenen Steinpfosten, die Medaillons aus dem 18. Jh. an der Kaimauer und der Blick auf die Kirche St-Gervais-St-Protais ergeben zusammen ein hübsches **Bild**★. Die Adelshöfe Nr. 15 und Nr. 19 gehörten Mitgliedern der Volksvertretung.

Quai d'Anjou

Die Marquise de Lambert bezog das Haus Nr. 27, um darin ihren literarischen Salon einzurichten, den sie bis dahin im Hôtel de Nevers am rechten Seineufer veranstaltet hatte. In Haus Nr. 9 wohnte Honoré Daumier von 1846-1863. Der Maler, Zeichner und Bildhauer nahm das bürgerliche Leben seiner Zeit und insbesondere die Julimonarchie aufs Korn und karikierte seine Zeitgenossen oft mit beißender Ironie.
In Haus Nr. 17, dem **Hôtel de Lauzun** (*keine Besichtigung möglich*) ergingen sich Théophile Gautier und Charles Baudelaire im künstlichen Paradies des Rausches. Das Haus war berühmter für den Haschischclub als für seinen Erbauer Charles Gruyn de Bordes, der es im Jahr 1657 errichten ließ. Benannt ist das Haus nach dem Herzog von Lauzun, der hier drei Jahre lebte. Er war der Liebhaber der Grande Mademoiselle, Anne Marie Luoise d'Orléans, Herzogin von Montpensier, die ihr Leben lang unverheiratet blieb.
Square Barye – Er liegt auf der Inselspitze und ist der letzte Überrest der Terrassengärten, die einst zu dem Anwesen des Bankiers Bretonvilliers gehörten.
Pont Sully – Die Brücke stammt aus dem Jahr 1876 und liegt an der äußersten Inselspitze. Von ihrem Nordteil hat man eine schöne Aussicht auf den Quai d'Anjou und das Hôtel Lambert, den Port des Célestins, den Pont Marie und den Kirchturm von St-Gervais, von ihrem Südteil einen herrlichen **Blick**★ auf Notre-Dame, die Île de la Cité und die Île St-Louis.
Im 17. Jh. kam die feine Pariser Gesellschaft an den damaligen Strand, und selbst der zukünftige König Ludwig XIII., manchmal in Begleitung seines Vaters Heinrich IV., soll häufig unter den Badenden anzutreffen gewesen sein.
Setzen Sie Ihren Rundgang in Richtung Quai de Béthune fort und biegen Sie dann rechts in die Rue de Bretonvilliers ein, die zur Rue St-Louis-en-l'Île führt.
Hôtel Lambert (oder Le Vau)★ – Nr. 2. Das prächtige Palais hat Le Vau 1640 für den Präsidenten Lambert de Thorigny, genannt Lambert der Reiche, errichtet; Le Sueur und Le Brun zeichneten für die Innenausstattung verantwortlich.

Église St-Louis-en-l'Île★ – Ihre Kirchturmuhr aus Eisen ist kurios, ihre durchbrochene Spitze originell. Le Vau, der auf der Insel wohnte, begann 1664 mit dem Bau der Kirche, doch erst 1726 war sie fertiggestellt. Der Innenraum im Jesuitenstil ist üppig in Weiß und Gold gehalten. Die Kirche besitzt seit 2005 eine neue Orgel des Orgelbauers Bernard Aubertin und seiner Werkstatt; dies ist der erste Instrumentenankauf dieser Art in Paris seit dem 19. Jh.
Hôtel de Chenizot – Nr. 51. Dieses Palais, in der Mitte des 19. Jh. Wohnsitz des Erzbischofs von Paris, besitzt ein sehr schönes Portal, das von einem Faunskopf bekrönt wird.
Quai d'Orléans – Die Uferstraße ist wegen der herrlichen **Aussicht**★★ auf das Chorhaupt von Notre-Dame und das linke Seineufer einen Abstecher wert. Haus Nr. 6 ist Sitz der **Société Historique et Littéraire Polonaise**, die das **Musée Adam Mickiewicz** beherbergt. Das vollständig renovierte Museum umfasst den Salon Frédéric Chopin, das Musée Boleslas Biegas, in dem Kunstwerke des 19. und 20. Jh. gezeigt werden, und die Kunstsammlung von Camille Gronkowski. *6 quai d'Orléans – ✆ 01 55 42 83 83 – www.bibliotheque-polonaise-paris-shlp.fr – Führungen (45 Min.) Mi um 14, 15, 16, 17, Sa um 9, 10, 11, 12 Uhr – Fei und Aug. geschl. – 5 € (unter 12 J. Eintritt frei).*

Sehenswürdigkeiten

★★★DIE SAINTE-CHAPELLE

Der Eingang befindet sich links vom Haupteingang des Justizpalastes. Man muss auf die Rückseite des Gebäudes gehen, um zum Kassenschalter zu gelangen. ✆ 01 53 40 60 80 – März-Okt. 9.30-18 Uhr; Nov.-Feb. 9-17 Uhr (letzter Einlass 30 Min. vor Schließung) – Führungen möglich (1 Std.) 11 und 15 Uhr – 1. Jan., 1. Mai, 25. Dez. geschl. – 8 € (unter 18 J. Eintritt frei) – bis 2013 Restaurierungsarbeiten, eine Besichtigung ist dennoch möglich.
Im 13. Jh. bat Balduin II. von Courtenay, lateinischer Kaiser in Konstantinopel, die Venezianer um ein Darlehen und gab ihnen die Dornenkrone Christi als Pfand. Da er den Kredit nicht zurückzahlen konnte, wandte er sich an Ludwig den Heiligen, der die Gläubiger auszahlte und 1239 dafür die Reliquie erhielt. Letzterer kaufte noch weitere Reliquien Christi und Mariä hinzu. Der Erwerb dieser Reliquien und die Herstellung der Reliquiare kosteten mehr als doppelt so viel wie der Bau der Kapelle selbst.
Auf Wunsch des Königs wurde die Kapelle in seinem eigenen Palast errichtet, und dies in einer Rekordzeit von nur 33 Monaten. Am 25. April 1248 wurde sie geweiht. Damals stand die Kapelle allein inmitten des weiten Hofes, nur ein Gang verband die Oberkirche, die vom König und seinem Hofstaat genutzt wurde, mit den Räumen Ludwigs des Heiligen. Der untere Teil war für die Bediensteten gedacht.

AUS ARCHITEKTONISCHER SICHT

Hat man zuvor Notre-Dame besichtigt, wirkt die architektonische Entwicklung, die sich in der Sainte-Chapelle manifestiert, überwältigend. Nur 80 Jahre trennen diese beiden Bauten, doch der Lanzettbogenstil gipfelt hier in einer ungeahnten Leichtigkeit und Klarheit. Der Baumeister hat in der Sainte-Chapelle die Errungenschaften der Gotik vorangetrieben und aufs Kühnste gesteigert, wobei er dem auf engen Raum begrenzten Bauwerk durch von Fialen bekrönten Strebepfeilern Stabilität gegeben hat. Erstmals sind die Mauerflächen fast vollständig durch 15 m hohe Fenster geöffnet, die vom Boden aus gemessen eine Scheitelhöhe von 75 m erreichen. Die Holzrahmen sind mit Blei verkleidet. Schlichte Eleganz und Helligkeit sind die Schlüsselbegriffe, die dieses Bauwerk charakterisieren.

1. *Schöpfungsgeschichte – Adam und Eva – Noah – Jakob*

2. *Auszug aus Ägypten – Moses auf dem Berg Sinai*

3. *Auszug aus Ägypten – Die Gesetze*

4. *Deuteronomium – Josua – Ruth und Boas*

5. *Richter – Gideon – Samson*

6. *Jesaja – Wurzel Jesse*

7. *Johannes der Evangelist – Marienleben – Kindheit Jesu*

8. *Passion Christi*

9. *Johannes der Täufer – Daniel*

10. *Ezechiel*

11. *Jeremias – Tobias*

12. *Judith – Hiob*

13. *Esther*

14. *Die Könige: Samuel – David – Salomon*

15. *Hl. Helena und das Hl. Kreuz – Hl. Ludwig und die Reliquien der Passion*

16. *Spätgotische Rose (15. Jh.): Apokalypse des Johannes*

Bei der Restaurierung des Justizpalastes im 18. Jh. wurde die Kapelle leider mit einem Flügel der Cour du Mai verbunden. Im folgenden Jahrhundert wurde die Sainte-Chapelle unter der Leitung von Duban und Lassus umfassend restauriert (1841-1867).

In der Kapelle wurden bis zur Französischen Revolution die Reliquien Christi und Mariä aufbewahrt. Während der Revolution wurde der Reliquienschrein eingeschmolzen, doch ein Teil der Reliquien wurde gerettet und befindet sich heute im Kirchenschatz von Notre-Dame: die Dornenkrone, ein Nagel und ein Splitter vom Kreuz Christi.

Unterkirche

Die ausschließlich Gottesdiensten vorbehaltene Unterkirche weist bei einer Breite von 17 m eine erstaunlich geringe Höhe von nur 7 m auf. Die Säulen, die das seit der Restaurierung im 19. Jh. reich verzierte Kreuzrippengewölbe tragen, sind im Wechsel mit Lilien und kastilischen Türmen, den Emblemen Blankas von Kastilien, der Mutter Ludwigs des Heiligen, dekoriert. Unter der Kirche sind Stiftsherren bestattet, deren Grabplatten in den Fußboden eingelassen sind.

Oberkirche

Eine Wendeltreppe führt rechts vom Eingang nach oben in die Oberkirche.

Die Glasfenster sind atemberaubend, besonders wenn sie die Sonnenstrahlen reflektieren. Das ganze Kirchenschiff wird von Arkaden mit feinen Blattkapitellen eingerahmt. Vor jedem Bündelpfeiler steht eine Apostelstatue, die eins der Weihekreuze hält; sechs der Figuren sind alt *(im Plan rot eingezeichnet)*, die übrigen Originale befinden sich im Musée national du Moyen Âge.

Zwei Nischen im dritten Joch waren dem König und seiner Familie vorbehalten, im vierten Joch rechts führt eine Tür in das Oratorium Ludwigs XI., wo dieser hinter einer vergitterten Öffnung dem Gottesdienst ungesehen beiwohnte. In der Apsis erhebt sich eine Empore mit geschnitztem Baldachin, unter dem einst der Reliquienschrein stand. Zwei kleine Wendeltreppen *(kein Zutritt)* in

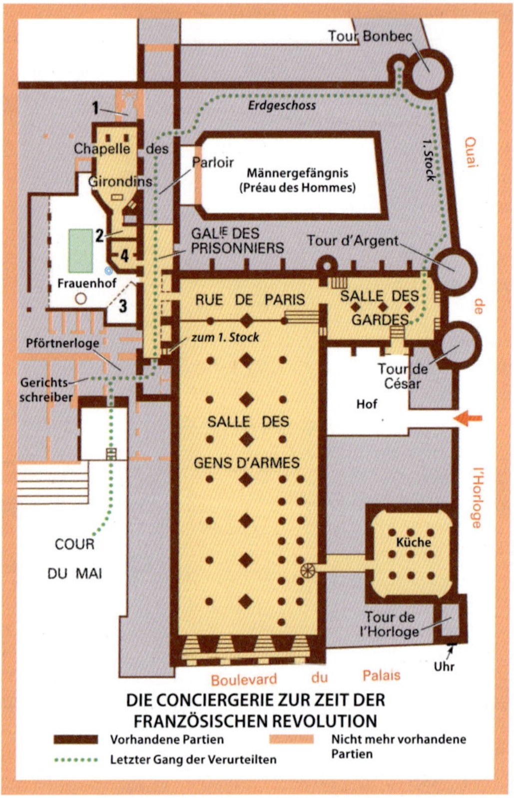

durchfensterten Türmchen führen hinauf; die linke stammt aus der Erbauungszeit. Nur Ludwig der Heilige besaß den Schlüssel zum juwelenbesetzten Schrein; am Karfreitag öffnete er ihn und zeigte die Reliquien dem im Hofe knienden Volk.

Die Vorhalle wurde wieder aufgebaut (Tympanon und Mittelpfeiler sind aus dem 19.Jh.).

Glasfenster

Die Glasfenster sind die ältesten in Paris. Von den 1134 Szenen, die eine Fläche von 618 qm bedecken, sind 720 noch original. Als die Arbeiten an den Glasfenstern der Kathedrale von Chartres 1240 beendet waren, berief der König die besten Glasmaler zur Ausschmückung seiner Kapelle. Von daher erklärt sich ihre Ähnlichkeit mit den Buntglasfenstern von Chartres. Die Restaurierungen aus der Mitte des 19. Jh. nach Entwürfen des Malers Louis Steinheil lassen sich von den im Originalzustand erhaltenen Fenstern kaum unterscheiden. Die ursprüngliche gotische Fensterrose ist uns nur durch eine Miniatur aus dem *Stundenbuch des Herzogs von Berry* bekannt. Die heute erhaltene spätgotische Fensterrose wurde von Karl VII. in Auftrag gegeben und zeigt die Offenbarung des Johannes.

Die dargestellten Themen sind die Verherrlichung der Leidensgeschichte Christi, ihre Verkündigung durch die großen Propheten und Johannes den Täufer sowie die vorangehenden biblischen Szenen. Die Leserichtung der Fenster geht von links nach rechts und von unten nach oben, außer bei den Fenstern Nr. 6, 7, 9 und 11, bei denen jede Senkrechte für sich steht.

★★DIE CONCIERGERIE

Auf der stromabwärts gelegenen Spitze der Île de la Cité. Eingang vom Quai de l'Horloge, Boulevard du Palais.

Der Name leitet sich von *Concierge*, dem königlichen Haushofmeister, ab, der nach dem Auszug des Königs das Schloss verwaltete und die Läden im Palais vermietete.

★Außenansicht

Vom **Quai de la Mégisserie** am rechten Seineufer bietet sich die beste Aussicht auf die Nordfassade mit ihren vier Türmen, die einstmals direkt am Wasser standen, ehe im 16. Jh. der Quai de l'Horloge aufgeschüttet wurde. Dies ist der älteste Teil des Palastes der Kapetinger.

Die Tour Bonbec mit dem Zinnenkranz *(rechts)* war der erste Turm, der errichtet wurde. Hier wurden Jahrhunderte lang die Gefangenen gefoltert und zur Aussage gezwungen.

Die beiden Zwillingstürme in der Mitte der neugotischen Fassade bewachten einst den Eingang zum Königspalast und die Brücke Karls des Kahlen: Im rechten, dem sogenannten *Silberturm* (Tour d'Argent) wurde der Kronschatz aufbewahrt. Der linke Turm (Tour de César) diente Fouquier-Tinville, dem öffentlichen Ankläger des Revolutionstribunals, während der Schreckensherrschaft als Unterkunft.

Der viereckige Uhrturm, die **Tour de l'Horloge**, befindet sich an einer Ecke des heutigen Boulevard du Palais. Hier ließ Karl V. der Weise 1370 die erste öffentliche Uhr von Paris anbringen, die seither Jahrhunderte lang den Tagesrhythmus des Königspalastes und der Île de la Cité bestimmte, bis die Revolutionäre 1793 ihre Silberglocke einschmolzen. Der Figurenschmuck der Uhr von Germain Pilon wurde im letzten Jahrhundert umfassend restauriert.

★Innenraum

☏ 01 53 40 60 80 – www.monuments-nationaux.fr – März-Okt. 9.30-18 Uhr; Nov.-Feb. 9-17 Uhr (letzter Einlass 30 Min. vor Schließung) – Führungen möglich (1 Std.) um 11 und 15 Uhr – 1. Jan., 1. Mai, 25. Dez. geschl.– 7 € (unter 18 J. Eintritt frei) am 1. So im Monat von Okt.-März Eintritt frei. Spezielle Führungen für Kinder (8-12 J.) Mi 14.30 Uhr – Reservierung erforderlich Mi 10-12.30 Uhr unter ☏ 01 53 40 60 93.

Die Gemäuer der Conciergerie sind stumme Zeugen vieler Gräueltaten während der Französischen Revolution.

S. Sauvignier / MICHELIN

Salle des Gardes (Saal der Wachen) – Zwei vierjochige Schiffe mit Kreuzrippengewölben. Interessante Kapitelle.

Salle des Gens d'armes (Saal der Waffenträger)★★ – Die prächtige vierschiffige gotische Halle war im Mittelalter Speisesaal und Aufenthaltsraum der königlichen Dienerschaft. Darüber im 1. Stock befanden sich früher der große, für Bankette genutzte Palastsaal sowie die königlichen Gemächer, wo auch die königlichen Gerichtstage und später das Revolutionsgericht (1793-1795) abgehalten wurden. Restaurierung im 19. Jh. durch Joseph-Louis Duc. Am ersten Mittelpfeiler ist der Hochwasserstand der Seine von 1910 markiert.

Küche – In den vier Ecken befinden sich gewaltige offene Feuerstellen, deren Kamine innen interessante Strebebögen aufweisen. Hier wurden die Mahlzeiten für die 2000-3000 Personen des königlichen Haushalts bereitet.

Gefängnis – Von der **Rue de Paris** geht die Galerie des Prisonniers ab, ein zentraler, heute verkürzter Korridor, der den mittellosen Gefangenen als Strohlager diente, während ihre reichen Leidensgenossen in Zellen untergebracht waren. Die Gefangenengalerie (Galerie des Prisonniers) war der belebteste Ort der Conciergerie: Angeklagte, Besucher, Anwälte, Staatsanwälte, Gerichtsdiener, Gendarmen und Scharfrichter gingen hier ein und aus.

Die Gefangenen wurden in Polizeibegleitung von der Großen Strafkammer im 1. Stock über eine Wendeltreppe **(1)** in einem Türmchen der Tour Bonbec hinuntergeführt und gelangten durch eine heute vermauerte Tür in einen Raum (Parloir) am hinteren Ende der Gefangenengalerie. An einer Seite lag das Männergefängnis (Préau des Hommes), an der anderen Seite führte eine Treppe zum Revolutionsgericht. Die Gefangenen wurden wahrscheinlich nach ihrer Verurteilung in einen Raum geführt, der zur heutigen Küche des Gerichtsrestaurants gehört. Von dort brachte man sie einzeln in einen benachbarten Raum, in dem sie für ihren letzten Gang vorbereitet wurden: Man band ihnen die Hände auf dem Rücken zusammen, öffnete den Kragen ihres Hemdes und schor ihnen das Nackenhaar, bevor sie in der Cour du Mai den Todeskarren bestiegen.

Im 1. Stock wird die Geschichte des Gefängnisses und seiner berühmten Staatsgefangenen nachgezeichnet: Montgomery, der Heinrich II. beim Turnier unabsichtlich tödlich verletzte; Châtel, der Heinrich IV. verwundete und Ravaillac, der den König tötete; Louvel, der Mörder des Herzogs von Berry; Fieschi, der auf Louis Philippe ein Attentat verübte und zuletzt Robespierre.

Kehren Sie ins Erdgeschoss zurück. Die **Salle des Girondins** war bis zur Restauration Kollektivgefängnis. 1793 waren hier 22 Girondisten eingekerkert. Die Zelle, in der Marie-Antoinette inhaftiert war, wurde in eine **Sühnekapelle**

DAS VORZIMMER ZUR GUILLOTINE

In der Revolution waren die Räume dazu eingerichtet, eine große Zahl von Gefangenen – bis zu 1200 Personen gleichzeitig – aufzunehmen. Während der Schreckensherrschaft war die Conciergerie das Vorzimmer des Revolutionsgerichts und in neun von zehn Fällen das der Guillotine. Hier fanden Marie-Antoinette, Madame Élisabeth, die Schwester von Ludwig XVI., Charlotte Corday, die Mörderin Marats, Madame du Barry, Lieblingsmätresse Ludwigs XV., der Dichter André Chénier, General Hoche, Philippe Égalité und der Chemiker Lavoisier den Tod.

1794 wurden auch die Anführer der Revolution, Danton und Robespierre, Opfer ihres Regimes. Von Januar 1793 bis Juli 1794 gingen 2600 Gefangene den Weg von der Conciergerie zur Guillotine. Diese stand nacheinander auf der Place du Carrousel, vor dem Louvre, auf der Place de la Concorde, der Place de la Bastille, der Place de la Nation, wo in 40 Tagen 1306 Köpfe fielen, und wieder auf der Place de la Concorde.

(2) umgewandelt. Domäne der Frauen waren der Brunnen und der steinerne Tisch in der **Cour des Femmes**; unter den umgebenden Arkaden hausten die ärmeren Frauen, die begüterten bezogen dagegen Zellen im 1. Obergeschoss. An der sogenannten **Seite der Zwölf (Côté des Douze) (3)** konnten Männer und Frauen durch Gitterstäbe miteinander sprechen. Nachbildung der **Zelle von Marie-Antoinette (4)**.

★PALAIS DE JUSTICE

4 bd. du Palais – Eingang durch die Cour du Mai – ✆ 01 44 32 52 52 – tgl. außer So und Fei 8.30-18 Uhr – grundsätzlich kann man an einer Gerichtssitzung der Strafkammer teilnehmen – die Teilnahme an Kindergerichtsprozessen ist nicht gestattet.

Geschichte

Königsburg – Zunächst befand sich in diesem Teil der Insel der zivile und militärische Verwaltungssitz der römischen Statthalter. Später nahmen die Merowinger den aus Steinen errichteten Bau der Cité in Besitz. Chlodwig starb hier, und der hl. Eligius, Berater des Königs Dagobert, gründete in den Gebäuden die erste Münze. Graf Odo machte aus dem Bau eine Festung.
Später befestigten die Kapetinger das Bauwerk, das fortan im Mittelalter Königsburg wurde, mit einem großen Turm und errichteten eine Kapelle. Im 13. Jh. residierte Ludwig IX., der Heilige, in der „Hohen Kammer" (heute erste Zivilkammer), hielt im Hof Gericht und ließ die Sainte-Chapelle erbauen. Philipp der Schöne beauftragte Enguerrand de Marigny mit dem Bau der Conciergerie und erweiterte die Burg zu einem prachtvollen Palast. Die *Salle des Gens d'armes* (der Saal der Waffenträger) gehörte damals zu den größten Sälen Europas. Im Stil der Gotik in den Jahren 1302-1313 errichtet, hat er eine Länge von 64 m und eine Breite von 27,5 m, die in vier Schiffe unterteilt wurden, und eine Höhe von 8,5 m. Der Saal diente als Speisesaal für die schätzungsweise 2000 Beschäftigten des Palastes. Die ebenfalls in dieser Zeit entstandene, dem hl. Michael geweihte Palastkapelle, die einer Brücke und dem Boulevard St-Michel den Namen gab, wurde im 18. Jh. abgerissen.
Im Februar 1358 drangen Aufständische unter der Führung des Sozialrevolutionärs Étienne Marcel in den Palast ein und töteten vor den Augen des Kronprinzen (später König Karl V., der Weise) zwei seiner Ratgeber. Karl V. verließ daraufhin den Palast und zog es fortan vor, im Louvre, im Hôtel St-Paul oder in Vincennes außerhalb von Paris zu leben. In der alten Königsresidenz brachte er das Parlament unter. Auch Karl VII., Heinrich IV. und Ludwig XIV. zogen es vor, von einem Palast außerhalb der Stadt zu herrschen, Ludwig XVI., Karl X. und Louis Philippe indes verloren ihren Thron, als sie ihren Pariser Palast nicht aufgeben wollten.
Parlamentssitz – Das Parlament ist der höchste Gerichtshof des Königreiches. Ursprünglich wurden seine Mitglieder vom König ernannt. Doch 1522 verkaufte Franz I., der in Geldnöten war, dieses Privileg, und die Ämter wurden erblich. Sie standen dem Kanzler, den Prinzen von Geblüt sowie den Pairs von Frankreich zu. Wenn diese sich weigerten, königliche Erlasse anzuerkennen und sich gegen die Krone wandten, bestrafte sie der König, der bei hohen Gerichtstagen selbst den Vorsitz führte, mit Kerker oder Verbannung in die Provinzen. Durch die Unzahl von Gerichtsdienern, Advokaten, Schreibern und Rechtsverdrehern feierte die Bürokratie zu dieser Zeit ihre höchste Blüte. Oftmals hat Feuer die Gebäude zerstört, 1618 den Großen Saal, 1630 die Turmspitze der Sainte-Chapelle, 1737 den Rechnungshof, 1776 die Galerie Marchande. 1788 verlangte der Gerichtshof die Einberufung der Generalstände, was sich als fatal erwies, da dies zu seiner Auflösung führte und der Nationalkonvent die Mitglieder des Parlaments schließlich auf die Guillotine schickte.
Justizpalast – Die Revolution veränderte auch die Rechtsprechung grundlegend. Das neue Gericht wählte seinen Sitz in dem alten Palais, das nun *Palais*

de Justice genannt und die oberste Instanz in Zivil- und Strafsachen wurde. Die letzten Restaurierungsarbeiten dauerten von 1840 bis 1914. Damals erhielt der Palast seine Fassade an der Place Dauphine und den Flügel am Quai des Orfèvres.

Besichtigung

Die verschiedenen Namen der einzelnen Gebäudeteile erleichtern die Orientierung und erinnern an ihre historische Bedeutung. Durch das prächtige gold-schwarze Gittertor im Louis-seize-Stil gelangt man in den großen Vorhof (Cour du Mai), der seinen Namen vom Maibaum hat, der hier alljährlich aufgestellt wurde. In der **Galerie Marchande**, der Handelsgalerie, wurden den Juristen an zahlreichen Ständen verschiedene Waren zum Kauf angeboten. Besonders prachtvoll mit Fresken und Tapisserien ausgestattet sind die Erste Zivilkammer des Berufungsgerichtes und die Zivilkammer des Kassationsgerichtes. Die **Salle des Pas-Perdus** verdient besondere Beachtung: Die alte gotische Grand-Salle Philipps des Schönen ist zur Ersten Zivilkammer geworden. Die kleine Schildkröte am Denkmal für den großen Advokaten Berryer ist ein Symbol für die Langsamkeit juristischer Verfahren. Antoine Pierre Berryer ist auch in einem Standbild vor dem Justizpalast verewigt, das Henri Michel Antoine Chapu (1833-1891), Bildhauer und Medailleur, geschaffen hat.

Prächtige Decke aus der Zeit Ludwigs XII. in der **Großen Kammer des Parlaments**, wo das Revolutionsgericht tagte.

TIPPS UND ADRESSEN

ALLGEMEINE HINWEISE

Eintrittskarten – Es lohnt sich, eine Kombikarte (10 €) für Sainte-Chapelle und Conciergerie zu lösen, die nur bis 15 Uhr verkauft wird.

Zugang – Der schmale und steile Zugang zur Oberkirche ist für Kinder und ältere Besucher beschwerlich. Behinderte können mit dem Aufzug zur Oberkirche fahren, wenn sie sich unter ✆ 01 53 40 60 93 anmelden (am besten 24 Std. vorher).

Hilfreich bei der Besichtigung – Für die Besichtigung der Oberkirche sind in mehrere Sprachen übersetzte, ausführliche Erklärungstafeln (die am Ende der Besichtigung zurückgegeben werden müssen) erhältlich. Sie brauchen zum Lesen etwas Zeit, doch stehen Ihnen Sitzgelegenheiten zur Verfügung. Die Einzelheiten der großen Kirchenfenster der Oberkirche mit einer Höhe von 15 m sind ohne Fernglas (Verleih am Eingang) und schönes Sonnenlicht nur schwer zu erkennen. Jedes der Fenster muss von links nach rechts und von unten nach oben gelesen werden.

Führungen – Die Zeiten, zu denen Führungen angeboten werden, finden Sie am Eingang der Unterkirche.

ESSEN UND TRINKEN

⊜ **Le Flore en l'Île** – *42 quai d'Orléans – M° Pont-Marie – ✆ 01 43 29 88 27 – www.lefloreenile.com – am 24. Dez. abends geschl. – 13/28 €.* Allein der schöne Blick auf das Chorhaupt der Kathedrale Notre-Dame-de-Paris rechtfertigt den Besuch. Gleichzeitig Eiscafé, Salon de Thé und Restaurant – legen Sie dort bei einem Spaziergang über die Île St-Louis eine Pause ein.

⊜⊜ **La Brasserie de l'Isle St-Louis** *– 55 quai de Bourbon – M° Pont-Marie oder Cité – ✆ 01 43 54 02 59 – 1 Woche im Feb., Aug. und Mi geschl. – 20/50,50 €.* Nach einer Besichtigung von Notre-Dame sind es nur einige Schritte über den Pont St-Louis bis zu dieser traditionellen Brasserie. Im Sommer sitzt man zwischen Touristen und Stammgästen; Straßenkünstler und Musiker sorgen für Unterhaltung.

Le Caveau du Palais – *19 pl. Dauphine – M° Pont-Neuf ou Cité – ✆ 01 43 26 04 28 – Mo-Sa 12-14.30, 19-22.30 Uhr – So geschl. (Okt.-Mai) und in der Weihnachtswoche – Menü 21 € – Gerichte 30/45 €.* Das Restaurant hat eine sehr gute Lage an einem hübschen Platz hinter dem Palais de Justice, abseits der großen Touristenrouten und Spazierwege. Alte Steine und freiliegende Balken verleihen dem Haus aus dem 16.-17. Jh. etwas Romantisches. Südfranzösische Akzente prägen die traditionelle Küche. Berühmt für seine Rindersteaks und hochwertigen Weine.

Le Fin Gourmet – *42 rue St-Louis-en-l'Île – M° Pont- Marie – ✆ 01 43 26 79 27 – www.lefingourmet.fr – 2.-15. Jan., 15. Juli-15. Aug. Mo und Di geschl. – Menü 20 € (mittags), 36 € – Gerichte 48/56 €.* Dieses rustikale Restaurant (mit Sichtbalken und Steinmauer) hat viel Charme und wird von einem hochmotivierten Team geführt. Hübsch dekorierte moderne Küche.

Isami – *4 quai d'Orléans – M° Pont-Marie – ✆ 01 40 46 06 97 – 3.-25. Aug. So und Mo geschl. – begrenzte Plätze, Reservierung empfohlen – Gerichte 60/150 €.* Das sehr dezente japanische Restaurant bietet eine gute Auswahl an rohem Fisch (Sushi- und Sashimi-Spezialitäten). Die Einrichtung ist sehr nüchtern: einige Tische und eine Theke, wie in Japan.

Ma Salle à manger – *26 pl. Dauphine – M° Pont-Neuf oder Cité – ✆ 01 43 29 52 34 – tgl. 12-15, 19-23 Uhr – Menüs 18/21 €, abends 3 € extra.* Das Restaurant trägt seinen Namen zu Recht: Es befindet sich im Esszimmer der Besitzerin Florence. In sehr herzlichem Ambiente serviert Chef Gaétan eine kreative Küche. Die Belote-Wettbewerbe sonntags abends sollte man sich nicht entgehen lassen. In Paris inzwischen so gut wie einzigartig.

KLEINE PAUSE

Salons de thé Berthillon – *31 rue St-Louis-en-L'Île – M° Pont-Marie – ✆ 01 43 54 31 61 – tgl. außer Mo und Di 10-20 Uhr – in den Schulferien außer an Weihnachten geschl.* Das berühmteste Eiscafé von Paris! Seit 1954 wird hier Eis auf höchstem Niveau hergestellt. Kleiner Salon de Thé mit rund 20 Plätzen. Hier werden Ihnen zahlreiche ausgefallene Eissorten angeboten: Litchisorbet, Rhabarbersorbet, Zitronen-Thymiansorbet, aber auch Lebkuchen- oder Ingwereis. Die köstlich aussehenden Eistorten, die Nougateisbarren und das gestoßene Eis finden bei den Kunden ebenfalls große Zustimmung.

La Fourmi Ailée – *8 rue du Fouarre – M° Maubert-Mutualité – ✆ 01 43 29 40 99 – www.parisresto.com – 1. Jan., 24., 25. und 31. Dez. geschl.* Nur zwei Schritte von Notre-Dame entfernt befindet sich heute in den Räumen einer ehemaligen Buchhandlung ein charmanter Salon de Thé, der auch Restaurant ist. Hier kann man Salate, reichhaltige Tagesgerichte und Kuchen vor offenem Kamin in einem angenehmen Ambiente genießen, das gekonnt Bücher, alte Gemälde und Nippes vereint.

EINKAUFEN

Blumenmarkt – *Place Louis-Lépine – M° Cité – tgl. außer Mo 8-19.30 Uhr.*

Vogelmarkt – *Place Louis-Lépine – M° Cité – So 8-19 Uhr.*

SPORT UND FREIZEIT

Vedettes du Pont-Neuf (Bootsverleih) – *Anlegestelle Square du Vert-Galant – M° Pont-Neuf – ✆ 01 46 33 98 38 – www.vedettesdupontneuf.com – kommentierte Rundfahrt (1 Std.) – Mitte März-Okt.: 10.30-22.30; Nov.-Mitte März: Mo-Do 10.30-22, Fr-So 10.30-22.30 Uhr; mehrere Abfahrten jede Std. – 12 € (unter 4 J. kostenlos, unter 12 J. 6 €).*

2 - Les Quais★★★

Entlang der Seine erstrecken sich die Quais von Paris: Quai Henri-IV, Quai des Célestins, Quai de Tournelle, Quai de l'Hôtel-de-Ville, Quai de la Mégisserie, Quai des Grands-Augustins, Quai des Orfèvres, und die Liste könnte noch fortgeführt werden. Von einem Seineufer zum anderen, von einer Insel zur anderen umgeben sie die Innenstadt, das historische Zentrum von Paris und bieten die besten Aussichtspunkte. Sie sind der Ort, wo die Bouquinisten ihre Verkaufsstände haben. Und ab Mai sind die Quais ein beliebter Treffpunkt zum Sonnenbaden und zum Picknicken. Ein Paris-Besuch, ohne die Quais gesehen zu haben, ist nur die Hälfte wert.

WEGWEISER – *Umschlagkarte vorne C-D3 – 1., 4., 5., 6. Arr. – Michelin-Stadtplan Nr. 57, Planquadrate J-K 14-16.* Metrostationen, die am nächsten zu den Quais liegen und günstige Ausgangspunkte für die vorgeschlagenen Spaziergänge sind: Rive droite, Sully-Morland, Pont-Marie (Linie 7), Hôtel-de-Ville (Linien 11 und 1), Châtelet (Linien 1, 4, 7, 11), Pont-Neuf (Linie 7); linkes Seineufer, St-Michel (Linie 4), RER B St-Michel-Notre-Dame; auf der Île de la Cité, Cité (Linie 1) und RER B St-Michel-Notre-Dame.

UNBEDINGT SEHENSWERT – Der Blick auf den Chor von Notre-Dame vom Quai d'Orléans (Île St-Louis) und vom Quai de Tournelle (linkes Seineufer) aus.

GUT GEPLANT – Die drei vorgeschlagenen Spaziergänge führen zu allen um das historische Zentrum gelegenen Quais. Folgt man diesen genau, so braucht man mindestens drei Stunden für diesen Rundweg. Man kann aber auch nur eine dieser Routen auswählen und danach die Île St-Louis oder die Île de la Cîté erkunden.

Zu Fuß unterwegs Stadtplan S. 88/89

Es stehen drei Spaziergänge zur Auswahl. Der erste beginnt am Pont Marie und führt zum Quai St-Michel am linken Seineufer, von dort hat man den schönsten Blick auf die Kathedrale Notre-Dame. Bei dem zweiten Spaziergang geht man die Quais am rechten Seineufer entlang, von der Metrostation Sully-Morland bis zur Metrostation Châtelet: Zur Linken bieten sich schöne Ausblicke auf die Seine, auf die Fassaden der Île St-Louis und der Île de la Cité, zur Rechten liegen die Viertel St-Paul und Marais, das Hôtel-de-Ville und die Place du Châtelet. Der dritte Spaziergang führt über den Quai de la Mégisserie bis zum Louvre, und dann über den Pont des Arts auf das linke Seineufer nach St-Germain-des-Prés.

DIE SEINE UND DIE STAATSGEWALT

Das erste Rathaus von Paris wurde im 13. Jh. auf der Place de Grève errichtet. Bis dahin war Paris nur von dem Stellvertreter des Königs, dem Comte, Vicomte und später Prévôt, verwaltet worden. Die „Hanse", Schiffhandelsbund und wichtigste Zunft der Stadt, hatte das Monopol der Schifffahrt auf Seine, Oise, Marne und Yonne, regelte den Flussverkehr und setzte die Steuern fest. 1260 machte Ludwig der Heilige ihre Machthaber zu Oberhäuptern der Pariser Gemeinde und betraute sie mit einem Teil der kommunalen Verwaltung. Bis zur Mitte des 14. Jh. befand sich auf der Place du Châtelet das „Parloir aux Bourgeois", Sitz des Bürgermeisters von Paris. 1357 verlegte Étienne Marcel diesen Verwaltungssitz in die Maison aux Piliers auf der Place de Grève, dem späteren Hôtel de Ville.

Kleine Pause: Eine Bouquinistin sonnt sich am Quai de Conti gegenüber dem Louvre.

S. Sauvignier / MICHELIN

VOM PONT MARIE ZUM QUAI ST-MICHEL 1

Ab M° Pont-Marie. 1 Std. Rechtes Seineufer. Gehen Sie über den Pont Marie.

★Pont Marie

Die von Christophe Marie erbaute Brücke wurde 1635 fertiggestellt, musste jedoch 1670 wegen Frostschäden teilweise erneuert werden. Seitdem hat sie keine Risse mehr aufgewiesen. Sie ist nach dem Pont-Neuf die älteste Brücke von Paris und mit ihrer bestechenden Einfachheit vielleicht auch eine der schönsten der Stadt.

Die Fassadenreihen der herrschaftlichen Stadthäuser zu beiden Seiten der Brücke am Quai Bourbon (*rechts von Ihnen*) und am Quai d'Anjou bieten einen wunderbaren Anblick.

Gehen Sie durch die Rue des Deux-Ponts über die Île St-Louis (für eine Beschreibung der Île St-Louis siehe Kapitel La Cité – 1). Am Ende der Straße gelangt man zum Pont de la Tournelle.

Pont de la Tournelle

Von hier aus hat man einen herrlichen **Blick**★★★ auf den Chor von Notre-Dame. Am Ende der Brücke steht eine Statue der hl. Genoveva, der Schutzpatronin von Paris, von Landowski.

Gehen Sie nach rechts in den Quai de la Tournelle.

Quai de la Tournelle

Im berühmten **Restaurant La Tour d'Argent** (Nr. 15) gegenüber der Brücke soll Heinrich IV. mit dem Gebrauch der Gabel vertraut gemacht worden sein.

In dem ehemaligen **Hôtel Martin** (1630, Nr. 47) befindet sich heute das Musée de l'Assistance publique-Hôpitaux de Paris (Museum für öffentliche Fürsorge; *Beschreibung des Museums im Kapitel Quartier Latin – 7).*

Von dem von alten Häusern gesäumten Quai aus bietet sich etwas weiter entfernt mit dem **Pont de l'Archevêché**, der den Quai mit der Île de la Cité verbindet, ein herrlicher **Blick**★★★ auf das Chorhaupt von Notre-Dame.

Geht man flussaufwärts weiter, dann geht der Quai de la Tournelle in den Quai de Montebello über.

Quai de Montebello

Im Mittelalter wurde das Bau- und Feuerholz an dem zwischen Petit-Pont und Pont au Double gelegenen Holzhafen (Port aux Bûches) abgeladen. Auf dem heutigen kleinen Platz bei der Rue de Bûcherie wurde im 17. Jh. ein Nebengebäude des Spitals Hôtel-Dieu errichtet; der **Pont au Double** stellte die Verbindung zum Hauptgebäude dar. Die heutige Brücke stammt aus dem Jahr 1885.

Zu Ihrer Linken öffnet sich nun ein Platz mit Grünanlage.

Square René-Viviani

1928 wurde der kleine umfriedete Kirchplatz von St-Julien-le-Pauvre in eine Grünanlage umgewandelt. Von hier bietet sich ein einmaliger **Blick★★★** auf

HOTELS		RESTAURANTS	
Hôtel de Nesle	②	Au Rendez-Vous des Camionneurs	①
Hôtel Place du Louvre	⑥	Au Vieux Comptoir	②

die Kirche St-Julien-le-Pauvre, die malerisch verschachtelten Dächer der **Rue St-Julien-le-Pauvre**, die Île de la Cité und vor allem auf Notre-Dame, deren majestätische Schönheit man von hier aus am besten würdigen kann.

Verlassen Sie den Platz, biegen Sie links in die Uferstraße in Richtung Quai St-Michel.

Quai St-Michel

Hier bieten die Bouquinisten an ihren berühmten grünen Verkaufsständen antiquarische oder seltene Bücher, Druckgrafiken, Zeichnungen usw. an. Man kann hier immer noch Schnäppchen machen. Laut Statistiken der Stadt Paris waren es im Jahr 2009 insgesamt 217 Bouquinisten und 900 Verkaufsstände mit rund 300 000 Büchern und Dokumenten.

Von hier aus hat man einen sehr schönen **Blick** auf die Fassade von Notre-Dame.

Fish La Boissonnerie .... ⑤
L'Espadon Bleu .... ⑦
Thai Spices .... ⑨

Der **Petit-Pont** verbindet die Île de la Cité mit dem linken Seineufer und geht in die Rue St-Jacques über. Die Brücke, die erstmals im Jahr 885 erwähnt wird, hat den zahlreichen Wechselfällen der Geschichte getrotzt und sich bis heute erhalten.
Hinter der Brücke öffnet sich zu Ihrer Linken die schmale **Rue du Chat-qui-Pêche**, wo sich im Mittelalter Fischhandlungen angesiedelt haben.

VOM QUAI DES CÉLESTINS ZUM QUAI DE GESVRES 2

Ab M° Sully-Morland. 1 Std. Gehen Sie, wenn Sie aus der Metro kommen, zunächst Richtung Bibliothèque de l'Arsenal (direkt am Platz) im Herzen des alten Arsenal-Viertels, dessen Geschichte mit der des Quai des Célestins eng verbunden ist.

Quartier de l'Arsenal

Im Mittelalter befand sich der Quai des Célestins auf dem Gebiet am Seineufer, das zu dem berühmten Zölestiner-Kloster gehörte. 1512 mussten die Mönche (nach denen die benachbarte Kaserne der republikanischen Garde noch heute benannt ist) diesen Landstreifen an die Stadt abtreten, die dort ein Waffenarsenal einrichtete. Unter Franz I. wurde es dann königliches Arsenal. Ludwig XIV. beschloss dann, die Pulver- und Kanonenfabrik wegen des Explosionsrisikos auf das linke Seineufer zu verlegen.
Bibliothèque de l'Arsenal – Minister Sully erwählte das Arsenal zu seinem Wohnsitz, und auch Heinrich IV. ließ dort ein Appartement einrichten, da ihm das Viertel sehr gefiel.
Im 18. Jh. wurde das Arsenal seiner neuen Bestimmung zugeführt: Der belesene Marquis d'Argenson gründete hier eine Bibliothek, die vom Grafen von Artois weitergeführt, und später während der Französischen Revolution durch die Eingliederung der Archive der Bastille sowie verschiedener anderer Sammlungen vergrößert wurde. 1797 wurde das Arsenal schließlich Nationalbibliothek.
Folgende Räume können besichtigt werden: Handschriftenlesesaal, Musiksalon aus dem 18. Jh. sowie mehrere Räume mit Wandmalereien aus dem 17. Jh.
Caserne des Célestins – *Eingang: 12 bd. Henri-IV – Besichtigung nur an Tagen des offenen Denkmals möglich.* In dem 1892 errichteten Gebäude ist heute die Kavallerie der *Garde Républicaine* untergebracht. Mit ein wenig Glück können Sie sehen, wie die Gardisten zu Pferd zum Bois de Vincennes aufbrechen.
Pavillon de l'Arsenal – *21 pl. Morland – ✆ 01 42 76 33 97 – www.pavillon-arsenal.com – ♿ – tgl. außer Mo 10.30-18.30 Uhr, So und Fei 11-19 Uhr – 1. Jan. geschl. – Eintritt frei.*
Der 1878 erbaute Pavillon ist mit seinem Eisenskelett und den großen Glasflächen ein typisches Beispiel für die Architektur des ausgehenden 19. Jh. Heute finden hier Ausstellungen zur Architektur und städtebaulichen Situation in Paris von den ersten Stadtmauern bis hin zu zeitgenössischen Planungen (Bercy, Javel, La Villette) statt. Gezeigt wird u.a. ein hervorragendes Modell des heutigen Paris.
Auf dem Platz sieht man die Statue von Arthur Rimbaud, dem „Mann mit den Sohlen voran", wie es der Bildhauer Jean Ipoustéguy formulierte. Als „L'homme aux semelles de vent"(„Der Mann mit den Sohlen aus Wind") hatte auch Verlaine seinen Freund Rimbaud beschrieben.
Überqueren Sie den kleinen dreieckigen Square Henri-Galli gegenüber der Bibliothek und gehen Sie zum Quai des Célestins.

Quai des Célestins

Auf der rechten Seite des Quai (Nr. 2 bis) sehen Sie das reich mit Karyatiden, Satyrn, Faunen sowie Blumen- und Fruchtgirlanden verzierte **Hôtel Fieubet** (heute Sitz der École Massillon).
Gehen Sie nach der Rue St-Paul auf die andere Seite des Quais und setzen Sie Ihren

Weg an der Seine fort, damit Sie die prächtigen Stadtpalais der Île St-Louis besser bewundern können (an der Spitze der Insel steht das Hôtel Lambert mit gerundeter Ecklösung, einem Balkon und einer Terrasse).

Auf Höhe der Rue des Jardins-St-Paul kommt man an der Kirche **St-Paul-St-Louis**★★ vorbei. Hat man den Square de l'Ave-Maria hinter sich gelassen, dann eröffnet sich ein schöner Blick auf das **Hôtel de Sens**★ (*Le Marais – 5*). Über den **Pont Marie**★ zu Ihrer Linken gelangen Sie auf die Île St-Louis (*Spaziergang* 1).

Die grünen Verkaufsstände der Bouquinisten reihen sich am Seineufer aneinander. Weiter flussaufwärts tauchen rechts der Uferstraße der Park des **Hôtel d'Aumont** und die Cité internationale des Arts auf. Auf Höhe des **Pont Louis-Philippe**, der unter Napoleon III. zwischen 1860 und 1861 errichtet wurde, geht der Quai des Célestins in den Quai de l'Hôtel-de-Ville über. Die Brücke selbst verbindet das rechte Seineufer mit dem Quai aux Fleurs auf der Île de la Cité.

Biegen Sie rechts in die Rue de Brosse ein.

★Église St-Gervais-St-Protais

Die Kirche ist auf einer kleinen Erhebung erbaut, was an den Treppen der Fassadenseite zu erkennen ist. Die Vorgängerbasilika aus dem 6. Jh. war den hl. Gervasius und Protasius geweiht; die beiden Brüder waren römische Offiziere und erlitten unter Kaiser Nero den Märtyrertod. Das im spätgotischen Stil erbaute Kirchenschiff wurde 1657 vollendet. Die Dichter Paul Scarron und Crébillon wie auch der Maler Philippe de Champaigne sind hier bestattet.

Die eindrucksvolle klassische Fassade von Clément Métezeau, die erste ihrer Art in Paris (1616-1621), ist in drei Geschosse gegliedert, die dorische, ionische und korinthische Säulenordnungen tragen. Das Chorhaupt der Kirche ist von der Rue des Barres aus gut zu sehen. Von dem ursprünglichen Bau sind noch die spätgotischen Gewölbe, Glasfenster aus dem 16. Jh. und ein schönes geschnitztes Chorgestühl (16./17. Jh.) erhalten, dessen Miserikordien verschiedene Berufe darstellen. Die Orgel aus dem Jahr 1601 mit Ergänzungen aus dem 18. Jh. ist die älteste von Paris. Sie wurde in der Zeit zwischen 1656 und 1826 von acht Mitgliedern aus der Organistenfamilie Couperin gespielt. In der dritten Kapelle ist das Antependium mit der Flachreliefdarstellung des Marientodes aus dem 13. Jh. besonders sehenswert. Im nördlichen Querhaus hängt eine flämische Altartafel mit Szenen aus der Passion Christi (16. Jh.). Am Nordostpfeiler der Vierung steht eine gotische Madonnenfigur aus Stein. In der Marienkapelle verdient der schöne spätgotische Schlussstein im Chorscheitel besondere Beachtung.

In der Kirche werden nach und nach die einfachen Glasscheiben durch moderne Glasfenster von Claude Courageux ersetzt, beispielsweise im nördlichen Querschiff *Moses und Elias* und über der Orgel *Das Himmlische Jerusalem (2006).*

Verlassen Sie die Kirche Richtung Place St-Gervais und biegen Sie rechts in die

DIE SEINE UND DIE QUAIS

Die Umgestaltung der Seineufer, aus der die Quais hervorgingen, spiegelt die Geschichte von Paris und seiner Architektur sowie die Rolle des Flusses in der Stadt wider und zeigt, wie die Pariser den Fluss seit der Errichtung der Île de la Cité bis zur Erfindung von Paris-Plage genutzt haben. Einige wichtige Daten: Den ersten gemauerten Quai von Paris ließ Philipp der Schöne 1313 errichten. 1769 schlug der Architekt Moreau-Desproux den Bau der Quais vor, die den Flusslauf regulieren und einen ungehinderten Warenverkehr garantieren sollten. Doch ihr heutiges Aussehen erhielten die Quais erst im 19. Jh.: Die nun allgemein gebräuchliche Doppelanlage von oberen und unteren Quais dämmt Hochwasser ein und ermöglicht die Vertäuung der Schiffe.

Rue de Lobau und danach links in die Rue de Rivoli ein. Hier kommt man zum **Bazar de l'Hôtel de Ville**, einem großen Kaufhaus, das allgemein BHV abgekürzt wird (*Tipps und Adressen).*

Gehen Sie auf die Place de l'Hôtel-de-Ville, um die mit Türmchen und Statuen verzierte Fassade des Pariser Rathauses gebührend bewundern zu können.

★Hôtel de Ville

Das Pariser Rathaus, das zwischen 1551 und 1628 nach den Plänen des italienischen Architekten Domenico da Cortona, genannt Boccadoro, erbaut worden war, brannte beim Aufstand der Pariser Kommune am 24. Mai 1871 ab. Der heute erhaltene Bau wurde zwischen 1874 und 1882 von Théodore Ballu und Pierre Deperthes im Stil der Neorenaissance wieder aufgebaut.

Place de l'Hôtel-de-Ville

Die ehemalige **Place de Grève** reichte im Mittelalter bis an die Seine und den Schiffsanlegeplatz. Von diesem Platz leitet sich der französische Ausdruck *faire la grève* (streiken) ab, denn hier versammelten sich einst die arbeitslosen Arbeiter. 1830 wurde der Platz dann in „Place de l'Hôtel-de-Ville" umbenannt. Der heute mit Granitplatten gepflasterte Rathausplatz war Mittelpunkt vieler Ereignisse: Volksfeste fanden statt und Urteile wurden vollstreckt. Bis zur Revolution wurden die zum Tode verurteilten Bürger auf dem Platz gehenkt, Edelleute mit dem Degen oder dem Beil enthauptet. Die der Ketzerei oder Hexerei für schuldig befundenen Personen verbrannte man bei lebendigem Leibe, Mörder wurden gerädert, und auf Majestätsbeleidigung stand die Strafe des Vierteilens.

Gehen Sie an der Fassade des Hôtel-de-Ville vorbei zur Seine und zum Quai de Gesvres.

Pont d'Arcole

Die 1828 vollständig aus Eisen errichtete Brücke, welche die Place de Grève, heute Place de l'Hôtel-de-Ville, mit der Île de la Cité verbinden sollte, ist nach einem jungen Mann benannt, der während der Julirevolution 1830 den Heldentod starb. Einer anderen Version zufolge leitet sich der Name von der kleinen Stadt im Veneto ab, wo Napoleon Bonaparte 1796 in einer Schlacht gegen die Österreicher siegte.

Pont Notre-Dame

Die Brücke bildete bereits zur Römerzeit als Große Brücke das Pendant zur Kleinen Brücke auf der anderen Seite der Insel. Nachdem die Normannen sie zerstört hatten, baute man sie 1413 auf Holzpfeilern wieder auf. Dies war die erste Brücke, die einen offiziellen Namen trug und deren Häuser als erste in Paris nummeriert wurden. Nach dem Einsturz der Brücke (1499) und deren Wiederaufbau errichtete man identische Häuser mit reichem Fassadenschmuck, denn wenn der König in Paris einzog, führte sein Weg hier vorbei. Eines dieser Häuser hat besondere Berühmtheit erlangt: 1720 hat Watteau das Firmenschild des Kunsthändlers Gersaint gemalt, dessen Laden auf dieser Brücke stand (Das Gemälde hängt im Charlottenburger Schloss in Berlin.).

Vom Quai de Gesvres hat man den Blick auf die Île de la Cité, den Quai de la Corse und den Tribunal de Commerce, und weiter entfernt auf den Quai de l'Horloge sowie die Conciergerie.

Pont au Change

Die erste Brücke an dieser Stelle ließ Karl der Kahle im 9. Jh. errichten. Ludwig VII. siedelte hier im Jahr 1141 Geldwechsler an, bei denen die Fremden ihr Geld tauschen mussten, ehe sie die Stadt betraten. Bis 1788 war die Brücke so dicht mit Häusern und Werkstätten zugebaut, dass man beim Überqueren keinen Blick auf die Seine werfen konnte. Die heutige Brücke stammt von 1860.

Von hier aus können Sie entweder zur Metrostation Châtelet zurückkehren oder aber dem Spaziergang 3 *folgen.*

Ansicht des Rathauses mit idyllischer Teichlandschaft.
Marc Bertrand / Paris Tourist Office

VON CHÂTELET NACH ST-MICHEL 3

Ab M° Châtelet. 2 Std. Rechtes und linkes Seineufer.

Place du Châtelet

Benannt wurde der Platz nach der Festung aus der Normannenszeit, dem Grand Châtelet, die hier stand und bis 1802 den Nordzugang zur Stadt sicherte. An dem Platz liegen zwei bekannte Theater, die 1862 von Davioud errichtet wurden.

In dem zum Louvre hin gelegenen **Théâtre Châtelet**, oder auch Théâtre musical de Paris, haben unter anderen Diaghilew mit seinen *Ballets russes* und Caruso gastiert … 1910 dirigierte Gustav Mahler hier seine *Zweite Sinfonie*. Zwei Jahre später tanzte hier Nijinski in *L'Après-Midi d'un faune* nach der Musik von Claude Debussy.

Das **Théâtre de la Ville**, das ehemalige Théâtre Sarah-Bernhardt, auf der Seite des Hôtel de Ville indes ist ein volkstümliches Theater. Die **Fontaine du Châtelet** (1806-1807) erinnert an siegreiche Feldzüge Napoleons.

Quai de la Mégisserie

An den öffentlichen Schlachthof und die übel riechenden Gerbereien *(mégisserie)* entlang der Seine erinnert nur noch der Name. Heute werden hier exotische Vögel und Fische, Haustiere und Blumen verkauft. Von hier aus bietet sich ein schöner **Blick**★★ auf den Justizpalast und die Conciergerie, die alten Häuser am Quai de l'Horloge und den Pont-Neuf.

La Samaritaine

Am Pont-Neuf. Das Kaufhaus ist seit August 2005 aus Sicherheitsgründen geschlossen. Das Gebäude wird restauriert. Es entstehen ein kommerzieller Bereich mit Läden sowie Sozialwohnungen.

Die Geschichte im Neuen Testament von der Samariterin, die Jesus zu trinken gibt, inspirierte zu dem Namen der Wasserpumpe (1602), die den Louvre und die Tuilerien mit Wasser versorgte. In dem 1870 von Ernest Cognacq gegründeten Kaufhaus reichte das Angebot weit über Wasser hinaus. Angesichts des wachsenden Erfolgs ließ die Familie Cognacq-Jay 1910 ein neues Gebäude errichten, dessen berühmte Art Déco-Fassade man von der Pont-Neuf aus bewundern kann.

Gehen Sie gegenüber von La Samaritaine links in die Rue des Prêtres-St-Germain-l'Auxerrois bis zur Kirche St-Germain-l'Auxerrois.

★★Église St-Germain-l'Auxerrois

Place du Louvre. M° Louvre-Rivoli. Vor der Kirche, auf der heutigen Place du Louvre, befand sich das Lager des römischen Feldherrn Labienus (52 v. Chr.). Auch die Normannen, die 885 Paris belagerten, errichteten hier ihr Quartier. Bis zum Second Empire standen zwischen Louvre und St-Germain-l'Auxerrois Adelsvillen, z. B. die der Petit-Bourbon (bis 1660). Im Norden der Kirche befindet sich ein von Jakob Ignaz Hittorff errichteter Neo-Renaissance-Bau (das Rathaus des 1. Arr.) mit einem neugotischen Turm von Théodore Ballu. Der Komponist **Renaud Gagneux** lässt die 38 Glocken des Glockenturms erklingen *(Mi 14.30 Uhr).*

Der Kirchenbau vereint fünf Jahrhunderte Architekturgeschichte: Der Glockenturm ist romanisch, der Chor stammt aus der Hochgotik, Vorhalle und Kirchenschiff sind spätgotisch und das Portal entstand in der Renaissance. Die umfassende Restaurierung von Baltard und Lassus (1838-1855) hat den Patchworkcharakter der Kirche, wie sie sich heute präsentiert, noch verstärkt. Als im 14. Jh. die Valois in den Louvre zogen, wurde St-Germain-l'Auxerrois Pfarrkirche der französischen Könige.

Zahlreiche Künstlerpersönlichkeiten, die zeitweise im Louvre gewohnt hatten, sind hier begraben: die Maler Coypel, Boucher, Nattier, Chardin und Van Loo, die Bildhauer Coysevox und Coustou sowie die Architekten Le Vau und Soufflot.

Äußeres – Von der Seite des Kaufhauses *La Samaritaine* aus hat man den besten Blick auf das Chorhaupt und den romanischen Glockenturm, der sich an das Querhaus lehnt. Die Abseiten des Chores haben kleine Dächer, unter denen die Gebeine aus den Gräbern des Klosters St-Germain gestapelt wurden. Die von der Pariser Tuchhändlerfamilie Tronson gestiftete Apsiskapelle ist mit einem Fries in Form eines Rebus mit Karpfenstücken *(tronçons des carpes)* verziert, das auf das sprechende Wappen dieser Familie anspielt.

Die 1435-1439 erbaute **Vorhalle** mit fantasiereichem spätgotischem Netzgewölbe in den drei mittleren Jochen ist der ursprünglichste Teil der Kirche. Die Statuen an den Pfeilern sind durch moderne Kopien ersetzt. In den turmartigen Eckräumen des Obergeschosses waren früher das Archiv und die Schatzkammer des Kapitels untergebracht. Das Mittelportal stammt noch aus dem 13. Jh. Im rechten Gewände ist eine Statue der hl. Genoveva mit einer Kerze zu sehen, die ein Teufel auszublasen versucht.

Innenraum – Das Orgelgehäuse aus dem 18. Jh. stammt aus der Sainte-Chapelle. Gegenüber der Kanzel steht der 1684 geschaffene Kirchenratsstuhl, der wohl der königlichen Familie vorbehalten war. In der 4. Kapelle *(linkes Seitenschiff)* ist der **Schnitzaltar** aus Flandern (Anfang 16. Jh.) sehenswert *(Beleuchtung möglich).* Im **Querschiff** sind die beiden Fensterrosen und die Glasgemälde aus dem 16. Jh. beachtenswert. Das südliche Querschiff wird von einem reich gegliederten spätgotischen Kreuzrippengewölbe abgeschlossen. Den **Chor** umgibt ein prachtvolles Gitter (18. Jh.), vor dem zwei farbig gefasste Statuen aus dem 15. Jh. stehen, der hl. Germanus und der hl. Vinzenz. Auf jeden Fall ist die **Sakramentskapelle** *(rechts vom Eingang)* einen Besuch wert.

Zurück geht es über den Quai du Louvre und den Quai François-Mitterrand.

Passerelle des Arts

Dies ist die erste Eisenbrücke, die in Frankreich errichtet wurde. Seit ihrem Bau im Jahr 1803 ist sie ausschließlich Fußgängern vorbehalten. Von der Brücke aus hat man nach beiden Seiten einen großartigen **Blick**★★★: flussabwärts auf den Pont-Neuf und die Île de la Cité mit Notre-Dame, flussaufwärts auf den Louvre und den Pont du Carrousel.

Gehen Sie über die Brücke zum linken Seineufer.

Quai de Conti

Er führt am Institut de France und am Hôtel de la Monnaie, der Münzprägestätte, bis zum Pont-Neuf entlang (*St-Germain-des-Prés – 8*). Auf der gegenüberliegenden Seite haben die Bouquinisten ihre Stände.

Quai des Grands-Augustins

Der älteste Kai der Stadt wurde 1313 unter Philipp dem Schönen angelegt und 1670 nach dem Kloster der Grands-Augustins benannt, das früher zwischen der gleichnamigen Straße und der Rue Dauphine lag. Die Augustiner kamen ursprünglich aus Italien und waren von Ludwig dem Frommen nach Frankreich geholt worden. Während der Französischen Revolution wurden im Kloster die sogenannten *Assignate* gedruckt, Vorläufer der Banknoten. Etwas weiter stehen zwei Adelshäuser aus dem 17. Jh.: In Haus Nr. 51 befindet sich heute das Restaurant Lapérouse, Nr. 35 ist das ehemalige Hôtel Feydeau-Montholon.

Place St-Michel

Dies ist ein beliebter Treffpunkt der Pariser. Der Brunnen (von Davioud) und der Platz wurden im 19. Jh. angelegt (*Quartier Latin – 7*). Der **Pont St-Michel** läuft seit 1387 unter dem Namen Petit Pont Neuf. In den Häusern auf der Brücke lebten zunächst Färber und später auch Buchhändler.

TIPPS UND ADRESSEN

ÜBERNACHTEN

Unsere Hoteladressen finden Sie auf S. 402 (1. Arr.) und S. 404 (6. Arr.)

ESSEN UND TRINKEN

Au Rendez-Vous des Camionneurs – *72 quai des Orfèvres – M° Pont-Neuf – 01 43 54 88 74 – www.aurendezvousdescamionneurs.com – ♿ – Mittagsmenü 18 € – 13/30 €.* In dem Bistro auf der äußersten Spitze der Île de la Cité mit Blick auf die Seine hat man fast das Gefühl, mit den Füßen im Wasser zu hängen. Getränke und sogar der Espresso sind sehr teuer! Einfache Küche, bei der man keine gastronomischen Höhenflüge erwarten kann. Es ist jedoch schwierig, Besseres an den Quais zu finden.

Au Vieux Comptoir – *17 rue des Lavandières-Ste-Opportune – M° Châtelet – 01 45 08 53 08 – www.au-vieux-comptoir.com – So, Mo, Anfang Aug. geschl. – 20/38 €.* Ein wirkliches Bistro, wie man es nicht mehr findet, mit seiner mächtigen Theke, seinen Holzstühlen und den handgeschriebenen, überall im Lokal verteilten Schiefertafeln mit Tagesempfehlungen. Neben Wurst- und Käsetellern sind auch einige Tagesgerichte im Angebot, außerdem große Weinkarte.

Fish La Boissonnerie – *69 rue de Seine – M° Odéon – 01 43 54 34 69 – 10.-17. Aug., 21. Dez.-2. Jan. und Mo geschl. – Mittagsmenü 11 € – 24/37 €.* Hinter ihrer mit Mosaiken verzierten Fassade wartet diese ehemalige Fischhandlung mit allen Merkmalen eines authentischen Gourmet-Pubs auf. Bistroküche mit frischen Produkten vom Markt. Guter Weinkeller.

Thai Spices – *7 rue de l'Ave-Maria – M° Pont-Marie und Sully-Morland – 01 42 78 65 49 – Mo-Sa 12-15, 19.30-22.30 Uhr – So geschl. – Mittagsmenü 14 € – 19/40 €.* In gediegener Atmosphäre, die von den Blicken der Königsfamilie gebührend gewürdigt wird, genießt man hier die Kunst des Kochens mit Gewürzen. Ein raffiniertes Werk, das den Geschmack sowohl von Krabben als auch Hähnchen, grünen Papaya und Champignons komplett verwandelt.

L'Espadon Bleu – *25 rue des Grands-Augustins – M° St-Michel – ✆ 01 46 33 00 85 – www.jacques-cagna.com – Aug., Mo und Sa mittag, So geschl. – Mittagsmenü 25-32 €.* Dieses einladende Restaurant hat vor allem die Spezialitäten des Meeres auf der Karte. Schwertfische zieren daher auch die in mediterranen Farben gehaltenen Wände und die Mosaiktische.

KLEINE PAUSE

L'Ébouillanté – *6 rue des Barres – M° Pont-Marie – ✆ 01 42 71 09 69 – www.restaurant-ebouillante.com – im Sommer tgl. 12.-22.30 Uhr, Mo geschl., Rest des Jahres 12-19 Uhr, am 25. Dez. geschl. – 15 €.* Dieser wohl kleinste Salon de thé von Paris hat eine der schönsten Terrassen in einer verkehrsberuhigten kleinen Straße an der Vorderseite der Kirche St-Gervais. Salate, *bricks* (nordafrikanische gefüllte Teigtaschen), feines Gebäck, 30 Teesorten, Früchtecocktails – alles hier ist frisch und hausgemacht. Sonntags Brunch.

Le Fumoir – *6 rue de l'Amiralde-Coligny – M° Louvre-Rivoli – ✆ 01 43 40 21 21 – tgl. 10.30-2 Uhr – Brunch So 12-15 Uhr mit Reservierung drei Tage im Voraus (22 €).* Bistro mit englischem Pubambiente gegenüber vom Cour carrée des Louvre. Mit Chesterfield-Möbeln, Ledersesseln und Schmökerecke wie in der Kolonialzeit eingerichtet. Von der Terrasse blickt man auf eine frisch verputzte Fassade des Louvre, St-Germain-l´Auxerrois und das Rathaus des 1. Arrondissements.

Kong – *1 rue du Pont-Neuf - M° Louvre-Rivoli – ✆ 01 40 39 09 00 – tgl. 10.30-2 Uhr.* Japan trifft auf Paris – in der 5. und 6. Etage eines historischen Hauses im Komplex La Samaritaine. Es sieht aus wie ein Schiff, das Richtung Pont-Neuf fährt. Die fantastische rundum verglaste Kuppel bietet einen Ausblick über die Ile St-Louis und die Seine. Fließende und transparente Elemente prägen das Design von Philippe Starck. Man kann hier essen oder nur etwas trinken und die Kreationen des Pâtissiers Pierre Hermé probieren. Absolut trendy.

EINKAUFEN

Geschäfte in der Rue de Rivoli – *M° Châtelet oder Hôtel-de-Ville.* Es ist unmöglich, alle Geschäfte aufzuzählen, die an dieser Hauptgeschäftsstraße liegen. Internationale Markenhersteller von Frauen- und Männermode, Schuhen, Sportartikeln, Tischdekoration und Parfums haben Filialen in fast jedem Haus.

Bazar de l'Hôtel-de-Ville – *55 rue de la Verrerie – M° Hôtel-de-Ville – ✆ 01 42 74 90 00 – www.bhv.fr – tgl. außer So 9.30-19.30, Mi 9.30-21, Sa 9.30–20 Uhr.* Dieses große Kaufhaus mit 35 000 qm Verkaufsfläche ist eine wahre Institution in Paris. Hier findet man alles für Dekoration und Gestaltung.

Sources Vives de Jérusalem – *10 rue des Barres – M° Pont-Marie – ✆ 01 48 04 39 05 – www.jerusalem.cef.fr – tgl. außer So und Mo, 9.30-12 Uhr, 14-18 Uhr – im Aug., in der 1. Februarwoche und an Fei geschl. – 5-20 €.* Nonnen verkaufen in diesen sehr nüchternen Räumen hochwertige Klostererzeugnisse, z. B. Marmeladen und Gelees, Honig, Bioprodukte auf der Basis von Weizenkeimen aus dem Anbau der Mönche der Abbaye de Sept-Fons, Kuchen und Madeleines, Terrinen, Nougat und Mandelteig. Originell und spirituell.

3 - Le Louvre★★★

Acht Jahrhunderte lang war der Louvre die Residenz von Frankreichs Monarchen. Ständige Erweiterungen machten ihn neben dem Vatikan zum größten Palastbau der Welt. Seine internationale Berühmtheit verdankt er jedoch dem Museum, in dem Meisterwerke von Weltrang wie die Mona Lisa oder die Venus von Milo ausgestellt sind. Und der Louvre entwickelt stets neue Präsentationstechniken und interaktive Mittel. Nicht nur sein Publikum wächst kontinuierlich weiter: Im nordfranzösischen Lens wird eine Dependance des Pariser Museums gebaut und in Abu Dhabi wurde ein Vertrag zur Entstehung einer Louvre-Filiale unterzeichnet.

WEGWEISER – *Umschlagkarte vorne C2 – Stadtplan Nr. 57– Planquadrat H 13.* M° Palais-Royal-Musée-du-Louvre (Linien 1 und 7), M° Louvre-Rivoli (Linie 1). Bus: 21, 67, 69, 72, 74, 81 und 85 Haltestelle Louvre-Rivoli, 27, 39, 48, 68 und 95 Musée-du-Louvre.

Eingänge: Der Haupteingang ist die **Pyramide**. Andere Eingänge: **Porte des Lions,** von hier aus direkter Zugang zu der Abteilung Kunst aus Afrika, Asien, Ozeanien und Amerika, Eingang dienstags und freitags geschl.; **Galerie du Carrousel**, direkter Zugang zu der Geschäftspassage des Carrousel möglich ab der Metrostation Palais-Royal-Musée-du-Louvre (Linien 1 und 7), beidseits des Arc du Carrousel, oder von der Rue de Rivoli Nr. 99; **Passage Richelieu**, nur für Besucher mit Eintrittskarte.

Orientierung im Museum: Die Hall Napoléon unter der Pyramide ist das Verteilerzentrum, von dem aus man zu den drei Museumsflügeln **Sully, Denon** und **Richelieu** gelangt. *Zur besseren Orientierung ➲ die Übersichtstafel S. 114 und den Plan auf S. 108-109.*

PARKEN – Parkhaus Carrousel-Louvre: 7-23 Uhr – 620 Plätze. Zugang über die Unterführung der Avenue du Gén.-Lemonnier, dann Fußgängerzugang zu den Geschäftspassagen des Carrousel durch die alten Befestigungsanlagen Karls V.

UNBEDINGT SEHENSWERT – Die *Mona Lisa* natürlich sowie viele andere Werke sind ein absolutes Muss (*Venus von Milo, Nike von Samothrake*, usw.), doch vergessen Sie nicht, dass der Louvre ursprünglich eine Herrscherresidenz und kein Museum war und schenken Sie dieser einzigartigen Verbindung von kostbar ausgestatteter Innenarchitektur und Museumsexponaten Beachtung.

GUT GEPLANT – Das Museum ist so groß, dass man sich am besten vorher überlegt, was man sich anschauen möchte. Am Informationsschalter am Empfang gibt es Übersichtspläne, mit deren Hilfe man jedes Werk leicht findet. Abends sollte man sich den komplett erleuchteten Louvre nicht entgehen lassen (➲ *Paris im Lichterglanz, S. 135*).

MIT KINDERN – Es werden eigens „Rundgänge" für Kinder angeboten. Entsprechende Fragenbögen mit Erläuterungen erhalten Sie am Informationsschalter. Bei diesen thematisch gegliederten Rundgängen, die zwischen 45 Min. und 1 Std. dauern, werden den Kindern etwa zehn Werke vorgestellt.

Vom Königspalast zum Museum

Die Geschichte eines königlichen Palasts

Philipp II. August (1180-1223) ließ 1190 am rechten Seineufer am schwächsten Punkt der Hauptstadt die Festung Louvre errichten. Der von einem Graben umgebene befestigte Hauptturm, Symbol der königlichen Macht, erhob sich in der Mitte der Festung, im südwestlichen Viertel des heutigen Cour Carrée.

Ludwig IX. der Heilige (1226-1270) und Philipp der Schöne (1285-1314) – Ludwig ließ im Louvre eine große Halle (Rittersaal) und eine **Salle basse,** einen überwölbten Raum, anlegen *(S. 102, Der mittelalterliche Louvre).* Philipp machte den Louvre zum Waffenlager und zur königlichen Schatzkammer, die fortan vier Jahrhunderte lang im Louvre verblieb.

Karl V. (1364-1380) ließ die alte Festung von Raymond du Temple zu einer Wohnburg umbauen und richtete in einem Turm seine berühmte Bibliothek ein, die mit 973 Büchern die größte des Königreichs war. Nach Karl V. bevorzugten Frankreichs Könige 150 Jahre lang andere Residenzen.

Franz I. (1515-1547) – Im Jahr 1528 zurückgekehrt aus der Gefangenschaft, ließ Franz I. verkünden, dass er künftig im Louvre residieren wolle. Zunächst ließ er den wuchtigen Hauptturm und die Außenmauern schleifen, um Platz für einen Neubau zu schaffen. Doch erst 1546 erhielt **Pierre Lescot** den Auftrag, auf den Fundamenten der alten Burg ein dem Zeitgeschmack entsprechendes Schloss zu errichten. Mit diesem führte Lescot den an der Loire bereits geschätzten Renaissancestil ein. Als Franz ein Jahr später starb, waren gerade die ersten Mauern hochgezogen.

Heinrich II. (1547-1559) betraute Lescot mit der Weiterführung der Bauarbeiten. Die große Halle wurde zur **Salle des Caryatides** *(Sully, Erdgeschoss, Saal 17)* umgebaut. Im 1. Stock des Südtrakts entstanden hinter der **Salle des gardes** (Saal der Palastwache) die königlichen Privatgemächer (die Gemächer der Königin lagen im Erdgeschoss). Das von zwei mächtigen Türmen bewachte, 2 m breite Schlosstor allerdings lag im Osten.

Katharina von Medici (1519-1589) zog nach dem Tod ihres Gatten König Heinrich II. in ihre Residenz (Hôtel des Tournelles) im Marais. Nach ihrer Ernennung zur Regentin kehrte sie wieder in den Louvre zurück, doch fühlte sie sich in dem halbfertigen Palast, wo umfangreiche Bauarbeiten unter Lescot im Gang waren, nicht wohl. 1564 beauftragte sie **Philibert Delorme** mit dem Bau einer eigenen Residenz auf dem ehemaligen Ziegeleigelände (Tuilerien) nahe des Louvre.

Als Verbindung zwischen den beiden Palästen plante Katharina eine überdachte Passage, um die 500 m unbemerkt und vor schlechtem Wetter geschützt zurücklegen zu können. Man begann mit dem Bau der **Petite Galerie** und der parallel zur Seine geführten **Galerie du Bord-de-l'Eau** (oder Grande Galerie, 432 m lang, 46 Fenster), doch wegen der Religionskriege und der dadurch bedingten Geldknappheit mussten die Arbeiten eingestellt werden.

Heinrich IV. (1589-1610) ließ von **Louis Métezeau** die Ufergalerie aufstocken. **Jacques II. Androuet du Cerceau** stellte die Petite Galerie fertig, errichtete den **Pavillon de Flore** sowie einen im rechten Winkel von diesem ausgehenden Verbindungsbau zum Tuilerienpalast.

Majestätisch: der Louvre bei Nacht.
ParisPhoto/Fotolia.com

Ludwig XIII. (1610-1643) lebte im Louvre, doch wurde das Schloss letztendlich für die Hofhaltung zu klein. Auf Anraten Richelieus baute man daher an der Cour Carrée weiter. Die Münze und die Königliche Druckerei wurden in der Grande Galerie untergebracht, mit deren Ausstattung Poussin eine Zeit lang betraut war.
Ludwig XIV. (1643-1715) – Beim Tod Ludwigs XIII. richtete sich Anna von Österreich mit dem jungen Ludwig zunächst im Palais-Royal ein, doch neun Jahre später zeigte sich beim Adelsaufstand „Fronde", wie gefährdet sie dort war, und so zog sie wieder in den Louvre um. Ludwig XIV. ließ von **Le Vau** die **Galerie d'Apollon** errichten und an der Cour Carrée weiterbauen.
Der Umzug des Hofs nach Versailles (1682) bedeutete zunächst das Ende der Bauarbeiten am Louvre – man setzte noch nicht einmal die Dächer auf die Gebäude Le Vaus und Perraults.
Das 18. Jh. – Ludwig XV. lebte während der Regentschaft Philipps von Orléans (1715-1722) in den Tuilerien und später in Versailles. Als der Hof am 6. Oktober 1789 nach Paris zurückgeholt wurde, wohnte Ludwig XVI. bis zu seiner Einkerkerung im Tuilerienpalast.
Nach seinem Sturz nahm der Nationalkonvent das Schlosstheater in Beschlag, während sich der Wohlfahrtsausschuss in den königlichen Gemächern der Tuilerien niederließ, die dann auch Bonaparte als Erster Konsul in Besitz nahm.
Napoleon I. (1799-1814) lebte zwar in den Tuilerien, zeigte jedoch großes Interesse am Louvre und setzte die unrechtmäßigen Bewohner vor die Tür. Die Architekten **Percier** und **Fontaine** vollendeten die Cour Carrée, vergrößerten die Place du Carrousel, die Napoleon für seine Militärparaden diente, und errichteten dort einen Triumphbogen. Nach dem Sturz des Kaisers wurden die Bauarbeiten 1814 eingestellt.
Napoleon III. (1852-1870), der ebenfalls im Tuilerienpalast lebte, ließ den Louvre vollenden. Er beschloss, die Grande Cour im Norden durch ein Bauwerk zu schließen und betraute zunächst **Visconti** und später **Lefuel** mit dieser Aufgabe. Lefuel kompensierte den Höhenunterschied der beiden Louvreflügel durch den theatralisch überschwänglichen Neubau des **Pavillon de Flore**★ (Hochrelief *Der Triumph der Flora*★ von Carpeaux) und den Umbau des Westteils der Galerie du Bord-de-l'Eau durch Hinzufügung des Pavillon des États.
Die Republik – Während des Aufstands der Kommune (21.-28. Mai 1871) wurde der Tuilerienpalast in Brand gesteckt. Glücklicherweise entgingen die Sammlungen des Louvre der Zerstörung. 1875 restaurierte Lefuel die durch das Feuer beschädigten Teile des Louvre. Sein Vorschlag, den Tuilerienpalast wieder aufzubauen, scheiterte jedoch an dem Beschluss (1882) der französischen Nationalversammlung, die Ruinen dieses Symbols der Monarchie dem Erdboden gleichzumachen.

Geschichte des Museums

Von Franz I. zum Nationalkonvent – **Franz I.**, der italienische Künstler nach Frankreich kommen ließ, legte die erste Kunstsammlung an. Sie umfasste etwa ein Dutzend Gemälde, darunter die in Frankreich *La Joconde* genannte Mona Lisa von Leonardo da Vinci, *La Belle Jardinière* (Madonna mit dem Kind und Johannes) von Raffael und das von Tizian gemalte *Bildnis Franz I.* Am Ende der Regentschaft Ludwigs XIV. hingen über 2500 Gemälde im Louvre und in Versailles. Die bereits von Marigny (Minister unter Ludwig XVI.) geäußerte Idee, die Sammlungen einem größeren Publikum zu zeigen, wurde am 10. August 1793 verwirklicht, als man die Grande Galerie für Besucher öffnete.

Napoleon I. machte aus dem Louvre das reichste Museum der Welt, indem er aus jedem besiegten Land von **Vivant Denon** und Stendhal ausgewählte Kunstwerke als „Tribut" mitnehmen ließ; viele dieser Werke mussten jedoch 1815 zurückgegeben werden. Ludwig XVIII., Karl X. und Ludwig Philipp vervollständigten die Sammlungen. Kaum war die *Venus von Milo* bei der Insel Melos im Ägäischen Meer entdeckt, brachte sie Dumont d'Urville nach Frankreich. Damals wurden auch die Abteilungen für ägyptische und assyrische Altertümer gegründet. Heute zählt das Museum über 350 000 Kunstwerke, nicht zuletzt dank unzähliger Stiftungen und Ankäufe.

Der „Grand Louvre" – Der französische Staatspräsident **François Mitterrand** rief 1981 das Projekt Grand Louvre ins Leben, mit dessen Realisierung er den Architekten **Ieoh Ming Pei** betraute. Das Museum sollte 80% mehr Ausstellungsfläche und einen den Besucherströmen angepassten Eingangsbereich erhalten. In einer ersten Etappe wurde die Pyramide gebaut sowie die Hall Napoléon umgestaltet. Der Architekt **Michel Macary** gestaltete parallel dazu das Untergeschoss des Carrousel, von dem aus man in die Pyramide gelangt. Der Richelieu-Flügel, in dem zuvor die Räume des Finanzministeriums untergebracht waren, wurde der Öffentlichkeit zugänglich gemacht und im Rohan-Flügel ein Modemuseum (Musée de la mode et du textile) eingerichtet. Für die Innenausstattung zeichnet der Architekt und Innenarchitekt **Jean-Michel Wilmotte** verantwortlich, während die großen Glasdächer über den drei Innenhöfen des Richelieu-Flügels (Marly, Pujet und Khorsabad) von dem irischen Architekten **Peter Rice** entworfen wurden.

Die Architektur des Louvre

Rundgang um das Gebäude

1 Std. Ausgangspunkt ist die Kirche St-Germain-l'Auxerrois in der Nähe der Metrostation Louvre-Rivoli. Biegen Sie von der belebten Rue de Rivoli in die Querstraße Richtung Seine ein. Sie befinden sich dann direkt vor der monumentalen Kolonnadenfassade des Louvre.

Kolonnade★★ – Dem monumentalen Fassadenprojekt Berninis, des großen Meisters des italienischen Barock, zog Ludwig XIV. die Entwürfe von drei französischen Architekten vor: Perrault, Le Vau und d'Orbay. Der Dreiecksgiebel in der Mitte wurde 1811 mit Skulpturen und einer Büste Napoleons verziert; in der Zeit der Restauration wechselte man diese Büste gegen eine des Sonnenkönigs aus, beließ aber die kaiserliche Minerva am alten Platz. Durch die Freilegung des Grabens wurden 7 m des Bossenwerks am Sockelgeschoss sichtbar, was dem Bau seine ursprüngliche Höhe zurückgegeben hat und seine majestätische Erscheinung noch unterstreicht.

Setzen Sie Ihren Weg in Richtung Seine fort und biegen Sie am Ende der Straße nach rechts ab. Gegenüber dem Pont des Arts gelangen Sie durch den Jardin de l'Infante (Südflügel) in die Cour Carrée.

Cour Carrée★★★ – Zwischen dem Pavillon de l'Horloge und dem Südflügel erstreckt sich die harmonische, reich verzierte Renaissancefassade von Pierre Lescot. Der Bildhauer **Jean Goujon** schmückte die drei Vorbauten und das

Attikageschoss mit Allegorien in Hochrelief, Statuen in Nischen, Putten und Fruchtgirlanden.

Verlassen Sie die Cour Carrée durch den Pavillon de l'Horloge.

Der **Pavillon de l'Horloge** sowie der rechte Flügel als Gegenstück zum Renaissancegebäude Lescots wurden von Jacques Lemercier errichtet. Die anderen Flügel sind klassizistisch.

Gehen Sie zur Glaspyramide in der Cour Napoléon.

Pyramide★★ – Die Glaspyramide von Ieoh Ming Pei (1989) kontrastiert lebhaft mit den sie umgebenden prachtvollen Fassaden an der Cour Napoléon. Mit ihren 21,64 m Höhe und 35,42 m Breite hat sie die gleichen Proportionen wie die Pyramide von Gizeh. Anfänglich ungeliebt und sehr umstritten, wurde sie sogar als „Käseglocke" verspottet. Mittlerweile ist sie zu einem Wahrzeichen von Paris geworden und sicherlich schon fast so bekannt wie ihr ägyptisches Vorbild.

Gehen Sie nun weiter in Richtung Carrousel.

Das Reiterstandbild **Ludwigs XIV.** in der Achse der Champs-Élysées ist ein Abguss nach einer Marmorskulptur Berninis.

Überqueren Sie die Straße auf der Place du Carrousel in Richtung Tuilerien.

Wer dieses Viertel abends durchstreift (*Paris im Lichterglanz, S. 135*), kann sich die beiden teleskopartigen Kristallleuchter des Kunstschmieds Raymond Subes ansehen. Sie erleuchten elegant das Gitter des Pont du Carrousel.

Arc de triomphe du Carrousel★ – (*La Voie triomphale – 14*)

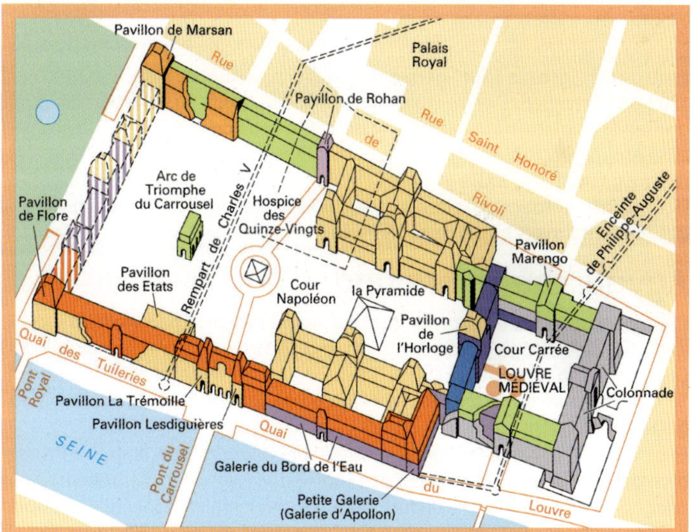

BAUGESCHICHTE DES LOUVRE

- Philipp-August
- Franz I.
- Heinrich II. und Katharina von Medici
- Heinrich IV.
- Ludwig XIII.
- Ludwig XIV.
- Napoleon I.
- Ludwig XVIII.
- Napoleon III.
- 3. Republik

----- Nicht mehr vorhandene Bauten

Der Pavillon de Marsan und der Pavillon de Flore sind nach dem Brand von 1871 wieder aufgebaut worden.

Galerie du Carroussel du Louvre – *Die Galerie du Carrousel du Louvre erreicht man entweder über die Treppen beiderseits des Triumphbogens oder über den Haupteingang in der Pyramide. Unten angekommen, geht es rechts zur Galerie.* Die Anlage, die von Michel Macary entworfen wurde, harmonisiert gut mit der als Lichtquelle fungierenden **Umgekehrten Glaspyramide**★ Ieoh Ming Peis. Kühne Betonstrukturen, glänzende Glasflächen und das warme, angenehme Licht lassen in der Hauptladenstraße an ein Kirchenschiff denken. Die Pfeiler und Böden aus burgundischem Stein in den früheren Gräben der Festung Karls V. wirken dagegen glatt und kühl.

Der mittelalterliche Louvre

Eingang im Sully-Flügel. Zwischengeschoss.

Salles d'histoire du Louvre★ – Rechts und links der mit Steinreliefs von Jean Goujon geschmückten Rotunde zeigen zwei Säle die Geschichte des Louvre und seine Entwicklung von der Burg zum Schloss und schließlich zum Museum auf. Grundrisse, Dokumente und Gemälde erinnern an die Herrscher und Architekten, die zu seinem heutigen Aussehen beigetragen haben.

Der mittelalterliche Louvre★★★ – In der Crypte Sully hinter der Rotunde kennzeichnet eine schwarze Linie am Boden die Stelle, an der einer der zehn Türme des alten Louvre gestanden hat. Dahinter gelangt der Besucher in den Bereich der **Festung Philipps II. August** aus dem 13. Jh.

Im Verlauf des nördlichen und östlichen Grabens sieht man links die mehrmals ausgebesserte Mauer der äußeren Böschung und rechts den 2,60 m starken Wall. Der rechteckig vorstoßende Bau im Osten ist der Sockel des Wohntrakts Karls V. (1360).

Ein neu geschaffener Gang führt zum Graben des befestigten runden Hauptturms, auch **„grosse tour"** genannt, den Philippe August zwischen 1190 und 1202 errichten ließ. Der im Durchschnitt 7,50 m breite Graben war einst mit großen Steinplatten ausgelegt. Die Besichtigung endet mit dem Besuch von zwei Ausstellungsräumen. Im ersten sind die Keramikfunde aus der Cour Carrée ausgestellt. Die **Salle St-Louis** (13. Jh.) enthält mehrere im Brunnen des Hauptturms entdeckte Gegenstände aus königlichem Besitz und eine Replik des **Prunkhelms** (**Chapel doré**) Karls VI.

Ägyptische Sammlung

Die **Ägyptische Abteilung**★★★ geht auf **Jean-François Champollion** zurück, der 1822 die Hieroglyphen entzifferte und als Gründer der Ägyptologie gilt. Die Sammlung umfasst unzählige Stücke, die bei bedeutenden Expeditionen, Sammlungsaufkäufen und der Aufteilung von Grabungsfunden zusammengetragen wurden.

Es gibt zwei Möglichkeiten, die Ägyptische Sammlung zu besichtigen. Entweder man geht durch den mittelalterlichen Louvre und folgt dem Themenrundgang oder man beginnt bei den Orientalischen Sammlungen im Richelieu-Flügel und geht am Ende des Sackler-Flügels in den 1. Stock, wo die Hauptwerke ausgestellt sind (chronologischer Rundgang).

Themenrundgang – Alltagsleben

Zugang im Erdgeschoss des Sully-Flügels durch die Crypte du Sphinx. In 19 Sälen werden anhand von Kunstwerken und insbesondere von Gebrauchsgegenständen Kultur und Alltagsleben der alten Ägypter illustriert.

Eine große monolithische **Sphinx** aus rosa Granit von 4,80 m Länge, die in Tanis, der Hauptstadt des alten Ägypten zur Zeit seines Niedergangs, gefunden wurde, begrüßt den Besucher am Eingang der Ägyptischen Sammlung.

Landwirtschaft, Jagd, Fischerei, Viehzucht – In den Sälen 2 bis 5 werden der Nil und diverse landwirtschaftliche Arbeiten anhand von Statuetten und Schiffsmodellen, die als Grabbeigaben dienten, von Stelen und Flachreliefs, insbesondere denen des **Mastaba von Akhout-Hetep★★**, veranschaulicht. Die Wände dieser bürgerlichen Grabstätte der 5. Dynastie (um 2350 v. Chr.) sind mit Reliefs und Malereien verziert, die die Hauptanliegen des Verstorbenen illustrieren: Dieser wollte über ein schönes Grab (Korridor), über genügend Nahrung (Trägerinnen von Opfergaben) und über ein Schiff verfügen, um die Ländereien, die ihm seinen Unterhalt sicherten, zu besichtigen.

Schrift – *Saal 6.* In diesem Saal werden die Grundlagen der Hieroglyphenschrift, deren Erlernen, die Schreibmaterialien sowie die Schutzgottheiten

Die Hauptwerke des Louvre

SULLY-FLÜGEL

Venus von Milo, Erdgeschoss, Saal 7.
Sphinx, Richelieu-Flügel, Zwischengeschoss, Krypta.
Turm des mittelalterlichen Louvre, Zwischengeschoss.
Kapitell der Apadana, Erdgeschoss, Saal 12b.
Statue des hockenden Schreibers, 1. Stock, Saal 22.
Amenophis IV., 1. Stock, Saal 25.
Das türkische Bad von Ingres, Abteilung Französische Malerei, 2. Stock, Saal 60.
Der Falschspieler mit dem Karo-Ass von Georges de La Tour, 2. Stock, Saal 28.
Der Riegel (Liebeswünsche) von Fragonard, 2. Stock, Saal 49.

DENON-FLÜGEL

Mona Lisa von Leonardo da Vinci, Salle de la Joconde (Salle des États), 1. Stock, Saal 6.
Nike von Samothrake, 1. Stock, auf dem Treppenabsatz der Escalier Daru.
Kykladenidol, Zwischengeschoss, Saal 1.
Borghesischer Fechter, Erdgeschoss, Saal B.
Amor und Psyche von Canova, Erdgeschoss, Saal 4.
Sklaven von Michelangelo, Erdgeschoss, Saal 4.
Kaiserkrönung Napoleons I. von David, Abteilung Französische Malerei, 1. Stock, Saal 75.
Das Floß der Medusa von Guéricault, Abteilung Französische Malerei, 1. Stock, Saal 77.
Krone Ludwigs XV. (Diamant der Krone), Galerie d'Apollon.
Die Hochzeit zu Kanaa von Veronese, 1. Stock, Salle de la Joconde.

RICHELIEU-FLÜGEL

Geflügelte Stiere, Palast des Königs Sargon II, Erdgeschoss, Cour Khorsabad.
Milo von Kroton von Pierre Puget, Zwischengeschoss, Cour Puget.
Pferde von Marly von Guillaume Coustou, Zwischengeschoss, Cour Marly.
Grabmal des Philippe Pot, Erdgeschoss, Cour Marly.
Schatz des Heiliggeistordens, Abteilung Kunsthandwerk, 1. Stock, Saal 28.
Adlervase des Suger, Abteilung Kunsthandwerk, 1. Stock, Saal 2.
Bildnis des Humanisten Erasmus von Rotterdam von Holbein, 2. Stock, Saal 8.
Gabrielle d'Estrées und eine ihrer Schwestern, Schule von Fontainebleau, 2. Stock, Saal 10.
Bathseba von Rembrandt, 2. Stock, Saal 31.
Die Spitzenklöpplerin von Vermeer, 2. Stock, Saal 38.

des Schreibers vorgestellt, der zu den zentralen Figuren der altägyptischen Gesellschaft gehörte.

Kunst und Handwerk – *Saal 7.* In der ägyptischen Kunst wurde auf eine Vielzahl von Arbeitsmaterialien zurückgegriffen: Beispiele für Werke aus Holz, Stein, Halbedelsteinen, Metall, Glas und Keramik sind vertreten. Statuen, Vasen, Reliefs etc. veranschaulichen verschiedene Techniken. Bemerkenswert ist die sehr seltene Horus-Bronzestatue.

Häusliches Leben – *Säle 8 bis 10.* Möbel, Geschirr, Kleidung, Musikinstrumente, Spiele etc. zeigen die Einrichtung wohlhabender ägyptischer Häuser. Schmuck und Accessoires (Löffel in Form von Schwimmerinnen oder Tieren) bieten Einblick in den Luxus der ägyptischen Oberschicht. Terrakottamodelle vermitteln eine Vorstellung der profanen Architektur.

Tempel – *Säle 11 und 12.* Man fühlt sich an einen echten Eingang eines ägyptischen Tempels erinnert, wenn man die Sphingenallee vor der Galerie Henri IV. durchschreitet. Die majestätische Galerie bildet den geeigneten Rahmen für die hier ausgestellten beeindruckenden Werke (Statuen von Gottheiten, Porträts von Würdenträgern, in Stein gehauene Annalen usw.). Besonders beachtenswert ist die höchst elegante Prozessionsbarke der Göttin Anouket in dem mittleren Schaukasten in Saal 12.

Bestattungsriten – *Säle 13 bis 17.* Dank der Darstellungen in den Grabkammern haben wir Kenntnis vom Alltagsleben der alten Ägypter.

Typische Grabbeigaben waren: Kanopenvasen zur Aufbewahrung der Eingeweide, „Totendiener", die dem Verstorbenen im Jenseits die harten Arbeiten abnehmen sollten oder auch an der Mumie angebrachte Schutzamulette.

In der Osiris-Krypta und in den übrigen Sälen befinden sich neben dem **Königsgrab von Ramses III.** eine beeindruckende Reihe verschiedener **Sarkophage** und Särge aus Holz, bemaltem Stoff oder mit Gravuren verziertem Granit.

Gottheiten – *Säle 18 und 19.* Anhand verschiedener Statuetten aus Metall, Keramik oder Stein wird hier in alphabetischer Reihenfolge jede einzelne Gottheit des alten Ägyptens mit ihrer Physiognomie, ihrer spezifischen Rolle und ihren Attributen vorgestellt. Mumien von Katzen, Krokodilen etc., Tier-

DER LOUVRE ALS KUNSTSTÄTTE

Als der Hof mit dem König nach Versailles zog, nahm die Stadt den Louvre in ihren Besitz. Es zogen dort die unterschiedlichsten Mieter ein. Eine Gruppe Boheme-Künstler kampierte in den Galerien: Während sich die Wohnstätten im Zwischengeschoss befanden, diente das obere Stockwerk als Durchgang, wo der König fünf Mal im Jahr die an den Skrofeln (ausgeprägte Lymphdrüsenschwellungen) Leidenden berührte. Auch **Coustou**, **Bouchardon**, **Coypel** und **Boucher** waren vor Ort. Die Frau von **Hubert Robert** übernahm den Laternendienst. Die Kolonnade war in Wohnungen aufgeteilt, und aus der berühmten Fassade ragte eine ganze Reihe von Ofenrohren hervor. Im Hof standen Häuser, an deren Außenmauern sich Kneipen, Gauklerbuden und baufällige Buden lehnten.

Die Königlichen Gemächer beherbergten nun die verschiedenen Akademien: Die Académie française, die ihren Sitz im Louvre haben durfte, obwohl Ludwig XIV. die Tuilerien nicht verlassen hatte, die Académie des inscriptions et des belles-lettres, die Académie d'architecture, die Académie des sciences und vor allem die Académie de peinture et de sculpture. Letztere organisierte seit 1699 immer wieder Ausstellungen mit Werken ihrer Mitglieder, ab 1725 regelmäßig im Salon Carré. Diese fanden bis zur Revolution immer um den 25. August herum statt. Diderot wurde zum Kritiker dieser „Salons", wo sich die Kunst des 18. und der 1. Hälfte des 19. Jh. entwickelte.

Die Fassaden der Cour Napoléon sind prachtvoll und reich verziert.
S. Sauvignier / MICHELIN

särge sowie der Kult um den Stier Apis zeugen von der Bedeutung der Tiere in der ägyptischen Religion.

Chronologischer Rundgang

Direkter Zugang vom 1. Stock im Sully-Flügel oder über die Treppe am Ende des thematischen Rundgangs. Auf Zeittafeln werden die wichtigsten Daten zur ägyptischen Geschichte zusammengefasst.

Auf dieser Etage ist der Großteil der altägyptischen Meisterwerke des Louvre versammelt. Jeder Saal der „Galerie d'études" ist Werken aus einer bestimmten Epoche gewidmet. Die Deckenmalereien in den Sälen 27 bis 30 stammen aus dem Jahr 1827, als Karl X. die Antikensammlung einrichten ließ.

Negade-Zeit (Ende der Frühgeschichte) – *Saal 20.* Steinvasen, Keramiken und sogenannte geschnitzte „Schminklöffel". Auf dem **Dolch von Gebel el-Arak**★★ tauchen zum ersten Mal Schnitzereien als Verzierung auf, Zeichen für das Ende der Vorgeschichte in Ägypten (um 3200 v. Chr.). Auf dem Griff aus Nashorn-Elfenbein sind auf der einen Seite Menschen und Tiere dargestellt, auf der anderen eine Flussschlacht. Die Silex-Klinge ist ebenfalls fein gearbeitet.

Stele des Pharaos mit dem Namen Schlange – *Saal 21.* Dies ist die schönste der Stelen aus thinitischer Zeit. Die Schlange symbolisiert den Pharao Uad't, der von seinem Schutzgott in Gestalt eines Falken und der Darstellung seines Palastes umrahmt wird.

Altes Reich (2700-2200 v. Chr.) – *Saal 22.* Frühe Meisterwerke der ägyptischen Bildhauerkunst: das Paar **Sépa und Nesa** (3. Dynastie); der Kopf des Pharaos Didufri mit königlicher Kopfbedeckung aus der Zeit des Pyramidenbaus (4. Dynastie, 2570 v. Chr.). Die **Statue des hockenden Schreibers** ★★★ (2600 v. Chr.), eine bemalte Kalksteinfigur, wurde in Sakkara entdeckt. Berühmt wurde sie durch den eindringlichen Blick (Augen aus Kupfer und Bergkristall) sowie die realistische Haltung.

Mittleres Reich (2000-1700 v. Chr.) – *Saal 23.* Hier ist die lebensgroße **Statue des Beamten Nakhti** aus Akazienholz zusammen mit dem Inhalt des Grabes (Sarg und Grabmobiliar) ausgestellt, außerdem Standbilder von Sesostris III. (12. Dynastie) in seiner Jugend und in fortgeschrittenem Alter. Bemerkenswert sind auch die Statuette einer Opfergabenträgerin mit ihrer schlanken Silhouette und ihrem eng anliegenden Kleid sowie die Figur einer nackten Frau mit den „abgebrochenen Daumen".

Neues Reich (1550-1200 v. Chr.) – *Säle 24 bis 27.* In dieser Zeit herrschten berühmte Pharaonen wie Ramses II. oder Tut-ench-Amun. In Saal 26 kann das Modell des Mausoleums von Ramses II. besichtigt werden. Die Büsten und Statuetten aus der Zeit von Amenophis III. legen Zeugnis über das damals vorherrschende Schönheitsideal ab, so die **Dame Tuy, Priesterin des Gottes Min** und die grün emaillierte Figur der **Königin Teje**. Das wunderschön bemalte **Kalksteinrelief mit König Sethos I. und der Göttin Hathor**, auf dem die Göttin dem König ein Glück bringendes Halsband überreicht, stammt aus dem Tal der Könige.

Echnaton und die Amarnakunst (um 1370-1350 v. Chr.) – *Saal 25.* Die Herrschaft von Amenophis IV.-Echnaton und der Königin Nofretete und ihr missglückter Versuch, einen monotheistischen Kult um den Sonnengott Aton einzuführen, bedeutete für die ägyptische Kunst einen tiefen Einschnitt. Die Werke zeichnen sich durch großen Realismus (Büste einer Prinzessin, Torso einer Königin) und eine hinter markanten Gesichtszügen verborgene Spiritualität (**Kolossalbüste Echnatons**★★) aus. Auch lassen sich Versuche einer räumlichen Darstellung im Flachbild, die Individualisierung von Personen sowie andeutungsweise die Wiedergabe von Emotionen feststellen.

Die letzten Pharaonen (1000-30 v. Chr.) – *Säle 29 und 30.* Die Spätzeit des pharaonischen Ägypten ist von mehreren sogenannten „Zwischenzeiten" sowie von Fremdherrschaft geprägt. Trotzdem wurden unter den letzten Herrschern sehr feine Kunstwerke geschaffen, wie etwa die mit Gold- und Silbereinlagen verzierte Bronzestatue der göttlichen Verehrerin **Karomama** oder die **Triade von Osorkon II.** (der auf einem Altar kniende Osiris, seine Schwester und Gemahlin Isis sowie ihr Sohn Horus, der Beschützer der Monarchie) aus Gold und Lapislazuli. In der Kunst der Zeit der Ptolemäer, zu denen auch Kleopatra gehörte, wird indes ein Einfluss der hellenistischen Kunst deutlich.

Die Ägyptische Abteilung findet im Zwischengeschoss des Denon-Flügels ihre Fortsetzung, wo Werke aus römischer Zeit (Saal A) sowie der koptischen Kultur (Säle B und C) ausgestellt sind. Kehren Sie in die Hall Napoléon zurück und gehen Sie in den Denon-Flügel.

Römisches Ägypten – *Saal A.* Die hier ausgestellten ägyptischen Totenkultobjekte dokumentieren den Einfluss der griechisch-römischen Kultur. Zahlreiche Totenmasken von Männern, Frauen und Kindern aus bemaltem Gips, Leichentücher mit ganzfigurigen Bildnissen der Verstorbenen, Votivstelen usw. Auf den Mumien tauchen nun mit Wachsfarben gemalte Porträts der Toten auf: Männer und Frauen mit großen, dunklen, fragenden Augen, römischen Frisuren, Togen und Schmuck **(Fayoum)**.

Gehen Sie nun durch die der vorklassischen griechischen Kunst vorbehaltenen Galerie.

Koptisches Ägypten – *Saal B (geschl., Wiedereröffnung voraussichtlich 2011).* In dem nach und nach christianisierten Ägypten bilden sich nun an Byzanz orientierte Themen und Stile aus. Die koptische Kunst (5. und 6. Jh. n. Chr.) ist in erster Linie eine volkstümliche Kunst. Sie bringt vor allem farbenfrohe **Stoffe und Wandbehänge**, Holzarbeiten und Skulpturen hervor (Fragment einer Verkündigungsgruppe).

Kloster Bawit – *Saal C, unterer Teil.* Aus dem 6. und 7. Jh. stammen die hier in ihrer ursprünglichen Anordnung aufgestellten Fragmente aus dem Apollokloster in Bawit (Mittelägypten): kunstvolle Friese und mit Pflanzenmotiven verzierte Kapitelle aus Kalkstein sowie **Wandmalereien** mit geometrischen Motiven. Auf einem aus dem 7. Jh. stammenden Gemälde auf Feigenholz erscheint Christus mit dem Evangelium in der Hand als Beschützer des Abtes Mena, Superior des Klosters Bawit.

Hommage an einen Seesieg der Griechen: die Nike von Samothrake (2. Jh. v. Chr.).
D.R.

Sammlung griechischer Antiken

Die **Sammlung griechischer Antiken**★★★ gehört zu den schönsten Sammlungen des Louvre.

Die Sammlung teilt sich auf den Denon-Flügel (Zwischengeschoss und Parterre) und den Sully-Flügel (Parterre und 1. Stock) auf. Im Interesse einer chronologischen Reihenfolge sollte die Besichtigung im Denon-Flügel (Saal 1 im Zwischengeschoss) beginnen.

Bitte beachten Sie, dass die im Parterre befindlichen Säle der Sammlung griechischer Antiken (Sully-Flügel) neu gestaltet werden und daher geschlossen sind. Während der Umbauarbeiten wird die Venus von Milo in der Salle des Sept-Cheminées (Sully-Flügel, 1. Stock, Saal 74) ausgestellt sein.

Vorklassisches Griechenland – Die kürzlich neu gestaltete Abteilung beschäftigt sich zunächst mit der kykladischen (Kopf eines Idols, um 2500 v. Chr.), minoischen und mykenischen Kunst, bevor man zur eigentlichen vorklassischen Epoche gelangt.

Die *Dame von Auxerre*, eines der Frühwerke griechischer Plastik (um 630 v. Chr.), ist in ihrer Strenge und dem frontalen Aufbau (Kopf in der Körperachse) typisch für den strengen dorischen Stil. Nur ein halbes Jahrhundert später entstand unter ionischem Einfluss die vom Heiligtum der Göttin Hera auf der Insel Samos stammende Kore mit ihrem eleganten stilisierten Gewand. Von der Akropolis in Athen stammt der nach seinem Stifter benannte **Kopf des Cavalier Rampin** (Mitte 6. Jh.) mit dem bezaubernden Lächeln.

Die aus Pharsala stammende Stele mit der Verherrlichung der Blume im strengen Stil besticht durch die zarte Gestik der Hände.

Gehen Sie nun ins Erdgeschoss.

Klassisches Griechenland – Die **Metopen** des Zeustempels in Olympia (um 460 v. Chr.) wurden in Saal 4 neu aufgestellt. Es handelt sich bei den Metopen um eine Darstellung der Herkulestaten aus der antiken Mythologie. Ursprünglich gab es 12 Metopen, drei der Originalmetopen befinden sich im Louvre.

Durchqueren Sie die Rotunde (Saal 5) sowie Saal 6.

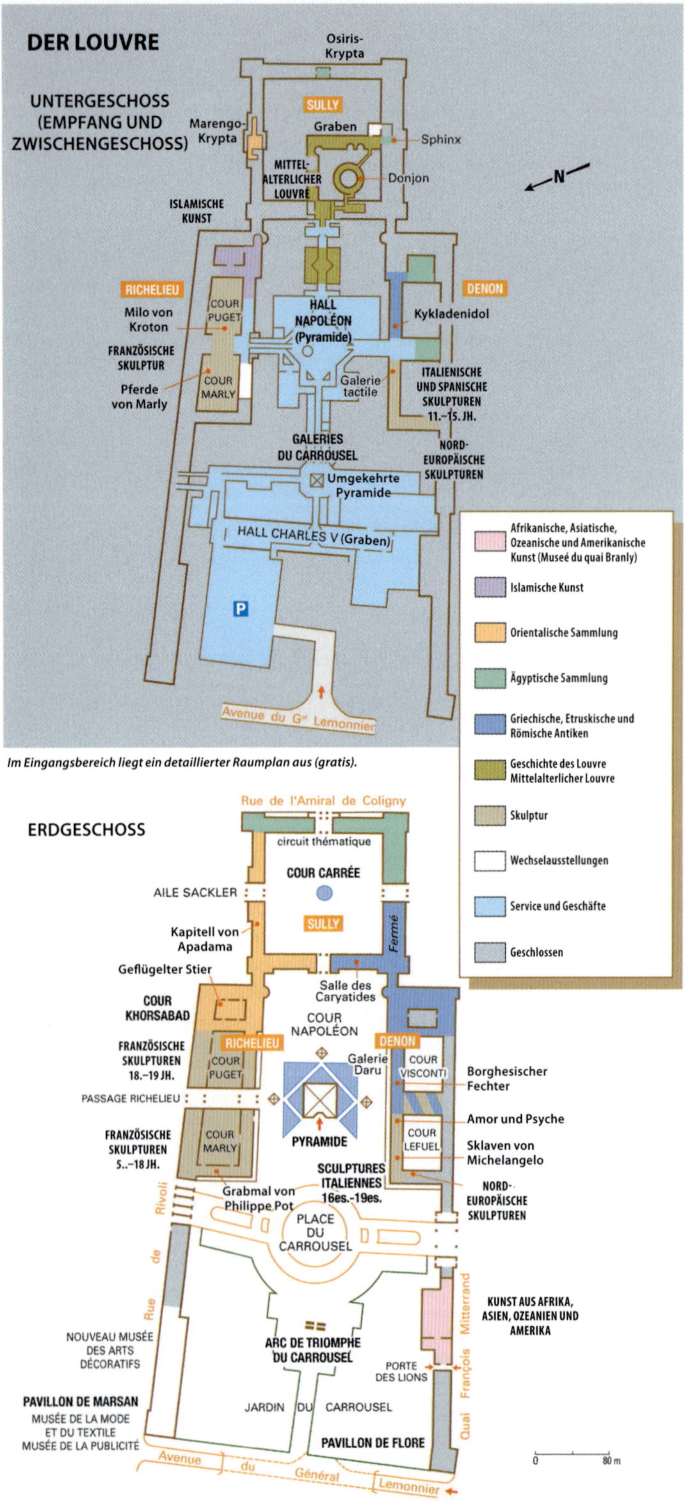

Im Eingangsbereich liegt ein detaillierter Raumplan aus (gratis).

DER LOUVRE

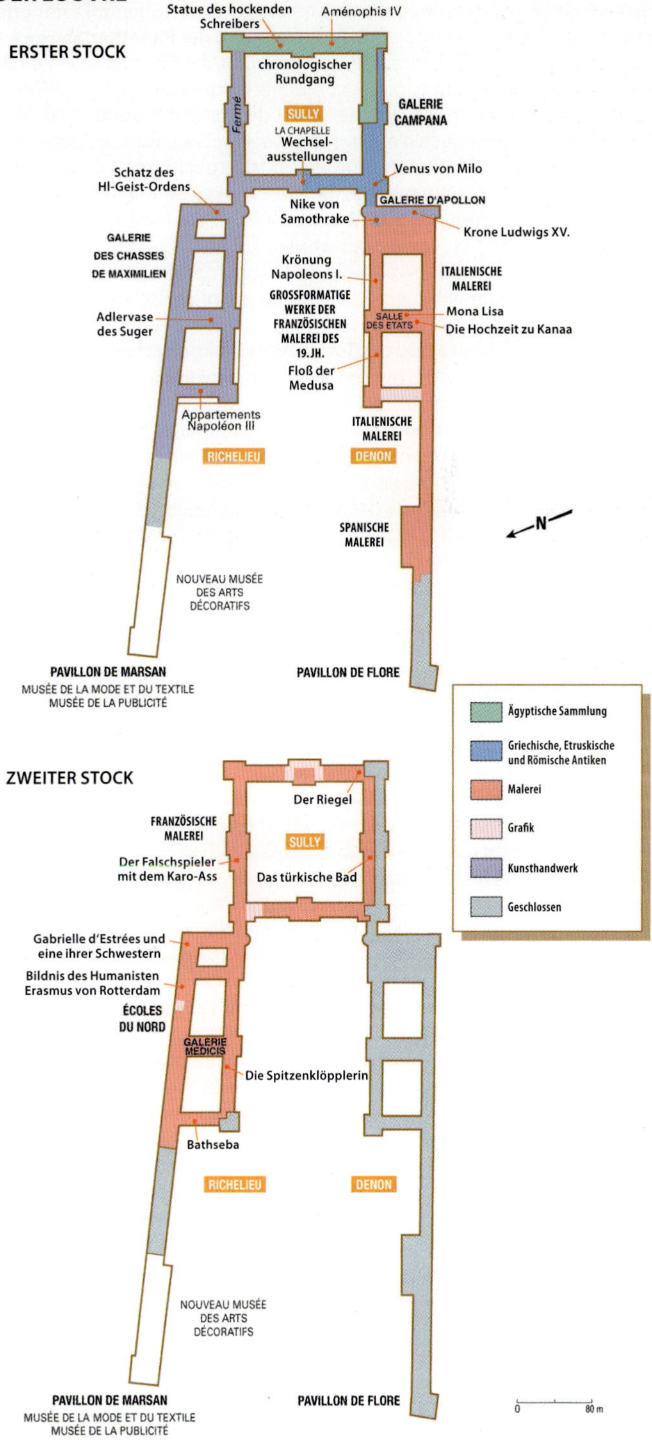
ERSTER STOCK
Statue des hockenden Schreibers
Aménophis IV
chronologischer Rundgang
Fermé
SULLY
LA CHAPELLE
Wechsel-ausstellungen
GALERIE CAMPANA
Venus von Milo
Schatz des Hl-Geist-Ordens
Nike von Samothrake
GALERIE D'APOLLON
Krone Ludwigs XV.
GALERIE DES CHASSES DE MAXIMILIEN
Krönung Napoleons I.
ITALIENISCHE MALEREI
GROSSFORMATIGE WERKE DER FRANZÖSISCHEN MALEREI DES 19. JH.
Adlervase des Suger
SALLE DES ETATS
Mona Lisa
Die Hochzeit zu Kanaa
Floß der Medusa
Appartements Napoléon III
ITALIENISCHE MALEREI
RICHELIEU
DENON
SPANISCHE MALEREI
N
NOUVEAU MUSÉE DES ARTS DÉCORATIFS
PAVILLON DE MARSAN
MUSÉE DE LA MODE ET DU TEXTILE
MUSÉE DE LA PUBLICITÉ
PAVILLON DE FLORE
Ägyptische Sammlung
Griechische, Etruskische und Römische Antiken
Malerei
Grafik
Kunsthandwerk
Geschlossen
ZWEITER STOCK
Der Riegel
FRANZÖSISCHE MALEREI
SULLY
Der Falschspieler mit dem Karo-Ass
Das türkische Bad
Gabrielle d'Estrées und eine ihrer Schwestern
Bildnis des Humanisten Erasmus von Rotterdam
ÉCOLES DU NORD
GALERIE MEDICIS
Die Spitzenklöpplerin
Bathseba
RICHELIEU
DENON
NOUVEAU MUSÉE DES ARTS DÉCORATIFS
PAVILLON DE MARSAN
MUSÉE DE LA MODE ET DU TEXTILE
MUSÉE DE LA PUBLICITÉ
PAVILLON DE FLORE
0
80 m

Saal 7 beherbergt Skulpturen aus dem **Parthenon-Tempel**, der um 445 v.Chr. unter Perikles auf der Akropolis von Athen auf dem Höhepunkt der griechischen Klassik errichtet wurde. Das **Friesfragment der Panathenäen**★★★ stellt den feierlichen Zug der jungen Athenerinnen dar, die ihrer Göttin eigenhändig bestickte Schleier darbringen. Ihre vornehme Haltung und ihre geschmeidigen Bewegungen verraten die Urheberschaft des jungen **Phidias**. Saal 7 beherbergt normalerweise auch die *Venus von Milo*★★★. Die natürliche unbefangene Schönheit des leicht gedrehten Körpers und die spiralförmige Gewanddrapierung machten sie zu einem Hauptwerk der antiken Bildhauerkunst.

Repliken von Werken des 5. und 4. Jh. v. Chr. – *Säle 14 bis 16*. Da Bronze eingeschmolzen und neu verwendet werden konnte, haben nur wenige großformatige griechische Bildwerke die Zeiten original überdauert. Glücklicherweise waren die Römer begeisterte Sammler der griechischen Skulpturen und ließen Kopien aus Marmor fertigen. In der Tradition des strengen Stils stehen **Apollo mit der Kithara** und der **Torso eines Diskuswerfers**.

Interessant sind besonders die Repliken nach den herrlichen Werken des **Polyklet** (*Diadumenos* und *Verletzte Amazone*, im 17. Jh. schlecht restauriert) und des **Phidias** (Apollo des „Kasseler Typs", benannt nach dem Ort, wo sich die beste Replik befindet, sowie ein *Kopf der Athena Parthenos*).

Der Stil wird in der Folgezeit eleganter: So zeigt etwa der *Ares Borghese* weichere Gesichtszüge. Ende des 5. Jh. v.Chr. kündigen der *Adonis* oder *Narziss* die Schöpfungen des Praxiteles an. Die Gewänder lassen nun die weiblichen Körperformen durchscheinen. Anfang des 4. Jh. v.Chr. kennzeichnen der *Dioskophoros* des Naukydes und die *Friedliebende Athena* die Rückkehr zum Realismus.

Mit Ausnahme der *Melpomene* aus dem Pompejus-Theater in Rom (1. Jh. v.Chr.) sind alle Bildwerke in Saal 16 Arbeiten nach **Praxiteles**, der zwischen 370 und 330 v.Chr. tätig war. Er verlieh seinen Marmorskulpturen eine anmutige und natürliche Haltung: *Apollo Sauroktonos* (d. h. der Eidechsentöter), *Artemis*, auch **Diane de Gabies**★ genannt, die sogenannte *Venus von Arles* sowie die **Aphrodite von Knidos**★★, die berühmteste Frauenstatue der Antike.

Unter den Originalen hellenistischer Zeit ist besonders der **Apollo von Piombino** zu nennen, der aus einer Werkstatt Großgriechenlands (Sizilien und Süditalien) stammt und im Meer an der toskanischen Küste gefunden wurde.

Salle des Caryatides★★ – *Saal 17*. Der Karyatidensaal ist der von Pierre Lescot umgebaute Festsaal des alten Louvre, in dem Molière am 24. Oktober 1658 zum ersten Mal vor Ludwig XIV. spielte. Seinen Namen verdankt der Saal den vier monumentalen **Figuren** von Jean Goujon, die die Orchestertribüne tragen. *Die Nymphe von Fontainebleau über der Tribüne* ist eine Kopie der Plastik des Florentiners **Benvenuto Cellini** (16. Jh.); das Original befindet sich in der Skulpturenabteilung.

Die ausgestellten Skulpturen (Repliken nach Originalen des 4. Jh. v.Chr. aus hellenistischer Zeit) fügen sich harmonisch in die Renaissanceausstattung des Saales ein: Kopien von Werken des **Lysipp** mit ihren typischen gelängten Proportionen in naturgetreuer Wiedergabe (*Hermes seine Sandale bindend*); *Kauernde Aphrodite*; *Artemis* oder auch *Diana von Versailles*; *Die drei Grazien*; *Schlafender Hermaphrodit* (das Polster indes stammt von Bernini).

Fortsetzung der Besichtigung im 1. Stock. Gehen Sie dafür durch die Rotunde (Saal 5) und über die Daru-Treppe am Ende von Saal 4.

Die Nike von Samothrake★★★ – Die geflügelte Siegesgöttin (frühes 2. Jh. v.Chr.), eine Hommage an einen Seesieg der Griechen bei Rhodos, steht wie eine Galionsfigur auf einer steinernen Galeere am Treppenabsatz der Escalier Daru. Besonders eindrucksvoll sind die Bearbeitung der Gewanddraperie, die vom Wind an den Körper gepresst wird, und die freie ausgreifende Bewegung der Figur.

Rechts der Nike weitergehen.

Griechisches und römisches Glas – *Säle 34 bis 38*. In dem ehemaligen, von Le Vau gestalteten Großen Kabinett Ludwigs XIV. *(Saal 34)* sind ca. 100 Glasfläschchen aus dem 6. Jh. v. Chr. ausgestellt. Direkt hinter dem Saal Clara *(35)* schließen sich drei Säle mit griechischen **Terrakotten** der archaischen und klassischen Zeit an. Insgesamt sind fast 2000 Vasen und Figuren ausgestellt.

Galerie Campana – Griechische Keramik★★ – *Säle 39 bis 47*. Die Sammlung griechischer Vasen des Marquis Gian Pietro Campana (1808-1880), der an den Ausgrabungen der etruskischen Nekropolen in Nordlatium teilgenommen hatte, wurde 1861 von Napoleon III. erworben (*auch Etruskische Sammlung*). In Saal 39 werden zunächst die verschiedenen Formen und Funktionen der griechischen Vasen sowie ein Überblick über die dargestellten Themen präsentiert (Alltagsleben, Mythologie, Götterwelt, Erotik). Die anderen Räume widmen sich der stilistischen Entwicklung. Nach dem Niedergang Kretas und Mykenes wurde aus dem geometrischen Stil (10.-8. Jh. v. Chr.) das Friesdekor. In Korinth und Ostgriechenland entstanden neue Vasenformen mit schwarzfigurigen Darstellungen. Die gleiche Technik wandten der Meister der Caeretaner Hydrien und der Maler Amasis an. Um 530 schuf der Andokides-Maler (Töpfer) einen neuen Stil: In genauer Umkehrung heben sich nun rote Figuren vom schwarz glänzenden Untergrund ab; Details werden anschließend mit dem Pinsel eingefügt. Einen Höhepunkt erreichte diese Kunst um 500 v. Chr. in den anmutigen Werken des **Euphronios** und des Douris *(Saal 40)*. Im letzten Saal kann der Besucher die Lebendigkeit und Grazie der **Figuren aus Tanagra** und **Myrina** bewundern.

Salle des Bronzes et objets précieux★★ – *Saal 32*. Aus der griechischen Frühzeit sind Henkel in Form von Medusenhäuptern erhalten. Im Hellenismus liebte man den nicht idealisierten, realistischen Gesichtsausdruck, die Darstellung von Alter und Kindheit, ja sogar Abnormitäten (Zwergenfiguren, Eros und Psyche mit Kindergesichtern, junger Mohr mit auf dem Rücken zusammengebundenen Händen, „Riese"). Der schöne **Kopf des Jünglings von Benevent** nimmt Anleihen bei den Werken Polyklets. Am Ende des Raumes steht der vergoldete Apollo von Lillebonne. Aus römischer Zeit stammt das berühmte *Bildnis eines knienden Negersklaven* (2.-3. Jh.).

Gehen Sie am Ende der Rotunde (nach Saal 34) über die Escalier Daru zurück ins Erdgeschoss.

Originale des 2. und 1. Jh. v. Chr. – *Saal B (Galerie Daru)*. Den Abschluss der Sammlung griechischer Antiken bildet die große Galerie Daru im Erdgeschoss, in der Statuen und Sarkophage des römischen Reiches ausgestellt sind. Besonders zu beachten ist hier der um 100 v. Chr. entstandene **Borghesische Fechter**★★ des Agasias von Ephesos. *Gehen Sie nun von Saal B in den Saal A (Salle des Manèges)*. In der unter Napoleon III. für Reitvorführungen des kaiserlichen Stalls errichteten Salle du Manège sind Werke ausgestellt, die die enge Verbindung zwischen antiker und moderner Skulptur dokumentieren. Besonders sehenswert ist der *Sterbende Seneca*.

DER LOUVRE ALS WOHNSTÄTTE

Von den empfohlenen Rundgängen führt Sie der Rundgang **„Wohnen im Louvre – auf Entdeckungstour durch den Königspalast"** durch Säle, Privatgemächer, Treppen oder Marställe des Palastes, auf den Spuren des Mittelalters bis zur prachtvollen Zeit des Sonnenkönigs. So wird man auf Schritt und Tritt daran erinnert, dass der Louvre, bevor er Museum wurde, Wohnstätte der französischen Könige war … Dauer des Rundgangs: 1,5 Std. Tgl. außer Di.

Auch wird ein architektonischer Rundgang mit einem Architekten angeboten (*Tipps und Adressen, Allgemeine Hinweise, Führungen*).

Etruskische Sammlung

Im Erdgeschoss des Denon-Flügels. Saal 4 (Olympia) und Säle 18 bis 20.

Die Etrusker waren zunächst in Mittelitalien ansässig und besiedelten später auch Kampanien und Norditalien. Im 6. Jh. stand ihre Kultur auf dem Höhepunkt. Der Verfall der etruskischen Macht begann im 5. Jh. und dauerte bis 265 v. Chr., dem Jahr, in dem Etrurien von Rom unterworfen wurde.

Die **etruskische Sammlung**★★ versammelt Werke etruskischer Künstler, die trotz ausgeprägter Originalität auch von der orientalischen und griechischen Kunst beeinflusst waren und ihrerseits dann die römische Kunst beeinflussten. In den monumentalen etruskischen Gräbern fand man Gebrauchsgegenstände und selten auch Malereien.

Auf die Villanovakultur, die sich durch Eisen- und Bronzegegenstände mit geometrischen Mustern auszeichnet (Thron aus gewalzter Bronze), folgte die etruskische Kultur, die mit bemalten Terrakottaplatten (Campana-Platten) sowie der sogenannten Impastokeramik und Stirnziegeln in Form von Frauenköpfen vertreten ist. Der berühmte **Sarkophag der Eheleute**★★★ (6. Jh. v. Chr.; Terrakotta) aus der Nekropole von Cerveteri weist einen bemerkenswert realistischen Skulpturenschmuck auf. Das verstorbene Paar nimmt heiter am Göttermahl teil, ein Thema, das aus der griechischen Vasenmalerei übernommen ist.

In **Saal 19** sind zahlreiche, von Griechenland inspirierte Keramiken ausgestellt: mit schwarzen Figuren aus dem 6. Jh., mit roten Figuren dann aus dem 5.-4. Jh. v. Chr. Die grau-schwarz glänzende, Metall imitierende Bucchero-Keramik gehört der orientalisierenden Epoche an (Mitte 7. Jh. v. Chr.). Auf die einfachen Formen und das geritzte Dekor des 7. Jh. v. Chr. folgten im 6. Jh. v. Chr. kompliziertere Motive (Relief).

Die Etrusker waren auch ausgezeichnete Goldschmiede und fertigten Granulier- und Filigran- (*1. Vitrine im Durchgang rechts*) sowie Treibarbeiten (*Vitrine gegenüber*) an.

In Saal 20 sind Kunstwerke der klassischen und hellenistischen Zeit ausgestellt: **Kopf aus Gabii**, ein Weinkrug mit Henkel (*Oinochoe*) in Kopfform *(Vitrine links vor dem Saal),* Ascheurnen aus Alabaster sowie Terrakottasarkophage aus Volterra und Chiusi. Außerdem Bronzespiegel mit Holzgriff *(rechte Vitrine)*, die häufig mit Szenen aus der griechischen Mythologie verziert sind.

Sammlung römischer Antiken

Denon-Flügel, Erdgeschoss. Von der Rotunde (Saal 5) geht es nach rechts zum ehemaligen Sommerappartement Annas von Österreich.

Wenngleich die **Sammlung römischer Antiken**★★ dem Besucher weniger raffiniertere Kunstwerke zu bieten scheint, so hält sie doch so manch wunderbare Überraschung wie etwa die Mosaiken oder das Silbergeschirr bereit.

Säle 22 bis 26: Appartement d'été d'Anne d'Autriche★★

Diese Räume mit Deckengemälden von **Romanelli** waren ursprünglich das Sommerappartement der Königin Anna von Österreich. Sie beherbergen heute Werke, die zwei für die römische Kunst typische Ausdrucksformen dokumentieren: das Porträt (vier Augustusbildnisse aus vier verschiedenen Lebensstadien; *Basaltbüste seiner Gattin Livia*) und das historische oder mythologische Relief (*Fragment der Ara Pacis Augustae*).

Säle 27 bis 31

Bildnisbüsten des 3. und 4. Jh. n. Chr. (Gordan III.; Kopf eines Wagenlenkers) umgeben die Pfeiler einer in Thessaloniki ausgegrabenen Säulenhalle (L'Incantada, *Saal 27*).

Es sind hier wunderschöne **Mosaiken**★ aus den Villen wohlhabender Römer (*Phönix, Das Urteil des Paris, Vorbereitungen für ein Bankett*), Mosaikfußböden aus Kirchen in Nordafrika und im Vorderen Orient (Kabr Hiram in der Nähe von Tyros im Libanon) sowie Fragmente von Fresken aus Pompeji (Geflügelter Schutzgeist) zu sehen.

In der ehemaligen Cour du Sphinx *(Saal 31, man kann nicht in den Raum hineingehen, sondern nur von außen hineinschauen)* befindet sich der große Relieffries des Artemis-Tempels in Magnesia am Mäander. Das **Bodenmosaik mit der Darstellung der Vier Jahreszeiten** aus konstantinischer Zeit stammt aus einer Villa in Antiochia.

Schatz von Boscoreale★★

Salle Henri-II (Saal 33) im 1. Stock, Sully-Flügel. Die Decke des Saals wurde 1953 von Henri Braque ausgemalt (*Die Vögel*). Den herrlichen Schatz fand man in einem Weingut bei Boscoreale, wo man eine beim Ausbruch des Vesuvs im Jahre 79 n. Chr. verschüttete Villa ausgrub. Münzen, Goldschmuck und das schöne **Tafelsilber** waren in einer Weinzisterne versteckt. Der Schatz ist ein wertvolles Zeugnis für den Geschmack der reichen und kultivierten römischen Oberschicht. Es war Brauch, die schönsten Stücke auf speziellen Regalen auszustellen, damit Besucher des Hauses sie bewundern konnten.

Orientalische Sammlung

Im Erdgeschoss der Flügel Richelieu und Sully.

Die **Orientalische Sammlung**★★★ ist zu Recht eine der berühmtesten Sammlungen des Louvre. 1843 begann der als französischer Konsul in Mosul (Irak) tätige **Paul-Émile Botta** beim heutigen Khorsabad mit der Ausgrabung des von Sargon II. von Assyrien gegründeten alten Ortes Dur-Scharrukin. 1847 konnte im Louvre die erste Assyrische Abteilung eröffnet werden. Weitere Grabungen folgten unter der Leitung von **Victor Place**.

Zwischen 3300 und 2800 v. Chr. entstanden in Mesopotamien, zwischen Euphrat und Tigris (heutiger Irak), städtische Hochkulturen. Die verschiedenen sumerischen Stadtstaaten befehdeten sich untereinander, ehe sie zusammengefasst wurden.

Mesopotamien

Säle 1 bis 6. Aus der sumerischen Stadt Tello (antikes Girsu) in Südmesopotamien stammt die **Geierstele** (um 2450 v. Chr.), auf der die Siege des Königs von Lagasch über die Stadt Umma verherrlicht sind (*gegenüber dem Eingang*). Auf der einen Seite sieht man den Schutzgott der Stadt, der seine Feinde in einem Netz gefangen hält, auf der anderen Seite ist der Fürst auf seinem Streitwagen an der Spitze der Truppen dargestellt.

In den Vitrinen am Eingang von Saal 1b sieht man das *Votivrelief von Urnansche (links)*, des Gründers der Dynastie von Lagasch, sowie die dem Gott Ningirsu geweihte *Vase des Entemena (rechts)*. Außerdem sind Tafeln mit den ältesten Schriftzeichen ausgestellt.

Im Norden reichte das Gebiet der Sumerer bis zum heutigen Syrien, wo die Stadt **Mari** lag. Aus dieser stammen die zahlreichen, der Göttin Ischtar geweihten Beterfiguren, unter denen die Alabasterfigur des **Oberaufsehers Ebih-il**★ (Mitte 3. Jahrtausend) mit Lapislazuliaugen die schönste ist (*Saal 1 b*).

Die semitische Akkad-Dynastie (2340-2200 v. Chr.) schuf das erste mesopotamische Großreich mit der Hauptstadt **Akkad** in der Nähe von Babylon. Sie wird durch die bemerkenswerte **Naramsinstele** aus rosafarbenem Sandstein (um 2250 v. Chr.) repräsentiert. Das Relief zeigt den König, der über die Leichname seiner gefallenen Feinde hinweg einen Berg hinaufsteigt.

Nach dem Niedergang der Akkad-Dynastie wurden um 2130 v. Chr. in dem wieder unabhängigen Lagasch die eindrucksvollen **Statuen des Gudea** und seines Sohnes Urningirsu geschaffen. Der Priesterfürst, in einem Gewand, das eine lange Widmung an die Götter trägt, wird manchmal auch mit den Instrumenten eines Architekten dargestellt.

Anfang des 2. Jahrtausends ging **Babylon** in die Weltgeschichte ein: Hammurabi zerstörte Mari und eroberte Mesopotamien. Seine berühmte **Gesetzesstele (Codex Hammurabi)**★ (1792-1750 v. Chr.) aus schwarzem Basalt ist 2,50 m hoch. Über der Inschrift ist der König vor dem thronenden Sonnengott Schamasch dargestellt (Maßband und Lineal symbolisieren die Gerechtigkeit), darunter schließen sich die 282 Gesetze in akkadischer Sprache an *(Saal 3)*.

Dem babylonischen Reich folgte im 8. und 7. Jh. v. Chr. das assyrische. Unter Nebukadnezar II. erlebte Babylon ab dem 6. Jh. v. Chr. erneut eine Blütezeit (*Schreitender Löwe* von der Prozessionsstraße zum Ischtartor in Babylon). Die Perser einten dann den Orient vom Mittelmeer bis Indien.

Cour Khorsabad★★ – Die großen assyrischen Flachreliefs aus dem Palast Sargons II. in Dur-Scharrukin, dem heutigen Khorsabad, wurden in der ursprünglichen Höhe angebracht. Zwei **geflügelte Stiere**★ mit fünf Beinen (die von vorne und von der Seite gesehen immer vier Beine haben) waren einst Teil des Reliefschmucks am dritten Tor der Stadtmauer. An der Wand gegenüber ist die Fassade des Thronsaals nachgebildet. Entlang der Wände des Hofs zieht

FLÜGEL	ABTEILUNG	LAGE	SEITE
Sully	Geschichte des Louvre	Zwischengeschoss	102
	Mittelalterlicher Louvre	Zwischengeschoss	102
	Ägyptische Sammlung	Erdgeschoss und 1. Stock	102
	Sammlung griechischer Antiken	Erdgeschoss (Salle des Cariatides, hellenistische Zeit) und 1. Stock (Salles des Bronzes, Galerie Campana)	107
	Orientalische Sammlung (Iran und Kunst der Levante)	Erdgeschoss	113
	Kunsthandwerk	1. Stock	130
	Sammlung Beistegui	2. Stock (Saal A)	127
Denon	Italienische Skulptur	Zwischengeschoss und Erdgeschoss	127
	Nordeuropäische Skulptur	Zwischengeschoss und Erdgeschoss	128
	Römisches und koptisches Ägypten	Zwischengeschoss (Säle A, B und C)	106
	Vorklassisches Griechenland	Zwischengeschoss	107
	Etruskische und römische Antiken	Erdgeschoss	112
	Italienische Malerei	1. Stock	118
	Spanische Malerei	1. Stock	120
	Englische Malerei und großformatige Werke der französischen Malerei des 19. Jh.	1. Stock	121
	Kunsthandwerk (Kronjuwelen)	1. Stock (Galerie d'Apollon)	134
Richelieu	Französische Skulptur	Erdgeschoss, Cour Marly und Cour Puget	128
	Islamische Kunst	Zwischengeschoss	116
	Orientalische Kunst (Mesopotamien)	Erdgeschoss	113
	Kunsthandwerk	1. Stock (einschließlich der Appartements von Napoleon III.)	130
	Französische Malerei (14.-19. Jh.)	2. Stock	124
	Malerei aus Deutschland, den Niederlanden und Flandern	2. Stock	122
Pavillon des Sessions	Kunst aus Afrika, Asien, Ozeanien und Amerika	Erdgeschoss. Direktzugang über die Porte des Lions	136

sich ein herrlicher Flachrelieffries mit folgenden Darstellungen: Transport von Holz aus dem Libanon, tributpflichtige Meder (*gegenüber*); Träger mit dem Rollthron und dem Mobiliar des Königs, Diener und geflügelte Genien sowie Helden im Kampf mit einem Löwen.

In der Mitte des 2. Jahrtausends siedelten sich die indogermanischen Hethiter in Kleinasien, dem Kerngebiet der heutigen Türkei, an. Sie vernichteten später die Dynastie Hammurabis in Babylon. Ihre Hieroglyphenschrift findet sich auf der **Stele mit dem Relief des Gewittergottes** aus Tahunda *(Saal 5)*.

Die Dekoration des Palastes von **Til Barsip**, der Provinzhauptstadt (Tell Ahmar in Nordsyrien), besteht nicht, wie sonst üblich, aus Stein, sondern aus Fresken *(Saal 6)*.

Aus **Arslan-Tash** stammen die wunderschönen **Elfenbeinarbeiten** (*Kuh mit Kälbchen*), Kriegsbeute aus phönizischen und aramäischen Städten.

In einer Vitrine sind Fragmente der Bronzetür des Palasts von König Salmanassers III. in Balawat (9. Jh. v. Chr.) ausgestellt.

Die Reliefs vom Palast Assurnasirpals II. (883-859 v. Chr.) zeigen geflügelte Genien mit Vogelköpfen vor dem Lebensbaum. Nicht weit davon entfernt sieht man Assurnasirpal II. in Begleitung seines Knappen.

Die **Reliefs★★ des Palasts Assurbanipals** in Ninive gehören zu den schönsten Bildwerken der Welt. Von besonderem Interesse sind die Szenen aus dem Kriegszug gegen Elam: Einnahme einer Stadt; Verschleppung der Bevölkerung; Ansicht der vieltürmigen Stadt Arbeles. Auf der hinteren Wand ist Assurbanipal II. auf seinem Streitwagen dargestellt. In der letzten Reliefserie beachte man den herrlichen Kopf des Pferdes einer Reiterfigur *(Tafel 14)*.

Iran

Säle 7 bis 16. Die Weidewirtschaft zwischen dem gebirgigen Fars (im Osten auf dem Gebirgsplateau, wo später Persepolis entstand) und der Ebene von Susa, die unter mesopotamischem Einfluss stand, ist der Ursprung des ersten altorientalischen Reiches Elam.

Vom Ende des 5. Jahrtausends an war die Keramik von Susa mit wunderschönen geometrischen Mustern oder stilisierten Tiermotiven verziert (**Becher mit Steinböcken**, der ein Scheffelmaß war). Am Ende des 3. Jahrtausends wurden die Grabbeigaben und das Tempelgerät reichhaltiger: *Statue der Göttin Narundi* (um 2100 v. Chr.); die bemalte **Terrakottavase mit Geheimfach** enthielt mehrere Alabastergefäße, Waffen und Kupferwerkzeug *(Saal 8)*.

Aus dem für seine Kupferarbeiten bekannten **Luristan** im Nordwesten von Elam stammt die von zwei Stieren getragene „Standarte" (*Vitrine links, auf der Seite der Rue de Rivoli*). In **Baktrien**, dem heutigen Afghanistan, entwickelte sich eine Kultur von hohem Niveau. Unbedingt sehen sollten Sie die Statuette der sogenannten **Prinzessin von Baktrien★★**, deren reifrockartiges Gewand an den Rock des Oberaufsehers Ebih II. erinnert. Nicht weit entfernt von der Prinzessin steht der **Mann mit der Hiebwunde (Le Balafré)**, die kleine Statuette eines Berggeistes.

In der mittelelamischen Zeit (1500-1100 v. Chr.) erreichte die Bronzekunst in Susa ihren Höhepunkt. Ein Beispiel hierfür ist die **Statue der Königin Napirasu** *(Saal 10)*.

Vom 6. bis zum 4. Jh. v. Chr. erlebte Susa unter den Achaimenidenkönigen seine höchste Blütezeit. Besonders die Gold- und Silberschmiedekunst erreichte eine große Vollendung (goldene und silberne Armbänder und Becher; geflügelter Steinbock). Das riesige **Kapitell der Apadana★★**, wie die Audienzhalle im Palast des Darius genannt wurde, lässt uns die enormen Ausmaße der persischen Königspaläste erahnen, die mit Friesen aus glasierten Ziegeln geschmückt waren.

Die Mosaiken aus dem Palast von Bischapur (3. Jh. n. Chr.) aus der Sassanidenzeit stehen am Übergang zur islamischen Kunst.

Die Kunst der Levante

Die Sammlungen verteilen sich auf den Westflügel der Cour Carrée (von den Anfängen bis 1000 v. Chr., ab Saal 10) und die hinteren Säle des Sackler-Flügels.

Westflügel, Säle D bis A – **Palästina und Transjordanien** – Die **Stele des Mescha**, König der Moabiter (9. Jh. v. Chr.), auf der dessen Sieg über die Könige von Israel und die Dynastie Omris verherrlicht ist. Ihre phönizischen Inschriften erwähnen erstmals das Nordreich Israels.

Syrien – *Aramäische Terrakottaarbeiten (Vasenständer, Modelle von mehrstöckigen Häusern)* und die Statuette einer thronenden Gottheit.

Die Ausgrabungen von Ras Schamra, dem einstigen Ugarit, haben gezeigt, dass im antiken Phönizien viele Strömungen zusammenliefen: ägyptisierendes **Pektorale** mit dem königlichen Falken (2000-1600 v. Chr.); Schale mit der Darstellung einer königlichen Jagd in Treibarbeit (14.-13. Jh. v. Chr.), **Stele des Gewittergottes Baal**. Um 1300 v. Chr. entstand hier das Keilschriftalphabet, das die Silbenschrift ablöste.

Sackler-Flügel, Säle 17 bis 21 – Unter den phönizischen Gräbern ist der **Sarkophag in Form einer Mumie von Eschmunazor II.**★★, des Königs von Sidon (5. Jh. v. Chr.), ein Beispiel für ägyptische Einflüsse in Syrien. Die Inschrift darauf ist ein Fluch. Marmorskulpturen aus Sidon (Saïda im Libanon) dienten dem Mithraskult, die Bronzefiguren in Syrien während der Zugehörigkeit zum Römischen Reich der Verehrung des Jupiters aus Heliopolis.

Die Totenporträts aus Palmyra haben einen erstaunlich intensiven Gesichtsausdruck. Eine schöne **Aphrodite mit der Schildkröte**★ aus dem 2. Jh. v. Chr. *(Saal 20)* erinnert an die Venus von Milo. Aus dem 5. Jh. v. Chr. stammt eine riesige Schale aus Kalkstein aus Amathus auf Zypern, die als Wasserreservoir für die religiösen Zeremonien im Tempel der Stadt diente *(Saal 21)*.

Islamische Kunst

Die (seit 2003) bestehende Abteilung für Islamische Kunst im Louvre ist wegen Renovierung durch die Architekten Mario Bellini und Rudy Ricciotti geschlossen und soll im Jahr 2012 wiedereröffnet werden. Die mehr als 10 000 Objekte umfassende Sammlung wird um ca. 3000 weitere Stücke aus den Sammlungen der *Union centrale des Arts décoratifs* erweitert. Als eine der wichtigsten Sammlungen der Welt wird sie dann die gesamte, von Spanien bis nach Indien reichende islamische Kultur vom 7. bis 19. Jh. dokumentieren.

Der erste Saal *(A)* ist der islamischen Architektur gewidmet (Moscheen, Medresen, Topkapi-Palast).

Aus dem **Iran** stammen *Der mit einem Rebhuhn verzierte Silberteller* (sassanidische Zeit, 7.-9. Jh.) sowie die *Täfelung mit einander zugewandten Steinböcken* (7.-8. Jh.) und eine kuriose Vase in Tiergestalt aus blauem und weißem Glas.

Aus der Zeit der **Abbassiden** stammt das Fragment eines Kenotaphs oder einer Truhe (Ägypten, Ende des 9./Anfang 10. Jh.).

Die islamische Kultur drängt im Bereich der Kunst konsequent nach Europa vor *(Saal 3)*: Löwe mit mehrgliedrigem Schwanz und Aquamanile in Form eines Pfaues (Spanien, 12.-13. Jh.); wunderschöne Elfenbeinkästchen (Spanien und Sizilien), insbesondere die **Pyxis mit dem Namen Al-Mughira** (10. Jh.).

Der Keramikteller mit Schriftdekor aus dem 11./12. Jh. *(Vitrine gegenüber dem Eingang, Saal 4)* ist besonders sehenswert. Das Epigramm auf dem Rand lautet: „Zuerst schmeckt die Wissenschaft bitter, am Ende aber süßer als Honig. Gesundheit dem Besitzer".

Aus der Zeit der Seldschuken (11.-13. Jh.) ist Keramik ausgestellt, darunter eine Kanne mit Tierkopf *(in der Mitte der ersten Vitrine, Saal 5)*. Wissenschaft und Handwerk sind durch Astrolabien, Himmelsgloben, eine fein ziselierte Waagschale und das **Necessaire mit dem Werkzeug eines Goldschmieds** dokumentiert. Links ein Messer mit Korallengriff zum Zuschneiden von Rohrfedern.

Ein Meisterwerk der frühen iranischen Kunst: die Prinzessin von Baktrien.

D.R.

Die Säle 8 und 9 beherbergen herrliche Stücke der **Mamelucken-Kunst** (1250-1517): Das **Taufbecken Ludwigs des Heiligen** aus Kupfer mit Gold- und Silbereinlagen (1300), das der königlichen Familie zur Taufe ihrer Kinder diente; blaue Keramik, Lampen aus geblasenem Glas, Lesepult.

Der mit Fischen verzierte Teller *(am Ende der Vitrine links, Saal 10)* aus dem **mongolischen Iran** erinnert an das chinesische Seladon-Steinzeug, das in der Zeit der Song- und der Yuan-Dynastie in großen Mengen exportiert wurde.

Unter den **Safawiden** (1501-1736) war die iranische Hauptstadt Isfahan eine der größten Städte der Welt. Besonders beachtenswert sind die Wandverkleidungen und Buchdeckel mit Darstellungen königlicher Vergnügungen in der Natur *(Saal 11)*.

Das Bildnis des zweiten Herrschers der Kadjaren-Dynastie (1779-1924) wurde dem Botschafter Napoleons I. in Persien zum Geschenk gemacht.

Indien unter den Moguln (1526-1858) – Zunächst sieht der Besucher Sammlungen von Waffen (Dolche) und Rüstungen (iranische Helme des 15. Jh.); mit Silbereinlagen verzierte Behälter von *Hukas* (Wasserpfeifen); einen Dolch mit Bergkristallgriff in Form eines Pferdekopfes; Ständer mit Blumendekor aus dem frühen 18. Jh.

Ein prächtiges Stück aus dem Iran vom Ende des 16. Jh. ist der sogenannte **Teppich aus Mantes** in der Mitte von Saal 11, der aus der Kirche in Mantes stammt.

Die Welt der Osmanen – *Saal 12.* In den kaiserlichen Werkstätten, insbesondere in **Iznik** bei Istanbul entstanden die Motive, die Keramikgeschirr und -fliesen zieren. Zu den traditionellen Farben Blau und Weiß kamen im Laufe des 16. Jh. weitere Farbtöne hinzu, darunter auch das berühmte Iznik-Rot.

Der Teppich in Rot und Nachtblau mit großem Mittelmedaillon (18. Jh., Türkei, Uschak) gehört dem Typus an, der für den Hof bestimmt war.

Links vom Eingang steht ein kostbares Schreibpult mit Intarsien aus Perlmutt und Schildpatt (Istanbul, 16.-17. Jh.); in der Wandnische sind mehrere reich mit Goldfäden und Edelsteinen verzierte **Schalen** aus Jade und Bergkristall ausgestellt. Der **Ring eines Bogenschützen** diente diesem als Daumenschutz.

Zwei Kachelbilder stellen die heiligen Moscheen in Mekka (die Kaaba ist mit einem schwarzen Tuch bedeckt) und Medina dar.

Buchkunst – *Saal 13* – Miniaturen und kostbare Bücher (bemerkenswert sind die indischen Miniaturen der Mogulzeit mit besonders fein abgestuften, zarten Farben).

Italienische Malerei

Denon-Flügel, 1. Stock, links an der Nike von Samothrake vorbei.

Die Sammlung **italienischer Malerei**★★★ spiegelt die Sammlungsvorlieben der französischen Könige wider und vereint zahlreiche Hauptwerke der Renaissance und des Barock. Durch Vermächtnisse und Ankäufe kamen dann im 19. und 20. Jh. verschiedene Werke der frühen italienischen Malerei und des Manierismus hinzu, die in den königlichen Sammlungen gefehlt hatten. Die Ausstellungsstücke sind chronologisch geordnet.

Malerei des ausgehenden Mittelalters und des 15. Jh.

Als eine Art Einführung sind in den Sälen Percier und Fontaine *(Saal 1)* die Fresken aus der Villa Lemmi von **Botticelli** ausgestellt, die die Hochzeit von Lorenzo Tornabuoni (umgeben von den Freien Künsten) mit Giovanna degli Albizzi (die ihren Hochzeitsschleier Venus, gefolgt von den Grazien, zum Geschenk macht) zum Thema hat. In der Salle Duchâtel (Saal 2) ist eine *Kreuzigung* von Fra Angelico zu sehen.

Salon Carré *(Saal 3)* – In den früheren Räumlichkeiten der Akademie der Schönen Künste hängen 30 großformatige Bilder der **Florentiner Malerei des ausgehenden Mittelalters**.

In dem Altarbild der *Madonna mit den Engeln* von Cimabue (um 1280) zeichnet sich bereits eine Abwendung vom strengen byzantinischen Schema ab. Mit **Giotto** und seinen lebensnahen, realistischen Darstellungen nimmt im frühen 14. Jh. die Florentiner Malerei Gestalt an. In **Die Stigmatisation des hl. Franziskus**★★ konzentriert sich die Szene auf das Wesentliche, die große Figur des Heiligen vor einer Gebirgslandschaft. Auch die Tafeln der Predella, darunter die reizende Szene der *Vogelpredigt*, zeugen von diesem giottesken Naturalismus.

Die Paradiesdarstellung des Dominikanermönchs **Fra Angelico**, der auch das Kloster San Marco in Florenz mit Fresken ausgemalt hat, strahlt einen heiter-beschaulichen Mystizismus aus. In übernatürlichem Licht erscheint die *Marienkrönung* aus dem Jahr 1435, bei der Heilige und Engel den göttlichen Thron umgeben.

In der von **Paolo Uccello** gemalten Schlacht von San Romano, in der die Florentiner 1432 die Sienesen besiegten, spielt die Perspektive eine große Rolle. Die restlichen Tafeln des für die Medici gemalten Triptychons befinden sich in den Uffizien in Florenz und in der Londoner National Gallery.

Salle des Sept-Mètres – *Saal 4*. Charakteristisch für die Schule von Siena sind Goldgrundmalereien kleineren Formats.

Mit dem 15. Jh. geht eine veränderte Wahrnehmung des Menschen einher. Es entstehen Porträts von bemerkenswerter psychologischer Tiefe: Profilbildnis einer *Prinzessin aus dem Haus Este* auf einer Medaille von **Pisanello**; autoritär und geheimnisvoll präsentiert sich *Sigismondo Malatesta* von **Piero della Francesca**.

Grande Galerie – *Säle 5, 8, 12.* Auf einer Länge von 200 m hängen unter einem Glasdach im ersten Teil bis zur berühmten **Salle des états,** in der sich die *Mona Lisa (La Joconde)* befindet, die italienischen Gemälde des 13. bis 15. Jh. Die Themen, Physiognomie und Haltung der dargestellten Personen haben sich weiterentwickelt. Beispiele hierfür sind der *Hl. Sebastian* von **Mantegna**, der *Segnende Christus* von **Giovanni Bellini**, das *Porträt eines alten Mannes mit einem kleinen Jungen* von Ghirlandaio, bei dem sich florentinische Eleganz und flämischer Realismus verbinden, sowie der *Condottiere* (Narbe auf der Lippe) und *Christus an der Säule* von **Antonello da Messina**.

Beliebtes Thema in der Renaissance: „Susanna im Bade" von Paolo Veronese.

D.R.

Hochrenaissance

In der Grande Galerie (2. Teil, der dem 16. und 17. Jh. gewidmet ist). Die Hochrenaissance entsteht bereits vor der Plünderung Roms (1527) und setzt sich dann in Venedig bis zum Ende des 16. Jh. fort.

Das Universalgenie **Leonardo da Vinci** war die beherrschende Persönlichkeit jener Zeit; von ihm besitzt der Louvre u.a. *Die Madonna in der Felsengrotte*, ein Spätwerk, bei dem das Spiel der Hände besonders auffällt sowie *Die hl. Anna Selbdritt.*

Salle de la Joconde *(Saal 6)* – **La Joconde**★★★. Das Meisterwerk Leonardo da Vincis, das Bildnis der Mona Lisa, Gattin des Florentiners Del Giocondo, ist seit 2005 wegen der großen Besucherströme in Saal 6 (ehemals Salle des États), dem größten Raum des Museums, ausgestellt, der seitdem auch den Namen des berühmten Bildes trägt.

Im gleichen Saal sind etwa 50 venezianische Gemälde zu sehen, darunter auch **Die Hochzeit zu Kanaa**★★★ von **Veronese**. Das 1563 für das Refektorium von San Giorgio Maggiore in Venedig entstandene Gemälde huldigt dem Goldenen Jahrhundert Venedigs mit seiner prachtvollen Architektur und seinem glanzvollen Lebensstil. Die 130 Figuren in diesem monumentalen Gemälde, das kürzlich restauriert wurde, sind zum größten Teil authentische Porträts von Zeitgenossen Veroneses (Kaiser Karl V., Sultan Suleiman der Prächtige, Tizian, Bassano, Tintoretto und der Künstler selbst mit der Viola da Gamba). Beachten Sie im hinteren Teil des Saals auch die Gemälde von Tizian, dem Lehrer Veroneses: *Büßender hl. Hieronymus, Christus mit der Dornenkrone* sowie *Susanna im Bade* von Tintoretto.

Gehen Sie zurück in die Grande Galerie.

Raffael, Schüler Peruginos, schuf harmonische Kompositionen, in denen sich häufig die lieblichen Landschaften seiner Heimatregion Umbrien wiederfinden, so auch in dem Gemälde **Madonna mit Kind und hl. Johannes (La Belle Jardinière)**★★.

Die Bilder des in Parma tätigen **Correggio** mit ihrer zarten, leicht manierierten Sinnlichkeit und federleichten Eleganz sollten die Malerei bis ins 18. Jh.

hinein beeinflussen. Von ihm besitzt der Louvre *Die mystische Vermählung der hl. Katharina* und *Jupiter und Antiope*.
Nach 1530 kam in den Kunstzentren Italiens – Florenz, Rom, Mantua – der vom Stil Michelangelos und Raffaels beeinflusste Manierismus auf; die Porträts **Bronzinos** kennzeichnet eine kühle Eleganz und Glätte.

Gegenreformation (Ende 16. Jh.) und Seicento (17. Jh.)

Hinter dem Durchgang zum Mollien-Flügel, wo Grafik ausgestellt ist (Kartons für Tapisserien von Lodi di Cremona, Gouachen von Correggio).
Diese Zeit wird von der Bologneser Malerei und der durch die Brüder Carracci neu gegründeten Kunstakademie (Accademia degli Incamminati) geprägt. Der große Neuerer ist **Barrocci**, von dem man *Die Beschneidung* sehen kann. In den Werken der emilianischen Schule verbinden sich mehrere Stilrichtungen. Neben der akademischen Ausrichtung, die sich aus dem Studium der Renaissancemeister ergab (die *Heiligen* von Dominichino) findet sich auch eine richtungsweisende, gewagt realistische Tendenz, deren Hauptvertreter **Annibale Carracci** (*Die Fischerei* und *Die Jagd* gehören zu den schönsten Landschaftsdarstellungen im Louvre), **Guido Reni** (mit einem aristokratisch-dekorativen Stil – *Deianeira und der Kentaur Nessos*; *David mit dem Haupt des Goliath*) und **Guercino** (mit genauen Studien der menschlichen Physiognomie: *Die Auferstehung des Lazarus*) sind.
Mit der Einführung des einfachen Tavernenvolkes in die Malerei führte **Caravaggio** diesen Realismus radikal weiter (**Die Wahrsagerin**★★). Das für ihn typische Bild *Marientod* wurde wegen seiner schockierenden Realitätsnähe von dem Kapitel der römischen Kirche, das es in Auftrag gegeben hatte, als Blasphemie angesehen und abgelehnt.
Am Ende der Grande Galerie, im Pavillon des États, sind in der Salle Salvatore-Rosa *(Saal 13)* Maler des 17. Jh. vertreten: **Pietro da Cortona** *(Romulus und Remus werden von Faustulus aufgenommen)* war in Rom tätig, **Domenico Fetti** (*Die Melancholie*) in Venedig, **Luca Giordano** (*Philosophenbildnisse*) in Neapel.

18. Jh.

Die großformatigen Gemälde hängen in der Salle Piazzetta (Saal 14), die kleineren in den Seitenkabinetten.
Die Pracht der Barockzeit spiegelt sich bei Pannini wider *(Konzert in Rom anlässlich der Hochzeit des Dauphin, des Sohnes Ludwigs XV.)*. **Guardi** fing in der Serie **Feierlichkeiten am Himmelfahrtstag**★ die Atmosphäre ein, die in der Lagune herrschte, wenn der Doge die Vermählung Venedigs mit dem Meer feierte und als Symbol einen Ring ins Meer warf. Festlich wirken auch die lichterfüllten Gemälde des Giovanni Battista **Tiepolo**, die religiöse und mythologische Inhalte haben, wohingegen sein Sohn Giandomenico eher realistische Genreszenen malte *(Der Scharlatan, Karneval)*.
Die spanische Malerei befindet sich im gleichen Gebäudetrakt.

Spanische Malerei

Denon-Flügel, 1. Stock. Die **spanische Malerei**★★ zeichnet sich durch Realismus und Mystik aus.
In den Seitenkabinetten befinden sich Werke einiger **früher Maler der iberischen Halbinsel** des 15. Jh. – darunter *Die Geißelung des hl. Georg* von dem Katalanen Martorell, *Die Geißelung Christi* von Jaime Huguet *(Saal 28)* und *Der Mann mit Weinglas* eines portugiesischen Meisters –, während in dem ehemaligen Rubenssaal *(Saal 26)* die manieristischen Werke des aus Kreta stammenden Domenikos Theotokopoulos hängen, der ursprünglich Ikonenmaler war, dann bei Tintoretto in Venedig in die Lehre ging und später in Spanien unter dem Namen **El Greco** berühmt wurde. Sein **Christus am Kreuz**★★ vor dem dunklen Gewitterhimmel erscheint fast „expressionistisch".

Der Klumpfuß von **José de Ribera**, das Bildnis des unansehnlichen, stummen Krüppels mit dem hämischen Grinsen, und **Der junge Bettler**★★ von **Murillo** bilden durch ihre naturgetreue Darstellung eine Antithese zur Innerlichkeit und Stille der Werke von **Zurbaran** *(Die Beisetzung des hl. Bonaventura)*, zum barocken Überschwang des Carreño de Miranda (*Die Gründung des Trinitarierordens)* und zu den *Infantenbildnissen* von **Vélasquez**. An Pastelle erinnern die in lichten Farben gemalten *Madonnenbilder* Murillos.

In Saal 32 hängen zahlreiche Gemälde von **Goya**, doch **die Marquise de la Solana**, zusammen mit dem Porträt der Comtesse de Santa Cruz eines der schönsten Bildnisse **Goyas**, befindet sich in der Sammlung Beistegui *(Sully, 2. Stock, Saal A, über die Escalier Henri-II erreichbar)*.

Englische Malerei

Denon-Flügel, 1. Etage, Saal 32.

Die Sammlung gibt einen Einblick in die englische Porträt- und Landschaftsmalerei des 18. und 19. Jh. Hier hängen Thomas Gainsboroughs *Gespräch im Park* sowie Porträts, die wahrscheinlich den Künstler und seine Frau Margaret zeigen. Joseph Wright of Derbys *Sonnenuntergang am Nemisee* strahlt sowohl Helligkeit als auch Wärme aus. Sir Joshua Reynolds *Master Hare* zeigt einen unschuldigen kleinen Jungen. William Turners *Flusslandschaft mit Bucht aus der Ferne* ist das einzige Werk des englischen Malers in Frankreich und *Mr. und Mrs. John Julius Angerstein* von Sir Thomas Lawrence zeigt den Bankier und Kunstsammler mit seiner zweiten Ehefrau.

Ebenso hier ausgestellt sind *Das Kreuz in der Wildnis* von Thomas Cole, dem Gründer der US-amerikanischen Hudson River School und *Die Bucht von Weymuth bei herannahendem Sturm* von John Constable, das mit leuchtender Farbpalette die Natur über die wachsende Industrialisierung triumphieren lässt – eine Hommage an die englische Landschaft.

Großformatige Werke der französischen Malerei des 19. Jh.

Denon-Flügel, 1. Stock. Man geht die Treppen gegenüber der Nike von Samothrake *hinauf. Die großformatigen Werke aus der Zeit der Revolution, des Kaiserreiches und aus der ersten Hälfte des 19. Jh. sind in den Sälen Daru und Mollien ausgestellt (Säle 75, 76, 77), parallel zur Grande Galerie.*

Die **großformatigen Werke der französischen Malerei des 19. Jh.**★★★ hängen getrennt von der Sammlung französischer Malerei, die in der 2. Etage des Richelieu-Flügels ausgestellt ist.

Jacques-Louis Davids *Schwur der Horatier,* von Ludwig XVI. in Auftrag gegeben und vom Maler für den Salon von 1785 aus Rom geschickt, markiert den Beginn des Klassizismus in der Malerei und fand großen Anklang. Auf einer Skizze für die **Kaiserkrönung Napoleons I.**★ setzt sich der neue Kaiser noch selbst die Krone aufs Haupt, doch in der Endfassung hat sich der Maler für eine weniger narzisstische Darstellung entschieden, die die Krönung Josephines zeigt. Das unvollendete *Bildnis der Madame Récamier* gegenüber zeigt die Gegnerin Napoleons im Alter von 23 Jahren auf einer der nach ihr benannten Liegen *(auch die Abteilung Kunsthandwerk)*.

Die große Odaliske von Ingres ist hier ebenso zu sehen wie **Das Floß der Medusa**★★ (1819) von **Théodore Géricault.** Durch die Darstellung eines tagesaktuellen Ereignisses in der Kunst steht Géricault in klarem Gegensatz zum Klassizismus Davids. Die Gegenlichteffekte sowie Haltung und Gestik der Schiffbrüchigen der Fregatte Medusa, von denen sich nur ein Einziger dem Betrachter zuwendet, veranschaulichen das Stadium zwischen Hoffen und Bangen.

Der Hauptvertreter der französischen Romantik, **Eugène Delacroix**, stellt in seinem Bild *Das Massaker von Chios* die blutige Unterdrückung des griechischen Freiheitskampfes durch die Türken auf der Insel Chios dar (1824). Unter dem Eindruck der Juli-Revolution von 1830 malte er **Die Freiheit führt das Volk**★★. Der **Tod des Sardanapal**★ stellt in orientalischer Opulenz die Ermordung des Königs Sardanapal und seiner Konkubinen dar.

Malerei aus Deutschland, den Niederlanden und Flandern

Richelieu-Flügel, 2. Stock. Mit der großen Rolltreppe fährt man in den 2. Stock. Hinter Saal 3 der französischen Malerei geht es nach links.

In 39 Sälen ist die **Malerei des 14. bis 17. Jh. aus Deutschland, den Niederlanden und Flandern**★★★ versammelt.

Altniederländische Malerei

Säle 4 und 5. Zarte ovale Gesichter, Gewänder mit feinem Faltenwurf und die Liebe zum Detail beim häuslichen Mobiliar sind die Kennzeichen der altniederländischen Malerei (16. Jh.).

Das berühmteste Werk ist **die Madonna des Kanzlers Rolin**★★ von **Jan Van Eyck** *(Saal 4)*, der zusammen mit seinem Bruder die Technik der Ölmalerei erfand. Besondere Beachtung verdient neben den ernsten Gesichtern auch die Darstellung der Stadt und der Landschaft im Hintergrund.

Das **Braque-Triptychon** *(Saal 4)*, ein Spätwerk von Rogier van der Weyden, dokumentiert religiöse Verinnerlichung; ein kostbar ausgestatteter Wohnraum ist Schauplatz für die *Verkündigung*.

Von **Hans Memling**, der in einem Beginenkloster in Brügge lebte, stammt der herrliche **Auferstehungsaltar** *(Saal 5)*.

Zu seinem *Narrenschiff*, mit dem er wohl die Laster der Trunksucht und Völlerei geißelt, wurde **Hieronymus Bosch** wahrscheinlich durch das gleichnamige Buch von Sebastian Brant inspiriert *(Saal 5)*.

Deutsche Malerei

Säle 7-8 und Kabinette. Die chronologische Anordnung der Werke ermöglicht einen direkten Vergleich zwischen der altniederländischen und deutschen Malerei. Der Ruhe und Harmonie der altniederländischen Malerei folgt die deutsche Malerei der gleichen Zeit mit ihrem Manierismus als Gegensatz: Die Farben sind kräftig und ausdrucksvoll, Gewänder, Schmuck oder Waffen sind minutiös dargestellt, die Gesichter haben häufig einen gequälten Gesichtsausdruck.

Auf der *Pietà von St-Germain-des-Prés* ist das Kloster von St-Germain-des-Prés mit seinen drei Glockentürmen sowie der Louvre Karls V. zu sehen.

In der Mitte des Raums steht ein origineller Tisch, dessen Platte von Hans Sebald Beham mit Szenen der Geschichte Davids bemalt wurde. Im Kabinett nebenan *(Saal 8)* hängen die Hauptwerke der Sammlung deutscher Malerei: Von **Hans Holbein d. J.** ein *Bildnis des Humanisten Erasmus von Rotterdam* und von **Lucas Cranach d. Ä.** *Venus in der Landschaft*. Mit einer Distel, dem Symbol der Treue, hat sich **Albrecht Dürer** im Alter von 22 Jahren auf dem für seine Verlobte bestimmten *Selbstporträt* dargestellt.

Flämische Malerei des 16. und 17. Jh.

Säle 9 bis 27. Die flämische Renaissancemalerei trägt noch längere Zeit mittelalterliche Züge: Altarretabel mit der *Beweinung Christi* von **Joos Van Cleve**, außerdem interessante Porträts von Jan Gossaert, auch Mabuse genannt *(Carondelet-Diptychon), Saal 9.*

Der Goldwäger und seine Frau★★ ist eines der berühmtesten Gemälde von **Quentin Metsys.** Das Paar ist ganz versunken in das Wiegen und Zählen des Geldes. Bemerkenswert sind die außerordentlich fein gemalten Hände des

„Das Massaker von Chios" von Eugène Delacroix (1824).

D.R.

Goldwägers, auf denen selbst die einzelnen Adern zu erkennen sind, die Gegenstände auf dem Regal im Hintergrund, die Handschrift und die Perlen. Ein Spiegel in der Mitte der Darstellung gibt den Blick frei auf eine dritte Person, ein Fenster und eine Landschaft. Im Hintergrund diskutieren zwei weitere Figuren hinter einer Tür, die einen Spalt weit offen steht.

Bruegel d. Ä. ist mit einem kleinformatigen Bild vertreten, *Die Bettler (Kabinett auf der Seite zur Rue de Rivoli hin)*, das als Parodie auf die königliche Macht (Pappkrone), auf das Militär (Papierhelm) und die Geistlichkeit (Mitra) gedeutet wurde, zumindest jedoch ist es eine Satire auf die spanische Besetzung.

Die flämischen Manieristen übernahmen aus Italien die unnatürlich gestreckten Figuren (*David und Bethsabe* von Jan Massys), doch erhielten sie sich ihre Liebe zum Detail. In den Werken Jan Bruegels (Sohn Pieter Bruegels d. Ä.), der auch **Blumen-Bruegel** genannt wird, lebt die Tradition der Miniaturmalerei fort *(Schlacht von Arbelles)*.

Der Hauptmeister des flämischen Barock, **Peter Paul Rubens**, malte Bilder voller Lebens- und Sinnenfreude *(Porträt seiner zweiten Frau Hélène Fourment,* **Die Kirmes**, *Saal 21)* und Figuren in prächtigen Gewändern *(Hélène Fourment in der Kutsche)*. Verschwenderische Fülle und Farbenpracht charakterisieren auch die 24 Gemälde des Zyklus *Das Leben der Maria de Medici* in der von Pei neu geschaffenen **Galerie Médicis**★★ *(Rubens-Saal oder Saal 18)*.

Bei dem Rubensschüler **Jordaens** *(Saal 19, Seite zur Cour Napoléon)* findet sich ein farbenfroher Realismus, der häufig an Derbheit grenzt: *Der König trinkt!, Jesus verjagt die Händler aus dem Tempel, Die vier Evangelisten*.

Van Dyck war der Maler des Adels in Genua und England *(Saal 24): Karl I. von England, Marquise Spinola-Doria, Söhne eines Kurfürsten aus der Pfalz.*

Holländische Malerei des 17. Jh.

In den Niederlanden entwickelte sich eine bürgerliche Kunst, die besonders Genreszenen, Porträts und Landschaftsbilder hervorgebracht hat *(Säle 28 bis 39)*.

Mit *Die Zigeunerin* und *Der Lautenspieler* erfindet **Frans Hals** das „Charakterporträt". Seine kühne Technik sollte später Fragonard, seine klare, harte Farbgebung Manet beeinflussen.

Stimmungsvolle Bilder von der flachen, weiten Landschaft Hollands und ihren glitzernden Wasserflächen malten **Jan van Goyen** und **Jacob van Ruisdael** *(Saal 38).*

Rembrandt gab mit fortschreitendem Alter die dramatische Helldunkelmalerei zugunsten einer reduzierten, doch stark nuancierten Farbskala auf. Oft überwiegen dabei Brauntöne, die durch lichte, goldene Farben aufgehellt sind (*Der Philosoph*). Mit Vorliebe malte er biblische Themen wie etwa *Christus und die Jünger in Emmaus* oder *Bathseba*, ein Porträt seiner zweiten Frau. Die Sorgen und die Einsamkeit des Künstlers im Alter lassen sich aus dem aufwühlenden *Selbstporträt* herauslesen *(Saal 31).*

Die holländischen Kleinmeister – so genannt wegen ihrer kleinformatigen Bilder – **Ter Borch**, **Pieter de Hooch**, **Gerard Dou**, **Adriaen van Ostade** waren auf Genre- und Interieurszenen spezialisiert.

Vermeer van Delft verleiht Alltagsszenen eine andachtsvolle Stimmung (**Die Spitzenklöpplerin★★**, **Der Astronom★★**).

Malerei aus Deutschland, Flandern, den Niederlanden, Belgien, Russland, der Schweiz und Skandinavien im 18. und 19. Jh.

Diese sechs von Ieoh Ming Pei und Dominique Brard (Atelier de l'Île) designten Säle vervollständigen den Überblick über die Malerei im nördlichen Europa. Zu sehen sind auch bisher selten gezeigte Werke wie z.B. des Schweizers Alexandre Calame, des Dänen Christen Købke und um die 20 Landschaftsmalereien des Norwegers Peter Balke.

Französische Malerei des 14.-19. Jh.

Richelieu-Flügel, 2. Stock.

Der Louvre besitzt eine reichhaltige **Sammlung französischer Malerei★★★**, die kontinuierlich vom 14. bis zum 19. Jh. reicht. Diese weist jedoch nicht die stilistische Einheitlichkeit auf wie die italienische oder flämische Malerei, vielmehr stößt der Besucher auf einzelne große Künstlerpersönlichkeiten, deren Vorbilder im Ausland zu suchen sind.

Die Gemäldesammlung ist chronologisch geordnet und nimmt 73 Säle ein. Man kann sie eventuell in mehreren Etappen nach Themen ansehen, z. B. französische Malerei des ausgehenden Mittelalters, die Schule von Fontainebleau, die Caravaggisten, religiöse Malerei des 17. Jh. oder die Werke herausragender Künstler wie Lorrain, Poussin, Fragonard, Chardin oder Corot studieren.

14. Jh. (Saal 1 und 2)

Der spätere König von Frankreich, **Johann der Gute**, saß bereits 1350 für ein **Porträt★** Modell (das älteste erhaltene Beispiel für französische Tafelmalerei), als man sich noch vorrangig für die Darstellung religiöser Inhalte interessierte, wie an dem *Parament von Narbonne* zu sehen ist.

15. Jh. (Säle 3 bis 6)

Am burgundischen Hof hielt sich die Tafelmalerei auf Goldgrund (*Dionysiusaltar* von Henri Bellechose). Die strenge, kontrastreiche Malerei der Provence wird von der ergreifenden *Pietà von Villeneuve-lès-Avignon* des Enguerrand Quarton repräsentiert.

Das südburgundische Gemälde *Hl. Maria Magdalena mit Stifterin* des in Flandern ausgebildeten Jean Hey, genannt der **Meister von Moulins**, zeigt deutlich den flämischen Einfluss auf die Kunst Mittelfrankreichs.

Von **Jean Fouquet**, dem bekanntesten Maler aus Nordfrankreich, stammen die lebensnahen **Bildnisse Karls VII.** und des **Kanzlers Guillaume Jouvenel des Ursins** (*auch sein Miniaturselbstporträt in Saal 6 der Abteilung Kunsthandwerk).*

16. Jh. (Säle 7 bis 10)

Das Interesse der Renaissancekünstler galt vor allem dem Menschen. Besonders **Jean Clouet** (**Franz. I.**) und sein Sohn **François** (*Der Apotheker Pierre Quthe*) schufen viele lebendige, mit großer Genauigkeit gemalte Porträts.

Franz I. holte zur Ausschmückung seines Schlosses von Fontainebleau italienische Maler an den Hof. Durch sie gelangte der Manierismus nach Frankreich, und es entstanden die Erste und Zweite Schule von Fontainebleau. Besonders charakteristische Gemälde für diese beiden Schulen sind *Diana als Jägerin* (vielleicht ein Bildnis von Diane de Poitiers, der Geliebten Heinrichs II.) und das Bild **Gabrielle d'Estrées und eine ihrer Schwestern**★.

17. Jh. (Säle 11 bis 34)

Die Sektion beginnt mit den Caravaggisten, so genannt, weil sie von den Lichteffekten Caravaggios und dem Realismus seiner Figuren stark beeinflusst waren. Neben den Werken des **Valentin de Boulogne** fällt vor allem ein *Junger Sänger* von **Claude Vignon** ins Auge. In der Regierungszeit Ludwigs XIII. entstanden die Allegorien des **Simon Vouet** (*Der Reichtum*), die zum strengen Stil **Philippe de Champaignes** in Gegensatz stehen (**Bildnis des Kardinal Richelieu**★).

Die **Säle 20 bis 23** sind der **grafischen Kunst Frankreichs** des 18. Jh. gewidmet. Einen Schwerpunkt bilden dabei die Kartons von **Le Brun** (*Die Pferde vor Auroras Wagen*), die zur Innenausstattung von Versailles und Sceaux bestimmt waren, sowie dessen Pastelle.

Ab Saal 12 sind die 38 Gemälde von **Nicolas Poussin** (1594-1665) zu bewundern, der als Hauptmeister der französischen Klassik und als wichtigster französischer Wahlrömer gilt. Er orientierte sich an der Antike und an der sinnenfreudigen Malerei Tizians. In seiner letzten Schaffensphase nimmt die Landschaft einen größeren Raum ein. Von seinen Hauptwerken seien hier genannt: *Das große Bacchanal, Triumph der Flora, Die Hirten von Arkadien,* **Die Vier Jahreszeiten**★★ *(Rotunde, Saal 16)*.

Einen weiteren Höhepunkt bilden die Gemälde von **Claude Gellée genannt Le Lorrain** (1600-1682), ideale Landschaften, die in ein dunstiges, goldenes Licht getaucht sind (*Landung Kleopatras in Tarsos, Hafen bei Sonnenuntergang*).

Säle 25 bis 29 – Zahlreiche kleinformatige Genreszenen und Stillleben wurden von in Paris tätigen Malern in Anlehnung an die flämische Malerei geschaffen, z. B. das *Stillleben mit Schachbrett (hinter dem Wandschirm, Saal 27)* von **Lubin Baugin.** Von den **Brüdern Le Nain** stammt die realistische Darstellung einer **Bauernfamilie**★ *(Saal 29)*.

Eustache Le Sueur (1616-1655) hat sich auf religiöse Themen (*Leben des hl. Bruno, Saal 24*) und auf von Raffael inspirierte Innenausstattungen (**Die Musen** aus dem Hôtel Lambert, *Saal 25*) spezialisiert.

Die Gemälde von **Georges de La Tour** (1593-1652) faszinieren durch das Spiel mit Blicken (**Der Falschspieler mit dem Karo-Ass**★) und durch beeindruckende Lichteffekte in nächtlichen Szenerien.

Saal 31 – *Das Reiterbildnis des Kanzlers Séguier* von **Le Brun** zeigt den würdevollen Kanzler Ludwigs XIII. umgeben von seiner Dienerschaft.

In **Saal 32** sind die großformatigen Arbeiten Le Bruns zur Geschichte Alexanders des Großen ausgestellt, mit dem sich der Sonnenkönig gern identifizierte. In demselben Raum befinden sich von **Philippe de Champaigne** fein gemalte Bildnisse von Zeitgenossen (*Porträt von Robert Arnault d'Andilly*) sowie das berühmte *Exvoto* von 1662, das Champaigne als Dank für die Heilung seiner Tochter gemalt hat.

18. Jh. (Säle 34 bis 54)

Das 1701 von **Rigaud** geschaffene *Porträt von Ludwig XIV.* war ursprünglich für Philipp V. von Spanien bestimmt, doch gefiel es dem Sonnenkönig so gut, dass er seinem Enkel nur eine Kopie davon schickte. Nur ein paar Jahre trennen das

Königsporträt von den Gemälden **Watteaus**, die bereits vom Geist des Rokoko künden. In **Einschiffung nach Kythera**★★ sind die in helle Seide gekleideten Personen wie eine Arabeske über die duftig gemalte Landschaft verteilt (1717). Die Welt des Theaters inspirierte den Lehrer Watteaus, **Claude Gillot**, zu *Les Deux Carrosses*, einem Thema aus der italienischen Komödie, und Watteau zu seinem *berühmten* **Gilles** *(Saal 36)*.

Für eine Täfelung waren die galanten Szenen **Lancrets** (*Die Musikstunde, Die Unschuld)* bestimmt. Die Jagdbilder von **Jean-François de Troy** und **Carle van Loo** indes sollten das Esszimmer der königlichen Gemächer in Fontainebleau schmücken.

Boucher entlehnte seine Themen der Mythologie und verlieh ihnen erotisch gefärbte Anmut: *Diana im Bad, Odaliske (Saal 38)*.

Chardins Stillleben (**Der Rochen**★, *Der kupferne Brunnen*) und Interieurs (*Das Kind mit dem Kreisel, Die Schaffnerin, Das Tischgebet*) haben eine stark realistische Tendenz.

Das Gemälde *Das Frühstück (Saal 40)* von Boucher ist ein Beispiel für eine kurze, von den Niederländern beeinflusste Schaffensperiode des Künstlers und zugleich ein interessantes Zeitdokument, da es die Mitglieder der Familie Boucher beim Frühstück zeigt.

Unter den Pastellen und Miniaturen im sogenannten *Couloir des Poules* und den anschließenden Räumen *(41 und 44)* finden sich bemerkenswerte Arbeiten von **Quentin de La Tour** (**Bildnis der Marquise de Pompadour**★) sowie Gemälde mit religiösen oder mythologischen Themen, darunter *Das Pfingstwunder* von **Restout** und *Das Gastmahl im Hause des Simon* von **Subleyras**.

Die Landschaft, die bisher nur als Hintergrund und Rahmen gedient hatte, wird bei **Joseph Vernet** zum Hauptgegenstand des Gemäldes (*Der Hafen von Toulon*).

Die in der Malerei des 18. Jh. zum Ausdruck kommende Lebensfreude findet ihren Höhepunkt bei **Fragonard.** *Die Badenden* und seine **Phantasiefiguren** (*Bildnis des Abbé de St-Nom*) zeigen die für ihn typische lockere Malweise in zarten Farben. Diese wich später einem von David und dem Klassizismus geprägten strengeren Stil (*Säle 46 bis 49*; **Der Riegel (Liebeswünsche)**★).

Kurz vor Ausbruch der Französischen Revolution brachte **Hubert Robert** mit einer Folge von Gemälden für die Gemächer Ludwigs XVI. in Fontainebleau idealisierte Ruinenbilder in Mode (*Le Pont du Gard*).

Auf Anregung Diderots führte **Greuze** ein moralisierendes Element in die Malerei ein und erfand damit ein neues Genre. Familiäre Konflikte sind ein Lieblingsthema des Malers, wie z. B. in *Der Fluch des Vaters* oder *Der bestrafte Sohn* zu sehen ist.

In Saal 54 sind **David** *(Porträt von Madame Trudaine)* und seine Schüler vertreten (*Bonaparte an der Brücke von Arcole* von Gros).

19. Jh. (Säle 55 bis 73)

Von **Prud'hon** verdient die *Venus im Bade oder die Unschuld (Saal 56)* besondere Beachtung.

Der klassizistische Stil der Empirezeit findet bei **Ingres** seinen vollkommensten Ausdruck. Dieser gibt der scharf konturierten Linienführung Vorrang und steht damit im Gegensatz zu den mit Licht und Farbe experimentierenden Romantikern Géricault und Delacroix. **Das türkische Bad**★ (1862, *Saal 60*) zeigt den gleichen Rückenakt wie das 54 Jahre zuvor gemalte Bild **Die Badende von Valpinçon**★. Das *Porträt von Monsieur Bertin* (1832) zeigt den Einfluss des flämischen Realismus.

Géricault schuf sehr viele Bilder von Reitern und Pferden **(Pferderennen in Epsom**★**)**, war aber auch ein guter Porträtmaler *(Die manische Spielerin)*.

Romantischer Überschwang und eine lockere, freie Gestaltung kennzeichnen das **Selbstbildnis Delacroix'**★, während seine *Landschaft mit weitem*

Himmel bereits impressionistische Züge hat *(Saal 62)*. Die Gesichtszüge der *Jungen Waisen auf dem Friedhof (Saal 71)* kehren bei einem jungen Mann in *Das Massaker auf Chios* wieder.

Die letzten Räume sind **Corot** gewidmet, der für seine mitunter nostalgisch geprägten, in silbriges Licht getauchten Landschaften berühmt ist (*Erinnerung an Mortefontaine – Saal 73, Die Kirche von Marissel, Die Brücke von Mantes*). Drei Italienreisen haben ihn zu zahlreichen Städte- und Landschaftsansichten angeregt, darunter etwa *Volterra* und *Blick von den Boboligärten auf Florenz (Säle 68-73)*. Er schuf auch ausdrucksvolle Porträts wie das der *Dame in Blau* und von der Mona Lisa angeregt **Das Mädchen mit der Perle**★.

★Sammlung Beistegui

Direkter Zugang: Sully-Flügel, 2. Stock. Gehen Sie über die Escalier Henri-II in den 2. Stock, dort nach links weiter und durchqueren Sie den Saal mit der Ausstellung „Le Tableau du mois" (jeden Monat ein wechselndes, aktuelles Thema: Neuerwerbung, Restaurierung, Jubiläum).

Die Sammlung **Carlos de Beistegui** (Mexico, 1863 – Biarritz, 1953) beinhaltet neben einigen venezianischen (Canaletto) und impressionistischen Landschaften (Pissarro, Sisley) vor allem Porträts, z. B. von **Fragonard** das *Bildnis eines jungen Künstlers* und eine galante Szene *(Die Lunte am Pulverfass)*, von **David** das berühmte unvollendete *Bildnis Napoleon Bonapartes* und von **Jean-Marc Nattier** *Die Herzogin von Chaulnes*. **Die Marquise de la Solana**★★ (1794), eines der bekanntesten Werke **Goyas**, zeigt den Einfluss von Vélazquez.

Italienische Skulptur

Denon-Flügel, Zwischen- und Erdgeschoss.

In der Abteilung der **italienischen Skulptur**★★ sind viele hervorragende Kunstwerke zu bewundern.

Galerie Donatello – *Denon-Flügel, Zwischengeschoss, Saal 1*. Eine aus Ravenna stammende Madonna zeigt noch die für die italienische Skulptur des 13. Jh. typische hoheitsvolle Strenge. Ein Jahrhundert später begann sich in Pisa ein weicherer Stil zu entwickeln (*Madonna* von Nino Pisano), der zu Beginn des 15. Jh. in Siena mit Jacopo Della Quercia *(Maria mit dem Kind)* und insbesondere in Florenz mit dem unvergleichlichen Florentiner **Donatello** (1386–1466) (polychromes Flachrelief aus Terrakotta von der **Madonna mit Kind**★) und Andrea del Verrocchio (zwei wunderschöne Engelchen) seine volle Blüte entfaltet.

Die farbig gefasste und vergoldete **Holzbüste** einer jungen Frau ist ein Meisterwerk florentinischer Kunst, ebenso das feine Medaillon von Desiderio da Settignano sowie die *Büste einer Prinzessin von Aragon* von Francesco Laurana. Der florentinische Manierismus Ende des 15. Jh. ist mit einem Flachrelief von Agostino di Duccio und den großen emaillierten Terrakottaarbeiten der Della Robbia vertreten.

Das Bronzerelief *Nymphe von Fontainebleau* von **Benvenuto Cellini** befindet sich auf dem Treppenabsatz der Escalier Mollien.

Galerie Michel-Ange – *Denon-Flügel, Erdgeschoss*. Die beiden von **Michelangelo** zwischen 1513 und 1520 ursprünglich für das Grab von Papst Julius II. geschaffenen **Sklaven**★★★ aus Marmor, die jedoch unvollendet blieben, sind berühmt für ihren Ausdruck verhaltener Kraft und schmerzlicher Resignation. Sie werden vom Portal des Palais Stanga in Cremona eingerahmt und sind umgeben von italienischen Werken des 15. und 16. Jh. (Vittoria, Rustici).

Die lebendige Formgebung von **Bernini** wird in dem Tonmodell für den *Die Dornenkrone tragenden Engel* und seine ausdrucksstarke Monumentalität in der *Büste des Kardinals Richelieu* deutlich.

In den Figuren Amor und Psyche★★ aus dem Jahr 1793 verbindet **Canova** seine Vorliebe für die Antike mit barocker Bewegung.

Nordeuropäische Skulptur

Denon-Flügel, Zwischengeschoss, im Anschluss an die Sammlung italienischer Skulptur im Erdgeschoss westl. der Cour Lefuel.

Die Sammlung der **Skulptur Nordeuropas★★** zeichnet sich durch ihre Vielfalt aus.

Der sehr komplexe und bewegte Faltenwurf der *Isenheimer Madonna* ist charakteristisch für die deutsche Skulptur des ausgehenden Mittelalters, für die häufig farbig gefasstes Lindenholz verwendet wurde. Ruhiger wirkt die *Maria Magdalena* des aus Schwaben stammenden Gregor Erhart. Besonders delikat in der Ausführung sind die Werke des großen fränkischen Meisters **Tilman Riemenschneider** (**Marienfigur einer Verkündigungsgruppe aus Marmor★**).

In den Niederlanden entstanden zahlreiche Schnitzaltäre, die aus kleinen Relieftafeln zusammengesetzt und bemalt waren und häufig exportiert wurden (Altar aus Coligny, Marne).

Französische Skulptur

Die **Sammlung französischer Skulpturen★★★** *nimmt praktisch das gesamte Erdgeschoss des Richelieu-Flügels ein.*

In den lichten, mit Glasdächern überkuppelten Höfen Marly, Puget und Khorsabad kann der Besucher die Gartenskulpturen bewundern, die im 17. und 18. Jh. die Parks der Königsschlösser zierten.

Als Ergänzung zur mittelalterlichen französischen Skulptur im Louvre sollten Sie auch das Musée national du Moyen Âge im Quartier Latin besichtigen (*Quartier Latin – 7*).

Frühmittelalter und Romanik

Säle 1 bis 3. Stilisierte Motive schmücken das *Portal des Klosters Ste-Cécile d'Estagel* (12. Jh.); die drei Doppelsäulen mit den schönen Kapitellen stammen aus einem Kloster im Languedoc.

Der *Christus Courajod*, der ursprünglich zu einer burgundischen Kreuzabnahme gehörte, ist für das 12. Jh. schon ungewöhnlich realistisch.

Weitere bemerkenswerte Werke sind der *Hl. Michael als Drachentöter* aus Nevers, eine *Thronende Madonna* aus der Auvergne, die in Augenhöhe angebrachten **Figurenkapitelle** aus Burgund und dem Poitou (*David und Goliath, Traubenlese*) und schließlich der *Altar von Carrières-sur-Seine*, der bereits in die Gotik weist.

Gotik

Säle 4 bis 9. Die **Säulenstatuen** des Portals von Notre-Dame de Corbeil, die wahrscheinlich Salomon und die Königin von Saba darstellen, sind mit ihrem strengen linearen Stil charakteristisch für die Frühgotik. Im 13. und 14. Jh. entwickelten sich regionale Stile. Die lächelnden **Engel** stammen aus Nordfrankreich, der *Schreibende Evangelist Matthäus* ist ein Lettnerfragment aus der Kathedrale von Chartres, die Teile eines Marmoraltars stammen aus dem Kloster Maubuisson (Val-d'Oise). In Saal 6 befindet sich in einer Vitrine die *Marienfigur aus einer Verkündigungsgruppe* aus Javenant sowie der schöne Kopf eines Kriegers.

In den folgenden Sälen sind Fragmente von Grabdenkmälern ausgestellt. Im 15. Jh. nahmen diese beträchtliche Ausmaße an *(Saal 10)*. Zu sehen sind das **Grabmal des Philippe Pot★★**, Seneschall von Burgund, mit dem berühmten Zug der in Kapuzenmäntel gehüllten Trauernden; außerdem das Grabmal von Renée d'Orléans-Longueville mit einem von Italien beeinflussten Dekor und die in Paris entstandene Liegefigur der Anna von Burgund.

Das berühmte Flachrelief *Der hl. Georg tötet den Drachen* von **Michel Colombe** in Saal 11 ist bereits ein Werk der Renaissance.

Renaissance

Säle 13 bis 19. Rechts vom Eingang befindet sich der *Auferstehungsaltar*, in dem sich spätgotische Elemente mit Renaissanceornamenten verbinden.

Weitere interessante Werke sind die Liegefigur des Admirals Philippe de Chabot von **Pierre Bontemps**, die Flachreliefs von **Jean Goujon**, Bildhauer und Architekt des alten Louvre, sowie *Die drei Grazien* und die *Schmerzensmadonna* von **Germain Pilon**. Die kühle Schönheit der *Diana aus Anet* verrät die Tendenzen der Schule von Fontainebleau (*Französische Malerei*).

Im Manierismus sind äußerst bewegte Posen, die fast formverzerrend wirken, das künstlerische Ideal (Gefangene vom Reiterstandbild Heinrichs IV. bei dem Pont-Neuf). **Jacques Sarazin** und **Simon Guillain** (Denkmal von dem Pont-au-Change) indes bereiten den Weg zur Klassik. Im letzten Saal sieht man die mit schönen vergoldeten Bronzereliefs geschmückte *Pyramide der Familie Longueville*.

Die doppelläufige **Escalier Lefuel**★, die nach ihrem Architekten benannt ist, ist eine ausladende Treppenanlage mit Brüstungen und Galerien *(Direkter Zugang zu den Abteilungen Kunsthandwerk und Flämische Malerei des 17. Jh.)*.

17. Jh.

Die in Terrassen angelegten Parks der Residenzen Marly, Versailles, Sceaux und Tuilerien setzten die zahlreichen, in der Regierungszeit Ludwigs XIV. entstandenen Gartenskulpturen aufs Schönste in Szene. Unter den Glasdächern von Peter Rice (*Geschichte des Museums*) sind die Kunstwerke heute wieder bei Tageslicht zu bewundern, jedoch nun vor Witterungseinflüssen geschützt.

Cour Marly★★ – In diesem Hof wurden die prachtvollen Skulpturengruppen aus dem heute nicht mehr bestehenden **Lustschloss Marly** aufgestellt, in welches sich der Sonnenkönig mit ausgewählten Vertrauten zurückzog, wenn er der Versailler Hofetikette entfliehen wollte. Am berühmtesten sind die Ende des 17. und im 18. Jh. für die Pferdeschwemme geschaffenen Gruppen: die *Ruhmesallegorie* von **Coysevox** und die **Pferde von Marly**★★ von **Guillaume Coustou**, dem Neffen Coysevox'. Als Schmuck von Bassins und Parkanlagen dienten weitere Statuen wie etwa die „Läufer" (*Apollo und Daphne*, *Atalante und Hippomenes*) sowie *Äneas mit Anchises* von **Pierre Lepautre** (1716).

Crypte Girardon★ – In diesem Verbindungsgang zwischen den Höfen Marly und Puget befindet sich Pierre Pugets schönes Relief mit der Darstellung des Treffens von Diogenes und Alexander dem Großen. Die Bauten im Hintergrund sind wohl vom Forum Romanum in Rom inspiriert.

Die eindrucksvolle Bronzebüste des *Grand Condé* von Antoine Coysevox bringt einerseits die Magerkeit des großen Feldherrn zum Ausdruck, andererseits aber auch seine edle Erscheinung (mit Greifen verzierter Harnisch). Das Reiterstandbild Ludwigs XIV. von **François Girardon** schmückte einst in etwas größerer Ausführung die Place Vendôme.

Cour Puget★★ – Der Hof ist nach dem Barockbildhauer Pierre Puget aus Marseille benannt, dessen Hauptwerke hier ausgestellt sind.

Der Blick fällt sogleich auf die Statuen von *Gefangenen*, die ursprünglich den Sockel des Reiterstandbildes Ludwigs XIV. auf der Place des Victoires schmückten. All diese Königsporträts wurden während der Französischen Revolution eingeschmolzen. Der von der italienischen Barockkunst begeisterte Puget nimmt einen einzigartigen Platz in der französischen Skulptur der Klassik ein. Sein **Milo von Kroton**★★ stand am Eingang der Allée Royale im Schlosspark von Versailles; die Skulptur *Ruhender Herkules* von Puget erwarb Colbert für sein Schloss Sceaux.

Auf der mittleren Ebene befinden sich die hübsche Statue der Gräfin von Burgund von Coysevox und ein eindrucksvoller *Julius Cäsar* von **Nicolas Coustou**. Das an der Wand befestigte Flachrelief vom Hôtel de Bourbon-Condé leitet zur anmutigen Kunst **Clodions** über.

Die obere Ebene ist dem Klassizismus gewidmet: Bemerkenswert ist hier *Der rasende Roland* aus Bronze von **Jehan Duseigneur**.

18. Jh.

Räume an der Rue de Rivoli. Hier sind die kleinformatigen Bildwerke aus Terrakotta am schönsten.

Der drohende Amor★ von **Falconet** *(Saal 22)* ist eine Auftragsarbeit für Madame de Pompadour und sollte den Garten ihres Hôtel d'Évreux (heutiger Élysée-Palast) schmücken. In der Vitrine eine *Badende* (1757), die sich anschickt, ihren Fuß in das Brunnenwasser zu tauchen.

Bouchardon stieß 1750 mit seinem Werk **Amor, der sich aus der Keule des Herkules einen Bogen schnitzt**★ *(Saal 23)* beim Hof auf Ablehnung, da Amor zu realistisch war.

Der *Nackte Voltaire* (1776) ist eine gewagte Darstellung des alternden Philosophen von **Jean-Baptiste Pigalle** (1714-1785), der mit dieser Marmorstatue einen Skandal provozierte *(Saal 24)*.

Die **Marmorbüste Voltaires** (1778) hat **Jean-Antoine Houdon** geschaffen, nachdem Paris dem Anwalt der Unterdrückten einen triumphalen Empfang bereitet hatte *(Saal 28)*. Elegante *Badende* (bzw. *Venus*) von **Christophe-Gabriel Allegrain** *(Saal 24)*.

Saal 25 vereint Werke, die die Künstler zur Aufnahme in die Königliche Kunstakademie geschaffen haben.

Die *Büste der Gräfin du Barry* von Pajou ist ein bekanntes Bildnis der Mätresse Ludwigs XV. Vom gleichen Künstler stammt die von Amor verlassene *Psyche*, die wegen ihrer völligen Nacktheit und dem realistischen Ausdruck einen Skandal auslöste *(Saal 27)*.

In der **Galerie des grands hommes** *(in der Mitte des Raumes, Saal 29)* stehen *Diana als Jägerin* von Houdon (1790), eine *Allegorie des Friedens* von Chaudet sowie eine Reihe von Marmorbildnissen berühmter Männer. Hier ist auch eine Neuerwerbung aus dem Jahr 2005, nämlich die zu den nationalen Kulturgütern gehörende *Vestalin* von Houdon, zu bewundern.

Die mythologischen Figuren von **Jean-Jacques Pradier**, wie etwa *Die drei Grazien*, ruhen gedankenverloren in sich selbst.

Kunsthandwerk

Die kunsthandwerkliche Sammlung befindet sich im 1. Stock des Richelieu-Flügels und des westl. Sully-Flügels. Will man die Sammlung in chronologischer Reihenfolge besichtigen, muss man rechts neben dem Eingang Richelieu den Gang vorgehen und dann über die Rolltreppe in den 1. Stock fahren. Achtung: Der westl. Sully-Flügel mit den kunstgewerblichen Objekten des 17. und 18. Jh. ist wegen Renovierungsarbeiten geschlossen und soll voraussichtlich 2011 wieder eröffnen.

Die **Kunstgewerbesammlung**★★★, die nicht so überlaufen ist wie die Gemäldesammlungen, bietet eine Fülle kostbarer Objekte verschiedenster Formen und Materialien, vom Mittelalter bis zur ersten Hälfte des 19. Jh.: von Schmuck, wie etwa den Kronjuwelen in der vollständig renovierten Galerie d'Apollon, über Tapisserien, Elfenbeinarbeiten und Bronzen bis hin zu Keramik und Möbeln.

Die Ausstellungsräume des Richelieu-Flügels wurden erst 1993 anlässlich des zweihundertjährigen Bestehens des Museums eingerichtet. Die Geschichte der heute 10 000 Stücke umfassenden kunstgewerblichen Sammlung begann, als 1793 während der Französischen Revolution ein Teil des Schatzes von St-Denis hierhin ausgelagert wurde. Später kamen die königlichen Sammlungen von Bronzen und Vasen aus Halbedelsteinen *(Galerie d'Apollon, Denon-Flügel, 1. Stock)* sowie Möbel aus den alten Königsschlössern und zahlreiche Stiftungen hinzu.

★★★Mittelalterliches Kunsthandwerk

Richelieu-Flügel, 1. Stock, Säle A und 1 bis 6. Das mittelalterliche Kunsthandwerk gehört zu den Glanzpunkten des Museumsbesuchs. Die schönsten Ausstellungsstücke befanden sich einst im Besitz der Abtei St-Denis, jahrhundertelang Grablege der französischen Könige, und der Sainte-Chapelle. Die Goldschmiedearbeiten und Elfenbeinschnitzereien sind Kostbarkeiten von unschätzbarem Wert.

Den Eingang zu Saal A schmücken zwei Porphyrsäulen von der ersten, zur Zeit Konstantins (4. Jh.) errichteten St. Petersbasilika sowie eine Kaiserbüste.

Saal 1 – *Rechts:* **Werke aus Byzanz.** Die Kreuzfahrer brachten nach der Plünderung Konstantinopels (1204) wertvolle Kunstgegenstände in ihre Heimat mit. Die **Elfenbeinarbeiten** datieren zumeist aus dem 10. und 11. Jh., als diese Kunst unter der Herrschaft der Mazedonen ihren Höhepunkt erreichte. Von den zahlreichen Elfenbeinarbeiten sind hier besonders das **Harbaville-Triptychon** (10. Jh.), ein mit Rosetten und mythologischen Szenen geschmücktes Kästchen, sowie das **Barberini-Diptychon** *(am Mittelgang links)* aus dem 6. Jh. hervorzuheben.

Links: **Frühmittelalter**. In der Vitrine gegenüber dem Eingang *(Saal 1)* befindet sich ein kleines, an antiken Reiterstatuetten inspiriertes **Reiterstandbild Karls des Großen** oder **Karls des Kahlen** (9. Jh.).

Die 1959 in St-Denis im Grab der Königin Arnegunde, der Gemahlin Chlothars I. (511-561) entdeckten Gegenstände wie die große Fibel, die zweiteilige Gürtelschließe und die mit Granaten verzierten Fibeln zeugen vom Können der Goldschmiede jener Zeit.

Saal 2 – **Romanik und Frühgotik**. Abt Suger von St-Denis (1122-1151) wollte aus seiner Abtei eine der größten Kirchen der Christenheit machen. So entstand ein Bau in der neuen gotischen Bauweise mit Kreuzrippengewölben. In dem Kirchenschatz befanden sich unzählige liturgische Gefäße, darunter die **Adlervase des Suger**★★, eine antike Porphyrvase mit einem Adlerkopf und einer Montierung des 12. Jh. aus vergoldetem Silber, und die Vase der *Königin Aliénor* (13. Jh.), für die wahrscheinlich iranisches Bergkristall des 6. Jh. verwendet wurde.

Die Vitrinen links enthalten schöne Stücke aus Deutschland, darunter ein greifenförmiger **Aquamanile**, der vierpassförmige Reliquienschrein Kaiser Heinrichs II. und der Karlsschrein aus dem Domschatz von Aachen. Die ottonische Kunst ist mit zwei kleinen **Elfenbeinplatten** vertreten. Gegenüber ein prachtvoller **Evangelienkasten** aus dem Domschatz von Maastricht. Links der monumentale Reliquienschrein des hl. Potentinus aus vergoldetem Kupfer.

In den Vitrinen rechts eine Reihe schöner Reliquiare, Krummstäbe und Emailtafeln aus Limoges des 12. und 13. Jh., sowie ein **Hostienkelch des Meisters Alpais**.

In der zweiten Hälfte des Saals befindet sich in der mittleren Vitrine das Krönungsschwert Karls des Großen, daneben seine Prunksporen.

Saal 3 – Gotik. *Die lächelnde Elfenbeinmadonna* im Mittelgang wurde für die Kapelle im Palast Ludwigs des Heiligen, die heutige Sainte-Chapelle gefertigt *(La Cité – 1)*. Links eine berühmte *Kreuzabnahme*.

Das **Reliquiar mit einem Partikel des Kreuzes Christi**, das für eine Abtei in den Ardennen geschaffen wurde, ist ein echtes Monument aus vergoldetem Kupfer mit Portalvorhalle, Fialen und Spitzbogenarkaden.

Die Madonna der Jeanne d'Évreux★ aus vergoldetem Silber war ein Geschenk der Königin, Witwe Karls des Schönen, an die Abtei St-Denis im Jahr 1339. Die Lilie diente als Reliquienbehälter.

Saal 4 – Vor dem Hintergrund des monumentalen, aus Holz und Knochen gearbeiteten **Retabels** aus der italienischen **Embriachi-Werkstatt**★★ hebt sich das **Zepter Karls V.** ab, das dieser für die Krönung seines Sohnes hatte

anfertigen lassen. Die 1804 für die Krönung Napoleons geschaffene **Schwurhand** ist genau wie die sogenannte Karlskrone mit Kameen und Gemmen von einem Reliquienschrein aus dem Kloster St-Denis geschmückt. Daneben ein **Aquamanile** aus Nürnberg (1400) in Form eines Greifen.
Die Vitrinen rechts davon enthalten berühmte Stücke aus dem Königsschatz von St-Denis, wie etwa die mit einer Lilie verzierte **Spange** zum Schließen des Bischofsgewands und den prachtvollen **Buchdeckel mit einer Elfenbeinschnitzerei** aus einer Pariser Werkstatt des 14. Jh.
Säle 5 und 7 – Spanische (Manises) und italienische (Faenza) Keramik.
Saal 6 – Die Tapisserien stammen aus Flandern bzw. Nordfrankreich. In den Vitrinen sind Meisterwerke der Goldschmiedekunst zu bewundern, darunter das **Schachspiel Ludwig des Heiligen** (Ende 15./17. Jh.), dessen Figuren und Brett aus Bergkristall gearbeitet sind. Auf einer schwarz emaillierten Kupferplatte ist das *Selbstporträt* **Jean Fouquets** (um 1450) mit grau-braunen Lasierungen und Goldschraffierungen zu sehen *(Französische Malerei 14.-19. Jh.).*

Renaissance

Säle 8 bis 32. Diese Raumflucht schließt sich an die Galerie mit der Tapisseriefolge *Die Jagden Kaiser Maximilians (Saal 19)* an; hier sind besonders beachtenswert:
Saal 11 – Emailarbeiten aus der Zeit Ludwigs XII., besonders hübsch sind die aus der Werkstatt des **Meisters der hohen Stirnen** (*Pietà mit Petrus und Paulus*, Limoges, um 1500);
Saal 12 – **Täfelung mit Intarsien** aus einer Kirche in Padua sowie ein Selbstbildnis des großen Renaissancetheoretikers Alberti in Bronze (15. Jh.);
Saal 13 – Für das Grabmal der Della Torre bestimmte **Flachreliefs** von **Andrea Riccio** (*Das Opfer zu Ehren des Äskulap, Die Hölle, Das Paradies*);
Saal 14 – **Medaillen von Pisanello** *(Lionello d'Este)*; außerdem Bildnisse von *Dante, Aretino und Mehmet II.*, dem Eroberer von Konstantinopel;
Saal 15 – Emailarbeiten des 16. Jh. aus Limoges, darunter die schöne Serie des **Äneas-Meisters** *(Das trojanische Pferd)*;
Saal 18 – **Sammlung Sauvageot** mit zahlreichen Beispielen europäischer Glaskunst, darunter hauchdünnes venezianisches Glas und deutsche Pokale mit Metallmontierungen des 17. Jh.
Saal 19 – Galerie des Chasses de Maximilien★★. Die hier gezeigte Folge von Tapisserien aus Seide, Wolle und Gold gehörte der französischen Krone. Sie wurde um 1530 nach Vorlagen von Bernard van Orley in Brüssel gearbeitet und zeigt zwölf Jagden im Wald von Soignes südöstlich der Stadt. Jeder Szene entsprechen ein Monat des Jahres und ein Tierkreiszeichen. In den jugendlichen Jägern sind die Enkel Kaiser Maximilians zu erkennen, nämlich der spätere Kaiser Karl V., Ferdinand I. und Maria von Ungarn.
Saal 20 – Galerie de Scipion★ – Der hier ausgestellte Wandteppichzyklus wurde von Ludwig XIV. bei der staatlichen Gobelinmanufaktur in Auftrag gegeben und stellt *Szenen aus dem Leben des Scipio Africanus* dar. Es handelt sich bei diesem Zyklus um die Kopie einer der berühmtesten Brüsseler Teppichfolgen der Renaissance, die sich im Besitz von Franz I. befand.
Säle 21, 22, 23 – Von den Emailarbeiten des **Léonard Limosin** ist das *Porträt des Konnetabels Anne de Montmorency* im Originalrahmen besonders sehenswert. Interessante Folge von zwölf **Cäsarbüsten** aus Silber und Halbedelsteinen.
Saal 24 – Hier sind die prächtigen, im 16. Jh. in Oudenarde gewebten **Tapisserien** mit den *Mühen des Herkules* zu sehen.
Saal 25 – In diesem Raum mit bemerkenswerter **Renaissancedecke** hat die Sammlung Adolphe de Rothschild mit Florentiner Bronzen des 16. Jh. ihren Platz gefunden. Besondere Beachtung verdient der *Affe* von Giambologna, der ehemals als Brunnenschmuck gedient hat.

Saal 26 – In der **Rotonde Jean-Boulogne**★ sind zahlreiche Werke des Bronzebildners Giambologna und seiner Schüler versammelt. An den Wänden schöne Tapisserien aus Ferrara mit Verwandlungsszenen.
Säle 27 und 28 – Schatz des Heiliggeistordens★★. Der **Heiliggeistorden**, der berühmteste Orden des Ancien Régime, wurde von Heinrich III. in den Hugenottenkriegen gestiftet, um den Adel der Monarchie zu verpflichten. Der Schatz beinhaltet wunderschöne Goldschmiedearbeiten, darunter *Der Friedenskuss* aus feuervergoldetem Silber (Norditalien, um 1500) sowie **Prunkhelm und Prunkschild Karls IX.** mit Gold- und Emailverzierungen.
Säle 29 bis 31 – Französische Möbel aus der zweiten Hälfte des 16. Jh., deren Formen stark von der zeitgenössischen Architektur beeinflusst sind. **Keramiken** von **Bernard Palissy** mit plastisch gearbeitetem Getier. Emailteller mit schönem metallischem Schimmer.

17. Jh. – Regierungszeit Ludwigs XIV.

Saal 32 – Die in der **Salle d'Effiat**★ ausgestellten strengen Möbelstücke Ludwigs XIII. stammen aus dem Schloss in Puy-de-Dôme. Die Tapisserie mit der Auffindung des Moses gehörte zu einer Folge mit Szenen aus dem alten Testament nach Entwürfen von **Simon Vouet**.
Kehren Sie in die Rotunde (Saal 26) zurück und gehen Sie dann nach links.
Säle 33 und 34 – *In der Mitte von Saal 33* (Salle Mazarin) steht die **Goldene Truhe der Anna von Österreich**. Der zweite Ausstellungsraum ist dem Ebenisten **Boulle** gewidmet, der am Ende der Regierungszeit Ludwigs XIV. mit Erfindungen wie der Kommode und dem Schreibtisch das goldene Jahrhundert der französischen Möbelkunst begründete. André-Charles Boulle (1642–1732), Kind holländischer Emigranten, ist ein wichtiger Vertreter des barocken *Repräsentationsstils*. Seine Arbeiten beeinflussten die Kunsttischlerei in ganz Europa. Auf dem kleinen runden Tisch aus dem Besitz Ludwigs XIV. steht die wundervolle Bronze *Jupiter im Kampf mit den Titanen von* **Algardi** (1598-1654).

18. Jh.

Säle 35 bis 61.
Die schlichte Form und das einfache Dekor des **Reisenecessaires von Marie-Antoinette** *(Vitrine rechts am Eingang)* steht im Gegensatz zu dem eigenwilligen Geschmack der Königin, die Blumensträuße und Schleifen als Dekorationsmotive liebte, und verweist bereits auf den strengen Stil des Klassizismus. Das chinesische Kabinett enthält den von **Adam Weisweiler** gefertigten Schreibtisch der Königin, der aus einem raffinierten Materialmix aus Lackteilen, Perlmutteinlagen, Bronzemontierungen und einer Stahlplatte besteht. **Leleus** Kommoden zeichnen sich durch klare Formen aus. Die Sessel von Georges **Jacob**, der den Empirestil mitbegründete *(☾ Schlafzimmer der Madame Récamier)* stehen neben den *Lackmöbeln* von **Carlin**. Das Zylinderbureau von **Riesener** war der erste Sekretär mit Rollverschluss (1770). An dem prachtvollen Schreibtisch von **Benneman** arbeitete Napoleon in den Tuilerien.
In der Salle Rothschild stehen wertvolle Möbel, die mit bemalten Sèvres-Porzellanplaketten verziert sind. Wie die Potpourrivasen gehörten sie einst Madame de Pompadour.
Die Möbel von Cressent *(Affenkommode)* stehen am Übergang von der feierlichen Schwere des Louis-XIV-Stils zum Rokoko: Das häufig von Pflanzenmotiven beherrschte Dekor wird weicher und schwingender.
Die nach Entwürfen **Bouchers** gearbeiteten **Tapisserien** mit rosafarbenem Grund aus der Pariser Gobelinmanufaktur (*Die Liebschaften der Götter*), Leuchter, Kandelaber, Wanduhren, Konsoltischchen und zierlichen Damenschreibtischchen dokumentieren den Erfindungsreichtum einer kunstsinnigen Zeit.

Ende 18. und 19. Jh.

Richelieu-Flügel, über die Escalier Lefuel, 1. Stock. Säle 67 bis 81. Die Anordnung der Ausstellungsräume stimmt leider nicht mit der Chronologie der Exponate überein. Sie müssen bei Ihrer Besichtigung wieder zurückkehren und ans andere Ende des Richelieu-Flügels gehen.

Saal 67 – Riesiger **Tafelaufsatz** aus vergoldeter Bronze und Pietra-Dura-Mosaik von **Valadier**.

Saal 69 – Das erlesene, 1798 von den Brüdern **Jacob** gefertigte Mobiliar des **Schlafzimmers und des Salons von Mme Récamier**★ wurde zum Vorbild für den Empirestil. In ihrem Salon empfing die junge Dame die Gegner Napoleons.

Säle 70 bis 73 – Empirestil. Porzellan aus der Manufaktur Sèvres *(Saal 71)*. Der Schmuckschrank der Kaiserin Joséphine ist eine Schöpfung von **Jacob-Desmalter**; die eleganten Bronzebeschläge wurden nach Zeichnungen Chaudets gefertigt *(Saal 72)*.

Säle 75 bis 77 – Restauration. *Saal 75* ist eine Nachempfindung des **königlichen Schlafzimmers** im Tuilerienpalast: Hier findet sich das Paradebett Karls X., das für Louis-Philippe vergrößert wurde, sowie ein Teppich mit Kriegsmotiven (Schild, Helm, Harnisch).

In der Zeit Ludwigs XVIII. entstanden verstärkt Porzellan und Miniaturen, so etwa das Paar Eiskübel aus Hartporzellan, die beiden **Medici-Vasen** oder die Tabatière des Königs *(Saal 76)*.

Im Raum dahinter sind einige Stücke aus dem Besitz der Herzogin von Berry versammelt. Besonders bemerkenswert ist hier ein **Frisiertisch aus Bergkristall mit Bronzemontierungen**.

Säle 78 bis 81 – Julimonarchie – *Saal 78*: Hier ist das Mobiliar aus dem Arbeitszimmer des Herzogs von Orléans, des ältesten Sohnes Louis-Philippes, ausgestellt: Zwei **Henkelvasen aus Sèvres**, zahlreiche Pendulen und Kandelaber sowie das Unterteil eines Bibliotheksschranks von **Jacob-Desmalter**.

Zur Zeit Louis-Philippes entwickelt sich das industrielle Mäzenatentum und die Kunstgewerbeproduktion erreicht einen Höhepunkt. Beispiele für diese neue Blüte sind ein **Arbeitstisch** mit interessanten Füßen, die **Coupe des Vendanges,** ein **Pokal mit Weinlesemotiven,** von **Froment-Meurice** *(Saal 80)* sowie zwei Kandelaberpaare im Neorokokostil *(Saal 81)*.

★★★Die Appartements Napoleons III.

Sie gehen am besten von der Cour Marly über die Escalier du Ministre. Die original erhaltenen Räume wurden im 19. Jh. von **Lefuel** eingerichtet und sollten dem Staat zu repräsentativen Zwecken dienen. Ihre prachtvolle Ausstattung, die sich am Stil Ludwigs XIV. orientiert, wirkt im Licht der Lüster und Kandelaber am schönsten. Die Appartements umfassen ein Vorzimmer, eine Galerie, den Salon-Théâtre, der auch für Feste und Konzerte genutzt wurde, den Grand Salon, der 265 Personen aufnehmen konnte, den Salon de la Terrasse sowie ein kleines und großes Esszimmer. In dem großen Speisezimmer steht ein riesiges Buffet aus schwarz gefärbtem Holz.

★Galerie d'Apollon

Denon-Flügel, 1. Stock, Saal 66.

Die von Ludwig XIV. entworfene Galerie d'Apollon, die das erste Beispiel für eine königliche Galerie war, diente als Vorbild für die Spiegelgalerie im Schloss von Versailles. Sie wurde sukzessive von den bedeutendsten französischen Künstlern (Delacroix etwa schuf das zentrale Deckengemälde) ausgestaltet und Ende 2004 vollständig restauriert. Heute bildet der Saal einen wunderbaren Rahmen für die Kronjuwelen der französischen Monarchie. Der **Régent**★★★, ein Diamant von 140 Karat, wurde von dem Regenten Herzog Philippe von Orléans 1717 gekauft. Wegen seiner Klarheit und seinem herrlichen Schliff gehört er zu den berühmtesten Edelsteinen der Welt. Er schmückte u.a. die Krone Ludwigs XV., den Prunksäbel des Ersten Konsuls Bonaparte und das Diadem der Kaiserin Eugenie.

Erwähnung verdienen außerdem der **Côte de Bretagne**, ein Rubin von 107 Karat, der rosafarbene Diamant Hortensia, der von Hortense de Beauharnais

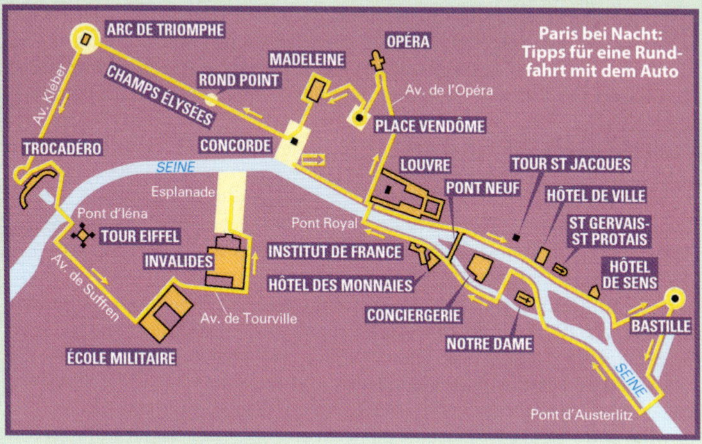

Paris im Lichterglanz

Sobald es dunkel wird, werden zahlreiche Gebäude in Paris beleuchtet, und die Stadt erhält dadurch ein völlig anderes Gesicht als bei Tag. Die Gebäude und Brücken werden von Mitte Juni-Mitte Sept. bis 1 Uhr angestrahlt und von Mitte Sept.-Mitte Juni bis 24 Uhr, Sa und vor Feiertagen bis 1 Uhr.

Seineufer – Bei einer Fahrt mit dem Bateau-mouche (Alma – 13) kann man die Pariser Häuser von der Flussseite aus bewundern. Sie werden von Projektoren beleuchtet, die auf Booten installiert sind.

Place de la Concorde – Der Obelisk und die beiden Brunnen erstrahlen im Lichterglanz (La Voie triomphale – 14).

Champs-Élysées – Paris berühmte Prachtstraße wird bis zum Arc de Triomphe (La Voie triomphale – 14) beleuchtet.

Louvre – Cour Napoléon, die Pyramide und die majestätische Louvre-Fassade spiegeln sich in den nahegelegenen Wasserbecken (Le Louvre – 3).

Place André-Malraux et Comédie-Française – Beleuchtete Arkaden (Opéra – Palais-Royal – 17).

Quartier St-Germain-des-Prés – Der Kirchturm leuchtet ganz in Weiß (St-Germain-des-Prés – 8).

Place St-Sulpice – Mit dem Wallace-Brunnen der vier Himmelsrichtungen (St-Germain-des-Prés – 8).

Invalides – Im Licht der Nacht sieht der goldene Dom noch edler aus (Les Invalides – 11).

Notre-Dame – Vom Vorplatz sowie vom vorderen Kirchenschiff aus betrachtet bringt die Beleuchtung die raffinierte gotische Architektur fantastisch zur Geltung (La Cité – 1).

Esplanade du palais de Chaillot – Hübsch in Licht getauchte Sichtachse Champ-de-Mars mit der École militaire und den Wasserspielen in den unterhalb gelegenen Jardins du Trocadéro (Alma – 13).

Der Eiffelturm von unten – Direkt von unten betrachtet, beeindruckt der beleuchtete Eifelturm am meisten (Tour Eiffel und Trocadéro – 12).

getragen wurde, das **Saphirgeschmeide** der Königin Amélie, das Diadem und die Krone der Kaiserin Eugenie sowie der Schmuck der Kaiserin Marie-Louise, der Frau Napoleons. Die von Ludwig XIV. zusammengetragene **Sammlung von Vasen aus Halbedelsteinen**★ ist in den Vitrinen ringsum ausgestellt.

Kunst aus Afrika, Asien, Ozeanien und Amerika

Erdgeschoss, direkter Zugang über die Porte des Lions. Achtung: Der Eingang Porte des Lions ist dienstags und freitags geschlossen. In diesem Fall müssen Sie den Eingang in der Pyramide nehmen.

Die seit April 2000 im Pavillon des Sessions (zwischen dem Flügel des Pavillon de Flore und dem Denon-Flügel) des Louvre präsentierte Sammlung gehört ursprünglich zum Musée du Quai de Branly, soll aber im Louvre verbleiben. Die **Kunst aus Afrika, Asien, Ozeanien und Amerika**★ hat so endlich ihren Platz neben den Meisterwerken des Weltkulturerbes gefunden. 120 Skulpturen und andere ausgewählte, künstlerisch und historisch bedeutsame Werke werden auf 1400 qm Ausstellungsfläche gezeigt.

Besonders sehenswert ist eine Männerstatue aus der Nagada-II-Zeit, die aus dem vordynastischen Ägypten (5.-4. Jahrtausend v. Chr.) stammt, außerdem ein schöner Terrakottakopf aus Sokoto in Nigeria, eine Steinskulptur von den Nias-Inseln aus dem Besitz André Bretons sowie eine mehr als 2000 Jahre alte Chupicuaro-Skulptur aus Mexiko.

TIPPS UND ADRESSEN

Siehe auch Tipps und Adressen in den Kapiteln Opéra – Palais-Royal (17) und Beaubourg und les Halles (4).

KONTAKT

Zentrale – *01 40 20 50 50.*
Informationsdienst – *01 40 20 53 17.*
Internet – *www.louvre.fr.* Auf der Homepage steht u.a. eine Datenbank zur Verfügung, über die die Objekte des Museums mit zugehöriger Beschreibung, Foto und Ausstellungsort abrufbar sind.

BESICHTIGUNG

Öffnungszeiten – ♿ – tgl. außer Di und am 1. Jan., 1. Mai , 11. Nov. und 25. Dez. 9-18 Uhr, Mi und Fr 9-22 Uhr – Ausstellungen unter der Pyramide 9-18 Uhr, Mi und Fr 9-22 Uhr.
Eintrittspreise – *www.louvre.fr* – Ständige Sammlungen und Wechselausstellungen (gleiche Eintrittskarte außer für Ausstellungen in der Hall Napoléon) 9 € vor 18 Uhr, 6 € nach 18 Uhr.
Die Eintrittskarte ist für den ganzen Tag gültig (ebenso für die Sammlung im Musée Delacroix), auch bei kurzfristigem Verlassen des Museums. Kassenschluss um 17.15 Uhr (Mi und Fr 21.15 Uhr).
Sonderausstellungen in der Hall Napoléon (unter der Pyramide) 9-18 Uhr, Mi und Fr 9-22 Uhr – 11 €; Kombiticket für Sonderausstellung und ständige Sammlungen 14 €; Abendöffnung ab 18 Uhr 12 €.
Freier Eintritt – Kinder unter 18 Jahren; Fr ab 18 Uhr für Personen unter 26 Jahren; 1. So im Monat und am 14. Juli.
Eintrittskarten können im Voraus bei allen FNAC-Filialen unter 0 8 92 68 46 94 (0,34 €/Min.) sowie bei Ticketnet unter 08 92 69 70 73 gekauft werden (0,34 €/ Min.). 1,10 € Vorverkaufsgebühr.
Kombikarten – Genau wie die Eintrittskarten aus dem Vorverkauf erlauben auch diese Kombikarten den direkten Zugang (ohne Warten in der Schlange) zum Museum und bieten darüber hinaus auch noch Preisvorteile. Die Kombikarte

RATP-Louvre, die in den Verkaufsstellen des Tourismusbüros und der RATP erhältlich ist, besteht aus einem Hin- und Rückfahrticket und einer Eintrittskarte ins Museum.

Abendöffnung an Freitagen – Auskunft und Reservierung unter ✆ 01 40 20 53 17 – für das Veranstaltungsprogramm siehe die Homepage des Louvre oder auch die im Museum ausliegenden Faltblätter. Freitags hat das Museum – genau wie mittwochs – bis 22 Uhr geöffnet und berechtigt alle unter 26 Jahren ab 18 Uhr zu freiem Eintritt. Doch das Besondere an den freitäglichen Abendöffnungen ist das Veranstaltungsangebot: Mit den Exponaten in Zusammenhang stehende Tanz-, Musik- und Theaterpräsentationen, Workshops zu künstlerischen Techniken und vieles mehr machen den Museumsbesuch zu einem besonderen Erlebnis.

ALLGEMEINE HINWEISE

Plan des Museums – Den in zahlreiche Sprachen übersetzten Plan erhalten Sie am Eingang des Museums; er erleichtert Ihnen die Orientierung dank der Nummerierung der Säle.

Museumsrundgang – Es werden Themenrundgänge vorgeschlagen, um auf eigene Faust Hauptwerke des Museums zu erkunden. Den entsprechenden Plan erhalten Sie am Informationsschalter im Eingangsbereich.

Informationsblätter – Thematische oder monographische Informationsblätter finden Sie in den jeweiligen Sammlungen.

Audioguide – Audioführer zu einer Auswahl von Werken des Museums sind in sieben Sprachen erhältlich: Mezzaningeschoss, an den Eingängen Richelieu, Sully und Denon – 6 € (unter 18 J. 2 €).

Führungen – *✆ 01 40 20 52 63 – tgl. außer Di und 1. So im Monat.* Es werden sogenannte *Visites-conférences* (1,5 Std.) auf Französisch und Englisch angeboten. Die Eintrittskarte ist bei dem Schalter *Accueil des groupes* direkt unter der Pyramide erhältlich.

Behinderte – *✆ 01 40 20 53 17 oder 01 40 20 59 90.* Für Behinderte stehen Aufzüge und Rollstuhlrampen zur Verfügung; außerdem haben Behinderte Vorrang beim Einlass in der Pyramide. Rollstühle und Gehhilfen stehen kostenlos zur Verfügung. Ein Plan mit Informationen in Französisch und Englisch für Personen mit eingeschränkter Mobilität ist kostenlos am Informationsschalter unter der Pyramide erhältlich. Freier Eintritt für Besucher mit Behindertenausweis und ihren Begleiter.

La Galerie tactile – Denon-Flügel, Zwischengeschoss. Hier können Personen mit Sehbehinderung und Kinder verschiedene Dinge ertasten.

ESSEN UND TRINKEN

Café Richelieu – *Musée du Louvre, 75001 Paris – M° Louvre-Rivoli – ✆ 01 49 27 99 01 – Di geschl. – ♿ – Mittagsmenü 22 € – 12/26 €.* Angeboten werden Salate, Toasts, Tagesgerichte.

Universal Resto – *99 rue de Rivoli – Galeries du Carrousel du Louvre – 75001 Paris – M° Palais-Royal-Musée-du-Louvre – ✆ 01 40 83 10 10 – www.universal-resto.com – Di abend und 1. Jan., 1. Mai, 25. Dez. geschl. – P – 11/15 €.* Riesiges Selbstbedienungsrestaurant mit über zehn Theken.

KLEINE PAUSE

Café Marly – *93 rue de Rivoli – 75001 Paris – M° Tuileries – ✆ 01 49 26 06 60 – s.a.marly@wanadoo.fr – 8-2 Uhr.* Das im Richelieu-Flügel des Louvre gelegene elegante Café gibt sich ein bewusst mondänes und kosmopolitisches Image. Von der lang gestreckten Terrasse unter den Arkaden hat man einen herrlichen Blick auf die Glaspyramide von Ieoh Ming Pei.

4 - Beaubourg und les Halles★

Die Halles waren einst der „Bauch von Paris". Heute sind sie sein größtes Einkaufszentrum sowie der größte unterirdische Bahnhof Europas (drei RER-Linien und vier Metro-Linien treffen hier zusammen), mit einem täglichen Passagieraufkommen von 800 000 Personen. Seit dem Abriss der Pavillons Baltard und dem Bau des Forum des Halles sind sie Gegenstand von Nostalgie sowie Polemik. Umstritten unter den Parisern, geliebt von den Bewohnern der Peripherie, und noch immer im Wandel begriffen. Ein neues Umbauprojekt ist im Gange. Doch eines steht bereits fest: Die Halles und Beaubourg sind eine Einheit geworden. Ein sehr belebtes und abwechslungsreiches Viertel ist entstanden, ein Verbindungsstück zum Centre Georges-Pompidou und dem Nationalmuseum für moderne Kunst: alte Straßen und schöne Kirchen (St-Eustache oder St-Merry) neben moderner Kunst und billigen Boutiquen – ein Viertel, das die vielen Touristen und die jungen Leute sichtlich zu schätzen wissen.

WEGWEISER *Umschlagkarte vorne D2 – 1. Arr. – Michelin-Stadtplan Nr. 57 – Planquadrate H 14–15.* M° Les-Halles (Linie 4), Étienne-Marcel (Linie 4), Rambuteau (Linie 11). RER Châtelet-Les-Halles (Linien A, B und D). Busse 29, 38 und 47.

UNBEDINGT SEHENSWERT – Das Centre Georges-Pompidou mit dem Nationalmuseum für moderne Kunst; die Kirche St-Eustache; die Rue Montorgeuil.

GUT GEPLANT – Entdecken Sie das Nationalmuseum für moderne Kunst morgens und spazieren Sie zu Mittag durch die kleinen Gassen in der Umgebung, bevor Sie den Tag beim Shoppen in den Halles ausklingen lassen.

MIT KINDERN – Das Centre Georges-Pompidou, seine Architektur, die Akrobaten auf der Piazza und die zahlreichen Aktivitäten, die den Kindern geboten werden; das Puppenmuseum, die bewegten Figuren des Strawinsky-Brunnens.

Das Centre Pompidou im Überblick

★★DAS CENTRE GEORGES POMPIDOU

Architektur

Mit diesem Werk haben die Architekten Richard Rogers und Renzo Piano ein Gebäude der technischen Avantgarde geschaffen: Mit seinem stählernen Skelett, seinen Wänden aus Glas und seinen klaren Farben präsentiert sich das Centre Pompidou seit 1977, bar jedes dekorativen Anspruches, als Anhäufung von Metallbalken, die – wie jede surrealistische Struktur – die Gemüter erregt. Die Fassade ist von einem Netz von Kabeln überzogen, die für die Stabilität des Ganzen sorgen. Die Rolltreppen ziehen sich in einer gläsernen Röhre diagonal über die Gebäudefront. Fahrstühle, Rolltreppen, Gänge, Lüftungs- und Heizungsrohre sowie Wasser- und Gasleitungen wurden nach außen verlegt, sodass eine Ausstellungsfläche von 7500 qm entstand. Der Platz vor dem Centre, die Piazza, ist zur Bühne für die verschiedensten Aktivitäten geworden. Im Inneren hängt von der Decke im Erdgeschoss ein *Portrait von Georges Pompidou* von Vasarely, in Gedenken an jenen Mann, dessen Idee am Anfang von allem stand.

Die Sammlungen

Das **MNAM (Nationalmuseum für moderne Kunst)** ist im 4. und 5. Stock untergebracht.

Blick über die Haussmann'schen Dächer zum Centre Pompidou.
S. Sauvignier / MICHELIN

Die **BPI (Öffentliche Informationsbibliothek)** auf der 1.-3. Ebene bietet Zugang zu Büchern, Fotos und Filmen auf DVD oder Video, Dokumentations-Datenbanken u.v.m.

Das **IRCAM (Institut zur Erforschung und Koordination von Akustik und Musik),** das sich unter der Place Stravinski auf vier Ebenen befindet, widmet sich der Welt der Töne und veranstaltet auch Konzerte. Abgesehen von diesen ständigen Abteilungen beinhaltet das Gebäude Räumlichkeiten für **wechselnde Ausstellungen** auf Ebene 1 (Südgalerie) und Ebene 6. Auf der Ebene -1 und 0 befinden sich Kinosäle sowie vier Säle für Theater- und Ballettveranstaltungen, Vorträge und Debatten.

★★★Musée National d'Art Moderne (Nationalmuseum für moderne Kunst)

Eingang Ebene 4. In den Ausstellungsräumen hängen Tafeln zur Erläuterung der wichtigsten Kunstströmungen.

Es zählt mit seinen an die 60 000 Ausstellungsstücken zu den bedeutendsten Museen moderner Kunst und umfasst alle Formen kreativer Kunst, angefangen bei der Malerei über die Fotografie, den Film, die neuen Medien, die Bildhauerei bis hin zu Design und Architektur. Die großen Strömungen der modernen und zeitgenössischen Kunst werden thematisch aufbereitet (Kubismus, Surrealismus, Arte Povera …). In dem Bereich, der den neuen Medien gewidmet ist, informieren Literatur, Datenbanken und Fachblätter näher über die Sammlungen.

Trotz der großzügigen Räumlichkeiten kann immer nur eine Auswahl der Werke ausgestellt werden. Sie werden jährlich gewechselt, um auch andere große Werke der Sammlung präsentieren zu können. So gibt es bei jedem Besuch Neues zu entdecken! Das Museum ist auf zwei Ebenen aufgeteilt: die moderne Kunst von 1905-1960 (Ebene 5) und die zeitgenössische Kunst von 1960 bis heute (Ebene 4).

Die moderne Kunst – In 40 Sälen werden im Turnus (alle 12 Monate) etwa 900 Werke – Malerei, Plastik, Fotografie, Design und Architektur (Modelle, Gegenstände, Möbel und Zeichnungen) – ausgestellt.

Die Anordnung der Säle abwechselnd nach einzelnen Künstlern (Balthus, Picasso, Rouault, Matisse, Léger, Soulages u. a.) und nach Themengebieten (Stillleben, Akt usw.) ermöglicht dem Besucher einen lebendigen und interessanten Zugang.
Alle großen Strömungen der ersten Hälfte des 20. Jh. sind vertreten: der **Fauvismus** mit Derain, Matisse, Dufy, die den differenzierten Nuancen der Impressionisten großflächig aufgetragene und leuchtende Farben entgegensetzten. Die Maler und Bildhauer des **Kubismus** erfassten die Natur in geometrischen Formen; um 1907 entstanden die ersten Bilder nach diesem Prinzip von **Braque** und **Picasso**.
Etwas abseits dieser Kunstrichtung ist das eindringliche Werk **Rouaults** anzusiedeln.
Die revolutionäre Bewegung des **Dadaismus** entstand während des Ersten Weltkriegs. Sie war ursprünglich ein Protest gegen die moderne Zivilisation, die sich selbst zu zerstören schien, und drückte ihre Ablehnung in einer Art Gegen-Kunst aus. 1913 stellte Marcel Duchamp erstmals Gebrauchsgegenstände wie Fahrradreifen oder Flaschenträger als Kunstwerke aus.
Chagall, **Larionov** und **Gontcharova** suchen den Ausdruck und finden Interesse an populärer Kunst.
Geometrisch-abstrakte Tendenzen und der völlige Verzicht auf figürliche Elemente finden sich ab 1909 in den Werken **Kandinskys** (*Improvisationen*) und in den Kompositionen von **Kupka und Klee**. Auch die berühmte Schule des **Bauhaus** und ihre Vorläufer (Mondrian und Van Doesburg) werden gezeigt. Der Funktionalismus setzt sich auch bei Möbeln und in der Architektur durch. Robert und Sonia **Delaunay** entwickeln den „Farb-Kubismus“. **Fernand Léger** versucht, den Wandel des Individuums in der modernen Welt darzustellen.
Der aus dem Dadaismus hervorgegangene **Surrealismus** nimmt mit dem nachempfundenen Atelier **André Bretons** einen Ehrenplatz ein, in dem Werke seiner surrealistischen Freunde, afrikanische und Eskimo-Masken und verschiedene andere Gegenstände ausgestellt sind. Gemälde der großen Surrealisten **De Chirico**, **Dalí**, **Magritte**, **Ernst**, **Miró**, **Masson**, **Picasso** und **Tanguy** vervollständigen das Bild dieser Kunstrichtung. Von ihr inspiriert wurden amerikanische Maler wie **Gorky** und **Pollock.**
In den 1950er-Jahren versuchten mehrere Künstler verschiedener Nationalitäten, ihre Emotionen durch Striche (**Hartung**) oder Farbflecken **(de Staël)** zum Ausdruck zu bringen, wieder andere durch Einbeziehung der dritten Dimension **(Dubuffet)**. **Pierre Soulages** wiederum arbeitet nur in Schwarz.
Die amerikanische Avantgarde der 1940er- bis 60er-Jahre vertreten **Francis**, **Pollock** und **Newman**.
Architektur und Design sind thematisch repräsentiert durch den Rationalismus von 1930 bis 1950 (Marcel Breuer und Robert Le Ricolais) und die Verwendung von Holz (Le Corbusier).
Der Rundgang endet mit dem monumentalen Werk *La Tristesse du roi* von Matisse und den Skulpturen von **Constantin Brancusi**. Sein Atelier *(Impasse Ronsin im 15. Arrondissement)* wurde von Renzo Piano originalgetreu auf der Piazza nachgebaut.
Auf den drei Terrassen des Museums sind monumentale Skulpturen von Laurens, Miró, Richier und Ernst, Calder und Takis ausgestellt.
Die zeitgenössische Kunst – Dem zeitgenössischen Schaffen von den 1960er-Jahren bis heute ist die 4. Etage gewidmet. Jedes Jahr steht ein neues Thema im Mittelpunkt. Man taucht ein in eine Welt aus Farben, Formen und Bewegungen, die Kunst und Alltagsleben verschmelzen lassen.
Am Eingang befindet sich eine Hommage an **Jean Tinguely** (*Requiem pour une feuille morte*).
Die Pop-Art ist mit **Andy Warhol** vertreten, der Neue Realismus mit **Klein, Arman**, **Niki de Saint-Phalle**, die kinetische Kunst mit **Agam** *(Salon de l'Élysée)*

Bodenständiges und Spirituelles

LES HALLES: EIN HISTORISCHER MARKTPLATZ

Um 1135 wurde hier zwei Mal die Woche der Markt von Paris abgehalten. Jede Straße hatte sich auf ein Erzeugnis spezialisiert. Die ersten Hallen ließ 1183 Philippe Auguste errichten. Im 16. Jh. begannen die Lebensmittelstände langsam den gesamten Markt einzunehmen – war Paris doch inzwischen auf 300 000 Einwohner angewachsen.

Bis zur Zeit der Revolution stand in der Nähe von St-Eustache der Pranger der Hallen. Diebe, Fälscher und Kupplerinnen wurden mit Kopf und Händen in den Löchern eines horizontalen Rades, das sich auf einem Pfahl drehte, zur Schau gestellt.

Im 19. Jh. bedurfte der Markt dringend der Erneuerung. Als Rambuteau und Haussmann die großen Boulevards des Viertels anlegten, (Rue de Rivoli, du Pont-Neuf, du Louvre, des Halles, Étienne-Marcel), errichteten die Architekten **Baltard und Callet** eine Eisenkonstruktion mit gläserner Überdachung. Von 1854 bis 1874 wurden zehn Markthallen-Pavillons gebaut, die in ganz Frankreich und sogar im Ausland zum Vorbild genommen wurden. In den bunten Straßenzügen unter den Glas-Metall-Dächern wetteiferten die Farben und Gerüche des gesamten hier dargebotenen Lebensmittelangebots Frankreichs, lag Zolas berühmter *Bauch von Paris*. Traditionsgemäß ging man nach einer durchzechten Nacht früh morgens gegen fünf Uhr zu einer Zwiebelsuppe, Schnecken oder einer Schweinshaxe in eines der unscheinbaren, aber vorzüglichen Restaurants, deren Charme nicht zuletzt auch in ihren bildhaften Namen lag: *Le Chien qui fume* (Der rauchende Hund), *Le Pied de Cochon* (Der Schweinsfuß).

Schließlich entsprachen die Hallen nicht mehr den Anforderungen, und der Großmarkt wurde nach Rungis verlegt. Eines der abgerissenen Gebäude wurde in Nogent-sur-Marne, einem Vorort von Paris, wieder aufgebaut, ein anderes in Yokohama in Japan.

Zu Fuß unterwegs, Forum des Halles, um mehr über die Geschichte der Hallen zu erfahren.

BEAUBOURG: DEKADENZ UND GRÖSSE

Das Viertel, das im 12. Jh. ein Stadtteil von Paris wurde, lag am Schnittpunkt der neuen Markthallen und der Place de Grève (die heutige Place de l'Hôtel-de-Ville), wo die Waren per Schiff ankamen. Bei dem Bevölkerungszuwachs im 19. Jh. verarmten die Gassen des Viertels. Das stehende Wasser machte die Straßen matschig, die Häuser verfielen, die Cholera wütete. Napoleon III. ließ große Straßen und Gebäude errichten. Doch dahinter tobte die Tuberkulose. Am schlimmsten war es auf dem Plateau Beaubourg, hier war die Sterblichkeitsrate viermal höher als anderswo. Zwischen 1924 und 1968 wurden alle alten Häuser abgerissen …

Erst 1969 beschloss Präsident Georges Pompidou, einen innovativen kulturellen Gebäudekomplex entstehen zu lassen; nicht einfach ein einschüchterndes Museum, sondern einen offenen Ort, an dem man nicht nur eine Bibliothek zum Lesen findet, sondern auch Filme oder Theaterstücke ansehen, sich Konzerte anhören oder Ausstellungen besuchen kann. Acht Jahre später wurde das Centre Pompidou feierlich eröffnet. Das Centre Pompidou wird oft „Beaubourg" genannt. So hieß ursprünglich das Plateau, auf dem es errichtet wurde und das früher eine Vergnügungsstätte war.

und das „Environment" mit **Jean Dubuffet** (*Wintergarten*), **Christian Boltanski** (*Reserve*), **Joseph Beuys** (*Plight*) und **Jean Pierre Raynaud** (*Container Zéro*). Die Entwicklung der Architektur und des Design von den 1960er-Jahren bis heute wird von den kritisch-idealistischen Projekten von Superstudio bis zu den aktuellen Werken von **Toyo Ito** oder **Dominique Perrault** dokumentiert. In einem Kinosaal werden Filme von Philippe Garrel und Nicolas Schoeffer sowie eine Videoinstallation von Peter Campus gezeigt.
Nach dem Museumsbesuch lohnt es sich, in die 6. Etage zu fahren, um den Blick über die Dächer von Paris bis zum Hügel des Montmartre mit der Basilika Sacré-Cœur schweifen zu lassen und das schöne **Panorama★★** zu genießen.

Zu Fuß unterwegs Stadtplan S. 144

VOM „BAUCH VON PARIS" ZUM ZENTRUM MODERNER KUNST

Ausgangspunkt: M° Louvre-Rivoli. 1 Std.

Bourse du Commerce (Warenbörse) A1

In dem 1885 errichteten Rundbau mit dem glaskuppelüberwölbten Börsensaal wurde Weizen, Zucker, Alkohol usw. gehandelt.
Machen Sie einen Rundgang durch die Warenbörse.

Jardin des Halles A1

Diese zwischen der Kirche St-Eustache, der Warenbörse und dem Forum des Halles gelegene Gartenanlage verschafft der Natur mit ihren Laubengängen und Kinderspielplätzen einen gebührenden Platz im Herzen der Großstadt. Linden weisen den Weg von der Rue Berger zur Place R.-Cassin vor der Kirche St-Eustache. Auf dem Vorplatz eine Steinskulptur von Henri de Miller.

★★St-Eustache A1

Eingang Rue du Jour, Rue Montmartre und Impasse St-Eustache. Bauarbeiten können zu teilweisen Schließungen führen.
Vormals eine kleine, der hl. Agnes geweihte Kapelle, wurde die Kirche später dem hl. Eustachius geweiht, einem ehemaligen römischen General. Die

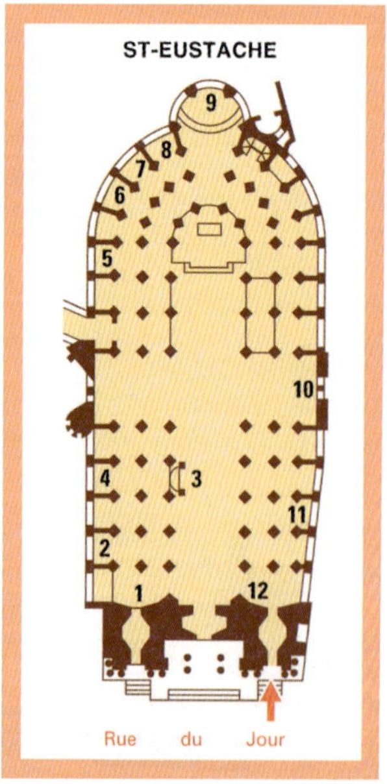

1. *Auf dem Bogenfeld der Tür das Martyrium des hl. Eustachius von Simon Vouet (17. Jh.)*
2. *Anbetung der Heiligen Drei Könige, Kopie eines Gemäldes von Rubens*
3. *Bank des Kirchenvorstandes, Stiftung des Regenten Philipp von Orléans (1720)*
4. *Bemalte Skulptur von Raymond Mason, die an den Auszug von Obst und Gemüse aus dem Herzen der Stadt, am 28. Februar 1969 erinnert (d. h. die Verlegung des Großmarktes nach Rungis)*
5. *Tobias und der Engel, Gemälde von Santi di Tito (16. Jh.)*
6. *Die Verzückung der Maria Magdalena, Gemälde von Rutilio Manetti (17. Jh.)*
7. *Die Pilger von Emmaus, Jugendwerk von Rubens*
8. *Grabmal des Jean-Baptiste Colbert, Entwurf von Le Brun. Die Statue des Ministers und die Allegorie des Überflusses von Coysevox; von Tuby die Allegorie der Treue (links)*
9. *Marienstatue von Pigalle. An den Wänden Fresken von Thomas Couture (19. Jh.)*
10. *Hl. Johannes (16. Jh.)*
11. *Büste Jean-Philippe Rameaus (gest. 1764)*
12. *Epitaph des Generalleutnants Chevert (17. Jh.)*

Kirche wurde zwischen 1532 und 1640 nach dem Vorbild von Notre-Dame erbaut. Die unvollendet gebliebene Fassade wurde 1754 im klassizistischen Stil gestaltet. Die Kirche musste nach einem Brand 1844, bei dem die Orgel zerstört wurde, von Baltard restauriert werden. Eine besondere Augenweide ist die **Renaissancefassade von Croisillon**★ auf der Nordseite, flankiert von zwei kleinen Treppentürmen mit Laternen.
Das Kirchenschiff mit seinen Säulen und Gewölben ist zum Großteil noch der Gotik verhaftet und reich geschmückt. Die Galerie über den Arkaden stammt aus der Renaissance. Schöne Glasfenster nach Entwürfen von Philippe de Champaigne.
Große Persönlichkeiten wurden hier getauft: Armand du Plessis, der spätere Kardinal Richelieu, Jean-Baptiste Poquelin, der spätere Molière und Jeanne Poisson, die spätere Marquise de Pompadour.
Das letzte Werk des New Yorker Künstlers Keith Haring, der 1990 an Aids starb, schmückt die dritte Kapelle der Kirche (nach der Sakristei). Es ist ein Triptychon aus Bronze, das Haring schuf, nachdem er erfuhr, dass er HIV-positiv war. Im Zentrum steht ein stilisierter Gott, der die Arme über die Menschheit ausbreitet; über den Menschen schweben Engel.
Biegen Sie in die enge Rue du Jour ein (Nr. 4: ehemaliges Stadthaus der Abtei Royaumont), *danach rechts in die Rue Montmartre*. Von Nr. 3 bzw. 4 bietet sich ein schöner Blick auf **St-Eustache** mit ihren Strebebögen am Chorhaupt.
Die Konzerte, die in der Kirche veranstaltet werden *(Anschlag)* setzen die lange Tradition der Orgel fort, die heute von Jean Guillou und André Fleury gespielt wird.
Am Ende der Rue Montmartre links in die Rue Montorgueil einbiegen.

Rue Montorgueil A1

Das ganze Viertel, heute Fußgängerzone mit vielen Geschäften, entstand auf dem Mont Orgueil, einem Hügel, von dem aus man im 16. Jh. einen schönen Blick auf die Hauptstadt hatte. Einige alte Gaststätten sind erhalten, wie die Restaurants *L'Escargot* oder *Le Rocher de Cancale*, und es lohnt sich, so manche Fassade hochzublicken, wie jene des Hauses Nr. 15 oder die Nr. 17, 23 und 25 mit schönen Schmiedeeisenarbeiten. Die Straße wird durch Passagen unterteilt. In der **Rue Mauconseil** waren die Schauspieltruppen von Racine, den Comédiens-Italiens und der Opéra-Comique beheimatet; die **Rue Tiquetonne** hat auch einige schöne Häuser vorzuweisen und die **Rue Marie Stuart** führt weiter zur Passage du Grand-Cerf.

Passage du Grand-Cerf B1

Dieser überdachte Durchgang, der die Rue Dussoubs mit der Rue St-Denis verbindet, wurde in den 1980er-Jahren originalgetreu renoviert. Heute sind moderne Boutiquen hinter den holzgerahmten Schaufenstern untergebracht.
Weiter in die Rue Dussoubs, dann links in die Rue Française bis zur Rue Étienne-Marcel.

Tour Jean-sans-Peur B1

01 40 26 20 28 – www.tourjeansanspeur.com – von April bis Anfang Nov. tgl. außer Mi und Sa, So 13.30-18 Uhr; Rest des Jahres Mi und Sa, So 13.30-18 Uhr – Führungen möglich (1 1/4 Std.) – 1. Jan., 1. Mai, 25. Dez. geschl. – 5 € (7-18 J. 3 €).
Bei Nr. 20 erhebt sich ein viereckiger Turm mit Pechnasen, der letzte Überrest des Hôtel de Bourgogne. 1409 ließ der kühne Herzog ihn nach der Ermordung seines Cousins Herzog Ludwig von Orléans zu seinem eigenen Schutz bauen. Das Gewölbe, das in die Zimmer hinaufführt, ist bemerkenswert! Es gibt reichliche und bewegende Hintergrundinformationen zur Geschichte, mittelalterlichen Architektur und dem täglichen Leben in einem Herzogspalast. Die Kammer des Junkers wurde mitsamt Mobiliar und Latrine nachgebaut.
Folgen Sie der Rue Étienne-Marcel und biegen Sie dann als nächstes rechts in die Rue St-Denis ein.

Rue St-Denis A-B 1-2

Sie war seit dem 8. Jh. die wichtigste und reichste Geschäftsstraße der Stadt. Die Könige durchquerten sie auf ihrem Weg zur Kathedrale Notre-Dame. Der königliche Pomp ist verschwunden – dafür ist das älteste Gewerbe noch da, und Sexshops gibt es in Hülle und Fülle.

Etwas entfernt auf der rechten Seite erinnert die **Rue de la Grande-Truanderie** mit einer der mittelalterlichen „Cours des Miracles“, die den Gestalten der Pariser Unterwelt bis zum 15. Jh. als Unterschlupf dienten, an die verrufenen Viertel der Bettler und Diebe.

Sie gelangen zum Forum des Halles durch die Rue Lescot (links).

Forum des Halles A1

Die Stadt Paris beauftragte 2007 die Architekten Patrick Berger und Jacques Anziutti mit dem Projekt zur Neugestaltung der Hallen, das voraussichtlich 2016 abgeschlossen sein wird. *Über das 3. Untergeschoss gelangt man über die Place Carrée in den anderen Teil des Forums.*

Forum des Images – *2 rue du Cinéma, 3. Untergeschoss Ausgang Place Carrée – www.forumdesimages.net – ♿ – Di-Fr 14-23.30, Sa, So 12.30-23.30 – 5 € (4 Std.), unter 12 J. 4 €, Abonnement 132 €/Jahr.* Das 1988 eröffnete und 2005-2008 renovierte Forum des Images widmet sich der „Pädagogik des Bildes“. Es hat fünf große Kinosäle und organisiert Meetings, Diskussionen, Veranstaltungen und Festivals. Vor allem aber bietet es eine öffentlich zugängliche Sammlung aus fast 7000 Filmen aller Genres und Epochen. Kinofilme, Fernsehsendungen und audiovisuelle Dokumentationen der Stadt Paris sind nummeriert und in modernen Räumen so gelagert, dass man sie leicht findet.

Verlassen Sie das Forum durch die Porte du Louvre und überqueren Sie die Rue Sauval. Gegenüber erhebt sich ein von Soufflot 1775 errichteter Brunnen, die **Fontaine de la Croix-du-Trahoir** *(Ecke Rue St-Honoré und Rue de l'Arbre-Sec).*

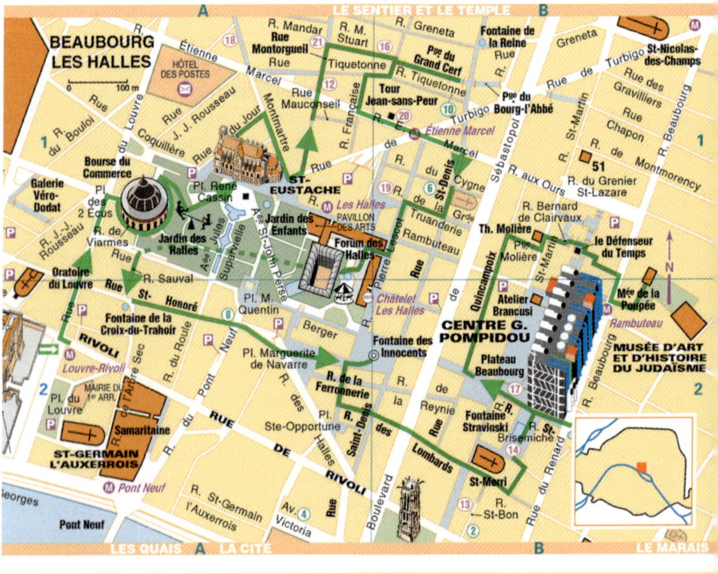

HOTELS	
Hôtel Andréa Rivoli	2
Hôtel Britannique	4
Hôtel du Cygne	6
Hôtel Ducs de Bourgogne	8
Hôtel Tiquetonne	10

RESTAURANTS	
À La Grille Montorgueil	12
Benoît	13
Crêperie Beaubourg	14
La Cocarde	16
Le Georges	17
Le Tambour	18
Pharamond	19
Pierrot	20
Santi Caffé	21

Spätgotik und moderne Kunst geben sich ein Stelldichein auf der Place Stravinski.
S. Sauvignier / MICHELIN / © ADAGP, Paris 2010

Gehen Sie die Rue St-Honoré bis zur Place Marguerite-de-Navarre hinauf. In ihrer Verlängerung gelangt man zur Fontaine des Innocents.

★Fontaine des Innocents

Der Name des Brunnens rührt von Kirche und Friedhof her, die sich seit dem 12. Jh. hier befanden. Als man 1786 den Friedhof schloss und an der Stelle einen Gemüsemarkt errichtete, wurden gut zwei Millionen Skelette in die stillgelegten Steinbrüche an der Rue Tombe-Issoire überführt, die heute als die Katakomben bekannt sind.

Der von Pierre Lescot entworfene und von Jean Goujon 1550 realisierte Brunnen gehört zu den Meisterwerken der französischen Renaissance. Er wurde 1549 beim feierlichen Einzug Heinrichs II. nach Paris eingeweiht. 1786 zog er an seinen jetzigen Standort um; Pajou fügte die vierte Säule an.

Südl. der Fontaine des Innocents gelangen Sie unter den Arkaden hindurch in die Rue de la Ferronnerie.

Rue de la Ferronnerie

Sie wurde im 13. Jh. angelegt und trägt ihren Namen bereits seit 1229. Vor Nr. 11 wurde am 14. Mai 1610 Heinrich IV. ermordet. Der König kam vom Louvre und wollte zum Arsenal; sein Wagen musste anhalten, weil zwei andere Wagen, die kollidiert waren, den Weg versperrten. Diese Gelegenheit machte sich ein katholischer Fanatiker zunutze, der dem König gefolgt war, und tötete ihn mit zwei Messerstichen.

Rue des Lombards B2

Dieser Name erinnert an die Lombarden, die seit dem Mittelalter das Monopol für Geldgeschäfte besaßen.

★Église St-Merry B2

Eingang durch das Pfarrhaus, 76 rue de la Verrerie – ✆ 01 42 71 93 93 – www.saintmerri.org – 12.30-19, Sa 15-19, So 9.30-19 Uhr – Führungen jeden 1. und 3. So im Monat um 17.30 Uhr.

Der hl. Medericus, den man um die Befreiung Gefangener zu bitten pflegte, starb im 7. Jh. an dieser Stelle. Die Kirche wurde 1520-1612 im spätgotischen Stil erbaut; sie war die Pfarrkirche des reichen Viertels der Geldverleiher. Von der Vorgängerkapelle ist noch eine Glocke (1331) vorhanden, wohl die älteste von Paris. Wie in früherer Zeit sind auf der rechten Seite die Häuser nahe an die Kirche gebaut. Im Inneren der Kirche kann man die schönen Maßwerkfenster des 16. Jh. in Vierung und Chor und ein Netzgewölbe im Querschiff bewundern. Zur Ausstattung zählen herrliche Schnitzarbeiten (Kanzel, Sakristei, Glorie im Chorscheitel) und wertvolle Gemälde. Auf der Orgel spielte der Komponist Camille Saint-Saëns.

Beim Verlassen der Kirche wenden Sie sich nach links in die Rue de la Verrerie und gehen Sie durch die Rue des Juges-Consuls (die von Karl IX. eingerichtete Gerichtsbarkeit behandelte Streitfragen zwischen den Händlern) *um das Chorhaupt herum.* An der Ecke der Rue du Cloître-St-Merri steht ein stattliches, restauriertes Gebäude aus dem 18. Jh.

Fontaine Stravinsky

Die bewegten Figuren des Brunnens auf dem gleichnamigen Platz (die schwarzen stammen von Tinguely, die bunten von Niki de Saint-Phalle) veranschaulichen das Werk des großen Komponisten (*Sacre du Printemps, Feuervogel*). Leider bewegen sich die meisten inzwischen nicht mehr: Nur noch die bunt bemalten runden Formen, deren Farben ebenso grell sind wie die der Rohre des Centre Pompidou, wirbeln umher und spritzen Wasser. Von der Terrasse hat man einen wunderschönen Blick auf die Fassade von St-Merri.

Rue St-Merri

In der Verlängerung der Rue Berger, nach Überqueren der Rue Beaubourg. Nr. 12 und Nr. 9 sind stattliche Gebäude aus dem 17. Jh.; wagen Sie sich bis in die Sackgasse du Bœuf vor, eine der ältesten von Paris.

Kehren Sie zur Rue Beaubourg zurück und folgen Sie dieser bis zum Plateau de Beaubourg.

Plateau de Beaubourg

Der immer belebte Platz zieht moderne Gaukler und jede Art von Akrobaten an: Feuerspucker, Jongleure, Maler und Karikaturisten, Gitarren- und Drehorgelspieler. Bei großen Ausstellungen füllt stets ein fröhlich-buntes internationales Publikum den sonnigen Platz.

Rue Quincampoix

In dieser Straße, im Hôtel de Beaufort an der damaligen Nr. 65, erreichte das Geldsystem des schottischen Finanzmanns **John Law** seinen Höhepunkt. Bald nisteten sich in den umliegenden Häusern Börsenspekulanten ein, die teilweise innerhalb weniger Tage ein Vermögen machten. Die schmale Straße war so überfüllt, dass erzählt wurde, dass ein Buckliger 150 000 Livres verdienen konnte, wenn er seinen Buckel als Schreibfläche anbot. 1720 brach die Bank zusammen und Frankreich stürzte in eine Wirtschaftskrise. Das Haus von Law verschwand, als die Rue Rambuteau durchgebrochen wurde. Alte Häuser (Nr. 10, 12, 13, 14) haben mit Masken geschmückte Fassaden, schmiedeeiserne Balkone und mit Bildhauerarbeit verzierte oder mit Nägeln beschlagene Türrahmen.

Um zur Rue St-Martin zurückzukehren, biegen Sie rechts in die Passage Molière ein.

Théâtre Molière – Maison de la Poésie

157 rue St-Martin – ✆ 01 44 54 53 00 – www.maisondelapoesieparis.com – Informationen und Kartenverkauf vor Ort oder telefonisch – tgl. außer So und Mo 14-18 Uhr.

Das 1983 gegründete Haus der Poesie war zunächst im Forum des Halles untergebracht und zog dann in das Théâtre Molière. Das Theater aus dem Jahre 1791 erlebte eine bewegte Geschichte. Es wurde 1994 wiedereröffnet und hat es sich als Haus der Poesie zur Aufgabe gemacht, über Theaterstücke, Konzerte und Lesungen das dichterische Erbe aller Völker und Epochen erlebbar zu machen.

Quartier de l'Horloge

Der **Défenseur du Temps** (Verteidiger der Zeit), eine Roboterskulptur von Monestier, hält mehr schlecht als recht der Alterung dieses Viertels stand: Die bewaffnete Figur kämpft gegen einen Drachen, einen Vogel und einen Krebs, die Erde, Luft und Wasser symbolisieren. Er tut dies mit einer beispielhaften Regelmäßigkeit, die die Absurdität eines unaufhörlich wiederholten Kampfes verschleiert.

Musée de la Poupée

Impasse Bertrand (Richtung 22 rue Beaubourg) – ✆ 01 42 72 73 11 – www.museedelapoupeeparis.com – ♿ – tgl. außer Mo 10-18 Uhr (letzter Einlass 30 Min. vor Schließung) – Fei geschl. – 7 € (unter 12 J. 3 €). Das Puppenmuseum zeigt über 500 Puppen aus dem 19. Jh. bis in unsere Tage, mitsamt Puppenstubenmöbeln, Accessoires und Spielzeug vergangener Zeiten. Zwischendurch gibt es (häufig interaktive) Sonderausstellungen. Im angeschlossenen Shop kann man das nötige Zubehör erstehen, um eine alte Puppe selbst zu reparieren. Hat man selbst nicht das manuelle Geschick, findet man hier eine Puppenklinik (und auch Werkstätten). Der Jardin Anne-Frank gegenüber dem Museum ist eine ideale Spielwiese für kleine Kinder.

Der Spaziergang endet an der Metrostation Rambuteau.

Ziele in der Umgebung

★Tour St-Jacques B2

M° Châtelet – Rue de Rivoli. Der alte Glockenturm (16. Jh.) der 1802 abgerissenen Kirche wurde in eine Wetterstation umgewandelt, dann wurde er zur Schrotfabrik. Eine Statue Pascals in 52 m Höhe erinnert an dessen Versuch im Jahre 1648, auf dem Turm das Gewicht der Luft festzustellen. Heute ist der Turm im Besitz der Stadt und wurde zwischen 1853 bis 1937 mehrmals verändert und erneuert. Das letzte Mal wurde er 2008 restauriert.

Oratorium des Louvre

M° Louvre-Rivoli – 145 rue St-Honoré.

1621-1630 erbaute Lemercier eine Kapelle für die Oratorianer, eine weltliche Bruderschaft, die sich ausschließlich der Predigt und dem Unterricht widmete und im 17. Jh. die schärfsten Rivalen der Jesuiten wurden. Das Oratorium wurde von Ludwig XIII. zur Königskapelle erklärt und ist es bis zu Ludwig XV. geblieben. Während der Revolution diente das Gebäude als Waffenlager, dann als Requisitenkammer der Oper, seit 1811 als evangelische Kirche.

TIPPS UND ADRESSEN

ALLGEMEINE HINWEISE

Informationsbüro Centre Georges Pompidou – *✆ 01 44 78 12 33 – www.centrepompidou.fr – www.bpi.fr (Bibliothek).* Zugang Centre George Pompidou – Haupteingang von der Piazza aus, place Georges-Pompidou – M° Rambuteau, Hôtel-de-Ville oder Châtelet, RER Châtelet-les Halles.

Öffnungszeiten und Eintrittspreise – *11-22 Uhr (letzter Einlass 1 Std. vor Schließung); Museum und Ausstellungen: 11-21 Uhr, Do 11-23 Uhr (Ausstellungen Galerien 1 und 2) – Di und 1. Mai geschl. – Eintritt (kann sich ändern) in der Hauptsaison 12 €, in der Nebensaison 10 € (unter 26 J. im Museum Eintritt frei), Musée National d'Art Moderne am 1. So des Monats Eintritt frei – Panoramaticket (Zugang zur 6. Etage: 3 €).*

Kommentierte Besichtigungen – *Führungen durch das Musée National d'Art Moderne So 15.30 oder 16 Uhr und die Wechselausstellungen Sa 15.30 Uhr – im Eintritt enthalten.*

Besucher mit Behinderungen – Spezielle Wegweiser für Blinde und Sehbehinderte im Musée National d'Art Moderne und für die Wechselausstellungen, für Gruppen und in Begleitung eines Führers des Centre Pompidou – Auskünfte unter ✆ 01 44 78 49 54 oder www.centrepompidou.fr/handicap.

ÜBERNACHTEN

Unsere Hoteladressen finden Sie auf S. 402 (1. Arr.) und S. 403 (4. Arr.).

ESSEN UND TRINKEN

Crêperie Beaubourg – *2 rue Brisemiche – M° Rambuteau – ✆ 01 42 77 63 62 – am 25. Dez. geschl. – Mittagsmenü 9,60 € – 9 €.* Diese Crêperie bietet auf ihrer Terrasse nicht nur einen traumhaften Blick auf den Strawinsky-Brunnen, das Centre Pompidou und die Wasserspeier der Kirche St-Merri. Innen sind Gemälde mit traditionellen bretonischen Hauben zu sehen.

La Cocarde – *7 rue Marie-Stuart – M° Étienne-Marcel oder Les Halles – ✆ 01 40 39 05 09 – Sa und So geschl. – Reservierung empfohlen – 13/50 €.* Ein angenehmes Lokal mit netter Atmosphäre. Aber was hat dieses kleine Lokal, versteckt in einem Gässchen im Viertel der Hallen, so Besonderes? Ein einladendes Innendekor in warmen Farben, junges, freundliches Personal und große Portionen traditioneller Gerichte zu annehmbaren Preisen.

Santi caffé – *49 rue Montorgueil – M° Étienne-Marcel, Les Halles oder Sentier – ✆ 01 42 21 36 58 – So geschl. – Mittagsmenü 13,90 € – 9/15 €.* Diese schicke und moderne Sandwich-Bar mit weißen Steinwänden, Designer-Möbeln und raffinierter Beleuchtung ist nicht billig, aber dafür sind die zumeist aus Italien importierten Produkte von guter Qualität. Große Auswahl an Salaten und Desserts, u. a. Tiramisu, versteht sich.

Le Tambour – *41 rue Montmartre – M° Étienne-Marcel – ✆ 01 42 33 06 90 – www.restaurantletambour.com – tgl. 8-17, So 9-17 Uhr – Mittagsmenü 15,80 €, Abendmenü 30 €.* Überfällt einen mitten in der Nacht oder sogar in der Morgendämmerung der Hunger oder Durst, kann man sich noch ins Tambour begeben. Hier trifft man auf eine chaotische Sammlung aus Objekten von der Straße (Straßen-, Hinweis- oder Bushaltestellenschilder oder Tafeln mit Metroplänen) und auf ein ebenbürtiges Sammelsurium an Nachtschwärmern. Zu den Spezialitäten gehören Schweinsfüße, Andouillette, Schweinshaxe in Rotwein, Stücke vom Rind … Frisches Gemüse allerdings kann man um diese Uhrzeit nicht mehr erwarten.

À La Grille Montorgueil – *50 rue Montorgueil – M° Châtelet-les-Halles oder Sentier – ✆ 01 42 33 21 21 – 9-2 Uhr – ♿ – Mittagsmenü 16 € – 28/38 €.* Das hübsche kleine Bistro im Stil der 1920er-Jahre in der Rue Montorgueil war einst eine Metzgerei. Eine fantastische Theke befindet sich am Eingang zum Speisesaal und der Keller hat ein Gewölbe. Die Küche ist ebenso beeindruckend wie die Einrichtung.

Benoit – *20 rue St-Martin – M° Châtelet-Les Halles – ✆ 01 42 72 25 76 – www.esprit-bistrot.com – 25. Feb.-2. März und 26. Juli-25. Aug. geschl. – Mittagsmenü 38 € – à la carte 55/84 €.* Alain Ducasse, einer der alten Hasen der Pariser Küche, hat in diesem schicken und lebhaften Bistro das Zepter in der Hand. Die klassische Küche passt gut zum Ambiente dieses hübschen alten Hauses.

Le Georges – *19 rue Beaubourg (Zugang an der Fassade des Centre Pompidou) – M° Rambuteau – ✆ 01 44 78 47 99 – Di und am 1. Mai geschl. – 40/60 €.* Das Lokal liegt in der 6. Etage des Centre Pompidou und hat ein modernes Design minimalistischen und funktionalen Stils, das auf die Architektur von Renzo Piano und Richard Rogers anspielt. Es ist rundum verglast und bietet dadurch einen hervorragenden Panoramablick über Paris. Im Sommer mit Sonnenterrasse. Die Küche ist wie in allen Restaurants der Costes-Brüder – nüchtern, raffiniert und international zugleich.

Pierrot – 18 rue Étienne-Marcel – *M° Étienne-Marcel – ☎ 01 45 08 00 10 – 9.-28. Aug. und So geschl. – 50/70 €.* In dem Bistro im Sentier kann man regionale Köstlichkeiten aus dem Aveyron probieren: Aubrac-Rind vom Bauern, Confit de canard, hausgemachte Foie gras etc. Zum Restaurant gehört eine Terrasse am Straßenrand.

Pharamond – *24 rue de la Grande-Truanderie – M° Châtelet-Les Halles – ☎ 01 40 28 45 18 – www.pharamond.fr – Menü 19 €, 29 € – à la carte 43/92 €.* Diese zeitlose Adresse war schon in den großen Zeiten der Hallen eine Institution. In einer authentischen Einrichtung von 1900 wird Traditionelles aufgetischt (Spezialität: Innereien).

KLEINE PAUSE

Dame Tartine – *2 rue Brisemiche – M° Rambuteau – ☎ 01 42 77 32 22, 10-24 Uhr – 25. Dez. geschl. – 11,40 € (Kinderteller 9,90 €).* Hier genießen Sie kalte und warme Gerichte, Desserts und vor allem einen herrlichen Blick auf den Strawinsky-Brunnen und die spätgotischen Bogengänge von St-Merri.

Images de demain – *141 rue St-Martin – M° Rambuteau – ☎ 01 44 54 99 99 – 1. Mai und 25. Dez. geschl.* Im Erdgeschoss finden Sie Ansichtskarten (u. a. eine sehenswerte Porträtserie), Briefpapier, Tinte, alle möglichen Stempel; im 1. Stock einen charmanten Teesalon inmitten von Schnickschnack; reizvoll ist vor allem der Ausblick auf Beaubourg. Probieren Sie unbedingt das köstliche Kleingebäck und ebenso das Eis.

EINKAUFEN

Auf der Höhe der Rue Quincampoix, die von Kunstgalerien gesäumt wird, finden Sie Tendance, wo seltene Werke namhafter Künstler angeboten werden, Glaskreationen von Clara Scremini und Schmuck von Aurus.

Agnès B. – *6 rue du Jour – M° Les Halles – ☎ 01 45 08 56 56 – www.agnesb.fr – Sommer 10-19.30 Uhr; Winter tgl. außer So 10-19 Uhr – Fei geschl.* Herren-, Damen- und Kinderbekleidung, Accessoires und Schmuck: Die ganze Produktpalette von Agnès B. ist in dieser kleinen Straße auf fünf Boutiquen mit eleganten Schaufenstern verteilt.

Impresario – *9 rue Montorgueil – M° Étienne-Marcel – ☎ 01 42 33 79 97 – 11.30-19.30, Sa 11-20, So 11-19 Uhr, 2.-17. Aug. und Fei außer am 14. Juli geschl.* Schmuck, Bilder und eine Vielzahl von Dekorationsgegenständen sind in dieser ehemaligen Metzgerei zu haben. Im Gewölbekeller steht noch der Hackblock des früheren Besitzers. Jazz- oder Opernmusik im Hintergrund, farbenfrohe Wände und eine freundliche Bedienung schaffen eine angenehme Atmosphäre.

SPORT UND FREIZEIT

Le Jardin des enfants – *105 rue Rambuteau – M° Châtelet oder Les-Halles – ☎ 01 45 08 07 18 – für Kinder zwischen 7 und 11 Jahren – Erkundigen Sie sich nach den Öffnungszeiten – bei Regen und am Mo geschl.* Wie schon der Name sagt, ist diese Kinderwerkstatt der jungen Generation vorbehalten, der sie zahlreiche Aktivitäten bietet. Und in der Tat sind nur Kinder in der Lage, sich durch das Labyrinth zu schlängeln oder in dem Schwimmbecken aus Bällen zu baden!

5 - Le Marais★★★

Die Place des Vosges, die Rue des Francs-Bourgeois, die Adelspalais Hôtel de Soubise, Hôtel Salé oder Hôtel de Rohan versetzen uns ins 17. und 18. Jh., in die Zeit der absoluten Monarchie und der Aufklärung. Im Unterschied zu anderen historischen Stadtvierteln jedoch hat man hier die alten Straßen, kleinen Plätze und eleganten Stadtpalais saniert und einer neuen Nutzung zugeführt: Designgeschäfte, Kunstgalerien, Restaurants und Märkte haben sich hier angesiedelt und machen aus dem Viertel ein besonders lebhaftes In-Viertel.

WEGWEISER – *Umschlagkarte vorne D2-3, 3. und 4. Arr. – Michelinkarte Nr. 57, Planquadrate H 16–17, J 15–17.* M° Chemin-Vert (Linie 8), St-Paul (Linie 1), Rambuteau (Linie 11). Busse 29, 75, 76, 96. Das Marais-Viertel liegt zwischen Bastille und Hôtel de Ville zu beiden Seiten der Rue de Rivoli.

UNBEDINGT SEHENSWERT – Die kleine Place Ste-Catherine, die Rue des Rosiers und ihre kleinen Geschäfte, die Rue des Françs-Bourgeois, der Garten des Hôtel de Sully, das Musée Victor Hugo, die Place des Vosges.

GUT GEPLANT – Das Marais-Viertel mit seinen schmalen Sträßchen kann man nur zu Fuß erkunden. Doch seien Sie vorsichtig: Sie befinden sich hier nicht in einer Fußgängerzone, die Straßen sind viel befahren.

MIT KINDERN – Musée de la Curiosité et de la Magie, Musée de la Chasse et de la Nature und der Park an der Place des Vosges.

Zu Fuß unterwegs Stadtplan S. 154/155

Für die Besichtigung des Marais-Viertels stehen zwei Spaziergänge zur Auswahl: ein Rundgang durch das Viertel von St-Paul und die Marais-Promenade. Die Beschreibung der Museen oder der in den schönen Stadtpalais untergebrachten Kunstsammlungen befinden sich am Ende des Kapitels unter der Rubrik *Sehenswürdigkeiten, S. 160.*

RUNDGANG DURCH DAS VIERTEL VON ST-PAUL 1

Ausgangspunkt ist die Metrostation St-Paul. 1,5 Std. Der Rundgang durch das Viertel von St-Paul führt durch den südl. Teil des Marais zwischen Seine und der Rue St-Antoine.

★★Église St-Paul-St-Louis B3

Sie ist nach der Église des Carmes die älteste Jesuitenkirche der Stadt. 1580 errichteten die Jesuiten dort, wo heute das Lycée Charlemagne steht, ein Ordenshaus. 1627-1641 erbauten sie auf dem Gelände, das Ludwig XIII. ihnen geschenkt hatte, ihre Kirche und weihten sie Ludwig dem Heiligen. Der Baumeister Étienne Martellange, ein Mitglied des Ordens, nahm die Barockkirche Il Gesù in Rom zum Vorbild. 1763 wurden die Jesuiten ausgewiesen. Das Kloster diente von 1795 bis 1804 als Technische Hochschule und später als Gymnasium. Nach Abriss der alten Kirche St-Paul erhielten die beiden Schutzheiligen Paul und Ludwig eine größere Kirchengemeinde in der Rue St-Antoine (1802).

Fassade – Die dreigeschossige, durch Säulen gegliederte Fassade verdeckt die Kuppel, eine Neuerung, die charakteristisch für die Jesuitenkirchen ist. Bei den späteren Kirchenbauten, wie etwa bei der Église de la Sorbonne, der Église du Val-de-Grâce und dem Invalidendom, korrigierten die Baumeister diesen Mangel und setzten im Gegenteil dazu die Schönheit der Kuppeln besonders in Szene.

Innenraum – Im lichten, tonnengewölbten Innenraum, der mit zahlreichen Skulpturen und reichen Stuckverzierungen ausgestattet ist, gliedern hohe korinthische Pilaster rhythmisch die Wände. Anstelle von Seitenschiffen schuf der Architekt miteinander verbundene Kapellen. Die Vierung überwölbt eine Kuppel mit Laterne.

St-Paul war einst mit reichlich Mobiliar ausgestattet, doch ist ein Großteil während der Revolution entfernt worden. Die Reliquienschreine mit den Herzen Ludwigs XIII. und Ludwigs XIV. wurden eingeschmolzen. Eine recht makabre Anekdote rankt um die beiden königlichen Herzen: Der Maler St-Martin kaufte diese und zermahlte sie, um sie mit seiner Ölfarbe zu mischen, die dadurch stärkeren Glanz erhielt. Da er allerdings vom Herzen Ludwigs XIV., das das größere gewesen sein soll, nur einen Teil benutzte, gab er den Rest zur Zeit der Restauration an Ludwig XVIII. zurück, der den Maler dafür mit einer goldenen Tabakdose belohnte!

Die beiden muschelförmigen Weihwasserbecken am Eingang sind ein Geschenk von Victor Hugo, der eine Zeit lang an der Place des Vosges wohnte. Drei Bilder des 17. Jh. an der Vierung stellen das Leben Ludwigs des Heiligen dar. Das vierte Gemälde, das verloren gegangen ist, wurde durch Delacroix' *Christus am Ölberg* (1827) ersetzt. Die Marmorstatue der *Jungfrau Maria als Schmerzensmutter* (1586) in der Kapelle links des Hauptaltars ist ein Werk von Germain Pilon (Das zugehörige Terrakottamodell befindet sich im Louvre).

Verlassen Sie die Kirche durch die Tür links vom Chor. Eine Gasse führt in die Rue St-Paul.

In der kleinen Rue Eginhard, die sich wenige Meter weiter hinter einem Durchgang öffnet, erinnert im ruhigen Garten eines der Gebäude eine Gedenktafel an Elias Zajdner, der im Mai 1944 mit seinen drei Söhnen nach Auschwitz de-

EIN LEBHAFTES LITERATENVIERTEL

Die Entstehung des Marais-Viertels – Schon seit der Römerzeit war die in sumpfigem Gebiet *(marais)* gelegene Rue St-Antoine erhöht und somit vor Hochwasser geschützt. Im 13. Jh. siedelten sich hier Klöster an: Die Mönche und Templer machten das umliegende Land urbar und bebauten es fortan.

Die Krönung – Der Stadtwall Philipps II. August wurde bald durch die Wehrmauer Karls V., des Weisen, die im Osten die mächtige Bastille-Festung abschloss, verstärkt. Das nunmehr in die Stadt einbezogene Marais-Viertel erlebte dann seine Krönung, als Karl V. den Königspalast auf der Île de la Cité verließ und das **Hôtel St-Paul** zwischen der Rue St-Antoine und der Uferstraße bezog. Sein Sohn Karl VI., der sich auf Anraten der Ärzte amüsieren sollte, machte aus dem Palais ein „Tollhaus". Die Rue des Lions-St-Paul sowie die Rue Beautreillis erinnern noch an die Menagerie und den königlichen Park.

Anfang des 17. Jh. wurde die von Heinrich IV. angelegte Place Royale (heute Place des Vosges) das Herz des Marais-Viertels und Mittelpunkt des höfischen Lebens. Während die Jesuiten in die Rue St-Antoine zogen, ließen Fürsten und Höflinge rundum prächtige Wohnhäuser errichten, für deren Ausstattung die besten Künstler des 17. Jh. herangezogen wurden, und schufen damit den klassischen Typus des französischen Adelshauses mit Vorhof und Garten. In den berühmten Salons trafen sich Schriftsteller, Freidenker und Philosophen, bekannte Musiker und Prediger wirkten in den Kirchen St-Paul und St-Gervais-St-Protais.

Doch das Marais-Viertel kam aus der Mode. Unter Ludwig XVI. traf sich der Adel nun in den nahe zur Île St-Louis gelegenen Stadtteilen St-Honoré und St-Germain. Der Sturm auf die Bastille steht symbolisch für das Ende des Marais als Aristokratenviertel, das von da an dem Verfall preisgegeben war. Erst im 20. Jh. ließ André Malraux, Kultusminister unter Charles de Gaulle, das heruntergekommene Viertel renovieren.

portiert wurde, stellvertretend für die zahlreichen Familien, die in jener Zeit das gleiche Schicksal erlitten.

Village St-Paul B3

Das Viertel befindet sich zwischen Rue des Jardins-St-Paul, Rue Charlemagne, Rue St-Paul und Rue de l'Ave-Maria. Hier gruppieren sich Häuser und Antiquitätengeschäfte um lauschige Innenhöfe.

Rue des Jardins-St-Paul B3

In der Rue des Jardins-St-Paul, die früher vor den Mauern der Stadt lag, kann man den größten erhaltenen Teil der **Stadtmauer Philipps II. August** und zwei Türme sehen. Die Stadtmauer verband die **Tour Barbeau**, die sich am Quai des Célestins Nr. 32 befand, mit der Poterne (Ausfallpforte) St-Paul.

In Haus Nr. 8 starb Rabelais am 9. April 1553. Am Ende der Straße bietet sich ein schöner Blick auf das Chorhaupt und die Kuppel der Kirche St-Paul-St-Louis.

★Hôtel de Sens A3

1 rue du Figuier. Das Anwesen wurde 1475-1507 für die Erzbischöfe von Sens, denen das Bistum Paris bis 1622 unterstellt war, erbaut. Während der Religionskriege diente es den Ligisten als Treffpunkt mit Kardinal von Guise. 1605 bezog Königin „Margot“, wie die Pariser Margarete von Valois, die erste Gemahlin Heinrichs IV., nannten, nach 20-jährigem Exil das Palais. Der König hatte sie wegen ihrer in ganz Paris bekannten Ausschweifungen jahrelang auf Schloss Usson (Auvergne) verbannt. Mit 53 Jahren nahm sie dann ihren früheren Lebensstil wieder auf. Von 1689 bis 1743 diente das Gebäude als Station der Postkutschen nach Lyon. Die Reise war so unsicher, dass die Passagiere vor der Abreise ihr Testament machten.

Die alten Häuser, die das Palais zuvor umgaben, wurden zwischenzeitlich abgerissen.

Durch die spätgotische Vorhalle führt der Weg in den Hof. An dem quadratischen Turm, in den man über eine Wendeltreppe gelangt, sieht man eine Bretesche, eine Art Balkon mit Pecherkern. Die Außenfassaden zieren Türmchen und schöne Dachfenster.

Die im Hôtel de Sens befindliche **Bibliothèque Forney** bietet eine umfassende Dokumentation zu den Gebieten Bildende Kunst, Kunstgewerbe und industrielle Techniken sowie eine große Sammlung von Plakaten und Papiertapeten.
✆ 01 42 78 14 60 – Di, Fr-Sa 13-19.30, Mi-Do 10-19.30, an Fei geschl. – Eintritt frei; Wechselausstellungen (Di-Sa 13-19 Uhr) 4 €.

Bei Verlassen des Palais gehen Sie links in die Rue du Figuier und dann, nachdem Sie einen Blick in die malerische Rue du Prévôt geworfen haben, wieder nach links in die Rue de Jouy.

Harmonische Fassadengestaltung: die Häuser an der Place des Vosges.
S. Sauvignier / MICHELIN

Hôtel d'Aumont A3

7 rue de Jouy. Zu Beginn des 17. Jh. erbaute Le Vau das Palais für Michel-Antoine Scarron, den Onkel des gleichnamigen Komödiendichters und Schwiegervater des Marschalls Herzog von Aumont, Gouverneur von Paris, als Ludwig XIV. den Thron bestieg. Später wurde es von François Mansart umgebaut und vergrößert. Die Ausschmückung schufen Le Brun und Simon Vouet, den französischen Garten entwarf wahrscheinlich Le Nôtre. Der Innenhof und die Fassaden sind von schlichter Strenge. Heute ist das Palais Sitz des Pariser Verwaltungsgerichts. In jüngerer Zeit wurde zwischen dem Palais und der Seine ein großer Garten angelegt.

Weiter geht es rechts in die Rue François-Miron und anschließend nach links in die Rue Geoffroy-l'Asnier.

Hôtel de Châlons-Luxembourg A2

26 rue Geoffroy-l'Asnier. Das in den 1620er-Jahren errichtete Palais verdankt seinen Namen zwei seiner früheren Besitzer, dem Kaufmann Châlons und Madame de Luxembourg. Besonders schön sind die Toreinfahrt und die Fassade aus Back- und Haustein.

Mémorial de la Shoah A3 – (*Sehenswürdigkeiten, S. 165*)

Rue François-Miron A2

Die Straße, die in der Römerzeit durch Sumpfgebiet verlief, ist nach einem Bürgermeister von Paris unter Heinrich IV. benannt. Im Mittelalter war sie von den Stadthäusern mehrerer Abteien der Île-de-France gesäumt.

Die stark restaurierten Fachwerkhäuser Nr. 11 und 13 stammen aus der Zeit Ludwigs XI. In Haus Nr. 30 soll die schöne Mätresse Karls IX., Marie Touchet, gewohnt haben. Hinter dem Gebäude *(Zugang über 22 rue du Pont-Louis-Philippe, am Ende des Ganges)* befindet sich ein winziger Renaissancehof; bemerkenswertes geschnitztes Fachwerk.

Die ehrenamtlichen Mitglieder eines Vereins für den Erhalt historischer Bausubstanz haben im Souterrain der Häuser Nr. **44-46** die schönen gotischen **Kellergewölbe**★ des **Stadthauses des Klosters von Ourscamp** (*nördl. von Compiègne*) freigelegt. *✆ 01 48 87 74 31 – Führungen (30 Min.) Mo-Fr 11-18 Uhr, So 14-18 Uhr – Aug. geschl. – Eintritt frei.*

Hôtel de Beauvais★ A2 – *68, rue François-Miron.* Die Abtei von Chaalis nahe Senlis besaß an dieser Stelle im 13. Jh. ein Stadthaus. Unter Ludwig XIII. war Catherine Bellier die erste Kammerfrau und Vertraute von Anna von Österreich. 1654 erhielt die 40-Jährige für die Dienste, die sie dem 16-jährigen Ludwig XIV. erwiesen hatte, eine reiche Belohnung. Sie und ihr Gemahl Pierre de Beauvais wurden in den Adelsstand erhoben, erwarben das frühere Abteigelände und

HOTELS

Croix de Malte........ 1
Grand Hôtel Amelot.................. 2
Grand Hôtel Malher.................. 4
Hôtel Acacias-Hôtel-de-Ville........ 8
Hôtel Bretonnerie.......... 16
Hôtel Campanile........... 20
Hôtel de la Place des Vosges.......... 24
Hôtel du 7e Art............. 28
Hôtel Jeanne d'Arc, le Marais............. 32
Hôtel Pavillon de la Reine.......... 36
Hôtel Saint-Louis Marais................. 40

RESTAURANTS

Autour du Saumon... 1
Chez Marianne........ 3
L'Arganier................ 6
L'Enoteca................ 8
L'Osteria................. 10
Le Bistrot de la Place........... 13
Le Gaigne............... 15

Hôtel de Canillac.......... 4
Hôtel Duret-de-Chevry.. 8
Hôtel de Vigny............ 10
Hôtel de Croisilles....... 12
Hôtel de Sandreville... 26
Hôtel d'Alméras.......... 30
Maison parisienne de l'abbaye d'Ourscamp....... 44-46

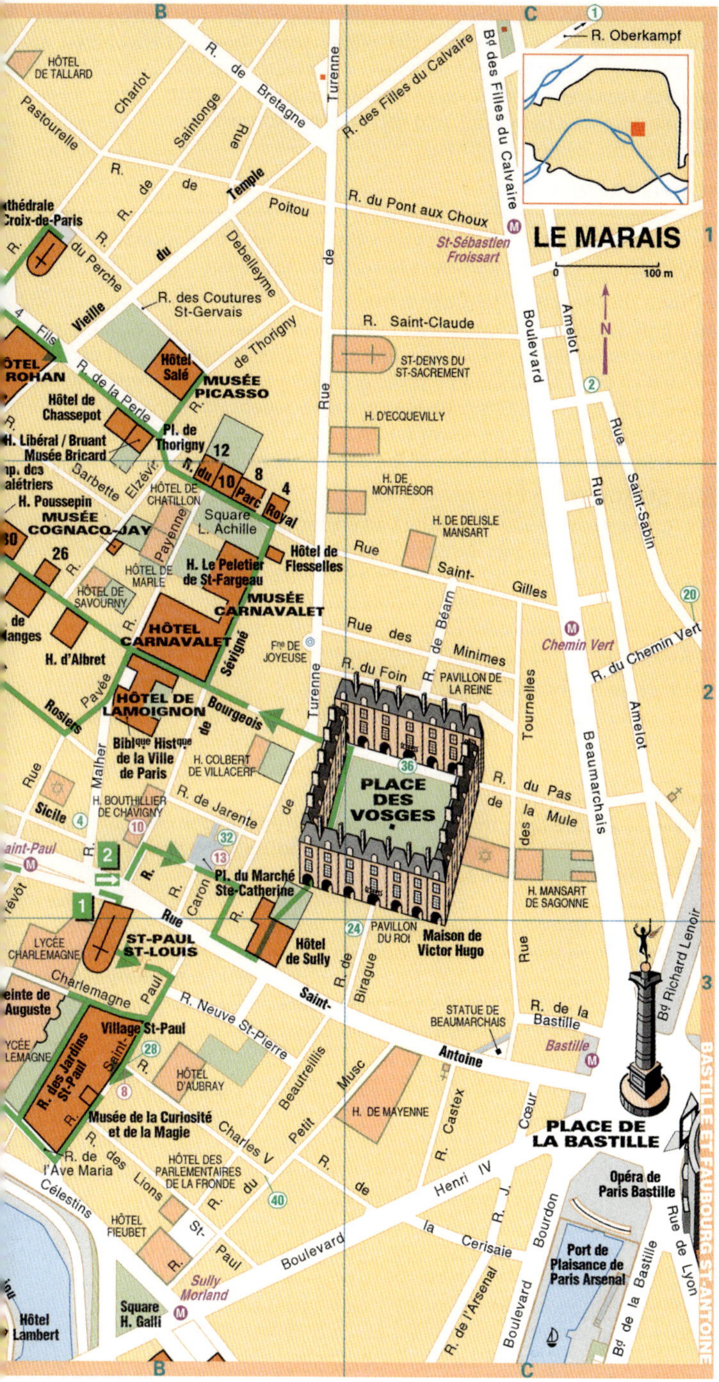
LE MARAIS
0
100 m
N
B
C
1
2
3
R. Oberkampf
Bd des Filles du Calvaire
R. des Filles du Calvaire
HÔTEL DE TALLARD
Pastourelle
Charlot
R. de Bretagne
Saintonge
Rue Turenne
R. de Poitou
R. du Temple
R. Vieille du Temple
R. du Perche
R. du Pont aux Choux
St-Sébastien Froissart
Debelleyme
R. des Coutures St-Gervais
R. Saint-Claude
ST-DENYS DU ST-SACREMENT
Boulevard Beaumarchais
Amelot
Rue Saint-Sabin
R. de Thorigny
Hôtel Salé
MUSÉE PICASSO
Hôtel de Chassepot
R. de la Perle
Pl. de Thorigny
H. D'ECQUEVILLY
H. Libéral / Bruant Musée Bricard
R. Barbette
Elzévir
HÔTEL DE CHATILLON
R. du Parc Royal
12
10
8
4
H. DE MONTRÉSOR
H. DE DELISLE MANSART
H. Poussepin
MUSÉE COGNACQ-JAY
Square L. Achille
Payenne
26
HÔTEL DE MARLE
H. Le Peletier de St-Fargeau
Hôtel de Flesselles
Rue Saint-Gilles
HÔTEL DE SAVOURNY
MUSÉE CARNAVALET
HÔTEL CARNAVALET
Rue de Sévigné
Fne DE JOYEUSE
Rue des Minimes
R. de Béarn
Chemin Vert
R. du Chemin Vert
H. d'Albret
R. du Foin
PAVILLON DE LA REINE
Rue des Tournelles
Pavée
Rosiers
HÔTEL DE LAMOIGNON
R. des Francs Bourgeois
Bibl^que Hist^que de la Ville de Paris
H. COLBERT DE VILLACERF
PLACE DES VOSGES
36
R. du Pas de la Mule
Malher
R. de Jarente
H. BOUTHILLIER DE CHAVIGNY
Sicile
4
10
32
13
Saint-Paul
2
1
Pl. du Marché Ste-Catherine
R. Caron
H. MANSART DE SAGONNE
LYCÉE CHARLEMAGNE
ST-PAUL ST-LOUIS
Hôtel de Sully
24
PAVILLON DU ROI
Maison de Victor Hugo
Bd Richard Lenoir
Rue Saint-Antoine
R. de Birague
STATUE DE BEAUMARCHAIS
R. de la Bastille
Bastille
R. Charlemagne
R. Neuve St-Pierre
Village St-Paul
R. des Jardins St-Paul
Saint-Paul
28
HÔTEL D'AUBRAY
8
R. Beautreillis
Musc
H. DE MAYENNE
R. Castex
Cœur
Musée de la Curiosité et de la Magie
R. Charles V
PLACE DE LA BASTILLE
R. de l'Ave Maria
R. des Lions
HÔTEL DES PARLEMENTAIRES DE LA FRONDE
40
R. du Petit Musc
Boulevard Henri IV
R. de la Cerisaie
R. J.
Opéra de Paris Bastille
Rue de Lyon
Célestins
HÔTEL FIEUBET
R. St-Paul
Bourdon
Port de Plaisance de Paris Arsenal
Bd de la Bastille
Sully Morland
R. de l'Arsenal
Boulevard Bourdon
Square H. Galli
Hôtel Lambert
BASTILLE ET FAUBOURG ST-ANTOINE

ließen sich von Antoine Le Pautre ein prachtvolles Palais erbauen, von dessen Balkon aus am 26. August 1660 Anna von Österreich, die Königin von England und die höchsten Würdenträger des Hofes dem triumphalen Einzug Ludwigs XIV. und seiner jungen Gemahlin, der Infantin Maria Theresia, beiwohnten. Als 1763 Mozart im Alter von sieben Jahren mit seinem Vater und seiner Schwester nach Frankreich kam, stieg er hier beim bayerischen Botschafter ab, der damals das Palais bewohnte, und gab mehrere Konzerte.
Gehen Sie zur Metrostation St-Paul.

MARAIS-PROMENADE 2

Ab M° St-Paul. 1,5 Std. Von der Metrostation gehen Sie in die Rue de Sévigné und biegen dann in die erste Straße rechts, Rue d'Ormesson, ein.

★Place du Marché-Ste-Catherine B2

Im 13. Jh. wurde an diesem Platz ein Priorat errichtet, das der hl. Katharina von Val des Escoliers geweiht war. Im 18. Jh. erhielt der Platz durch den Bau einheitlich gestalteter Häuser und die Anpflanzung von Maulbeerbäumen in seiner Mitte ein neues Gesicht. Heute prägen Straßencafés den Platz, der nun autofreie Fußgängerzone geworden ist.
Gehen Sie nach rechts in die Rue de Turenne, die Sie zur Rue St-Antoine führt.

Rue St-Antoine B-C3

Die Rue St-Antoine war die große Verkehrsachse Richtung Osten und wurde daher häufig von den Königen befahren. Bereits seit dem 14. Jh. war sie ungewöhnlich breit, weshalb sie gerne für Umzüge und Volksfeste genutzt wurde. Vor der Kirche wurde die Straße bei Festlichkeiten präpariert und mit Sand bestreut und so zum Turnierplatz hergerichtet. Im 17. Jh. galt die Rue St-Antoine sogar als schönste Straße von Paris.

★Hôtel de Sully B3

62 rue St-Antoine. 1625 begann Jean Androuet Du Cerceau mit dem Bau des Stadtpalastes, neun Jahre später erwarb ihn der 75-jährige Sully, ehemaliger Minister Heinrichs IV. Heute ist er Sitz des Denkmalamtes (Centre des Monuments nationaux).

Auf der Straßenseite wurde das Portal zwischen den beiden Gebäudeflügeln originalgetreu wiederhergestellt. Der **Innenhof**★★ mit seinen Giebeldreiecken, verzierten Dachfenstern und den allegorischen Figuren, die die vier Elemente und zwei Jahreszeiten darstellen, ist eines der schönsten Beispiele für den Louis-treize-Stil. Im Haupttrakt hat man die bemalten Balkendecken aus der Erbauungszeit restauriert. Auch im Gartenflügel wurden die schönen Deckengemälde und bemalten Holztäfelungen (1661) im Appartement der 2. Herzogin von Sully restauriert. Im Erdgeschoss des Haupttraktes und des Gartenflügels sowie im umgebauten Untergeschoss werden zeitweise Fotoausstellungen gezeigt.
Von der Orangerie (1625) am Ende des Gartens gelangt man zur Place des Vosges.

★★★Place des Vosges C2

Am ältesten der großen Pariser Plätze geht es heute sehr beschaulich zu. Besonders am Wochenende ist der stille Platz ein idealer Ort der Erholung, sei es im kleinen Park bei den Brunnen, sei es unter seinen schattigen Arkaden. Kleine Bands warten sonntags mit musikalischer Begleitung auf.

Nach der Ermordung des Herzogs von Orléans erwarb die Krone 1407 das **Hôtel des Tournelles**. Karl VII. ließ sich hier nieder, und Ludwig XII. lebte hier bis zu seinem Tod. Nachdem Heinrich II. bei einem Turnier in der Rue St-Antoine tödlich verletzt wurde, ließ Katharina von Medici das Palais abreißen. 1605 beschloss Heinrich IV., hier einen Platz mit einer einheitlichen Bebauung zu schaffen. Nach seiner Fertigstellung 1612 wurde die Place Royale Treffpunkt der eleganten Welt bei höfischen Paraden, Festlichkeiten und Duellen. Ma-

dame de Sévigné (Nr. 1 bis), Bossuet (Nr. 17), Richelieu (Nr. 21) und Victor Hugo (Nr. 6; von 1832 bis 1848), Théophile Gautier und Alphonse Daudet (Nr. 8) wohnten hier.
Die 36 Pavillons rund um die Place des Vosges, die wahrscheinlich von Androuet Du Cerceau oder von Métezeau errichtet wurden, wurden auf königlichen Wunsch einheitlich gestaltet: An den Fassaden wechseln sich Naturstein und falsche Backsteinverblendungen ab, die Gebäude haben alle zwei Stockwerke über einem Arkadengeschoss, darüber ein steiles Schieferdach mit Lukarnen. Dahinter liegen Höfe und Gärten. Der Pavillon du Roi *(auf der Südseite des Platzes)* hat sein Pendant in dem Pavillon de la Reine auf der gegenüberliegenden Seite. Den heutigen Namen erhielt der Platz im Jahr 1800 zu Ehren des Département des Vosges, das als Erstes seine Steuern gezahlt hatte.

★Rue des Francs-Bourgeois A-B2

Diese alte Straße, in der früher die Weber ihre Ateliers hatten, wurde später nach den Armenhäusern benannt, die 1334 eingerichtet worden waren und deren Bewohner keine Steuern zu zahlen brauchten (daher *francs bourgeois* = freie Bürger). Diese besonders lebhafte Straße säumen heute zahlreiche Boutiquen, die Mode und Vintage-Schmuck verkaufen, und Spaziergänger bevölkern die Bürgersteige. Im Hof des Hauses Nr. 8 befindet sich eine Kurzwarenhandlung wie zu Großmutters Zeiten. Selbst wer sich nicht für Näharbeiten interessiert, bekommt hier Lust, in Borten, Knöpfen und Bändern zu kramen.
Auf dem Weg liegen die **Jardins de l'Hôtel Carnavalet**, Gelegenheit zu einer Pause, die man auch nach dem Besuch des Musée de l'Histoire de Paris *(Sehenswürdigkeiten, S. 160)* einlegen kann.
Das **Hôtel d'Albret** (Nr. 29 bis und 31) wurde im 16. Jh. für den Konnetabel Montmorency errichtet und im 17. Jh. umgebaut. In diesem Haus machte die junge Witwe des Schriftstellers Paul Scarron, die spätere Marquise de Maintenon, Bekanntschaft mit der Marquise de Montespan, der Mätresse Ludwigs XIV., der sie 1669 zur Erzieherin seiner Kinder gemeinsam mit Madame Montespan ernannte. Nach Renovierungsarbeiten ist in dem Palais heute die Kulturabteilung der Stadt Paris untergebracht, außerdem finden in den Räumlichkeiten Konzerte im Rahmen des Pariser Kultursommers statt.
Das **Hôtel de Coulanges** (Nr. 35-37): 17. Jh., ist heute die Maison de l'Europe. Man kann es ruhig durchqueren, um in den friedlichen kleinen **Rosengarten** zu gelangen. Hinter seinen hohen Mauern ist die Hektik der Straße weit entfernt, besonders wenn die Vögel zwitschern.
Das **Hôtel de Sandreville** (Nr. 26) aus dem Jahr 1586 ist heute ein Wohnhaus mit Appartements. Das **Hôtel d'Alméras** (Nr. 30) von 1612 hat ein interessantes Portal mit Widderköpfen. Es stammt von dem Architekten **Androuet du Cerceau.**
Das ehemalige **Hôtel Poussepin** ist Sitz des **Centre Culturel Suisse** (Schweizer Kulturzentrum). Hier finden regelmäßig Wechselausstellungen statt (Café auf der Hofseite).
Direkt nebenan liegt die mit ihrem groben Kopfsteinpflaster und prunkvollen Stadtpalais-Fassaden mittelalterlich anmutende **Impasse des Arbalétriers.**

Maison de Jean Hérouet★ A2

An der Ecke der Rue Francs-Bourgeois und Rue Vieille-du-Temple. Das Haus gehörte dem Schatzmeister Ludwigs XII. und wurde um 1510 erbaut. Aus dieser Zeit stammen noch die steinernen Fensterkreuze und das elegante Erkertürmchen. Nicht weit entfernt stand im 15. Jh. das Hôtel Barbette, das Palais der Königin Isabella von Bayern, die hier Maskenbälle in Mode brachte, während ihr geisteskranker Gemahl Karl VI. im Hôtel St-Paul lebte.

Église Notre-Dame-des-Blancs-Manteaux A1

Besonders sehenswert sind hier die Holztäfelung sowie die prächtige **Flämische Kanzel★** mit Intarsien aus Elfenbein und Zinn in vergoldeten Rahmen (1749).

Bevor Sie in die Rue des Archives einbiegen, kommen Sie an dem hufeisenförmigen, majestätisch schönen **Ehrenhof** des **Hôtel de Soubise** vorbei. Über dem umlaufenden eleganten Säulengang befindet sich eine Balustrade, die ursprünglich als weitläufige Terrasse dienen sollte.

Rue des Archives A1-2

In dieser ruhigen Straße befindet sich das Nationalarchiv. Das einzigartige **Hôtel de Soubise★★** auf Nr. 58 ist das älteste Stadtpalais (14. Jh.). An der Porte Clissona sind noch zwei vorspringende Erkertürmchen erhalten. Heute ist in dem Gebäude das Musée d'Histoire de France untergebracht *(Sehenswürdigkeiten, S. 163)*.

Hôtel de Guénégaud★★ – *Nr. 60.* Das Palais wurde 1650 von François Mansart errichtet und im 18. Jh. umgebaut. Mit seiner klaren, harmonischen Linienführung und dem kleinen französischen Garten gehört es zu einem der schönsten im Marais-Viertel. Es beherbergt heute das Jagdmuseum, das Musée de la Chasse et de la Nature *(Sehenswürdigkeiten, S. 165)*.

Gehen Sie rechts in die Rue des Quatre-Fils. Von hier aus haben Sie einen schönen Blick auf den Garten und die Rückseite des Hôtel de Guénégaud. Gehen Sie weiter bis zur **Cathédrale Ste-Croix-de-Paris★** *(Rue Charlot, links)*. Diese Kirche der armenischen Katholiken in Frankreich hat im Chor prächtige geschnitzte und vergoldete Holztäfelungen aus dem 18. Jh. Bemerkenswert ist die **Statue★** des hl. Franz von Assisi von Germain Pilon (16. Jh.) links vom Chor. *01 44 59 23 50 – So 10-13 Uhr; in der Woche Führungen auf Anfrage beim Pfarrer.*
Gehen Sie zurück in die Rue des Quatre-Fils.

★★Hôtel de Rohan B1

An der Kreuzung mit der Rue Vieille-du-Temple – 01 40 27 60 96 – www.archivesnationales.culture.gouv.fr – bei Wechselausstellungen geöffnet – So nachmittags Führungen mit vorheriger Reservierung unter 01 40 27 62 62 möglich.

Das Palais wurde 1705, zur gleichen Zeit wie das Hôtel de Soubise, von Delamair für den Sohn des Prinzen von Soubise, den Fürstbischof von Straßburg und späteren Kardinal Rohan, errichtet. Es diente in der Folgezeit vier Kardinälen der Familie Rohan als Residenz, die alle Fürstbischöfe von Straßburg waren. Der letzte von ihnen, Louis de Rohan, führte einen verschwenderischen Lebensstil, bis er durch die Affäre um das Halsband der Königin Marie-Antoinette (1785) in Ungnade fiel.

1808 richtete Napoleon hier die Kaiserliche Druckerei ein. 1927 kam das Palais zum Nationalarchiv, wodurch es vor dem Abbruch gerettet wurde.

Der Ehrenhof ist weniger originell als der des Hôtel de Soubise. Die Hauptfassade geht auf einen Garten hinaus, der zu beiden Palais gehört.

Im Inneren führt eine Treppe zu den **Gemächern★** der Kardinäle von Rohan. In der Eingangshalle hängen kostbare Gobelins. Die ersten Salons sind mit Teppichen aus Beauvais geschmückt. Die Entwürfe werden dem Hofmaler François Boucher, 1703-1770, zugeschrieben. Die erhaltene Innenausstattung stammt aus der Zeit um 1750. Der Goldene Salon, das reizende Affenkabinett von Christophe Huet, das für die Affenszenen und Chinoiserien von Chantilly und Champs als Modell gedient hat, sowie die schönen Vertäfelungen der kleinen Räume (Fabelkabinett) verdienen besondere Beachtung.

Setzen Sie den Rundgang durch die Rue de la Perle fort.

Place de Thorigny B1

Der Platz lädt zum Verweilen und Bewundern der umliegenden Fassaden des **Hôtel de Chassepot** *(3 und 5 rue de la Perle)* und des **Hôtel de Libéral-Bruand** *(1 rue de la Perle)* ein. Etwas weiter in der Rue de Thorigny Nr. 5 befindet sich das **Hôtel Salé**, das das Musée Picasso beherbergt *(Sehenswürdigkeiten, S. 162)*. Dieses schöne Stadtpalais wurde zwischen 1656 und 1659 für Pierre Aubert de Fondenay, dem Pächter der Salzsteuer, errichtet, von dem sich der Name des **Hôtel Salé** ableitet.

Gute Gelegenheit für einen Aperitif: die schönen Straßencafés im Viertel St-Paul.

Sergio Pitamitz / Robert Harding Picture Library/ Age Fotostock

Rue du Parc-Royal B2

Auch hier befindet sich gegenüber des Square Léopold-Achille ein bemerkenswertes Ensemble von Adelshäusern des 17. Jh.: Das **Hôtel de Croisilles** *(Nr. 12)*, wo die Bibliothek und das Archiv des Denkmalamtes untergebracht sind, das **Hôtel de Vigny** *(Nr. 10)* mit Sitz des Centre national de documentation du Patrimoine sowie das **Hôtel Duret-de-Chevry** (*Nr. 8*, stark restauriert) und das **Hôtel Canillac** *(Nr. 4)*.

Man kann entweder durch die Rue Payenne oder die Rue de Sévigné zur Rue des Francs-Bourgeois zurückkehren, wobei Letztere empfohlen wird.

Rue Payenne B2

Der Square Georges-Cain, an den die Orangerie und die Fassade des Hôtel Le Peletier de St-Fargeau angrenzen, dient als eine Art Lapidarium, wo Überreste bedeutender Pariser Bauten deponiert werden. Das **Hôtel de Châtillon** *(Nr. 13)* besitzt noch einen gepflasterten Hof und eine schöne Treppe. Das benachbarte **Hôtel de Marle**, auch **de Polastron-Polignac** genannt *(Nr. 11)*, mit seinem Kieldach wird Philibert Delorme zugeschrieben. Es gehörte einst der Gräfin de Polignac, Gouvernante der Kinder Marie-Antoinettes. Heute hat die schwedische Botschaft nach erfolgter Restaurierung in dem Palais ein Kulturzentrum eingerichtet.

In Haus Nr. 5 wohnte **François Mansart** bis zu seinem Tod.

Rue de Sévigné B2

Man kommt an der Fassade des Hôtel Carnavalet und dann an der des Hôtel **Le Peletier de St-Fargeau** *(Nr. 29)* vorbei. Letzteres, das zwischen 1686 und 1690 von Pierre Bullet erbaut wurde, gehörte dem berühmten Konventsmitglied, das über den Tod Ludwigs XVI. abstimmen ließ. Nr. 52, das stark restaurierte **Hôtel de Flesselles**, wurde nach dem letzten Prévôt von Paris benannt.

Gegenüber, an dem kleinen Square Léopold-Achille, studierte der Physiker Sadi Carnot (1796-1832) die Gesetzmäßigkeiten der Temperaturen und begründete mit seiner Schrift „Réflexions sur la puissance motrice du feu" („Betrachtungen über die bewegende Kraft des Feuers") die neue Wissenschaft der Thermodynamik.

★★Hôtel Carnavalet B2

Das Palais wurde ab 1548 für Jacques des Ligneris, Präsident des Pariser Parlaments, errichtet. 1578 ging es in den Besitz von Françoise de La Baume-Montrevel über, berühmtes Mitglied der „fliegenden Schwadron" Katharina von Medicis und Witwe des Sire de Kernevenoy, einst Vormund Heinrichs III., dessen bretonischer Name von den Parisern in „Carnavalet" französisiert wurde. Die Legende kennt noch eine andere Namensherleitung: Die hübsche Witwe des Sire de Kernevenoy habe sich in dem schönen Palais gelangweilt. So hätten die Höflinge beschlossen, die Tränen der 19-Jährigen zu trocknen. Es hätten sich Scharen von Verehrern eingestellt, die sich gegenseitig durch ihre extravagante Kleidung auszustechen versuchten, sodass es einem täglichen Karneval gleichkam. Die Karnevalsmaske über dem Eingang erinnert an diese volkstümliche Interpretation.

Ein Großteil des Bauschmucks des Hôtel Carnavalet stammt von Jean Goujon, der die Löwen am Haupteingang, die Allegorie des Überflusses am Schlussstein des Gewölbes und das Dekor des Ehrenhofs *(am Ende des Hofes)* geschaffen hat. 1655 gibt **François Mansart** dem Renaissancebau sein heutiges Aussehen. 1677-1696 bewohnte Marie de Rabutin, die **Marquise de Sévigné**, das Palais. 1866 erwarb die Stadt Paris das Hôtel, um darin ihre Sammlungen zur Stadtgeschichte unterzubringen *(Sehenswürdigkeiten, S. 160)*.

Die Gebäude, die an die drei Gärten angrenzen, stammen aus dem 19. Jh., während das Hauptportal ins 16. Jh. datiert wird. Die **Statue Ludwigs XIV.**★ von Coysevox in der Mitte des Hofes befand sich ehemals im Rathaus (Hôtel de Ville).

Gehen Sie nach rechts in die Rue des Francs-Bourgeois und dann nach links in die Rue Pavée.

★★Hôtel de Lamoignon B2

24 rue Pavée. Prächtiges Stadtpalais, in dem große Persönlichkeiten ein- und ausgingen: Hier wohnte zunächst Diana von Frankreich, die uneheliche Tochter Heinrichs II. 1658 zog Parlamentspräsident Lamoignon in das Haus, in dem er Racine, Madame de Sévigné, Bourdaloue sowie den Dichter und Kritiker Boileau empfing. Alphonse Daudet hat ebenfalls hier gewohnt.

Heute ist das Palais Sitz der **Bibliothèque historique de la Ville de Paris**, die einen schönen Lesesaal mit bemalten Deckenbalken besitzt.

Rue des Rosiers A-B2

Die Straße ist eine der charakteristischsten des belebten jüdischen Viertels. Dem jüdischen Sabbat entsprechend können die Geschäfte hier samstags geschlossen sein. In Läden mit hebräisch beschrifteten Schildern werden Kultgegenstände, koscheres Fleisch und orientalische Spezialitäten angeboten. In den Boutiquen der **Rue Vieille-du-Temple** (werfen Sie einen Blick auf das **Hôtel Amelot-de-Bisseuil**★ *Nr. 47*) und der **Rue du Roi-de-Sicile** finden Sie Kleidung, Dekoartikel und Schmuck. Die Rue du Roi-de-Sicile führt auf einen kleinen Platz, die **Place du Bourg-Tibourg**, wo es ein Straßencafé neben dem anderen gibt.

Sehenswürdigkeiten

★★Musée Carnavalet-Histoire de Paris B2

Hôtel Carnavalet, 23 rue de Sévigné – ✆ 01 44 59 58 58 – M° St-Paul oder Chemin-Vert – www.carnavalet.paris.fr – tgl. außer Mo 10-18 Uhr – Fei geschl. – Eintritt frei (außer bei Wechselausstellungen).

Die Sammlungen zur Geschichte der Stadt Paris, die von der Vor- und Frühgeschichte bis in die heutige Zeit reichen, sind in zwei prachtvollen Stadtpalais untergebracht, dem Hôtel Carnavalet und dem Hôtel Le Peletier de St-Fargeau *(Zu Fuß unterwegs, S. 159, 160)*. Durch das Nebeneinander von Gemälden,

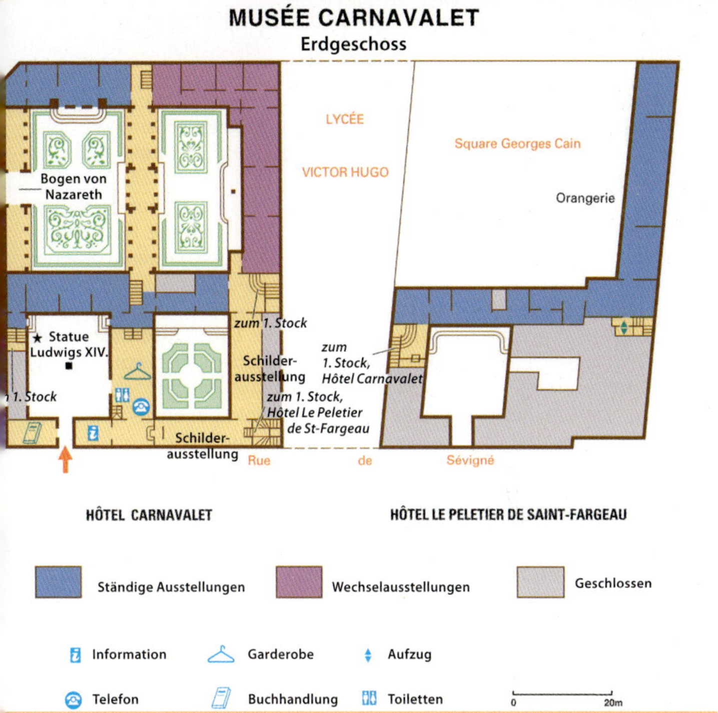

Möbeln, Grafik, Dokumenten und Modellen, Skulpturen und Volkskunst ist das Museum eines der lebendigsten und reizvollsten der ganzen Stadt.

Archäologische Zeugnisse dokumentieren die Stadtgeschichte von der Frühzeit bis ins Mittelalter. In der Orangerie des Hôtel Le Peletier de St-Fargeau sind etwa **neolithische Pirogen**, einfache Boote aus Holz, ausgestellt, die in Bercy von 1999 an gefunden wurden. Das älteste stammt dabei aus der Zeit um 4400 v. Chr.

Neben zahlreichen Gemälden, welche die Entwicklung der Stadt dokumentieren, kann der Besucher auch Zeugnisse bewundern, die an große Momente der französischen Geschichte erinnern, wie etwa die Französische Revolution oder die Pariser Kommune. Ein Modell zeigt die Ankunft des Herzogs von Orléans auf dem Rathausplatz an den Trois Glorieuses (Juli-Revolution, 27., 28. und 29. Juli 1830).

Das Kunstgewerbe bildet einen Schwerpunkt des Museums: bemalte und geschnitzte Holztäfelungen sowie ganze Decken aus anderen Herrschaftshäusern wurden hier in die Räume eingebaut. So kann man etwa die von Lebrun ausgemalten Salons des Hôtel de la Rivière bewundern und sich in der Bijouterie Fouquet in die Belle Époque zurückversetzt fühlen.

Im Museum befinden sich auch zahlreiche Porträts, Möbel und Erinnerungsstücke aus der Welt der großen Schriftsteller und Künstler: ein Alkoven aus dem Schlafzimmer von Proust, ein Porträt der Madame Récamier von Gérard und ein weiteres Bildnis Franz Liszt's von Lehmann.

In der Museumsbuchhandlung in den von Jean Oddes neu gestalteten Räumlichkeiten findet man eine große Auswahl an Literatur über Paris und seine Geschichte.

★★Musée d'Art et d'Histoire du Judaïsme A1

Hôtel St-Aignan – 71 rue du Temple – M° Rambuteau – ✆ 01 53 01 86 60 – www.mahj.org – ♿ – Mo-Fr 11-18, So 10-18 Uhr, (letzter Einlass 45 Min. vor Schließung) – Sa, 1. Jan., 1. Mai geschl. – 6,80 € (Kinder: Eintritt frei).

Im Hôtel St-Aignan aus dem 17. Jh. befindet sich das ultramoderne Museum für jüdische Kunst und Geschichte mit antiken und zeitgenössischen Kunstwerken zur jüdischen Kultur, die anhand von zahlreichen Begleittafeln erläutert werden.

Religion – Mittelpunkt der jüdischen Religion sind seit Jahrhunderten das Gesetz der Thora, die religiöse Lehre und die kultischen Feste. Nachbildungen von Synagogen und Kultgegenstände verdeutlichten die verschiedenen Festriten. Angesprochen werden auch der Glaube an einen Messias und die Pilgerreisen. Unter den Kultobjekten befindet sich eine Sukka, eine Hütte mit Strohdach, in der sich die Gläubigen anlässlich des **Laubhüttenfestes** eine Woche lang häuslich einrichten und der 40 Jahre gedenken, die die Hebräer in der Wüste verbracht haben, sowie des Auszugs aus Ägypten.

Diaspora – Die Geschichte des Judentums ist eine Abfolge von Vertreibungen und Exilen. Die ersten Säle beziehen sich auf die Einwanderung der Juden nach Frankreich im Mittelalter und nach Italien von der Renaissance bis ins 18. Jh.: Stelen, Handschriften und königliche Erlasse verdeutlichen den Alltag der Juden (Heirat, Geschenke usw.) und ihre Schwierigkeiten im Zusammenleben mit den anderen Glaubensgemeinschaften.

Die beiden Hauptgruppen des Judentums – Das Judentum veränderte seine Bräuche und Trachten durch den Kontakt mit anderen Kulturen, z. B. Im muslimischen Spanien – die Sephardim, die spanischen Juden – oder in Osteuropa – die Aschkenasim.

Das heutige Judentum – Während die Aufklärung und das Premier Empire den Juden eine gewisse Gleichstellung gebracht hatten, endete das 19. Jh. mit dem Aufflammen eines modernen Antisemitismus, der schließlich auch den Zionismus hervorrief. Die Säle 9 und 12 behandeln die Dreyfus-Affäre und den Holocaust; die Säle 11 und 13, die der jüdischen Kunst im 20. Jh. und dem zeitgenössischen Judentum gewidmet sind (Wechselausstellungen), vervollständigen den Überblick.

★★Musée Picasso B1

Hôtel Salé – 5 rue de Thorigny – M° St-Sébastien-Froissart – ✆ 01 42 71 25 21, www.musee-picasso.fr – wegen Umbauarbeiten bis Februar 2012 geschl. Das Hôtel Salé wurde in jüngerer Zeit unter der Leitung des Architekten Simounet restauriert (Spaziergang „Marais-Promenade", Place de Thorigny). Im Inneren ist ein schönes, skulpturengeschmücktes **Treppenhaus**★ mit schmiedeeisernem Geländer erhalten.

DIE URSPRÜNGE DES PICASSO-MUSEUMS

Pablo Ruiz Picasso wurde am 25. Oktober 1881 in Màlaga geboren. Mit 14 Jahren trat er in die Kunsthochschule in Barcelona ein, an der sein Vater Lehrer war, dann besuchte er die Kunstakademie Madrid. 1904 zog er nach Frankreich, das er dann nur noch für kurze Auslandsaufenthalte verließ. Picasso starb am 8. April 1973. Seit 1968 ermöglicht ein Gesetz Erben, die Erbschaftssteuer in Form von Kunstwerken zu begleichen, was Frankreich, das bis dahin nur wenige Werke von Picasso besaß, zu der umfassendsten Sammlung dieses Künstlers verhalf. Sie beinhaltet mehr als 250 Gemälde, viele bemerkenswerte Skulpturen, Reliefbilder, Collagen, eine über 3000 Werke umfassende grafische Sammlung, 88 Keramiken, illustrierte Bücher und Manuskripte.

Von der Rue des Coutures-St-Gervais und der Rue Vieille-du-Temple hat man einen guten Blick auf den Garten und die imposante Gartenfront des Palais. In der **öffentlichen Anlage**, die eine Verlängerung des Gartens bildet, steht ein Brunnen von Simounet.

Besichtigung – Der Rundgang beginnt im 1. Stock mit dem *Selbstbildnis* aus der Blauen Periode. Die in chronologischer Reihenfolge gezeigten Exponate illustrieren die künstlerische Entwicklung Picassos, seine verschiedenen Schaffensphasen und Techniken. Besonders hervorzuheben sind die Entwürfe für die *Demoiselles d'Avignon*, das *Stilleben mit Rohrstuhl* und die *Panflöte*. Gezeigt wird außerdem die einstige Privatsammlung Picassos (Schenkung Picasso), die etwa 50 Werke von Künstlern enthält, die Picasso besonders bewunderte (Chardin, Corot, Renoir, Braque, Cézanne, Rousseau). In der 3. Etage werden in einem Vorführraum Filme über den Künstler gezeigt.

★★Musée Cognacq-Jay B2

Hôtel Donon – 8 rue Elzévir – M° Chemin-Vert – ✆ 01 40 27 07 21 – www.cognacq-jay.paris.fr – tgl. außer Mo 10-18 Uhr – Führungen möglich (1,5 Std.) – Eintritt frei, Führung 4,50 €.

Die hier präsentierte Sammlung europäischer Kunst des 18. Jh. wurde ursprünglich von den Gründern des Kaufhauses La Samaritaine zusammengetragen, die sie dann der Stadt Paris vermachten. Sie ist heute im vollständig renovierten **Hôtel Donon** untergebracht, dessen Haupttrakt vom Ende des 16. Jh. mit seinem hohen Dach an den Baustil Philibert Delormes erinnert. Das Gebäude und die darin beherbergte Sammlung bilden zusammen ein harmonisches und geschmackvolles Ensemble, das vom raffinierten Lebensstil des Jahrhunderts der Aufklärung zeugt.

In den holzvertäfelten Räumen im Erdgeschoss sind ausgesuchte Zeichnungen von Watteau sowie erlesene Gemälde von Rembrandt, Ruysdael, Largillière und Chardin zu sehen, außerdem höfische Porträts aus der Zeit Ludwigs XV. wie die von Maria Leszczynska, ihrer Tochter Madame Adélaïde sowie von Alexandrine, der Tochter der Madame de Pompadour. Die Gouachen (Mallet) im 2. Stock vermitteln ein Bild des einfachen und doch eleganten Lebens der Bourgeoisie zur Zeit Ludwigs XVI. Im ovalen Saal stehen sich Kinderdarstellungen Fragonards und Terrakottaskulpturen Lemoynes sowie Werke von Greuze gegenüber. Die Galerie mit Skulpturen von Falconet, Houdon und Clodion, die von der italienischen Kunst beeinflusst sind, enthält auch Gemälde von Hubert Robert und Boucher. Im dritten Stock sind Werke des Rokoko ausgestellt: Gemälde von Élisabeth Vigée-Lebrun und Zeitgenossen, Pastelle (*Die Frau des Präsidenten von Rieux* und *Selbstbildnis* von Georges de La Tour) und englische Malerei. Im großen, mit Eichenholz getäfelten Salon stehen eine Kommode, ein ovaler Tisch mit dem Stempel RVLC und ein Kommodenpaar von Carlin. In einem Kabinett hängen venezianische Gemälde (*Markusplatz* von Guardi). Porzellan aus Meißen und Sèvres sowie kostbare Gegenstände wie Tabaksdosen, Bonbonnieren und Reisenecessaires sind in Vitrinen ausgestellt. Das große Dachgeschoss wird von Zeit zu Zeit für Wechselausstellungen genutzt.

★Musée de l'Histoire de France A1

Hôtel de Soubise – 60 rue des Francs-Bourgeois – M° Rambuteau – ✆ 01 40 27 60 96 – tgl. außer Di 10.30-12 und 14-17.30 Uhr, Wochenende 14-17.30 Uhr – Di und Fei geschl. – 3 € (unter 18 J. Eintritt frei).

Schon das Gebäude an sich, in dem das Museum der Geschichte Frankreichs untergebracht ist, ist mit seiner original erhaltenen Innenausstattung ein sehenswertes Juwel. Derzeit sind noch Renovierungsarbeiten im Gang, doch werden Ausstellungen, Vorträge, Konzerte, Workshops und Lesungen angeboten.

Innenräume★★ – Als der Architekt des Palais, Pierre Alexis Delamair, gegen Ende der Bauarbeiten in Ungnade fiel, wurde er durch Germain Boffrand ersetzt. Der Schüler von Jules Hardouin-Mansart zeichnete daraufhin für die bemerkenswerte Innenausstattung des Palais verantwortlich, für die die besten Maler und Bildhauer der Zeit verpflichtet wurden. So erklärt sich auch der Gegensatz zwischen der unter Ludwig XIV. entstandenen strengen klassischen Architektur des Außenbaus, die auf Delamair zurückgeht, und der prächtigen, fantasievollen Rokokoausstattung der Innenräume, die Boffrand zur Zeit Ludwigs XV. entworfen hat.

In den Räumen im Erdgeschoss wohnte der älteste Sohn des Fürsten François de Soubise: Die Supraporten im Schlafzimmer zeigen mythologische Szenen: *Neptun und Amphitrite* (Jean Restout), *Die Vermählung von Herkules und Hebe* (Charles Trémolières), *Aurora und Kephalos* (François Boucher), *Mars und Venus* (Carle Van Loo). Die Gipsreliefs im ovalen Salon stellen die Wissenschaften und die Künste dar.

Im ersten Stock befindet sich neben der ehemaligen Hauskapelle der Guise der **Saal der Wachen**, der in den Religionskriegen das Hauptquartier der katholischen Liga war. Die große Komposition des *Typus religionis* stammt aus dem Jesuitenkolleg zu Billom, das 1847 zusammen mit den Archiven des ehemaligen Pariser Parlaments erworben wurde.

Die **Salle d'Assemblée** zieren Gemälde von Carle Van Loo *(Toilette der Venus)* und von François Boucher *(Venus im Bade)*; im gleichen Saal sind auch ein mit Steinen der Festung gefertigtes Modell der Bastille sowie ein Tisch und zwei Stühle aus dem Pariser Parlament ausgestellt.

Schlafzimmer der Fürstin – Dieser Raum überrascht durch seine prachtvolle Ausstattung und Größe. Er hat die alten weiß-goldenen Täfelungen bewahrt und ist wie einst mit einem Himmelbett ausgestattet. In den Eckmedaillons des Raumes sind die Liebschaften Jupiters dargestellt. Zu beiden Seiten des Bettes hängen zwei fantastische Gemälde Bouchers: *La Cage ou le Pasteur complaisant* und *La Guirlande ou le Pasteur galant.*

Ovaler Salon der Fürstin – Durch die hellblaue Deckenbemalung und die Sinnlichkeit der Gemälde Natoires (*Geschichte der Psyche*) wirkt dieser Raum, ein Paradebeispiel des französischen Rokoko, recht intim.

Kleines Schlafzimmer der Fürstin – Hier sind die Medaillons mit der Darstellung der Vier Elemente sowie die Supraporten von Carle Van Loo, Restout, Trémolières und Boucher besonders interessant.

★Maison de Victor Hugo C2

6 pl. des Vosges – M° St-Paul, Bastille oder Chemin-Vert – ✆ 01 42 72 10 16 – www.musee-hugo.paris.fr – ♿ – tgl. außer Mo 10-18 Uhr – Fei geschl. – Eintritt frei (außer Wechselausstellungen).

Das Museum wurde 1903 im ehemaligen, Anfang des 17. Jh. erbauten Hôtel de Rohan-Guéménée eingerichtet, wo Victor Hugo von 1832 bis 1848 lebte. Im ersten Stock werden in Wechselausstellungen Handzeichnungen des Schriftstellers gezeigt.

Im zweiten Stock kann man die verschiedenen Wohnsitze Victor Hugos Revue passieren lassen, und der Chinesische Salon sowie die bemalten Möbel aus dem Haus seiner Lebensgefährtin Juliette Drouet in Guernesey legen Zeugnis ab von seinem Talent als Dekorationsmaler. Bildnisse, Büsten, Fotografien und Familienerinnerungsstücke illustrieren das Leben Victor Hugos.

★Musée de la Curiosité et de la Magie B3

11 rue St-Paul – M° St-Paul – ✆ 01 42 72 13 26 – www.museedelamagie.com – am Wochenende und in den Schulferien (außer Juli und Aug.) 14-19 Uhr – 9 € (unter 12 J. 7 €).

Die Sammlung dieses Museums gestattet einen Einblick in die zahlreichen Erfindungen in der Zauberkunst und ihre Requisiten, die man auf die alten Ägypter, die ihre Tempel mit trickreichen hydraulischen Mechanismen versahen, zurückführen kann. Nach der Hälfte des Museumsrundgangs werden in einem Zuschauerraum regelmäßig Zaubervorführungen veranstaltet.

Bemerkenswert sind die gedrechselten **Exponate aus Eibenholz**, die häufig in Nürnberg hergestellt wurden und zum Inhalt der Zauberkästen gehörten, die man im vergangenen Jahrhundert den Kindern schenkte, die **Kästchen mit doppeltem Boden** und auch die **Automaten**. Die Objekte aus formbarem Metall (aus Weißmetall oder Messing), die häufig aus dem belgischen Dinan stammen, sind ebenfalls interessant: der ständig gefüllte Wasserkrug, der Topf mit den Tauben und die Kugeln mit den Tüchern.

Ausgestellt sind außerdem einige Objekte optischer Täuschungen, wie z. B. die Büste von **Robert Houdin** (1805-1871), einem Diplomaten und genialen Uhrmacher, der der Zauberkunst im 19. Jh. zum gesellschaftlichen Durchbruch verhalf. Der Zauberkünstler, der seinem Haus in Blois den Spitznamen „Scherzartikel-Abtei" gegeben hatte, überraschte seine Nachbarn und Gäste mit immer neuen Erfindungen: Türen öffneten sich ohne Zutun vor den Besuchern, ein Gartenroboter mähte den Rasen, Glocken ertönten, wenn Leute vorbeigingen u. a. In den folgenden Sälen werden **optische Täuschungen** und Spiele mit Spiegeln präsentiert.

Musée de la Chasse et de la Nature A1

Hôtel de Guénégaud und Hôtel de Mongelas – 62 rue des Archives – M° Rambuteau – ✆ 01 53 01 92 40 – www.chassenature.org – tgl. außer Mo 11-18 Uhr – Fei geschl. – 6 € (unter 18 J. Eintritt frei).

Das Museum beschäftigt sich mit Mythen und Legenden rund um die Jagd, Jagdtraditionen und -praktiken, der Entwicklung von Schusswaffen sowie mit der gesamten Tierwelt: Es sind Tiergemälde, ausgestopfte Tiere aus Nordafrika, Amerika und Asien sowie eine Sammlung von Waffen und Armbrüsten zu sehen. Nicht mehr die Frage „Wie jagt man?", sondern vielmehr die Frage „Warum jagt man?" will das vollständig renovierte und erweiterte Museum beantworten, in das nun auch zeitgenössische Kunstwerke integriert sind.

Mémorial de la Shoah A2

17 rue Geoffroy-l'Asnier – M° St-Paul oder Hôtel-de-Ville – ✆ 01 42 77 44 72 – www.memorialdelashoah.org – ♿ – tgl. außer Sa 10-18 Uhr, Do bis 22 Uhr – 1. Jan., 1. Mai, 14. Juli, 15. Aug., 25. Dez. und an verschiedenen jüdischen Feiertagen geschl. – Eintritt frei.

Aus dem alten, anlässlich des 60. Jahrestages der Befreiung des Konzentrationslagers Auschwitz erweiterten und neu gestalteten Mémorial du Martyr Juif inconnu wurde das Mémorial de la Shoah, das eine Vorzeigeinstitution der Shoah in Europa zu werden verspricht. Die Dauerausstellung (im Untergeschoss) lässt das Schicksal der Juden in Frankreich und im restlichen Europa während des Zweiten Weltkriegs Revue passieren und stellt anhand von Film- und Fotomaterial Einzelschicksale vor.

In der Krypta der Gedenkstätte brennt eine ewige Flamme zur Erinnerung an die jüdischen Opfer des Hitlerregimes, und in die „Mauer der Namen" am Eingang sind die Namen von 76 000 jüdischen Deportierten eingraviert. Hier finden auch Wechselausstellungen statt. Ebenfalls angeschlossen ist ein Dokumentationszentrum mit Archiv, Bibliothek und Fotothek. Es finden auch regelmäßig Vorträge, Filmvorführungen, Begegnungen mit Zeitzeugen und Gesprächsrunden statt, denn die Gedenkstätte versteht sich als Ort der „lebendigen und aktiven" Erinnerung.

Maison européenne de la Photographie A2

5-7 rue de Fourcy – M° St-Paul – ✆ 01 44 78 75 00 – www.mep-fr.org – ♿ – tgl. außer Mo und Di 11-20 Uhr (letzter Einlass 30 Min. vor Schließung) – Dauer- und Wechselausstellungen – Fei geschl. – 6 ,50 € (Kinder: 3,50 €), Mi nach 17 Uhr Eintritt frei.

Das Museum für Fotografie ist zwischen Rue François-Miron und Rue de Fourcy im **Hôtel Hénault-de-Cantobre** (um 1704) untergebracht, das 1990 von dem Architekten Yves Lion restauriert und erweitert wurde.

Die ständige Ausstellung, die in regelmäßigen Abständen neu präsentiert wird, umfasst 12 000 nach 1958 entstandene Aufnahmen. In der Salle Hénault-de-Cantobre finden Wechselausstellungen mit historischen und wissenschaftlichen Inhalten statt. Im Untergeschoss befinden sich Bibliothek, Videothek und ein Auditorium. Alle zwei Jahre, das nächste Mal im November 2012, findet hier der „Monat der Fotografie" statt.

TIPPS UND ADRESSEN

ÜBERNACHTEN

Unsere Hoteladressen finden Sie auf S. 402/403 (3. und 4. Arr.) und S. 406 (11. Arr.).

ESSEN UND TRINKEN

L'Arganier – *19 rue Ste-Croix-de-la-Bretonnerie – M° Hôtel-de-Ville – 01 42 72 08 25 – tgl. 12-24 Uhr – Mittagsmenü 12,50 € – 12/50 €.* Dieses nach einem Baum aus Südmarokko benannte Restaurant lädt dazu ein, Speisen wie Berbercouscous, Tajine mit Zitronenconfits und Mandelteiggebäck zu probieren. Moderate Preise für das Marais. An den Wochenenden Brunch und es werden Animationsabende mit orientalischen Tänzerinnen veranstaltet.

Le Bistrot de la Place – *2 pl. du Marché-Ste-Catherine – M° St-Paul – 01 42 78 21 32 – www.lebistrotdelaplace.com – Mittagsmenü 13,50 € – 32/54 €.* Besonders besticht die ruhige Lage auf dem kleinen Platz mitten im Marais; im Winter Heizstrahler auf der Terrasse. Auf der Speisenkarte stehen regionale Spezialitäten und südfranzösische Küche.

Chez Marianne – *2 rue des Hospitalières-St-Gervais – M° St-Paul – 01 42 72 18 86 –12/18 €.* Das Restaurant im jüdischen Viertel bietet eine Kombination aus süd- und zentraleuropäischer Küche. Man kann sich seinen Teller nach Geschmack selbst zusammenstellen. Am schönsten sitzt man in dem Raum gegenüber den Regalen mit den Weinflaschen und im Sommer auf der kleinen Terrasse.

Autour du Saumon – *60 rue François-Miron – M° St-Paul – 01 42 77 23 08 – comptoirdusaumon.convention@wanadoo.fr – 9-22.30 Uhr (So 19 Uhr) – Mittagsmenü 25 €.* Auf der einen Seite ein Fischgeschäft, wo Lachs aus Dänemark, Irland, Schottland, Norwegen oder von den Shetlandinseln, eingelegte Heringe, geräucherte Fische (Heilbutt, Schwertfisch, Forelle), iranischer Kaviar sowie eine schöne Auswahl an Champagner, Wodka und Schnäpsen im Angebot sind, auf der anderen Seite ein Restaurant, in dem ebenfalls der Lachs zu Ehren kommt.

L'Enoteca – *25 rue Charles-V – M° Sully-Morland oder St-Paul – 01 42 78 91 44 – enoteca@enoteca.fr – 11.-20. Aug. geschl. – Reserv. empfohlen – Mittagsmenü 14 € – 30/45 €.* Das italienische Restaurant in einem Haus aus dem 16. Jh. ist für seine exquisite und kreative Küche wie auch für seine große Auswahl an italienischen Weinen bekannt. Deckenbalken, ockerfarbene Wände und Lampen aus Muranoglas verbreiten Gemütlichkeit.

Le Gaigne – *12 rue Pecquay – M° Rambuteau – 01 44 59 86 72 – www.restaurantlegaigne.fr – So mittags, Di und im Aug. geschl. – Menü (16 €), 22 € (Mittagsmenü in der Woche), 39/54 € – à la carte 47/57 €.* Geheimtipp in einer kleinen ruhigen Seitengasse des Marais. Der Abstecher lohnt wegen der guten moderne Küche. Der kleine Speisesaal ist funktional eingerichtet.

L'Osteria – *10 rue Sévigné – M° St-Paul – 01 42 71 37 08 – Mo mittags, Sa abends und So geschl. – 23/38 €.* An der Fassade dieser Trattoria gibt es weder ein Schild, noch eine Speisekarte. Sie ist bei ihren treuen Stammkunden und einigen Stars beliebt, die ihre Autogramme und Zeichnungen an der Wand hinterließen. Schmackhafte saisonale italienische Küche.

KLEINE PAUSE

Le Loir dans la Théière – *3 rue des Rosiers – M° St-Paul – ✆ 01 42 72 90 61 – 9.30-19.30 Uhr – am 25. Dez. geschl.* Seit mehr als 25 Jahren serviert dieses elegante Café kleine Gerichte und hausgemachte Kuchen. Helle, in Grün gehaltene Einrichtung und gemütliche Clubsessel.

Mariage Frères – *30 rue du Bourg-Tibourg – M° Hôtel-de-Ville – ✆ 01 42 72 28 11 – www.mariagefreres.com – 10.30-19.30 Uhr – 1. Mai geschl.* Lassen Sie sich in das Reich des Tees einführen. Ein Teesalon im Kolonialstil, selbst die Bedienung scheint aus einer anderen Zeit zu stammen. An der Theke gibt es Sandgebäck, Konfitüren und Schokolade mit Tee-Aroma, Teegeschirr, Teekannen und natürlich über 500 verschiedene Teesorten aus dreißig Ländern.

Les Marronniers – *18 rue des Archives – M° Hôtel-de-Ville – ✆ 01 40 27 87 72 – 7-21 – 8-2 Uhr – 17 €.* Die schöne Terrasse des Marronniers zwischen der Église Réformée des Billettes und dem Kaufhaus BHV ist stadtbekannt. Der Raum im 1. Stock im farbenfrohen Barockstil ist weniger besucht, aber durchaus lohnenswert. Nachmittags ein ruhiger Ort zum Entspannen. Sonntags von 11-16 Uhr Brunch.

Le Palais des Thés – *64 rue Vieille-du-Temple – M° Hôtel-de-Ville oder St-Paul – ✆ 1 48 87 80 60 – www.palaisdesthes.com – 10-20 Uhr.* Wahrer Teetempel mit angenehmer Zen-Atmosphäre. Etwa 300 verschiedene Teesorten in hübschen Aluminiumteedosen aus China, Indien, Japan, Sri Lanka und Brasilien, darunter auch einige Bio-Tees, stehen zum Kauf bereit. Zum Kennenlernen neuer Geschmacksrichtungen werden täglich zwei Tees zum Probieren angeboten.

EINKAUFEN

Izrael Épicerie du Monde – *30 rue François-Miron – M° St-Paul – ✆ 01 42 72 66 23 – tgl. außer So und Mo 9.30-13 und 14.30-19 Uhr, Sa 9-19 Uhr – Aug. und Fei geschl.* Diese Ali-Baba-Höhle ist das bekannteste Lebensmittelgeschäft von Paris.

Joséphine Vannier – *4 rue du Pas-de-la-Mule – M° Bastille – ✆ 01 44 54 03 09 – www.chocolats-vannier.com – tgl. außer So-vormittag und Mo 11-13 und 14.30-19 Uhr – 25. Juli-25. Aug. und 25. Dez. geschl.* Schokoladenfachgeschäft. Auch Nougat, geröstete karamellisierte Nüsse im Schokoladenmantel und köstliche Sorbets und Eissorten von Martine Lambert (Eishersteller aus Deauville) sind im Angebot.

Rue Vieille-du-Temple – *M° Filles-du-Calvaire.* Am oberen Ende dieser Straße (ab Rue du Perche) und in den Nebenstraßen (Rue Charlot, Rue de Poitou usw.) findet man zahlreiche Kunstgalerien. Entsprechende Broschüren sind vor Ort erhältlich.

Sacha Finkelsztajn – La boutique jaune – *27 rue des Rosiers – M° St-Paul oder Hôtel-de-Ville – ✆ 01 42 72 78 91 – www.laboutiquejaune.com – tgl. außer Di 10-19 Uhr – Mitte Juli-Mitte Aug. geschl.* Sacha Finkelsztajn hat das Geschäft in der dritten Generation von seinem Vater übernommen und führt in dem freundlichen, gelb gestrichenen Laden die gastronomische jiddische Tradition aus Osteuropa und Russland fort. Zwischen exotischen Düften wird Gebäck, Käse, Tarama und Olivenkaviar angeboten.

6 - Jardin des Plantes – Mouffetard★★

Zugleich Höhle des Ali Baba und ein Stück Natur im Herzen der Stadt – der Jardin des Plantes ist etwas ganz Besonderes. Wissenschaft wird auf eine für alle verständliche Weise vermittelt, die auch noch Spaß macht. Man kann einen Besuch in die Botanischen Gärten mit ihren insgesamt 28 ha Fläche auch mit einem Abstecher in den beliebten Pariser Stadtteil Mouffetard verbinden, mit seinen alten Gässchen und der kleinen malerischen Place de la Contrescarpe. Ein dank der vielen Studenten vom Berg St-Geneviève und aus den Fakultäten Jussieu und Censier Tag und Nacht sehr belebtes Viertel voller Grünflächen am Rande des Quartier Latin.

WEGWEISER – *Umschlagkarte vorne D3 – 5. Arr. – Michelin-Stadtplan Nr. 57, L 15-L 16, M1-M16.* Auf der Seite des Quai St-Bernard: M° Gare-d'Austerlitz (Linien 5 und 10); Busse 24, 57, 61, 63, 89 und 91; RER Gare-d'Austerlitz (Linie C). Auf der Seite der Rue Geoffroy-St-Hilaire: M° Place-Monge und Censier-Daubenton (Linie 7), Jussieu (Linien 7, 10), Cardinal-Lemoine (Linie 10).

UNBEDINGT SEHENSWERT – Das Arabische Kulturinstitut; das Amphitheater von Lutetia; die Rue Mouffetard und ihre Feinkostgeschäfte; die große Halle der Grande Galerie de l'Évolution.

GUT GEPLANT – Vormittags sollte man zuerst die lebhafte Rue Mouffetard besuchen und nachmittags dann den Botanischen Garten. Bitte beachten Sie bei Ihrer Planung auch, dass die Öffnungszeiten der verschiedenen Abteilungen des Musée d´histoire naturelle nicht einheitlich sind.

MIT KINDERN – Die große Halle der Grande Galerie de l'Évolution, die Galerie de Paléontologie (Dinosaurier!) und der Garten. Hier sind allerdings Fahrräder, Roller und Inlineskates verboten.

Zu Fuß unterwegs Stadtplan S. 172/173

★QUARTIER JUSSIEU 1

Ausgangspunkt M° Gare-d'Austerlitz. 2 Std.

★★Jardin des Plantes (Botanischer Garten) C1

Haupteingang Place Valhubert, Nähe M° Gare-d'Austerlitz – andere Eingänge: Rue Geoffroy-St-Hilaire – ☏ 01 40 79 56 01 – www.mnhn.fr – ♿ – Sommer 7.30-20 Uhr; Winter 8-17.30 Uhr – Zeiten können je nach Sonnenauf- bzw. -untergang variieren – Führungen (1-1 1/2 Std.) – Fei geschl. – Eintritt frei.

1601 pflanzte Vespasien Robin die erste Robinie (falsche Akazie) am Square Viviani in der Nähe von St-Julien-le-Pauvre. Unweit der Allée des Becquerel kann man den mächtigen Stamm einer Robinie aus dem Jahre 1636 bewundern.

Grandes Serres (Gewächshäuser) *– Winter Mi-Mo 10-17, Sommer Mi-Mo 10-18 Uhr – Di und 1. Mai geschl. – 5 € (4-14 J. 3 €).* Tauchen Sie in die Welt tropischer und subtropischer Pflan-

HUT AB!

Der Legende nach schmuggelte Bernard de Jussieu (1699–1777) im Jahr 1734 aus England zwei Setzlinge der berühmten Libanonzeder in seinem Hut nach Frankreich. In Wirklichkeit verhielt es sich so: Er hatte die beiden Pflanzen in einem Topf befördert, der wenige Meter vor dem Ziel zu Boden fiel und zerbrach. So kam es, dass die zukünftige Zeder ihre Reise im Hut des großen Gelehrten beendete.

Lichtdurchflutete Gewächshäuser im Jardin des Plantes.

S. Sauvignier / MICHELIN

zen ein: Bananen, Palmen, mexikanische Sukkulenten und Euphorbien (Wolfsmilchgewächse), endemische australische Pflanzen und anderes.

Cabinet d'histoire – *10-17 Uhr, Di geschl.* Hinter den großen Gewächshäusern entstand erst vor Kurzem im Erdgeschoss des Hôtel de Magny ein Cabinet d'histoire. Es zeigt Inschriften, Gemälde und Skulpturen zur Geschichte des Botanischen Gartens.

Jardin alpin (Alpengarten) – *℘ 01 40 79 56 01 – www.mnhn.fr – April-Sept. 8-17 Uhr, Wochenende und Fei 13.30-18 Uhr, Okt.-März geschl. – 1 € (Kinder: 0,50 €), an Wochentagen Eintritt frei.* Die gesamte Gebirgsflora gibt sich hier ein Stelldichein, nach Bodenbeschaffenheit und Sonnenlage geordnet: Korsika, Marokko (Südhang), Alpen, Himalaya (Nordhang).

École de Botanique (Botanischer Lehrgarten) – *℘ 01 40 79 56 01 – www.mnhr.fr* – Kinder nur mit Begleitung – ♿ – *Öffnungszeiten wie der Jardin de Plantes – Fei geschl – Eintritt frei.* Fast 4000 Pflanzenarten, nach Gattung und Familie geordnet, findet man in diesem botanischen Lehrgarten.

Jardin écologique – *Führung (1,5 Std.) Sa 15 Uhr – an der Kasse Charretière der Ménagerie – 6 €.* Dieser Garten ist nur im Rahmen von Führungen zugänglich. Es handelt sich um ein altes Arboretum, das sich die Natur zurückerobert hat. Der „kleine Wald" mitten in der Stadt ist auf diese Weise zu einem einzigartigen Lebensraum für zahlreiche Arten geworden: Gräser, Sträucher, Lianen und Bäume beherbergen hier etliche Insekten- und Vogelarten sowie Säugetiere.

Roseraie (Rosengarten) – *℘ 01 40 79 56 01 – www.mnhn.fr – ♿ – Sommer 8-20 Uhr; Winter 8-17.30 Uhr – Eintritt frei.* Der Rosengarten betört mit seinem Farben- und Artenreichtum (300 verschiedene Sorten).

Jardin d'Iris et de plantes vivaces (Schwertlilien- und Staudengarten) – *℘ 01 40 79 56 01 – www.mnhn.fr – Sommer 7.30-20 Uhr, Winter 8-17.30 Uhr – Eintritt frei.* Die zahlreichen Hecken und Ranken geben einen romantischen Rahmen für die in Farben schwelgenden Schwertlilienbeete ab. Ein absolutes Muss im Schwertlilienmonat Mai!

Ausgang Place Valhubert. Überqueren Sie den Quai St-Bernard und gehen Sie links auf dem Geh- und Radweg weiter die Seine entlang.

Square Tino-Rossi C1

Entlang des Quai St-Bernard am Ufer der Seine liegt hier das **Musée de la Sculpture en plein air** (Freilicht-Skulpturenmuseum) mit Werken von Brancusi, Stahly, Zadkine, César, Rougemont u. a.

Wenn man den Quai St-Bernard weiter entlang geht, erreicht man das Arabische Kulturinstitut.

★Institut du Monde arabe

1 rue des Fossés-St-Bernard – M° Jussieu – ✆ 01 40 51 38 38 – www.imarabe.org – ♿ – tgl. außer Mo 10-18 Uhr – 1. Mai geschl. – Führungen Di-Fr 15 Uhr, Sa, So und Fei 14-16 Uhr – freier Zugang zur Terrasse – 5 € (12-26 J. 3 €, unter 12 J. Eintritt frei), Führung 6,10 €.

Auf Initiative Frankreichs und 20 arabischer Länder entstand 1980 das Institut mit der Aufgabe, das Verständnis für die arabische Kultur und Sprache zu fördern – und wurde ein großer Erfolg. Die jährlichen Ausstellungen (Okt.-März) stoßen immer auf reges Interesse und zählen mittlerweile zu den „großen" Ausstellungen der Stadt.

Architektur – Das moderne Gebäude aus Glas und Metall mit einem Innenhof aus Marmor stellt alleine schon ein imposantes Pariser Bauwerk dar. Das Architektenteam (darunter Jean Nouvel) wollte eine Synthese zwischen den architektonischen Konzepten des Orients und des Okzidents schaffen, und zugleich eine Brücke zwischen Tradition und Moderne. Durch ein fotografisches Verfahren erscheinen auf den Scheiben im oberen Teil der Nordfassade die Bauten der Île St-Louis. 240 geometrische Platten mit arabischen Mustern verkleiden die Südfassade. Diese öffnen und schließen sich je nach Lichteinfall. Westlich steht der Bücherturm (Tour des Livres), ein weißer Marmorzylinder, der an das Minarett der Moschee von Samarra erinnert.

Den Blick von der Terrasse dürfen Sie keinesfalls versäumen: Hier sieht man die Spitze der Kathedrale von Notre-Dame, die Île St-Louis, das Viertel um die Bastille … *Freier Zutritt.*

Das Museum – Auf drei Stockwerken wird die Geschichte der arabischen Zivilisation, von der vorislamischen Zeit bis zum heutigen Tag, lebendig. Die rund 600 Ausstellungsstücke sind Zeugen einer Kultur, die sich vom 9.-19. Jh. von Spanien bis nach Indien erstreckte: Glas, Keramik, Bronzearbeiten, Holz- und Elfenbeinschnitzereien, Teppiche, Schmuck. Beeindruckend ist die Sammlung von Astrolabien, die das wichtigste Instrument islamischer Astronomen zur Bestimmung der Lage von Gestirnen waren.

Nicht verpassen

– Die hochkarätigen Wechselausstellungen zu ausgewählten Themen.

Zum Kulturinstitut gehören außerdem eine Bibliothek, ein Kino, ein Dokumentationszentrum, eine Buchhandlung, Restaurants und gemütliche Cafés, z. B. das Café Littéraire im Erdgeschoss. Auf dem Vorplatz werden an manchen Tagen handwerkliche Produkte verkauft.

Über die Rue des Fossés-St-Bernard geht es wieder zurück und dann noch einmal links in die Rue de Jussieu.

JEAN PAULHAN

Der französische „Literaturpapst" und langjährige Chefredakteur der NRF (Nouvelle Revue Francaise, eine 1909 unter André Gide gegründete Literaturzeitschrift), der in der Nähe des Amphitheaters von Nîmes geboren wurde, lebte von 1940–1968 in der **Rue des Arènes** Nr. 5, einem Gebäude im Stil der Gotik und der Renaissance. Wie wir aus der Literaturgeschichte wissen, spielte er, der ja aus dem Midi (Region im Herzen Frankreichs) stammte, gerne „Pétanque", eine Variante des Boule-Spiels.

30 Meter hoch ist das im spanisch-maurischen Stil erbaute Minarett.
S. Sauvignier / MICHELIN

★Collection de Minéraux
Université Pierre-et-Marie-Curie – 4 pl. Jussieu – ✆ 01 44 27 52 88 – www.imcp.jussieu.fr – ♿ – tgl. außer Di 13-18 Uhr – Audioguide – 1. Jan., Ostern, 1. Mai, 14. Juli, 1. und 11. Nov., 25. Dez. geschl. – 5 € (Kinder: 2 €, unter 10 J. Eintritt frei).
Man betritt eine Mine und so ist auch die Akustik. Im großen Saal präsentiert sich eine blendende Fülle farbenprächtiger Halbedelsteine und feiner Bergkristalle. Um alles zu sehen, geht man von links nach rechts an den 24 Vitrinen entlang. Orientierung bietet eine Broschüre, die man am Eingang bekommt.
Folgen Sie der Rue de Jussieu bis zur Place Jussieu.

Universités Pierre-et-Marie-Curie et Denis-Diderot
Bevor die nach Pierre und Marie Curie benannten Universitätsgebäude errichtet wurden, befand sich hier der Weinmarkt. Die seinerzeit (60er-Jahre) ultramodernen Gebäude benötigen mittlerweile dringend eine Renovierung *(Arbeiten sind im Gange)*. Der Turm wird trotzdem nachts angestrahlt.
Gehen Sie die Rue Linné weiter und biegen Sie dann rechts in die Rue des Arènes ein. Sie gelangen auf den Square Capitan. Nehmen Sie die Treppe und folgen Sie dem Weg nach links.

Arènes de Lutèce (Amphitheater von Lutetia) A1
Dieses gallo-römische Monument aus dem 2. Jh. wurde um 280 (zu Beginn der Völkerwanderung) zerstört und blieb vergessen, bis es durch Zufall 1869 beim Durchbruch der Rue Monge entdeckt wurde. Die Ausgrabungen und die Restaurierung erfolgten erst 1910. Hier versammeln sich heute Boulespieler und Theatergruppen.
Man sieht noch einen Teil der Stufen, die Bühne und die Schauspielerlogen.
Verlassen Sie das Amphitheater in der Rue de Navarre. Gehen Sie geradeaus. Am Ende der Rue de Navarre biegen Sie links in die Rue de Lacépède ein.

Rue Lacépède B2
Viele Naturwissenschaftler haben den Straßen des Viertels ihre berühmten Namen gegeben. Das gilt für die Straßen Rue Lacépède, Quatrefages und Carl von Linné (1707-1778).

Es lohnt sich ein kurzer Blick in den Innenhof der Nr. 8, eines schönen Bürgerhauses.

Am Ende der Rue Lacépède (Ecke Rue Cuvier und Rue Geoffrey St. Hilaire) liegt ein Eingang zum Jardin des Plantes. Wenn Sie Ihren Spaziergang fortsetzen wollen, biegen Sie nach rechts in die Rue de Quatrefages ein.

★Moschee (Mosquée) B2

Place du Puits-de-l'Ermite – ✆ 01 45 35 97 33 – www.mosquee-de-paris.net – Führung (30 Min.) tgl. außer Fr 9.30-12 Uhr, 14-18 Uhr – an muslimischen Fei geschl. – 3€ (Kinder: 2 €).

Die Moschee wurde 1920 von der Stadt Paris gestiftet und 1922-1926 im spanisch-maurischen Stil erbaut. Das Minarett erhebt sich 33 m hoch in den Himmel. Die Ausschmückung der Säle und Höfe ist ausschließlich Handwerksarbeit aus islamischen Ländern: persische Teppiche (im Betsaal), Holztäfelungen aus Libanonzedern usw. Der schöne kleine Garten *(wird derzeit umgestaltet)* symbolisiert das muslimische Paradies.

Folgen Sie nach Verlassen der Moschee links der Rue de Quatrefages. Sie können dann die Rue Daubenton entlang bis zur Metrostation Censier-Daubenton gehen,

eine Pause im Teesalon der Moschee einlegen (Ecke Rue Daubento/Rue Geoffroy St-Hilaire – Tipps und Adressen) oder zum Jardin des Plantes zurückkehren (Eingang Ecke Rue Geoffroy-St-Hilaire/Rue Buffon).

★QUARTIER MOUFFETARD 2

Ausgangspunkt M° Censier-Daubenton. 1,5 Std.
Beim Verlassen der Metrostation Censier-Daubenton folgen Sie der Rue Daubenton in südwestl. Richtung. Die Nr. 41 ist ein kleiner Seiteneingang zur Kirche.

Église St-Médard A2

141 rue Mouffetard – 01 44 08 87 00 – Mo, 1. und 14. Juli geschl.
Die Kirche ist eine Ansammlung großer Stile der Architektur: das Kirchenschiff ist spätgotisch, der Chor wurde in der Renaissance erweitert (Rundbogenarkaden und -fenster), die Pfeiler wurden in kannelierte dorische Säulen umgewandelt. In der Kirche hängen einige bemerkenswerte Gemälde der französischen Schule, darunter ein *Toter Christus* (17. Jh.).

HOTEL		RESTAURANTS	
Hôtel Familia	3	Au Piano Muet	2
		Café Littéraire	6
		El Picaflor	8
		Le Jardin des Pâtes	9
		Les Délices d'Aphrodite	11

★Rue Mouffetard A2

Man ist abseits der großen Geschäftszentren und dennoch in einer der belebtesten Straßen von Paris mit malerisch-bunter Atmosphäre. Alte Ladenschilder erinnern an vergangene Zeiten: Nr. 122 *À la Bonne Source* (17. Jh.), Arkaden bilden die Eingänge zu den engen Passagen Nr. 104 (Passage des Postes), Nr. 101 (Passage des Patriarches).

In Nr. 53 wurden im Jahre 1938 3350 Goldstücke entdeckt, die der königliche Berater Louis Nivelle dort versteckt hatte.

Alte Straßen in der Umgebung A2

Rue de l'Arbalète, Rue Lhomond oder Tournefort? Oder lieber Rue de l'Estrapade? Egal, Sie befinden sich in jedem Fall im Herzen des mittelalterlichen Paris.

Rue Tournefort – In dieser Straße, die früher Rue Neuve Geneviève und davor Rue Chartière hieß, spielt ein Großteil der Handlung von Balzacs „Père Goriot". Der Romancier Prosper Merimée lebte 1820 im Haus Nummer 25. Die Straße ist übrigens nach dem Botaniker Joseph de Tournefort (1656-1708) benannt.

Rue de l'Estrapade – Hier lebte in der Nr. 13 von 1747 bis 1754 Denis Diderot, als seine berühmte *Enzyklopädie* veröffentlicht wurde.

In der **Rue Vauquelin** Nr. 10 isolierten Pierre und Marie Curie im Oktober 1898 das Radium und entdeckten die Radioaktivität.

Der Brunnen Fontaine du Pot de Fer in der gleichnamigen Straße wurde vom Aquädukt Médicis (mit italienischem Sgraffito) gespeist.

★Place de la Contrescarpe A2

Kleiner, malerischer Platz mit schattigen Straßencafés. An Haus Nr. 1 erinnert eine Inschrift an das von Rabelais gerühmte *Cabaret de la Pomme de Pin* (Gasthaus zum Tannenzapfen). Nicht weit von hier logierte häufig Descartes in der Rue Rollin Nr. 14.

Von hier aus folgen Sie der Rue Lacépède bis zur Metro Place-Monge.

Sehenswürdigkeiten

★★Musée national d'histoire naturelle B2

M° Gare-d'Austerlitz – Haupteingang Place Valhubert in der Nähe der Metrostation – weiterer Eingang Rue Geoffroy-St-Hilaire.

★★★Grande galerie de l'Évolution

✆ 01 40 79 54 79 – www.mnhn.fr – ♿ – tgl. außer Di 10-18 Uhr – 1. Mai geschl. – 9 € (unter 26 J. Eintritt frei).

Die Vielfalt des Lebens – *Erdgeschoss und 1. Stock. Im 1. Stock können Kinder die Vielfalt der Arten entdecken.* In der Welt des Meeres trifft man auf die Fauna der Tiefsee, der Thermalwasserquellen, der Korallenriffe, das Küstengebiet und die Hochsee. Die unendliche Vielfalt beginnt bei den Mikroorganismen (in 800-facher Vergrößerung) und reicht bis zu den Walrössern und Seeelefanten. Videofilme lassen die Tiere in ihren natürlichen Lebensräumen lebendig werden.

Zu sehen gibt es hier einen Wal aus Australien (von 1818) mit Bartenplatten, einen Seiwal und einen Riesenkalmar.

Eine lange Karawane stellt die verschiedenen **Lebensräume der Erde** dar, von den heißesten (wo Zebras, Giraffen, Büffel, Löwen und Antilopen leben) bis zu den kältesten (Eisbären). Die Affen und Vögel stammen aus dem Regenwald. Siam, der große Elefant aus Asien, lebte von 1964 bis 1997 hier im Zoo.

Der Einfluss des Menschen auf die Evolution – *2. Stock.* Hier wird der Einfluss des menschlichen Handelns auf den natürlichen Lebensraum der Tiere deutlich: intensiver Ackerbau, Tiermigration, Zähmung wilder Tiere, Veränderung der natürlichen Lebensräume, Umweltverschmutzung und sogar Ausrottung. In der Galerie der ausgestorbenen Tier- und Pflanzenarten (**Salle des espèces**

Pariser Star-Architekten

JEAN NOUVEL

Der französische Star-Architekt Jean Nouvel ist seit dem 30. März 2008 Pritzker-Preisträger. Nach Christian de Portzamparc ist er der zweite französische Architekt, der diese hohe Auszeichnung bekam. Er wurde 1945 geboren und machte 1972 seinen Abschluss an der École nationale supérieure des Beaux-Arts. Seine Vorbilder waren Paul Virilio und Claude Parent, als dessen Assistent er von 1967 bis 1970 tätig war. Sein eigenes Architektenbüro gründete er 1970. Im Jahr 1981 erhielt er den Auftrag, das erste große Projekt des Präsidenten François Mitterrand zu realisieren, das Institut du Monde arabe. Die geometrischen Platten mit arabischen Mustern, die sich je nach Lichteinfall öffnen und schließen, machten den Architekten bekannt. 1994 gestaltete Jean Nouvel den transparenten Glasbau der Fondation Cartier am Boulevard Raspail. Anschließend wählte ihn Präsident Jacques Chirac persönlich als Architekten des Musée des Arts premiers aus. Dieses Museum ist auch als Musée du Quai Branly bekannt. Es wurde am 23. Juni 2006 eröffnete und ist sehr beliebt. Zu den Pariser Projekten von Jean Nouvel zählt auch die „Tour sans fin" – zu Beginn der 1990er Jahre für das Geschäftsviertel La Défense konzipiert, aber niemals realisiert. Dieser zylinderförmige Wolkenkratzer hätte mit 450 m und 100 Etagen der höchste Europas werden können. Jean Nouvel gewann kürzlich die Ausschreibung für den Bau der Tour Signal, ebenfalls in La Défense, einem multifunktionalen, 300 m hohen Gebäude, das 2015 fertig sein soll.

CHRISTIAN DE PORTZAMPARC

1994 bekam er als erster Franzose den berühmten Pritzker-Preis, der einem Nobelpreis für Architekten gleichkommt. Christian de Portzamparc wurde 1944 in Casablanca, Marokko, geboren. Er studierte an der École nationale des Beaux-Arts Architektur und verließ sie 1969 mit Abschluss. Trotz seiner Bewunderung für Le Corbusier entfernte er sich plötzlich vom Bauhaus-Stil und bewies dies mit dem Sozialwohnungsprojekt Hautes-Formes. Portzamparc vertritt die Ansicht, insbesondere in Großstädten wie Paris könne man die Vergangenheit nicht komplett ignorieren: Er ist gegen den Bau von Hochhaustürmen im Rahmen von Abriss- bzw. Sanierungsprojekten und forderte als Erster die Rückkehr zu urbanen Formen mit öffentlichen Räumen wie Straßen, Plätzen etc. Dafür wurde er 2004 mit dem Grand Prix de l'Urbanisme ausgezeichnet. Am 2. Februar 2006 gab er seinen ersten Kurs am Collège de France, wo er den ersten Lehrstuhl für künstlerische Gestaltung innehat.
In Paris realisierte er sehr viele Projekte:
1975-1979: das Ensemble Hautes-Formes (209 Sozialwohnungen), 13. Arr.;
1984: das städtische Musikkonservatorium in der Rue Jean Nicot, 7. Arr.;
1988-1992: die Erweiterung des Musée Bourdelle, 15. Arr.;
1984-1995: die Cité de la musique und das Conservatoire de musique et de danse, 19. Arr., Prix de l'Équerre d'argent 1995;
1994-1999: Sanierung des Palais des Congrès an der Porte Maillot, 16. Arr.;
2001-2004: den Sitz der Zeitung Le Monde, 13. Arr.;
2001-2008: die Tour Granite der Société Générale, La Défense.
Für den Großraum Paris entwickelten de Portzamparc und sein Team einen urbanen Schnellzug, der Paris oberhalb des Rings (Périphérique) umrundet.

menacées ou disparues★★) sind ein Kaplöwe mit schwarzer Mähne, die Seychellenschildkröte und der Urvogel zu bewundern.

Die Evolution – *3. Stock.* Hier kommt man zunächst an dem ältesten Tier des Museums vorbei, einem Panzernashorn aus dem Besitz Ludwigs XV. und Ludwigs XVI. Von den ersten Theorien großer Gelehrter wie Lamarck oder Darwin bis hin zu den jüngsten Entdeckungen der Naturwissenschaften wie DNA, Genen usw. zieht sich wie ein roter Faden der einzigartige molekulare Mechanismus, den alle Lebensformen, von den Einzellern bis zum Nashorn, gemeinsam haben.

Ménagerie (Tierpark, Vivarium)

✆ 01 40 79 56 01 – www.mnhn.fr – ♿ – Sommer 9-18, Winter 10-17 Uhr – So und Fei Einlass 30 Min. länger – 8 € (4-13 J. 6 €).

In dem architektonisch bemerkenswerten Rahmen (18. und 19. Jh.) des 1793 errichteten Tierparks tummeln sich auf 45 00 qm Reptilien, Vögel, Primaten und Tausende andere Tiere, die friedlich zusammenleben. Die Raubtiere haben seit kurzem einen neuen Käfig, und ein Schneeleopardenpärchen hat sich dazu gesellt und auch die Fasanerie ist ziemlich neu.

★Galeries de Minéralogie et de Géologie

✆ 01 40 79 56 01 – www.mnhn.fr – 10-18 Uhr – Di und 1. Mai geschl. – 6 € (unter 26 J. Eintritt frei).

Eine bedeutende Sammlung **riesengroßer Kristalle** erwartet Sie rechts vom Eingang.

In der Sammlung **Pierres brutes** (rohe Steine) sind Mineralien und Meteoriten aus der ganzen Welt ausgestellt. Unter den **Pierres taillées** sind Edelsteine und Mineraltafeln aus dem französischen Kronschatz zu bewundern (u. a. die Mineraliensammlung Ludwigs XIII. und Ludwigs XIV.).

Die Entwicklung der Pflanzen (die **Paleobotanik**) wird über einen Zeitraum von mehr als 3 Milliarden Jahren nachgezeichnet. Besonders sehenswert sind seltene versteinerte Pflanzenarten, der Ursprung fossiler Brennstoffe.

Galerie de Paléontologie et anatomie comparée

✆ 01 40 79 56 01 – www.mnhn.fr – 10-17 Uhr, So und Fei 10-17.30 Uhr – Di und 1. Mai geschl. – 7 € (unter 26 J. Eintritt frei).

Im Erdgeschoss befindet sich eine Abteilung für **vergleichende Anatomie** mit 36 000 Skelettmodellen.

EINE INSTITUTION IM DIENST DER NATUR

Der königliche Heilkräutergarten – Jean Héroard und Guy de La Brosse, die Leibärzte Ludwigs XIII., gestalteten hier 1626 den königlichen Heilkräutergarten neu und eröffneten eine Schule für Botanik, Naturgeschichte und Pharmazeutik. 1640 wurde der Garten dem Publikum zugänglich gemacht. Die Botaniker Tournefort und die drei Brüder Jussieu reisten durch die Welt, um die Pariser Pflanzensammlung zu bereichern. Am meisten gefördert wurde der Garten von dem großen Naturforscher Georges Graf von Buffon, königlicher Verwalter von 1739-1788. Er dehnte die Anlagen bis zur Seine aus und legte das Amphitheater, den Belvedere und mehrere naturkundliche Galerien an. Bekannt ist Buffon ebenfalls als Autor einer 36-bändigen Naturgeschichte, die von 1749-1804 erschien.

Muséum d'Histoire naturelle – Als in der Revolutionszeit Bernardin de St-Pierre Verwalter des königlichen Heilkräutergartens wurde, gab er der Institution fortan drei Aufgaben: Forschung, Bewahrung und Lehre. 1793 wurde die Menagerie geschaffen. Er ließ die Pariser bis dahin unbekannte Tiere bestaunen. Die Hallen des Museums wurden von großen Gelehrten wie Geoffroy St-Hilaire, Lacépède, Cuvier und Becquerel besucht.

Liebhaber von **Tierfossilien** kommen im 1. und 2. Stock auf ihre Kosten, ebenso wie die Kinder, die sich die Nachbildungen von Dinosauriern sicher nicht entgehen lassen wollen. In der **geologischen Abteilung** im 2. Stock wird ein Teil der Arbeiten des Naturwissenschafters Alcide d'Orbigny (19. Jh.) präsentiert. Hier sind u. a. die erste Tafel der geologischen Zeitalter, Tausende Fossilien wirbelloser Tiere sowie Karten und Fotos ausgestellt. Das Museum möchte dazu beitragen, die Vergangenheit lebendig zu machen, in ihr zu lesen und daraus für die Zukunft zu lernen.

DIE ERSTEN ELEFANTEN IN PARIS

Per königlichem Erlass wurde 1635 der „Königliche Garten der Medizinalpflanzen" gegründet. Ab 1793 hieß er „Museum d'Histoire Naturelle", besser bekannt als Jardin des Plantes.

Die Menagerie kam 1793 dazu, mit den Tieren, die in Versailles von der Königsfamilie gehalten wurden. Hier sahen die Pariser 1795 zum ersten Mal – Elefanten! Heute leben hier rund 1000 Tiere.

TIPPS UND ADRESSEN

ÜBERNACHTEN

Unsere Hoteladressen finden Sie auf S. 403/404 (5. Arr.).

ESSEN UND TRINKEN

Au Piano Muet – *48 rue Mouffetard – M° Place-Monge – 01 43 31 45 15 – mittags (außer Wochenende) geschl. – 16/25 €.* Besonders gemütlich an kalten Wintertagen bei Käseraclette oder Fondue und anderen rustikalen Spezialitäten. Die Atmosphäre ist heimelig und das Personal freundlich.

Café Littéraire – *1 rue des Fossés-St-Bernard – M° Cardinal-Lemoine oder Jussieu – 01 40 42 55 44 – abends, Mo und am 1. Mai geschl. – 14,50/19 €.* Auf schönen Bänken im maurischen Stil bekommt man Salate, ein Tagesgericht und ein Buffet mit orientalischem Gebäck. Nachmittags gibt es – natürlich – Pfefferminztee. Wer etwas mehr ausgeben möchte, fährt mit dem Fahrstuhl ins Restaurant Ziryab. Dort hat man mehr Auswahl und einen beeindruckenden Blick auf die Seine.

El Picaflor – *9 rue Lacépède – M° Place-Monge – 01 43 31 06 01 – Di-Sa 12-15.30 und ab 19.30 – Mittagsmenü 9,80 €, Menü 18 €, à la carte 25 €.* Köstliches und Farbenfrohes darf man in Paris vielleicht im bestem peruanischen Restaurant erwarten, dessen passender spanischer Name Kolibri bedeutet. Man kann *chicharrones* probieren, gegrillte Schweinfleischstückchen, alle möglichen Huhngerichte mit quinoa, Krabbensuppe, mariniertes Kaninchen …
Freitags und samstags abends wird in den Sälen mit Gewölben vor den Steinwänden Salsa und Samba getanzt und traditionelle Musik gespielt.

Le Jardin des Pâtes – *4 rue Lacépède – M° Place-Monge oder Jussieu – 01 43 31 50 71 – 15 €.* Dieses kleine Restaurant mit alten Kacheln am Ausgang des Botanischen Gartens serviert hausgemachte Nudeln. Täglich aus biologisch angebautem Getreide, das vor Ort gemahlen wird, frisch zubereitet. Originelle und abwechslungsreiche Gerichte, schlichtes Dekor.

Les Délices d'Aphrodite – *4 rue de Candolle – M° Censier-Daubeton – 01 43 31 40 39 – www.mavrommatis.fr – 31/44 €.* Dieses Bistro macht Urlaubsstimmung mit Fotos griechischer Landschaften und einer Küche, die mit Olivenöl nicht spart und durchaus schmackhaft ist.

KLEINE PAUSE

Salons de thé

Kayser – *14 rue Monge – M° Maubert-Mutualité – ✆ 01 44 07 17 81 – www.maison-kayser.com – tgl. außer Mo 8-20 Uhr – Aug. geschl.* Nicht nur sein in ganz Paris bekanntes Brot, nein, auch sein feines Gebäck lassen das Wasser im Munde zusammenlaufen. Warum probieren Sie nicht gleich hier, in dieser entzückenden nostalgischen Bäckerei, eine kleine süße Köstlichkeit?

La Maison des Trois Thés – *1 rue St-Médard – M° Place-Monge – ✆ 01 43 36 93 84 – tgl. außer Mo 11-19.30 Uhr – Aug., 1. Jan., 1. Mai und 25. Dez. geschl.* Teemeister Tseng Yu Hui bietet Tausende Teesorten aus der ganzen Welt. Probieren kann man sie für 10 bis … 686 €! Im Sortiment sind auch sehr seltene Teesorten aus China, die pro kg mehrere Hunderttausend Euro kosten.

EINKAUFEN

Librairie du Muséum – *Jardin des Plantes – M° Gare-d'Austerlitz – ✆ 01 43 36 30 24 – 11-12.45 und 13.15-18.30 Uhr, So und Fei 11.15-12.30 und 13.15-19 Uhr.* Das Haus, in dem Lamarck und Buffon lebten, ist heute die Buchhandlung des Museums. Hier sind natürlich Bücher zum Thema Natur für Kinder und Erwachsene in Hülle und Fülle zu finden, und selbstverständlich Plastikdinosaurier.

Marché Monge – *M° Place-Monge – Marktzeiten: Mi, Fr und So.*

Rue Mouffetard – Viele kleine Geschäfte und Restaurants reihen sich in der „Mouffe" aneinander. Diese originelle Straße schwelgt in Farben und Düften. Sie gleicht einem großen Marktplatz unter freiem Himmel, wo sich Fischhändler, Metzger und Milchmann ein fröhliches Stelldichein geben.

Pic Nidouille – *22, rue des Écoles – ✆ 01 44 07 11 51 – Di-Sa 10-19 Uhr.* Diese kleine Boutique lohnt einen Umweg. Fantastische Möbel, Deko-Objekte und Kinderkleidung machen es nicht immer leicht, sich zu entscheiden.

AM ABEND

Place de la Contrescarpe – *M° Place Monge* – Dieser Platz voller Cafés zieht mit seinem Charme und den hübschen Terrassen zahlreiche Passanten von der Rue Mouffetard an. Die größten Terrassen haben die Cafés Contrescarpe und La Chope, aber auch l'Irlandais, le Café des Arts, le Teddy´s Bar und das Mayflower sind sehr einladend.

Le Paradis Latin – *28 rue du Cardinal-Lemoine – M° Jussieu oder Cardinal-Lemoine – ✆ 01 43 25 28 28 – www.paradis-latin.com – 20-23.15 Uhr – Di geschl.* Das berühmte Pariser Kabarett wurde von Gustave Eiffel für die Weltausstellung von 1889 erbaut. Tänzerinnen und Tänzer, Beleuchtung, Dekor und Musik machen die Revue mit dem obligatorischen Cancan zu einem magischen Erlebnis.

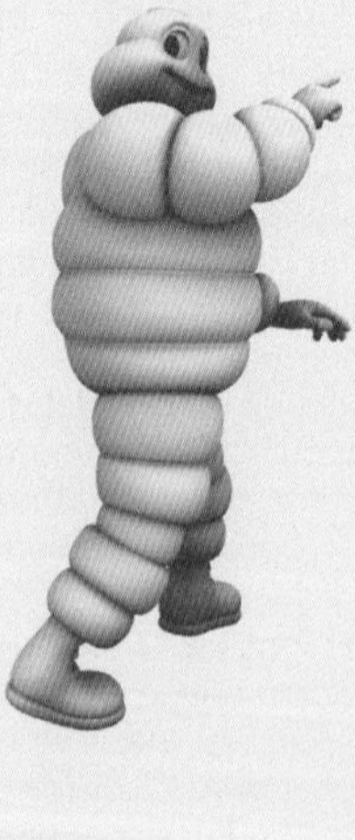

7 - Quartier Latin★★

Luxembourg – Maubert

Das Quartier Latin war und ist ein beliebter Treffpunkt von Studenten und Cineasten. Man trifft sich an der Fontaine St-Michel, schlendert den Boul'Mich entlang, kehrt bei Gibert ein, man kommt an der Sorbonne vorbei, spaziert zum Jardin du Luxembourg und sucht ein kleines griechisches Restaurant in den mittelalterlichen Straßen von Maubert oder man flaniert auf dem Hügel Montagne Ste-Geneviève. Seit der um seine schöne Heloïsa trauernde Abaelard hierher kam, um Latein zu lehren, war das Quartier Latin immer schon ein Platz, wo Wissen, Jugend, der Hang zur Revolte und Freude am Müßiggang zusammentrafen.

WEGWEISER – *Umschlagkarte vorne C3 – Michelin-Stadtplan Nr. 57 – Planquadrate K 14–15, L 13–15.* M° St-Michel (Linie 4), Cluny-la-Sorbonne, Maubert-Mutalité (Linie 10), Odéon (Linien 4 und 10). RER St-Michel und Luxembourg (Linie B). Busse 21, 27, 38, 58, 63, 70, 84, 85, 86, 87, 89 und 96.

UNBEDINGT SEHENSWERT – Das Musée de Cluny, das Panthéon, die Glasfenster der Kirche St-Étienne-du Mont, der Jardin du Luxembourg.

GUT GEPLANT – Beginnen Sie mit einem Spaziergang auf die Montagne Ste-Geneviève und ihre steil abfallenden Straßen und legen Sie danach eine Pause im Jardin du Luxembourg ein. Gehen Sie anschließend in Richtung Seine und Maubert.

MIT KINDERN – Der Jardin du Luxembourg mit seinen vielfältigen Aktivitäten; das Musée de Cluny und sein Garten.

Zu Fuß unterwegs Stadtplan S. 182/183

DAS QUARTIER LATIN ENTLANG DER SEINE 1

Ab M° oder RER St-Michel. 1,5 Std. Von der Place St-Michel gehen Sie rechts in die Rue de la Huchette, die parallel zum Quai St-Michel verläuft.

Quartier St-Séverin

Die Rue de la Huchette, die Rue de la Harpe, die Rue de la Parcheminerie und die Rue de St-Séverin stammen alle aus gallo-römischer Zeit, ihr heutiges Aussehen geht allerdings auf das Mittelalter zurück. Sie haben sich den Charme vergangener Zeiten bewahrt, was in einem gewissen Kontrast zu den hier angesiedelten Kellerlokalen und mediterranen Restaurants steht, in denen bis spät in die Nacht reges Treiben herrscht.

In der **Rue de la Huchette** Nr. 23 finden Theaterliebhaber das winzig kleine Théâtre de la Huchette, in dem seit 16. Februar 1957 die beiden Bühnenstücke *La Cantatrice chauve (Die kahle Sängerin)* und *La Leçon (Die Unterrichtsstunde)* **Eugène Ionescos**, eines führenden Vertreters des absurden Theaters, ohne Unterbrechung aufgeführt werden. Fast ein halbes Jahrhundert später haben diese beiden Stücke ihre vierzehntausendste Aufführung erreicht!

Gehen Sie links in die Rue Xavier-Privas, in der sich eine Vielzahl unterschiedlichster Restaurants findet, und danach nochmals links in die Rue St-Séverin bis zur Rue des Prêtres St-Séverin.

★★Église St-Séverin C1

1 rue des Prêtres-St-Séverin. Der Überlieferung zufolge soll die Kirche über Klause und Oratorium des Einsiedlers Severinus stehen (6. Jh.), der Chlodoald, den Enkel Chlodwigs, zum Mönchtum bewegt hatte. Nachdem die Normannen das ihm zu Ehren errichtete Oratorium zerstört hatten, wurde an dieser Stelle eine Kirche errichtet, die einem anderen hl. Severinus, einem helvetischen

Abt, geweiht war. Das Hauptportal stammt aus dem 13. Jh., die Fenster, Balustrade und Fensterrose im Obergeschoss weisen ebenso wie Bekrönung und Turmspitze den spätgotischen Stil des 15. Jh. auf. Die ungewöhnlichen Proportionen der Kirche, die fast ebenso breit wie lang ist, ergaben sich, als im 14. und 15. Jh. aus Platzgründen eine Erweiterung nur zu den Seiten hin möglich war. Sehenswert ist auch die vollständig renovierte Chapelle Mansart.

Die ersten drei Joche unterscheiden sich von den übrigen. Auf die hochgotischen Joche aus dem 13. Jh. folgt mit dem vierten Joch der spätgotische Bau aus dem 15. Jh., zu dem auch der **doppelte Chorumgang**★★ mit einem schönen spätgotischen Gewölbe gehört, dessen zahlreiche Rippen sich spiralförmig um mit Marmor und Holz ummantelte Säulen winden.

Die **Obergadenfenster**★ sind vom Ende des 15. Jh, während moderne Buntglasfenster von **Jean Bazaine** (1904-2001) die Kapellen des Chorumgangs erhellen. Der abstrakte Maler und Theoretiker Jean Bazaine, der mit Marcel Proust und James Joyce befreundet war, war auch Mosaizist und hat 1987 die benachbarte Metrostation Cluny-La Sorbonne künstlerisch gestaltet.

SEIT URZEITEN EIN STUDENTENVIERTEL

Das gallo-römische Lutetia – Im 3. Jh. n. Chr. war Lutetia eine kleine Stadt mit ungefähr 6000 Einwohnern. Die Gallier hielten die Cité besetzt, die Römer indes das hügelige Gelände der späteren Montagne Ste-Geneviève südlich der Seine. Dort errichteten sie nach und nach alle öffentlichen Gebäude, die man gewöhnlich in den römischen Kolonialstädten fand: Thermen (etwa die Cluny-Thermen), Forum, Theater, Amphitheater (Place Monge). Aus der Ebene von Rungis wurde Wasser über ein 15 km langes Aquädukt hierher geleitet. Schon damals war Lutetia ein wichtiger Verkehrsknotenpunkt: Hier führte die Handelsstraße Soissons-Orléans (Rue St-Jacques) vorbei, die so stark befahren war, dass sie nur als Einbahnstraße genutzt werden konnte. Ausgrabungen in jüngster Zeit (2006) haben Überreste des römischen Lutetia ans Tageslicht gebracht: Ganz oben in der Rue St-Jacques, hinter der Fassade des geografischen Instituts, wurde ein Straßenabschnitt mit mehreren Wohnbauten entdeckt.

Viertel der ersten Universität – 1215 bewilligte Papst Innozenz III. die Gründung einer Körperschaft aus Professoren und Studenten, die sich selbst ihre Statuten gab. Das war die Geburtsstunde der Universität von Paris, der ersten Frankreichs. Durch den starken Zustrom von Studenten entstanden in kürzester Zeit immer mehr Kollegien: das Collège Sorbon im Jahr 1257, das Collège d'Harcourt 1280 usw., insgesamt mehr als 15 Kollegien, die heute bis auf das Collège Ste-Barbe alle verschwunden sind. 1793 löste der Konvent alle Universitäten des Landes auf, Latein verschwand als offizielle Sprache. 1806 gründete Napoleon die Kaiserliche Universität von Frankreich, deren verschiedene Akademien staatlich geleitet wurden.

Die stetig wachsenden Studentenzahlen machten eine Dezentralisierung der Universität nötig, sodass Neubauten in den Vorstädten entstanden (Orsay, Nanterre usw.). Doch die Sorbonne geriet nicht in Vergessenheit: Im Mai 1968 stifteten ihre Studenten den größten Streik in der Geschichte Frankreichs an und besetzten die Räumlichkeiten der Universität. Sie wurden am 3. Mai gewaltsam evakuiert und die Fakultäten am 6. Mai geschlossen. Am gleichen Tag kam es bei Demonstrationen und Barrikadenschlachten zu 945 Verletzten. Eine Woche später erklärte sich die Sorbonne zur „freien Gemeinde". Der Streik dehnte sich daraufhin auf ganz Frankreich aus und mobilisierte am 21. Mai bis zu zehn Millionen Menschen, weshalb sich der damalige Präsident der Republik, General de Gaulle, gezwungen sah, die Nationalversammlung aufzulösen.

Typische Häuser in einer der ältesten Straßen von Paris.

S. Sauvignier / MICHELIN

Die restaurierten Überreste des **Klosters St-Séverin** (*nur sonntags am späten Vormittag zugänglich*) verleihen dem Ort eine Ruhe, die als Gegensatz zu dem Treiben in den angrenzenden Straßen empfunden wird.

Gehen Sie rechts durch die schmale Rue de la Parcheminerie, dann links in die Rue de la Harpe, bis Sie zum Boulevard St-Germain gelangen. Gehen Sie den Boulevard St-Michel hinauf und biegen Sie dann links in die Rue du Sommerard ein. Umrunden Sie die Cluny-Thermen, bis Sie zum Eingang des Musée du Moyen Âge gelangen.

★★Musée national du Moyen Âge – Thermes et Hôtel de Cluny B2

– *Sehenswürdigkeiten, S. 190.*

Jardin médiéval B2

An der Ecke Boulevard St-Germain und Boulevard St-Michel wurde um das Musée national du Moyen Âge herum ein Garten als thematisches Bindeglied zwischen den Sammlungen des Museums und ihrem städtischen Umfeld angelegt. Vom „Wald des Einhorns" bis hin zu einfachen Heilkräutern werden hier die mittelalterliche Flora und ihre Symbolik veranschaulicht. In einem eigens für Kinder eingerichteten Bereich können sich diese durch Spiele mit der mittelalterlichen Tierwelt vertraut machen.

Verlassen Sie den Garten zum Boulevard St-Germain hin und gehen Sie diesen bis zur Rue St-Jacques vor, in die Sie links einbiegen. Gehen Sie dann in die erste Straße rechts, die Rue St-Julien-le-Pauvre.

★Église St-Julien-le-Pauvre C1

Die ungefähr gleichzeitig mit Notre-Dame errichtete Kirche (1165-1220) ist dem hl. Julian dem Bekenner, Bischof von Le Mans, geweiht, der auch „der Arme" genannt wird, weil er wegen seiner Wohltätigkeit niemals Geld hatte. Die Kirche erfuhr im 17. Jh. mehrere Veränderungen. Der schönste Teil der Kirche, der Chor, ist heute durch eine Ikonostase, die das Allerheiligste abschließt, vom Gemeinderaum getrennt. Beachtung verdienen die **Kapitelle**★ der zwei Pfeiler im Chorjoch, die mit Akanthusblättern und Harpyien geschmückt sind.

Carrefour Rue St-Julien-le-Pauvre/Rue Galande C1

Der kleine Platz unmittelbar vor der Kirche und der **Blick**★★ auf St-Séverin über die Einmündung der Rue Galande hinweg ist einer der bekanntesten und malerischsten der Stadt und heute noch ein beliebtes Motiv zahlreicher Maler.

Ein gusseiserner Brunnen, der sich ursprünglich im Inneren der Kirche befand, steht vor dem Portal nahe bei zwei Steinplatten, die von der alten Römerstraße von Lutetia nach Orléans stammen. Nr. 14 der Rue St-Julien-le-Pauvre war das Wohnhaus des Verwalters des Petit Châtelet und datiert aus dem 17. Jh.

Rue Galande C1

Die meisten Häuser in dieser Straße sind mittelalterlichen Ursprungs: Zwischen den Hausnummern 46 und 54 wurden mehrere Kellergewölbe freigelegt. Über der Tür von Nr. 42 zeigt ein Stein Julian den Gastfreien in seinem Boot. Nr. 31 hat einen Giebel aus dem 15. Jh.

Rue du Fouarre C1

Auch Dante soll im Jahr 1304 hier Vorlesungen gehört haben.

Überqueren Sie die Rue Lagrange und gehen Sie dann auf der Rue de l'Hôtel-Colbert weiter (an der Ecke befindet sich das Gebäude der ersten medizinischen Fakultät, Nr. 13-15). Biegen Sie rechts in die Rue de la Bûcherie ab.

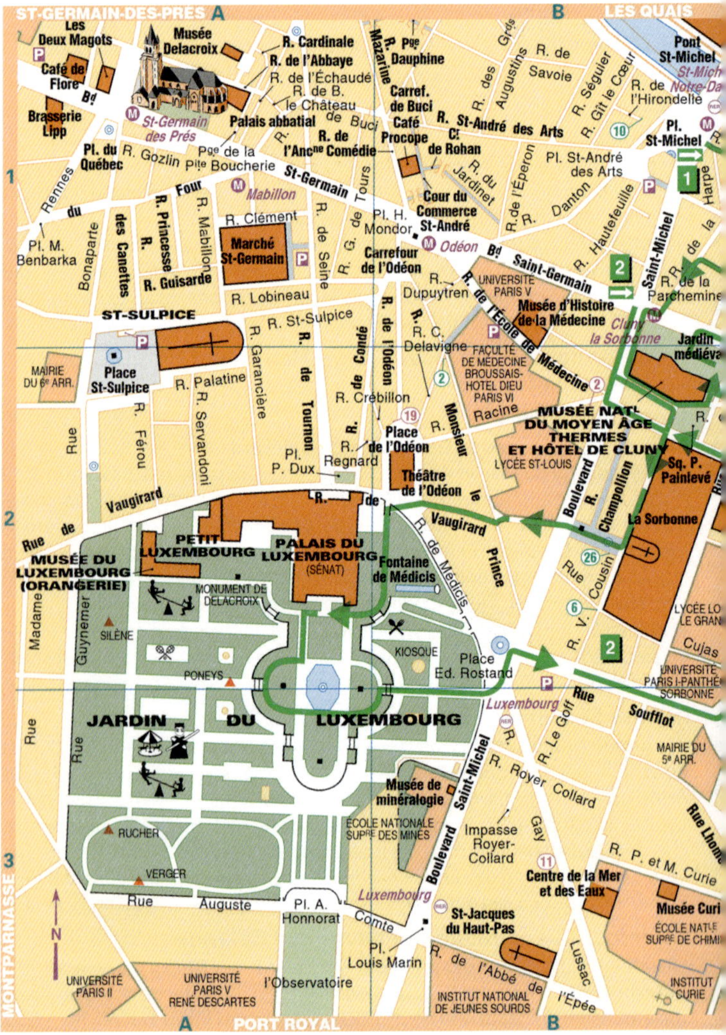

Rue de la Bûcherie C1

In dieser Straße lag die erste medizinische Fakultät von Paris; heute befindet sich hier die Verwaltungsschule der Stadt. In der benachbarten Sackgasse Impasse Maubert (von 1206) war einst das Giftlabor der Marquise de Brinvilliers. Der außergewöhnlich malerische und reizvolle **Platz**★, an dem die Straßen Rue de la Bûcherie, Rue du Haut-Pavé, Rue des Grands-Degrés und Rue Frédéric Sauton zusammenlaufen, ist von alten Häusern mit begrünten Fassaden, Restaurantterrassen, einer Kunstgalerie in den Räumen einer ehemaligen Metzgerei und kleinen Buchläden gesäumt.

Gehen Sie in die Rue des Grands-Degrés und dann biegen Sie rechts in die Rue Maître Albert ein.

Rue Maître-Albert C1

Unter den alten Häusern befindet sich ein ganzes Netz unterirdischer Gänge, die die benachbarten Gassen mit dem Seineufer verbinden, wo bis zu Beginn des 20. Jh. Verschwörer und Verbrecher Unterschlupf fanden.

HOTELS

- Grand Hôtel des Balcons 2
- Grand Hôtel St-Michel 6
- Hôtel Delhy's 10
- Hôtel des Grandes Écoles 14
- Hôtel du Mont-Blanc 18
- Hôtel les Argonautes 22
- Hôtel Select 26
- Hôtel St-Jacques 30

RESTAURANTS

- Au coin des Gourmets 1
- Bouillon Racine 2
- Christophe 3
- El Palenque 7
- Itinéraires 9
- Le Coupe-Choux 10
- Les Papilles 11
- Louis Vins 15
- Méditerranée 19
- Mirama 5

Place Maubert C2

Hier unterrichtete Albertus Magnus einst Theologie. An dieser Stelle wurden seit dem hohen Mittelalter Studentenversammlungen abgehalten und bei Volksaufständen Barrikaden errichtet.

Biegen Sie in den Boulevard St-Germain in westl. Richtung ein, und gehen Sie dann in die erste Straße links.

Rue de Bièvre C2

Diese Straße trägt den Namen eines hier im Schiffer- und Gerberviertel fließenden Seine-Nebenflusses. Den Eingang zum ehemaligen Kolleg St-Michel (Nr. 12) schmückt eine Statue des Erzengels Michael im Kampf mit dem Drachen. Gegenüber von Nr. 17 können Kinder in einem kleinen ruhigen Park spielen.

Folgen Sie der Straße bis zum Quai de la Tournelle. Dort biegen Sie nach rechts ab und gleich wieder nach rechts in die Rue des Bernardins, die den Boulevard St-Germain kreuzt. Wenden Sie sich am Boulevard St-Germain nach links und anschließend nach rechts in die Rue de Poissy.

Rue de Poissy C2

Die Straße wurde 1772 angelegt und durchquerte das Gelände des **Bernhardinerkollegs**, das 1246 von Benediktinermönchen gegründet und im 14. Jh. von Zisterziensern übernommen worden war. Während der Revolution diente das Gebäude als Gefängnis für Galeerensträflinge, seit 1845 als Feuerwehrkaserne. Von der Straße aus sieht man den oberen Teil des 17 Joche langen, dreischiffigen Refektoriums mit seinem gotischen Gewölbe, einer der schönsten gotischen Säle von Paris. Heute ist sind hier Ausstellungen zeitgenössischer Künstler zu sehen und es finden Konzerte sowie Kinovorführungen statt.
☏ 01 53 10 74 44 – www.collegedesbernardins.fr – freier Zugang im Kirchenschiff und in der früheren Sakristei – Mo-Sa 10-8, So 14-18 Uhr – (außer bei Umbauten für Ausstellungen) – Führungen möglich (5 €).

Gehen Sie rechts in die Rue St-Victor.

Maison de la Mutualite – Das Haus Nr. 24 ist der 1931 an der Stelle des einstigen kleinen Seminars St-Nicolas-du-Chardonnet errichtete Sitz des Versichertenverbandes von Paris. In dem großen Saal des Gebäudes finden zahlreiche politische Versammlungen, Veranstaltungen und auch Konzerte statt. Der Chansonnier Léo Ferré (*Kasten S. 185*) war hier häufiger Gast.

Église St-Nicolas-du-Chardonnet C2

30 rue St-Victor. Auf einem dicht mit Disteln *(chardons)* bewachsenen Gelände stand schon im 13. Jh. eine Kapelle, deren Patron der hl. Nikolaus, der Nothelfer der Schiffer, war. 1656 wurde mit dem heutigen Bau begonnen, der aus Platzgründen nicht wie sonst bei Kirchenbauten üblich nach Osten, sondern nach Norden ausgerichtet war. Erst 1934 erhielt die Kirche ihre Fassade.

Westportal★ – *Rue des Bernardins.* Das bemerkenswerte Portal wurde von Le Brun entworfen, der selbst Gemeindemitglied von St-Nicolas war.

Den Innenraum im Jesuitenstil schmücken Gemälde von Restout, Coypel, Le Lorrain, Corot und vor allem von Charles Le Brun, der hier auch begraben ist. Sein Grabmal, ein Werk von Coysevox, befindet sich in einer der Chorkapellen, links daneben das Grab seiner Mutter, das er selbst entworfen hat. Der Orgelprospekt aus dem 18. Jh. stammt aus der heute nicht mehr existierenden Église des Innocents.

Kehren Sie über die Rue Monge zur Place Maubert zurück, und biegen Sie dann links in die Rue Jean-de-Beauvais ein.

Église des Sts-Archanges C2

Die ehemalige Kapelle des Collège de Beauvais (1370), die den Erzengeln Michael, Gabriel und Raphael geweiht ist, wurde 1882 von der rumänischen Regierung gekauft und dient seither als rumänisch-orthodoxe Kirche.

DAS QUARTIER LATIN RUND UM DEN JARDIN DU LUXEMBOURG 2

Ab M° oder RER Cluny-La Sorbonne. 2 Std.

Boulevard St-Michel B1-3

Wenn ehemalige, schon ältere Studenten diese große Geschäftsstraße, die an den Überresten der römischen Cluny-Thermen entlangführt, hinaufgehen, werden sie nicht ohne Wehmut an die Buchhandlungen und Brasserien denken, die es hier einst in großer Zahl gab und die dann den „Sandwicheries" und Bekleidungsgeschäften weichen mussten.

Gehen Sie links in die Rue des Écoles.

Rue des Écoles C2

Die aus der Mitte des 19. Jh. stammende Straße führt durch das Viertel der „Écoles", wovon sich ihr Name ableitet. Hier befinden sich auch die Haupteingänge des **Collège de France** und der **Sorbonne**. Die schmale Rue Champollion, die rechts von der Rue des Écoles abgeht, ist mit ihren alten Filmkunsttheatern und Studiokinos ein Treffpunkt von Kinoliebhabern.

Rechts von der Place Paul-Painlevé geht die **Rue de la Sorbonne** ab, die an der Fassade der altehrwürdigen Sorbonne entlangführt.

Place de la Sorbonne B2

Den kleinen Platz vor der Sorbonne, der sich zum Boulevard St-Michel hin öffnet, säumen Cafés und Buchhandlungen, die hauptsächlich von Studenten besucht werden. Vor dem Brunnen steht eine Statue des positivistischen Philosophen Auguste Comte.

Die Sorbonne B2

Die berühmte Universität Frankreichs von internationalem Ruf setzt das Werk der Humanisten fort, die hier seit nunmehr 700 Jahren lehren. Es war auch an der Sorbonne, wo 1470 zum ersten Mal in Frankreich ein Buch in dem von Johannes Gutenberg erfundenen Druckverfahren hergestellt wurde.

Geschichte – Der Theologe **Robert de Sorbon** (1201-1274), der den Namen seines Heimatdorfes in den Ardennen angenommen hatte, war der Beichtvater Ludwigs des Heiligen. Da er selbst das bittere Dasein eines armen Studenten kennengelernt hatte, gründete er 1257 mit finanzieller Unterstützung des Königs die „Maison de Sorbonne", ein Kolleg, in dem 16 mittellose Theologiestudenten kostenlos Wohnung und Unterricht erhielten. Ende des 13. Jh. wurde aus diesem Kolleg dann die Universität von Paris.

LÉO VON PARIS

Die Karriere von **Léo Ferré** (1916-1993), einer der größten Künstlerpersönlichkeiten des „goldenen Zeitalters des französischen Chansons" (neben Barbara, Jacques Brel, Georges Brassens und einigen anderen), ist untrennbar mit Paris verbunden: Hier gab es Bobino, seinen Lieblingssaal, wo er alle zwei Jahre einen neuen Liederabend gab, die Cabarets von St-Germain, wo der schüchterne Sänger weitere Erfolge feierte, das Alhambra-Maurice Chevalier, wo er 1960 ein Konzert gab, das ihn schließlich einer großen Öffentlichkeit bekannt machte, die **Salle de la Mutualité**, wo er mit der Gruppe Zoo die Stimmung zum Kochen brachte. Von *Paris Canaille à Paname*, von der nostalgischen Träumerei über das Quartier Latin bis hin zu dem Lied *Paris je ne t'aime plus* über eine enttäuschte Liebe, hat der Gesangspoet, bei dem sich Aufbegehren mit Melancholie verbindet, einige der Chansons geschrieben und gesungen, die sinnbildlich für Paris stehen, die Stadt, die zusammen mit dem Meer eines der Hauptthemen seines Werkes ist.

Als hohe kirchliche Autorität bekämpfte die Sorbonne im 14. Jh. die Templer und später die Protestanten, die Jesuiten, die Jansenisten und schließlich im 18. Jh. die Philosophen, bis sie zur Zeit der Französischen Revolution 1790 geschlossen wurde. Während der deutschen Besatzung wurde trotz polizeilicher Überwachung in den Kellern der Sorbonne, die mit einem komplexen unterirdischen Tunnelsystem verbunden waren, 1941/42 die Untergrundzeitung „Défense de la France" gedruckt, deren Ziel die moralische Unterstützung der Franzosen war. Von hier gingen dann auch im Mai 1968 die Studentenunruhen aus.

Gebäude – *Fachbegriffe aus Kunst und Architektur S. 22* Als Richelieu Rektor der Universität wurde, ließ er die langsam verfallenden Gebäude wieder aufbauen (1624-1642). Während der Revolution wurde die Sorbonne geschlossen, Napoleon I. eröffnete die Universität 1806 wieder.

1885-1901 wurden die Gebäude von Nénot beträchtlich erweitert, und die Sorbonne wurde zur größten Universität Frankreichs.

Dem Architekten gelang es, 22 Hörsäle, zwei Museen, 16 Prüfungssäle, 22 Vortragssäle, 37 Professorenzimmer, 240 Laboratorien, eine Bibliothek, einen Turm für physikalische Versuche, eine Sternwarte, Verwaltungsräume, das Rektorat usw. unterzubringen. Viele Räume, Gänge und Hörsäle sind mit historischen oder allegorischen Gemälden geschmückt, einige davon von **Pierre Puvis de Chavannes** (1824-1898).

Église de la Sorbonne★ – *Wegen Restaurierungsarbeiten derzeit geschl.* Lemercier errichtete 1635-1642 die Kirche im Stil der Jesuitenkirchen, doch gliederte er die Fassade durch zwei statt der zuvor üblichen drei Ordnungen und gab den schweren Proportionen des übrigen Baus eine neuartige Leichtigkeit. Im Inneren der Kirche sind das **Grabmal des Kardinals Richelieu★** (Girardon, 1694) und die Schlusssteine der Kuppel, die Philippe de Champaigne mit Richelieus Wappen bemalte, besonders zu erwähnen.

DIE KOLLEGIEN DES QUARTIER LATIN

Seien es nicht mehr existierende, altehrwürdige oder neu gegründete Kollegien, sie vertreten alle die humanistische Tradition Frankreichs. Sie bilden „die Elite" aus, und ihr Prestige-Streben macht sie auch zu Rivalen.

Das **Collège des Escossois** (*65 rue du Cal-Lemoine*) ist heute genau wie bei seiner Gründung im 14. Jh. immer noch im Besitz der katholischen Kirche Schottlands. Es war eines der ersten Kollegien der Pariser Universität.

Das **Collège de Navarre** (*1 rue Descartes*) wurde 1304 für arme Studenten gegründet, doch zählten Heinrich III., Heinrich IV., Richelieu und Bossuet zu seinen Schülern! 1794 wurde es der École Polytechnique angegliedert.

Das **Collège de Montaigu** (*10 pl. du Panthéon*) war bekannt für die hohe Qualität seiner Lehre, für seine Strenge … und für seinen Schmutz. Die Studenten schliefen „inmitten von Läusen, Flöhen und Wanzen".

Das **Collège Ste-Barbe** (*Rue Valette*) ist das einzige Kolleg, das im Quartier Latin seit seiner Gründung im Jahr 1460 noch existiert.

Das **Collège de France** (*11 pl. M.-Berthelot*) hat eine glorreiche Vergangenheit und genießt auch heute international einen hervorragenden Ruf mit einer Hörerschaft von hohem Niveau, denen Spitzenkräfte aus allen Fachbereichen ihr Wissen vermitteln. Die Vorlesungen und Kurse sind der Öffentlichkeit kostenlos zugänglich.

Das **Collège des Bernardins** (*12-14 rue de Poissy*) wurde im 13. Jh. gegründet, um Zisterziensermönche, die Elite des Ordens, Theologie und Philosophie zu lehren. Es wurde 2008 hervorragend restauriert und ist heute ein Ort der Forschung und des Austauschs für Kirche und Gesellschaft (*S. 184*).

Überqueren Sie den Boulevard St-Michel und gehen Sie in die gegenüberliegende Rue de Vaugirard.

Rue de Vaugirard A-B2

In der längsten Straße von Paris befinden sich Senatsgebäude, die sich durch ihre schlichte Architektur auszeichnen. Im Erdgeschoss sind Sammlungen von Münzen, Medaillen und Porzellan aus Sèvres zu besichtigen.

★★Palais du Luxembourg A2

Anfang des 13. Jh. stand auf dem brachliegenden Gelände nur eine Burgruine, auch Château Vauvert genannt, in der nachts angeblich Geister ihr Unwesen trieben. 1257 besiedelten auf Betreiben Ludwigs des Heiligen Kartäusermönche das Gebiet. Nach einer Teufelsaustreibung und dank großzügiger Spenden entstand auf dem Gelände ein Kloster mit den schönsten Baumschulen und Gemüsegärten der ganzen Stadt.

1612 kaufte Maria de Medici das Stadtschloss des Herzogs Franz von Luxemburg und das angrenzende Gelände, aus dem später ein großer Park wurde. Sie beauftragte Salomon de Brosse mit den umfassenden Umbauarbeiten, die drei Jahre später (1615) in Angriff genommen wurden. Rubens schmückte nach Vollendung des Baus die Innenräume mit einem aus 24 Gemälden bestehenden Bilderzyklus, der das Leben der Hausherrin verherrlichte (sogenannter *Medici-Zyklus*) und der heute seinen Platz in der Medici-Galerie im Louvre gefunden hat.

FRANZÖSICH-AMERIKANISCHE FREUNDSCHAFT

Wussten Sie, dass im Jardin du Luxembourg auch eine Kopie der Freiheitsstatue steht? Sie finden sie in dem zur Rue Guynemer gelegenen Teil des Gartens. Rechts daneben hat man am 20. Januar 2002 zur Erinnerung an die Opfer des 11. September 2001 eine Eiche gepflanzt, die von der amerikanischen Gemeinde in Paris gestiftet wurde.

1790 wurde das Kartäuserkloster aufgelöst und abgerissen, sodass der Blick nun bis zur Avenue de l'Observatoire reichte. Während der Revolution war das Palais ein Gefängnis, in dem auch Danton und Camille Desmoulins auf die Guillotine warteten. Später tagten dort parlamentarische Versammlungen des Direktoriums und des Konsulats. Chalgrin, der Architekt des Triumphbogens und des Odéon, gestaltete die Innenräume des Gebäudes völlig neu. Im Lauf der zweiten Hälfte des 19. Jh. wurden dann die umliegenden Straßen angelegt (Boulevard St-Michel, Rue de Médicis, Rue Guynemer).

Heute tagt in dem Palais der Senat, neben der Nationalversammlung das höchste gesetzgebende Organ Frankreichs.

Salomon de Brosse folgte in der Anlage des Baus der französischen Tradition, verlieh ihm aber durch Bundsäulen, Bossenwerk und toskanische Kapitelle, die sich am Palazzo Pitti in Florenz orientierten, einen florentinischen Anstrich. Der fantastische Ehrenhof wird von einem Arkadengang abgeschlossen, dessen beide Flügel in einem monumentalen kuppelbekrönten Torbau zusammenlaufen. Das Erdgeschoss mit seinen Rundbogenfenstern und dorischen Pilastern als Gliederungselemente fügt sich gut in das schwere, robuste Ensemble ein. Die dem Garten zugewandte Südfassade wird durch einen Mittelrisalit mit einem Kuppeldach über quadratischem Grundriss und einem großen Frontgiebel akzentuiert. Die von einer Balustrade abgeschlossene Terrasse vor dem Haupteingang wurde in ihrer ursprünglichen, von Brosse konzipierten Anlage wiederhergestellt.

Zwei kleine Innenhöfe mit französischen Gartenanlagen und Brunnen wurden zur Belichtung der Räume im Souterrain (Allée de l'Odéon) angelegt.

Das **Petit Luxembourg**, heute Wohnsitz des Senatspräsidenten, schloss einst das ehemalige Hôtel de Luxembourg, das Richelieu von Maria de Medici ge-

Studenten und Müßiggänger genießen die Sonne im Jardin du Luxembourg.

S. Sauvignier / MICHELIN

schenkt worden war, ein sowie Kloster und Kapelle eines Ordens, den die Königin gegründet hatte.

Im **Musée du Luxembourg**, das in der ehemaligen Orangerie untergebracht ist, finden regelmäßig Wechselausstellungen statt.

★★Jardin du Luxembourg A-B2-3

Veranstaltungen und Spiele: Tipps und Adressen, S. 197. Die Gartenanlage im französischen Stil mit ihrer harmonischen Linienführung und den schönen Blickachsen bezaubert seit jeher die Spaziergänger. Auf dem großen oktogonalen Wasserbecken lassen die Kinder gern kleine Segelschiffe fahren. Der französische Garten geht an den Seiten zur Rue Guynemer und Rue Auguste-Comte in eine englische Parkanlage über, die von Serpentinenalleen geprägt ist. In der ehemaligen Baumschule an der Rue d'Assas setzt eine Baumzucht- und Bienenzuchtschule die Tradition der Kartäuser fort.

Die noch aus dem Garten Maria de Medicis stammende **Fontaine Médicis** am Ende eines kleinen Wasserbeckens lässt den Einfluss der italienischen Gartenarchitektur erkennen. Das Ensemble aus Bronze- und Marmorskulpturen stellt eine Episode aus der antiken Mythologie dar: Der eifersüchtige Zyklop Polyphem überrascht in einer Grotte Galathea, in die er verliebt ist, mit dem jungen Hirten Acis.

Gehen Sie von der Gartenanlage durch den Haupteingang auf den Boulevard St-Michel und von dort in die gegenüberliegende Rue Soufflot.

Rue Soufflot B2-3

Am Ende dieser breiten Straße, die monumental und etwas seelenlos wirkt, erhebt sich die schlanke Silhouette des Panthéon. Sie ist Schauplatz feierlicher Prozessionen, wenn hier berühmten Persönlichkeiten (z. B. Pensionären der Académie française) gehuldigt wird.

Überqueren Sie die Rue St-Jacques.

Rue St-Jacques B-C1-3

Im 14. Jh. befand sich in dieser Straße ein Hospiz für Pilger, die von hier aus zum Jakobsweg nach Santiago de Compostela aufbrachen. Die breite und geradlinig verlaufende linke Seite der Rue St-Jacques wird von den strengen Fassaden des Lycée Louis-le-Grand und der Sorbonne gesäumt. Auf der rechten Seite indes haben sich am Anfang der Straße einige alte Häuser erhalten. Folgt man der Straße, so liegt ebenfalls auf der rechten Seite das **Centre de la Mer et des Eaux** (*Sehenswürdigkeiten, S. 195*) und hinter der Kreuzung mit der Rue Gay-Lussac die Kirche St-Jacques-du-Haut-Pas sowie das Taubstummenheim (Institut National de Jeunes Sourds). Die von 1630-1685 erbaute **Église St-Jacques-du-Haut-Pas** war ein Zentrum des Jansenismus. Hier sind der Abt von St-Cyran, Geistlicher von Port-Royal des-Champs, sowie der Astronom Cassini begraben. *252 rue St-Jacques – ✆ 01 43 25 91 70 – 9.30-12.45 und 14.30-19.30 Uhr.*

Gehen Sie nun die Rue Soufflot weiter. Haus Nr. 3 hat eine kuriose Fassade mit vielen Nischen, in denen Statuen mythologischer Figuren stehen. Im Erdgeschoss dieses Gebäudes befindet sich die Pharmacie Lhopitalier, die mit ihren Apothekergefäßen aus Keramik und den alten Holzvertäfelungen den Charme einer Apotheke aus früheren Zeiten bewahrt hat.

Die Straße mündet in die **Place du Panthéon**, an der die symmetrischen Fassaden der alten **juristischen Fakultät** und des Bezirksamtes des 5. Arrondissements stehen.

★★Panthéon C3 – *Sehenswürdigkeiten, S. 193*

Gehen Sie links am Panthéon vorbei, bis Sie die Fassade der Église St-Étienne-du-Mont sehen können.

Tour de Calvin C3

19-21 rue Valette. Dieser sechseckige Turm ist der einzige Überrest des ehemaligen Collège de Fortet, in dem der Herzog von Guise 1585 die Heilige Liga gründete, die die Vernichtung der Protestanten zum Ziel hatte und die später Heinrich III. aus Paris vertreiben sollte.

★★Église St-Étienne-du-Mont C3

Place Ste-Geneviève.

Die Kirche, in der die hl. Genoveva verehrt wird, ist vor allem wegen ihres einzigartigen **Lettners**★★ und wegen ihrer Orgel, der ältesten von Paris, berühmt. Ursprünglich wurde sie im 13. Jh. als Pfarrkirche für die Bediensteten der Abtei Ste-Geneviève erbaut. Doch Ende des 15. Jh. war die Kirche zu klein für die stark anwachsende Gemeinde. 1492 begannen die Bauarbeiten für den Glockenturm und die Apsis. 1610 legte Margarete von Valois, die Gemahlin Heinrichs IV., den Grundstein für die Fassade; 16 Jahre später wurde die Kirche dann geweiht.

Die **Fassade**★★ zeigt eine besonders eigenwillige Gestaltung: Drei übereinander gestaffelte Giebel mischen in spielerischen Kombinationen Elemente der Spätrenaissance mit gotischem Formengut. Das triumphbogenartige Portal wird überragt von einem Segmentbogengiebel mit einer gotischen Fensterrose, da-

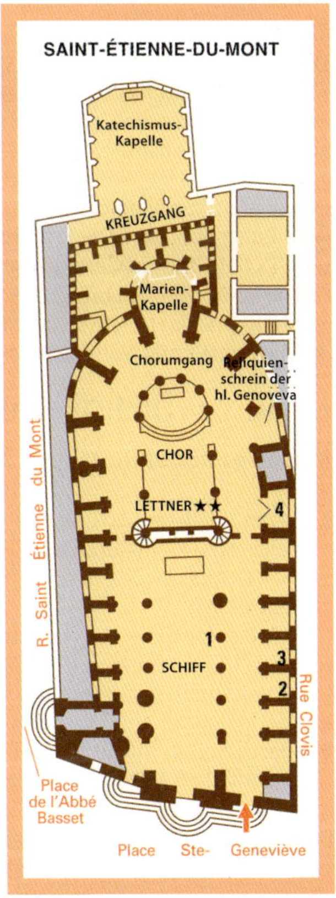

rüber ein ungewöhnlich steiler Giebel, der an gotische Wimperge erinnert. Seitlich setzt der Glockenturm mit seinem Treppenturm einen weiteren Akzent. Die Helligkeit des Innenraumes erklärt sich durch die gotische Anlage, obwohl die Kirche erst im 16. Jh. gebaut wurde: Der Kirchenbau gleicht mit seinen hohen Seitenschiffen fast einer Hallenkirche, zudem besitzt sie einen Chor im Stil der Spätgotik sowie einen Chorumgang, und das Kirchenschiff weist große Fenster im Renaissancestil auf. Besondere Beachtung verdienen die **Kanzel★ (1)** von 1650, das **Buntglasfenster★ (2)** mit dem Gleichnis vom Gastmahl des Herrn (1586), die Grablegung Christi aus Terrakotta aus dem 17. Jh. **(3)** und die Grabinschriften für Jean Racine (von Nicolas Boileau) und für Blaise Pascal **(4)**.
Cloître „des Charniers" – Zwei kleine Friedhöfe schlossen sich einst im Norden und Osten an die Kirche an. Rechts im Chorumgang öffnet sich die Tür zum Kreuzgang (hinter dem Chorhaupt), den man irrtümlich für ein Beinhaus *(charnier)* hielt. Die Darstellungen der schönen **Buntglasfenster★** beziehen sich auf Predigtthemen (17. Jh.). Baltard fügte 1859 die anschließende Katechismus-Kapelle hinzu.
Biegen Sie links in die Rue de la Montagne-Ste-Geneviève ein und gehen Sie diese bis zu dem kleinen Platz vor, in den auch die Rue Descartes mündet, in der die Fassade der ehemaligen École Polytechnique zu sehen ist. Wenn Sie dann die Rue de l'École-Polytechnique ganz durchgehen, gelangen Sie in deren Verlängerung in die Rue de Lanneau.

Rue de Lanneau C2

Die Straße wird von Häusern aus dem 16. Jh. mit charmanten schiefen Fassaden gesäumt, die im Sommer wunderschön blumengeschmückt sind.
Man gelangt nun auf den Square Marcelin-Berthelot.

Collège de France C2

Das Collège de France wurde 1530 von Franz I. auf Anregung des Humanisten und Philologen Guillaume Budé, der auch Bibliothekar am Königshof war, gegründet und besaß am Ende des Ancien Régime ungefähr 20 Lehrstühle aus allen Wissensbereichen. Die renommierte Institution, die im Lauf der Zeit mehrmals vergrößert wurde, ist gleichzeitig Forschungszentrum und Lehranstalt, die allen offensteht und wo berühmte Wissenschaftler öffentliche Kurse abhalten. Die Eröffnungsvorlesungen sind immer kulturelle und gesellschaftliche Großereignisse.
Gehen Sie bis zum Square Paul-Painlevé weiter, wo sich der Haupteingang der Sorbonne und das Hôtel de Cluny, in dem das Musée du Moyen Âge untergebracht ist, in unmittelbarer Nähe befinden.

Sehenswürdigkeiten

Musée national du Moyen Âge – Thermes et Hôtel de Cluny ★★ B2

6 pl. Paul-Painlevé – M° Cluny-la-Sorbonne – ✆ 01 53 73 78 00 – www.musee-moyenage.fr – tgl. außer Di 9.15-17.45 Uhr (letzter Einlass 30 Min. vor Schließung) – 1. Jan., 1. Mai, 25. Dez. geschl. – 8,50 € (unter 18 J. Eintritt frei), am 1. So im Monat Eintritt frei.

Um 1330 erwarb der Abt von Cluny in Burgund, Pierre de Châlus, die Ruinen mit dem dazugehörigen Grundstück, um hier ein Wohnpalais zu bauen. Es sollte den Äbten zur Verfügung stehen, wenn sie in Paris dem Kolleg, das sie damals in der Nähe der Sorbonne gegründet hatten, einen Besuch abstatteten. Jacques d'Amboise, Bischof von Clermont und Abt von Jumièges in der Normandie, ließ 1485-1500 anstelle eines kleineren Stadthauses das aufwendige Palais errichten.

Das Hôtel de Cluny ist neben dem Hôtel de Sens das zweite große Privatpalais des 15. Jh., das in Paris erhalten blieb. Zwar fanden noch Bauelemente

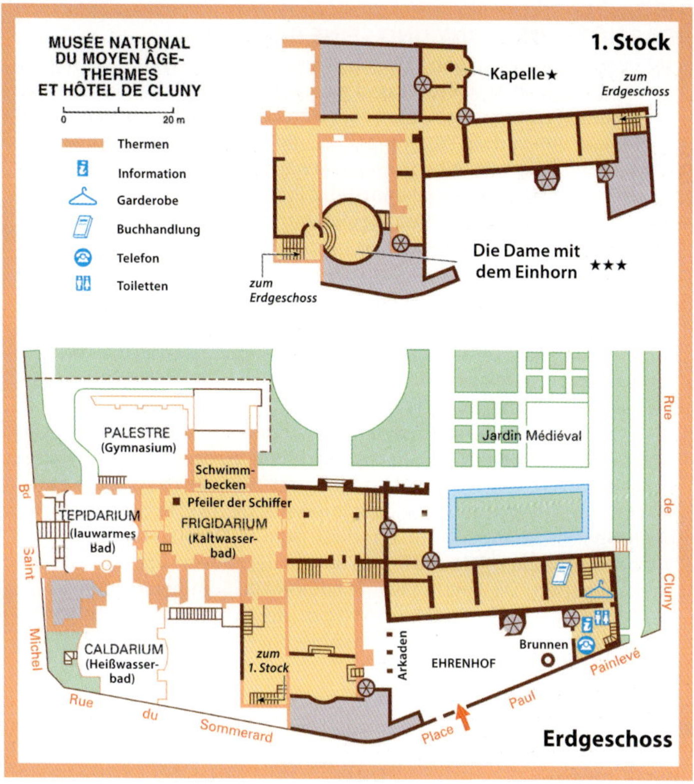

des Mittelalters Verwendung (Zinnen, Türmchen), doch haben sie nur noch dekorativen Charakter. Es sollten hier bequeme Wohnverhältnisse mit feiner Ornamentik verbunden werden.

Durch ein hübsches Portal betritt man den Ehrenhof (schöne Brunneneinfassung des 15. Jh.). Der linke Flügel weist eine geschlossene Galerie über einem Arkadengang auf, außerdem hat das Gebäude Fenster mit steinernen Fensterkreuzen. Unterhalb des Daches, das mit malerischen, mit Wappen verzierten Lukarnen geschmückt ist, verlaufen auf der Hofseite ein doppelter Laubfries sowie eine spätgotische Balustrade mit Wasserspeiern. Wendeltreppen in dem fünfeckigen Treppenturm und den anderen Ecktürmchen verbinden die einzelnen Stockwerke miteinander.

Die römischen Thermen★ – Zu Beginn des 3. Jh. stand hier nur ein weitläufiges gallo-römisches Gebäude, davon machen die erhaltenen Ruinen nur etwa ein Drittel aus. Ausgrabungen haben ergeben, dass es sich um eine öffentliche Badeanlage handelte, die von den Barbaren Ende des 3. Jh. geplündert und in Brand gesteckt worden war. Am besten erhalten ist das 13,50 m hohe Frigidarium *(Saal 12)*, dessen Kreuzgratgewölbe auf Konsolen in Form eines Schiffsbugs ruht. Aus diesem Grund vermutet man eine Finanzierung des Baus durch Pariser Seefahrer. Unter der Regierung des Tiberius (14-37 n. Chr.) ließ diese nautische Vereinigung einen Jupiter geweihten **Pfeiler der Schiffer (Pilier des nautes)**★ errichten, der 1711 unter dem Chor von Notre-Dame gefunden, danach umfassend restauriert wurde und nun hier ausgestellt ist.

Kapelle★ – *Saal 20.* Die Kapelle war früher das Oratorium der Äbte und besitzt ein elegantes spätgotisches Gewölbe, das von einem einzigen schlan-

DAS HÔTEL DE CLUNY UND SEINE BEWOHNER

1515 verbrachte Maria von England, Witwe von Ludwig XII. – sie war zu diesem Zeitpunkt 16 Jahre alt und genau drei Monate mit dem 50-jährigen König verheiratet gewesen – im Hôtel de Cluny die Trauerzeit. Der Nachfolger von Ludwig XII., Franz I., ließ die „weiße Königin" (königliche Witwen sind weiß gekleidet) streng überwachen. Er fürchtete, dass sie mit einem Kind niederkommen könnte, das ihm den Thron streitig machen würde. Eines Nachts, als er sie in Begleitung des jungen Herzogs von Suffolk überraschte, zwang er das Paar auf der Stelle zur Heirat in der Kapelle und schickte sie nach England zurück.

Im 17. Jh. diente das Hôtel de Cluny als Residenz für die päpstlichen Nuntii, unter ihnen Mazarin.

In der Revolution wurde das zum nationalen Kulturgut erklärte Palais verkauft. In der Folgezeit wohnten hier verschiedenste Leute: ein Chirurg, ein Küfer, ein Drucker und eine Wäscherin.

1833 zog der Sammler Alexandre du Sommerard, der sich bereits 40 Jahre lang mit der Kunst des Mittelalters und der Renaissance beschäftigt hatte, in das Hôtel de Cluny. Als er 1842 starb, kaufte der Staat das Gebäude und seine Kunstsammlungen. Die Stadt ihrerseits, die 1819 in den Besitz der benachbarten Thermen kam, bot diese dem Staat an, unter der Bedingung, dass in dem Palais und in den Ruinen der Badeanlage ein Museum entstehen sollte. Die Leitung wurde Edmond du Sommerard, dem Sohn des verstorbenen Alexandre, übertragen, der sich als bemerkenswerter Konservator erwies. 1844 wurde das Museum eröffnet.

ken Mittelpfeiler gestützt wird. In den zwölf Nischen waren einst Statuen von Mitgliedern der Familie d'Amboise aufgestellt: Sockel und Baldachine blieben erhalten.

Museum★★ – Die thematisch geordneten Säle stellen Alltagsleben und Kunst im Mittelalter dar. Die Sammlung mit Tapisserien und lithurgischen Gewändern, Goldschmiedearbeiten und Glasmalereien, Arbeiten aus Schmiedeeisen und Elfenbein, Skulpturen und Gemälden zeugt von der raffinierten Lebensart der mittelalterlichen Gesellschaft. Beachten Sie die 21 stark beschädigten Steinköpfe der Königsgalerie von Notre-Dame *(Saal 8)*, die *Szenen aus dem Leben Mariä* sowie die *Pietà von Tarascon (Saal 14)*.

Saal 13: Die **Dame mit dem Einhorn**★★★ ist die schönste Teppichfolge aus der Tradition der „Mille-fleurs"-Teppiche, die sich durch harmonisch abgestimmte, leuchtende Farben und besondere Vorliebe für Naturmotive sowie anmutige Personen- und Tierdarstellungen auszeichnen. Auf den sechs Wandbehängen ist die reich gekleidete Dame von Löwe und Einhorn umgeben, die das Banner oder Wappen der Familie Le Viste aus Lyon halten. Auf fünf Teppichen sind wahrscheinlich die fünf Sinne veranschaulicht, der sechste Teppich mit der rätselhaften Inschrift „À mon seul désir" indes, dessen Inhalt ungeklärt ist, zeigt eine kostbar gekleidete Dame vor einem blumenübersäten blauen Zelt. Einhorn, Symbol der Reinheit und Klugheit, und Löwe, das Wappentier des Auftraggebers, sind ihr zugewandt. Pflanzen und Getier finden sich einträchtig nebeneinander, doch den Mittelpunkt bildet immer die anmutige Dame. Das Motiv könnte den Verzicht auf die sinnlichen Freuden des irdischen Daseins bedeuten.

Zu den jüngsten Neuerwerbungen gehören eine *Mariä Verkündigung* aus dem Schloss von Bois-Héroult (Eure) vom Ende des 15. Jh., ein Reliquienschrein aus dem Limousin, der die Anbetung der Könige (1200) darstellt, sowie ein mit einer Verkündigungsszene geschmücktes Kreuz (13.Jh.) aus der einstigen königlichen Abtei Nieul-sur-l'Austise im Département Vendée.

★★Panthéon C3

Place du Panthéon – RER Luxembourg – ✆ 01 44 32 18 00 – http://pantheon.monuments-nationaux.fr – April-Sept. 10-18.30, Okt.-März 10-18 Uhr – 1. Jan., 1. Mai, 25. Dez. geschl. – 8 € (unter 18 J. Eintritt frei).

Der griechische Begriff „panthéon" bedeutet „allen Göttern geweihter Tempel". Durch Erweiterung und Umdeutung des Begriffes bezeichnet er heute ein Denkmal, das den großen Männern der Nation gewidmet ist.

Geschichte – Als Ludwig XV. 1744 in Metz schwer erkrankt war, gelobte er, nach seiner Genesung an der Stelle der halb verfallenen Klosterkirche der hl. Genoveva auf der höchsten Erhebung des linken Seineufers eine prachtvolle Kirche zu errichten. Wieder zu Kräften gekommen, betraute er den Marquis de Marigny, Bruder der Madame de Pompadour, mit der Realisierung seines Gelübdes. **Soufflot**, der von Marigny protegiert wurde, wurde mit den Planungen beauftragt. Er entwarf einen Bau über dem Grundriss eines griechischen Kreuzes, der wegen seiner gigantischen Ausmaße von 110 m Länge, 84 m Breite und einer Höhe von 83 m bereits von Vornherein in Misskredit geriet. 1758 wurde mit dem Bau begonnen, doch verzögerten sich die Arbeiten wegen finanzieller Schwierigkeiten. 1778 traten durch Erdstöße verursachte Risse am Gebäude auf, derentwegen Soufflot scharf angegriffen wurde. Ohne sein Werk vollendet zu haben, starb der Architekt 1780. Rondelet, einer seiner Schüler, beendete 1789 den Rohbau, doch erst 1812 wurde die Kirche vollendet. Im April 1891 beschloss die Konstituierende Versammlung, die Kirche „den sterblichen Überresten der Großen Männer der Epoche der Freiheit Frankreichs" zu weihen. Voltaire und Rousseau sind hier bestattet.

Der Bau diente im Kaiserreich als Kirche, unter Louis-Philippe als Begräbnisstätte, wiederum als Gotteshaus unter Napoleon III., der Kommune als Hauptquartier, bis er endlich 1885 mit der Bestattung Victor Hugos nationaler Ruhmestempel wurde.

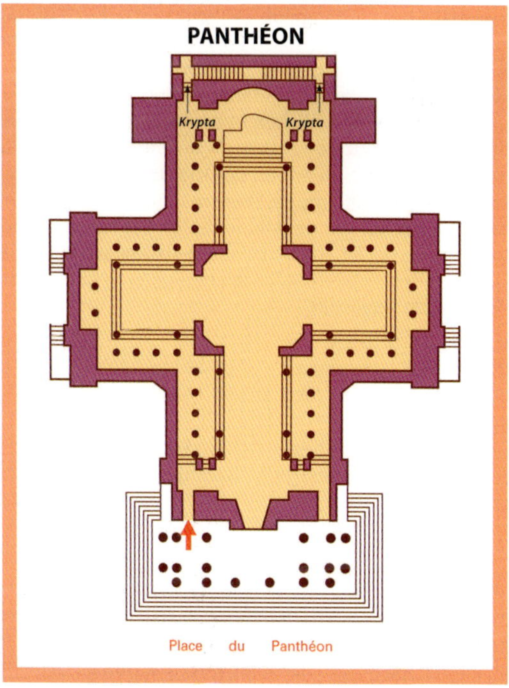

Kuppel★★ – Das ganze Ausmaß der mit Eisen armierten Kuppel, deren Gewicht auf 10 000 t geschätzt wird, lässt sich nur aus einiger Entfernung erkennen. Ein Portikus mit elf Stufen und kannelierten korinthischen Säulen, die einen großen Dreiecksgiebel, den ersten seiner Art in Paris, tragen, ist dem Baukörper vorgelagert. In der Säulenvorhalle befinden sich über den Seitenportalen zwei Flachreliefs: Links *L'Instruction publique* von Lesueur, rechts *Dévouement patriotique* von Chaudet.

Innenraum – Eine flache Kuppel wölbt sich über der Vierung und wird, wie in den vier Kreuzarmen, von korinthischen Säulen und Pilastern getragen. Diese wurden in das Mauerwerk integriert, was einen Eindruck von Schwere vermittelt. In der zweiten Kuppelkalotte ist ein Fresko mit der *Apotheose der hl. Genoveva* von Gros (1811) zu sehen.

Aufgrund der großen Höhe der Kuppel konnte der Physiker **Léon Foucault** 1851 hier mit Hilfe eines Pendels die Erdrotation beweisen. Besagtes Pendel bestand aus einer 28 kg schweren Messingkugel an einem 67 m langen Stahlseil. Als er es anstieß, drehte es sich nicht ständig um die eigene Achse, sondern wurde infolge der Erdrotation nach rechts abgelenkt. Je nachdem, ob das Experiment auf der Nord- oder der Südhalbkugel durchgeführt wird, dreht sich das Pendel in die andere Richtung. Das Ausmaß der Richtungsänderung hängt zudem von der geografischen Breite ab, sodass sich das Pendel an den Polen in 24 Std. einmal um sich selbst dreht, während es am Äquator seine Richtung beibehält.

Die Wände des Panthéon sind mit **Gemälden★** geschmückt, die nach 1877 ausgeführt wurden. Berühmt sind Puvis de Chavannes' Fresken mit Szenen aus dem Leben der hl. Genoveva, für die die Kirche ursprünglich errichtet werden sollte. Hinten in der Kirche und in den Ecken des Querschiffes stehen monumentale Skulpturengruppen vom Anfang des 20. Jh.

Eine Treppe führt zum Kolonnadenumgang der Kuppel, von wo aus man einen herrlichen **Blick★** auf Paris hat. *April-Sept. 10-18.30, Okt.-März 10-18 Uhr.*

Krypta – *Eingang am Chorhaupt.* Sie erstreckt sich unter dem ganzen Gebäude und enthält unter anderem die Gräber bzw. Grabmäler von Rousseau, Voltaire, Soufflot, Victor Hugo, Émile Zola, Alexandre Dumas, André Malraux (Schriftsteller und Politiker), Louis Braille (Erfinder der Blindenschrift), Jean Jaurès und René Cassin (Vater der Menschenrechtserklärung). In neuerer Zeit wurden hier auch die sterblichen Überreste von Pierre und Marie Curie (der ersten und bislang einzigen Frau in diesem Ruhmestempel) bestattet.

In der letzten Galerie rechts befinden sich die sterblichen Überreste von 41 Würdenträgern des Premier Empire: Staatsmänner, Generäle, Kardinäle, Gelehrte. Zu erwähnen seien hier der Mathematiker Lagrange, der Forschungsreisende Bougainville, der Finanzmann Perrégaux (erster Direktor der Banque de France) und der Rechtsgelehrte Tranchet. Hingegen sind Napoleon Bonaparte und General de Gaulle nicht im Panthéon bestattet.

★★Musée de Minéralogie B3

60 bd. St-Michel – RER Luxembourg – ✆ 01 40 51 91 39 – www.musee.ensmp.fr – ♿ – Di-Fr 13.30-18 Uhr, Sa 10-12.30 und 14-17 Uhr – Fei geschl. – 6 € (unter 12 J. Eintritt frei).

Das Museum wurde 1815 im ehemaligen Hôtel de Vendôme in den Räumen der 1783 gegründeten Bergbauakademie eingerichtet. Die mineralogischen Sammlungen gehören zu den reichsten der Welt und umfassen unter anderem Edelsteine, Mineralien, farbenfrohe Kristalle und Meteoriten. Exponate aus der ganzen Welt in allen Formen und Farben.

Musée Curie B3

11 rue Pierre-et-Marie-Curie – RER Luxembourg – ✆ 01 42 34 67 50 – www.musee.curie.fr – Di-Fr 10-18 Uhr – Fr 15 Uhr Führungen möglich – Aug. und Fei sowie in der letzten Dezemberwoche geschl. – Eintritt frei. Die Familie Curie ist die Familie, die die meisten Nobelpreise auf der Welt erhalten hat: Pierre und Marie Curie erhielten 1903 zusammen mit Henri Becquerel den Nobelpreis für Physik; Marie allein bekam 1911 den Nobelpreis für Chemie; Irène und Frédéric Joliot-Curie schließlich wurden 1935 für ihre Leistungen mit dem Nobelpreis für Chemie ausgezeichnet.

Das Museum befindet sich im Erdgeschoss der Physik- und Chemieabteilung des Institut du Radium, das von Marie Curie zum Zwecke wissenschaftlicher und medizinischer Forschung gegründet wurde.

Der erste Saal enthält Kopien der den Curies und Joliot-Curies verliehenen Nobelpreise, Fotografien und vor allem Apparate und Geräte, die der Entdeckung des Radiums und der Erforschung der natürlichen Radioaktivität durch Pierre und Marie Curie gedient haben; außerdem Instrumente, die von ihrer Tochter Irène Curie und deren Ehemann Frédéric Joliot-Curie verwendet wurden. Diese bekamen 1935 für die von ihnen entdeckte Synthese von Radionukliden, instabilen Atomen, die radioaktiv zerfallen, den Nobelpreis für Chemie. Im Arbeitszimmer von Marie Curie befindet sich der Behälter, in dem das Gramm Radium aufbewahrt worden war, das ihr nach einer Finanzierungskampagne von Frauen der Vereinigten Staaten als Beweis der Sympathie und Anerkennung geschenkt wurde. Daneben das private (dekontaminierte) Chemielabor Marie Curies. Außerdem sind die noch kontaminierten Arbeitsunterlagen von 1902, die handschriftliche Notizen von Pierre und Marie Curie aufweisen, sowie der Schreibtisch, der nacheinander von Marie Curie, André Debierne und Irène und Frédéric Joliot-Curie benutzt wurde, zu sehen. Hier in diesem Gebäude arbeiten immer noch Physiker, Chemiker und Biologen direkt mit den medizinischen Forschungsgruppen des Hôpital Claudius-Regaud zusammen, das zum Institut Curie gehört.

Centre de la Mer et des Eaux B3

195 rue St-Jacques – RER Luxembourg – ✆ 01 44 32 10 95 – www.oceano.org – ♿ – Di-Fr 10-12.30 und 13.30-17.30 Uhr; Mitte Sept.-Juli auch Sa, So 10-17.30 Uhr – 1. Jan., 1. Mai, 14. Juli, 15. Aug. und 25. Dez. geschl.– 5 € (unter 12 J. 2,50 €).

Das Zentrum gehört zum Ozeanographischen Institut, das im Jahr 1906 von Albert I. von Monaco gegründet wurde. Seine Aquarien (Fauna von Riffen der tropischen Meere oder des Atlantischen Ozeans), thematischen Ausstellungen sowie Filme und Videospiele vermitteln einen Einblick in die Welt der Meere. Die Ausstellung soll dem Besucher helfen, die fundamentale Rolle zu verstehen, die das Meer für das menschliche Leben spielt. Präsentationen mit pädagogischem Anspruch sprechen vor allem Kinder und Jugendliche an, sind aber auch für Erwachsene sehr interessant. Neben der Dauerausstellung stehen auch Wechselausstellungen und diverse Veranstaltungen auf dem Programm, um dem Besucher einen Einblick in den Reichtum des Lebens im Meer zu geben.

Musée des Collections historiques de la préfecture de Paris C2

4, rue de la Montagne-Ste-Geneviève – 2. Etage der Polizeiwache – ✆ 01 44 41 52 50 – tgl. außer So 9-17 Uhr, Sa 10-17 Uhr – Fei geschl. – Eintritt frei.

Die Sammlungen zeigen die Entwicklung der Pariser Polizei vom Mittelalter bis zur Gründung des Polizeikorps im Jahre 1870. Haftbefehle aus der Revolutionszeit wie der Ludwigs XVI., Auszüge aus den alten Gefängnisregistern sowie Erinnerungsstücke an Verschwörer und berühmte Kriminelle wie beispielsweise die aus 24 Flintenläufen bestehende Höllenmaschine, mit der Joseph Fieschi am 28. Juli 1835 ein Attentat auf den französischen König Louis-Philippe verübte, werden hier präsentiert. Außerdem Stiche, Stücke, die im Zusammenhang mit dem berüchtigten französischen Serienmörder Henri Désiré Landru stehen sowie die Rezepte des Docteur Petiot, einem französischen Arzt, der am Ende des Zweiten Weltkriegs wegen des Mordes an 26 Personen angeklagt wurde.

Musée de l'Assistance publique-Hôpitaux de Paris C2

47 quai de la Tournelle – M° Maubert-Mutualité – www.aphp.fr – ✆ 01 40 27 50 05 – tgl. außer Mo 10-18 Uhr – Fei und Aug. geschl. – 4 € (unter 13 J. Eintritt frei), 1. So im Monat Eintritt frei.

Das ehemalige **Hôtel Martin** (1630) blickt auf eine bewegte Vergangenheit zurück: vom Mädchenstift, dessen Pensionärinnen sich Findelkindern und der Armenpflege widmeten, über eine Waffenschmiede (während der Revolution) bis hin zur Spitalapotheke (während des Kaiserreiches).

Dieses ungewöhnliche Museum zeichnet die Geschichte des Spitals in ihren verschiedenen Facetten, die Geschichte der Medizin und die Geschichte der Darstellung des Körpers und von Krankheiten nach. Es zeigt auch die Entwicklung der Pflegeeinrichtungen in der französischen Hauptstadt seit der Gründung des Hôtel-Dieu um 650 durch den hl. Landricus, Bischof von Paris, auf.

Die Sammlungen sind chronologisch geordnet. Die ältesten Zeugnisse sind die Erlasse Ludwigs VII. (1120-1180). Damals ersetzte die weltliche Macht Schritt für Schritt die geistliche Autorität. Ebenfalls ausgestellt ist eine Sammlung von Saugflaschen, die von gallo-römischer Zeit bis ins 18. und 19. Jh. reichen. Im Hof des Gebäudes wurde ein kleiner Garten mit Heilpflanzen angelegt, wo der Besucher die eine oder andere Pflanze entdecken kann, die einst wegen ihrer Heilkraft in den Spitälern angepflanzt wurde.

TIPPS UND ADRESSEN

ÜBERNACHTEN

Unsere Hoteladressen finden Sie auf S. 403 (5. Arr.) und S. 404 (6. Arr.).

ESSEN UND TRINKEN

Au coin des Gourmets – *5 rue Dante – M° Maubert-Mutualité – ✆ 01 43 26 12 92 – Mo 19-22.30 Uhr, Di-So 12-14.30 und 19-22.30 Uhr – 15/30 € – Reservierung empfohlen.* Farben und Gerichte aus Vietnam, Laos und Kambodscha prägen die Speisekarte dieses Restaurant in der Nähe der Sorbonne mit zwei funktional eingerichteten engen Räumen.

Bouillon Racine – *3 rue Racine – M° Cluny-La Sorbonne – ✆ 01 44 32 15 60 – www.bouillonracine.com – tgl. 12-23 Uhr (letzte Bestellung) – Mo-Fr Mittagsmenü 14,90 € –17,50/40 €.* Diese Brasserie ist für ihre Art Nouveau-Einrichtung berühmt, mit Marmormosaiken, bemaltem Fensterglas und Holzvertäfelungen aus der Belle Epoque. Keramikkacheln umrahmen Spiegel mit floralen Mustern. Sie wurde 1906 von den Brüdern Chartier geschaffen und steht unter Denkmalschutz. Hier herrscht noch immer das Pariser Flair der Zeit um 1900. Es gibt hausgemachte Küche, z. B. gefülltes Spanferkel, mit Orangen gebratene junge Ente, Hühnerfrikassee …

El Palenque – *5 rue de la Montagne-Ste-Geneviève – M° Maubert-Mutualité – ✆ 01 43 54 08 99 – www.elpalenque-paris.com – 24. Dez.-2. Jan. und So, Mo geschl. – – 23/40 €.* Wie wär's mit einem Abend in Argentinien, ohne Paris zu verlassen? Das El Palenque bietet ein typisches Rancho-Ambiente mitten in der französischen Hauptstadt. Auf der Karte stehen argentinische Fleischspezialitäten und südamerikanische Weine.

Mirama – *17 rue St-Jacques – M° Maubert-Mutualité oder St-Michel – ✆ 01 43 54 71 77 – tgl. 12-22.45 Uhr – 16/21 €.* Asiaten, Touristen und Pariser zieht es in den Speisesaal oder den grottenartigen Gewölbekeller dieses beliebten kleinen chinesischen Restaurants im Quartier Latin. Wer sich am Tisch etwas Ellenbogenfreiheit verschafft hat, kann die liebevoll zubereiteten reichlichen Portionen genießen. Moderate Preise.

Le Coupe-Choux – *11 rue de Lanneau – M° Cardinal-Lemoine oder Maubert-Mutualité – ✆ 01 46 33 68 69 – www.lecoupechou.com – tgl. außer So mittags 12-14.30 und 19-23.30 Uhr – Menü 18/28,50 €.* Mitten in Paris genießt man hier den Charme eines bürgerlichen Landhauses. Enge Flure führen zu einem kleinen Speisesaal mit hübschen Holzvertäfelungen; es gibt einen Steinkamin aus dem 17. Jh. und einen kleinen Wintergarten. Ideal für ein romantisches und köstliches Dinner: mit Feigen gefüllte Ententerrine, Blätterteiggebäck mit Jakobsmuscheln, Bœuf Bourguignon, Tarte aus der Sologne etc.

Itinéraires – *5 rue de Pontoise – M° Maubert-Mutualité – ✆ 01 46 33 60 11 – 4.-25. Aug., 20.-29. Dez., So und Mo geschl. – Reservierung erforderlich – Menü 29-36 €.* Dieses Bistro macht zu Recht von sich reden: raffinierte Kreationen, hippes Ambiente, dezente zeitgenössische Einrichtung. An der Theke abends Wurstwaren, Tapas …

Les Papilles – *30 rue Gay-Lussac – RER Luxembourg – ✆ 01 43 25 20 79 – www.lespapillesparis.com – 1.-8. Jan., in den Osterferien, 1.-21. Aug. sowie So und Di geschl. – Mittagsmenü 22 € – 31 €.* Diese sympathische Adresse ist Bistro, Weinkeller und Feinkostgeschäft zugleich. Zwischen Weinkisten und Regalen voller verlockender Konserven werden hier Gerichte aus Produkten vom Markt serviert. Jeweils nur ein Tagesmenü.

Louis Vins – *9 rue de la Montagne-Ste-Geneviève – M° Maubert-Mutualité – ✆ 01 43 29 12 12 – www.fifi.fr – – Mittagsmenü 24-27 €.* Warm im Stil um 1900 eingerichtet – mit einer Nussbaumholztheke, Spiegeln und Fresken. Großzügige Bistroküche und große Auswahl an Weinen.

Méditerranée – *2 pl. de l'Odéon – M° Odéon – ✆ 01 43 26 02 30 – www.lamediterranee. com – 22.-28. Dez. geschl. – Mittagsmenü 27-34 €.* In den beiden mit Fresken geschmückten Speisesälen fühlt man sich wie am Mittelmeer. Hier sowie auf der Veranda mit Blick zum Théâtre de l'Europe kann man mediterrane Küche genießen.

Christophe – *8 rue Descartes – M° Maubert-Mutualité – ✆ 01 43 26 72 49 – www.christopherestaurant.fr – Mi, Do geschl. – Mittagsmenü 19 € – 45/60 €.* Das bescheidene, einfach eingerichtete Bistro stellt sein Licht unter den Scheffel. Es bietet eine individuelle Küche aus Fisch- und Fleischgerichten; alle sind hervorragend.

KLEINE PAUSE

The Tea Caddy – *14 rue St-Julien-le-Pauvre – M° St-Michel – ✆ 01 43 54 15 56 – www.the-tea-caddy.com – 11-19 Uhr – Aug. und 25. Dez. geschl.* Dieser gemütliche Salon de Thé gegenüber der Kirche St-Julien-le-Pauvre, der seit 1928 eine feste Institution in Paris ist, vermittelt Ihnen das Gefühl, in England zu sein.

Brasserie Balzar – *49 rue des Écoles – ✆ 01 43 54 13 67 – M° Cluny – La Sorbonne – tgl. 20-24 Uhr – www.brasseriebalzar.com – Restaurant 11.30-15 und 19-24 Uhr.* Die Intellektuellen des Quartiers Latin sind Stammgäste in dieser Art-Déco-Brasserie aus den 1930er-Jahren in der Nähe der Sorbonne. Zwar isst man hier nicht zu studentischen Preisen (mit 35 € à la carte ist zu rechnen), kann dafür aber auch nur etwas trinken.

FREIZEIT

Marionnettes du Luxembourg – *Jardin du Luxembourg – M° Vavin – ✆ 01 43 26 46 47 und 01 – http://guignolduluxembourg.monsite.orange.fr – Mi, Wochenende, Fei und in den Schulferien ab 16 Uhr (am Wochenende Zusatzvorstellung um 11 Uhr) – 4,40 €.*

8 - St-Germain-des-Prés★★

Wir sprechen nicht mehr von dem St-Germain-des-Prés der 1950er-Jahre mit seinen Jazzfans oder seinen Literatencafés. Diese Zeit gehört der Vergangenheit an, das Viertel hat sich verändert, doch man kommt immer noch gerne hierher! Wegen der Galerien zeitgenössischer Kunst in der Rue de Seine, der Antiquitätengeschäfte am Quai Voltaire, der einzigartigen Atmosphäre, die durch die Kunst-, Medizin- und Architekturstudenten entsteht, wegen der raffiniert gestalteten Schaufenster der eleganten Modeboutiquen, der unzähligen Cafés, der Buchhandlungen, der schmalen Sträßchen ... St-Germain-des-Prés ist ganz einfach ein schönes Viertel geworden, in dem man elegante Pariser und lässige Touristen gleichermaßen trifft.

WEGWEISER – *Umschlagkarte vorne C3 – 5. und 6. Arr. – Michelin-Stadtplan Nr. 57, Planquadrate J-K 13.* M° St-Germain-des-Prés (Linie 4), Mabillon (Linie 10), Odéon (Linien 4, 10), St-Sulpice (Linie 4), St-Michel (Linie 4), Cluny-la-Sorbonne (Linie 10). Busse 24, 27, 39, 63, 86, 95, 96.

UNBEDINGT SEHENSWERT – Gehen Sie in die Église de St-Germain (oft ist man nämlich geneigt, sie nur zu umrunden); die Antiquitätengeschäfte am Quai Voltaire, die Kunstgalerien in der Rue de Seine und Rue Mazarine.

GUT GEPLANT – Wenn Ihnen Delacroix gefällt, müssen Sie unbedingt in die Église St-Sulpice gehen und dann ins Musée Delacroix in der Rue de Furstenberg.

Zu Fuß unterwegs Stadtplan S. 201

VON ST-GERMAIN NACH ST-SULPICE 1

Ab M° St-Germain. 2 Std. Wenn Sie aus der Metro kommen, gehen Sie Richtung Brunnen.

Place du Québec A1

Der Brunnen des Bildhauers Charles Daubelin, ein Wahrzeichen des Viertels, erinnert an das Aufbrechen des Eises bei der Schneeschmelze im kanadischen Québec.

1998 haben hier zahlreiche Modeschöpfer (Armani) und Juweliere (Cartier) luxuriöse Geschäfte eröffnet; dies markiert die Neuorientierung des Viertels und das Ende seiner Literatenära, obwohl immer noch zahlreiche Verlage ihren Sitz hier haben (Gallimard, Grasset, Le Seuil).

Gehen Sie von dem Platz aus in Richtung der drei Cafés, die den Ruf und das Renommee von St-Germain begründet haben.

Brasserie Lipp A1

151 bd. St-Germain – ✆ 01 45 48 53 91 – www.brasserie-lipp.fr – 11.30-1 Uhr. Die Liste der berühmten Persönlichkeiten, die seit ihrer Eröffnung im Jahr 1880 als Gäste in diese Brasserie kamen, würde einen beachtlichen Gotha ergeben. Wegen ihrer um 1900 entstandenen Innenausstattung und ihres aufwendigen Fliesendekors aus dem Jahr 1925 wurde sie unter Denkmalschutz gestellt. Doch ist die Brasserie auch in kulinarischer Hinsicht ein Muss.

Überqueren Sie den Boulevard St-Germain.

Café de Flore A1

172 bd. St-Germain – ✆ 01 45 48 55 26 – www.cafe-de-flore.com – 7.30-1.30 Uhr. Das zur Zeit des Second Empire eröffnete Café gehört zu den berühmtesten in Paris. Hier traf sich die Pariser Anvantgarde des 20. Jh.: Künstler, Schauspieler,

Intellektuelle. Schriftsteller wie Apollinaire, Breton, Sartre, Simone de Beauvoir, Camus und Jacques Prévert waren Stammgäste. Und auch heute noch ist das Café immer gut besucht.

Gehen Sie zur Place St-Germain-des-Près zurück.

Les Deux Magots A1

6 pl. St-Germain-des-Prés – ✆ 01 45 48 55 25 – www.lesdeuxmagots.com – 7.30-1 Uhr.

Verlaine, Rimbaud, Gide, Picasso, Simone de Beauvoir, Sartre und Hemingway trafen sich hier regelmäßig unter dem wohlwollenden Blick der beiden Statuen, die in dem Lokal thronen. Seit 1933 findet die hier früher beheimatete literarische Tradition mit dem Prix des Deux Magots ihre Fortsetzung.

★★Église St-Germain-des-Prés A1

Place St-Germain-des-Prés. *Überichtsplan S. 199 sowie Kunst und Kultur, Illustrationen zur Baukunst, S. 16.*

Die Kirche wurde nach dem 576 verstorbenen Bischof Germanus von Paris benannt; da sie mitten auf dem Feld stand, fügte man dem Namen noch „des Prés" *(prés = Wiese)* an.

Am Außenbau weist die Kirche einen massiven Glockenturm über der Westfassade (11. Jh.) auf, dessen Spitze aus dem 19. Jh. stammt. Das originale Portal wird von einem 1607 vorgelagerten Portalvorbau verdeckt. Die Strebepfeiler des Chors wurden gegen Mitte des 12. Jh. um eine Reihe schöner Strebebögen verstärkt.

Die Kirche wurde als Klosterkapelle konzipiert und hat daher relativ kleine Ausmaße. Im Zuge einer umfassenden Restaurierungskampagne im 19. Jh. wurde der Innenraum bunt ausgemalt. Die Architektur ist weitestgehend seit dem 12. Jh. unverändert erhalten geblieben. Die **Chapelle St-Symphorien** war einst eine kleine Merowingerkapelle, in der der Leichnam des hl. Germanus bestattet wurde.

Wenn Sie die Kirche verlassen, gehen Sie rechts in die Rue de l'Abbaye.

Rue de l'Abbaye A1

Sie führt zum **Abtspalais** *(Nr. 5)*, ein beeindruckender Renaissancebau, den 1586 der Kardinalabt Charles de Bourbon errichten ließ (Fenster mit doppel-

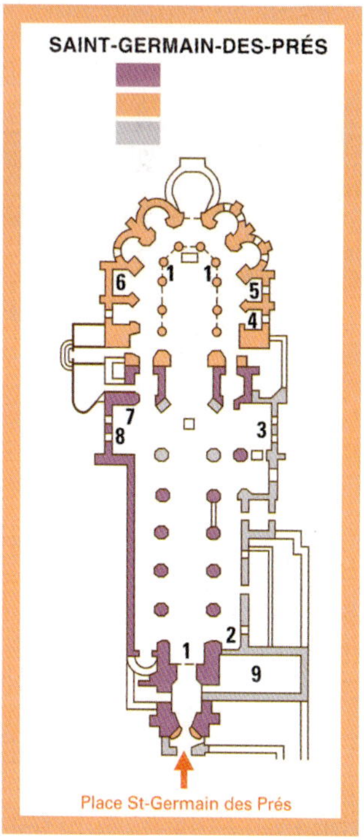

1. *Modernes Gitter von Raymond Subes*

2. *Notre-Dame-de-Consolation (1340)*

3. *Grabmal der Brüder Castelan von François Girardon (17. Jh.)*

4. *Grabmal des Jacques Douglas (17. Jh.)*

5. *Grabplatten des Philosophen Descartes und der Gelehrten Mabillon und Montfaucon*

6. *Grabplatte des Dichters Nicolas Boileau*

7. *Hl. Franz Xaver, Statue von N. Coustou*

8. *Grabmal des Königs Johannes II. Kasimir von Polen, der 1672 als Abt von St-Germain-des-Prés starb (ein Werk von Gaspard Marsy)*

9. *Chapelle de St-Symphorien*

Eine mächtige Abtei
Die Ursprünge der ehemaligen Abtei St-Germain-des-Prés gehen auf die Merowingerzeit zurück. Von seinem Feldzug gegen den Westgotenkönig Theudis (542) brachte Childebert, Sohn Chlodwigs, ein Fragment des Kreuzes und der Tunika des hl. Vinzenz mit. Er ließ inmitten von Feldern ein Kloster erbauen, das diese Reliquien beherbergen sollte und wo der Heilige neben dem Grab des hl. Germanus, einem Bischof von Paris, bestattet wurde. Die Kirche, die nach dem Heiligen St-Germain-des-Prés genannt wurde, war bis zum Tod Dagoberts, der in St-Denis beigesetzt werden wollte (*St-Denis – 28*), die Grablege der merowingischen Herrscher (Merovech, Fredegunde, Chlothar …) – nur Chlodwig hat auf dem Hügel Ste-Geneviève seine letzte Ruhestätte gefunden.

ten Fensterkreuzen, Wechsel von Rundbogen- und Dreiecksgiebeln). 1699 folgten Umbauten durch Kardinal Fürstenberg; 1797 wurde das Gebäude als Staatseigentum verkauft.

★Rue de Furstemberg A1
Hier erlebt man ein friedliches Paris, das zum Träumen einlädt: Die Rue de Furstemberg ist eine malerische kleine Straße mit einem winzigen, schattigen Platz mit Paulownia-Bäumen und weißen nostalgischen Kugelstraßenlaternen. Kardinal Willhelm-Egon von Fürstenberg hat sie 1699 neben den Pferdeställen der Abtei anlegen lassen. Hier befindet sich das Musée Delacroix.

Musée national Eugène Delacroix
6 rue de Furstenberg – M° St-Germain-des-Prés – ✆ 01 44 41 86 50 – www.musee-delacroix.fr – tgl. außer Di 9.30-17 Uhr (Juni-Aug. am Wochenende bis 17.30 Uhr) – 1. Jan., 1. Mai, 25. Dez. geschl. – 5 € (unter 18 J. Eintritt frei), 1. So im Monat und 14. Juli Eintritt frei.
Das Museum ist im Salon, der Bibliothek, dem Atelier und Schlafzimmer eingerichtet, Räume, die Eugène Delacroix von 1858 bis 1863 bewohnte. Der Künstler gab sein Atelier in der Rue Notre-Dame-de-Lorette (*Pigalle und Nouvelle Athènes – 18)* auf, um näher an der Église St-Sulpice zu sein, da er seit 1847 beauftragt war, eine ihrer Kapellen zu verzieren. Die Ausstellungen werden mehrmals jährlich erneuert. Sie zeigen Werke Delacroix' und seiner Freunde. Die Werkstatt und der kleine Garten, der kürzlich neu angelegt wurde, stellen einen Ort des Friedens dar. „Die Sicht auf meinen kleinen Garten und der fröhliche Aspekt meines Ateliers erfreuen mich immer wieder." Dieses Zitat von Delacroix werden Sie bald verstehen können.

Rue Cardinale A1
Auch diese Straße, in der sich noch die alten Häuser aus dem 18. Jh. erhalten haben, ließ Kardinal Fürstenberg anlegen (1700). In der verwinkelten Straße befinden sich Einrichtungshäuser mit namhaften Marken. Besonders malerisch ist die Kreuzung der Rue de l'Échaudé (1388) und der Rue de Bourbon-le-Château.
Gehen Sie durch die Rue de Bourbon-le-Château, dann rechts in die Rue de Buci, bis Sie zum Boulevard St-Germain gelangen. Gehen Sie dann in Richtung Odéon.

Boulevard St-Germain A1-2, B2
Der Boulevard, der eine unsichtbare Grenze zwischen den Künstler- und den Modevierteln bildet, bleibt der Lieblingsort von Literaten und Künstlern des linken Seineufers. Die Restaurants des Boulevards werden von Politikern und berühmten Persönlichkeiten des öffentlichen Lebens besucht. Zwei Adelshäuser des 18. Jh. haben sich hier erhalten *(Nr. 159 und 173)*. Außerdem befinden sich hier luxuriöse Modegeschäfte.
Gehen Sie rechts in die Rue de Seine.

Die **Rue de Seine** ist eine hübsche Straße, in der sich Buchhandlungen und Modegeschäfte abwechseln. Von hier aus bietet sich ein schöner Blick auf den Senat. Die Rue Toustain führt zum **Marché St-Germain**, einer ehemaligen Markthalle, in der heute zahlreiche Prêt-à-Porter-Läden zu finden sind. *Überqueren Sie den Markt bis zur Rue Mabillon, und gehen Sie dann weiter durch die Rue Guisarde (ganz rechts) und die Rue Princesse (rechts).*

Rue Guisarde und Rue Princesse A2

Fußgänger sind in diesem Sträßchen des alten Paris König. Im Sommer sind die Fassaden wunderschön mit Blumen geschmückt. Pubs, Bars und Restaurants sorgen im Viertel für Leben bis zum Morgengrauen.

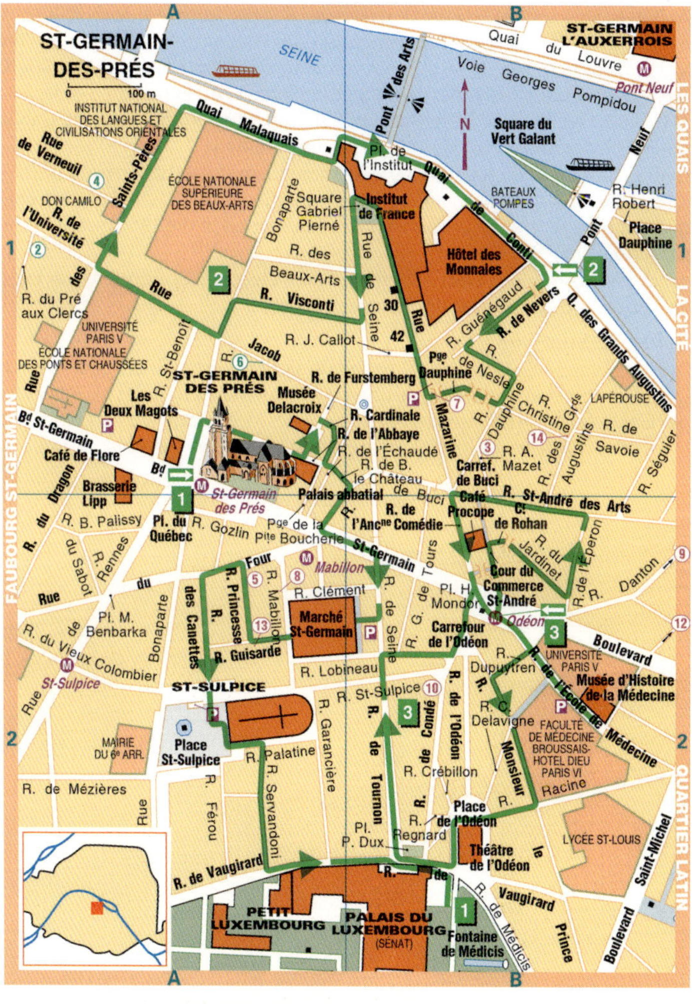

HOTELS		RESTAURANTS			
Hôtel St-Thomas-d'Aquin	2	Azabu	3	Le Marco Polo	10
Hôtel Verneuil	4	Bar à Soupes et Quenelles	5	Maison de la Lozère	12
Millésime Hôtel	6	L'Heure Gourmande	7	Ristorante da Alfredo Positano	13
		La Table d'Erica	8	Rôtisserie d'en Face	14
		La Tourelle	9		

Rue du Four A2

In Haus Nr. 48 dieser Straße hat der am 27. Mai 1943 unter dem Vorsitz von Jean Moulin versammelte Nationale Rat des Widerstands General de Gaulle als Führer anerkannt.

Rue des Canettes A2

Wie in den benachbarten Straßen wird es hier vor allem am Abend lebendig. In Kellergewölben warten abends Tanzflächen auf tanzbegeisterte Kunden, für Hungrige gibt es Bistros und Restaurants.

Place St-Sulpice A2

1754 wurde ein halbrunder Platz angelegt, der von einheitlichen Fassaden eingerahmt werden sollte, ähnlich der von Haus Nr. 6, das der Florentiner Architekt Servandoni errichtet hat *(Ecke der Rue des Canettes)*, doch sollte das ein frommer Wunsch bleiben. In der Mitte des Platzes steht ein Brunnen von Visconti aus dem Jahr 1844, den Figuren der großen Redner des 17. Jh. zieren. Keiner der großen Bischöfe, deren Statuen in den Nischen stehen (Bossuet, Massillon, Fléchier und Fénelon) wurde jemals zum Kardinal ernannt. Daher der Name des Brunnens „Les quatre points-cardinaux“.

Ganze Generationen sind hierher gekommen, um in den Läden rund um die Kirche Devotionalien zu kaufen. Die „St-Sulpice-Kunst“, wie diese kitschigen Kunstgegenstände bezeichnet werden, war bis in die 1960er-Jahre sehr präsent.

An der Nordseite des Platzes befinden sich elegante Boutiquen von Yves Saint-Laurent, Castelbajac und Christian Lacroix.

Église St-Sulpice★★ A2

Die Abtei von St-Germain-des-Prés ließ sie als Pfarrkirche für die Bauern ihrer Domäne errichten und stellte sie unter die Schutzherrschaft des hl. Sulpicius, des Erzbischofs von Bourges und Geistlichen des Merowingerkönigs Chlothar II. Die Kirche wurde im 16. und 17. Jh. mehrfach umgebaut und erweitert (sechs

Immer gut besucht: die Stände der Antiquitätenhändler auf der Place St-Sulpice.

Amélie Dupont / Paris Tourist Office

Architekten waren hier in einem Zeitraum von 134 Jahren tätig).

Fassade – Die Hauptfassade wurde 1732 von Florentin Servandoni gestaltet, der monumentale Giebel und die Renaissance-Laternen, die die Glockentürme schmücken sollten, wurden jedoch durch Balustraden ersetzt (der linke Turm ist höher und kunstvoller gearbeitet als sein rechtes Pendant, das nach umfassender Restaurierung 2010 wieder eröffnet worden ist). Die Fassade des Querschiffs (*Seite der Rue Palatine*) wurde im Jesuitenstil erbaut.

Innenraum – Die Proportionen sind recht eindrucksvoll. Die Verzierung der **Chapelle de la Vierge★** *(Jungfrauenkapelle; in der Achse des Chorhaupts)* wurde von Servandoni geleitet. In der Altarnische befindet sich eine *Jungfrau mit Kind* von Jean-Baptiste Pigalle. Das schöne **Orgelgehäuse★** ist ein Werk Chalgrins (1776). Von Aristide Cavaillé-Coll 1862 rekonstruiert, ist diese Orgel die größte in ganz Frankreich (102 Register auf fünf Tastaturen), und gleichzeitig eine der besten. Der Organist Daniel Roth spielt hier jeden Sonn- und Feiertag, und regelmäßig finden Konzerte statt (Aushänge an den Kirchtüren).

Die **Wandmalereien★** von Eugène Delacroix**,** im Schwung der romantischen Welle (1849-1861) entstanden, schmücken die Chapelle des Saints-Anges *(die erste auf der rechten Seite)*: An den Wänden sieht man unter anderem *Lutte de Jacob avec l'Ange* („Jakobs Kampf mit dem Engel").

Zwei Weihwasserbecken am zweiten Pfeiler des Kirchenschiffs stellen riesige Muscheln dar. Sie waren ein Geschenk der Republik Venedig an Franz I., 1745 übergab Ludwig XV. sie der Kirche. Pigalle skulptierte die Steine, auf die die Becken aufgesetzt sind.

Nach Verlassen der Kirche biegen Sie links in die Rue Palatine ein, dann rechts in die Rue Servandoni.

DAS GNONOM

Im linken Querschiff der Kirche St-Sulpice steht ein Schattenzeiger, ein sehr seltenes astronomisches Instrument. Vor dem Obelisk aus Marmor ist ein Kupferstab im Boden angebracht. Von hier führt eine kupferne Linie bis zu einer in den Boden des rechten Querschiffs eingelassenen Tafel. Wozu dient dieses Instrument? Um dies herauszufinden, muss man mithilfe der Linie ein Loch im Kirchenfenster des rechten Querschiffs ausfindig machen. Das funktioniert jedoch nur, wenn die Sonne scheint. Zur Wintersonnenwende erreicht der Sonnenstrahl die Orientierungspunkte am Obelisken; bei einer Tagundnachtgleiche geht der Sonnenstrahl bis zur Platte. In beiden Fällen ist es 12 Uhr mittags.

Rue Servandoni A2

Durch diese charmante kleine Straße, die von alten Wohnhäusern mit schweren Hoftoren gesäumt ist, kann man spazieren, um zur Rue de Vaugirard und weiter zum Jardin du Luxembourg zu gelangen (*Quartier Latin – 7*).

RUND UM DAS INSTITUT DE FRANCE 2

Ausgangspunkt ist die Ecke zwischen dem Quai des Grands-Augustins und der Rue de Nevers. 2 Std. Die nächste Metro-Station ist St-Michel. Gehen Sie die Quais bis zum Pont-Neuf entlang.

Rue de Nevers B1

Die Straße ist mittelalterlich geprägt (13. Jh.). Am Quai de Conti markiert eine Arkade unter einem Gebäude den Zugang. Am Ende der Straße befindet sich ein Fragment des Festungsgürtels von Philippe Auguste. Die Rue de Nesle (*links*) stößt wieder auf die Rue Dauphine, die **Passage Dauphine** durchzieht der geheimnisvolle Charme des alten Paris.

Man gelangt zur Rue Mazarine, auf der man sich rechts hält.

Rue Mazarine B1

In der engen Straße gibt es viele Kunstgalerien. Am Ende der Passage Dauphine blickt man gegenüber auf ein Haus, an dem Statuen auf Stelzen montiert sind, die Einkäufe zu machen scheinen. Im **Théâtre Guénégaud** in Nr. 42 war früher ein Schlagballfeld untergebracht. Das ehemalige **Hôtel des Pompes** (Nr. 30) beherbergte die erste Feuerwehr, die Dumouriez du Périer 1722 ins Leben gerufen hatte. Bis zum Ende des 17. Jh. gab es in Paris so gut wie keine Hilfsmittel zur Feuerbekämpfung. 1699 wurden 13 tragbare Pumpen angeschafft; unter Dumouriez wurde ihre Anzahl auf 30 erhöht. In Nr. 12 richtete **Molière** sein erstes Theater ein. Nach seinem Tod zog die Truppe in Nr. 42 um.

Gehen Sie den Square Gabriel-Pierné entlang und biegen dann links in die Rue de Seine.

Rue de Seine B 1-2

Zusammen mit der benachbarten Rue Mazarine stellt sie das Zentrum der Künstlervereinigung von St-Germain (*Kasten, S. 204*) dar, was die beeindruckende Häufung von Galerien in dieser Gegend erklärt. In Nr. 53 ist seit 1925 die Galerie Jeanne Bucher im Hinterhof ansässig. Eine weitere Sehenswürdigkeit ist in den Hausnummern 35-37 die Galerie Visconti, die Bernard Buffet bekannt gemacht hat.

Schlagen Sie rechts die Rue Visconti ein.

Rue Visconti A1

Auch *Klein-Genf,* in Erinnerung an die im 16. Jh. hier ansässigen Protestanten. An der Nr. 26 hängt noch das Schild des Petit Maure (Kabarett im 17. Jh.). Berühmte Schriftsteller wie Racine (er verstarb in Nr. 24, dem früheren Hôtel Bannes), Prosper Mérimée (Nr. 20) und Balzac (Nr. 17) haben hier gelebt. In der Mitte lädt ein kleiner Garten zu einer Verschnaufpause ein. Diese Straße ist vor allem wegen ihrer Atmosphäre des „alten Paris", durch die sie sich stark von der belebten Rue de Seine abhebt, einen Umweg wert.

KÜNSTLERISCHE DYNAMIK

Während des Zweiten Weltkriegs kamen die auffällig eleganten Jazzfans hierher, um ihrer Leidenschaft für den Jazz zu frönen. Als Frankreich von der deutschen Besatzung befreit wird, ist St-Germain-des-Prés bekannt für sein Nachtleben und seine Jazzkeller. Künstler und Intellektuelle, von Sidney Bechet bis hin zu Boris Vian, von Juliette Gréco bis hin zu Sartre, haben dem Viertel eine solche Lebendigkeit und Dynamik verliehen, die noch bis in die 1970er-Jahre andauerte. Doch 1977 schließen sich die Antiquitätenhändler und Kunstgaleristen in der Vereinigung Quai Voltaire zusammen, die sich für die Schaffung des Carré Rive gauche einsetzt. Die anfängliche Zahl von 40 Mitgliedern ist in den 1980er-Jahren auf 120 angestiegen und hat auch heute noch Bestand. Im Carré Rive gauche, das zwischen Quai Voltaire, Rue du Bac, Rue des St-Pères und Rue de l'Université im Süden liegt, konzentrieren sich Antiquitätengeschäfte und Kunstgalerien, deren einziges Credo die Qualität ist. Die bedeutendsten Kunstsammler sowie Museen zählen zu ihren Kunden. Die Ende der 1990er-Jahre gegründete Vereinigung Art à St-Germain-des-Prés funktioniert nach dem gleichen Prinzip auf der Seite der Rue de Seine, Rue Mazarine und Rue Dauphine. Das Renommee dieser Vereinigungen erklärt die große Beliebtheit des Viertels bei Kunstliebhabern, die immer mehr in diesen Sektor investieren. Im Kielwasser der Galeristen wiederum siedeln sich immer mehr Geschäfte von Modeschöpfern wie Armani oder Dior an; ein neues Diorgeschäft hat beispielsweise die Räume der ehemaligen Librairie Le Divan an der Place St-Germain bezogen. Die Kunst hat also das Gesicht von St-Germain nachhaltig verändert.

Gehen Sie zunächst links die Rue Bonaparte entlang, dann rechts in die Rue Jacob.

Rue Jacob A1

In dieser ruhigen, von alten Häusern gesäumten Straße schießen die Galerien wie Pilze aus dem Boden. In der zur Rechten gelegenen **Rue des Sts-Pères** sind viele Antiquitätenhändler in den alten Gebäuden ansässig. Serge Gainsbourg lebte in Nr. 5 bis rue de Verneuil (links). Die Fassade ist mit Graffiti überhäuft, zu denen immer wieder neue dazukommen.

Am Ende der Rue des St-Pères befindet sich links der **Quai Voltaire** mit den ehemaligen Bürgerhäusern, in denen sich viele Antiquariate angesiedelt haben.

Weiter über den rechts gelegenen Quai Malaquais.

Quai Malaquais A1

Dieser Quai ist eng mit Schriftstellern verbunden: Anatole France wurde im April 1844 in Nr. 19 geboren, George Sand schrieb hier zwischen 1832 und 1836 *Lélia*. Das Eckhaus zwischen dem Quai und der Rue Bonaparte, Nr. 9, stammt aus dem 17. Jh. Der Abt Prévost ließ Szenen aus *Manon Lescaut* hier spielen.

École nationale supérieure des Beaux-Arts – Der Quai Malaquais ist nicht zuletzt durch die Staatliche Kunsthochschule so bekannt, die seit 1816 hier niedergelassen ist. In der Nr. 14 der Rue Bonaparte kann man den Hof und einige Nachbildungen von Monumenten besichtigen (die Schule hat mittlerweile das Musée des Monuments français ersetzt, das einst der Archäologe Alexandre Lenoir gegründet hatte).

Gehen Sie zurück zum Quai de Conti in Richtung Île de la Cité.

Das **Institut de France**★★ liegt gegenüber dem Pont des Arts. Folgt man dem Quai de Conti etwas weiter, erreicht man das **Hôtel des Monnaies**★.

★★Institut de France B1

Das Centre des Monuments nationaux organisiert am 1. Sa im Monat Führungen durch das Institut de France (www.monum.fr), die Führung beinhaltet die Besichtigung der Innenhöfe, der Kuppel und des Grabs von Mazarin – Anmeldung: ✆ 01 44 54 19 49 – 9€ (unter 25 J. 7€).

Fachbegriffe aus Kunst und Architektur, S. 22. Der Besuch des Instituts ist nur mit Führung möglich, jedoch hochinteressant: Sein Bau wurde durch das Testament des Kardinals Mazarin (1602-1661) möglich, der viel Geld für den Bau einer Schule hinterließ, die 60 Schüler der mit dem Pyrenäenvertrag an Frankreich angeschlossen Provinzen (Piemont, Elsass, das Artois und das Roussillon) unterrichten sollte. Napoleon verlegte das Institut in die Gebäude der Schule. Das Institut umfasst die Académie française (von Kardinal Richelieu 1635 gegründet), die Académie des inscriptions et belles-Lettres (Literaturakademie, gegründet 1663 von Colbert), die Académie des sciences (Akademie der Wissenschaften, 1666), die Académie des beaux-arts (Akademie der schönen Künste, 1816) und die Académie des sciences morales et politiques (Akademie der moralischen und politischen Wissenschaften, 1832).

Das majestätische Gebäude passt gut zu seinem Nachbarn am rechten Seineufer, dem Louvre. Seitlich schließen zwei Pavillons (Pläne von Le Vau) die Kapelle im Jesuitenstil und ihre Kuppel ab. Im Ehrenhof geht es links zur **Bibliothèque Mazarine**★ und rechts zum Festsaal (die *Coupole*, Kuppel), in dem sich seit 1806 die ehemalige Chapelle Mazarine befindet. Die vielen Gebäude, in denen die Schüler wohnten, stehen in einem zweiten Hof. Der Küchenhof besitzt noch seinen alten Brunnen.

★Hôtel des Monnaies et Médailles B1

Vor dem Bau des Hôtel des Monnaies standen an dieser Stelle: das Hôtel de Nesle im 13. Jh., 1572 das Hôtel de Nevers; das Hôtel de Guénégaud 1641; und 1670 das Hôtel de Conti. Unter Ludwig XV. wurde das Münzamt mit seinen Prägewerkstätten hierher verlegt. Den Bau vertraute man dem Architekten

DIE ACADÉMIE FRANÇAISE

Sie ist die berühmteste der fünf Pariser Gelehrtengesellschaften und hat 40 auf Lebenszeit berufene Mitglieder – die „Unsterblichen". Neu gewählte Miglieder müssen eine Lobrede für das verstorbene Mitglied halten, auf die ein „Unsterblicher" antwortet. Die l'Académie française widmet sich vorwiegend der Herausgabe des Dictionnaire de la langue française (Wörterbuch der französischen Sprache). Erst 1980 duldeten die „40" erstmals eine Frau in ihrer illustren Reihe – **Marguerite Yourcenar** (1903-1987). Vorbehalte gegen das weibliche Geschlecht scheint es seither nicht mehr zu geben, denn nach ihr wählte die Versammlung 1988 Jacqueline de Romilly, 1990 Hélène Carrère d'Encausse, 2000 Florence Delay und 2005 Assia Djebar. Hélène Carrère d'Encausse ist die erste Frau, die als secrétaire perpetuel (Sekretärin auf Lebenszeit) den Posten an der Spitze der Académie innehat.

Antoine an (1768-1775). Die Fassaden sind sehr geradlinig gestaltet, mit nüchterner Verzierung (vorspringende Grundmauer) und der Säulenordnung des Gebäudevorbaus. Unter dem hübschen Eingangsgewölbe mit Kassettendecke führt eine zweiläufige Wendeltreppe zu einer Reihe von Sälen.

Mittlerweile sind die Prägeateliers nach Pessac in der Gironde gezogen, aber die **Ateliers des Hôtel des Monnaies** gestalten bis heute die Stempel des Eichamts. Die Werkstätten kann man nur bei einer Führung (1 Std.) besichtigen. *11 quai de Conti – ✆ 01 40 46 55 35 – www.monnaiedeparis.fr – Führung durch die Werkstätten Mi, Fr 14.15 Uhr mit Reservierung – Fei und im Aug. geschl. – 3 € (unter 16 J. Eintritt frei).*

Das **Musée de la Monnaie** schildert die Geschichte des französischen Münzwesens seit 300 v.Chr. sowie die Entwicklung der Medaillenprägekunst, die im 16. Jh. unter italienischem Einfluss entstanden ist. Übersichtliche Präsentation mit guten Erklärungen und Beispielen (Währungen, Gravuren usw.). Beachtenswert ist die Medaillensammlung von Pierre-Jean David d'Angers; die Prägewalzen und Pressen von Uhlhorn aus dem Jahr 1807 *(im ehemaligen Walzwerk).* Ein neuer Saal informiert über die Währungen der Welt. *11, quai de Conti – ✆ 01 40 46 55 31 – www.monnaiedeparis.fr – ♿ – tgl. außer Mo 11-17.30 Uhr, Sa/So 12-17.30 Uhr – Fei, im Aug. geschl. – Eintritt frei.*

QUARTIER DE L'ODÉON 3

Ab M° Odéon. 1 Std.

Carrefour de l'Odéon (Place Henri-Mondor) B2

Die **Kreuzung** stellt den Mittelpunkt des Viertels dar. Sie wird von einer Statue von Danton beherrscht, einer Ende des 19 .Jh. gefertigten Bronzegruppe an dem Haus, das der Künstler einst bewohnte (1759-1794).

★Cour du Commerce-St-André B2

Zugang über Nr. 130 bd. St-Germain, gegenüber Dantons Statue (Place Henri-Mondor). In diesem Hof testete 1790 der Docteur Guillotin seine „Maschine zur Enthauptung auf menschliche Art" an Schafen. Marat druckte hier seine Zeitschrift *L'Ami du peuple* („Der Freund des Volkes").

In der ersten Passage auf der rechten Seite erhebt sich (in einem Atelier) ein Turm der Stadtmauer von Philippe Auguste. Kurz darauf kann man sich in der Maison de Catalogne über das südliche Europa informieren.

Cour de Rohan B2

Im 15. Jh. war der Hof Teil des *Hôtel des archevêques de Rouen* (daher stammt sein abgewandelter Name Rohan). Drei malerische Höfe reihen sich aneinander. Im zweiten ist ein schönes Renaissancegebäude das Überbleibsel des Wohnhauses von Diane de Poitiers.

Die Rue du Jardinet mündet in die Rue de l'Éperon. Über die Rue St-André-des-Arts gelangt man links zum Carrefour Buci und rechts zur Rue de l'Ancienne-Comédie.

Carrefour de Buci B1

Im 18. Jh. hatte dieses Zentrum der Rive gauche einen schlechten Ruf. In der Rue de Buci gab es allein drei Schlagballfelder (Vorgänger des heutigen Tennisspiels bis zum 15. Jh.). Der Ball wurde mit der bloßen Hand geschlagen, dann mit einem Handschuh, und schließlich mit einem Schläger. Der Begriff „Tennis" kommt daher, dass der Spieler im Moment des Aufschlags seinem Gegenspieler zurief: *„Tenez !"* („Nehmen Sie!").

Dank des noch immer stattfindenden Markts der Rue de Seine, der Modeboutiquen und der zahlreichen, in Nebenstraßen angesiedelten Restaurants – Rues Grégoire-de-Tours, de Bourbon-le-Château – ist das Viertel heute sehr belebt.

Rue de l'Ancienne-Comédie B2

81 Jahre lang feierte das Theater die Premieren der Stücke von Racine und Molière. Früher hieß die Straße Rue des Fossés-St-Germain. 1770 dann, als das Theater kurz vor dem Ruin stand, zog die Truppe in das Theater im Tuilerienpalast, bevor sie sich im Odéon niederließ. Die Straße änderte daraufhin ihren Namen.

Das *Procope* in Nr. 13 wurde 1686 gegründet und ist damit das älteste Café in Paris. Es wurde von großen Literaten frequentiert, darunter La Fontaine, Voltaire, später Alphonse Daudet, Oscar Wilde und Paul Verlaine. Heutzutage ist es mehr ein Restaurant, aber selbstverständlich kann man sich hier nachmittags (15-17 Uhr) bei einer Tasse Kaffee oder Tee die illustre Atmosphäre früherer Zeiten vorstellen. *☎ 01 40 46 79 00 – www.procope.com – 10.30-1 Uhr.*

Kehren Sie zum Carrefour de l'Odéon zurück (Place Henri-Mondor).

Rue de l'École-de-Médecine B2

Im Südosten der Place Henri-Mondor. Die Nr. 5 beherbergte bis zum 17. Jh. die *Confrérie des chirurgiens de robe longue* („Bruderschaft der Chirurgen in langen Kitteln"), die Saint Louis, der anatomische Operationen jeglicher Art durchführte, gegründet hatte. Im **Couvent des Cordeliers** in Nr. 15 gaben Franziskanermönche im Mittelalter einen anerkannten Unterricht. Dieses Kloster (von dem heute nur noch das Refektorium im spätgotischen Stil übrig ist, in dem temporäre Ausstellungen stattfinden), wurde 1791 von dem revolutionären Club desselben Namens gegründet, zu dem Danton, Marat, Camille Desmoulins und Hébert gehörten. Im Gebäude gegenüber, dem Wohnhaus Marats', wurde dieser am 13. Juli 1793 von Charlotte Corday erschossen.

Die Gebäude der aktuellen Medizin-Fakultät Broussais-Hôtel-Dieu (Paris-VI) wurden zwischen 1877 und 1900 erbaut. Die ehemalige *Faculté de Médecine (Eingang bei Nr. 12),* der Hauptteil der heutigen René-Descartes-Universität (Paris-V), geht auf das Jahr 1775 zurück.

Musée d'Histoire de la médecine – Das Museum der Geschichte der Medizin ist in der ehemaligen Fakultät der Medizin untergebracht. Es zeigt die Ausstellungen des Chirurgie-Kollegiums. *12 rue de l'École-de-Médecine – ☎ 01 40 46 16 93 – www.bium.univ-paris5.fr – Mitte Juli-Ende Sept. tgl. außer Sa/So 14-17.30 Uhr; Anf. Okt.-Mitte Juli. tgl. außer Do, So 14-17.30 Uhr (letzter Einlass 30 Min. vor Schließung) – Fei und in den Weihnachtsferien geschl. – 3,50 €, Führung 8 €.*

Umkehren und in die Rue Dupuytren einbiegen.

Rue Monsieur-Le-Prince B2

Von der Rue Dupuytren aus sieht man an der Nr. 4 das sehr schöne Tor des ehemaligen Hôtel de Bacq, das typisch für die Mitte des 18. Jh. ist. Etwas oberhalb in Nr. 10 ist die Wohnung im zweiten Stock, in der **Auguste Comte** von 1841 bis zu seinem Tod 1857 lebte, Besuchern zugänglich. Man sieht das

Esszimmer, den Salon und das Arbeitszimmer des Philosophen, alle mit dem Mobiliar der damaligen Zeit ausgestattet, sowie die Bibliotheken mit seinen persönlichen Büchern. *10 rue Monsieur le Prince – ✆ 01 43 26 08 56 – www.augustecomte.org – Mi 14-17 Uhr, an den anderen Tagen auf Anfrage Führung möglich – Aug. und in den Weihnachtsferien geschl. – Eintritt frei.*

Achten Sie an der Hausnummer 14, dem Gebäude, in dem Camille Saint-Saëns von 1877 bis 1889 lebte, auf das Holztor, das im unteren Teil mit zwei perspektivisch skulptierten Bildreihen verziert ist. Das Fenster im oberen Teil findet man identisch an vielen Pariser Gebäuden.

Gehen Sie zurück zur Rue Monsieur-le-Prince und biegen Sie rechts in die Rue Racine ein.

Place de l'Odéon B2

Seit seiner Gestaltung 1779 auf den Gärten des Hôtel de Condé ist der Platz nicht mehr verändert worden. Seine schönen Gebäude mit den konkaven Fassaden tragen zum äußerst harmonischen Gesamtbild dieses halbkreisförmigen Platzes (Durchmesser: 74 m) bei. In Nr. 1 befand sich das **Café Voltaire**, in dem sich die Enzyklopädisten häufig trafen, später dann Stéphane Mallarmé, Paul Verlaine, André Gide und Ernest Hemingway.

Théâtre de l'Odéon B2

Dieses Theater im italienischen Stil wurde 1782 von Peyre und Wailly für die Truppe der Comédie-Française erbaut. Marie-Antoinette weihte es unter dem Namen Théâtre-Français ein und es führte in dieser Zeit „Figaros Hochzeit" von Beaumarchais auf. 1789 wurde es Staatstheater. Aber mit der Revolution gingen politische Divergenzen einher, die die Truppe entzweiten, bis sie sich 1792 trennte. Fünf Jahre später nahm sich eine Gesellschaft unter dem Namen Odéon (vom griechischem *odé* = Gesang) der Bühne an, jedoch mit weniger Erfolg, und 1807 verwüstete ein Brand das Gebäude. Chalgrin verlieh ihm beim Wiederaufbau das ursprüngliche Aussehen.

Im 20. Jh. existierte es abwechselnd unter eigener Regie oder aber unter Verwaltung der Comédie-Française. Von 1946 bis 1959 als *Salle Luxembourg*, dann als *Théâtre de France*, spezialisierte es sich auf die Präsentation zeitgenössischer Stücke. Jean-Louis Barrault und Madeleine Renaud machten daraus bis 1968 eine der wichtigsten Pariser Theaterbühnen. Hier wurden Paul Claudels „Goldhaupt", „Die Nashörner" von Eugène Ionesco, sowie „Warten auf Godot" und „Glückliche Tage" von Samuel Beckett aufgeführt. 1983 wurde sie unter Leitung Giorgio Strehlers zum Europäischen Theater. Nach drei Jahren Renovierung erstrahlte das Odéon 2006 in neuem Glanz. Die lange verborgenen Hallenkaryatiden sind in einem hellen Gelb wieder zum Vorschein gekommen. Der bisher flache Boden ist nun mit einer leichten Steigung versehen, und die von André Masson bemalte Decke ist wieder zu sehen.

Rue de l'Odéon B2

Sylvia Beach gründete die berühmte Buchhandlung Shakespeare & Co (ehemals in Nr. 12), die 1922 das berühmte „Ulysses" von James Joyce veröffentlichte. Etwas die Straße hinunter liegen in Nr. 5 in der Buchhandlung Monte Cristo rote Prachteinbände aus, welche kunstvoll die Werke Jules Vernes zur Geltung bringen; die Galerie Arts et Autographes (Nr. 9) erweckt großes Interesse mit Briefen, die von Berühmtheiten wie Charles de Gaulle, André Breton, Claude Monet, Sigmund Freud, Henri Matisse oder Albert Camus verfasst wurden.

Die Rue Regnard führt zur von schönen alten Häusern gesäumten Rue de Condé, die Richtung Jardin du Luxembourg geht. Sie können ebenfalls die Rue Rotrou entlang des Jardin laufen und dann über die Rue de Tournon wieder hinuntergehen .

Rue de Tournon B2

Von der kleinen Place Pierre Dux ausgehend sehen Sie rechts in Nr. 27 die Maison du Chevalier d'Airain, Jacques Casanova de Seingalt, an der Stelle des Hauses, das ein Geschenk an Clément Marot war; etwas weiter unten (Nr. 17) starb der Filmschauspieler Gérard Philipe im November 1959. Unvergessen als Rodrigue in „El Cid", war er in den 50er-Jahren auch der Held der ersten Theaterfestivals in Avignon.

Auf dem linken Bürgersteig sieht man die schöne Umrahmung des Eingangstors von Nr. 8, in der Gabriel Pierné lebte, ehemaliger Leiter des Orchesters, das die berühmten Colonne-Konzerte spielte (1900-1937), und das Hôtel de Brancas (Nr. 6), dessen Tor den schönen Innenhof dieses Bürgerhauses verbirgt. Heute ist hier das französische Architekturinstitut untergebracht.

Nach Überqueren der Rue St-Sulpice gelangt man nach wenigen Metern zur Rue de Seine. Links führt die Rue Lobineau zum Markt von St-Germain. Rechts geht die Rue des Quatre-Vents (in Nr. 13 befindet sich die Buchhandlung J. Touzot, die für ihren schier unerschöpflichen Fundus an Werken regionaler Autoren bekannt ist) zum Carrefour de l'Odéon.

TIPPS UND ADRESSEN

ÜBERNACHTEN

Unsere Hoteladressen finden Sie auf S. 404 (6. Arr.) und S. 404/405 (7. Arr.).

ESSEN UND TRINKEN

Bar à Soupes et Quenelles – *5 rue Princesse – M° Mabillon – 01 43 25 44 44 – www.giraudet.fr – abends außer Sa geschl. – 10/15 €.* Die Maison Giraudet wurde 1910 gegründet und führt die Tradition hervorragender Fleischbällchen mit Leidenschaft und Know-how weiter. Heute bietet die neue Bar auch Suppen und einige Gebäckteilchen an. Zum Mitnehmen sind die Gerichte im Zweitlokal in Nr. 16 der Rue Mabillon.

L'Heure Gourmande – *22 passage Dauphine – M° Odéon – 01 46 34 00 40 – tgl. 11.30-19 Uhr – 1. Jan., 1. Mai und 25. Dez. geschl. – 15,80/21 €.* Der kleine charmante Salon de thé liegt versteckt und ruhig in einer kopfsteingepflasterten Gasse. Verführerische hausgemachte Pâtisserie wird auf einem Tisch mitten in dem (gemütlich eingerichteten) Raum präsentiert. Große Auswahl an Teesorten, köstliche Tartes und ein fürstlicher Brunch.

La Tourelle – *5 rue Hautefeuille – M° Odéon oder St-Michel – 01 46 33 12 47 – Sa-mittag, So und im Aug. geschl. – Mittagsmenü 11 € – 21/30 €.* Dieses Kleinod der französischen Bistro-Kultur ist im Herzen des Quartier Latin ansässig. Die schlichte Einrichtung widersetzt sich auf jeden Fall den aktuellen Modetrends. Fast meint man, seine Rechnung in den lange ersetzten Francs begleichen zu können! Aber auch die Preise in Euro sind moderat, vor allem mittags. Ganz im Gegenteil zur Küche, die traditionelle Gerichte äußerst raffiniert interpretiert.

Maison de la Lozère – *4 rue Hautefeuille – M° St-Michel oder Odéon – 01 43 54 26 64 – www.lozere-a-paris.com – Di-Sa 12-14, 19.30-22 Uhr – Mo und So geschl. – Mittagsmenü 16,50 €, Menü 22,70 € – Reservierung empfohlen.* Ländliches Flair herrscht in diesem Restaurant für regionale Spezialitäten aus dem Lozère. Man sitzt bequem an großen massiven Tischen. Serviert werden belegte Brote, *cochonnailles* (Wurstwaren vom Schwein), Tagessuppe, Räucherforelle, Innereien und der berühmte Kastanienkuchen. Donnerstags gibt es *aligot* (Kartoffelbrei mit Käse aus dem Aubrac).

Azabu – *3 rue Mazet – M° Odéon – 01 46 33 72 05 – So mittags und Mo, 19.-27. April geschl. Mittagsmenü 19 € – 39/59 €.* Japanische Küche mit abendländischen Einflüssen, die in einem kleinen, nüchternen und zeitgenössisch eingerichteten Raum serviert wird, am Tisch oder an der Bar, direkt von der Stahlplatte, dem *teppanyaki*.

Rôtisserie d'en Face – *2 rue Christine – M° Odéon – 01 43 26 40 98 – www.jacques-cagna.com – Sa mittag und So geschl. – Mittagsmenü 26-31 €.* Gegenüber liegt das Restaurant von Jacques Cagna, der hier ein sympathisches Bistro eröffnet hat. Entspannte Atmosphäre.

Le Marco Polo – *8 rue de Condé – M° Odéon – 01 43 26 79 63 – Mittagsmenü 18 € – 35/50 €.* Trattoria mit Gerichten aus ganz Italien: Thunfisch mit Oliven, Nudeln mit Auberginen oder Venusmuscheln. Stammgäste werden herzlich auf Italienisch begrüßt. Hier kehren häufig Politiker verschiedener Parteien und Fernsehmoderatoren etc. ein. Es ist eine der schönsten Terrassen von St-Germain-des-Prés. Ganz zu schweigen von der Pannacotta!

La Table d'Erica – *6 rue Mabillon – M° Mabillon – 01 43 54 87 61 – www.tablederica.com – So, Mo und im Aug. geschl. – Mittagsmenü 13-29 €.* Zum Table d'Erica kommt man über eine kleine Brücke. Auf der kurzen kreolischen Speisekarte stehen außereuropäische Gerichte wie Fisch von den Inseln, geräuchertes Huhn, Colombo (eine Currymischung) …

Ristorante da Alfredo Positano – *9 rue Guisarde – M° Mabillon oder St-Sulpice – 01 43 26 90 52 – 12.30-15, 19-24 Uhr – 30/50 €.* Alfredo Positano beherrscht das Viertel um die Rue des Canettes seit Jahren. Er begrüßt seine Gäste vor der Theke mit einer riesigen Auswahl frischer italienischer Vorspeisen sowie Fisch, Langusten, Venusmuscheln, Trüffeln und Zutaten, aus denen er einfach herrliche Nudelgerichte zaubert.

KLEINE PAUSE

La Bonbonnière de Buci – *12 rue de Buci – M° Odéon – 01 43 26 97 13 – www.boubonnierebuci.com – 8-21 Uhr.* Dieser Familienbetrieb ist eine Konditorei mit einem kleinen Teesalon im 1. Stock. Köstliche Schweinsöhrchen, Éclairs oder Obsttorten in großer Auswahl. Nougateis mit großen Pistazienstücken und eingemachten Früchten.

EINKAUFEN

Marché couvert St-Germain – *M° Mabillon.* Der überdachte Markt von St-Germain hat sich in wenigen Jahren in ein edles kleines Einkaufszentrum verwandelt: Marmor, Palmen, ein kleiner vergoldeter Brunnen schmücken die Halle. Die Lebensmittelhändler nehmen etwa ein Drittel der Verkaufsfläche ein und wechseln sich mit den Modeboutiquen bekannter Marken ab.

Boulevard St-Germain – Seit etwa 20 Jahren ersetzen mehr und mehr Designergeschäfte die Buchhandlungen am Boulevard St-Germain. Sonia Rykiel, Daniel Hechter, Issey Miyake, Armani und Hugo Boss geben hier nun den Ton an.

Le Carré Rive Gauche – *M° Rue-du-Bac – 01 42 61 31 45.* Diese Vereinigung umfasst 120 Galerien und Antiquariate, die in den Rues des Sts-Pères, de l'Université, du Bac und der Rue du quai Voltaire verteilt sind. Jedes Geschäft verteilt eine Broschüre mit seiner Adresse und seinem Angebot. *auch Kasten S. 204.*

Place St-Sulpice – Auch hier haben einige namhafte Designer Läden eröffnet: Christian Lacroix, Jean-Charles de Castelbajac, Yves Saint-Laurent Rive Gauche. Zum Shoppen oder auch nur Schaufensterbummeln eignet sich auch die Rue St-Sulpice, in der Georges Rech, Agnès B und Marie Mercier für Damenhüte ansässig sind.

Rue de Seine – *M° Mabillon.* Viele Kunstgalerien sind in der Rue de Seine und ihren benachbarten Straßen angesiedelt (Rue des Beaux-Arts, Rue Visconti, Rue Jacob, Rue Jacques-Callot ...).

Hôtel des monnaies et médailles *– 11 quai Conti – M° Mabillon – ✆ 01 40 46 58 55 – 10-18 Uhr – So geschl.* Euro, Währungen und Gold- oder Silbersammlungen, Kunstobjekte und Schmuck werden in diesen beiden Läden im Erdgeschoss des schönen Gebäudes aus dem Jahr 1670 verkauft.

La Hune *– 170 bd. St-Germain – M° St-Germain-des-Prés – ✆ 01 45 48 35 85 – tgl. 10-23.45, So 11-20 Uhr – 1. Jan., 1. Mai, 15. Aug., 25. Dez. geschl.* Hier gibt es über 30 000 Musterbücher mit einer besonders reichen Auswahl an Belletristik, Naturwissenschaften, Kunst und Architektur, sowie regelmäßige Präsentationen und Themenveranstaltungen. Diese 1949 gegründete Buchhandlung ist für Kulturfreunde unumgänglich.

Debauve et Gallais *– 30 rue des Sts-Pères – M° St-Germain-des-Prés – ✆ 01 45 48 54 67 – www.debauve-et-gallais.com – tgl. außer So 9-19 Uhr – 1. Mai und Pfingstmontag geschl.* Dieser seit 1800 im Viertel ansässige Chocolatier kann stolz darauf sein, ein ehemaliger Hoflieferant zu sein und seinen Laden in einem denkmalgeschützten Haus zu haben. Die Kreationen des Hauses – z.B. die Pistolen von Marie-Antoinette, Trüffel und Knackmandeln – erinnern auf delikate Weise an diese großye Vergangenheit.

Gravures Anciennes J. C. Martinez *– 21 rue St-Sulpice – M° Odéon – ✆ 01 43 26 34 53 – www.jean-claude-martinez.fr – tgl. außer So 10.30-19 Uhr – Fei geschl.* Will man die Anfänge von Paris einmal auf andere Art erkunden, empfiehlt sich diese Adresse, die eine bemerkenswerte Auswahl an alten Kupferstichen und seltenen Büchern präsentiert. Über folgende andere Themen kann man sich ebenfalls informieren: französische Regionen, Gastronomie, Tiere, berühmte Persönlichkeiten, Blumen etc. Alles ist liebevoll aufbereitet und in Dutzenden großer Schubladen arrangiert.

Pierre Hermé *– 72 rue Bonaparte – M° St-Germain-des-Prés – ✆ 01 43 54 47 77 – www.pierreherme.com – 10-19 Uhr (Sa 19.30) – im Aug. geschl.* Das Geschäft von Pierre Hermé hat zwar ein schickes Design und flinke Verkäuferinnen, aber bei diesem beliebten Star-Pâtissier herrscht immer Gedränge. Allerdings verdienen seine kleinen, verführerischen Kreationen etwas Geduld: betörende Pralinen aus Schokolade, klassisches Feingebäck und knusprige Makronen.

Grom *– 81 rue de Seine – M° Mabillon – ✆ 01 40 46 92 60.* Das Motto des Hauses lautet „il gelato come una volta", Eis wie in den guten alten Zeiten. Und zu Recht. Diese italienische Eisdiele verwendet frische Milch, Bioeier, Zuckerrohr und frisches Obst der Saison. Farbstoffe werden nicht verwendet und einige Sorten sind garantiert glutenfrei, dies als Hinweis für Liebhaber oder Allergiker. Köstlich ist auch die heiße Schokolade.

AM ABEND

Café Mabillon *– 164 bd. St-Germain – M° Mabillon – ✆ 01 43 26 62 93 – 7.30-18 Uhr.* Komplett neu in dunklen Tönen gestyltes, historisches Café, zugleich der Szenetreff der modebewussten Jugend von St-Germain-des-Prés.

9 - Faubourg St-Germain★

Lange Zeit war dies das Wohnviertel der Pariser Aristokratie. Mit der Französischen Revolution änderte sich das, und in den prachtvollen Gebäuden sind heute Ministerien, Verwaltungsstellen und Botschaften untergebracht. Wenn Sie Glück haben, erhaschen Sie durch ein halb geöffnetes Tor noch einen Blick auf die herrlichen Palais-Innenhöfe aus dem 18. Jh. Mit den Museen Orsay, Rodin und Maillol hat das Viertel beinahe ebenso viele Asse im Ärmel wie sein Nachbar St-Germain-des-Prés. St-Germain war ein Berater Königs Childeberts I.; 556 wurde er Bischof von Paris. Er wurde wegen seiner Wunder posthum heilig gesprochen.

WEGWEISER – *Umschlagkarte vorne C2-3 – 7. Arr. – Michelin-Stadtplan Nr. 57 – Planquadrate H-J-K 10-12.* M° Assemblée-Nationale, Solférino, Rue-du-Bac (Linie 12), Varenne (Linie 13), Sèvres-Babylone (Linien 10, 12), St-Placide (Linie 4). Busse 63, 73, 83, 84, 87 und 94. RER Musée-d'Orsay (Linie C). Zwischen Les Invalides im Westen und der Kirche St-Germain-des-Prés im Osten.

UNBEDINGT SEHENSWERT – Palais-Bourbon; Musée Rodin; Musée Maillol.

GUT GEPLANT – Dieses Viertel gehört nicht zu jenen, die man bei seinem ersten Besuch in Paris durchstreift. Doch wenn Schaufensterbummel und Shopping auf dem Programm stehen, wird es interessant. Die meisten Geschäfte befinden sich im Süden des Viertels, um Sèvres-Babylone und Bon Marché. Am Wochenende herrscht um die Ministerien im Norden der Rue de Sèvres absolute Ruhe.

Zu Fuß unterwegs Stadtplan S. 214/215

VORBEI AN STADTPALAIS UND MINISTERIEN 1

Ausgangspunkt M° Varenne. 1 Std.

Rue de Varenne A-B2

Ihr Name erinnert an die wildreiche Heide (frz. *garenne*), die sie bei ihrem Bau durchquerte und die zur Abtei St-Germain-des-Prés gehörte. Auch hier sind mehrere alte Stadtpalais erhalten: Nr. 73 das 1735 erbaute **Hôtel de Broglie**, Nr. 78-80 das **Hôtel de Villeroy** (1724), Nr. 72 das elegante **Hôtel de Castries** (1700) und Nr. 56 das **Hôtel de Gouffier-de-Thoix** mit dem prächtigen, von einer steinernen Muschel verzierten Portal. Das **Hôtel de Boisgelin** (Nr. 47) beherbergt heute die italienische Botschaft.

Hôtel Biron★★ – *77 rue de Varenne.* Das Palais stammt aus dem 18. Jh. Einer seiner berühmten Bewohner war der österreichische Schriftsteller Rainer Maria Rilke, ein Freund Rodins. Später wurde das Haus als Klosterschule für junge Mädchen aus gutem Hause genutzt. Nunmehr im Besitz des Staates, wurde es Künstlern zur Ausübung ihrer Tätigkeit zur Verfügung gestellt. Mit Auguste Rodin wurde eine Vereinbarung getroffen, nach der der Künstler dort bis zu seinem Lebensende wohnen durfte und im Gegenzug seine Werke dem zu entstehenden Museum zur Verfügung stellen sollte.

Weiter geht es in der Rue de Varenne, über die Einmündung der Rue Vanneau hinaus.

Hôtel Matignon – Sicher das berühmteste der schönen Hotels von St-Germain. 1722 von Courtonne erbaut, war es von 1808 bis 1811 im Besitz Talleyrands, der hier einmal pro Woche luxuriöse Empfänge gab. Danach gehörte es der Prinzessin Bathilde d'Orléans, der Schwester von Louis-Philippe II., genannt Philippe Egalité. 1884-1914 war es Sitz der Botschaft Österreich-Ungarns. Vom

französischen Staat zurückgekauft, ist es seit 1935 der Sitz des Ratspräsidenten und seit 1958 die Residenz des französischen Premierministers.
Wieder zurück durch die Rue de Bellechasse rechts bis zur Kreuzung mit der Rue de Grenelle, in die man links einbiegt.

Rue de Grenelle A-B2

Nr. 110, das 1778 erbaute **Hôtel de Courteilles** ist das Ministerium für Erziehungs- und Bildungswesen. Nr. 118 das 1712 erbaute **Hôtel de Villars**, Nr. 101 das **Hôtel de Rothelin**, das heute das Industrieministerium beherbergt und Nr. 136 nimmt das anmutige **Hôtel de Noirmoutiers** (1722) ein, heute Amtssitz des Präfekten der Region Île de France.
Rechts die Rue de Bourgogne bis zur Place du Palais-Bourbon. Ein kleines Stück davor führt die Rue St-Dominique zum Carrefour St-Germain-St-Dominique (M° Solférino).
Wenn es Ihre Zeit erlaubt, werfen Sie einen Blick auf das Hôtel de Tavannes (Nr. 5 rue St-Dominique) mit seinem hübschen Rocailleportal. Zu Beginn des 19. Jh. unterhielt die Russin Madame Swetchine hier einen literarischen Salon. Der Graphiker Gustave Doré starb 1883 in diesem Haus. *20. Aug.-30. Sept. tgl. außer So 9.30-12, 15-18.30 Uhr – Eintritt frei.*

★Palais Bourbon B1

33 quai d'Orsay – www.assemblee-nationale.fr – Wenn Sie einer Sitzung beiwohnen oder die Nationalversammlung besichtigen möchten, wenden Sie sich schriftlich an einen Abgeordneten.
1722 ließ die Herzogin von Bourbon, eine Tochter Ludwigs XIV. und der Madame de Montespan, ein Landhaus mit Terrasse und Garten bis an die Seine bauen. 1756 erwarb Ludwig XV. das Palais, um es in die Anlage der Place de la Concorde zu integrieren. 1764 verkaufte er diesen Besitz jedoch an den Prinzen von Condé, der das Palais erweiterte und verschönerte. Nachdem das benachbarte Hôtel de Lassay hinzugekommen war, nannte man das Anwesen „Petit-Bourbon". Beim Ausbruch der Revolution wurde der Bau beschlagnahmt. Hier tagte der Rat der Fünfhundert. 1807 ließ Napoleon die jetzige Fassade errichten, die mit der von La Madeleine auf dem anderen Seineufer harmoniert. Während der Restauration erhielten die Condé ihren Besitz zurück. 1827 erwarb der Staat das Palais Bourbon und richtete den Sitzungssaal für die Nationalversammlung ein.
Das **Palais Bourbon** beherbergt die Nationalversammlung (**Assemblée Nationale**), eine der zwei Kammern des Parlaments. Ihre Abgeordneten werden

SCHATTENSEITEN DER STADTENTWICKLUNG

Zum Vergnügen einer Königin ... – Bis Ende des 16. Jh. gab es hier nur Äcker, Wiesen und Jagdreviere. Nach langen Streitigkeiten überließ die Abtei St-Germain-des-Prés (*St-Germain-des-Prés – 8*) der Universität das Gelände an der Seine; die Gegend wurde daraufhin „Wiese der Scholaren" (Pré aux Clercs) genannt. Anfang des 17. Jh. nahm Margarete von Valois, die erste Frau Heinrichs IV., den östlichen Teil des Geländes an sich und ließ ein großes Landhaus mit einem prachtvollen Garten bis zur Seine errichten. Adelige und solche, die reich waren und Wert auf eine gute Adresse legten, ließen sich hier inmitten großer Parks prachtvolle Stadthäuser erbauen.
... dann im Interesse des Staates – Unter Louis Philippe und Napoleon III. begann endgültig der Niedergang dieses vornehmen Viertels zugunsten der Champs-Élysées. Viele Palais wurden bei der Anlage der beiden Straßenzüge Boulevard St-Germain und Boulevard Raspail abgerissen, sodass der alte Charakter des Viertels nur noch in einigen Straßen wie der Rue de Lille, der Rue de Grenelle und der Rue de Varenne erhalten ist.

LA VOIE TRIOMPHALE
A
B
SEINE
Quai
Anatole
Palais Bourbon
Assemblée Nationale
Hôtel de Seignelay
Hôtel de Beauharnais
R. de l'Université
Pl. du Palais Bourbon
Boulevard
Rue
6
Solférino
Palais de la Légion d'Honneur Musée
Esplanade des Invalides
Fabert
Constantine
Rue de
Rue
Rue Saint-Dominique
MINISTÈRE DE LA DÉFENSE
Square Samuel Rousseau
Bourgogne
Pl. des Invalides
Hôtel de Noirmoutiers
AMBASSADE DE SUISSE
R.
BASILIQUE STE-CLOTILDE
Las Cases
Solférino
Hôtel de Tavannes
Jardin
MUSÉE DE L'ARMÉE
Square d'Ajaccio
Invalides
MIN. DU TRAVAIL, DES RELATIONS SOCIALES ET DE LA SOLIDARITÉ
Hôtel de Villars
Hôtel de Courteilles
MINISTÈRE DE L'ÉDUCATION NATIONALE
MAIRIE DU 7e ARR.
St-Louis
HÔTEL DES INVALIDES
Varenne
Mée des Plans-reliefs
Hôtel de Rothelin
SECRÉTARIAT D'ÉTAT AUX ANCIENS COMBATTANTS
Hôtel d'Avaray
Grenelle
Hôtel de Villeroy
Hôtel de Castries
Hôtel d'Estrées
Hôtel Fürstenberg
1
HÔTEL BIRON MUSÉE RODIN
Hôtel de Broglie
Hôtel de Gouffier de Thoix
Varenne
Jardin de l'Abondance
ÉGLISE DU DÔME
2
Jardin
Jouy
Barbet de
Vaneau
Hôtel Matignon
Hôtel de Boisgelin
Bac
Av. de Tourville
Place Vauban
AMBASSADE DE SUÈDE
Av. de Breteuil
Av. de Villars
Boulevard
Square des Missions Étrangères
du
Rue d'Estrées
R. de Babylone
3
Rue de
St-François Xavier
Pl. du Prés! Mithouard
Sqre P. de Gaulle
St-François Xavier
Jardin Catherine Labouré
N.-D. de la Médaille Miraculeuse
R. Monsieur
MINISTÈRE
Avenue Duquesne
Square de l'Abbé Esquerré
Oudinot
Boulevard des Invalides
Rue
MINISTÈRE
Breteuil
Eblé
Rue
R. Masseran
Vaneau
Fontaine du Fellah
Chlle St-Vincent de Paul
Vaneau
Duroc
3
Place de Breteuil
Rue
4
INSTITUT NATIONAL DES JEUNES AVEUGLES
R. St-Romain
Musée Ernest Hébert
Hôtel Montmorency
Midi
FAUBOURG ST-GERMAIN
Duroc
Bd du Montparnasse
Cherche
R. J. Ferrandi
N
0
100 m
Rue de Sèvres
Av.
R. du
Rue
MONTPARNASSE

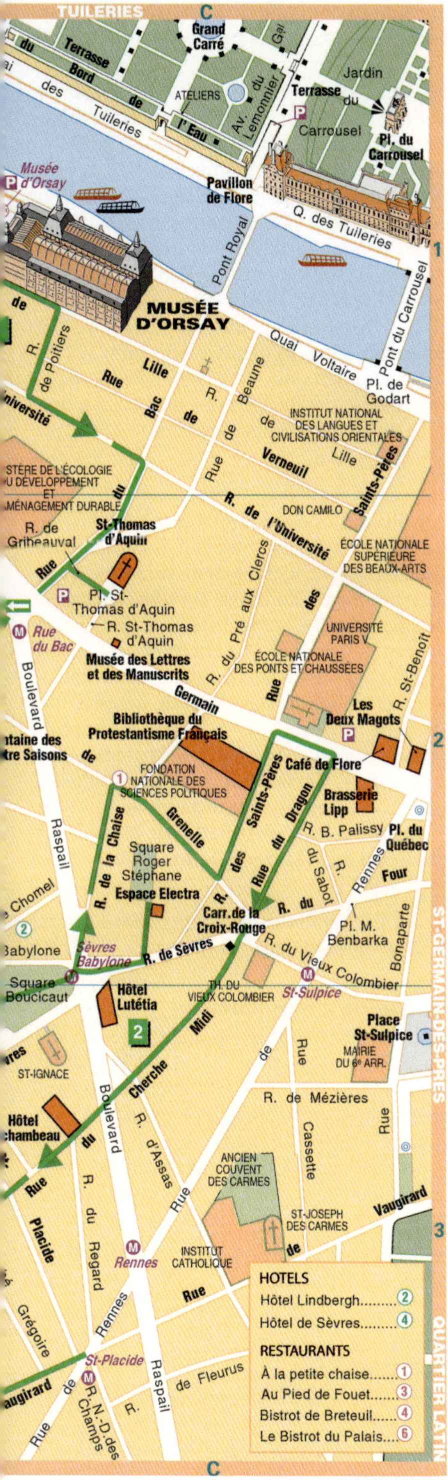

TUILERIES
C
Grand Carré
Terrasse du Bord de l'Eau
Quai des Tuileries
ATELIERS
Av. du Lemonnier
Jardin
Terrasse du Carrousel
Pl. du Carrousel
Musée d'Orsay
Pavillon de Flore
Q. des Tuileries
Pont Royal
Pont du Carrousel
MUSÉE D'ORSAY
Quai Voltaire
Pl. de Godart
R. de Poitiers
Rue de Lille
Bac
R. de Beaune
Rue de Verneuil
Université
INSTITUT NATIONAL DES LANGUES ET CIVILISATIONS ORIENTALES
Lille
Saints-Pères
STÈRE DE L'ÉCOLOGIE U DÉVELOPPEMENT ET MÉNAGEMENT DURABLE
R. de l'Université
DON CAMILO
R. de Gribeauval
St-Thomas d'Aquin
ÉCOLE NATIONALE SUPÉRIEURE DES BEAUX-ARTS
Rue du Bac
Pl. St-Thomas d'Aquin
R. St-Thomas d'Aquin
R. du Pré aux Clercs
des
UNIVERSITÉ PARIS V
R. St-Benoît
Musée des Lettres et des Manuscrits
ÉCOLE NATIONALE DES PONTS ET CHAUSSÉES
Boulevard Raspail
Germain
Rue
Les Deux Magots
Bibliothèque du Protestantisme Français
2
ntaine des tre Saisons
de
FONDATION NATIONALE DES SCIENCES POLITIQUES
Café de Flore
Brasserie Lipp
Grenelle
Saints-Pères
R. B. Palissy
Pl. du Québec
R. de la Chaise
Square Roger Stéphane
Rue du Dragon
R. du Sabot
Rennes
Four
Chomel
Espace Electra
R. des
Carr. de la Croix-Rouge
R. du
Pl. M. Benbarka
Bonaparte
Babylone
Sèvres Babylone
R. de Sèvres
R. du Vieux Colombier
Square Boucicaut
Hôtel Lutétia
TH. DU VIEUX COLOMBIER
St-Sulpice
ST-GERMAIN-DES-PRES
2
Midi
Place St-Sulpice
ST-IGNACE
Cherche
de
Rue
MAIRIE DU 6e ARR.
Boulevard du
R. de Mézières
Hôtel chambeau
R. d'Assas
Rue Cassette
Rue
ANCIEN COUVENT DES CARMES
Rue Placide
R. du Regard
ST-JOSEPH DES CARMES
Vaugirard
3
Rennes
INSTITUT CATHOLIQUE
de
Rue
Grégoire
Rennes
St-Placide
R. N.-D. des Champs
Raspail
de Fleurus
R.
augirard
Rue de
QUARTIER LATIN
C
HOTELS
Hôtel Lindbergh......... 2
Hôtel de Sèvres......... 4
RESTAURANTS
À la petite chaise....... 1
Au Pied de Fouet....... 3
Bistrot de Breteuil...... 4
Le Bistrot du Palais.... 6

direkt gewählt. Ihre Aufgabe besteht in der Prüfung, Diskussion und gegebenenfalls Abänderung von Gesetzesvorschlägen, bevor diese verabschiedet werden.
Die Seinefront ist mit ihren zwölf Säulen der auf der gegenüberliegenden Seite der Place de la Concorde liegenden Madeleine sehr ähnlich. Der Portikus trägt Cortots allegorische Skulpturen. Die Seitenflügel sind mit allegorischen Flachreliefs von Rude *(rechts)* und Pradier *(links)* geschmückt.
Von den zahlreichen Sälen verdienen die Wandelhalle (*Salle des Pas-Perdus*; Deckengemälde von Horace Vernet) und der Salon Casimir-Périer mit einem Bronzerelief von Dalou (Mirabeau bei der Versammlung der Generalstände am 23. Juni 1789) Beachtung. Besonders schön ist die **Bibliothek**, deren Decke Delacroix zwischen 1838 und 1847 mit allegorischen Darstellungen der Kulturgeschichte versehen hat. Der Präsident leitet die Sitzungen der Nationalversammlung in der **Salle des Séances** (Plenarsaal), deren 577 Abgeordnete im Halbrund vor ihm versammelt sind. In der ersten Reihe vor der Präsidententribüne sitzen die Mitglieder der Regierung – die Linksparteien aus seiner Sicht gesehen links, die Rechtsparteien rechts.
Kehren Sie um und nehmen Sie die Rue de Lille.

Rue de Lille B-C1

Besondere Erwähnung verdienen hier die 1714 von Boffrand errichteten Häuser Nr. 80 und 78. In der Nr. 121 organisiert das Institut néerlandais, eines der ältesten ausländischen Kulturinstitute in Paris, verschiedene Veranstaltungen zur niederländischen Kultur (Ausstellungen, Konzerte, Diskussionsrunden, Filmvorführungen). Das **Hôtel de Seignelay** (Nr. 80, heute Ministerium für Handel und Tourismus) war im Besitz des Herzogs von Charost (Erzieher Ludwigs XV.), ein offensichtlich sehr menschlicher Aristokrat, da er von seinen Bauern und Vasallen vor der Guillotine gerettet wurde. Das **Hôtel de Beauharnais** (Nr. 78) daneben erwarb 1803 Eugène de Beauharnais (Sohn von Josephine und Adoptivsohn Napoleons), der es prächtig herrichtete. Nach dem Ankauf durch König Friedrich Wilhelm III. war das Gebäude ab 1818 preußische Gesandtschaft, danach Deutsche Botschaft. Heute ist das restaurierte Palais Sitz des Botschafters Deutschlands. Weitere sehenswerte Palais: Nr. 71 das **Hôtel de Mouchy** (1775) und Nr. 67 das **Hôtel du Président-Duret** (1706).

Maison de Jules Romains B1

In der Querstraße, Rue de Solférino Nr. 6, wohnte der Schriftsteller Jules Romains, Autor von *Knock oder Der Triumph der Medizin*, von 1947 bis zu seinem Tod 1972.

Hôtel de Salm – Palais de la Légion d'honneur B1

Dieses Palais wurde 1786 für den deutschen Fürsten Friedrich von Salm-Kyrburg erbaut. Es sollte noch viele Besitzer erleben, bevor es 1804 Sitz der Ehrenlegion wurde. Nachdem die Kommune das Hôtel 1871 in Brand gesteckt hatte, ließen es die Mitglieder der Ehrenlegion in seiner ursprünglichen Form restaurieren. Besonders reizvoll ist die rückwärtige Fassade zur Seine hin (Quai Anatole-France). Hier ist in einem Pavillon das *Musée de la Légion d'honneur* *(Sehenswürdigkeiten, S. 220)* untergebracht.

★★★Musée d'Orsay C1 – *S. 223*

Nach einem Besuch im Musée d'Orsay biegen Sie rechts in die Rue de Poitiers ein, die in die Rue de l'Université mündet.

Rue de l'Université B-C1-2

Die frühere Hauptstraße des Viertels verbindet St-Germain-des-Prés mit dem Eiffelturm und durchquert fast das ganze 7. Arrondissement. Die Nr. 51 ist das Hôtel de Soyecourt (1707); in Nr. 82 wohnte der Dichter Alphonse Lamartine von 1837 bis 1853.
Zuerst geht es rechts in die Rue du Bac, dann links in die Rue de Gribeauval.

Église St-Thomas-d'Aquin C2

1682 wurde mit dem Bau im Jesuitenstil nach Plänen Pierre Bullets begonnen, jedoch war die Fassade erst 1769 fertig gestellt. Das Gemälde *(von 1723)* an der Decke der Chorscheitelkapelle stammt von Lemoyne und stellt die Verklärung Christi dar. In dieser Kirche wurde am 13. November 1918 die Totenmesse für den Dichter Guillaume Apollinaire abgehalten. Picasso, Léger, Derain und viele andere Künstler wohnten der Trauerfeier bei.

Von der Metrostation Rue-du-Bac aus können Sie die folgende Route durch den Süden des Faubourg St-Germain einschlagen:

VON SÈVRES-BABYLONE NACH ST-GERMAIN-DES-PRÉS 2

Ausgangspunkt M° Rue-du-Bac. 1 Std. Von der Metro kommend, die Rue du Bac in entgegengesetzter Richtung zur Seine nehmen. Links in die Rue de Grenelle einbiegen.

Rue de Grenelle A-B 1-2

Der herrliche *Brunnen der Vier Jahreszeiten* von Bouchardon (1739-1745), **Fontaine des Quatre-Saisons**, steht vor der Nr. 57-59. Turgot, der Vorsteher der Kaufmannsgilde und Vater des berühmten Ministers Ludwigs XVI., hatte ihn in Auftrag gegeben, da es im Viertel fast kein Wasser gab. Die sitzende Stadt Paris schaut hinunter auf die liegenden Flüsse Seine und Marne, die Seiten sind mit den Figuren der Jahreszeiten und mit entzückenden Flachreliefs verziert. Hinter dem Brunnen lebte von 1824 bis 1839 **Alfred de Musset** und verfasste hier einen Großteil seines Bühnenwerks. Heute ist hier die Stiftung **Dina-Vierny – Musée Maillol** (*Sehenswürdigkeiten, S. 220*) untergebracht.

Gehen Sie die Rue du Bac zurück.

Rue du Bac B2

In dieser Straße, wie auch in der Rue de Babylone, sind mehrere religiöse Kongregationen beheimatet. In der Nr. 120 befindet sich der Square des Missions-Etrangères. Der 1 ha große, sehr schöne französische Garten aus dem 17. Jh. gehörte zehn Jahre lang Chateaubriand.

Das Haus der Schwestern des hl. Vinzenz von Paul in der Nr. 140 empfängt Pilger, die am Schrein der hl. Catherine Labouré in der **Chapelle Notre-Dame-de-la-Médaille-Miraculeuse** beten möchten. Die Jungfrau soll einer Schwester dieses Ordens 1830 erschienen sein.

Umkehren und links in die Rue de Babylone einbiegen.

Der **Jardin Catherine-Labouré** (*29 rue de Babylone*) lädt zu einer Pause oder einem Spaziergang ein. Die Schwestern des hl. Vinzenz von Paul haben einen Teil ihres Gemüsegartens großzügigerweise der Öffentlichkeit zugänglich gemacht. Eine lange Pergola aus Weinreben sorgt hier für Schatten, es gibt vier frei zugängliche Wiesen, Obstbäume und eine Lindenallee …

In entgegengesetzter Richtung weitergehen, das Bon Marché entlang.

Le Bon Marché B3

Ecke Rue du Bac/Rue de Babylone. 1852 gründete **Aristide Boucicaut** (1810-1877) mit seiner Frau das erste Warenhaus von Paris, *Au Bon Marché*. Sein Erfolgsrezept: allgemeine Preisauszeichnung, günstigere Preise als die Konkurrenz, ein breites Angebot qualitativ hochwertiger Waren, reichhaltige Lagerbestände, Rückgaberecht, Sonderangebote und Bestellungen per Post … Zola wurde dadurch zu *Das Paradies der Damen*, einem Band seiner Serie Rougon-Macquart inspiriert. Verpassen Sie auf keinen Fall „La Grande Épicerie" (Lebensmittelabteilung), die eine immense Auswahl an Lebensmitteln und Wein bietet.

Wenn Sie das Bon Marché verlassen, überqueren Sie den Square Boucicaut.

Carrefour Sèvres-Babylone C2

Auf diesem Verkehrsknotenpunkt vor dem Square Boucicaut kreuzt der Boulevard Raspail die Rue de Sèvres.

Boulevard Raspail C2-3

Das **Hôtel Lutetia** (Nr. 45) an der Ecke zur Rue de Sèvres besitzt eine sehr schön dekorierte Fassade von Paul Belmondo (Vater des bekannten Schauspielers) und im Inneren einen Kronleuchter von Lalique.

An der Nr. 52-54 stand das Gefängnis Cherche-Midi (1853-1954), in dem der Offizier Alfred Dreyfus einsaß (1894), der zu Unrecht wegen Spionage für die Deutschen verurteilt worden war. Zwischen 1940 und 1944 wurden hier Widerstandskämpfer gefoltert. In Nr. 40 befand sich das Théâtre de Babylone, wo am 3. Januar 1957 das Stück *Warten auf Godot* des damals noch unbekannten irischen Schriftstellers Samuel Beckett uraufgeführt wurde.

Von dem Carrefour de Sèvres-Babylone können Sie einen kleinen Umweg in die Rue Récamier machen.

Espace Electra C2

6 rue Récamier. Dieses ehemalige Elektrizitätswerk dient heute als Ausstellungshalle und Künstlertreffpunkt.

Am Ende der Straße befindet sich der sehr friedliche **Square Récamier**, der zu einer kleinen Rast einlädt.

Jetzt geht es den Boulevard Raspail zurück; dann rechts in die Rue de la Chaise einbiegen.

Rue de la Chaise C2

Die Nr. 5 war das ehemalige Hôtel Vaudreuil, das Napoleon der Familie Borghese schenkte. Daneben *(Nr. 7)* lag ein Kloster *(Abbaye-aux-Bois)*, in dem Madame Récamier und der Schriftsteller und Staatsmann Chateaubriand zwischen 1819 und 1849 einen literarischen Salon unterhielten.

Rechts in die Rue Grenelle und dann links in die Rue Sts-Pères einbiegen.

Rue des Sts-Pères C2

Zwei prestigeträchtige Institutionen sind die Stiftung für Politikwissenschaft *(Fondation nationale des sciences politiques)* sowie in Nr. 54 in einem Innenhof versteckt, die **Bibliothek der Französischen Protestantischen Kirche,** die in der 2. Hälfte des 19. Jh. reformiert wurde.

Biegen Sie rechts in den Boulevard St-Germain ein, dann noch einmal rechts in die Rue du Dragon.

Rue du Dragon C2

In dieser Straße mit ihren schiefen Häusern und in den benachbarten Rue B.-Palissy und Rue du Sabot ist der alte Pariser Charme noch zu spüren.

Carrefour de la Croix-Rouge C2

Ecke Rue de Sèvres/Rue du Cherche-Midi. Nach der Überlieferung soll ein der Isis geweihter Tempel an dieser Straßenkreuzung gestanden haben. Um die Erinnerung an ihn auszulöschen, stellte man im 16. Jh. hier ein rotes Kreuz auf, nach dem der Platz heute benannt ist. Der bronzene Zentaur ist ein Werk des Bildhauers César Baldaccini, den man nur unter seinem Vornamen kennt (1988).

Überqueren Sie die Kreuzung und gehen Sie in ihrer Verlängerung weiter.

Rue du Cherche-Midi B-C3

Die lange Geschäftsstraße verbindet das Montparnasse-Viertel mit Sèvres-Babylone und wartet mit zahlreichen klassizistischen Stadthäusern auf. Bevor sie den Boulevard Raspail überquert, liegen in der Rue du Cherche-Midi einige Boutiquen junger Modeschöpfer. Im Haus Nr. 17 vollendete Saint-Simon seine Mémoires.

Das **Hôtel de Rochambeau** (Nr. 40) ist nach dem Grafen und General benannt, der auf Befehl Ludwigs XVI. 1780 mit seinem Heer die Amerikaner in ihrem Kampf um die Unabhängigkeit unterstützte.

An der Ecke zur Rue de l'Abbé-Grégoire steht das ehemalige Wohnhaus von **René Laennec** (1781-1826), der neue Untersuchungsmethoden entwickelte

„Der Denker", entstanden 1880-1182, im Garten des Musée Rodin.
Photolibrary/Age fotostock

und das Stethoskop erfand. Das benachbarte Krankenhaus trägt seinen Namen. Es hieß vormals *Hospice des Incurables* (Heim für Unheilbare) und war 1637 vom Herzog von La Rochefoucauld gegründet worden.
In der Nr. 85, an der Ecke zur Rue Jean Ferrandi, befindet sich das **Musée Ernest Hébert** (*Sehenswürdigkeiten, S. 220*).
Das **Hôtel de Montmorency (Nr. 89)**, wurde 1808 von Marschall Lefebvre erworben. Heute ist hier die Botschaft von Mali ansässig.
Der Innenhof der Nr. 86 (*Cour des Vieilles-Tuileries*) ist ein architektonisches Schmuckstück aus dem 18. und 19. Jh.
Machen Sie einen Abstecher in die Rue Jean-Ferrandi (links). Besonders im Sommer bezaubern die blumengeschmückten Seitensträßchen mit den ehemaligen Künstlerwerkstätten den Besucher. *An der Metrostation St-Placide weiter in die Rue de Vaugirard zu Ihrer Linken.*

Sehenswürdigkeiten

★★ Musée Rodin – Hôtel Biron

79 rue de Varenne – M° Varenne – ✆ 01 44 18 61 10 – www.musee-rodin.fr – April-Sept. tgl. außer Mo 9.30-17.45 Uhr; Okt.-März tgl. außer Mo 9.30-16.45 Uhr (letzter Einlass 30 Min. vor Schließung) – 1. Jan., 1. Mai, 25. Dez. geschl. – 6 € Museum und Garten, 7 € Museum und Wechselausstellung (unter 18 J. Eintritt frei).
Einen Besuch wert ist das Museum nicht zuletzt nach der umfassenden Renovierung. Neu sind der Empfang, der Museumsladen, einige Werkstätten, der Saal für die Wechselausstellungen sowie die 5000 qm der Kapelle des Architekten Pierre Faloci. Sie ist nunmehr auch der Eingang in das Museum und bildet mit ihrem 12 m hohen Glasdach einen idealen Rahmen für temporäre Ausstellungen.
Das Museum war einst das Hôtel Biron, erbaut zwischen 1728 und 1730 von Jacques-Ange Gabriel und Aubert, in das **Auguste Rodin** (1840-1917) im Jahre 1908 einzog. Im Garten (mit Restaurant) stehen einige wichtige Werke Rodins: *Der Denker* (rechts), *Die Bürger von Calais* (1884 begonnen, wobei seine Schülerin und Geliebte, Camille Claudel, einen bedeutenden Teil dieses Werks realisierte), *Das Höllentor, Ugolino …*

Im Gebäude sind Rodins ausdrucksvollste Werke in Räumen mit hübschen Holzvertäfelungen untergebracht: *Die Kathedrale*, *Der Kuss* und *Der Schreitende* In Bronze oder Marmor gearbeitet, sind sie ungeheuer ausdrucksstark und ihre Kraft und Energie sind bei der Betrachtung zu spüren. Rodins zahlreiche Zeichnungen werden in wechselnden Ausstellungen präsentiert.

Im 1. Stock sind kleine Werke und Entwürfe zu den großen Skulpturengruppen zusammengefasst (*Honoré de Balzac, Victor Hugo*). Auch die persönlichen Sammlungen Rodins können besichtigt werden. Darüber hinaus kann man sich im Hôtel Biron drei Hauptwerke Van Goghs ansehen: *Bildnis des Père Tanguy* (sein Farbenhändler), *Blick auf das Viadukt von Arles oder Der blaue Zug* und *Die Erntearbeiter*.

Sehenswert sind auch die Skulpturen von Rodins Schülerin **Camille Claudel**, darunter besonders Die *Woge (La Vague)*.

★Musée de la Légion d'honneur et des Ordres de Chevalerie B1

2 rue de la Légion – M° Solférino oder RER Musée-d'Orsay – ✆ 01 40 62 84 25 – ♿ – Mi-So 13-18 Uhr – 1. Jan., 1. Mai, 15. Aug., 1. Nov., 25. Dez. geschl. – Eintritt frei.

Das Thema des Museums der Ehrenlegion und der Ritterorden wirkt zunächst recht schwer verdaulich. Dennoch zeigt es in elegantem Rahmen schriftliche und audiovisuelle Dokumente, Ehrenzeichen und Medaillen, Gemälde, Uniformen und Waffen der Ritterorden (Malteserorden, Sternorden, Orden von St-Michel, Orden vom Heiligen Geist) aus der Zeit vor dem 18. Jh. Einen besonderen Platz nimmt die Ehrenlegion ein. Der erste Konsul Napoléon Bonaparte gründete sie am 19. Mai 1802, um das Land nach der Krise der Revolution wieder zu vereinen und die nationalen Werte zu stärken. Dokumentiert ist ihre schnelle Entwicklung im Empire (insbesondere persönliche Auszeichnungen Napoleons und seiner Brüder) bis zur heutigen Zeit. Im 1. Stock sieht man militärische und zivile Verdienstorden aus Frankreich und dem Ausland.

Unbedingt sehenswert: der Elefantenorden, das Tintenfass des Königs Jérome Bonaparte, der Halsschmuck des Ordens St-Michel.

★Musée Maillol (Fondation Dina Vierny) A-B 1-2

61 rue de Grenelle – M° Rue-du-Bac – ✆ 01 42 22 59 58 – www.museemaillol.com – ♿ – tgl. außer Di 11-18 Uhr (letzter Einlass 45 Min. vor Schließung) – Di und Fei geschl. – 8 € (unter 16 J. Eintritt frei).

Eröffnet von Dina Vierny, Modell und Testamentsvollstreckerin **Aristide Maillols** (1861-1944), zeigt das Museum sowohl Wechselausstellungen als auch Werke des Künstlers sowie Bilder seiner Freunde Gauguin, Matisse, Bonnard, Dufy, aber auch Cézanne, den er zutiefst bewunderte, Degas, Redon, Poliakoff, Duchamp. Ergänzt wird dieser Bestand durch Kunstwerke der russischen Avantgarde wie Rabin, Boulatov, Yankilevski und Kabakov, für die sich die gebürtige Russin Dina Vierny besonders einsetzte.

Etwa 20 von Maillols Bronzestatuen sind im Tuileriengarten zu sehen. Maillol widmete sich zuerst der Malerei und später der Bildhauerei. In seinen formvollendeten weiblichen Akten schuf er das ideale Zusammenspiel von Ruhe und Bewegung.

Musée Ernest Hébert B3

85 rue du Cherche-Midi – M° Vanneau oder St-Placide – ✆ 01 42 22 23 82 – wegen Umbau geschl.

Schönes Gebäude aus dem 18. Jh., in dem Werke des Malers **Ernest Hébert** (1817-1908) ausgestellt sind: italienische Landschaften, Frauenbildnisse, Zeichnungen.

Musée des Lettres et des Manuscrits

222 bd. St-Germain – M° Rue-du-Bac – ✆ 01 40 51 02 25 – www.museedeslettres.fr – tgl. außer Mo, Di 10-18 Uhr – Nov. geschl. – 6 € (unter 25 J. 4,50 €).

Fast 250 Originalschriftstücke befinden sich in dieser erstaunlichen Sammlung: vom Einstein-Besso-Manuskript, das zur Verallgemeinerung der Relativitätstheorie führte, über eine seltene Partitur von Mozart bis zu einem Liebesbrief des Malers Géricault und der von Eisenhower am 7. Mai 1945 unterzeichneten Ankündigung des Waffenstillstands im Zweiten Weltkrieg … eine erstaunliche Sammlung!

TIPPS UND ADRESSEN

ÜBERNACHTEN

Unsere Hoteladressen finden Sie auf S. 404 (6. Arr.) und S. 404/405 (7. Arr.)

ESSEN UND TRINKEN

Au Pied de Fouet – *45 rue de Babylone – M° St-François-Xavier oder Vaneau – 01 47 05 12 27 – Aug., So und in der Woche nach dem 15. Aug. geschl. – 8,90/25 €.* Hier isst man wie bei der Großmutter, familiäre Küche. Winziger Speisesaal und echte Bistro-Atmosphäre.

Le Bistrot du Palais – *34 rue de Bourgogne – M° Varenne – 01 45 55 80 75 – Aug. und 1. Woche im Jan. geschl. – 13/33 €.* Dieses ganz neue Restaurant im Bistro-Stil, nur wenige Schritte vom Palais Brogniart entfernt, wird von Touristen wie von Angestellten aus den umliegenden Büros gleichermaßen frequentiert. Hier serviert man einfache, aber gute Küche in reichlichen Portionen zu annehmbaren Preisen.

À la petite chaise – *36 rue de Grenelle – M° Sèvres-Babylone – 01 42 22 13 35 – tgl. 12-14 Uhr und 19-23 Uhr – Mittagsmenü 19 € – weitere Menüs 25/29 €.* Es wurde 1680 in der Regierungszeit Ludwigs XIV. gegründet und ist das älteste Restaurant von Paris. Authentische Einrichtung, herzlicher Empfang, guter Service und eine einfache schmackhafte traditionelle Küche, aber sehr touristisch.

Bistrot de Breteuil – *3 pl. de Breteuil – M° Duroc oder St-François-Xavier – 01 45 67 07 27 – tgl. 12-14.30 und 19-23 Uhr – Menü 33 €.* Dieses Restaurant hat ein gutes Preis-Leistungs-Verhältnis und das Ambiente eines schicken und vornehmen Bistros, das im Stil von Jean-Louis Costes eingerichtet ist. Gediegene Küche, viele Fisch- und Fleischgerichte. Auch köstliche Desserts. Besser reservieren, denn es ist jeden Tag voll. Viele gutsituierte Bewohner des Viertels essen hier jeden Tag. Im Sommer reserviert man am besten auf der tagsüber sonnigen Terrasse.

KLEINE PAUSE

Café des Lettres – *53 rue de Verneuil – M° Solférino – 01 45 44 14 69 – www.cafedeslettres.com – Mo-Fr 9-24, Sa 11-24, So 12-16 Uhr – 1. Mai und 1 Woche über Weihnachten geschl.* Im Jahr 1725 wurde dieses schöne Wohnhaus für Louis de Banne, Herzog von Avejan und Nachkomme des Artagnan, einem der drei Musketiere, erbaut. Heute ist es Sitz des Centre National du Livre und beherbergt dieses kleine, der Öffentlichkeit zugängliche Café. Im Sommer kann man auf der Terrasse im Innenhof sitzen. Sonntags wird ein skandinavischer Brunch angeboten.

Nabulione – *40 av. Duquesne – M° Duroc oder St-François-Xavier – 01 53 86 09 09 – www.nabulione.com – tgl. Café auf der Terrasse 8-20 Uhr, Restaurant 12-15, 19-23 Uhr – Menü 20/28 €.* Das Nabulione liegt gegenüber vom Invalidendom, daher sein Name (= die korsische Übersetzung für Napoléon). Die gewagte, aber gelungene Einrichtung verbindet Deckenfresken, Wandteppiche in grellen Farben, Zierleisten und Lacktische. Dieses neue Restaurant hat viel Glamour, ist aber gastfreundlich und hat eine bequeme Bar mit nettem Ambiente. Im Stil von

Jean-Louis Costes restauriert. Bei schönem Wetter und auch im Herbst ist es dank der Heizstrahler auf der Terrasse sehr angenehm.

EINKAUFEN

Gérard Mulot – *76 rue de Seine – M° Odéon oder St-Sulpice – ✆ 01 43 26 85 77 – www.gerard-mulot.fr – tgl. außer Mi 6.45-20 Uhr – Frühlingsferien und Aug. geschl.* Alle, die Makronen lieben, werden Ihnen diese Adresse nennen. Seit 25 Jahren wird beim besten Konditor der Île de France alles hausgemacht. Zuallererst sollte man unbedingt die Makronen versuchen, die es in 20 Geschmacksrichtungen gibt.

La Grande Épicerie de Paris – *38 rue de Sèvres – M° Sèvres-Babylone – ✆ 01 44 39 81 00 – www.lagrandeepicerie.fr – tgl. außer So 8.30-21 Uhr.* Hinter der schönen Jugendstilfassade dieser Filiale des Bon Marché befindet sich eines der größten Lebensmittelgeschäfte von Paris mit 30 000 Produkten aus aller Welt. Auch der Weinkeller ist bemerkenswert.

Le Bon Marché – *24 rue de Sèvres – M° Sèvres-Babylone – ✆ 01 44 39 80 00 – www.lebonmarche.fr – tgl. außer So 9.30-19 Uhr, Do 10-21 Uhr, Sa 9.30-20 Uhr.* Gegründet wurde diese Institution 1852 von einem erfinderischen Geschäftsmann. Seine Produktauswahl, auch was Modemarken betrifft, ist wie eh und je der Schlüssel zum Erfolg dieses 32 000 qm großen Kaufhauses.

Le Cabinet de Porcelaine – *37 rue de Verneuil – M° Rue-du-Bac – ✆ 01 42 60 25 40 – tgl. außer So und Mo 14-19 Uhr – Aug. und Fei geschl.* Unter den Kunstgalerien und Antiquitätengeschäften in dieser Straße fällt die Boutique mit ihrem schönen farbigen Schaufenster gleich auf. Dinge des täglichen Lebens – Gemüse, Obst, Blumen – wie es der Name schon vermuten lässt: Hier ist alles aus Porzellan. Sehen Sie sich die wie echt aussehenden Orchideen oder Tulpen einmal aus der Nähe an.

Marché Raspail – *M° Rennes.* Markt für Bioprodukte, immer sonntags.

Richart – *258 bd. St-Germain – M° Solférino – ✆ 01 45 55 66 00 – www.richart.com – tgl. außer So 10-19 Uhr.* Schokoladenhandwerk vom Feinsten ist die Spezialität dieses Geschäfts – seine kunstvollen Kompositionen sind von bester Qualität.

SPORT UND FREIZEIT

Paris Canal – *✆ 01 42 40 96 97 – www.pariscanal.com – Reservierung notwendig – Tagesfahrt auf Seine und Canal St-Martin vom Musée d'Orsay bis zum Parc de la Villette – 22. März-1. Nov. Abfahrt um 9.30 am Musée d'Orsay (M° Solférino) oder um 14.30 Uhr am Parc de la Villette, M° Porte-de-Pantin) – Dauer 2,5 Std. – 17 € (Kinder: 11 €).*

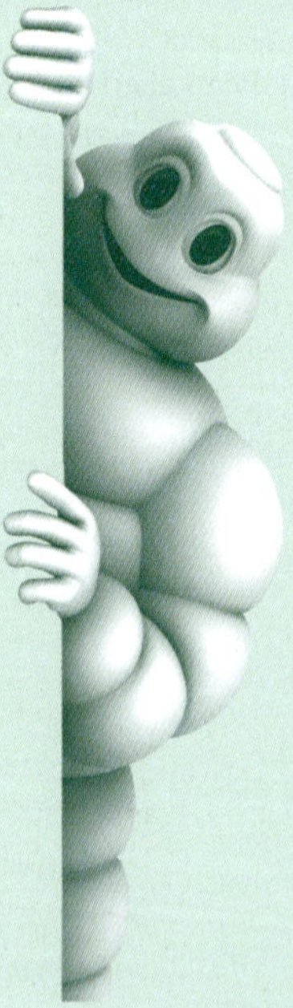

10- Musée d'Orsay★★★

Seit 1986 beherbergt die riesige Halle des ehemaligen Orsay-Bahnhofs das Musée d'Orsay. Die hier präsentierte Kunstsammlung deckt die Zeit von 1848 bis 1914 ab und ist damit Bindeglied zwischen den Sammlungen des Louvre und des Musée National d'Art contemporain (Centre Pompidou). Das Museum besitzt die weltweit schönste Sammlung von Werken des Impressionismus und ermöglicht durch sein breites Spektrum die Gegenüberstellung der offiziellen akademischen Kunst und der großen Avantgarde-Bewegungen sowie der unabhängig vom Impressionismus entstandenen Kunstströmungen. Gemälde, Skulpturen, kunstgewerbliche Objekte, Zeichnungen und Fotografien vermitteln dem Besucher ein umfassendes Bild von der Kunst der zweiten Hälfte des 19. und des beginnenden 20. Jh., die von Namen wie Millet, Pissarro, Monet, Manet, Renoir, Toulouse-Lautrec, Cézanne und Van Gogh geprägt wurde.

WEGWEISER – *Umschlagkarte vorne C2 – 7. Arr. – Michelin.-Stadtplan Nr. 57, Planquadrat H 12.* M° Solférino (Linie 12), RER Musée-d'Orsay (Linie C), Busse 24, 63, 68, 69, 73, 83, 84, 94. Vom rechten Seineufer fährt man bis zur Metrostation Tuileries, geht dann durch die Tuilerien und überquert anschließend die Fußgängerbrücke Solférino.

UNBEDINGT SEHENSWERT – Natürlich die Säle mit Werken des Impressionismus, doch auch der Blick auf Paris von der großen Uhr aus sowie die Abteilungen mit Werken des Jugendstils und der Künstlergruppe Nabis sind lohnenswert. Es werden hochkarätige Sonderausstellungen gezeigt.

GUT GEPLANT – Für einen chronologischen Rundgang beginnt man die Besichtigung am besten im Erdgeschoss, geht dann ins Obergeschoss und beendet ihn schließlich auf der mittleren Ebene. Es ist möglich, das Museum innerhalb eines Tages zu besichtigen. Für erholsame Pausen stehen im Museum Cafés und Restaurants zur Verfügung!

Vom Palais zum Museum

Vom Palais zum Bahnhof – Im Jahre 1810 ist das Palais d'Orsay Sitz der Staatsverwaltung. Nachdem das Gebäude Ende des 19. Jh. bei einem Brand zerstört wurde, kaufte die *Compagnie des chemins de fer d'Orléans*, die Eisenbahngesellschaft von Orléans, das Grundstück mit den Ruinen des Palais. Im Hinblick auf die nahende Weltausstellung im Jahr 1900 sollte hier ein Prestige-Bahnhof mit angrenzendem Hotel entstehen, dessen Architektur den ästhetischen Anforderungen dieses eleganten Viertels in der Nähe von Louvre und Tuilerien entsprechen sollte.

Die Eisenbahngesellschaft entschied sich für das Projekt von **Victor Laloux** (1850-1937), der 1878 den großen Preis von Rom erhalten hatte und Lehrer für Architektur an der Kunstakademie war. Die industrielle Konstruktion aus Eisen und Glas verbirgt sich von außen hinter einer monumentalen Fassade, die sich am Louvre orientiert, und wird innen von einer Kassettendecke und Stuckarbeiten verdeckt. Das Gebäude wurde am 14. Juli 1900 im Rahmen der Weltausstellung eingeweiht.

Fast 40 Jahre lang fuhren täglich um die 200 Züge von dem Kopfbahnhof aus in den Südwesten Frankreichs. Durch die Elektrifizierung des Eisenbahnnetzes wurden die Züge länger, die Bahnsteige der Gare d'Orsay zu kurz, und ab November 1939 stellte man den Fernverkehr ein und hielt nur noch für kurze Zeit den Verkehr in die Pariser Vororte aufrecht.

Vom Bahnhof zum Museum – Der stillgelegte Bahnhof diente dann den unterschiedlichsten Zwecken: Aufnahmelager für Kriegsgefangene (1945),

Drehort für den Film von Orson Welles nach Kafkas Roman *Der Prozess* (1962), Theater der Truppe Renaud-Barrault (1973). 1973 entstand der Plan, in dem Bahnhof ein Museum mit Werken aus der 2. Hälfte des 19. Jh. unterzubringen. 1977 wurde das Projekt endgültig beschlossen. Mit der Umgestaltung des Bahnhofs beauftragte man die Architektin **Gae Aulenti**, die auch für die Umbauarbeiten der Innenräume des Musée National d'Art moderne in Paris und des Palazzo Grassi in Venedig verantwortlich zeichnete.

Das benachbarte Hotel schloss am 1. Januar 1973 seine Pforten, nicht ohne in der Geschichte Frankreichs eine Rolle gespielt zu haben. Im Festsaal des Hotels erklärte sich am 19. Mai 1958 General de Gaulle bereit, „die Staatsgewalt in der Republik zu übernehmen" und legte damit die Krise bei, die durch die Aufstände der Algerienfranzosen am 13. Mai 1958 in Algier ausgelöst worden war.

MALEREI UND SKULPTUR	ORT	SEITE
Zeit vor dem Impressionismus Ingres und Klassizismus	Erdgeschoss, Saal 1	225
Romantik (Barye – Chasseriau – Delacroix)	Erdgeschoss, Saal 2	225
Realismus (Courbet, Daumier)	Erdgeschoss, Saal 4, 7, 15	226
Die Schule von Barbizon (Corot, Millet, Rousseau)	Erdgeschoss, Saal 5, 6	226
Historismus (Carpeaux, Clésinger, Barrias, Fromentin)	Erdgeschoss, Hauptgang Ebene 2, Saal 53	227
Akademismus (Carrier-Belleuse, Blanche, Gérôme)	Erdgeschoss, Galerie Lille, Saal 1, 3 Ebene 2, Saal 51	227
Symbolismus (Claudel, Rodin, Moreau)	Gustave Moreau: Erdgeschoss, Saal 12 Ebene 2, Saal 59, 60, 62	227
Anfänge des Impressionismus	Boudin: Erdgeschoss, Saal 16 Bazille: Erdgeschoss, Saal 18 Manet: Erdgeschoss, Saal 14, 17, 19 Monet: Erdgeschoss, Saal 18, 20 Degas: Erdgeschoss, Saal 13	228
Impressionismus (Monet, Cézanne, Caillebotte, Renoir ...)	Ebene 2, Säle 29 bis 39	228
Naturalismus (Détaille, Meunier)	Ebene 2, Saal 55, 56, 58	229
Schule von Pont-Avon (Gauguin, Sérusier)	Niveau 5, Saal 43 Gauguin: Saal 44	229
Neo- und Postimpressionismus	Gemälde von Cézanne und Van Gogh: Ebene 5, Saal 35, 36 und 45 bis 47	230
Nabis	Ebene 5, Saal 48 Ebene 2, Saal 70 bis 72	230
Architektur	Erdgeschoss (am Ende der Halle)	231
Kunstgewerbe	Erdgeschoss, Saal 9 Ebene 2 bis, Saal 3, 4, 5 Ebene 2, Saal 52, 53, 54 Jugendstil: Ebene 2, Saal 61 bis 66	231
Fotografie	Erdgeschoss, Saal 8	232

DIE HAUPTWERKE DES MUSÉE D'ORSAY

Das Angelusläuten (1909) von Jean-François Millet, Erdgeschoss, Saal 5.
Ein Begräbnis in Ornans (1849-1850) von Gustave Courbet, Erdgeschoss, Saal 7.
Frühstück im Freien (1882-1883), Erdgeschoss, Saal 19, und *Olympia*, Erdgeschoss, Saal 14, von Édouard Manet.
Gemälde der Serie *Kathedrale von Rouen* (1892-1893) von Claude Monet, Ebene 5, Saal 34.
Tanz im Moulin de la Galette (1876) von Pierre-Auguste Renoir, Ebene 5, Saal 32.
Serie der *Tänzerinnen* von Degas, Ebene 5, Saal 37, 38.
Das Zimmer von Van Gogh in Arles (1889) von Van Gogh, Ebene 5, Saal 35.
Tahitianerinnen (1891) von Paul Gauguin, Ebene 5, Saal 44.
Äpfel und Orangen (um 1895-1900) von Paul Cézanne, Ebene 5, Saal 36.
Die Toilette (1896) von Toulouse-Lautrec, Ebene 5, Saal 47.
Die Jugendstil-Objekte, Ebene 2, Saal 61 bis 65.

Das Musée d'Orsay im Überblick

Das 1986 eröffnete Musée d'Orsay entwickelt sich ständig weiter. Seit 2002 werden die Säle vor allem in der großen Halle sukzessive neu gestaltet: Neue Stellwände ermöglichen eine intimere Betrachtung der Gemälde, farbige Wände bringen die Bilder besonders gut zur Geltung (Der orangerote Hintergrund, vor dem nun Manets *Olympia* hängt, tut dem Gemälde gut), Künstler und Kunstströmungen sind nun anders aufgeteilt, und die Werke wurden ihrer Bedeutung gemäß neu gehängt (die neue Hängung kommt zum Beispiel den Werken Moreaus, Degas' und Puvis de Chavannes' im Erdgeschoss zugute).
Die gesamte Ebene 5 mit Werken der Schule von Pont-Aven, des Neo- und Post-Impressionismus und der Nabis ist wegen Renovierung derzeit geschlossen. Voraussichtliche Wiedereröffnung der Abteilungen im Jahr 2011.
Die Sammlung des Museums teilt sich in vier Bereiche auf: Skulptur, Malerei, Architektur und Kunstgewerbe. Innerhalb dieser Abteilungen sind die Exponate nach Künstler und/oder Schule chronologisch angeordnet. Auf die Abteilungen verteilte Wechselausstellungen, auch von Werken, die wegen ihrer Lichtempfindlichkeit nicht lange ausgestellt werden können (Zeichnungen, Pastelle, Fotografien), runden den Besuch ab.

MALEREI UND SKULPTUR

Klassizismus

Die Anfänge dieser Kunstrichtung, deren Vorbild die Antike ist, gehen auf das Ende des 18. Jh. zurück. Seinen Höhepunkt erlebte der Klassizismus Anfang des 19. Jh., doch ist sein Einfluss auch noch nach der Mitte des Jahrhunderts spürbar.
Die Künstler: die Bildhauer Cavelier, Guillaume und Pradier; der Maler **Jean-Auguste-Dominique Ingres** (1780-1867), dessen Hauptmerkmal die Betonung von Linien und Konturen ist. *Die Quelle* (1856, *Saal 1*) von Ingres wurde von Théophile Gautier besonders gerühmt.

Romantik

Die Romantik, die den Schwerpunkt nicht wie der Klassizismus auf Kontur und ruhige Ausgeglichenheit, sondern auf Bewegung und Farbe legte, entwickelte sich ungefähr zeitgleich mit dem Klassizismus zunächst in England und Deutschland und dauerte noch bis 1860.

Die Künstler: die Bildhauer Barye, Rude und Préault; die Maler Chassériau und **Eugène Delacroix** (1798-1863), der sich durch einen leidenschaftlichen Pinselstrich und eine große schöpferische Fantasie auszeichnet.
Die Löwenjagd (1854, *Saal 2)* von Delacroix ist ein Beispiel für den Orientalismus, zu dem der Maler durch seine Marokkoreise im Jahr 1832 angeregt wurde. Das ausdrucksstarke Bild gilt als Entwurf für ein größeres Gemälde. Es wurde aber unglücklicherweise bei einem Brand im Jahr 1870 zerstört.

Realismus

Im Laufe der 1830er-Jahre entstand diese neue Bewegung, die sich, wenn auch nach 1870 in abgeschwächter Form, bis zum Ende des Jahrhunderts halten konnte. Im Gegensatz zum vorherrschenden Akademismus suchten die Künstler ihre Motive im alltäglichen Leben und trachteten nach einer möglichst naturgetreuen Darstellung.
Die Künstler: die Maler Rosa Bonheur, Antigna, Fantin-Latour, **Honoré Daumier** (1808-1879) und **Gustave Courbet** (1819-1877).
Das Hauptwerk Courbets *Ein Begräbnis in Ornans* (1849, *Saal 7*) ist vielleicht das erste bedeutende Werk der Malerei des Realismus. 13 Jahre vor Victor Hugo zeigte Courbet hier die Leute seines Geburtsortes in all ihrer Armut und der Einfachheit ihrer Lebensumstände. Bei seinen Zeitgenossen stieß das Werk, dessen großes Format man bis dahin eigentlich nur für Historiengemälde gewöhnt war, auf Ablehnung. Zahlreiche Gemälde Courbets lösten Skandale aus, vor allem *Die Entstehung der Welt (*1866, *Saal 15).*

Die Schule von Barbizon

Diese Malergruppe, die von 1830 bis etwa 1870 bestand, wandte sich von den bis dahin üblichen historischen Landschaften ab und widmete sich einer minutiösen Natur- und Landschaftsdarstellung. Die Maler lebten und arbeiteten im Dorf Barbizon (daher auch der Name) im Wald von Fontainebleau. Sie gelten als Wegbereiter des Impressionismus.
Die Künstler: **Jean-François Millet** (1814-1875), **Théodore Rousseau** (1812-1867) und **Camille Corot** (1796-1875).
Das Angelusläuten (1859, *Saal 5*) brachte Millet harsche Kritik seiner Zeitgenossen ein, die darin lediglich den erhobenen Zeigefinger des Moralpredigers sehen wollten. Doch genau wie in dem Gemälde *Die Ährenleserinnen* (1857, *Saal 6*) wollte der Künstler hauptsächlich die Verbundenheit zu seinen ländlichen Ursprüngen und die starken Bindungen der Bauern zu dem Land, auf dem und von dem sie lebten, zum Ausdruck bringen.

NEUERWERBUNGEN

Schloss Versailles und die Orangerie, Puvis de Chavannes (Saal 11).
Christus in der Vorhölle (1869), Paul Cézanne (Saal 36).
Der Holzfäller (1910), Ferdinand Hodler (Saal 60).
Der lothringische Wald (1900), Schreibtisch, Émile Gallé.
Aline Gauguin, Wachsbüste (1882), Paul Gauguin.
Misia an ihrem Frisiertisch (1898), Félix Vallotton.
Bach im Wald (um 1853), Fotografie von Henri Le Secq (Erdgeschoss).
Henri Rouart in seiner Wohnung (1895), Fotografie von Edgar Degas (Erdgeschoss).
Ansicht von Le Cannet (1927), Pierre Bonnard.
Figur des Schmerzes (1890-1891), Edouard Vuillard.
Symbolisches Selbstporträt (1891), Emile Bernard.
Haus mit Eisenstruktur und Fayence-Verkleidung (1871), Eugène Emmanuel Viollet-le-Duc.

Das ländliche Leben als Motiv: „Die Ährenleserinnen" von Jean-François Millet.
D.R.

Historismus

Diese weit verbreitete Bewegung der zweiten Hälfte des 19. Jh., die in Frankreich der Epoche des Second Empire entsprach, richtete sich nicht nur an der Kunst der Antike, sondern an vorangegangenen Kunstströmungen aus.

Die Künstler: die Bildhauer Dubois, Barrias, Clésinger, Cordier und **Jean-Baptiste Carpeaux** (1827-1875); die Maler Winterhalter, Couture, Eugène Fromentin und Gustave Guillaumet.

Der Tanz (1869) von Carpeaux *(am Ende des Hauptgangs)* schmückte einst die Fassade der Garnier-Oper. Ebenfalls von Carpeaux stammt auch die Bronzefigur *Ugolino* (1862), die von der Gestalt des Grafen Ugolino della Gherardesca in Dantes Hölle inspiriert ist.

Akademismus

Unter dieser Bezeichnung vereint man die Künstler, die sich den traditionellen Vorgaben künstlerischen Schaffens verbunden fühlten und die sich in der zweiten Hälfte des 19. Jh. durch eine unbestreitbare Virtuosität einerseits und einen vorgegebenen Aufbau ihrer Werke andererseits auszeichneten.

Die Künstler: die Bildhauer Frémiet, Mercié und **Albert Carrier-Belleuse** (1824-1887), der berühmteste Künstler des Second Empire und der Dritten Republik; die Maler Blanche, Cabanel, Carolus-Duran und Gérôme.

Die harmonische, von der Antike inspirierte Marmorstatue *Schlafende Hebe* (1869) von Carrier-Belleuse *(Hauptgang)* sowie *Pan und junge Bären* von Frémiet (1867).

Symbolismus

Aus einer Gegenreaktion auf Naturalismus und Impressionismus entstand zwischen 1855 und 1900 der Symbolismus, deren Vertreter nicht die Wirklichkeit darstellen, sondern den transrationalen Bereich des Traumes und der Fantasie ergründen wollten.

Die Künstler: die Bildhauer Bartholomé, Camille Claudel und **Auguste Rodin** (1840-1917), der die letzten Jahrzehnte des Jahrhunderts die Kunstszene beherrschte; die Maler Burne-Jones, Hodler, Homer, Mucha, Doré, Detaille, Levy-Dhurmer, Degouve de Nuncques, Munch, Klimt, Carrière, Puvis de Chavannes,

Gustave Moreau (1826-1898) und **Odilon Redon** (1840-1916), ein lange Zeit verkannter Künstler des Symbolismus.

Die Skulptur *Honoré de Balzac* (1897, *Rodin-Terrasse*) wurde von Rodins Zeitgenossen wegen ihres unvollendeten Charakters abgelehnt. Rodin stellte den Schriftsteller im Schlafrock dar, was ihn in ein Spannungsverhältnis zwischen Genialität und Alltäglichkeit versetzte, eine Konzeption, die zu der damals gängigen Idealisierung der Künstlerpersönlichkeit im Widerspruch stand.

Orpheus (1865, *Saal 12*) ist ein typisches Gemälde von Gustave Moreau: Der Künstler hat in seinen Gemälden immer wieder literarische Themen in Traumwelten mit einer charakteristischen Hell-Dunkel-Malerei und gold getönten Schatten übertragen, wie hier der griechische Mythos von Orpheus, der untröstlich über den Tod seiner Gemahlin Eurydike ist.

Redon widmete sich in seiner schwarzen Phase bis 1890 ausschließlich Kohlezeichnungen und der Druckgrafik und wandte sich danach der Aquarell-, Öl- und Pastellmalerei zu, die sich zum Ausdruck seiner fantastischen Traumwelten besser eigneten. In seinem Gemälde *Der Buddha* (1906, *Saal 40*), ein im Werk des Künstlers häufig wiederkehrendes Thema, entmaterialisiert Redon die Farbe in einer asymmetrischen Komposition, um die mystische Andacht des Dargestellten zu betonen.

Besonders interessant sind folgende Werke: *Rosen unter Bäumen* von Gustav Klimt (1905, *Ebene 2, Saal 60*); *Verschneite Landschaft* von Cuno Amiet (1904, *Ebene 2, Saal 60*); *Séverine* von Louis Welden Hawkins (1895, *Saal 59*).

Die Anfänge des Impressionismus

Von 1850 bis 1870 stellte die neue Künstlergeneration als Reaktion auf die dunklen Töne ihrer Vorgänger das Spiel von Licht und Farben dar. Aus ihrem Interesse für die Wirkung von Licht ergaben sich ihre bevorzugten Sujets: Gärten im Sonnenlicht, Schneelandschaften, Nebelfelder und Fleischfarben. Obwohl sie die Ratschläge ihrer Vorgänger, der Künstler der Schule von Barbizon, respektierten und annahmen, blieben sie unabhängig von ihnen.

Die Künstler: Boudin, Bazille, Cézanne, Renoir, Monet, **Edgar Degas** (1834-1917) und **Édouard Manet** (1832-1883), der durch seine gewagten Farben und Kompositionen mit der althergebrachten Ateliermalerei brach.

Das Gemälde *Die Familie Bellelli* (1860, *Saal 13*) von Degas zeigt die erstaunliche psychologische Beobachtungsgabe, die der Künstler in seinen Porträts unter Beweis stellt.

Das von Édouard Manet 1863 im Salon des Réfusés ausgestellte Gemälde *Frühstück im Freien* (*Le Déjeuner sur l'herbe; Saal 19*) löste einen Sturm der Entrüstung aus. Das Publikum kritisierte die Wahl des Motivs, das Tizians Gemälde *Das ländliche Konzert* im Louvre entlehnt ist, wie auch die direkte Belichtung ohne Halbschatten und ohne Tiefenwirkung. Zwei Jahre später (1865) versetzte Manet die Gesellschaft des Second Empire mit seiner *Olympia (Saal 14)*, die sich in realistischer und schamloser Nacktheit zeigt, erneut in Empörung.

Impressionismus

Nach dem Deutsch-Französischen Krieg von 1870-1871 fanden die Künstler wieder in der Île-de-France zusammen. Da ihre Werke von den offiziellen Kunstausstellungen, den sogenannten *Salons*, abgelehnt wurden, organisierten sie unabhängige Ausstellungen. Die erste fand 1874 bei dem Fotografen Nadar statt. Hier wurde unter anderen das Bild *Impression, soleil levant (im Musée Marmottan-Monet in Passy)* von Claude Monet gezeigt, das einen klaren Bruch mit dem vorangegangenen Realismus darstellte und nach dem die Maler dieser neuen Kunstrichtung abwertend als „Impressionisten" bezeichnet wurden.

In den fünf Gemälden der Serie *Kathedrale von Rouen* von Claude Monet (1892-1893, *Saal 34*), die aus insgesamt 30 Bildern besteht, wird besonders deutlich, welche Bedeutung das Licht und seine Wirkung für den Künstler besaßen. Die Bilder sind alle vom gleichen Blickwinkel, jedoch zu verschiedenen Tageszei-

„Nach dem Bade", eines der zahlreichen Frauenportraits von Edgar Degas.

D.R.

ten gemalt und zeigen, wie das Licht je nach Sonnenstand die Atmosphäre verändert und unterschiedliche Effekte erzeugt.

Die Künstler: die Maler Degas, Sisley, Cézanne, Manet, Berthe Morisot, Pissarro, **Gustave Caillebotte** (1848-1894), der vor allem als Kunstmäzen bekannt ist, Pierre Auguste Renoir, berühmt für seine weiblichen Akte, und **Claude Monet** (1840-1926), dessen Werk das neue Verhältnis zwischen Natur und Künstler verkörpert.

Zu den bekanntesten Werken des Impressionismus gehören *Tanz im Moulin de la Galette* (1876, *Saal 32*) von Renoir sowie die Bronzefigur *Kleine vierzehnjährige Tänzerin* (1881, *Saal 31*) von Degas und *Die Parketthobler* (1875, *Saal 30*) von Caillebotte.

Naturalismus

Der Naturalismus trat zwischen 1870 und 1920 das Erbe des Realismus an.

Die Künstler: die Maler Breitner, Marie Bashkirtseff, Bastien-Lepage, Cormon und Detaille; die Bildhauer Aubé, Dalou und **Constantin Meunier** (1831-1905). *L'industrie* (1897, *Ebene 2, Saal 56*) ist eine Skulptur Constantin Meuniers, den Rodin als „einen der größten Künstler des Jahrhunderts" bezeichnete.

Hervorzuheben sind auch *Der Traum (*1888, *Ebene 2, Saal 55)* von Édouard Detaille sowie die *Heuernte* (1877, *Ebene 2, Saal 58*) von Jules Bastien Lepage.

Schule von Pont-Aven

Wegen Renovierung derzeit geschl. Wiedereröffnung voraussichtlich 2011.

Der Charme des bretonischen Städtchens Pont-Aven zog Künstler wie Gauguin, Émile Bernard, Sérusier und Lacombe in seinen Bann. Die Bewegung bestand von 1885 bis 1895 und verdeutlichte die Krise, in der sich der Impressionismus befand. Ihre Maltheorie zielte auf den Verzicht von Details, die Vereinfachung der Formen und dunkel konturierte Farbflächen, was später die Nabis und die abstrakte Malerei beeinflussen sollte.

Die Künstler: die Maler Lacombe, **Paul Sérusier** (1864-1927), **Émile Bernard** (1868-1941) und **Paul Gauguin** (1848-1903), der sich dann auf der Suche nach dem mythischen Garten Eden auf Tahiti niederließ.

HENRI FANTIN-LATOUR

Obgleich Henri Fantin-Latour (1836-1904) den Impressionisten, die er bewunderte und die genau wie er auf Ablehnung stießen, nahestand, war er doch als Künstler keiner Gruppierung zuzuordnen. Außer in Saal 29, Ebene 5, sind seine Werke über das Museum verteilt zu finden.

Das Gemälde *Atelier in Batignolles* (1870), ein Gruppenporträt Édouard Manets mit seinen Künstlerkollegen Renoir, Monet und Scholderer sowie den Schriftstellern Zola und Astruc, ist ein Zeugnis für die Verbundenheit Fantins mit Manet und den Impressionisten *(Ebene 5, Saal 29)*.

In seinem ersten Gruppenporträt *Hommage à Delacroix* (1864), das Fantin-Latour ein Jahr nach dem Tod Delacroix' malte, hat er sich selbst an der Seite der Maler Whistler und Manet sowie Baudelaires in Szene gesetzt *(Erdgeschoss, Galerie Seine, gegenüber Saal 18)*.

In *Tischecke* (1872) gibt Fantin-Latour die traditionelle Perspektive zugunsten einer besseren Darstellung von Verlaine und Rimbaud auf *(Ebene 5, Saal 29)*.

Bretonische Landschaft (1894) von Paul Gauguin; *Madeleine im Bois d'Amour* (1888, *Saal 43*) und *Badende mit roter Kuh* (1887) von Émile Bernard *(Saal 43)*; *Der bretonische Ringkampf* (1890-1891, *Saal 48*) von Paul Sérusier.

Neo- und Post-Impressionismus

Wegen Renovierung derzeit geschl. Wiedereröffnung voraussichtlich im Jahr 2011.
Das Jahr 1886 läutete das offizielle Ende des Impressionismus ein, doch die impressionistisch geprägten Experimente setzten sich von 1890 bis 1910 im Pointillismus fort. Seine Technik beruht auf dem Simultankontrast von nebeneinander gesetzten, einzelnen kleinen Farbtupfern in reinen Farben. Der Gesamtfarbeindruck einer Fläche ergibt sich erst im Auge des Betrachters und aus einer gewissen Entfernung.

Die Künstler: die Maler Matisse, Renoir, Cross, **Paul Signac** (1863-1935), **Paul Cézanne** (1839-1906), **Georges Seurat** (1859-1891), **Henri de Toulouse-Lautrec** (1864-1901), der sich als aufmerksamer Beobachter des Nachtlebens in Montmartre einen Namen machte, und **Vincent van Gogh** (1853-1890), dessen Schaffensperioden die Höhen und Tiefen seines unbeständigen und verwirrten Wesens verraten.

Das seit 1994 im Musée d'Orsay befindliche *Selbstporträt als gelber Christus* (1889, *Saal 43*) hat Gauguin in Pouldu in der Bretagne gemalt. Diese Darstellung des gelben Christus ist einem früheren Werk entlehnt, das Maurice Denis gehört hatte und sich heute in Buffalo befindet.

Die beiden Gemälde *Porträt des Künstlers* (1889, *Saal 35*) und *Die Kirche von Auvers-sur-Oise* (1890, *Saal 35*) offenbaren die seelischen Qualen und innere Unruhe Van Goghs, der zu diesem Zeitpunkt 36-37 Jahre alt war: Das Gesicht und die Kirche sind aus dem Gleichgewicht geraten, für Physiognomie und Landschaft sind ungewöhnliche Farben gewählt. Überzeugt, dass er den Verstand verlieren würde, schoss sich der Künstler eine Kugel in die Brust und verstarb kurz darauf am 29. Juli 1890.

Als Seurat 1891 starb, war sein Gemälde *Zirkus (Saal 45)* unvollendet. Der Künstler – der den Divisionismus, eine Sonderform des Pointillismus, entwickelt hatte – experimentierte hier mit Komplementärfarben und hob die Instabilität der Zirkusreiterin durch die gleichmäßig in sich ruhenden Zuschauer im Hintergrund besonders hervor.

Die Nabis

Wegen Renovierung derzeit geschl. Wiedereröffnung voraussichtlich im Jahr 2011.
Diese Gruppe, deren Name sich vom hebräischen Wort für Prophet ablei-

tete, entstand 1888 und löste sich bereits 1903 wieder auf. Die Bewegung bestand allerdings noch bis 1910. Sie stand der Schule von Pont-Aven sehr nahe und sah den Zweck ihrer Kunst hauptsächlich in dekorativen Werken, in denen jegliche Modellierung zugunsten von gleichmäßigen Farbflächen ohne Schattierungen aufgegeben war.

Die Künstler: die Maler Roussel, Vallotton, **Édouard Vuillard** (1868-1940), **Pierre Bonnard** (1867-1947), der stark vom japanischen Farbholzschnitt beeinflusst war, und **Maurice Denis** (1870-1943), der Theoretiker der Gruppe.

Zu beachten sind auch *Die Krocketpartie* (1892, *Saal 70*) von Bonnard, *Die Musen* (1893, *Saal 70*) von Maurice Denis, *Die Ammen* (1894, *Saal 70*) von Vuillard, die linke Tafel eines dreiteiligen Gemäldes mit dem Titel *Öffentliche Gärten, Sonnenflecken auf der Terrasse* (1890, *Ebene 5, Saal 48*) von Maurice Denis.

ARCHITEKTUR

Am Ende der Halle im Erdgeschoss.

Die Sammlung beschränkt sich auf die Architektur des Second Empire (1852-1870). Neben Architekturmodellen und architektonischen Dekoren ist ein sehr interessantes Modell des Opernviertels im Maßstab 1:100 ausgestellt.

KUNSTGEWERBE

1850-1880

Die Exponate dokumentieren den in dieser Zeit vorherrschenden Eklektizismus, der durch die Gründung der Kolonien, durch Reisen und Weltausstellungen wie die von 1867, bei der man erstmals die japanische Kunst vorgestellt hatte, begünstigt wurde. Die neuen Industriebetriebe beauftragten Künstler mit der Herstellung von Einzel- wie auch Serienstücken, die zweckmäßig und gleichzeitig ästhetisch schön sein sollten. Die Firma Christofle erlebte einen beachtlichen Aufschwung dank der Galvanotechnik (Versilberung von Metall), die eine Massenproduktion von Silberteilen ermöglichte, doch stellte sie auch weiterhin Luxus-Silberwaren her. Die Vase mit der „Erziehung des Achill" hat beispielsweise Christofle geschaffen *(Ebene 2, Saal 54)*.

Der Kunsttischler Diehl war berühmt für seine zahlreichen Kästchen verschiedener Stile und Materialien sowie für seine Kleinmöbel. Sein Medaillenschrank *(Ebene 2, Saal 52)* galt auf der Weltausstellung von 1867 als eine der originellsten Schöpfungen.

Jugendstil in Frankreich

Diese Bewegung, die sich in Europa um 1890 in der Architektur und dem Kunsthandwerk entwickelte, entstand aus dem Wunsch nach einer grundlegenden Erneuerung und der Abwendung von der Nachahmung historischer Stile. Man nahm nun wieder die Pflanze zum Vorbild für das Ornament; die Formen zeichneten sich durch geschwungene Linien aus, die Muster wirkten

DAS MUSÉE D'ORSAY UND DIE ZEITGENÖSSISCHE KUNST

Das Museum öffnet sich mit seiner Ausstellungsreihe „Correspondances" der zeitgenössischen Kunst. Ein zeitgenössischer Künstler wird dabei eingeladen, einem Werk des Museums seiner Wahl eines seiner eigenen Werke gegenüberzustellen. Durch solche dialogischen Gegenüberstellungen eröffnet sich die Möglichkeit, die Sammlungen des Museums in neuem Licht zu sehen und sich ihrer Modernität bewusst zu werden. Claude Rutault hat sich in der Vergangenheit bereits Seurat, Annette Messager das Modell des Opernviertels, Charles Sandison Vincent Van Gogh als Pendant ausgesucht. Es wartet also immer eine neue Überraschung auf Sie!

flächenhaft und bewegt. In der Architektur spielte das dekorative Element eine wichtige Rolle. Zur Verwirklichung des „Gesamtkunstwerks", einer der Hauptforderungen des Jugendstils, schlossen sich auf Anregung von Émile Gallé Künstler und Handwerker des Kunstgewerbes zusammen und bildeten mit der Schule von Nancy den Ausgangspunkt des französischen Jugendstils. **Die Künstler**: Majorelle, Gruber, Carabin, Charpentier, **René Lalique** (1860-1945), der sich besonders Glasarbeiten und Schmuck zuwandte, und der Glaskünstler und Keramiker **Émile Gallé** (1846-1904), der Keramiken mit Blumendekor in Mode brachte.

Besonders schön ist der Libellenanhänger mit Kette (um 1903-1905, *Saal 64*) sowie eine Libellenvitrine (1904, *Saal 63*) von Gallé.

Internationaler Jugendstil

Bereits seit 1880 machten sich in England die ersten Jugendstil-Tendenzen bemerkbar. Bald breitete sich die Bewegung auf alle großen Städte Europas (Brüssel, Wien, Glasgow usw.) sowie auf die Vereinigten Staaten aus.

Die Künstler: die Belgier Van de Velde und **Victor Horta** (1861-1947), der große Architekt und Innenausstatter mit einem klaren Stil, die Österreicher Loos und Thonet, der für seine Bugholzmöbel bekannt wurde, der Amerikaner Wright, der Brite Mackintosh (1868-1928), ein Vorreiter des Funktionalismus. Das Mobiliar aus dem Hôtel Aubecq in Brüssel *(Saal 61)* stammt von Horta.

FOTOGRAFIE

Ein großer Ausstellungsraum im Erdgeschoss zur Rue de Lille hin *(Saal 8)* ist der Sammlung fotografischer Arbeiten vorbehalten.

Die Sammlung, die ca. 50 000 Fotos von großen Künstlern wie Le Gray, Bayard, Nègre, Nadar, aber auch von unbekannten Fotografen umfasst, dokumentiert die gesamte Geschichte der Fotografie, beginnend bei Erstlingsversuchen von Nicéphore Niépce aus dem Jahr 1839 bis zu den 1920er-Jahren. Sie zeigt die Entwicklung der Techniken, die Hauptgenres – Porträt, Landschaft, Komposition, Reportage, Dokumentar- und Wissenschaftsfotografie – und die verschiedenen Strömungen von der Heliographie zum Pictorialismus bis hin zu Eugène Atget und Alfred Stieglitz.

Interessant sind eine Daguerreotypie mit dem Gesicht Delacroix aus dem Jahr 1842 von Léon Riesener, ein Porträt Baudelaires von Félix Nadar aus dem Jahr 1856 sowie die Arbeiten des Pictorialismus von Alfred Stieglitz.

Die Sammlung wird wegen der Lichtempfindlichkeit der Fotoabzüge im Rahmen von dreimal jährlich wechselnden Ausstellungen präsentiert.

TIPPS UND ADRESSEN

Siehe auch Tipps und Adressen in den Kapiteln La Voie triomphale (14) und Faubourg St-Germain (9).

ALLGEMEINE HINWEISE

Adresse – *1 rue de la Légion d'Honneur – 75007 Paris.*

Auskünfte – *01 40 49 49 78 (Informationsschalter) und 01 40 49 48 14 (Bandansage).*

Internetseite – *www.musee-orsay.fr* – Umfangreiche Datenbank zu Künstlern und Werken des Museums. Hier kann man auch erfahren, welche Werke gerade nicht ausgestellt sind.

BESICHTIGUNG

Öffnungszeiten und Eintrittspreise – *tgl. außer Mo 9.30-18 Uhr (Do 9.30-21.45 Uhr) – 8 €, freier Eintritt am 1. So im Monat, für Jugendliche unter 18 J.). Die gesamte Ebene 5 ist derzeit wegen Renovierung geschl. Voraussichtliche Wiedereröffnung im Jahr 2011.*

Tickets Durch Vorabreservierung von Eintrittskarten kann man Schlangestehen vermeiden, Zugang über Eingang C – *www.fnac.com* und *www.ticketnet.fr*

WICHTIGE INFORMATIONEN

Museumsplan – Am Eingang gibt es kostenlose Museumspläne, in denen die Säle mit den jeweiligen Exponaten ausgewiesen sind und die Ihnen eine gute Orientierungshilfe bieten.
Informationsblätter – Blätter mit thematischen oder monografischen Erläuterungen finden sich in den einzelnen Sälen des Museums.
Audioguide – 5 €.
Führungen – Zu Einzelwerken oder zu den Sammlungen des Museums, Dauer zwischen 1 Std. und 2 Std. Ein Entgelt für die Führung *(zwischen 5,30 € und 9,60 €)* ist zusätzlich zur Eintrittskarte zu entrichten. Erhältlich am Ticketschalter, so lange noch Plätze frei sind oder mit Reservierung im Museumsshop (Zugang über den Vorplatz in der Nähe des Eingangs A).
Für Kinder – Freier Eintritt mit den *carnets parcours*, die am Informationsschalter erhältlich sind.
Behinderte – ✆ 01 40 49 47 14/99. Freier Eintritt für eine Begleitperson. Rollstühle an den Garderoben erhältlich. Einen speziellen Faltplan-Führer gibt es auf Anfrage beim Informationsschalter. Für Gehörlose und Schwerhörige werden Führungen in Taubstummensprache angeboten.

ESSEN UND TRINKEN

Le Restaurant du Musée d'Orsay – *Mittlere Ebene – M° Musée-d'Orsay – ✆ 01 45 49 47 03 – 1. Jan., 1. Mai, 31. Dez. und Mo geschl. – ♿ – Mittagsmenü 17 €.* Der prachtvolle Saal mit seinen schönen Fresken, feinen Goldverzierungen und der herrlichen Stuckdecke des ehemaligen Palais d'Orsay ist überwältigend. Einfache Küche mit Buffet und Tagesgericht. Nachmittags gibt es Kaffee und Kuchen.

EINKAUFEN

Museumsshop – *Direkter Zugang vom Parvis Bellechasse – tgl. außer Mo 9.30-18.30 Uhr (Do 21.30 Uhr).* Der gut sortierte Museumsshop lässt keine Wünsche offen. Ob Bücher, Kataloge zu aktuellen oder vergangenen Ausstellungen, Postkarten, Poster, Kalender, Schmuck und andere Accessoires – hier findet jeder etwas, für sich selbst oder als Mitbringsel für Daheimgebliebene. Unentschlossene können auch im Onlineshop einkaufen (www.musee-orsay.fr/de/besichtigung/serviceleistungen/museumsshop.html).

FREIZEIT

Auditorium – *Reservierung unter ✆ 01 40 47 50.* Mittags- und Abendkonzerte, Kinovorführungen, Literaturcafés. Hier findet eine Vielzahl von Veranstaltungen im Rahmen von Wechselausstellungen statt.

11 - Les Invalides★★★

Der Invalidendom steht als Symbol für eine der glanzvollsten Epochen in Frankreichs Geschichte. Trotz der wechselvollen Aufgaben als Hospiz, Krankenhaus, Kaserne und Kloster blieb die Harmonie in der Architektur und Atmosphäre dieses Gebäudekomplexes bewahrt. Letztere mahnt zu Einkehr und Ehrerbietung. Heute sind im Hôtel des Invalides die Sammlungen des Heeresgeschichtlichen Museums untergebracht.

WEGWEISER – *Umschlagkarte vorne B3 – 7. Arr. – Michelin-Stadtplan Nr. 57, Planquadrate H-J-K 10.* M° Invalides (Linien 8 und 13), Varenne (Linie 13), La Tour-Maubourg (Linie 8). RER Invalides (Linie C). Busse 28, 48, 69, 82, 92 und 93.

UNBEDINGT SEHENSWERT – Der Invalidendom und das Grabmal Napoleons natürlich, aber auch die Wandmalereien im Refektorium (in der Sammlung Waffen und Rüstungen des Heeresgeschichtlichen Museums); der Ehrenhof *(cour d'honneur)*, der Blick und die Ruhe, wenn man unter den zweistöckigen Rundbogenarkaden entlangläuft; die Garnisonskirche (St-Louis-des-Invalides) und ihre nächtliche Beleuchtung.

GUT GEPLANT – Das Hôtel des Invalides beherbergt drei Museen: das *Musée de l'Armée* (Heeresgeschichtliches Museum), das *Musée des Plans-reliefs* (Museum für Festungsgeschichte) und das *Musée de l'Ordre de la Libération*. Die Sammelkarte für diese drei Museen gilt auch für die *Église St-Louis-des-Invalides*, die *Église du Dôme* und das Grabmal Napoleons.

MIT KINDERN – Die Sammlung alter Waffen und Rüstungen im Heeresgeschichtlichen Museum; der Ehrenhof und seine Kanonen. Kinderführungen, Workshops und Rätselspiele im gesamten Gebäudekomplex.

Sehenswürdigkeiten Stadtplan S. 236

Hôtel des Invalides A2

129 rue de Grenelle – ✆ 01 44 42 51 73 – www.invalides.org – ♿ (Eingang 6 bd. des Invalides) – April-Sept. 10-18 Uhr, So und Fei 10-18.30 Uhr; Okt.-März 10-17 Uhr (Di bis 21 Uhr), So und Fei 10-17.30 Uhr (letzter Einlass 15 Min. vor Schließung) – am 1. Mo des Monats (außer Juli–Sept.), 1. Jan., 1. Mai, 1. Nov., 25. Dez. geschl. – 8,50 € (unter 18 J. Eintritt frei), Di ab 17 Uhr 6,50 €. Mit einer Karte (Audioguide im Preis inbegriffen) haben Sie Eintritt in das Grabmal Napoleons, das Musée de l'Armée, l´Historial Charles de Gaulles, das Musée des Plans-Reliefs und in das Musée d´Ordre de la Libération. Abweichende Öffnungszeiten ♿ Historial de Charles de Gaulles und Eglise du Dôme.

★★★ Musée de l'Armée (Heeresgeschichtliches Museum)

Das Museum widmet sich der Kunst, Technik und Geschichte des Militärs in der ganzen Welt. Seit dem Jahr 2000 wird das Museum nach und nach restauriert.

Die umfangreichen Sammlungen umfassen insgesamt mehr als 500 000 Stücke. Je nach Interesse können Sie folgende Abteilungen erforschen:

Waffen und Rüstungen (13.-17. Jh.) – *Westflügel.* Hier wird die Entwicklung der verschiedenen Angriffs- und Verteidigungsarten nachgezeichnet. In einer Reise durch Zeit und Raum kann man Schwert und Rüstung Franz I. bewundern *(Saal 1)*; die Pistole mit Radschloss aus dem Besitz Karls V. *(Saal 4)* und den Helm des ottomanischen Sultans Baiazet *(Saal 4)*. Zu sehen sind auch Rüstungen der Samurai (Ende des 16. Jh.).

Im Zuge der Modernisierung des Museums wurden im Refektorium schöne Fresken aus der Zeit Ludwigs XIV. freigelegt *(Säle 1 und 6, beidseits des Eingangs)*.

Skulptur eines Soldaten am Hôtel des Invalides.

S. Sauvignier / MICHELIN

Die Siege Ludwigs XIV. werden wieder lebendig, so wie sie der auf Schlachtengemälde und Jagdszenen spezialisierte Joseph Parrocel (1646-1704) malte und wie die 30 000 Veteranen, die hier aßen, nachdem sie 20 Jahre lang unter der Fahne Ludwigs XIV. gekämpft hatten, sie sich Ende des 17. Jh. wieder in Erinnerung rufen konnten.

Verpassen Sie nicht die Wasserhähne links vom Eingang zu Saal 1: Sie befinden sich in einem Refektorium. Der Waffensaal aus dem 15.-18. Jh. erinnert an die früheren Arsenale: Hinter riesigen Vitrinen sind Rüstungen, Helme, Hand- und Fußschutz usw. in Reih und Glied ausgestellt.

Von Ludwig XIV. bis Napoleon III. – *Ostflügel.* Nach drei Jahren umfangreicher Renovierungsarbeiten bietet die moderne Abteilung einen zugleich chronologischen und thematischen Rundgang, von Ludwig XIV. bis zu Napoléon III. (vom Ancien Régime über die Französische Revolution, die erste französische Republik, die Restauration, die Hundert Tage, die Juli-Monarchie und das Zweite Kaiserreich bis zur Kommune). Das Museum besitzt mehrere Tausend Exponate und seine Sammlung zählt zu den besten der Welt. Hier findet man Uniformen für einfache Soldaten sowie zum Repräsentieren, Ausstattungsgegenstände zahlreicher Truppen, Waffen (Gewehre der Infanterie, Bajonette, Espontons), Modelle von Schlachten und Kriegslagern, Musikinstrumente, Dekorationsobjekte, Illustrationen und Besitztümer historischer Persönlichkeiten … Dokumentiert sind zweieinhalb Jahrhunderte französische Armee, Politik und Sozialgeschichte.

Embleme und Artillerie – *Innenräume.* Die Artillerie ist rund um den Ehrenhof in der Galerie zu besichtigen. Die französische Artillerie ist in Form von 200 Miniaturmodellen ausgestellt (*Salle Gribeauval, Westseite)*; Embleme und Flaggen sind im Erdgeschoss zu sehen *(Salle Turenne, Ostflügel).*

Die zwei Weltkriege – *Westflügel.* In sieben Sälen auf drei Etagen dreht sich alles um den „Zweiten Dreißigjährigen Krieg", wie de Gaulle die Zeitspanne vom Ersten bis zum Ende des Zweiten Weltkriegs bezeichnete. Der Saal Alsace-Lorraine bietet die Einführung. Mit einer Bilanz der Niederlage von 1871 wird hier der Machtzuwachs der ersten Republik und der Kolonialtruppen verdeutlicht. Ein weiteres Thema ist die Vorbereitung der Revanche mit den dazugehörigen Krisen (Dreyfus-Affäre, Fachoda).

Die drei nächsten Säle sind dem Ersten Weltkrieg gewidmet: die *Salle Joffre* behandelt das Jahr 1914, in dem jeder an einen kurzen Krieg glaubte; die *Salle des Poilus* den Krieg, der sich länger hinzieht als erwartet, als die Soldaten in den Schützengräben verschanzt waren. In der *Salle Foch* geht es um 1918, das Jahr des Sieges. Besondere Bedeutung wird den ausländischen Truppen eingeräumt.

Die drei letzten Ebenen behandeln den Zweiten Weltkrieg. In der Salle Leclerc werden die „schwarzen Jahre" (1939-1942) mit der Niederlage, den Kriegsschauplätzen England, Atlantik und Pazifik veranschaulicht; in der *Salle Juin* die Besatzungsjahre; in der *Salle Lattre* die Jahre 1944-1945, mit den Befreiungen und schließlich der Kapitulation Deutschlands und Japans. Ein eigener Raum ist der Befreiung der Konzentrationslager gewidmet.

Emotionen weckt die Betrachtung der ausgestellten Objekte (Lederjacke von Colonel de Gaulle aus dem Jahre 1940), Waffen, Modelle, Videofilme, Fotos und Texte, die sehr gut aufzeigen, inwieweit jeder der Akteure in das Geschehen verflochten war. Von dem Artilleristen des Jahres 1914 mit seinen Gamaschen bis zu einem Modell der Atombombe Little Boy von Hiroshima

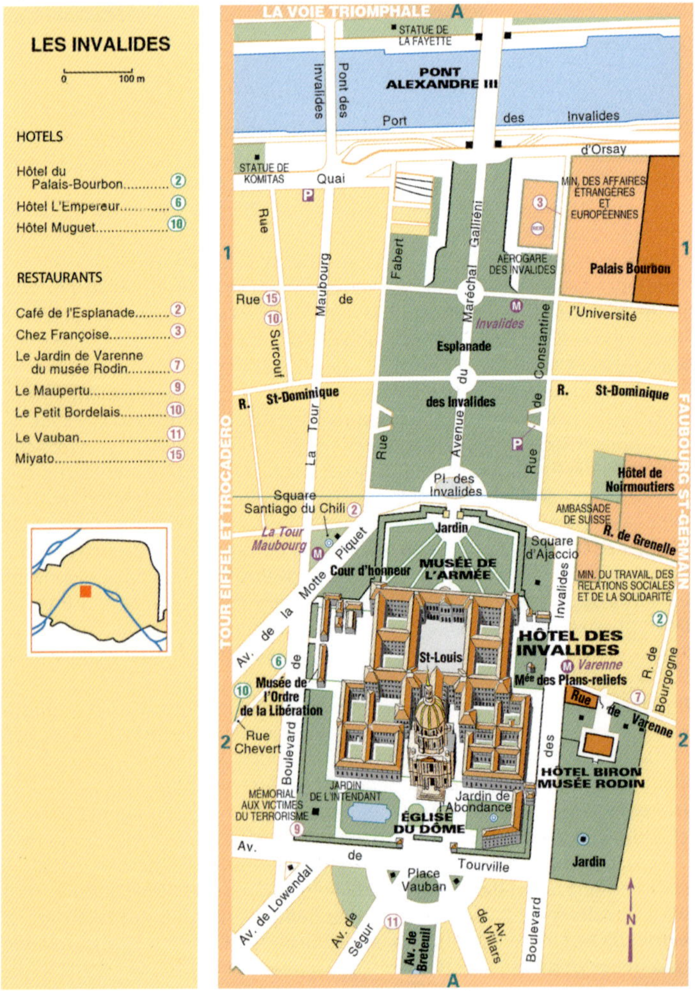

1945 wird deutlich, wie sehr der Zweite Weltkrieg die Waffenentwicklung vorangetrieben und die Rolle des einzelnen Soldaten seit 1914 neu definiert hat.

★★★Église du Dôme (Invalidendom)

S. 234. Im Juli und Aug. bis 19 Uhr geöffnet.

Die Kirche ist eines der Meisterwerke des barocken Klassizismus zur Zeit Ludwigs XIV. Sie wurde zwischen 1677 und 1706 von Jules Hardouin-Mansart nach den Plänen des Mausoleums für den Sarg der Bourbonen erbaut, die sein Großonkel François Mansart für die Basilika St-Denis entworfen hatte. Das Meisterwerk, das ursprünglich in den Farben azurblau und gold schimmerte, schwingt sich, majestätisch und kühn, in vollendeten Proportionen über dem Sockel empor. Die Basis der Kuppel ruht auf einem Attikageschoss. Trotz tief greifender Umbauten im 19. Jh. – das große Glasfenster wurde 1873 eingesetzt – besticht die Innendekoration auch heute noch mit ihren großartigen bemalten Gewölben und den Böden aus mehrfarbigen Marmoreinlegearbeiten.

Grabmal Napoleons – Die Erhabenheit der Grabstätte wird dem Ruhm des Toten gerecht. Der runde Grundriss der Krypta lässt den Blick auf den Hochaltar frei. Zwei große Bronzestatuen bewachen den Eingang. Sie tragen die Weltkugel bzw. Zepter und Krone des Kaisers. Um sie herum stehen zwölf Siegesgestalten, ein Werk von Pradier.

★Musée des Plans-reliefs (Museum für Festungsgeschichte)

4. Stock, Westflügel – S. 234.

Diese außergewöhnlichen Modelle (1/600) von Städten, Häfen und Festungsanlagen dienten dem Studium der Militärstrategie und insbesondere der Belagerung und Einnahme einer Stadt. Eine audiovisuelle Aufbereitung (10 Min.) gibt Einblick in die Geschichte und die Herstellung dieser Modelle.

Historial Charles de Gaulle

Ehrenhof, Westflügel – S. 234 – Mo geschl. Im Februar 2008 wurde im Keller des Invalidendoms das Historial Charles de Gaulle eröffnet. Die erstaunliche Gedenkstätte, die sich über 2500 qm erstreckt, ist ein Reich der Bilder. Es gibt keine sonstigen Exponate, sondern einen zentralen Projektionsraum und Bilder beherrschen ebenso den Museumsrundgang durch einen kreisförmigen Gang, den sogenannten *anneau de l'histoire* – Ring der Geschichte. Dank der Audioguides kann man in dem Ausstellungsraum, der wie eine riesige CD-Rom designt ist, 20 Std. lang Kommentare anhören. Angesichts dieser Fülle an Informationen, wählt man am besten nur einige Themen aus, die einen besonders interessieren.

Musée de l'Ordre de la Libération★

Pavillon Robert de Cotte – Eingang über das Musée de l'Armée (Westflügel, Corridor de Nîmes) – S. 234.

Der Befreiungsorden, 1940 von General de Gaulle eingeführt, ehrt die „Compagnons de la Libération" (die Liste wurde 1946 abgeschlossen). Es ist eine Hommage an alle jene Helden und französischen Widerstandskämpfer, die den Sieg 1945 möglich gemacht haben. Das Museum bewahrt zahlreiche Erinnerungsstücke aus den Afrikafeldzügen, der Schlacht in der Normandie usw. auf.

Zu Fuß unterwegs Stadtplan S. 236

★★Pont Alexandre-III A1

Seit dem 7. Oktober 1896, als der Grundstein zu dieser Brücke gelegt wurde, symbolisiert sie die jahrhundertealten Bande zwischen Frankreich und Russland. Sie schwingt sich kandelaber- und girlandengeschmückt über die Seine. Die beiden vergoldeten Pegasusfiguren stehen für den Krieg *(linkes Seineufer)* und den Frieden *(rechtes Seineufer)* und umrahmen in der Perspektive den Blick auf den Invalidendom.

Esplanade des Invalides A1

Zwischen der Seine und dem Hôtel des Invalides.

Robert de Cotte, ein Schwager und Schüler Hardouin-Mansarts, legte 1704-1720 den weiten Platz an. Mehrere Alleen mit Silberlinden stehen an den sechs großen Rasenflächen (250 x 500 m), auf denen sich die Spaziergänger, aber auch Fußballspieler tummeln.

★★★Hôtel des Invalides A2

Eingang über die Esplanade.

Garten – Die gepflegte Gartenanlage ist von einem breiten Graben sowie bronzenen Kanonen aus dem 17. und 18. Jh. umgeben. Die 18 Geschütze der „Triumphbatterie" links und rechts des Eingangs gaben zuletzt nach dem Ersten Weltkrieg beim Waffenstillstand (11. November 1918) und der Siegesparade am 14. Juli 1919 ihre Salven ab.

Fassade★★ – Die stattliche Fassade von Libéral Bruant (196 m lang) umschließt in ihrer Mitte ein prachtvolles Portal, in dessen Giebel sich eine von den allegorischen Figuren der Vorsicht und der Gerechtigkeit gestützte Reiterstatue Ludwigs XIV. befindet.

Cour d'honneur (Ehrenhof)★★ – *Eingang über das Hauptportal.* Das strenge Gleichmaß und die schlichte Schönheit des Hofes sind ergreifend, ebenso wie seine Ruhe. Napoleon ließ hier seine Veteranen zur Parade aufmarschieren. Um den Hof herum führen zweistöckige Rundbogenarkaden, die über breite Treppen mit schwacher Steigung verbunden sind, sodass die Invaliden überall spazieren gehen konnten. Einer der vier Pavillons des Innenhofs, der reich verzierte Südpavillon, dient der Kirche *St-Louis-des-Invalides* als Fassade. In der Mittelarkade steht eine Bronzestatue Napoleons I. als *Kleiner Korporal*. Einige Jahre stand sie auf der Säule der Place Vendôme.

In den Arkaden sind Kanonen, Mörser und Büchsen aufgestellt, darunter die *Katharina* (1487) mit dem Namen des Erzherzogs Sigismund von Österreich, die Württembergische Feldschlange (16. Jh.) und sogar ein leichter Renault-Panzer und ein sogenanntes *Marnetaxi* (1914), in dem die Soldaten im Ersten

VOM KRANKENHAUS ZUM MUSEUM

Die Anfänge des Hôtel des Invalides – In früheren Jahrhunderten waren die Kriegsinvaliden gewöhnlich von dem Wohlwollen barmherziger Klöster abhängig. Im Jahre 1670 gründete Ludwig XIV. das Hôtel des Invalides in der Ebene von Grenelle.

Der Bau nach Plänen Libéral Bruants wurde 1678 beendet, doch erst 1706 wurde der Dom fertiggestellt, ein Werk des Architekten von Versailles, Jules Hardouin-Mansart. Das Hôtel des Invalides sollte ursprünglich 6000 Veteranen aufnehmen. Die mit zusätzlichen Annehmlichkeiten ausgestatteten Räumlichkeiten boten schließlich 4000 Männern Platz.

Vielfältige Aufgaben – Am 14. Juli 1789 drangen Aufständische in das Hôtel des Invalides ein und raubten dort 28 000 Gewehre. Die Anführer der Französischen Revolution machten aus der Kirche 1793 einen Marstempel. Als Napoleon im Jahre 1800 Marschall Turenne dort bestatten ließ, wurde sie eine Kriegsgräberstätte, in der auch die erbeuteten Standarten der Napoleonischen Kriege aufbewahrt wurden. 1840 wurden die sterblichen Überreste Napoleons I. vorübergehend in die Domkapelle überstellt; erst 1861 wurde der Sarkophag in dem von Visconti verzierten Grabmal in der Krypta aufgestellt. Zu Beginn des 20. Jh. wurde das Gebäude wieder seiner ursprünglichen Bestimmung übergeben und diente fortan der Krankenpflege. Der Krankenhauskomplex wurde renoviert. In den Gebäuden sind heute mehrere Verwaltungsbüros und drei Museen untergebracht.

Weltkrieg zur Front gebracht wurden.
Von den Treppenhäusern in den Ecken des Hofes (wie auch vom Museum) hat man einen schönen Blick in die kleinen Innenhöfe, die auch vom Musée de l'Armée aus zu sehen sind.

Église St-Louis des Invalides★ – Die klassisch konstruierte Garnisonskirche wurde von Hardouin-Mansart vollendet, der sich an der strengen, sachlichen Architektur Bruants orientierte.

Einziger farbiger Schmuck im Kirchenschiff sind die in verschiedenen Feldzügen erbeuteten Fahnen aus dem 19. und 20. Jh., die vom Gesims herabhängen. Die Wirkung ist großartig. Durch ein Fenster hinter dem Hochalter erkennt man den Baldachin im Invalidendom. Auf der Orgel aus dem späten 17. Jh. wurde hier das *Requiem* von Berlioz (1837) uraufgeführt.

Rechts vom Eingang steht *Ein Christus im Grab*, 1521, von Hans Holbein dem Jüngeren.

Wenn Sie die Kirche verlassen, gehen Sie durch die Passage in Richtung Invalidendom (Sehenswürdigkeiten, S. 236).

Zu Ihrer Rechten, wenn Sie von der Kirche kommen, lädt der kleine Garten des Verwalters (**Jardin de l'Intendant**) zum Verweilen ein. Neben einer Statue von Jules Hardouin-Mansart ist das **Denkmal für die Opfer des Terrorismus** *(Mémorial aux victimes du terrorisme)* bemerkenswert in seiner faszinierenden Schlichtheit.

Verlassen Sie das Gelände vor dem Invalidendom über die Place Vauban und gehen Sie die Avenue de Breteuil entlang, von wo Sie einen herrlichen Ausblick auf den gesamten Gebäudekomplex haben. Die nächstgelegenen Metrostationen sind École-Militaire oder St-François-Xavier.

DAS GROSSE LIFTING

Anlässlich der 200-Jahr-Feier der Französischen Revolution erstrahlte der Dom in neuem Glanz. 555 000 (12,65 kg) Goldblättchen waren für die Restauration notwendig. Die vier Statuen (Glaube, Hoffnung, Nächstenliebe und Religion), die sich rund um die Spitze des Domes reihen, sind Kopien von Skulpturen aus der Kapelle des Schlosses von Versailles.

Ziel in der Umgebung

★Fondation Dubuffet Außerhalb des Stadtplans

137 rue de Sèvres – 01 47 34 12 63 – www.fondationdubuffet.com – Mo-Fr 14-18 Uhr – Aug. und Fei geschl. – 4 €.

Wie in Périgny-sur-Yerres im Val-de-Marne ist auch dies eine Filiale der von dem Künstler Jean Dubuffet geschaffenen Stiftung. Sie befindet sich in einem Hôtel particulier *(Stadthaus wohlhabender Adliger)*, das er 1962 kaufte. Auf drei lichtdurchfluteten Etagen wird eine ständige Ausstellung regelmäßig wechselnder Werke gezeigt: Fotografien, Gemälde, Collagen, Modelle, Fragmente, Auszüge aus Katalogen und Lithografien. Die Stiftung ist auch ein Zentrum für geschichtliche Studien mit dem Ziel der Erhaltung und Nutzung der persönlichen Archive des Künstlers, denen sie alle ihre Aktivitäten widmet.

TIPPS UND ADRESSEN

ALLGEMEINE HINWEISE

Tickets – *Wenn Sie von der Metrostation Invalides kommen, überqueren Sie die Esplanade, betreten den Ehrenhof und biegen rechts in die Galerie ein. Ganz am Ende ist der Ticketverkauf.*

Kinderführungen – *Im gesamten Gebäudekomplex werden Kinderführungen veranstaltet: 01 44 42 51 73 – www.invalides.org – Reservierung unbedingt erforderlich – während des Schuljahres Mi 10-14 Uhr; an einigen Samstagen*

14.30 Uhr; Schulferien Mo-Fr 10-16 Uhr – 6 €.

ÜBERNACHTEN

Unsere Hoteladressen finden Sie auf S. 404/405 (7. Arr.).

ESSEN UND TRINKEN

Le Jardin de Varenne du musée Rodin – *77 rue de Varenne – M° Varenne – 01 45 50 42 34 – www.horeto.com – abends und Mo geschl. – 9/20 €.* Im hübschen Park des Museums liegt in einem Pavillon ein kleines Selbstbedienungsrestaurant mit einer wunderschönen Terrasse. Einfache Salate, gemischte Teller und Sandwiches. Ein idealer Ort zum Entspannen.

Miyato – *121 rue de l'Université – M° Invalides – 01 47 05 41 83 – Sa mittag, So und Aug. geschl. – 13/35 €.* Im Viertel Gros-Caillou erlebt man eine kleine kulinarische Reise in das Land der aufgehenden Sonne, mit Grillspießen und den sehr beliebten Sushis.

Chez Françoise – *Aérogare des Invalides – M° Invalides – 01 47 05 49 03 oder 06 80 85 70 – www.françoise.com – 20/30 €.* Nur wenige Schritte vom Palais-Bourbon entfernt ist das Restaurant die „Kantine" der Parlamentarier geworden. Angeboten wird eine gutbürgerliche Küche.

Le Petit Bordelais – *22 rue Surcouf – M° Invalides – 01 45 51 46 93 – www.lepetit-bordelais.com – Sa mittag, So und 26. Juli-18. Aug. geschl. – Mittagsmenü 19 €, 33/45 € – à la carte 48/66 €.* Neues modernes Restaurant mit einer guten Auswahl offener Weine, insbesondere Bordeaux-Weine. Gemütlich eingerichtet, mit weichen Bänken in rotem Mokkaton, deren gepolsterte Lehnen die Wand säumen.

Maupertu – *94 bd. de La Tour-Maubourg – M° La Tour-Maubourg – 01 45 51 37 96 – www.restaurant-maupertu-paris.com – So geschl. – Mittagsmenü 23 € – 23/32 €.* Diese sympathische Adresse genießt man am besten in der sonnigen Veranda oder an einem der Tische, die auf dem Gehsteig aufgestellt sind. Die Karte lockt mit einer schmackhaften Küche mit provenzalischer Note.

Le Vauban – *7 pl. Vauban – M° St-François-Xavier – 01 47 05 52 67 – tgl. 7-22 Uhr – ♿ – Mittagsmenü 21 € – 39 /55 €.* Die Terrasse dieser Brasserie mit Blick auf die Kirche des Invalidendoms ist so gut wie immer voll. Von raffinierter Eleganz ist auch der mit Marmorimitationen verkleidete Innenraum. HIer gibt es mittags und abends geschmackvoll zusammengestellte Menüs.

Café de l'Esplanade – *52 rue Fabert – M° La-Tour-Maubourg – 01 47 05 38 80 – mit Chauffeur – tgl. 8-2 Uhr – 55/75 €, Frühstück 14/19 €.* Dieses Costes-Restaurant hat eine entspanntere Atmosphäre als die meisten anderen und Tische auf einer Terrasse gegenüber vom Invalidendom. Sonntags mittags geht es eher familiär zu, abends trifft sicher hier die gehobene Gesellschaft. Die Speisekarte verführt mit gebratenem Thunfisch, dem scharfen thailändischen Rindfleischgericht Weinender Tiger oder einer riesigen gegrillten Seezunge. Tipp für Genießer: das *fondant au chocolat.*

EINKAUFEN

Petrossian Caviar – *18 bd. de La-Tour-Maubourg – M° La-Tour-Maubourg – 01 44 11 32 22 – www.petrossian.fr – tgl. außer So 9.30-20 Uhr; Aug. tgl. außer So und Mo 10-19 Uhr – 12-28 €.* Der Kaviar dieses noblen Feinkostgeschäfts, das in den 20er-Jahren gegründet wurde, ist weltberühmt. Hier gibt es auch geräucherten Lachs aus Schottland und Norwegen, wilden Lachs aus dem Baltikum, exzellente Gänseleberpastete sowie Schokolade, Tee, Café, Wodka und hausgemachte Produkte.

12 - Tour Eiffel und Trocadéro

★★★

Der Eiffelturm, der berühmte Aussichtspunkt von Paris, ist das bekannteste Wahrzeichen auf der Welt. Millionen von Besuchern sind bereits im kunstvollen Eisengerüst mit den Aufzügen hochgefahren. Ein Meisterwerk der Ingenieurskunst, das zuerst heftig kritisiert, doch dann auf der ganzen Welt begeistert gefeiert wurde! Das umliegende Viertel steht ihm zwar an Größe nach, aber keineswegs im Ansehen: Von dem eindrucksvollen Palais de Chaillot und den Gärten des Champ-de-Mars (Marsfeld) bietet sich dem Besucher die beste Aussicht auf den Eiffelturm.

WEGWEISER – *Umschlagkarte vorne B2 – 3, 7. und 16. Arr. – Michelin-Stadtplan Nr. 57, Planquadrate H 6-8, J 7-9, K 8-9.* M° Bir-Hakeim (Linie 6), École-Militaire (Linie 8), Trocadéro (Linie 6 und 9) – RER Champ-de-Mars-Tour-Eiffel (Linie C). Busse 22, 30, 32, 63, 72, 82, 92.

UNBEDINGT SEHENSWERT – Der mit Einbruch der Dämmerung in den ersten Minuten einer jeden Stunde funkelnd erleuchtete Eiffelturm, die versteckten Gärten des Trocadéro, die herrschaftlichen Häuser aus dem 18. und 19. Jh., das gesamte Marsfeld.

GUT GEPLANT – Planen Sie einen Vormittag zur Erkundung des Eiffelturms sowie für einen Spaziergang in den angrenzenden Parkanlagen ein.

MIT KINDERN – Musée de la Marine. Und natürlich begeistert der Eifelturm seit jeher die Kinder.

Sehenswürdigkeiten Stadtplan S. 244/245

★★★Tour Eiffel (Eiffelturm) B2

01 44 11 23 23 – www.tour-eiffel.fr – ♿ (1. und 2. Etage zugänglich) – 13. Juni-31. Aug.: 9-24 Uhr, Rest des Jahres: 9.30-23 Uhr – Aufzug 4,80 €, 1. Etage 7,80 €, 2. Etage 12 €, 3. Etage 4 € (Treppe, nur 1. und 2. Etage).

Um auf die Spitze des Eiffelturms zu gelangen, gibt es zwei Möglichkeiten: Mutige, die weder Wadenkrämpfe noch Schwindel fürchten, können die 1652 Stufen zu Fuß hinaufgehen. Es ist wirklich einzigartig, die elegante Architektur des Turms auf diese Weise zu erkunden und dann Schritt für Schritt den Blick auf das Marsfeld, die Dächer von Paris und dann die ganze umliegende Gegend zu genießen. Zu Fuß kommt man nur bis zur zweiten Etage. Man kann

DER EIFFELTURM IN ZAHLEN

Die erste Etage des Turms liegt in 57 m Höhe, die zweite in 115 m und die dritte in 276 m Höhe. Gesamthöhe 300 m. Wenn man ein wenig mogelt und die Fernsehkabine mitzählt, erreicht der Turm sogar eine Höhe von 324 m, die je nach Temperatur um 15 cm schwankt. Gewicht: 7000 t, dazu kommen noch 50 t Farbe, die alle sieben Jahre erneuert wird.

In Anbetracht der technischen Meisterleistung wurde der für die Weltausstellung von 1889 errichtete Turm zu Recht nach seinem Erbauer, Gustave Eiffel (1832-1923), benannt. Der Ingenieur hatte kurz vor Projektbeginn (1884) erst das Viadukt von Garabit (Auvergne) vollendet und war so an das Bauen mit hohen Metallpfeilern gewöhnt.

Von 1887-1889 waren die 300 Monteure, die Akrobaten ähnlich die zweieinhalb Millionen Nieten montierten, für die Pariser eine sonntägliche Sehenswürdigkeit.

natürlich auch den Aufzug benutzen, dann in der zweiten Etage umsteigen und so mühelos die 300 m Höhe erreichen.

Am Fuß des Nordpfeilers steht eine Porträtbüste Eiffels von Antoine Bourdelle. In der **ersten Etage** wird in einem **kleinen Museum** die Geschichte des Turms dargestellt (Videovorführung 20 Min.). In der **zweiten Etage** hat man einen Blick auf alle Pariser Denkmäler wie in eine Liliputwelt. Von hier aus kann man durch verglaste Bullaugen nach unten zum Boden blicken – ein origineller Blickwinkel für schöne Fotos! In Schaukästen wird der Bau des Turms dargestellt und die Funktionsweise des alten hydraulisch betriebenen Aufzugs, der noch bis 1983 in Gebrauch war, sowie der heutigen Aufzüge erklärt. Restaurant, Brasserien und Souvenirläden befinden sich ebenfalls auf dieser Etage. Von der dritten Etage aus kann die **Sicht★★★** bis zu 67 km weit reichen, was jedoch wegen der Luftverschmutzung nur selten vorkommt. Panoramatafeln ermöglichen in jeder Etage die Orientierung aus der Vogelperspektive.

Zu Fuß unterwegs Stadtplan S. 244/245

VOM TROCADÉRO ZUR ÉCOLE MILITAIRE 1

Ausgangspunkt M° Trocadéro. 1 Std. 30 Min.

Place-du-Trocadéro-et-du-11-Novembre A1

Von der Heiligen Allianz beauftragt, die absolute Monarchie in Spanien wiederherzustellen, eroberten die Franzosen 1823 die Festung von Cádiz, auch Trocadéro genannt. Zur Feier dieser Heldentat wurde bei der Rückkehr der Soldaten auf dem Chaillot-Hügel rund um eine Festung aus Pappmaché ein Fest veranstaltet. Auf der Mitte des Platzes steht ein Reiterstandbild des Marschalls Foch. Zwischen der Avenue G.-Mandel und der Rue du Cdt.-Schloesing ragt die Mauer des Friedhofs von Passy empor.

Cimetière de Passy

2 rue du Cdt-Schlœsing. Zwischen den mitunter pompösen Grabmälern der Bewohner des Viertels finden sich hier die Grabstätten bekannter Persönlichkeiten aus Literatur, Malerei, Musik, Luftfahrt und Film: Tristan Bernard, Giraudoux, Manet, Berthe Morisot, Claude Debussy, Gabriel Fauré, Fernand Contandin, genannt Fernandel, Madeleine Renaud und Jean-Louis Barrault. *Kehren Sie zur Place du Trocadéro zurück.*

★★Palais de Chaillot A1

Für die Weltausstellung 1878 errichtete der Architekt Davioud auf dem Chaillot-Hügel ein Gebäude im spanisch-maurischen Stil mit einer zentralen Rotunde und angrenzenden Flügelbauten. Eine Weltausstellung jagte die nächste, und

Im Architekturstil der 1930er-Jahre erbaut: der Palais de Chaillot.

S. Sauvignier / MICHELIN

so wurde der Bau 1937 abgerissen. An seiner Stelle entwarf das Architektenteam Carlu, Boileau und Azéma einen Bau mit Seitenflügeln und vorgezogenem Mittelteil, um die Blickachse zum Eiffelturm hin zu öffnen.

Der **Platz** in der Mitte, seit 1987 „Platz der Menschenrechte" genannt, dessen Seiten von einer Reihe vergoldeter Bronzestatuen flankiert werden, führt auf eine große **Terrasse**★★★ mit einem wunderschönen Blick auf die angrenzenden Gartenanlagen mit ihren Wasserfontänen, auf die Biegung der Seine bis zum Eiffelturm, dem Champ-de-Mars und zur École militaire.

Vor dem linken Pavillon steht die monumentale Apollogruppe von Henri Bouchard und als Pendant vor dem nach Passy hin gelegenen Pavillon die elegante Gruppe *Amerika* von Jacques Zwoboda.

Théâtre national de Chaillot – *Zugang von der Halle des linken Pavillons aus.* Unter der Terrasse des Palais de Chaillot befindet sich ein großer Theatersaal. Dieser war die Spielstätte des 1920 von Firmin Génier gegründeten TNP (Théâtre national populaire), das von 1951 bis 1963 von Jean Vilar geleitet wurde; von 1988 bis 2000 führte Jérôme Savary erfolgreich das nun in Théâtre national de Chaillot umbenannte Haus.

Gehen Sie nun vom Vorplatz aus über die Treppen zu den Gartenanlagen des Trocadéro zurück.

Die **Gärten**★★★ wurden für die Weltausstellung von 1937 angelegt. Am großen zentralen Wasserbecken stehen sich die Skulpturen *La Jeunesse* (Die Jugend) von Pierre Loison und *La Joie de vivre* (Lebensfreude) von Léon Divier gegenüber.

Die Springbrunnen bieten, vor allem bei abendlicher Beleuchtung, ein beeindruckendes Schauspiel. Zu beiden Seiten des Wasserbeckens erstreckt sich ein Landschaftsgarten bis zur Pont d'Iéna. Die Alleen werden von prachtvollen Bäumen gesäumt (eine kleine Tafel verweist auf die wichtigsten Arten). Auf der Passy-Seite führen die Alleen an einem kleinen, künstlich angelegten Flusslauf entlang oder queren ihn.

Aquarium du Trocadéro – CinéAqua A1

2 av. des Nations-Unies – M° Trocadéro – ☏ 01 40 69 23 23 – www.cineaqua.com – ♿ – 10-20 Uhr – (letzter Einlass 1 Std. vor Schließung) – 19,50 € (unter 12 J. 12,50 €).

Dieses große Aquarium in einem ehemaligen Steinbruch unter dem Chaillot-Hügel entstand für die Weltausstellung 1878. 2006 wurde es nach einem Umbau und in engerer Anbindung an Wissenschaft und Technologie wiedereröffnet: Zu sehen sind 10 000 Fische von 500 verschiedenen Arten, darunter auch etwa 20 Haie sowie tropische Fische und über 500 Korallen.

Gehen Sie durch die Gärten bis zur Place de Varsovie und dann über den Pont d'Iéna zum gegenüberliegenden Seineufer.

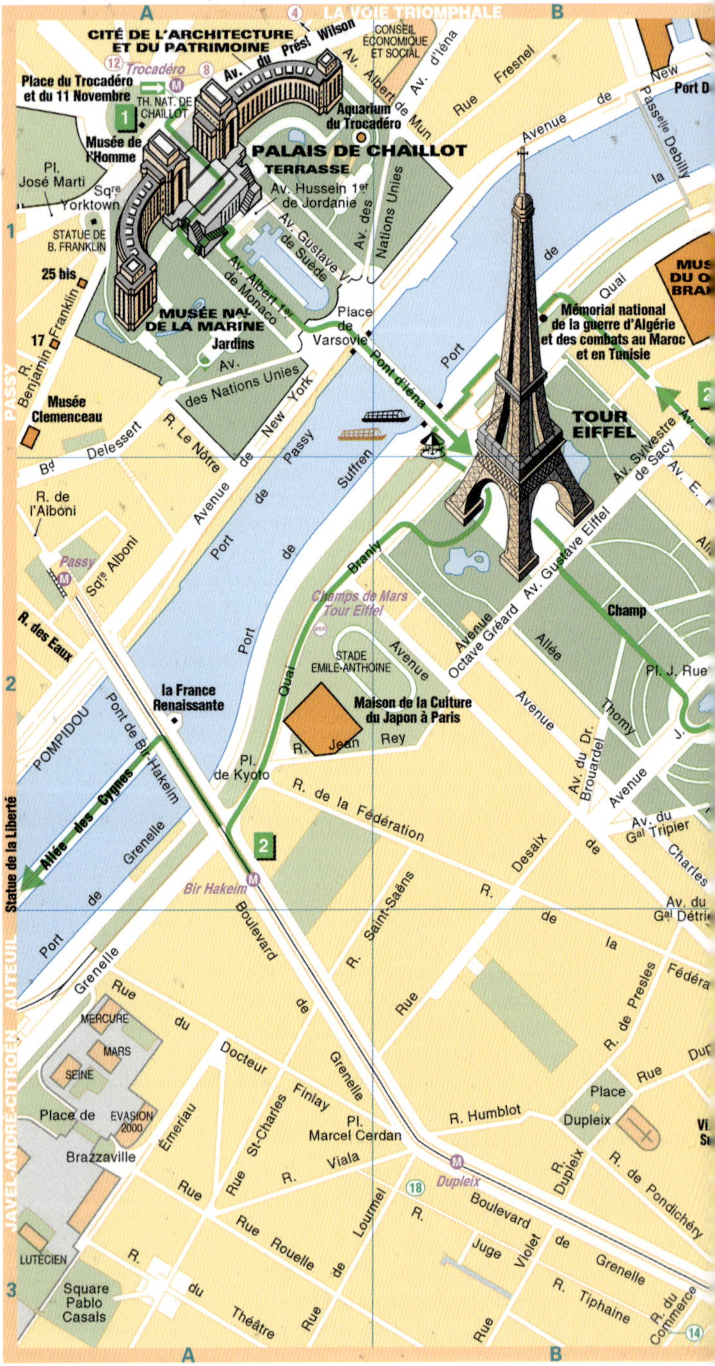
LA VOIE TRIOMPHALE
CITÉ DE L'ARCHITECTURE ET DU PATRIMOINE
Place du Trocadéro et du 11 Novembre
Trocadéro
TH. NAT. DE CHAILLOT
Musée de l'Homme
PALAIS DE CHAILLOT
TERRASSE
Aquarium du Trocadéro
CONSEIL ÉCONOMIQUE ET SOCIAL
Pl. José Marti
Sq^{re} Yorktown
STATUE DE B. FRANKLIN
MUSÉE NAL DE LA MARINE
Jardins
Place de Varsovie
Musée Clemenceau
Mémorial national de la guerre d'Algérie et des combats au Maroc et en Tunisie
TOUR EIFFEL
Champ
Champs de Mars Tour Eiffel
STADE EMILE-ANTHOINE
Maison de la Culture du Japon à Paris
la France Renaissante
Pl. de Kyoto
Bir Hakeim
Allée des Cygnes
Statue de la Liberté
Pont de Bir-Hakeim
Passy
Place de Brazzaville
Square Pablo Casals
Pl. Marcel Cerdan
Place Dupleix
Dupleix
R. de la Fédération
R. Humblot
Boulevard de Grenelle
Pont d'Iéna
Av. Gustave Eiffel
Av. Octave Gréard
Av. Sylvestre de Sacy
PASSY
AUTEUIL
JAVEL-ANDRÉ-CITROËN

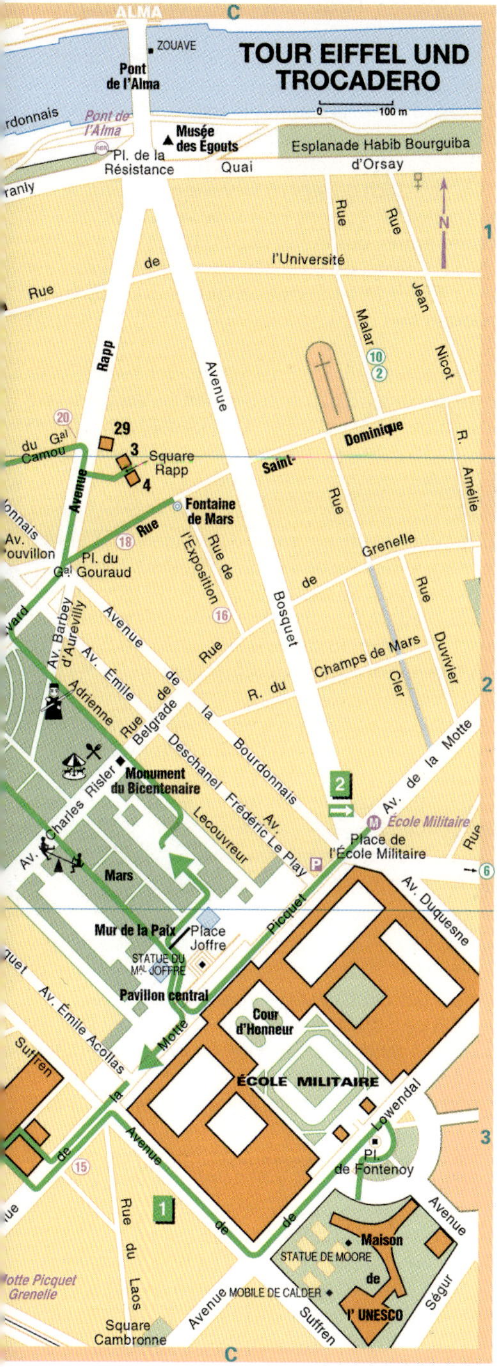

HOTELS

- Hôtel de France............ 6
- Hôtel de la Tulipe......... 2
- Hôtel Malar.................. 10
- Saphir Hôtel................. 14
- Timhôtel Tour Eiffel..... 18

RESTAURANTS

- Al Mounia..................... 4
- Brasserie Le Coq......... 8
- Carette......................... 12
- Le Pére Claude........... 15
- Le P'tit Troquet........... 16
- Les Cocottes............... 18
- Sancerre...................... 20

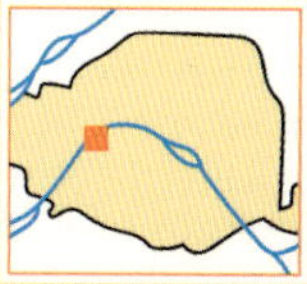

★★★Tour Eiffel B2 – *Sehenswürdigkeiten, S. 241*

Gärten des Champ-de-Mars B-C2

Beim Bau der École militaire wurden die Gemüsegärten, die zwischen den Neubauten und der Seine lagen, in einen Truppenübungsplatz, das Champ-de-Mars, umgewandelt. Ab 1780 erhielt auch die Öffentlichkeit Zutritt zu diesem Platz, wo sie die Anfänge der Luftschifffahrt erleben konnte. 1784 versuchte Jean-Pierre Blanchard von hier aus mit einem lenkbaren Ballon nach La Villette zu fliegen, erreichte aber nur Billancourt.

Auf dem Champ-de-Mars fanden auch patriotische Versammlungen statt. Am 14. Juli 1790 feierte man hier anlässlich des ersten Jahrestags des Sturms auf die Bastille ein Fest, bei dem Ludwig XVI. seinen Eid auf die Verfassung leistete. Napoléon indes verlieh seiner Armee dort Adler und Insignien. Zum Messegelände geworden, wurde das Champ-de-Mars dann Veranstaltungsort der Weltausstellungen. Heute ist es eine Mischung aus englischem Landschaftspark und französischem Garten und dient noch gelegentlich als Treffpunkt und Versammlungsort.

Gehen Sie über das Champ-de-Mars bis zur École militaire. In der Avenue de la Motte-Picquet angekommen, gelangen Sie zu Ihrer Rechten ins **Village suisse** *(54 av. de La Motte-Picquet)* mit über 80 Antiquitäten- und Trödelläden. *✆ 01 45 67 49 85 – www.levillagesuisseparis.com – ♿ – tgl. außer Di und Mi 10.30-19 Uhr (1. Jan., 25. Dez. 14.30-19 Uhr) – Aug. geschl. – Eintritt frei.*

★École militaire C3

1 pl. Joffre. Der **Mittelbau** aus dem 18. Jh. mit einer viereckigen Kuppel wird von zwei niedrigen Seitenflügeln des Second Empire flankiert. Der Bau ist über zwei Geschosse durch korinthische Säulen und im Mittelteil durch einen Giebel mit Trophäen und Allegorien gegliedert. Vor dem Mittelbau steht eine Reiterstatue des Marschalls Joffre (1852–1931), der im ersten Weltkrieg die französische Armee in den entscheidenden Schlachten an Marne und Somme befehligte.

Gehen Sie durch die Avenue de Suffren und die Avenue de Lowendal um den Bau herum bis zur Place de Fondenoy. Hier öffnet sich der **Ehrenhof**★, an dessen Flanken sich zwei miteinander verbundene Säulenhallen anschließen; den hinteren Abschluss bildet der Mittelbau mit den seitlich folgenden Säulenkolonnaden, die in vorspringenden Pavillons enden.

Überqueren Sie die Place de Fondenoy auf der rechten Seite.

★Maison de l'UNESCO C3

7, pl. de Fontenoy – ✆ 01 45 68 03 59 – www.unesco.org – ♿ – Führung (1.30 Std.) auf Anfrage 1 Woche im voraus – Di 15 Uhr (Englisch), Mi 15 Uhr (Französisch) – Mo 15 Uhr (Französisch) – Eintritt frei.

Seit 1958 befindet sich hier der Sitz der UNESCO (Organisation der Vereinten Nationen für Erziehung, Kultur und Wissenschaft). Der Internationalität der UNESCO, die 185 Mitgliedstaaten zählt, trägt auch der Bau Rechnung, der in Zusammenarbeit der Architekten Marcel Breuer (Amerikaner ungarischer Abstammung), Pierre Nervi (Italien) und Bernard Zehrfuss (Frankreich) entstanden ist.

In dem auf Pfeilern ruhenden Gebäude mit einem Grundriss in Y-Form ist das Sekretariat untergebracht. Die Plenarsäle und die Räume für Kommissionssitzungen haben alle Decken aus gerippptem Beton und sind von einem „Ziehharmonikadach" überdeckt. Ein würfelförmiger Bau sowie zwei unterirdische Geschosse, die aus sechs großen Innenhöfen ihr Licht erhalten, beherbergen weitere Abteilungen. Vom Erdgeschoss aus gelangt man in einen kleinen japanischen Garten, den der japanisch-amerikanische Künstler Isamu Noguchi (1904–1988) gestaltete. Den Meditationsraum entwarf der japanische Architekt Tadao Ando 1994.

Symbol des technischen Fortschritts

WAS VON DEN WELTAUSSTELLUNGEN GEBLIEBEN IST

Dank der Weltausstellungen seit Mitte des 19. Jh. wurden viele technologische Fortschritte erzielt und zahlreiche Gebäude errichtet. Zwischen 1855 und 1937 fanden in Frankreich sechs Weltausstellungen statt. Für die Weltausstellung von **1867** ließ Napoleon III. auf dem Marsfeld einen großen Industriebau errichten, und der Chaillot-Hügel wurde für den Bau von typischen Architekturbeispielen der 41 ausstellenden Länder eingeebnet. Für die Weltausstellung von **1878** errichtete der Architekt Davioud auf dem gleichen Hügel ein Gebäude im maurischen Stil. Elf Jahre später, **1889**, feierte die Weltausstellung den hundertsten Jahrestag der Französischen Revolution und den Siegeszug des Eisens. Den Höhepunkt des Ausstellungsbesuchs bildete der Eiffelturm. Für die Weltausstellung von **1937** schließlich wurde das alte Palais du Trocadéro abgerissen. Auf seinen Fundamenten hat man das heutige Palais de Chaillot errichtet.

RETTUNG DES EIFFELTURMS DURCH DIE DRAHTLOSE TELEGRAFIE

Das 1884 vorgestellte Projekt Gustave Eiffels löste heftige Kontroversen aus. Künstler und Schriftsteller – unter ihnen bedeutende Persönlichkeiten wie Maupassant, Gounod, Charles Garnier, François Coppée, Leconte de Lisle – verfassten eine öffentliche Protestschrift. Für andere Künstler indes war der Turm Symbol für Modernität, aber auch für die Kunst des neuen Jahrhunderts. Cocteau und Apollinaire rühmten ihn, Pissarro, Dufy, Utrillo, Seurat oder Delaunay stellten ihn in ihren Werken dar … 1909 drohte der Abriss. Doch die Möglichkeiten, die sich durch seine Höhe (300 m) für die drahtlose Telegrafie ergaben, retteten ihn: Hier wurden zu Beginn des 20. Jh. die ersten Sprechfunkversuche unternommen, bevor sich auch das Fernsehen den Turm zunutze machte.

EINIGE DATEN

1910 – Der Turm zeigt die Uhrzeit auf allen Kontinenten an.
1916 – Erste transozeanische drahtlose Telefonverbindungen.
1918 – Einrichtung des französischen Rundfunks.
1957 – Installation einer Fernsehantenne.
31. Dez. 1999 – Der Eiffelturm explodiert nahezu in einem Feuerwerk und einer Lichterschau.
Juni 2003 – Das Lichterkleid des Eiffelturms funkelt ab der Dämmerung bis 2 Uhr nachts (1 Uhr im Winter).
1. Juli 2008–31. Dez. 2008 – Als Frankreich die EU-Präsidentschaft übernimmt, leuchtet der Eifelturm in blauem Licht, durchsetzt mit zwölf gelben Sternen.
31. März 2009 – Der Eiffelturm feiert sein 120. Jubiläum.

Das Wahrzeichen von Paris: der Eiffelturm.
S. Sauvignier / MICHELIN

Bedeutende internationale Künstler (Picasso, Miró, El Jem, Bazaine, Le Corbusier, Calder ...) zeichnen für die Kunst am Bau verantwortlich. Ein wunderbarer Engelskopf aus einer durch die Atombombe (1945) zerstörten Kirche in Nagasaki ist hier zu sehen, *La Silhouette au repos* von Henry Moore kann man von der Avenue de Suffren aus betrachten.

Die *Mo* Ségur ist nicht weit. Alternativ kann man auch zur *Mo École-Militaire gehen, dem Ausgangspunkt des Spaziergangs 2.*

VON DER ÉCOLE MILITAIRE NACH BIR-HAKEIM 2

Ausgangspunkt M° École-Militaire. 2 Std. Gehen Sie durch die Avenue de La Motte-Picquet an der École militaire entlang.

★École militaire C3 – *Zu Fuß unterwegs,* 1

Lassen Sie die Fassade der École zu Ihrer Rechten hinter sich und gehen Sie an der Mur de la Paix vorbei durch die Gärten des Champ-de-Mars Richtung Eiffelturm.

Mur de la Paix C3

Dieses anlässlich der Jahrtausendwende von der Malerin Clara Halter und dem Architekten Jean-Michel Willmotte errichtete Werk wurde von der Klagemauer in Jerusalem angeregt. Geht man an ihm entlang, so entdeckt man Touchscreens, mit denen man Friedensbotschaften in allen Sprachen versenden sowie die lesen kann, die von den Besuchern aus aller Welt hinterlassen wurden.

Bei Ihrem Spaziergang über das Champ-de-Mars stoßen Sie vielleicht auch auf das von Yvan Theimer errichtete Denkmal zum 200. Jahrestag der Revolution von 1789 *(an der Ecke der Allee Adrienne-Lecouvreur und der Avenue Charles-Risler)* mit sehr fein gearbeiteten figürlichen Bronzeornamenten.

Auf Höhe der Avenue J.-Bouvard, die quer durch das Champ-de-Mars führt, sind zwei Routen möglich: Gehen Sie weiter geradeaus, um direkt zum Eiffelturm zu gelangen, oder machen Sie einen Umweg über die Place du Gen.-Gourau und die Rue St-Dominique.

Rue St-Dominique C1-2

Auf der Höhe von Nr. 129 steht mitten auf einem kleinen charmanten Platz mit Arkaden der **Marsbrunnen.** Er wurde von **François-Jean Bralle** (1750-1832) errichtet, der auch die *Fontaine du Fellah* in der Rue de Sèvres und die sogenannte *Fontaine du Palmier* auf der Place du Châtelet geschaffen hat.

Gehen Sie wieder genauso zurück und biegen Sie rechts in die Avenue Rapp ein.

Avenue Rapp C1-2

Das Wohnhaus *(Nr. 3)* des Architekten **Jules Lavirotte** (1864-1929) weist einen fantasievollen Jugendstil auf. Schöne Fassade bei Nr. 4 *(Salle Adyar).*

Das Jugendstilhaus Nr. 29 mit einer Fassade aus geflammtem Sandstein wurde 1901 ebenfalls von Jules Lavirotte für den Keramiker Alexandre Bigot errichtet. Dem mit Pflanzenarabesken und grazilen Figuren verzierten Rahmen der Toreinfahrt sollten Sie besondere Beachtung schenken.

Biegen Sie links in die Rue du Gén.-Camou und dann nach rechts in die Avenue de La Bourdonnais (Nr. 9 mit schönem Gitter). Gehen Sie die Straße vor bis zum Quai Branly.

★★Musée du Quai Branly B1 – *Sehenswürdigkeiten, S. 249*

Überqueren Sie die Straße und gehen Sie links auf dem Fußgängerweg an der Seine-Ausbuchtung entlang. Gegenüber vom Anlegeplatz der Bateaux Parisiens steht das **Mémorial national de la guerre d'Algérie**, das aus drei beinahe sechs Meter hohen Säulen besteht. Auf diesen Säulen erscheinen auf einer elektronischen Anzeigetafel in alphabetischer Reihenfolge und geordnet nach Jahren die Namen aller Soldaten, die zwischen 1952 und 1962 zur Zeit des Algerienkrieges und bei den Gefechten in Marokko und Tunesien getötet wurden.

Überqueren Sie erneut den Quai Branly und gehen Sie zum Eiffelturm.

★★★Tour Eiffel B2 – *s. Sehenswürdigkeiten, S. 241* 2

Am Fuß des Eiffelturms befindet sich der älteste und malerischste Teil der Gärten des Champ-de-Mars (kleines Bassin, Grotte, Kaskade).

Kehren Sie zum Quai Branly zurück und bleiben Sie auf der linken Seite.

Maison de la culture du Japon à Paris A2

101 bis quai Branly – M° Bir-Hakeim – ✆ 01 44 37 95 00 – www.mcjp.asso.fr – ♿ – tgl. außer Mo und So 12-19 Uhr, Do 12-20 Uhr – Fei, Aug., 25. Dez., 4. Jan. geschl. – Informieren Sie sich über Eintrittspreise zu Ausstellungen, Veranstaltungen und Kino.

Die im Japanjahr 1997 eingeweihte *Maison de la culture du Japon* in Paris wurde von den beiden jungen Architekten Yamanaka Masayuki und Kenneth Armstrong entworfen. Neben verschiedensten Veranstaltungen (Konzerte, Theater, Kino, Dichterlesungen mit musikalischer Begleitung) werden dort Kurse zur japanischen Blumenkunst *(Ikebana)* sowie Kalligrafie- und Go-Kurse angeboten. Im Erdgeschoss befinden sich Läden mit Büchern und Postkarten, Teeservice etc.

Jeden Mittwoch besteht die Möglichkeit, an einer Chanoyu (Teezeremonie) teilzunehmen *(Teepavillon, 5. Etage)*. Reservierung einen Monat vor dem gewünschten Termin erforderlich.

In der Mitte des Pont Bir-Hakeim Zugang zur Allée des Cygnes.

Allée des Cygnes A2

Stromaufwärts am äußersten Punkt dieses Deiches, der während der Restauration angelegt wurde, steht die Skulptur *Das wiedererstandene Frankreich* des dänischen Bildhauers Wederkinch, die er 1930 geschaffen hat. Am entgegengesetzten Ende erhebt sich ein verkleinertes Bronzemodell der New Yorker Freiheitsstatue. Es handelt sich dabei um ein Geschenk der amerikanischen Gemeinde von Paris aus dem Jahr 1885, das anlässlich der Weltausstellung 1889 hier aufgestellt wurde.

Gehen Sie auf dem gleichen Weg zurück zur M° Bir-Hakeim. Oder gehen Sie bis zum Ende der Allée des Cygnes bis zur Freiheitsstatue.

Weitere Sehenswürdigkeiten

★★Musée du Quai Branly B1

37, quai Branly (hinter der Avenue de la Bourdonnais) – RER Pont de l'Alma oder M° Alma – ✆ 01 56 61 70 00 – www.quaibranly.fr – ♿ – Di, Mi, So 11-19 Uhr, Do-Sa 10-21 Uhr – Mo (außer in den Schulferien), 1. Mai und 25. Dez. geschl. – 8,50 €, Wechselausstellungen 7 € (unter 18 J. Eintritt frei).

Das im Juni 2006 eröffnete Musée du Quai Branly steht für eine neue Generation von Museen, wo Exponate und Ausstellungsort eine Einheit bilden.

MADAME DE POMPADOUR UND BEAUMARCHAIS

Dank der Unterstützung von Madame de Pompadour erhielt der Finanzmann und Waffenlieferant Pâris-Duverney 1751 die Genehmigung zur Gründung der Königlichen Kriegsakademie. Der Entwurf von Jacques-Ange Gabriel war für eine Kaserne außergewöhnlich prachtvoll. Dank des Einsatzes von Beaumarchais wurde die Finanzierung des Bauvorhabens durch eine Spielkartensteuer und ein Lotteriespiel ermöglicht. 1769 legte Ludwig XV. den Grundstein zur Kapelle, 1773 waren die Bauarbeiten beendet. Im 19. Jh. wurde der Gebäudekomplex erweitert. Ursprünglich bildete die Schule mittellose Adelige in drei Jahren zu Offizieren aus. Die Offiziersschule wurde während der Revolution geschlossen, doch wurden die Gebäude weiterhin als Kaserne und Bildungszentrum genutzt. Heute beherbergen sie die Écoles supérieures de guerre und das Institut des hautes études de Défense nationale.

Hier werden die Sammlungen des Musée de l'Homme und des Musée national des Arts d'Afrique et d'Océanie in einer gelungenen Neuaufstellung einfühlsam präsentiert.

Das Gebäude★ – Der von Jean Nouvel entworfene Bau ruht auf einem langen Metallgerüst, das auf 26 wie zufällig verteilten Pfählen ruht, die an Bäume im Wald erinnern sollen. Dieses Metallgerüst ist mit Holz und Gips in warmen Farben verkleidet. Der verglaste Teil der Fassade ist mit Pflanzenmotiven bedruckt. Etwa 30 vorspringende „Schachteln" beleben die Nordfassade auf ihrer ganzen Länge. Von außen vermitteln sie den Eindruck von aufgehängten Hütten.

An der Nordfassade des Gebäudes, in dem die Verwaltung untergebracht ist, befindet sich die von dem Botaniker Patrick Blanc entworfene **Pflanzenwand**★. Auf 800 qm finden sich ca. 15 000 Pflanzen, die in einer mit Nährlösung getränkten, an der Gebäudewand befestigten Filzverkleidung verwurzelt sind.

Präsentation – Jedes Detail der Innenräume und des Museumskonzepts vermittelt dem Besucher das Gefühl, tatsächlich durch einen tiefen Wald zu gehen und hinter den Bäumen Fang-Masken oder Totems zu entdecken. Über eine lange spiralenförmige Rampe gelangt man auf die Ausstellungsebene, in deren dunklem Halbschatten die Werke gut zur Geltung kommen. Als roter Faden zwischen den geographischen Räumen und als Symbol des Übergangs windet sich ein „Fluss" aus Leder durch eine Landschaft mit weichen Kanten und warmen Farbtönen. Auch die Reflektionen der Vitrinen betonen die Schönheit und Vielfalt der Sammlung.

Die Sammlungen★★★ – Das Museum hat einen Bestand von etwa 300 000 Objekten außereuropäischer Kunst aus Asien, Ozeanien, Afrika und Amerika, von denen 3500 Objekte ausgestellt sind. Der Kunst aus diesen Erdteilen billigte man lange Zeit keinerlei ästhetischen Wert zu und bezeichnete sie als Kunst der „Primitiven" im Gegensatz zur Kunst der abendländischen, sogenannten zivilisierten Gesellschaft. Erst im 20. Jh., als die Brücke-Künstler in Deutschland, die Fauvisten und Kubisten wie Picasso, die Surrealisten wie André Breton sie wiederentdeckten, wurde diesen Objekten der Rang von Kunstwerken zuerkannt.

Über geografische und kulturelle Zugehörigkeiten hinaus ergibt sich anhand des Materials eine Unterteilung in fünf Objektgruppen: Objekte aus **Holz** (Schultermaske, Nomba, Guinea, 19. Jh., Afrika; Fragment einer Firstspitze eines großen Zeremonienhauses, Ozeanien), **Fasern und Gewebe** (Lendenschurz eines Mannes, Afrika; Hemd mit Ärmelaufschlägen, Südamerika), **Tonwaren** (Nok-Skulptur im Stil von Katsina Ala, Nigeria; Skulptur des Chupicuaro, Mexiko) sowie **Metall** (Goldkrone, Ozeanien; Zeremonienmesser, Südamerika, Peru).

In einer Art Glasturm sind 8500 Musikinstrumente ausgestellt, die man nicht berühren, dafür aber umso eingehender betrachten kann.

Die Objekte werden nach den jeweiligen geografischen Ursprüngen präsentiert: **Ozeanien** mit Malaysia, Polynesien, Australien und Insulinde (die Inselstaaten Südostasiens); **Amerika** (präkolumbianische, koloniale und zeitgenössische Epochen); **Afrika** (Madagaskar, südlich der Sahara gelegene Teile Afrikas und des Magreb); **Asien** (Sibirien, Nepal, China, Indien, Südostasien). Sonderausstellungen, Vorträge und Symposien runden das Angebot des Museums ab.

DIE MUSEEN DES TROCADÉRO

★★Musée national de la Marine A1

17 pl. du Trocadéro – M° Trocadéro – ✆ 01 53 65 69 53 – www.musee-marine.fr – ♿ – tgl. außer Di 10-18 Uhr (Kassenschluss um 17.15 Uhr) – Führung (1 Std.) und Aktivitäten auf Anfrage – 1. Jan., 1. Mai, 25. Dez. geschl. – 9 € (unter 18 J. Eintritt frei).

Das Musée de la Marine ist ein außergewöhnlicher Platz, eine Schatzinsel, auf der jeder, Groß oder Klein, eines Tages landen muss. Die gesamte Geschichte der französischen Marine vom 17. Jh. bis zur Segelschifffahrt ist in der großen Glasgalerie anhand von rund 350 teils sehr großen Schiffsmodellen des 18. und 19. Jh. dargestellt. Mit Hilfe dieser Modelle wurden u. a. die Schüler an den Marineschulen über die verschiedenen Schiffsteile, Takelagen, Navigation unterrichtet. Unbedingt sehenswert ist die *Louis Quinze*, eines der größten Schiffe vom Ende des 17. Jh. sowie die *Royal Louis*, ein sehr großes Schiffsmodell, mit dessen Hilfe Marineoffiziere unterrichtet wurden. Eine einzigartige Sammlung von Galionsfiguren und Prunkbooten wird hier dargeboten. Das Prachtstück des Museums, das Dekor der Galeere *Réale*, Ausdruck der königlichen Macht, entstand gegen Ende des 17. Jh. Besonders sehenswert ist das *Prunkboot Napoleons I.* (1810) mit seinem prächtigen, geschnitzten Dekor. Zahlreiche Gemälde *(Gemäldegalerie)* runden den historischen Rückblick ab. Sie zeigen wichtige Episoden aus der Geschichte der Seefahrt oder auch das Alltagsleben in den Häfen und Arsenalen, wie etwa die verschiedenen **Ansichten französischer Häfen★** von Joseph Vernet.

In einer zweiten Galerie wird die Entwicklung der Schifffahrt unter wissenschaftlichen, technischen, traditionellen und künstlerischen Aspekten dargestellt. Vertreten sind Navigationsgeräte und Erinnerungsstücke an die großen Entdeckungsreisen (ganze Vitrinen sind berühmten Seefahrern wie Christoph Kolumbus, La Pérouse oder Dumont d'Urville gewidmet), die Handelsmarine mit dem Wanddekor des großen Salons der *Normandie* und Modelle berühmter Passagierschiffe wie die *Titanic* und die *France* sowie die moderne Kriegsflotte von den ersten Schlachtschiffen bis hin zu dem Flugzeugträger Charles-de-Gaulle (1999).

Musée de l'Homme A1

✆ 01 40 79 56 01 – www.mnhn.fr – wegen Renovierung bis 2012 geschl. Nach der Schließung der ethnologischen Abteilung sind ihre Exponate nun im Musée du Quai Branly zu sehen. Während der Komplettrenovierung des Museums sind nur noch drei Dauerausstellungen zugänglich: „6 Milliarden Menschen" über das Bevölkerungswachstum in der ganzen Welt, „Tous parents, tous différents" („Jeder hat ja so recht") sowie „Nuit des Temps" (über die paläontogische Entwicklung des Menschen mit fossilisierten menschlichen Knochen und prähistorischem Werkzeug).

★★Cité de l'architecture et du patrimoine A1

1 pl. du Trocadéro-et-du-11-Novembre – ✆ 01 58 51 52 00 – www.citechaillot.fr – ♿ – tgl. außer Di 11-19 Uhr, Do 11-21 Uhr – am 1. Jan., 1. Mai, 15. Aug. und 25. Dez. geschl. – 8 €, 10 € (Museum und Wechselausstellungen).

Nach den Renovierungsarbeiten und der Neuorganisation beherbergt künftig der Paris-Flügel des Palais de Chaillot *(linker Flügel)* die **Cité de l'architecture et du patrimoine**, die drei Abteilungen vereint: das Institut français d'architecture, das 1981 zur Förderung der zeitgenössischen französischen Architektur gegründet wurde; das Centre des hautes études de Chaillot, besser bekannt unter dem Namen „École de Chaillot", das seit mehr als einem Jahrhundert Architekten für die Denkmalpflege ausbildet; sowie die Sammlungen des **Musée des Monuments français★★**. Das 1879 auf Anregung des Architekten **Viollet-le-Duc** gegründete und geschmackvoll restaurierte Museum zeigt in einer weitläufigen Galerie mit roten Wänden die vom Mittelalter bis zum 18. Jh. bedeutendsten Gebäude Frankreichs als Abgüsse, Modelle und Reproduktionen in Originalgröße. Die Säle der zweiten Etage sind der Wandmalerei gewidmet; die Beleuchtung erinnert an eine Kirche. Die Ausstellung zur modernen und zeitgenössischen Architektur informiert umfassend über Architektur und Stadtentwicklung. Von hier hat man zudem einen schönen Blick auf den Eiffelturm und die Gärten des Trocadéro.

TIPPS UND ADRESSEN

ÜBERNACHTEN

Unsere Hoteladressen finden Sie auf S. 404/405 (7. Arr.) und S. 407/408 (15. Arr.).

ESSEN UND TRINKEN

Carette – *4 pl. du Trocadéro – M° Trocadéro – 01 47 27 98 85 – www.caretteparis.com – tgl. 7-23 Uhr – 15/25 €.* Der seit 1927 existierende Salon de Thé an der Place du Trocadéro ist eine Institution. Das Rosendekor hat sich aller Modernisierungen zum Trotz seinen ursprünglichen Charme bewahrt und verzaubert noch immer die vornehme Klientel des Viertels. Ein absolutes Muss sind die Makronen oder auch die appetitlichen Salatteller in der Mittagspause.

Sancerre – *22 av. Rapp – M° Pont-de-l'Alma – 01 45 51 75 91 – Aug., Sa-abend und So geschl. – – 15/30 €.* Hier spürt man die ländliche Atmosphäre des Dorfes Sancerre an der Loire. Ab 8 Uhr morgens gibt es Herzhaftes: Terrinen, Omeletts, in Sancerre-Wein gegarte Kaldaunenwurst, Crottin de Chavignol (runder Ziegenkäse) und hausgemachte Kuchen. Dazu wird natürlich Loire-Wein serviert!

Al Mounia – *16 rue de Magdebourg – M° Trocadéro oder léna – 01 47 27 57 28 – www.al-mounia.com – So und 15. Aug. geschl. – 19/60 €.* In dem echt marokkanisch eingerichteten Lokal mit Holzschnitzereien und orientalischen Friesen, in dem man gemütlich auf niedrigen Bänken sitzt, werden auf großen Kupfertabletts Pastillas, Couscous und Tajines serviert. Bedienung in traditioneller Kleidung. Am Spieß gebratenes Schaf auf Bestellung (48 Std. im Voraus).

Les Cocottes – *135 rue St Dominique – M° École-Militaire – www.lesrestaurantsdeconstant.com – So geschl. – 24/34 €.* In diesem gastfreundlichen Lokal braucht man nicht reservieren. Es sitzen mehr Gäste an der Theke als an den Tischen. Die moderne Bistroküche wird in Töpfen serviert.

Brasserie Le Coq – *2 pl. du Trocadéro – M° Trocadéro - 01 47 27 89 52.* Die Brasserie Coq hat sich in ein Costes-Restaurant verwandelt. Auf der beheizten Terrasse kann man die ideale Lage genießen. Die Inneneinrichtung überrascht mit einer Säule aus leuchtendem Eis und einer verspiegelten Decke; angenehmes Licht, große Tische, klare Linien. Karte und Preise ändern sich ständig. Es gibt alles Mögliche vom Toast bis zu Meeresfrüchten.

Le Père Claude – *51 av. de La Motte-Picquet – M° La Motte-Piquet-Grenelle – 01 47 34 03 05 – www.lepereclaude.com – tgl. 12-14.30 und 19-23.30 Uhr – Mittagsmenü 29,50 €, Menü 31/41 €.* Einfache französische Küche mit einem Schwerpunkt auf Fleisch- und Grillgerichten, seit 1988. Hochwertige Produkte (empfohlen wird Huhn) und großzügige Portionen. Besonders am Sonntag Mittag geht es traditionell familiär zu.

Le P'tit Troquet – *28 rue de l'Exposition – M° École-Militaire – 01 47 05 80 39 – Aug., Sa-mittag, Mo-mittag und So geschl. – Mittagsmenü 20-32 €.* Kleines Bistro in der Nähe des Champ-de-Mars, das mit allerlei Krimskrams wie alten Gläsern, Spiegeln, Spitzendeckchen und skurrilen Lampen an einen Trödelladen erinnert. Marktfrische Tagesgerichte.

SPORT UND FREIZEIT

Marionnettes du Champs-de-Mars – *Avenue du Gén.-Margueritte – M° École-Militaire – 01 48 56 01 44 – Mi und Wochenende um 15.15 und 16.15 Uhr – 1. Jan., 14. Juli und 15. Aug., 24., 25. und 31. Dez. geschl. – 3 €.*

Bateaux Parisiens – *08 25 01 01 01 (0,15 €/Min.) –*

www.bateauxparisiens.com – Anlegestelle Port de la Bourdonnais (am Fuß des Eiffelturms) – RER Champs-de-Mars (Linie C), M° Bir Akeim oder Trocadéro – kommentierte Bootsfahrten – April-Sept. 10-22.30 Uhr alle 30 Min.; Okt.-März 10-22 Uhr alle Std.; es werden auch spezielle Bootsausflüge (z. B. mit Abendessen oder für Kinder) organisiert, siehe Webseite – 11 € (unter 12 J. 5 €).

Vedettes de Paris – *01 44 18 19 50 – www.vedettesdeparis.com – Anlegestelle Port de Suffren (am Fuß des Eiffelturms) – RER Champs-de-Mars (Linie C), M° Bir Akeim oder Trocadéro – Bootsfahrten zu verschiedenen Themen (Sightseeing, Paris bei Nacht ...), Dauer 1 Std. – April-Juni, Sept. 11-22.30 Uhr alle 30 Min.; Juli-Aug. 10.30-23 Uhr alle 30 Min. – 11 € (unter 12 J. 5 €).*

13 - Alma★

Ein Rendez-vous „Chez Francis"? Ein Konzert im Théâtre des Champs-Élysées, ein Abend im Crazy Horse? Vielfältig sind die Möglichkeiten, sich in diesem Viertel zu vergnügen. Wenn Sie Mode, Kunst und schöne Avenuen lieben – Alma lädt Sie zu einem Schaufensterbummel oder einem Museumsbesuch ein, z. B. in das Musée Guimet oder das Museum moderner Kunst der Stadt Paris.

WEGWEISER – *Umschlagkarte vorne B2 – 8. und 16. Arr. – Michelin-Stadtplan Nr. 57, G8-G9.* M° Alma-Marceau oder Iéna (Linie 9). Busse 42, 63, 72, 80 und 92.

UNBEDINGT SEHENSWERT – Das Musée Guimet und seine hochkarätigen Wechselausstellungen, das Städtische Museum moderner Kunst, das Palais Galliera, das Palais de Tokyo.

GUT GEPLANT – Wenn Sie vom linken Seineufer kommen, führt Sie der Pont de l'Alma ins Herz des Viertels. Von hier aus verlaufen alle Straßen, die es begrenzen, zu den Champs-Élysées. Rechts befindet sich der (nachts hell erleuchtete) Anlegeplatz der Bateaux-Mouches *(Boote für Flussrundfahrten)*.

MIT KINDERN – Die oft verspielten Kreationen des Palais de Tokyo; die fantastischen Tiere des Musée Guimet und die dort für Kinder eingerichteten Entdeckerzonen.

Sehenswürdigkeiten Stadtplan S. 256/257

ASIATISCHE KUNST IN PARIS

★★★Musée national des Arts Asiatiques – Guimet A1

6 pl. d'Iéna – M° Iéna – 01 56 52 53 00 – www.museeguimet.fr – – tgl. außer Di 10-18 Uhr (letzter Einlass 45 Min. vor Schließung) – 1. Jan., 1. Mai, 25. Dez. geschl. – 6,50 € (unter 18 J. Eintritt frei).

Das Museum für Asiatische Kunst aus den Sammlungen des Lyoner Industriellen Émile Guimet (1836-1919) wurde 1889 erbaut und hat gerade eine fünf Jahre dauernde Sanierung hinter sich. Übersichtlich und in hellen Räumen wird nun diese Sammlung asiatischer Kunst präsentiert, von der es heißt, sie sei die umfangreichste der Welt.

Indien *(Erdgeschoss, Saal links)* – Um diese Kultur zu verstehen, muss man bei ihren Wurzeln beginnen: in Indien. Sie sind alle hier: Durga, die oberste Göttin, Kali, die Inkarnation der Zerstörung, oder Skanda, der Kriegsgott. Nehmen Sie sich ein paar Minuten Zeit für den Tanzkönig **Shiva Nataraja**, der auf wunderbare Weise Grazie und Anmut der indischen Bildhauerei verkörpert.

Südostasien *(Erdgeschoss, mittlerer Saal)* – Dieser Saal, einem Tempel gleich, ist Kambodscha gewidmet. Blickfang ist die Kolossalstatue des **Großen Naga**, eines vielköpfigen Schlangengottes aus Angkor Wat, die ursprünglich eine Tempelbalustrade schmückte. Die **Khmer-Sammlung**★★ des Musée Guimet gehört zu den reichsten außerhalb Kambodschas, wie die vielen buddhistischen Gottheiten, u. a. Vishnu und seine Sonnenscheibe, die dreiäugige Shiva oder der vierköpfige Brahman, bezeugen. Ganz hinten kann man eine Szene aus Buch 1 der *Mahabharata* sehen.

Die Reise geht weiter nach Vietnam, Indonesien, Birma, Thailand mit seinen vergoldeten bronzenen Buddhastatuen. Überall findet man Buddhas, aber in vielen verschiedenen Stilen und Ausdrucksformen.

Afghanistan und Pakistan *(1. Stock)* – Die Gandhara-Kunst, die ihren Höhepunkt im 3.-4. Jh. hatte, ist der Beginn der Buddhadarstellungen (Buddha wird erstmals in menschlicher Form gezeigt). Diese Kunst ist stark von der griechischen Bildhauerei beeinflusst.

Tibet und Nepal *(1. Stock)* – Man sieht einige Thangka-Malereien und Kupferfiguren aus Tibet. Die nepalesische Kunst ist stark von Indien beeinflusst und hier durch einige rituelle Gegenstände aus Kupfer, die vergoldet und mit Halbedelsteinen verziert sind, repräsentiert.

China, Zentralasien *(1. Stock)* – Aus China kommen Tongefäße aus dem 3. Jh. v. Chr., rituelles Bronzegeschirr (13.-10. Jh. v. Chr.), Glocken aus der Zhou-Dynastie, Lackarbeiten und Grabfiguren. Interesse verdienen ganz am Ende des Saales die umfangreiche und berührende Sammlung der *Mingqi* aus der Han- und Tang-Dynastie (**Grabbeigaben**★★ aus Nordchina). Beim Anblick einer Reihe von wütend blickenden Göttern erschauert man; sie bewachen sehr schöne buddhistische Seidenmalereien.

Indien: dekorative Künste – Ebenfalls im 1. Stock, in der Rotunde, sind abwechselnd Schmuck und indische Stoffe ausgestellt (der Seidendamast lässt den Prunk der großen Herrscher Rajasthans und Bengalens erahnen). In der ehemaligen Bibliothek fühlen Sie sich in frühere Zeiten, an den Hof der mongolischen Prinzen, zurückversetzt.

Das klassische China *(2. Stock)* – Hier finden sich erlesene Sammlungen chinesischen Porzellans, vor allem das aus der **Ming-Dynastie**★ (1368-1644) mit seinen farbenprächtigen oder feinen blau-weißen Mustern und Verzierungen. Auch die Möbel kommen nicht zu kurz: lackiert, vergoldet, mit feinen Perlmuttschnitzereien; zwei Prachtstücke sind die Schränke aus dem Kaiserreich.

EIN FÜRST DER HAUTE COUTURE

Der aus der Normandie stammende **Christian Dior** (1905-1957) begann 1935 in Paris als Designer zu arbeiten und hatte seine ersten Erfolge mit Hutskizzen. Große Schneider wurden seine Kunden; für Robert Piguet entwarf er 1938 seine ersten Kleider. Im Februar 1947 präsentierte Christian Dior in der **Avenue Montaigne Nr. 30** seine erste Kollektion *New Look* in dem Schneidersalon, der nur wenige Monate zuvor mit der finanziellen Unterstützung von Marcel Boussac gegründet wurde. Im selben Jahr wurde ein Parfum aus der Taufe gehoben: das berühmte *Miss Dior*, kreiert von Paul Vacher. Es folgten Filialen in New York und London und 1955 die berühmte Boutique *gris perle* an der Ecke Rue Montaigne/Rue Francois-Ier. Inzwischen wurde Yves Saint Laurent sein Assistent, der nach dem Tod Diors 1957 die Kreation der Kollektionen übernahm. Ihm folgten Marc Bohan, Gianfranco Ferré und, seit 1997, John Galliano.

„Blühende Kirschbäume in Gotenyama", Holzschnitt von Hiroshige Utagawa (1797-1858).

H. Bréjat / RMN

Korea – Von China geht es nach Korea: Theatermasken aus dem 18. Jh., Porzellan, Paravents und ein Respekt einflößendes **Portrait des hohen Würdenträgers Cho Man-Yong** (19. Jh.).

Japan *(2. Stock)* – Die japanische Kunst, wenn auch großteils von ihren chinesischen und koreanischen Nachbarn inspiriert, hat doch etwas ganz Eigenes. Die Techniken sind die gleichen, aber die Ästhetik ist eine andere. Verblüffend die *Inro*, kleine lackierte Dosen, die man am Gürtel des Kimonos befestigte, eine Zen-Statue aus lackiertem Zypressenholz und nicht zuletzt die **Holzschnitte** von Utamaro (18. Jh.), Sharaku (*Schauspielerportrait*, Ende 18. Jh.), Hiroshige (19. Jh.) und Hokusai, dessen **Große Welle vor Kanagawa**★★ in all ihrer Pracht zu bewundern ist. Die sechs Masken des No-Theaters stellen Frauen von der Jugend bis ins Greisenalter dar.

Das China der Qing-Epoche *(3. und 4. Stock)* – Noch ein paar wenige Stufen, und Sie sind beim chinesischen Porzellan der Qing-Epoche angelangt und bei den allerfeinsten Lackarbeiten wie Paravents, einem Altartisch und einem Schrank. Der Blick aus den Fenstern über die Dächer bis hin zur Seine führt uns zurück nach Paris.

Galeries du Panthéon bouddhique du Chine et du Japon (Buddhistische Götterwelt) A1

19 av. d'Iéna – M° Iéna – ✆ 01 40 73 88 00 – www.guimet.fr – tgl. außer Di 9.45-17.45 Uhr – 1. Jan., 1. Mai, 25. Dez. geschl. – Eintritt frei. Das großartige klassizistische Bauwerk Heidelbach-Guimet ist eine Dependance des Musée Guimet. Die hier ausgestellte Sammlung umfasst Bildwerke buddhistischer Gottheiten aus China und Japan aus dem 5.-19. Jh. Man kann vor allem die Entwicklung des Buddhismus verfolgen, dessen Wiege in Indien liegt, und seinen Weg nach Japan, wo er sich ab dem Jahr 1000 ausgebreitet hat.

Der 450 qm große, japanische Garten bereitet Herz und Seele auf eine der typischen Teezeremonien vor. Bambus, Wasserplätschern, die Spiele von Licht und Schatten und ein steinerner Pfad weisen den Weg zum Teepavillon oder *Chashitsu*. Sie haben die Möglichkeit, einer Teezeremonie beizuwohnen (jeweils max. 7 Personen).

Zu Fuß unterwegs Stadtplan S. 256/257

DIE ENTDECKUNG DES LUXUS

Ausgangspunkt M° Alma-Marceau oder Pont-de-l'Alma. 1 1/2 Std.

Place de l'Alma B1

Am Südende des Platzes, am Beginn der Avenue de New-York, befindet sich eine originalgetreue Nachbildung der Flamme, die die amerikanische Freiheitsstatue trägt. Als in unmittelbarer Nähe im August 1997 Diana Spencer, die Prinzessin von Wales, bei einem tragischen Autounfall ums Leben kam, wurde die Flamme zu einer Pilgerstätte.

Pont de l'Alma – Die über die Seine führende steinerne Brücke wurde 1974 durch eine neue Stahlbrücke ersetzt, sie war für den Verkehr zu schmal geworden. Ihr Name erinnert an den Sieg der französischen und englischen Truppen gegen die Russen in Alma im Jahre 1854 während des Krimkrieges. Von den vier Soldatenfiguren, die im Zweiten Kaiserreich die Brücke schmückten, ist nur der populäre **Zouave** übrig geblieben, der als Wasserstandsanzeiger dient. Den höchsten Pegelstand erreichte die Seine im Januar 1910, als das Wasser bis zum Kinn des Zouaven stieg.

Am Westeingang des Cours Albert-Ier steht ein Denkmal für den polnischen Dichter und Patrioten Adam Mickiewicz (1798-1855), geschaffen von Bourdelle.

Avenue Montaigne C1

Avenue Montaigne – der Klang des Namens verrät schon alles: Hier sind Eleganz und Luxus zu Hause. Viele große Modeschöpfer und Designer haben sich hier etabliert: Vuitton, Dolce & Gabbana, J.-L. Scherrer, Christian Dior,

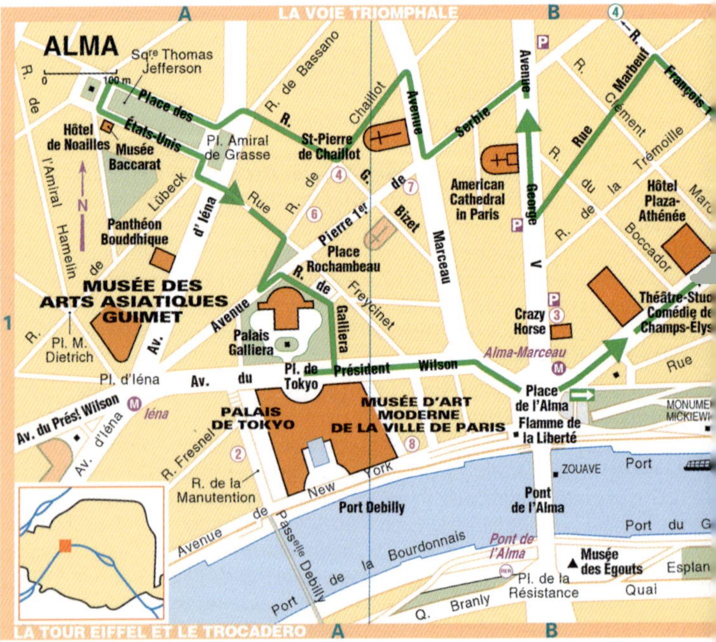

HOTELS
Hôtel Powers 4

RESTAURANTS
Aux Marches du Palais 2
Comptoir de Thiou 3
Gusto Sardo 4
Oscar 6

Céline, Chanel, Nina Ricci sowie Max Mara u.a. Das **Théâtre des Champs-Élysées** (Nr. 15) ist ein Werk der Brüder Perret (1912). Antoine Bourdelle *(Montparnasse – 22 –, Musée Bourdelle)* entwarf die Fassade, Maurice Denis die Deckenverzierungen im Großen Saal. Das Theater besitzt zwei Säle, einen für lyrische und einen für dramatische Stücke. Früher tanzten hier Diaghilev, Joséphine Baker und Rudolf Nurejev. Im **Hôtel Plaza Athénée** (Nr. 25) steigen Staatschefs, Adelige und Botschafter ab.

Der Zouave am Pont de l'Alma verkörpert ein Mitglied einer algerischen Kolonialtruppe.

S. Sauvignier / MICHELIN

Gehen Sie die Avenue Montaigne hinauf, dann die Rue François-Ier bis zum Platz desselben Namens hinunter. Auf diesem entzückenden Platz mit dem Brunnen in der Mitte ist das Hôtel de Vilgruy (Nr. 9), errichtet 1865 von H. Labrouste, sehenswert.
In der Nr. 23 der Rue Jean-Goujon *(die Straße quert den Platz)* befinden sich die armenische Kirche und die Église Notre-Dame-de-Consolation.
In der Rue Bayard Nr. 22 steht das **RTL-Gebäude** mit einem Fassadendekor von Vasarely.

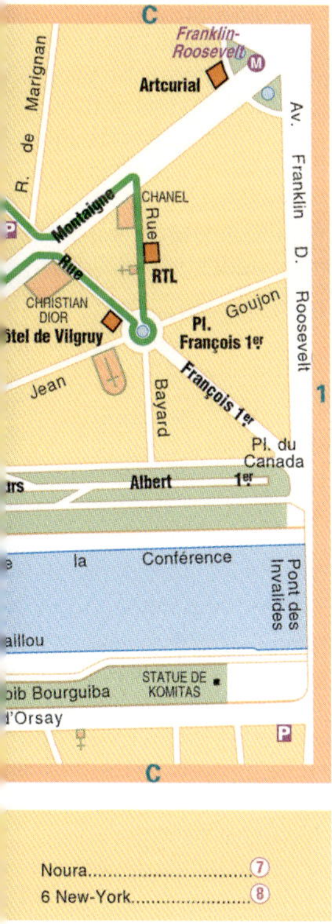

Links geht es die Avenue Montaigne hinunter und dann rechts durch die Rue François-Ier und links weiter in die Rue Marbeuf bis zur Avenue George-V. Ebenso elegant, aber moderner: Große Mode- und Schmuckmarken sind hier vertreten.

Avenue George-V B1

Wenn Sie die Avenue George-V hinaufgehen, sehen Sie links die **American Cathedral in Paris**, ein schönes Beispiel der englischen Architektur der Mitte des 19. Jh. Weiter oben zwei legendäre Palais: das Four Seasons Hotel George-V und das Prince de Galles.
Die berühmte Pariser Music Hall, das **Crazy Horse**, liegt am Ende der Straße.
Weiter geht es links in die Avenue Pierre-Ier-de-Serbie und dann rechts in die Avenue Marceau und wieder rechts in die Rue de Chaillot.

Église St-Pierre-de-Chaillot B1

35 av. Marceau. Die erstaunliche Fassade wird von einem 65 m hohen Glockenturm dominiert. Das Gebäude wurde 1937 im neo-romanischen Stil renoviert; der von Bouchard skulptierte Giebel zeigt das Leben des hl. Petrus.
Biegen Sie rechts in die Avenue Pierre-Ier-de-Serbie ein, dann wieder rechts in die Rue G.-Bizet und überqueren Sie die Avenue d'Iéna.

Place des États-Unis A1

Dieser Platz erhielt seinen heutigen Namen auf Intervention Amerikas, da die amerikanische

Gesandtschaft, die sich 1882 in der Nr. 3 niedergelassen hatte, den damaligen Namen (Rue de Bitche) als unpassend erachtet hatte.

Mehrere Denkmäler stehen in dem Garten in der Platzmitte. Richtung Avenue d´Iéna erinnert eine Skulptur von Boucher an die freiwilligen amerikanischen Soldaten, die im Ersten Weltkrieg für Frankreich fielen; am anderen Ende des Platzes stehen Bronzefiguren von Bartholdi, u. a. die Helden der amerikanischen Unabhängigkeit Washington und Lafayette.

Die schönen Gebäude ringsum sind heute fast alle Sitze diplomatischer Vertretungen. Aber hier kann man auch feines Kristall finden: In Nr. 6 sind die Cristalleries d'Arques; in Nr. 11, dem schönen Stadtpalais von **Noailles**, ist das **Galerie-Museum Baccarat** untergebracht *(Sehenswürdigkeiten, S. 260)*. Das Palais wurde 1880 von dem Architekten Paul-Ernest Samson für den Sammler Ferdinand Bischoffsheim entworfen.

Wenn man die Avenue Marceau hinuntergeht, kommt man an der Nr. 5 vorbei: Yves Saint-Laurent. In der heute hier untergebrachten Stiftung **Fondation Pierre Bergé-Yves Saint-Laurent** können die Schätze der Mode bei Wechselausstellungen bewundert werden. *1, rue Léonce-Raynaud – ✆ 01 44 31 64 00 – www.fondation-pb-ys.net – Mo-Fr 9.30-13 und 14.30-18 Uhr – Fei geschl.*

Überqueren Sie die Avenue d'Iéna und folgen Sie der Rue Freycinet gegenüber. Sie kommen zum Palais Galliera (Sehenswürdigkeiten, S. 260). Zur Metrostation Iéna sind es nun nur noch wenige Meter zu gehen.

EIN TREFFPUNKT DER VERRÜCKTEN 1920ER-JAHRE

Die Enkelin des Sammlers, Marie-Laure de Noailles, zog 1923 mit ihrem Ehemann Charles in das Gebäude an der Place des États-Unis ein. Hier ging alles ein und aus, was Paris damals an Avantgarde-Künstlern zu bieten hatte, von Jean Cocteau bis zu den Surrealisten. Als aufgeklärte Mäzene betätigten sich die Noailles sogar als Filmproduzenten. Sie finanzierten zwei Filme von Luis Buñuel, *Der andalusische Hund* (in Zusammenarbeit mit Salvador Dalí entstanden) und *Das goldene Zeitalter*. Um diesen Film im Juli 1930 zeigen zu können, wurde in dem Palais der erste private Kinosaal von Paris eingerichtet. Der Skandal, den die öffentliche Vorführung des Streifens im Panthéon-Rive Gauche (dem heutigen Cinéma du Panthéon, rue Victor-Cousin) auslöste, führte zum Verbot des Filmes, er wurde erst 51 Jahre später wieder gezeigt.

Weitere Sehenswürdigkeiten

★★Musée d'Art moderne de la Ville de Paris A1

In einem der beiden Flügel des Palais de Tokyo – 11 av. du Président-Wilson – M° Iéna – ✆ 01 53 67 40 00 – www.mam.paris.fr – ♿ – tgl. außer Mo 10-18 Uhr – Fei geschl. – Eintritt frei.

Das Städtische Museum für moderne Kunst präsentiert die Entwicklung der modernen Kunst von den Anfängen (Fauvismus, Kubismus) bis heute.

Die Sammlungen – Alle großen Strömungen der Malerei des 20. Jh. und ihre Vertreter sind hier zu finden: Picasso, Matisse, Rouault, Vlaminck, Derain, Delaunay, Léger, Modigliani, Soutine, Fautrier, Giacometti und andere.

Die Werke sind in chronologischer Reihenfolge ausgestellt: die Avantgarde des 20. Jh., insbesondere der Fauvismus, die kubistische Ästhetik, der Surrealismus (dank mehrerer Werke André Bretons, des Gründers des Surrealismus, die 2003 ersteigert wurden oder Geschenke seiner Tochter sind) und die Strömungen, die nach dem Ersten Weltkrieg aus dem Kubismus hervorgegangen sind, allen voran die Werke Fernand Légers.

Der Platz vor dem Palais de Tokyo ist bei Skateboardfahrern sehr beliebt.
S. Quillon / MICHELIN

Darauf folgt die abstrakte Kunst, die sich ebenfalls in den Nachkriegsjahren (1920er-Jahre) als neue Bewegung etablierte, verschiedene Ausdrucksformen des menschlichen Körpers (expressionistische Portraits der Pariser Schule von Modigliani, Soutine, Pascin, Blanchard) sowie subtilere Werke von Van Dongen oder Einflüsse der Neuen Deutschen Sachlichkeit (frühe Werke von Fautrier). Die Jahre unmittelbar nach dem Krieg sind durch Fautrier und Giacometti vertreten.
Für die zweite Hälfte des 20. Jh. liegt der Schwerpunkt auf französischen und gesamteuropäischen Strömungen wie dem *Neuen Realismus, Arte Povera* usw., aus denen große Namen hervorgegangen sind (Louise Bourgeois, Buren, Boltanski, B. Lavier, A. Messager, N. Toroni, S. Polke, G. Richter, Gilbert and George u.v.a.), und die junge Kunstschaffende unterstützen (Jean-Marc Bustamante, Bernard Frize, Peter Fischli und David Weiss, Pierre Huyghe, Jean-Luc Moulène, Philippe Parreno, Claude Lévêque, Alain Bublex, Dominique Gonzalez-Foerster, Douglas Gordon).
Einige der Hauptwerke dieses Jahrhunderts sind auf jeden Fall einen Umweg wert: *Die Scheiben* von Léger (1918), *Die Mannschaft von Cardiff* von Robert Delaunay (1912-1913), *Der Tanz*★ von Matisse (1932), *Der Traum* von Chagall.
Das aus 250 Teilen zusammengesetzte Werk *La Fée Électricité* von Raoul Dufy ist das Auftragswerk eines Stromkonzerns für die Weltsausstellung 1937. Es hat eine Fläche von 600 qm und ist damit eines der größten Gemälde der Welt. Es erinnert an die Gelehrten, die diese Form der Energie entdeckt haben.

Palais de Tokyo – Ort zeitgenössischer Kreativität A1

13 av. du Président-Wilson – M° Iéna – 01 47 23 54 01 – www.palaisdetokyo.com – ♿ – tgl. außer Mo 12-24 Uhr – 1. Jan., 1. Mai, 25. Dez. geschl. – 6 € (unter 18 J. Eintritt frei).

Das Städtische Museum moderner Kunst hat einen Nachbarn bekommen. Das Palais de Tokyo, so benannt seit der Weltausstellung 1937, versteht sich seit Ende 2001 als Ort zeitgenössischer Kreativität und dient als solcher das ganze Jahr über als Schauplatz für Ausstellungen und themenübergreifende Veranstaltungen.

RUND UM DIE ALLÉE DES VEUVES

Die meisten Straßen des Viertels wurden unter Napoleon III. angelegt und waren gegen Ende des 19. Jh. noch nicht sehr stark ausgebaut. An der Place de l'Alma bot eine Pferderennbahn Platz für 10 000 Zuschauer; die Avenue Montaigne war ebenso elegant wie beliebt. Zu jener Zeit entstand der Name *(Straße der Witwen)*, weil dort die nach dem Tode ihrer Männer stets schwarz gekleideten Damen, die sich aus dem Leben zurückgezogen hatten, spazieren gingen. Bis ins Jahr 1870 zog es das mondäne Paris zum Tanz ins Bal Mabille, wo es sich im Garten unter Gaslaternen zu den Klängen der Polka vergnügte.

Palais Galliera (Musée de la Mode de la Ville de Paris) A1

10 av. Pierre-Ier-de-Serbie – M° Iéna – ✆ 01 56 52 86 00 – www.galliera.paris.fr – ausschließlich während der Ausstellungen geöffnet. Die Herzogin von Galliera, Ehefrau eines italienischen Bankiers, ließ das Palais, in dem heute das **Museum für Kleidung und Mode** (von 1735 bis heute) untergebracht ist, 1878 bis 1894 von Léon Ginain erbauen. Das Museum erneuert regelmäßig seine Ausstellungen.

Musée des Égouts (Kanalisationsanlagen) B1

Ecke Quai d'Orsay-Pont de l'Alma – M° Alma-Marceau – Pullover oder Jacke nicht vergessen, es ist recht kühl in der unterirdischen Anlage! – ✆ 01 53 68 27 81 – Mai-Sept. Sa-Mi 11-17 Uhr; Okt.-April Sa-Mi 11-16 Uhr – Do, Fr, 1. Jan., zwei Wochen Mitte Jan., 25. Dez. geschl. – 4,20 € (Kinder: 3,40 €).

Auf dem in einem Teil des Kanalnetzes angelegten Rundgang können Sie den Kanalarbeitern zusehen und sich vorstellen, welche Mühe es in früheren Jahrhunderten bereitet haben muss, die Abwässer aus der Hauptstadt zu schaffen. Man sieht eine Überlaufanlage, zwei Klärbecken zur Ablagerung von Sand, ein automatisch funktionierendes Becken zur Spülung, einen Bagger zur Schlammbeseitigung sowie Maschinen zum Reinigen. Auf einen intensiven Geruch sollte man sich gefasst machen.

Galerie-Musée Baccarat A1

11 pl. des États-Unis – M° Iéna oder Kléber – ✆ 01 40 22 11 00 – www.baccarat.fr – ♿ – tgl. außer Di und So 10-18.30 Uhr – Fei geschl. – 5 € (unter 18 J. Eintritt frei).

Die Galerie und das Museum Baccarat sind seit Sommer 2003 in dem Stadtpalais der Marie-Laure de Noailles untergebracht. Das Museum, das von Philippe Starck traumhaft restauriert wurde (ein Feenreich für kleine und große Prinzessinnen) ist ein wahrer Kristallpalast, in dem sowohl historische Sammlungen als auch neue Kreationen zu bestaunen sind. Die Kristallmanufaktur von Baccarat beliefert Staatschefs und Königshäuser und hat die schönsten Stücke hervorgebracht, an denen man sehr gut die Entwicklung des Stils ablesen kann. Besonders schön: der gemalte Baldachin von Garouste *(1. Stock)*.

DIE BATEAUX-MOUCHES AM PONT DE L'ALMA

Die ersten Bateaux-Mouches, die Vorgänger der riesigen Boote, die an der Brücke von Alma vor Anker liegen, stammen aus der Zeit der Weltausstellung 1867; aus diesem Anlass erhielten zwei Bootsunternehmen die Erlaubnis, die Pariser über die Seine zu führen. Ihre Boote wurden in einem Stadtteil von Lyon namens Mouche gebaut, und dieser Name ist ihnen geblieben. 70 Jahre später hinterließ eine andere Weltausstellung ihre Spuren in dem Viertel. Um die Palais New-York und Tokyo zu errichten, mussten die Architekten im Jahr 1937 die 12 m Wasserunterschied zwischen dem Quai de la Seine und der Avenue du Président-Wilson nivellieren.

TIPPS UND ADRESSEN

ÜBERNACHTEN

Unsere Hoteladressen finden Sie auf S. 20 (8. Arr.).

ESSEN UND TRINKEN

Aux Marches du Palais – *5 rue de la Manutention – M° Iéna – 01 47 23 52 80 – über Weihnachten und Neujahr eine Woche geschl. – Mittagsmenü 21 €.* In der ruhigen kleinen Rue de la Manutention liegt dieses Restaurant im authentischen Bistro-Stil. Traditionelle und regionale Küche.

Oscar – *6 rue de Chaillot – M° Iéna – 01 47 20 26 92 – 5.-20. Aug., Sa-mittag, So geschl. – 21 €.* Werbung macht dieses Bistro mit unscheinbarer Fassade und eng stehenden Tischen nicht. Trotzdem sind seine frischen Tagesgerichte von der Schiefertafel weit über das Viertel hinaus beliebt.

6 New-York – *6 av. de New-York – M° Alma – 01 40 70 03 30 – www.6newyork.fr – Aug., Sa-mittag und So geschl. – 30 €.* Was der Name dieses Bistros nicht verrät, ist, dass Sie hier eine Küche vorfinden, die sich harmonisch in den äußeren Rahmen einfügt: bewusst modern verfeinert.

Comptoir de Thiou – *12 av. George-V – 01 47 20 89 56 – tgl. bis 23.30 Uhr – 45/50 €.* Nach dem Thiou und dem Petit Thiou, beide im 7. Arr., eröffnete zuletzt das Comptoir de Thiou. Es bietet ein breites Spektrum der thailändischen Küche: krosses Gemüse, köstliche Garnelen- und Krabbenspieße. Besondere Spezialität: der weinende Tiger *(le tigre qui pleure)*, in feine Scheiben geschnittenes, gegrilltes Rinderfilet mit klebrigem Reis und Salat. Alles sehr originell angerichtet. Zum Abschluss unbedingt den köstlichen Reis mit Kokosmilch probieren.

Gusto Sardo – *18 rue de Chaillot – M° Alma-Marceau oder George-V – 01 47 20 08 90 – www.restaurant-ilgustosardo.com – Mo-Fr 12.15-14.30 und 19.30-22.45 Uhr, Sa 19.30-22.30 Uhr – Sa-mittag und So geschl. – 25/50 €.* Dieses von Mutter Nicoletta mit Vater und Sohn geführte Restaurant serviert das komplette Spektrum der sardischen Küche. Es gibt z. B. Nudeln mit Meeräschenrogen und auch das Schnitzel mit Zitrone schmeckt sehr gut.

Noura – *27 av. Marceau – M° Alma-Marceau oder Iéna – 01 47 23 02 20 – tgl. bis 24 Uhr – 15/30 €.* Seit 1989 wird hier hervorragende libanesische Küche serviert: authentische Mezze (Vorspeisen) und Orientalisch-Süßes; dazu trinkt man ein Gläschen Arak (Anisschnaps). Weitere Filialen des Noura gibt es in Montparnasse, an der Oper und im Panoramarestaurant des Institut du Monde arabe.

SPORT UND FREIZEIT

Bateaux-Mouches – *Anlegestelle am Pont de l'Alma (rechtes Seineufer) – 01 42 25 96 10 – www.bateauxmouches.com – Abfahrt ca. alle 30 Min. in der Hochsaison von 14.30-22.30 Uhr – in der Nebensaison 14.30-21 Uhr alle 30 Min. – Fahrten zwischen der Ile de la Cité und der Freiheitsstatue – 10 € (unter 12 J. 5 €).*

14 - La Voie triomphale★★★

Die Voie triomphale erstreckt sich über beeindruckende 7 km Länge vom Louvre bis hin zur Grande Arche de la Défense. Sie führt an bedeutenden Denkmälern wie der Pyramide des Louvre, dem Arc de Triomphe sowie der Place de la Concorde vorbei. Ein derzeit laufendes Projekt sieht die Fortführung des im 17. Jh. angelegten und im 20. Jh. verlängerten Prospektes durch die Wiederherstellung der historischen Achse zwischen der Arche und der Seine vor.

WEGWEISER – *Umschlagkarte vorne B-C2 – 1., 8. und 16. Arr. – Michelin-Stadtplan Nr. 57, Planquadrate F 6-9, G 9-11, H 11-12.* M° Tuileries (Linie 1), Concorde (Linien 1, 8 und 12), Champs-Élysées-Clemenceau (Linien 1 und 13), Franklin-D.-Roosevelt (Linien 1 und 9), George-V (Linie 1) und Charles-de-Gaulle-Étoile (Linien 1, 2 und 6). RER Charles-de-Gaulle-Étoile (Linie A). Busse 22, 24, 28, 30, 31, 42, 52, 72, 73, 83, 84, 92, 93 und 94.

UNBEDINGT SEHENSWERT – Die Place de la Concorde mit dem Obelisken, die Tuilerien, das brodelnde Leben auf den Champs-Élysées, der Petit Palais und sein Garten, der Blick auf Paris von der Aussichtsplattform des Arc de Triomphe.

GUT GEPLANT – Vom Arc du Carrousel bis zum Arc de Triomphe muss man mindestens 2 Std. 30 Min. Fußweg rechnen. Planen Sie deshalb einen halben Tag für diesen Spaziergang ab der Pyramide des Louvre ein, und einen ganzen Tag, wenn Sie auch die Museen entlang des Weges besichtigen wollen.

MIT KINDERN – Palais de la Découverte; die Tuilerien mit ihren Spielplätzen, Ponys und Eisverkäufern ... (*Tipps und Adressen, S. 275*).

Zu Fuß unterwegs Stadtplan S. 266/267

RUND UM DIE TUILERIEN 1 Übersichtsplan Tuilerien S. 263

Ab M° Palais-Royal. 2 Std. 30 Min. Beginnen Sie unter dem Arc de Triomphe du Carrousel.

★Arc de Triomphe du Carrousel Übersichtsplan Tuilerien: B

Er wurde 1806-1808 im Auftrag Napoleons von den Architekten Charles Percier und Pierre-François-Leonard Fontaine in Anlehnung an den Triumphbogen des Septimius Severus in Rom errichtet. Die sechs Flachreliefs stellen die Siege Napoleons bei seinen Feldzügen im Jahr 1805 dar. Auf der Plattform ließ der Kaiser die in Venedig erbeuteten (und ursprünglich aus Konstantinopel stammenden) Bronzepferde von San Marco aufstellen; diese wurden im Jahr 1815 zurückgegeben und durch eine Kopie von **Bosio** ersetzt, bei der die Quadriga als Allegorie der Restauration von einer Göttin geführt und von zwei Siegesgöttinnen begleitet wird.

Der 1662 anlässlich der Geburt des Thronfolgers veranstaltete feierliche Reiterumzug (Carrousel) hat dem Platz seinen Namen gegeben.

Vom Arc du Carrousel aus hat man einen fantastischen **Blick**★★★ bis zur Grande Arche des Viertels La Défense.

Jardin du Carrousel Übersichtsplan Tuilerien: B

Nachdem der Palais des Tuileries von Rebellen der Pariser Kommune 1871 in Brand gesteckt worden war, riss man ihn 1883 ab und ersetzte ihn durch den Jardin du Carrousel. Hier wurden auf dem Rasen zwischen den beiden Armen des Louvre auf Anregung von André Malraux 1965 **18 Statuen**★ des Bildhauers Aristide Maillol aufgestellt.

★Jardin des Tuileries Übersichtsplan Tuilerien: B

Etwas Geschichte – Zur Verschönerung ihres künftigen Tuilerien-Schlosses ließ Katharina von Medici einen italienischen Garten mit Springbrunnen, einem Labyrinth, einer Menagerie sowie einer Grotte, die Bernard Palissy mit Terrakotten ausschmückte, anlegen. Die Ostseite des oktogonalen Wasserbeckens nimmt die Form des halbrund geschnittenen Wäldchens wieder auf, das für sein Echo berühmt war. Heinrich IV. ließ außerdem eine Orangerie und ein Treibhaus für die Seidenraupenzucht errichten. Diese Anlage wurde eine beliebte Promenade. Erstmals spielte sich das mondäne Leben auch im Freien ab. 1664 übertrug Colbert die Verschönerung des Parks dem Gartenarchitekten Le Nôtre. Um das Gefälle des Geländes auszugleichen, legte er zwei Terrassen an. Er schuf die herrliche Mittelallee, ließ zwei große Bassins ausheben, legte Rasenflächen an, ließ Bäume anpflanzen und Rampen errichten. Colbert betrachtete die Arbeit Le Nôtres als ein solches Meisterwerk, dass er den Garten ausschließlich der königlichen Familie zur Verfügung stellen wollte. Doch der Fabeldichter Charles Perrault plädierte mit Erfolg dafür, die Anlage der Öffentlichkeit zugänglich zu machen. Später reservierte Louis-Philippe einen Teil des Gartens für seine Familie. Im 18. Jh. kamen Gärten immer mehr in Mode: Ein einfallsreicher Unternehmer hatte die Idee, Stühle zu vermieten ... Noch heute laden Stühle, Bänke und Cafés zum Verweilen ein. Vollendet wurde die Gartenanlage mit dem Bau der Orangerie 1853 und des Jeu de paume 1861 (*Sehenswürdigkeiten, S. 272*).

Die Tuilerien gehören heute zum Louvre. Das Museum bietet Führungen durch die Gärten mit ihren zahlreichen Skulpturen an (*Le Louvre – 3, Tipps und Adressen – Führungen*).

Spaziergang – *Gehen Sie von der Terrasse des Jardin du Carrousel die Stufen zum Jardin des Tuileries hinunter.* Große, in Anlehnung an Le Nôtre angelegte Rasenflächen umgeben das voluminöse **runde Wasserbecken,** auf dem die Kinder seit Generationen kleine Schiffe fahren lassen. Zwei weitere Bassins bilden zu beiden Seiten den Anfang von parallel zur Hauptallee geführten Seitenalleen, von wo aus man bemerkenswerte Statuen von Le Pautre, Cain

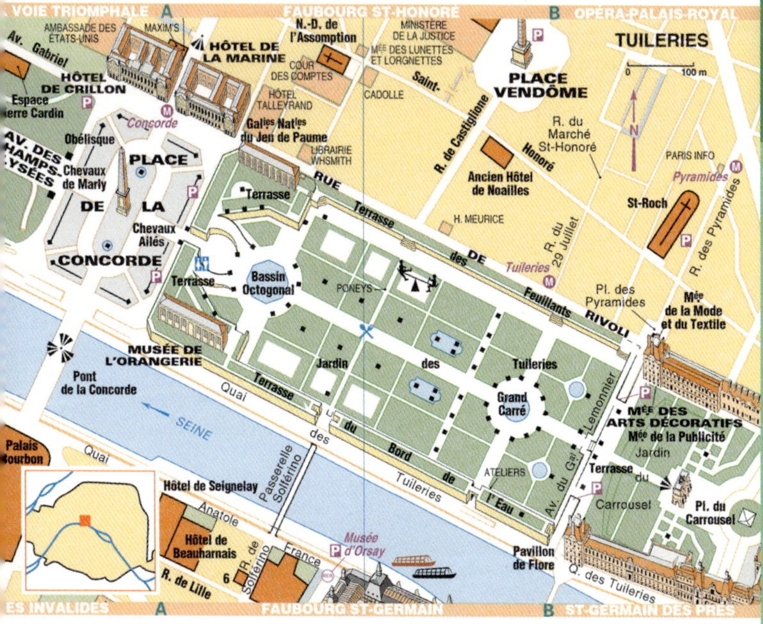

und Rodin bewundern kann. Von der Terrasse du Bord de l'Eau hat man einen schönen **Blick**★★ über die Gärten und die Seine zum Musée d'Orsay.

Laufen Sie durch die Hauptallee mit ihrer wunderschönen **Perspektive**★★★, von der aus die im Gelände verteilten Statuen des 19. und 20. Jh. gut zu sehen sind. Unter den Skulpturen des 20. Jh. finden sich Werke von Rodin über Henry Moore bis Dubuffet sowie vom Ministère de la Culture in Auftrag gegebene bzw. von Privatstiftungen zur Verfügung gestellte Arbeiten, u.a. von Louise Bourgeois, Daniel Dezeuze oder auch Roy Lichtenstein. Besonders sehenswert ist *Der Baum der Vokale* von Giuseppe Penone, ein Baum aus Bronze, der wie vom Blitz getroffen, entwurzelt, im Jahr 1999 geschaffen wurde und etwas abseits der Terrasse du Bord de l'Eau liegt.

Das **achteckige Wasserbecken**, das sich in der Nähe der Place de la Concorde befindet, bildet zusammen mit den umliegenden Terrassen, Rampen, Treppen und Statuen ein prächtiges architektonisches Ensemble. In unmittelbarer Nähe des Beckens sind zu sehen: *Die Vier Jahreszeiten* (N. Coustou und Van Cleve), *Der Tiber* nach antikem Vorbild, *Seine und Marne* (G. Coustou), *Loire und Loiret* (Van Cleve), *Der Nil* nach antikem Vorbild. Etwas weiter entfernt stehen Arkaden vom ehemaligen Tuilerienpalast sowie die *Büste Le Nôtres* – das Original von Coysevox befindet sich in der Église St-Roch *(Opéra – Palais-Royal – 17)*, *Fama auf einem geflügelten Pferd* nach Coysevox *(links neben dem Gartenportal zur Place de la Concorde hin)*, *Merkur auf einem geflügelten Pferd* nach Coysevox *(rechts vom Portal)*.

Verlassen Sie die Gartenanlage und gehen Sie zur Place de la Concorde.

★★★Place de la Concorde D3

Um die Gunst Ludwigs XV. zu gewinnen, gaben die Schöffen von Paris bei Bouchardon ein Reiterstandbild des Herrschers in Auftrag und schrieben einen Wettbewerb zur Neugestaltung des Platzes westlich der Tuilerien aus. Von den teilnehmenden Architekten Servandoni, Soufflot und Gabriel trug Letzterer den Sieg davon. Dieser schuf einen achteckigen, 84 000 qm großen Platz mit acht großen, für Statuen bestimmten Sockeln an den Ecken. Auf der Seite der Rue Royale entstanden zwei repräsentative Bauten mit Kolonnaden (Hôtel Crillon und Hôtel de la Marine). Die Bauarbeiten zogen sich ab 1755 über 20 Jahre hin. 1792, während der Revolution, wurde das königliche Reiterstandbild eingeschmolzen, und die Place Louis-XV wurde zur Place de la Révolution. Am 21. Januar 1793 wurde, wo heute die allegorische Figur der Stadt Brest steht *(Nordwestecke des Platzes)*, Ludwig XVI. mit der Guillotine enthauptet. Am 13. Mai desselben Jahres stellte man die „Rasierklinge der Nation" am Eingang der Tuilerien auf, wo insgesamt 1343 Köpfe fielen. Zu den Opfern gehörten Marie-Antoinette, Madame du Barry, Charlotte Corday, Girondisten, Danton und seine Freunde, Madame Roland sowie Robespierre und seine Anhänger.

Während des Directoire erhielt der blutbesudelte Platz einen Hoffnung verheißenden Namen: Place de la Concorde.

Unter Louis-Philippe vollendete Hittorff die Ausgestaltung des Platzes, in dessen Mitte keine Königsstatue mehr, sondern ein „politisch neutraler" Obelisk gesetzt wurde. Man errichtete zwei Brunnen, die sich an denen auf dem Petersplatz in Rom orientieren. Acht allegorische, französische Städte symbolisierende Statuen von vier verschiedenen Bildhauern wurden auf die von Gabriel errichteten Sockel gestellt: Brest und Rouen (Cortot), Lille und Straßburg (Pradier), Lyon und Marseille (Petitot) sowie Bordeaux und Nantes (Caillouette).

★★Hôtel de la Marine und Hôtel de Crillon Übersichtsplan Tuilerien: A

An der Place de la Concorde zu beiden Seiten der Rue Royale.

Jacques-Ange Gabriel (1698-1782), königlicher Hofbaumeister und Direktor der Académie d'architecture, schuf die beiden prächtigen Bauten im Louis-XV-Stil, die Strenge und Leichtigkeit in einem harmonischen Ensemble mit eleganten

Die Brunnenfiguren auf der Place de la Concorde symbolisieren die Schifffahrt.

Nixie/Fotolia.com

Formen (korinthische Säulen, Frontgiebel, Fassadenrisse) verbinden. Das auf der rechten Seite der Rue Royale *(gegenüber der Madeleine)* gelegene **Hôtel de la Marine** ist heute Sitz des Admiralstabs; auf der linken Seite befindet sich das **Luxushotel Crillon**. Eingerahmt werden diese beiden Gebäude links von der amerikanischen Botschaft und rechts vom Hôtel Talleyrand (18. Jh.).

★Obelisk D3

Der 3300 Jahre alte Obelisk, den der ägyptische Vizekönig Mehmed Ali 1831 Frankreich schenkte, stammt aus dem Tempel Ramses II. in Theben (Luxor) und wurde am 25. Oktober 1836 auf der Place de la Concorde aufgestellt. Das mit Hieroglyphen bedeckte Monument aus rosafarbenem Granit mit einer Spitze aus Blei und Gold misst 23 m und wiegt nahezu 220 t.

★★★Ausblick

Vom Fuß des Obelisken aus gleitet der Blick des Betrachters *(Achten Sie auf den Verkehr!)* zwischen den **Pferden von Marly** (Werk von Coustou – Originale im Louvre) die Champs-Élysées hinauf bis zum Triumphbogen. Nach Osten liegen hinter den Geflügelten Pferden von Coysevox (Originale im Louvre) die Tuilerien und der Louvre. Einen schönen Blick hat man auch nach Norden hin auf die Madeleine und jenseits der Seine im Süden auf das Palais Bourbon.

Pont de la Concorde D3

Die Brücke, die zum Weltkulturerbe der UNESCO gehört, wurde zwischen 1787 und 1791 von Perronet errichtet. Der Ingenieur verwandte dabei Steine der in der Revolution zerstörten Bastille, „damit sie vom Volk mit Füßen getreten werden können". Zur Regierungszeit Louis-Philippes schmückten zwölf Kolossalstatuen berühmter Männer die Brücke, doch mochten die Pariser diese nicht und so wurden sie auf verschiedene Städte in Frankreich aufgeteilt. 1931 wurde die Brücke auf das Doppelte verbreitert. Schöner **Blick**★★★ über die Seine und die Place de la Concorde zur Madeleine.

Jardins des Champs-Élysées D2

Auf beiden Seiten von Anlagen im englischen Gartenstil gesäumt, haben sich in diesem Teil der Champs-Élysées schöne Kastanienalleen und einige

Pavillons erhalten. Auf der Nordseite befinden sich der Espace Pierre Cardin (ehemaliges Théâtre des Ambassadeurs) und etwas weiter entfernt das 1883 von Garnier errichtete **Théâtre Marigny**. Die **Avenue Gabriel**, eine Parallelstraße zu den Champs-Élysées, führt am **Palais de l'Élysée**, dem Regierungssitz des französischen Staatspräsidenten (schönes schmiedeeisernes Gitter von 1905) und an den Gärten der Residenzen der Rue Faubourg-St-Honoré entlang, in denen sich heute die Botschaft der USA (einst im Besitz von Grimod de La Reynière, einem geachteten Gastronomie-Papst), der Cercle de l'Union Interalliée und die Botschaft von Großbritannien befinden.

Das **Restaurant Ledoyen** auf der linken Seite der Champs-Élysées war zur Zeit Ludwigs XVI. ein bescheidener Landgasthof, in dem die Spaziergänger frische Milch von den nebenan weidenden Kühen tranken. Auf Höhe der Place

HOTELS		RESTAURANTS			
Élysées Mermoz	2	Flora Danica	8	Kaiten	2
Hôtel Champs-Élysées	1			L'Atelier Renault	3

Clemenceau erinnern drei Denkmäler an Helden aus vergangenen Kriegen. François Cogné schuf 1932 die Bronzestatue von **Georges Clemenceau**; gegenüber auf der anderen Seite der Avenue Winston-Churchill befindet sich die im Jahr 2000 von J. Cardot geschaffene Statue des **Général de Gaulle**. Das Denkmal an der Ecke Avenue Marigny/Champs-Élysées erinnert an den Widerstandskämpfer **Jean Moulin**.

Geht man die Avenue Winston-Churchill weiter Richtung Cours de la Reine, so stößt man auf weitere geschichtsträchtige Statuen: Die Statue von Sir **Winston Churchill** in seiner unverkennbar unerschütterlichen Haltung sowie die von **Simón Bolivár,** auf der Place du Canada dann die Statue des Paters **Komitas**, des Komponisten und Musikwissenschaftlers, der die Gesänge des armenischen Volkes bis zum Völkermord 1915 zusammengetragen hat.

Nachdem Sie den Blick auf den Gebäudekomplex Les Invalides genossen haben, biegen Sie nach rechts in den Cours de la Reine und kehren durch die Avenue Franklin-D.-Roosevelt wieder auf die Champs-Élysées zurück.

Rond-Point des Champs-Élysées C2

Kreuzung der Avenuen Champs-Élysées, Matignon, Montaigne und Franklin-D.-Roosevelt. An diesem 1670 von Le Nôtre entworfenen Sternplatz stehen Stadtpalais des Second Empire neben modernen Geschäften. Zwischen der Avenue Franklin-D.-Roosevelt und der Avenue des Champs-Élysées befindet sich das **Théâtre du Rond-Point**.

Zwei besonders schöne Residenzen stehen zwischen der Avenue des Champs-Élysées und der Avenue Montaigne. Nr. 7, das ehemalige Hôtel Le Hon (1844), war einst Sitz des Wochenblattes *Jours de France* von Marcel Dassault. Der 2002 von dem Architekten J.-M. Wilmotte renovierte Bau beherbergt heute das auf zeitgenössische Kunst und Design spezialisierte **Artcurial**, das unter seinem Dach eine Buchhandlung, Ausstellungsräumlichkeiten, ein Auktionshaus sowie ein kleines Restaurant vereint. *℘ 01 42 99 20 20 – www.artcurial.com – tgl. außer So und Fei 10-19 Uhr, Sa 11-19 Uhr – Eintritt frei.*

★★★Avenue des Champs-Élysées

Auf beiden Straßenseiten wechseln Geschäfte, Kinos und Banken einander ab. Viele der eleganten Büros und Prachtbauten wurden Ende der 1930er-Jahre errichtet und machten aus den Champs-Élysées ein internationales Schaufenster von Modernismus und Luxus.

Von den Bauten des Second Empire steht nur noch ein Palais (Nr. 25), den sich die polnische Abenteurerin Païva Mitte des 19. Jh. errichten ließ. Prominenz aus Kunst und Adel frequentierte ihre Empfänge. Von der Innenausstattung ist die kostbare Onyxtreppe noch unverändert erhalten.

Weiter oben an der Ecke Avenue George-V befindet sich das berühmte, heute denkmalgeschützte Fouquet's, das im letzten Jahrhundert eines der besten Restaurants war, wo sich ganz Paris traf. Heute sorgt es durch verchromte Fassade (an der Seite zur Avenue George-V.) für Aufmerksamkeit. In der Nähe haben sich touristische Vertretungen der französischen Provinzen und anderer Länder angesiedelt: Die kosmopolite Atmosphäre trägt zum Flair der Pariser Prachtstraße bei.

Die Champs-Elysées sind überdies zum vaterländischen Symbol nationalen Ruhmes geworden. Hier finden seit 1919 die Militärparaden zur Feier des 14. Juli statt, und hier versammelte sich das Volk 1885 zu Ehren Victor Hugos sowie 1970 zu Ehren General de Gaulles, 1944 zur Feier der Befreiung und 1998 schließlich, um den Sieg der französischen Nationalmannschaft bei der Fußballweltmeisterschaft zu feiern.

Bevor man auf die Place de l'Étoile gelangt, liegt zur Linken der **Drugstore-Publicis,** seit 2004 in neuem Gewand: mit einer Fassade aus Glas und Stahl, die nach Wunsch des amerikanischen Architekten Michele Saee „wie ein Engel zu fliegen scheint".

EIN NEUES GESICHT FÜR DIE CHAMPS-ÉLYSÉES?

Umgestaltungen sollten 1994 auf Initiative des Städteplaners Bernard Huet der Avenue des Champs-Élysées ihr Prestige wiedergeben. Die Autos wurden aus den Seitenalleen verbannt, ein unterirdisches Parkhaus gebaut. Durch die Anpflanzung einer zweiten Platanenreihe unterstrich man den Promenadencharakter. Jean-Michel Wilmotte entwarf neue Parkbänke, Laternen, Ampeln und Kioske, doch das beabsichtigte einheitliche Erscheinungsbild blieb aus, da neben diesen neuen Elementen Nachbildungen der 1840 von Hittorff entworfenen Laternen, Jugendstilkioske, Telefon-Litfaß-Säulen, von Norman Foster entworfene Bushaltestellen etc. existieren.

Blick durch den Arc de Triomphe auf die Champs-Élysées.

S. Sauvignier / MICHELIN

★★★Arc de Triomphe A1

Am Endpunkt der Champs-Élysées erhebt sich der Arc de Triomphe auf der Place Charles-de-Gaulle, von der zwölf große Avenuen ausgehen, sodass sich ein herrlicher **Sternplatz**★★★ ergibt.

Der zum Ruhm der Revolutionsheere (*S. 273)* nach antiken Vorbildern errichtete Arc de Triomphe ist 50 m hoch und 45 m breit. Unter seinem Skulpturenschmuck finden sich in den Eckzwickeln der Hauptseiten vier Ruhmesgöttinnen (Pradier) mit Trompeten. Die über den ganzen Bogen verteilten Reliefszenen tragen Ereignissen der vergangenen Jahrhunderte Rechnung.

Geschichte – **1806** ordnet Napoleon die Errichtung des Arc de Triomphe an. Die Entwürfe des Architekten **Jean-François Chalgrin** (1739-1811) finden Zustimmung. **1810** soll Kaiserin Marie-Luise bei ihrem Einzug in Paris unter dem Bogen hindurchfahren, doch seine Mauern ragen erst knapp über den Boden, da die Fundamentlegung zwei Jahre gedauert hat. Chalgrin lässt deshalb ein Gerüst mit Trompe-l'œil-Malerei errichten und gibt dem Bogen so das Aussehen, das er nach seiner Fertigstellung haben würde. Beim Tod des Architekten im Jahr 1811 ist der Triumphbogen nicht einmal 5 m hoch, denn die wechselhaften militärischen Geschicke des Landes beeinflussen auch den Fortgang der Bauarbeiten.

1832-1836: Die während der Restauration unterbrochenen Arbeiten werden unter Louis Philippe von Abel Blouet beendet.

1840: Der Wagen mit dem Leichnam Napoleons fährt während der großen Trauerfeier unter dem Bogen hindurch zum Invalidendom.

1854: Bei der Neuanlage des Platzes unter Baron Haussmann werden sieben neue Alleen geschaffen. Hittorff entwirft für die Häuser, die an dem Platz errichtet werden sollen, einheitliche Fassaden.

1885: Der Leichnam Victor Hugos wird eine Nacht lang unter dem mit einem riesigen Trauerflor umkleideten Bogen aufgebahrt, ehe er unter Anteilnahme von Tausenden zum Pantheon überführt wird.

1919: Am 14. Juli ziehen die siegreichen Truppen unter dem Bogen hindurch in die Stadt.

1921: Ein unbekannter Soldat, der im Ersten Weltkrieg gefallen ist, wird hier beigesetzt.
1923: Am 11. November wird erstmals die Gedenkflamme am Grabmal des Unbekannten Soldaten entzündet.
1944: Am 26. August feiert das von der deutschen Besatzung befreite Paris General de Gaulle.
In einem **kleinen Museum** werden Erinnerungsgegenstände und Dokumente zur Baugeschichte und anderer wichtiger Ereignisse ausgestellt. Außerdem wird ein Dokumentarfilm gezeigt; dank der Flachbildschirme, Videos und interaktiven Computerprogramme kann man internationale Mediendokumentationen über den Arc de Triomphe sehen sowie die Details seiner Skulpturen und der Grabplatte des „Unbekannten Soldaten", die sich unter dem 31 m hohen Monument befindet.
Von der **Aussichtsterrasse** hat man eine großartige **Aussicht**★★★ über Paris, von La Défense bis hin zum Louvre. *✆ 01 55 37 73 77 – April-Sept. 10-23 Uhr; Okt.-März 10-22.30 Uhr – 1. Jan., 1. Mai, 14. Juli (vormittags), 11. Nov. (vormittags), 25. Dez. geschl. – 9 € (unter 18 J. Eintritt frei).*

Sehenswürdigkeiten

★★★Musée de l'Orangerie Übersichtsplan Tuilerien: A

Jardin des Tuileries – M° Concorde – ✆ 01 44 77 80 07 – www.musee-orangerie.fr – ♿ – tgl. außer Di 9-18 Uhr – 1. Mai und 25. Dez. geschl. – 7,50 €, Wechselausstellungen zzgl. 2 € (unter 18 J. Eintritt frei) – 1. So im Monat Eintritt frei.
Die Orangerie beherbergt seit 1927 die berühmten Seerosengemälde, die sogenannten **Nymphéas**★★★ von Claude Monet, sowie seit 1984 die Sammlung des Kunsthändlers Paul Guillaume (1891-1934), die nach dessen Tod von seiner Witwe Domenica und ihrem zweiten Ehemann Jean Walter weitergeführt wurde.

AUSSICHTSPUNKTE

Der Arc de Triomphe ist nicht das einzige Bauwerk mit Blick auf die französische Hauptstadt, es gibt noch weitere Orte in Paris, wo man einen schönen Blick genießen kann:
Tour Montparnasse – M° Montparnasse – Bienvenue
Montparnasse – 22.
Eiffelturm – M° Bir-Hakeim. Tour Eiffel und Trocadéro – 12.
Notre-Dame (Turm) – M° Cité. La Cité – 1.
Panthéon (oberer Säulenrundgang) – RER Luxembourg. Quartier Latin – 7.
Centre Georges-Pompidou (Terrasse) – M° Les Halles. Beaubourg und les Halles – 4.
Sacré-Coeur (Kuppel) – M° Anvers oder Abbesses. Montmartre – 24.
Grande Arche de La Défense – M° und RER La Défense.
La Défense – 27.
Institut du Monde arabe (Terrasse, 9. Stock) – M° Jussieu.
Jardin des plantes – Mouffetard – 6.
Galeries Lafayette (Terrasse, 7. Stock) – M° Chaussée-d'Antin.
Le Printemps – M° Havre-Caumartin.
Hôtel Concorde-Lafayette (Panoramabar) – M° Porte-Maillot.
Ballon Air de Paris (Park André-Citroën) – M° Balard oder Lourmel und RER Boulevard-Victor.

Die Reliefszenen am Arc de Triomphe

AUF DER SEITE DER CHAMPS-ÉLYSÉES

1) Auszug der Armee gegen Preußen 1792, bekannt unter dem Namen La Marseillaise ★★ (Rude) – **2)** Begräbnis von General Marceau – **3)** Der Triumph von 1810 (Cortot), eine Verherrlichung des Friedens von Wien (1815) – **4)** Seeschlacht von Abukir.

AUF DER SEITE DER AVENUE DE WAGRAM

5) Schlacht von Austerlitz (1805).

AUF DER SEITE DER AVENUE DE LA GRANDE-ARMÉE

6) Der Widerstand (Etex) – **7)** Einnahme der Brücke von Arcole (Napoleon Bonaparte) – **8)** Der Frieden (Etex) – **9)** Einnahme von Alexandria.

AUF DER SEITE DER AVENUE KLÉBER

10) Die Schlacht von Jemappes.

Nach den jüngsten Renovierungsarbeiten können die Seerosen – wie ursprünglich von Monet gewünscht – wieder bei Tageslicht bewundert werden. Im Untergeschoss ist die Sammlung Walter-Guillaume mit Gemälden von Cézanne, Sisley, Monet, Renoir, Gauguin, Marie Laurençin, Picasso, Modigliani, Derain, Utrillo, Matisse, Soutine zu besichtigen.
Von der alten Stadtmauer aus der Zeit Karls IX., die bei den Umbauarbeiten entdeckt wurde, sind einige Meter zu sehen.

Jeu de paume, Place de la Concorde Übersichtsplan Tuilerien: A

Jardin des Tuileries – M° Concorde – ✆ 01 47 03 12 50 – www.jeudepaume.org – ♿ – Di–Fr 12-19 Uhr, Di 12-21 Uhr, Wochenende 10-19 Uhr – Mo, 1. Jan., 1. Mai, 25. Dez. geschl. – 6 € (ermäßigt 4 €).

Seit die Sammlung impressionistischer Werke des Louvre ins Musée d'Orsay umgezogen ist, werden jetzt in dem inzwischen restaurierten und modernisierten Bau Wechselausstellungen zeitgenössischer Kunst (vor allem aus dem Bereich Fotografie, Video und Multimedia) gezeigt. Buchhandlung und Café.

★Petit Palais – Musée des Beaux-Arts de la Ville de Paris C3

Avenue Winston-Churchill – M° Champs-Élysées-Clemenceau – ✆ 01 53 43 40 00 – www.petitpalais.paris.fr – Dauer- und Wechselausstellungen: 10-18 Uhr (Do bis 20 Uhr bei Wechselausstellungen) – Mo und Fei geschl. – Dauerausstellung: Eintritt frei; informieren Sie sich über die Eintrittspreise für Wechselausstellungen. Buchhandlung, Café auf der Gartenseite.

Das Petit Palais wurde von Charles Girault gleichzeitig mit dem Grand Palais für die Retrospektive französischer Kunst während der Weltausstellung 1900 errichtet. 1902 wurde es dann das Kunstmuseum von Paris. Da nur eine Beleuchtung durch Tageslicht vorgesehen war, öffnete der Architekt den Bau durch große Glasflächen, hohe Glasfenster und eine zum inneren Garten offene Säulenhalle. Von überallher flutet Licht in das Gebäude, selbst durch die Glaskuppel der großen Halle. Seit Abschluss der umfassenden Renovierung erstrahlt das nunmehr größte städtische Museum von Paris mit seinen kunstvollen Eisenarbeiten, Mosaiken und ausgemalten Kuppeln in neuem Glanz. In seinen Räumen kann man Werke französischer Kunst zwischen 1880 und 1914 sowie um 1900 entstandene kunstgewerbliche Objekte bestaunen. Vertreten sind Courbet und der Realismus, Roll und der Naturalismus (mit Pelez), Monet und die französische Landschaftsmalerei sowie Cézanne und die Moderne. Daneben findet sich aber auch die Kunst des 18. Jh. (Galerie Tuck), flämische und holländische Malerei des 17. Jh., slawische Ikonen und Werke der griechischen und römischen Antike.

Grand Palais★ C3

3 av. du Gén.-Eisenhower – M° Champs-Élysées-Clemenceau – ♿ – geöffnet bei Wechselausstellungen.

Genau wie das Petit Palais wurde auch das Grand Palais für die Weltausstellung 1900 gebaut und gehörte zum städtebaulichen Programm, eine Sichtachse zwischen Champs-Élysées und dem Invalidendom zu schaffen. An dem Bau waren drei Architekten beteiligt: Henri Deglane wurde mit der Ausführung der zur Avenue Winston-Churchill hin gelegenen Fassade und der großen verglasten Halle beauftragt; der zur Avenue F.-Roosevelt gelegene Teil geht auf A. Thomas zurück und der Mittelteil sowie die große Treppe auf A. Louvet. Charles Girault indes, der auch mit dem Bau des Petit Palais betraut war, koordinierte die Arbeiten.
Die frisch renovierte mächtige **Glaskuppel**★★, die die große Halle überspannt, bringt die filigrane Metallstruktur des Baus besonders gut zur Geltung. Das heute leere Gebäudeschiff wird zeitweise für Wechselausstellungen genutzt. Bis die noch laufenden Renovierungsarbeiten abgeschlossen sind, finden in den **Galeries Nationales** auf 5000 qm Ausstellungsfläche große Wechselausstellungen statt.

Die Entstehung der Sichtachse

Vom Palais du Louvre zum Palais des Tuileries – *Für die Bauetappen des Palais du Louvre s. im Kapitel Le Louvre (3) die schematische Darstellung der Baugeschichte S. 101.* Seit dem 13. Jh. befanden sich an dem „Les Tuileries" genannten Platz Ziegeleien, die den Lehmboden von den Seineufern verarbeiteten. Franz I. und seine Amtsnachfolger erwarben dann Stück für Stück dieses Gelände und die angrenzenden Gebiete, um einen großen Königspalast errichten zu lassen. 1564 beauftragte Katharina von Medici Philibert Delorme, für sie ein Schloss in den Tuilerien zu erbauen, da sie den Louvre als zu klein und zu wenig komfortabel empfand. Doch die Bauarbeiten schleppten sich hin, wurden unterbrochen, von Heinrich IV., Mazarin und Colbert wieder aufgenommen und erst 1608 mit dem Bau der Großen Galerie, die die Tuilerien mit dem Louvre verbindet, abgeschlossen.

Mit Beginn der Arbeiten ließ Katharina von Medici einen Garten nach italienischen Vorbildern auf dem Areal der Tuilerien anlegen. Ab 1661 verwandelte der Gartenarchitekt André Le Nôtre den Garten in einen französischen Park. Er legte die entlang der Seine verlaufende Terrasse Bord-de-l'Eau an und auf der gegenüberliegenden Seite die Terrasse des Feuillants. Doch Ludwig XIV. verließ diese königliche Bühne, um sich 1671 in Versailles niederzulassen, obwohl er 1652 als Römer verkleidet in Paris eingezogen war und zu Ehren der Geburt seines Sohnes, des Dauphin, in den Tuilerien einen feierlichen Reiterumzug (Carrousel) veranstaltet hatte.

Vom Grand Cours zu den Champs-Élysées – Von Le Nôtre 1670 durchschnitten, um die königliche Achse der Tuilerien zu verlängern, wurde die Avenue des Champs-Élysées Grand Cours genannt, obwohl sie am heutigen Rond-Point endet. Sie unterscheidet sich so vom Cours-de-la-Reine, dem Garten, der sich die Seine entlang von den Tuilerien bis zur heutigen Place de l'Alma erstreckt. Die von Ulmen gesäumte Allee, die 1709 in Anspielung auf den Sitz der Heroen in der griechischen Mythologie den Namen „Champs-Élysées" erhalten hatte, wurde 1724 vom Direktor der königlichen Gärten, dem Herzog von Antin, bis zum Hügel des Étoile verlängert. Sein Amtsnachfolger, der Marquis von Marigny, führte aus verkehrstechnischen und ästhetischen Gründen die Achse bis zum Pont de Neuilly weiter (durch die heutige Avenue de la Grande Armée in Paris und die Avenue Charles-de-Gaulle in Neuilly). Ende des 18. Jh. war die künftige große Prachtstraße noch eine isolierte Promenade mit nur einigen wenigen Häusern und einem Weideplatz für Kühe, was die Pariser bei ihren Spaziergängen störte!

Eine große Umgestaltung der Straße fand in der Mitte des 19. Jh. zur Zeit des Second Empire statt, als zahlreiche Prachtbauten entstanden und die Architekten Hittorff und Alphand Brunnen, Bürgersteige und 3000 Gaslaternen errichteten.

Der Arc de Triomphe und die Place de l'Étoile – 1806, kurz nach der Schlacht bei Austerlitz, beschloss Napoléon I., zur Ehre seiner Armee einen Triumphbogen errichten zu lassen, wie es die Römer taten, um die Rückkehr der siegreichen Truppen zu feiern. Nach 30 Jahren Bauzeit war der Arc de Triomphe vollendet.

Infolge eines Erlasses von 1854 entstand die Place de l'Étoile, die später zur Place Charles-de-Gaulle wurde: Die Anzahl der am Bogen zusammenlaufenden Straßen erhöhte sich von fünf auf zwölf, an deren Schnittpunkten 1858 zwölf Bauten mit einheitlichen Fassaden errichtet wurden. Um die monumentale Wirkung des Triumphbogens nicht zu schmälern, liegen ihre Eingänge auf der rückwärtigen Seite zur Rue de Tilsitt bzw. der Rue de Presbourg hin.

Vom Arc de Triomphe nach La Défense – Im 20. Jh. wurde die Voie troimphale bis nach La Défense verlängert. Die Grande Arche bildet den Schlusspunkt der langen Achse, die in gerader Linie vom Louvre über die Place de la Concorde bis zum Arc de Triomphe und in den Westen von Paris führt.

★★Palais de la Découverte C3

Im Grand Palais; Eingang Avenue Franklin-D.-Roosevelt – M° Champs-Élysées-Clemenceau oder Franklin-Roosevelt – ☏ 01 56 43 20 21 – www.palais-decouverte.fr – ♿ (Eingang B) – tgl. außer Mo 9.30-18 Uhr, So und Fei 10-19 Uhr (letzter Einlass 1 Std. vor Schließung) – 1. Jan., 1. Mai, 14. Juli, 15. Aug., 25. Dez. geschl. – 7 € (Kinder: 4,50 €), Aufschlag Planetarium 3,50 €.

Der Besuch des Museums erfordert etwas Zeit (1/2 Tag). Zur besseren Organisation Ihres Museumsbesuches und für die von Spezialisten kommentierten Vorführungen sollten Sie auf die in der Eingangshalle angezeigten Termine achten.

Mit seinen zahlreichen Vorführungen und Workshops wendet sich das Museum, das 1937 von dem Physiker und Nobelpreisträger Jean Perrin gegründet wurde, an naturwissenschaftlich interessierte Laien. In mehr als 40 Vorführungen täglich werden dem Besucher Vorgänge aus den Bereichen Physik, Chemie, Geologie, Astronomie und Biologie näher gebracht.

Zu den „Bestsellern" gehört die „Rattenschule", die die neurobiologischen Grundlagen des Lernprozesses vorführt. Spektakulär sind auch die elektrostatischen Vorführungen mit Experimenten zur Elektrisierung des menschlichen Körpers oder von Blitzableitern.

Im neuen **Planetarium**★ *(2. Etage)* mit einer Kuppel von 15 m Durchmesser kann der Besucher 45 Min. lang die Sterne beobachten und Erklärungen zum Sternenhimmel, den Planeten, Jahreszeiten sowie Sonnen- und Mondfinsternis lauschen.

Musée Art nouveau – Maxim's D2

3 rue Royale – M° Concorde – ☏ 01 42 65 30 47 – www.maxims-musee-artnouveau.com – Führung (1 Std.) um 14 Uhr, 15.15 und 16.30 Uhr – Mo, Di geschl. – 15 €.

Im legendären Maxim's ist heute ein Museum untergebracht, in dem auf zwei Etagen die Jugendstilsammlung des Modemachers Pierre Cardin präsentiert wird, der gleichzeitig auch Besitzer des Gebäudes ist. Zu sehen sind Möbel von Majorelle, Guimard oder Gaudi, Glasarbeiten von Gallé und Tiffany-Lampen.

Musée Dapper außerhalb des Stadtplans

35 rue Paul-Valéry – M° Victor-Hugo (Linie 2) oder Charles-de-Gaulle-Étoile (Linien 1, 2 und 6) – Bus 52 – ☏ 01 45 00 91 75 – www.dapper.com.fr – ♿ – bei Ausstellungen tgl. außer Di 11-19 Uhr – 6 € (unter 18 J. Eintritt frei), letzter Mi im Monat Eintritt frei.

In diesem Museum gibt es sehr schöne Wechselausstellungen zu afrikanischer Kunst. Es beherbergt außerdem eine Buchhandlung und einen Saal, in dem Veranstaltungen rund um die afrikanische Kultur stattfinden (Literatur, Tanz, Theater, Musik ...). Am Eingang einladendes Café.

Musée arménien – Fondation Nourhan Fringhian außerhalb des Stadtplans

59 av. Foch – M° Porte-Dauphine – ☏ 01 45 56 15 88 – Besichtigung (2 Std.) nach vorheriger schriftlicher Anmeldung (2 Monate im Voraus) – derzeit wegen Renovierung geschl.

Hier sind Schmuck, religiöse und kunstgewerbliche Gegenstände aus Armenien sowie zeitgenössische Gemälde, Skulpturen und Zeichnungen ausgestellt.

Musée d'Ennery außerhalb des Stadtplans

59 av. Foch – M° Porte-Dauphine – ☏ 01 53 57 96 – wegen Renovierung geschl.

In dem Anbau des Musée Guimet befindet sich die in der zweiten Hälfte des 19. Jh. von Madame Clémence d'Ennery zusammengetragene Sammlung von fernöstlichen Kunstgegenständen des 17. bis 19. Jh.

Sehenswert ist die beeindruckende Sammlung von japanischen **Netsukes**★, kleinen geschnitzten und bemalten Holzknöpfen in Form humoristischer Figuren oder Tiere, die die Japaner am Kimonogürtel befestigten.

TIPPS UND ADRESSEN

ÜBERNACHTEN

Unsere Hoteladressen finden Sie auf S. 405 (8. Arr.).

ESSEN UND TRINKEN

Atelier Renault – *53 av. des Champs-Élysées – M° Franklin-D.-Roosevelt – ✆ 08 11 88 28 11 – www.atelier-renault.com – 15. Juni-5. Sept. tgl. geöffnet; 6. Sept.-14. Juni: Mo geschl. – ♿ – 21/45 €.* Ihre Kinder werden diesen Ort lieben: In dem vollständig renovierten Ausstellungsraum von Renault sitzt man auf Galerien direkt über den ausgestellten Autos an Tischen im Stil englischer Pubs. Ideal für eine Mittagspause oder einen Nachmittagskaffee.

Flora Danica *142 av. des Champs-Élysées – M° Charles-de-Gaulle-Étoile – ✆ 01 44 13 86 26 – www.floradanica-paris.com – tgl. 12-15, 19-23 Uhr – Menü 29/36 €.* Im Café des Maison du Danemark isst man mittags oder abends zu unschlagbaren Preisen an den Champs-Elysées: Es gibt Salate und riesige Sandwiches, den etwas teureren Nordischen Teller und eine große Auswahl an Gebäck und Getränken.

Lô Sushi – *8 rue de Berri – M° George-V – ✆ 01 45 62 01 00 – www.losushi.com – tgl. 12-0.30 – 25 €.* Die Sushi-Bar wurde von der Innenarchitektin Andrée Putman minimalistisch gestylt. Das Konzept ist einfach und witzig: Man setzt sich an die Theke und wählt seine Sushis von einem vorbeifahrenden Laufband aus. Die Pariser High Society drängt sich hier jeden Abend an der Theke.

Théâtre du Rond-Point – *2 bis av. Franklin-D.-Roosevelt – M° Franklin-D.-Roosevelt – ✆ 01 44 95 98 44 – www.theatredurondpoint.fr – Aug., Sa-mittag, Mo-abend und So geschl. – 23/40 €.* Durch die Eingangshalle des hübschen Theaters am Rand der Champs-Élysées gelangt man in das vollständig renovierte Restaurant mit modernem Ambiente. Bei schönem Wetter ist die schattige Terrasse unter den Kastanienbäumen immer voll besetzt. Karte mit wechselnden Gerichten.

Kaiten – *63 rue Pierre-Charron – M° Franklin-D.-Roosevelt – ✆ 01 43 59 78 78 – www.kaiten.fr – tgl. außer So 12–15.15 Uhr, 19-0.15 Uhr – 25/40 €.* Die Einrichtung dieser Bar mit Laufband ist sehr zen. Es gibt Sushi, Sashimi, Maki und andere japanische Spezialitäten wie California Rolls oder Algensalate, alles sehr künstlerisch angerichtet. Achtung, die Farbe der Teller bestimmt den Preis.

Ladurée – Champs-Élysées – *75 av. des Champs-Élysées – M° George-V oder Franklin-D.-Roosevelt – ✆ 01 40 75 08 75 – www.laduree.com – Mittagsmenü 29-34 €.* Ein Königreich süßer Köstlichkeiten. Sie haben die Auswahl zwischen 40 Kuchen und Torten. Wer's lieber salzig mag, kann auf der Karte zwischen verschiedenen Salaten, gemischten Tellern und klassischen Gerichten wählen. Elegante Adresse mit Napoléon III.-Ausstattung. Sa und So sehr schicker Brunch.

La Maison de L'Aubrac – *37 rue Marbeuf – M° Franklin-D.-Roosevelt – ✆ 01 43 59 05 14 – www.maison-aubrac.fr – Mittagsmenü 30-45 €.* Die Einrichtung erinnert an einen Bauernhof im Aveyron. Serviert werden große Portionen rustikaler Gerichte mit Rindfleisch. Sehr schöner Weinkeller. Authentisches Aubrac-Ambiente in der Nachbarschaft der lebhaften Champs-Élysées.

KLEINE PAUSE

Angelina – *226 rue de Rivoli – M° Tuileries – ✆ 01 42 60 82 00 – 8.30-19 Uhr, Wochenende 9-19 Uhr.* Ein schöner Salon de Thé mit klassischer Inneneinrichtung gegenüber den Tuilerien, der für seine Kuchen und seine cremige Schokolade „L'Africain" berühmt ist.

Dalloyau – *101 rue du Faubourg-St-Honoré – M° Miromesnil oder St-Philippe-du-Roule – ✆ 01 42 99 90 00 – www.dalloyau.fr – Laden 8.30-21 Uhr; Salon de thé 8.30-19 Uhr.* Seit 1802 ist Dalloyau berühmt für seine weichen Makronen, seine feinen Cremeschnitten aus Blätterteig und sein Krokantgebäck aus Zitrusfrüchten. Restaurant-Salon de Thé in der 1. Etage und Weinbar im Untergeschoss.

Fouquet's Barrière – *99 av. des Champs-Élysées – M° Georges V – ✆ 01 47 23 50 00 – www.lucienbarriere.com – an der Bar oder auf der Terrasse 8-2 Uhr, Restaurant bis 0.30 Uhr – 78/85 €.* Das denkmalgeschützte, 1899 gegründete Fouquet's besitzt eine der letzten renommierten Terrassen der Champs-Élysées. Hier treffen sich Prominente aus Showbusiness und Literatur.

Maiffret – *102 av. des Champs-Élysées – M° George-V – ✆ 01 43 43 88 61 – www.maiffret.com – 10-22 Uhr.* Tradition und Qualität sind die Markenzeichen dieses 1885 gegründeten Hauses. Im Angebot sind Trüffelpralinen mit Honig-, Grand-Marnier- oder Minzgeschmack, Gewürz-, Kaffee- oder Kokospralinen, Fruchttörtchen und glasierte Maronen. In einem kleinen Salon de Thé mit Terrasse werden Getränke oder Eis von Berthillon serviert.

EINKAUFEN

Bernardaud – *11 rue Royale – M° Concorde oder Madeleine – ✆ 01 47 42 82 66 – www.bernardaud.fr – tgl. außer So 10-19 Uhr – Fei geschl.* Von prachtvollen Neuauflagen der alten Manufacture Royale de Limoges über zahlreiche Neuschöpfungen bis hin zu originellen Geschenkideen wie Anhänger und Ringe finden Sie hier alles rund ums Porzellan.

Disney Store – *44 av. des Champs-Élysées – M° Franklin-D.-Roosevelt – ✆ 01 45 61 45 25 – www.disneystore.fr – 10-23 Uhr – 1. Mai und 25. Dez. geschl.* Spielzeug, Kleidung, Kostüme, Accessoires, Musik, Zeichentrickfilme auf Großleinwand – hier findet man alles, was das Disney-Reich zu bieten hat und Kinderherzen höher schlägen lässt.

Galignani – *224 rue de Rivoli – M° Tuileries – ✆ 01 42 60 76 07 – www.galignani.com – tgl. außer So 10-19 Uhr – Fei geschl.* Die im Jahr 1801 gegründete berühmte Buchhandlung war „The first English bookshop established on the continent" und wird bis heute von der Familie Galignani geführt. Sie zeichnet sich durch besonders gute Abteilungen für Literatur, Geschichte und Kunst aus.

AM ABEND

Crazy Horse – *12 av. George-V – M° George-V oder Alma-Marceau – ✆ 01 47 23 32 32 – www.lecrazyhorseparis.com – zwei Vorführungen pro Abend um 20.30 und 23 Uhr; Sa abends drei Vorführungen um 19.30, 21.45 und 23.50 Uhr – Eintrittspreise vor Ort erfragen.* Dieses legendenumwobene Pariser Nachtlokal zeigt eine der besten Revuen. Mit einem faszinierenden Potpourri aus Tanz und Lichtshow feiert sie das weibliche Geschlecht.

Le Lido – *116 bis av. des Champs-Élysées – M° George-V – ✆ 01 40 76 56 10 – www.lido.fr – ab 19 Uhr – ab 100 €.* Seit 1946 zeigt das renommierte Pariser Cabaret jeden Abend eine bemerkenswerte Show. Wer möchte kann vorher zu Abend essen. Auf der Bühne präsentieren die wunderbaren Bluebell Girls Federn und Pailletten. An der Revue nehmen über 70 Künstler teil; zu sehen sind 600 Kostüme, etliche Bühnenbilder und erstaunliche Wasser- und Lichtspiele.

SPORT UND FREIZEIT

Kirmes – *Jardin des Tuileries – M° Tuileries oder Concorde.* Sie findet in jedem Jahr Ende Juni bis Ende August in den Tuilerien statt. Schon von Weitem erkennt man das Riesenrad.

Marionnettes des Champs-Élysées (Marionettentheater) – *Rond-Point des Champs-Élysées – M° Champs-Élysées – ✆ 01 42 45 38 30 – www.theatreguignol.fr – Mi, Wochenende und während der Schulferien um 15, 16 und 17 Uhr – Aug., Mo-Di und Do-Fr geschl. (außer während der Schulferien) – 4 €, Gruppen 3 € (pro Pers.).*

Spielmöglichkeiten – *Jardin des Tuileries – M° Tuileries oder Concorde.* Die Schaukeln, Wippen, Go-Kart- und Rollschuhbahnen, Karussells, Spielplätze entlang der Rue de Rivoli, Pony- und Eselreiten machen aus den Tuilerien einen unwiderstehlichen Anziehungspunkt für Kinder. Im Sommer können sie in einem Wasserbecken kleine Boote schwimmen lassen (Louvre-Seite).

15 - Monceau★★

Der Parc Monceau sieht heute kaum anders aus als zur Zeit des Zweiten Kaiserreichs: Mit seinen hundertjährigen Bäumen und stattlichen Gebäuden rundherum ist er noch immer eine grüne Oase der Ruhe. An dem Park und seiner Umgebung werden Kunstliebhaber ihre Freude haben. Orientalische Kunst bietet das Musée Cernuschi, dekorative Künste die Museen Nissim-de-Camondo und Jacquemart-André, und das Musée Henner widmet sich der Malerei. Selbst die Straßennamen erinnern an die Passion der reichen Sammler, deren Villen im vergangenen Jahrhundert Werke von Van Dyck, Rembrandt, Murillo oder Vélazquez schmückten.

WEGWEISER – *Umschlagkarte vorne B2 – 8. Arr. – Michelin Stadtplan Nr.- 57, Planquadrate D-E 9-10.* M° Monceau, Courcelles (Linie 2), Malesherbes (Linie 3). Busse 30, 84 et 94.

UNBEDINGT SEHENSWERT – Das Musée Cernuschi; die Kathedrale St-Alexandre-Nevski.

GUT GEPLANT – Beginnen Sie mit einem Besuch der Museen Cernuschi und Nissim-de-Camondo; schlendern Sie dann durch den Park bis zum Musée Jacquemart-André oder zur Rue Daru.

MIT KINDERN – Der Park und seine Ecken und Winkel! Es gibt jede Menge Spielplätze, viele davon im östlichen Teil des Parks: Eislaufplatz, Sandkiste, Karussell. (Achtung: Es ist verboten, die Rasenflächen zu betreten.)

Zu Fuß unterwegs Stadtplan S. 280

Ausgangspunkt M° Monceau.1 Std. An dieser Metrostation können Sie einen der letzten Metro-Eingänge im Jugendstil (von Guimard) bewundern.

Parc Monceau★ B1-2 – *Eingang an der Rotunde (Nordseite, am Ausgang der Metrostation Monceau).* Majestätisch sind die zwei prachtvollen schmiedeeisernen Tore; entworfen wurde dieser halb deutsche, halb englische Garten von dem Maler und Schriftsteller Carmontelle für den Herzog von Chartres, den späteren Philippe Égalité. Schmuckstücke des Parks sind eine Sykomore (Maulbeerfeige), eine Orientalische Platane und ein Ginkgobaum. Der von Claude Nicolas Ledoux errichtete Pavillon de Chartres, auch „La Rotonde" genannt, diente einst als Schilderhäuschen der früheren Zollmauer der Generalpächter zur Abgrenzung des Steuergebiets von Paris. In allen Winkeln des Parks trifft man auf weiße Skulpturen und das ovale Wasserbecken der Ost-West-Achse eignet sich für Simulationen von Seeschlachten der Römerzeit.

Die Renaissancearkade in der Nähe des Teiches schmückte einst das später von einem Brand zerstörte alte Rathaus von Paris.

Verlassen Sie den Park durch die Avenue Van-Dyck (Westseite) und biegen Sie anschließend rechts in die Rue de Courcelles ein. Dann geht es nach links in die Rue Daru. Um einen besseren Blick auf die Kathedrale St-Alexandre-Nevski zu haben, sollten Sie jedoch weiter bis zum Boulevard de Courcelles gehen. Biegen Sie links ein und dann noch einmal links in die Rue Pierre-le-Grand: Sie werden überrascht sein!

Cathédrale St-Alexandre-Nevski A2 – *12 rue Daru – ✆ 01 42 27 37 34 – Di, Fr, So 15-17 Uhr (unter Vorbehalt).* Die orthodoxe Kirche (1860) von Paris ist einzigartig: Der Stil ist neobyzantinisch, wie er im 19. Jh. in Moskau gepflegt wurde, der Grundriss ein griechisches Kreuz, und auf den fünf Pyramiden ruhen vergoldete Zwiebelkuppeln. Den Innenraum schmücken Fresken, Malereien auf Goldgrund und Ikonen.

Am **12. Juli 1918** fand hier die Hochzeit von Pablo Picasso und Olga Koklova statt. Trauzeugen waren Max Jacob, Jean Cocteau, Guillaume Apollinaire und Serge de Diaghilev.

Die Feiertagsgottesdienste mit den alten liturgischen Gesängen sind sehr eindrucksvoll.

Gehen Sie bis ans Ende der Rue Daru und dann weiter die Rue du Faubourg-St-Honoré entlang.

Rue du Faubourg St-Honoré★ A2 – Diese lange, elegante Straße liegt zwischen der Rue Royale im 8. Arrondissement und der Place des Ternes. Die

EIN WEINBERG IN EINEM LUSTGARTEN

Der kleine Hügel – Im 9. Jh. betrieben Mönche in Mousseux, was so viel wie kleiner Hügel bedeutete, Weinbau. Aus Mousseux wurde Monceau. 1429 kampierte hier Jeanne d'Arc mit ihren Truppen, bevor sie Paris von den Engländern befreite.

Im 18. Jh. war Monceau immer noch ein Weiler, umgeben von Äckern und Jagdrevieren. Hier wurden Zölle auf alle Waren erhoben, bevor diese nach Paris weitertransportiert werden durften. 1780 entstand eine hohe Absperrung; Güter durften nur an Zollhäuschen eingeführt werden, die wie griechisch-römische Pavillons anmuteten.

Der Garten des Philippe Égalité – Louis-Philippe von Orléans, der nach der Revolution Philippe Égalité genannt wurde, ließ die Mauer, die ihm die Sicht auf seinen Garten raubte, durch einen Graben ersetzen und baute die heutige Rotunde, Pavillon de Chartres genannt, zu einem Salon aus, von dem er den ganzen Norden der Hauptstadt – und natürlich seinen traumhaften Garten – überblicken konnte. Dem Spaziergänger wird eine Traumwelt geboten: Man kommt an einem Tempel aus weißem Marmor vorbei, einem ovalen Bassin mit Darstellung einer antiken Seeschlacht, einer holländischen Windmühle, einer chinesischen Brücke, einem Nomadenzelt, einer ägyptischen Pyramide, einem Minarett, einem Obelisken und vielen unechten Ruinen!

Der Immobilienboom des 19. Jh. – Im Jahre 1810 zählte Monceau knapp 300 Einwohner, doch bald darauf kauften Immobilienspekulanten einen Teil des Parks als Baugelände, ließen Straßen errichten und Landhäuser für die reichen Bürger von Paris bauen. Ganz vorne standen dabei die Brüder Pereire und Baron Haussmann, die Monceau in ein schönes Viertel verwandelten. Den Park Louis-Philippes gestaltete der Gartenbauingenieur Jean Alphand in einen englischen Garten um.

Schöner Ort für ein Picknick im Grünen: die Rasenflächen des Parc Monceau.

Nimbus / Fotolia.com

Nr. 252 beherbergt den berühmten und für seine gute Akustik bekannten Konzertsaal **Salle Pleyel** (1927). Hier kann man nicht nur Symphonien oder dem Orchester von Paris lauschen, sondern auch eine Ausstellung mit historischen Instrumenten, eine Galerie oder ein Café besuchen. Man sollte sich die Eingangshalle ansehen: Mosaike, Kunstschmiedearbeiten, Lampen und die hübsche Kuppel in reinem Art-Déco-Stil.

Überqueren Sie die Avenue Hoche und gehen Sie die Rue du Faubourg-St-Honoré entlang. Rechts beginnt die Rue Berryer. Bei der Nr. 11 öffnen sich die Gärten des ehemaligen Wohnhauses von Salomon de Rothschild, das zwischen 1872 und 1878 erbaut wurde. Hier ist das **Centre national de la Photographie** untergebracht, das interessante Ausstellungen zum Thema Fotografie veranstaltet.

Von hier kann man zur Metrostation Courcelles gehen oder das Musée Jacquemart-André besuchen.

Sehenswürdigkeiten

★★Musée Jacquemart-André B2

158 bd. Haussmann – M° Miromesnil – ✆ 01 45 62 11 59 – www.musee-jacquemart-andre.com – 10-18 Uhr – 10 € (unter 7 J. Eintritt frei).

Es steht den großen Museen in nichts nach, denn die kostbaren Sammlungen des Kunsthandwerks des 18. Jh., der französischen und niederländischen Malerei sowie der italienischen Renaissance sind von hoher Qualität.

Der Bankier Édouard André ließ 1869 von dem Architekten Parent ein prächtiges Palais errichten, in dem seine gesammelten Kunstwerke untergebracht werden sollten. Gemeinsam mit seiner Frau, der Malerin Nélie Jacquemart, unternahm er zahlreiche Reisen durch Europa und den Orient, um die prachtvolle Kunstsammlung ständig zu bereichern.

Erdgeschoss – Die **Empfangsräume** konnten für Feiern je nach Bedarf durch eine raffinierte Hydraulik der Trennwände miteinander verbunden werden. Im ersten Saal, dem Gemäldesalon, befinden sich Werke des 18. Jh.: *Der Schlaf der Venus* und *Die Toilette der Venus* von Boucher, *Die Marquise d'Antin* von Nattier, die *Eigenschaften der Wissenschaften* und *Eigenschaften der Künste* von Chardin sowie zwei von Canaletto gemalte Ansichten Venedigs. Der mit schönen Holzverkleidungen ausgestattete große **Empfangssalon** ist mit einer Reihe von Marmorbüsten aus dem 18. Jh. (Houdon, Lemoyne, Coysevox) dekoriert. Der bei festlichen Anlässen als Konzertsaal benutzte **Musiksalon** gibt eine gute Vorstellung vom Prunk des Zweiten Kaiserreichs (an den Wänden Ruinenmalereien von Hubert Robert und Panini sowie der *Kopf des alten Mannes* von Fragonard). In einer Reihe kleinerer Räume werden drei aus Beauvais stammende Wandteppiche mit russischen Stilelementen, sogenannte *Jeux Russiens*, gezeigt, außerdem eine Kommode von Riesener, schöne Portraits des Gravierkünstler Georg Wille von Greuze, der Gräfin Skavronska von Mme Vigée-Lebrun, des Grafen François de Nantes von David sowie Gemälde niederländischer und flämischer Meister wie Rembrandt (*Die Jünger von Emmaus*), Frans Hals und Van Dyck. Wirklich zauberhaft ist der **Wintergarten** (der heute als Teesalon und Restaurant dient) mit seinen Wandteppichen zur Achilles-Mythologie und dem bemerkenswerten Fresko von Tiepolo aus der Villa Contarini in Venedig. Im **Rauchsalon** sind verschiedene Souvenirs von den Reisen der Eheleute in ferne Länder (Moscheenlampe aus dem 13. Jh.) sowie eine schöne Sammlung englischer Malerei ausgestellt.

Das Mobiliar aus dem 17. und 18. Jh. wurde kürzlich restauriert und das gesamte Erdgeschoss neu gestaltet.

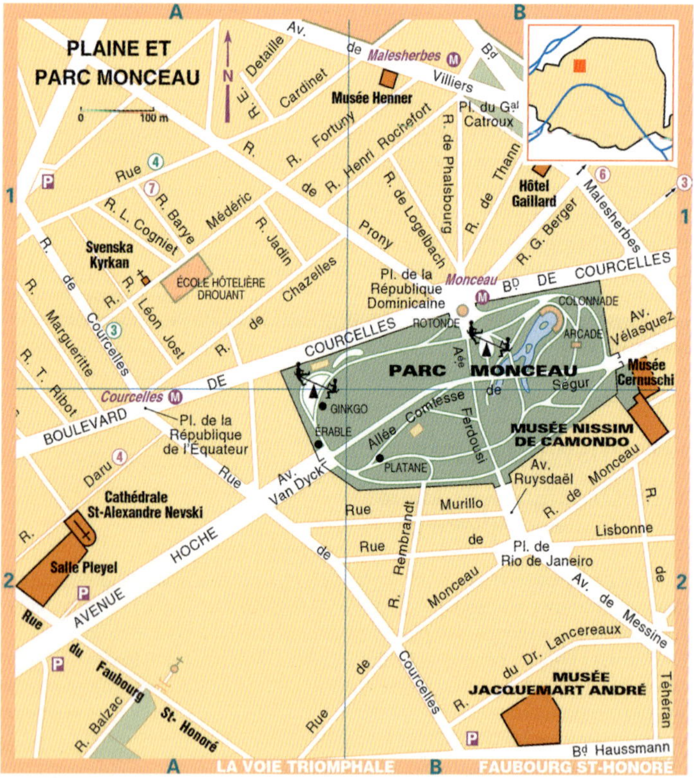

HOTELS		RESTAURANTS			
Hôtel Prince Albert	4	Chez Léon	3	Karl & Erick	6
Monceau Élysées	3	Daru	4	Les Domaines qui montent	7

1. Stock – In dem früheren Atelier von Nélie Jacquemart befindet sich eine einzigartige Sammlung von Renaissanceskulpturen, u. a. mit Werken von Della Robbia und Donatello. Die anderen Säle sind der florentinischen Malerei gewidmet, darunter Uccello (*Der hl. Georg und der Drache*), und Botticelli (*Maria mit Kind*). Venezianische Meister sind ebenfalls vertreten: Bellini (*Maria mit Kind*), Mantegna (*Ecce homo*) und Carpaccio (*Die Botschaft der Hippolyte, Königin der Amazonen*).

Die dekorativen Künste – ★★Musée Nissim-de-Camondo

63 rue de Monceau – M° Monceau – ✆ 01 53 89 06 50 – www.lesartsdecoratifs.fr – tgl. außer Mo und Di 10-17.30 Uhr – 1. Mai und 14. Juli geschl. – 6 € (unter 18 J. Eintritt frei).

Das Gebäude – Es wurde zwischen 1911 und 1914 von dem Architekten René Sergent nach dem Willen des Grafen Moïse de Camondo umgebaut, der seiner außergewöhnlichen Sammlung klassizistischer Kunst aus dem 18. Jh. einen würdigen Rahmen geben wollte. Dieses schöne Gebäude besitzt Anklänge an den Klassizismus und die Belle Époque. Es handelt sich hier um einen der wenigen vollständig erhalten gebliebenen Adelssitze; vor allem die Küchen mit Originalausstattung und die dem Personal vorbehaltenen Räumlichkeiten im Erdgeschoss sind in dieser Hinsicht interessant. In den Empfangsräumen im oberen Erdgeschoss befindet sich der Hauptteil der Sammlungen. Im 1. Stock sind die Privatgemächer des Grafen und seiner Kinder Nissim und Béatrice zu besichtigen.

Sammlungen – Die Möbel tragen den Stempel der Meister jener Epoche (Riesener, Leleu, Weisweiler); Die Teppiche stammen aus der Savonnerie und die Wandteppiche aus Beauvais. Die getäfelten Wände schmücken Gemälde von Guardi und Hubert Robert.

Besonders bemerkenswert sind die reizenden Wandteppiche nach Entwürfen von Oudry, auf denen Fabeln von La Fontaine dargestellt sind; außerdem ein Zylindersekretär mit Intarsien von Œben und das schöne Tafelgeschirr *Buffon* aus Sèvres, bei dem jedes Stück mit einem anderen Vogel verziert ist. Ebenfalls sehenswert sind die Scènes pastorales (bukolische Landschaftsmalereien) im Salon Huet, das Porzellanzimmer und die Dokumente zu Camondo (*1. Stock*).

DAS TRAGISCHE ENDE EINER FAMILIE

Die beiden Camondo-Brüder, Abraham Behor und Nissim, waren Bankiers aus Konstantinopel. Sie ließen am Rande des Parc Monceau zwei Stadtpalais erbauen. 1911 ließ Graf Moïse de Camondo das von seinem Vater Nissim geerbte Palais abreißen und ein neues, vom Petit Trianon in Versailles inspiriertes Gebäude errichten, um einen würdigen Rahmen für seine Kunstsammlung zu schaffen. Sein Sohn Nissim, dem diese Sammlung gewidmet war, starb bei einem Luftangriff während des Ersten Weltkriegs. Im Jahre 1935 vermachte Moïse de Camondo, im Gedenken an seinen Sohn, das Palais und seine Sammlungen dem Musée des Arts Décoratifs. Das Musée Nissim-de-Camondo wurde 1936 eröffnet. 1945 kamen die Tochter Moïse de Camondos, Béatrice, ihr Ehemann Léon Reinach und ihre beiden Kinder in Auschwitz ums Leben.

★Musée Cernuschi

7 av. Vélazquez – M° Monceau – ✆ 01 53 96 21 50 – www.cernuschi.paris.fr – ♿ – 10-18 Uhr – Mo und Fei geschl. – Eintritt für die Dauerausstellung frei.

Es zählt zu den großen Museen asiatischer Kunst in Frankreich und in Europa und erstrahlt nach drei Jahren Renovierungsarbeiten wieder in seinem alten Glanz. Das Musée Cernuschi präsentiert 900 Werke aus den großen Perioden der chinesischen Kultur vom Neolithikum bis ins 13. Jh.

Der japanische Buddha (4,40 m), den Henri Cernuschi 1871 in Tokio erwarb, ist zweifellos das spektakulärste Ausstellungsstück. Für ihn wurde das Haus erbaut.

Des Weiteren sind zu sehen: Bronzeskulpturen (16.-3. Jh. v.Chr.), Grabfiguren (3. Jh. v. Chr.-12. Jh.) und einige seltene Buddhaskulpturen (5.-11. Jh.). Eines der schönsten Bronzegefäße ist ein Weinkrug in Form eines Tiers, das in gebückter Haltung den Ältesten der Clanfamilie beschützt; er wird *Tigerin* genannt.

Besonders sehenswert sind ein wertvoller *Bodhisattva* aus Stein (5. Jh.) und die *Pferde mit ihren Stallknechten*, ein Werk der Seidenmalerei aus der Tang-Zeit (8. Jh.).

Musée Henner B1

43 av. de Villiers – M° Malesherbes – 01 47 63 42 73 – – Öffnungszeiten bitte erfragen.

Für das Museum, das in Henners Stadtpalais aus dem Jahre 1878 untergebracht ist, wurden über 500 Gemälde und vor allem Entwürfe, Zeichnungen und Skizzen des elsässischen Künstlers **Jean-Jacques Henner** (1829-1905) zusammengetragen. Er schuf zahlreiche Portraits von seiner Familie. Anlässlich einer Italienreise wurde Henner stark vom Werk Tizians und Corregios inspiriert und fügte von da an mythologische Figuren in seine Landschaftsbilder ein. Sehr beliebt bei dem Großbürgertum seiner Zeit waren seine weiblichen Aktbilder in zart schimmernden Farben. Aufschlüsse über seine künstlerische Entwicklung gibt die audiovisuelle Vorführung.

TIPPS UND ADRESSEN

ÜBERNACHTEN

Unsere Hoteladressen finden Sie auf S. 408/409 (17. Arr.).

ESSEN UND TRINKEN

Chez Léon – *32 rue Legendre – M° Villiers – 01 42 27 06 82 – Sa, So, Fei und vom 26. Juli-24. Aug. geschl. – Mittagsmenü 24 € – 32/34 €.* In einem der drei Säle mischen sich zeitgenössische Elemente unter die traditionelle Bistroeinrichtung. Auch die traditionelle Küche hat einen innovativen Touch. Gastfreundliches Ambiente zum Wohlfühlen.

Les Domaines qui montent – *22 rue Cardinet – M° Courcelles – 01 42 27 63 96 – www.lesdomainesquimontent.com – tgl. außer So 10-16 und 17-20 Uhr – zwei Wochen im Aug. und Fei geschl. – Mittagsmenü 15 € – 17/32 €.* Restaurant und Weinkeller werden hier mit Erfolg geführt. Der passionierte Wirt berät seine Gäste und gibt ihnen sein Know-how gern weiter. Wie eine Weinstube eingerichtet.

Daru – *19 rue Daru – M° Courcelles – 01 42 27 23 60 – www.daru.fr – So und Aug. geschl. – Menü 28 € (mittags an Wochentagen)/34 € – à la carte 60/90 €.* Das im Jahr 1918 gegründete Daru war das erste russische Feinkostgeschäft in Paris. Hier wird slawische Tradition gepflegt. Die nostalgische Einrichtung lädt zu einer Zeitreise in das Russland von anno dazumal ein.

Karl & Erick – *20 rue de Tocqueville – M° Villiers – 01 42 27 03 71 – Sa-mittag, So, Mo und 1.–24. Aug. geschl. – Menü 24 € – à la carte 37/57 €.* Dieses loftartige moderne Bistro betreiben Zwillinge. Einer schwingt das Zepter im Restaurant, der andere in der Küche. Gediegene, zu 50 % innovative Bistroküche.

EINKAUFEN

Galerie Lelong – *13 rue Téhéran – M° Miromesnil – 01 45 63 13 19 – www.galerie-lelong.com – tgl. außer So und Mo 10.30-18 Uhr, Sa 14-18.30 Uhr – Aug., 24. Dez., 1. Jan.*

und Fei geschl. Eine der renommiertesten Galerien von Paris. Sie stellt Werke mehrerer internationaler Künstler aus, z. B. von Alechinsky, Appel, Chillida, Dibbets, Judd, Kounellis, Miro, Monory, Pignon-Ernest, Rebeyrolle, Saura, Scully, KiKi, Smith, Tàpies ...

La Maison du Chocolat – *225 rue du Fg-St-Honoré – M° Ternes – ℘ 01 42 27 39 44 – www.lamaisonduchocolat.com – Feb.-Okt. tgl. außer So 10-19.30 Uhr; Nov.-Jan. tgl. außer So 9.30-19.30 Uhr – Fei geschl.* Die Schokolade von Robert Linxe zählt zu den besten von Paris. Lassen Sie sich verführen von den elegant präsentierten Kompositionen und versäumen Sie nicht, die köstliche heiße Schokolade zu probieren.

AM ABEND

Salle Pleyel – *252 rue du Fg-St-Honoré – M° Ternes – ℘ 01 42 56 13 13 – www.sallepleyel.fr – 12–19 Uhr, an Konzerttagen 20 Uhr – 10-85 € – (Kinder 8 €: pädagogische Konzerte).*

SPORT UND FREIZEIT

Der Park – *M° Monceau.* Spielplätze für die Kleinen sind überall im Park zu finden, die meisten allerdings auf der Ostseite: Eislaufplatz, Sandkiste, Karussell.

16 - Faubourg St-Honoré★

In der Rue du Faubourg-St-Honoré treffen sich die Großen dieser Welt, denn sie ist die Adresse des französischen Staatspräsidenten. Gleichzeitig ist sie eine der elegantesten Geschäftsstraßen von Paris, wo man, vorbei an exquisiten Läden und schönen Bürgerhäusern aus dem 18. Jh., wunderbar flanieren kann.

WEGWEISER – *Umschlagkarte vorne B2 – 8. Arr. – Michelin-Stadtplan Nr. 57, Planquadrate E8-E9, F9-F11.* M° St-Augustin (Linie 9), Miromesnil (Linien 9, 13), Concorde (Linien 1, 8, 12), Madeleine (Linien 8, 12, 14), St-Philippe-du-Roule (Linie 9), Ternes (Linie 2). Busse 22, 24, 30, 31, 42, 43, 52, 72, 73, 80, 84, 94.

UNBEDINGT SEHENSWERT – Die Kirche La Madeleine; die Rue Royale und der Ausblick, den sie auf die Madeleine und das Palais Bourbon bietet; die Rue du Faubourg-St-Honoré und ihre prachtvollen Häuser aus dem 18. Jh.

EINES DER SCHÖNSTEN STADTVIERTEL VON PARIS

Anfang des 18. Jh. waren hier Viehweiden und Felder, dazwischen ein paar Strohhütten. Das Viertel Faubourg St-Honoré entwickelte sich vor allem während der Übergangszeit zwischen den Regentschaften Ludwigs XIV. und Ludwigs XV. Reiche Financiers ließen durch große Architekten prachtvolle Gebäude errichten, die jenen des Faubourg St-Germain gleichkommen sollten. Die Entwicklung dieser beiden Stadtviertel hängt mit der Nähe zu den Zentren der Macht zusammen. Der junge Ludwig XV. war im Louvre, Philippe von Orléans im Palais-Royal: Die Großen des Königreiches wollten ihnen so nahe wie möglich sein. Ein Dutzend dieser aristokratischen Residenzen gibt es noch (die meisten zwischen der Rue du Faubourg-St-Honoré und der Avenue Gabriel) – sie sind heute Ministerien oder Botschaften.

GUT GEPLANT – Faubourg St-Honoré erkundet man am besten zu Fuß; zu besichtigen ist nur die Kirche La Madeleine. Diese kann auch zusammen mit dem Museum des Petit-Palais oder mit dem Kindermuseum Palais de la Découverte auf der anderen Seite der Champs-Élysées besichtigt werden.

Zu Fuß unterwegs Stadtplan S. 284/285

Ausgangspunkt M° Madeleine. 1 Std. 30 Min.

★La Madeleine C2

Der Architekt Contant d'Ivry begann 1764 mit dem Bau dieser der heiligen Maria Magdalena geweihten Kirche. Sein Nachfolger Couture änderte die Pläne nach dem Vorbild des Pantheon. 1790-1806 wurden die Arbeiten unterbrochen und die verschiedensten Verwendungszwecke für das Gebäude erwogen. Man dachte daran, dort die Gesetzgebende Versammlung, die Börse, eine Bibliothek, das Handelsgericht oder die Bank von Frankreich unterzubringen. Doch 1806 entschied Napoleon, dass an der Stelle ein Tempel

HOTEL	RESTAURANTS	
Hôtel d'Albion .... (2)	Chez Cécile la Ferme des Mathurins .... (2)	L'Arôme .... (9)
	Granterroirs .... (5)	Le Bistrot de Jean-Luc .... (11)
		Le Griffonnier .... (14)

GROSSE STUNDEN DER MUSIK

Der Komponist und Pianist Camille Saint-Saëns (1835-1921) spielte zwischen 1857 und 1877 als Organist auf der berühmten Orgel der Madeleine. Hier komponierte er seine Oratorien und Kantaten.

Heute noch schätzen viele Pariser die Kirche wegen der Konzerte, die hier regelmäßig veranstaltet werden.

zum Ruhme der Großen Armee errichtet werden sollte. Er übergab Vignon die Bauleitung. Nun wurde alles noch einmal bis auf die Grundmauern abgerissen, aber der Bau nahm langsam Gestalt an. 1814 wurde La Madeleine unter Ludwig XVIII. zum Gotteshaus bestimmt. 1837 wäre der Bau fast der erste Bahnhof von Paris geworden, doch dies war das letzte Hindernis vor der Weihe zur Pfarrkirche (1842).

Architektur – *Fachbegriffe aus Kunst und Architektur, S. 22.* Eine majestätische Kolonnade umgibt die Kirche: Ihre 52 korinthischen Säulen tragen in 20 m Höhe einen mit Skulpturen geschmückten Fries. Auf dem breiten Giebel der Kirchenfassade hat Philippe Lemaire das Jüngste Gericht dargestellt. Von der eindrucksvollen Vorhalle bietet sich ein reizvoller **Blick★** auf die Rue Royale, die Place de la Concorde mit dem Obelisken, das Palais-Bourbon (Nationalversammlung) und die Kuppel des Invalidendoms.

Swoon's 16
Village d'Ung et Li Lam 18

Kirchen sind traditionellerweise in Ost-West-Richtung angelegt, wobei der Chor mit dem Altar nach Osten, in Richtung der heiligen Stadt Jerusalem weist. Die Kirche La Madeleine macht mit ihrer Nord-Süd-Ausrichtung hier eine Ausnahme: Am besten betrachtet man ihre Fassade von der Place de la Concorde aus.

Innenraum – Das Innere ist in ein Vestibül, ein Schiff und einen halbrunden Chor aufgeteilt. In der Vorhalle lässt sich rechts hinten die *Vermählung Mariä* (eine Skulpturengruppe von Pradier) und links die *Taufe Christi* (von Rude) erkennen. In den Gewölbezwickeln hängen Reliefs der Apostel (Rude, Foyatier und Pradier); auf dem Hauptaltar sieht man die *Himmelfahrt der hl. Magdalena.*

★Rue Royale C2

Ihre große Anziehungskraft liegt in der Perspektive, die sie eröffnet – auf der einen Seite die gewaltige Madeleine, auf der anderen, jenseits der Place de la Concorde, das weiße Palais Bourbon und davor die Silhouette des Obelisken. Auf der Nr. 3 das berühmte Restaurant Maxim's, gegründet 1891, im ehemaligen Hotel Richelieu. (*La Voie triomphale – 14 – beschreibt das Museum Maxim's – Jugendstil).* In der Nr. 6 lebte Madame de Staël.

Gehen Sie weiter nach rechts in die Rue du Faubourg St-Honoré.

★Rue du Faubourg-St-Honoré A-B 1-2

Ähnlich wie die edle Rue Royale ist auch die von noblen Palästen gesäumte Rue du Faubourg-St-Honoré vom Luxus geprägt, der hier aufgrund der vielen Kunstgalerien einen gewissen kulturellen Anspruch erfüllt. Mit dem Elysée-Palast in der Nähe ist sie auch ein Schauplatz des öffentlichen und politischen Lebens.

Die abergläubische Kaiserin Eugénie ließ die Hausnummer 13 entfernen, die bis heute fehlt.

Links lässt man die **Rue Boissy-d'Anglas** hinter sich und kehrt auf die Avenue Gabriel zurück, die parallel zur Rue du Faubourg-St-Honoré und den Champs-Élysées verläuft (*La Voie triomphale – 14*) und zum Teil von wunderschönen Gärten gesäumt wird. Marie Joseph Gilbert Motier, Marquis von La Fayette (1757–1834), der drei Revolutionen (die Amerikanische Revolution vor dem Unabhängigkeitskrieg sowie die von 1789 und 1830) miterlebte, starb ganz in der Nähe der Rue du Faubourg St-Honoré, im Haus Nr. 8 in der Rue d´Anjou.

VON ROULE NACH ST-HONORÉ

Parallel zu den Champs-Élysées und in der Verlängerung der Rue St-Honoré liegt die Rue du Faubourg-St-Honoré, an der Stelle der mittelalterlichen Verbindungsstraße zwischen Paris und dem Dorf Roule. Roule kam 1722 zu Paris. Der heilige Honoré, Bischof von Amiens im 16. Jh., war übrigens der Patron der Bäcker und Konditoren. Er selbst hatte als Bäckerjunge begonnen.

Hôtel de Charost (Britische Botschaft)

Nr. 39. Pauline Bonaparte, die sinnliche Schwester Napoleons, lebte in dieser 1722 errichteten Villa, die seit 1814 die Britische Botschaft beherbergt. Hector Berlioz und die Tragödiendarstellerin Harriett Smithson (1800-1854) feierten hier 1833 ihre Hochzeit. Zum Leidwesen ihrer Bewunderer gab Frau Berlioz ihren Beruf auf. Das Hôtel Edmond de Rothschild (Nr. 49) errichtete 1835 der Architekt Louis Visconti.

Palais de l'Élysée B2

Der Graf von Évreux hatte sich 1718 dieses Palais erbauen lassen. Nach ihm bewohnte es die Marquise de Pompadour. Der nächste Bewohner, der Financier Beaujon, ließ das Palais vergrößern. Während der Revolution war es öffentliches Ballhaus. Caroline Murat, die Schwester Napoleons, und Kaiserin Josephine ließen es neu einrichten. Hier unterzeichnete Napoleon nach der Schlacht von Waterloo seine zweite Abdankung (22. Juni 1815).

Louis-Napoléon Bonaparte, der spätere Napoleon III., wohnte hier und bereitete seinen erfolgreichen Staatsstreich von 1851 vor. Seit 1873 residiert der französische Staatspräsident im Élysée-Palast.

Praktisch gegenüber des Élysée-Palastes, auf der Nr. 76, wo ehemals die berühmte Galerie Charpentier zu Hause war, ist heute das nicht minder berühmte Auktionshaus **Sotheby's** untergebracht.

21 FRANZÖSISCHE PRÄSIDENTEN IM ÉLYSÉE-PALAST

Patrice de Mac-Mahon (1873), Jules Grévy (1879), Sadi Carnot (1887), Jean Casimir-Perier (1894), Félix Faure (1895), Émile Loubert (1899), Armand Fallières (1906), Raymond Poincaré (1913), Paul Deschanel (1920), Gaston Doumergue (1924), Paul Doumer (1931), Albert Lebrun (1932), Vincent Auriol (1947), René Coty (1954), Charles de Gaulle (1959), Georges Pompidou (1969), Valéry Giscard d'Éstaing (1974), François Mitterrand (1981), Jacques Chirac (1995), Nicolas Sarkozy (2007).

Das Giebelfeld der Kirche La Madeleine ist mit Skulpturen geschmückt.

S. Sauvignier / MICHELIN

Place Beauvau B2

Ein schönes schmiedeeisernes Tor am Nordende des 1836 angelegten Platzes schmückt den Eingang des Innenministeriums, das seit 1861 in dem für den Fürsten von Beauvau gebauten Adelspalast (18. Jh.) untergebracht ist.

Gegenüber der Place Beauvau mündet die Avenue de Marigny in die Champs-Élysées.

Avenue de Marigny A-B2

Das alte Hotel de Rothschild und sein schöner Park rechts in der Nr. 23 sind heute eine Dependance des Élysée-Palastes und werden für Empfänge genützt. Bevor man auf die Champs-Élysées gelangt, erblickt man das Theater Marigny, das 1883 von Charles Garnier erbaut wurde.

Gehen Sie die Rue du Faubourg-St-Honoré entlang.

Avenue Matignon A1-2

Diese Straße ist bekannt für ihre zahlreichen Gemäldegalerien, die sich auf zeitgenössische und moderne Kunst spezialisiert haben: Maurice Garnier, Taménaga, Daniel Malingue, Bernheim-Jeune. Auch das berühmte Auktionshaus **Christie's** hat hier in einem von dem Architekten René Sergent 1913 errichteten Gebäude Quartier bezogen.

Weiter geht es durch die Rue Faubourg-St-Honoré.

Rue du Colisée A1-2

Die Straße, ein Café und ein Kino verdanken ihren Namen Le Colisée, einem Theater mit 40 000 Plätzen, das 1770 von Le Camus im römischen Stil erbaut wurde. In Nr. 34 befindet sich seit 1941 das legendäre Kabarett *Le Bœuf sur le Toit*.

Nun geht es die Rue du Faubourg-St-Honoré wieder zurück.

Maison Paul Poiret A1

Der große Schneider Paul Poiret (1879-1944) hatte seine Werkstätte in der Nr. 107. Er befreite die Mode vom Korsett und entwarf 1912 die riesigen, mit Straußenfedern geschmückten Hüte.

GROSSES KABARETT

Vor der **Nr. 28 in der Rue Boissy-d'Anglais** sollten Sie einen Moment innehalten. Hier befand sich das sagenhafte Pariser Kabarett Le Bœuf sur le Toit, das 1922 von Louis Moysès gegründet und von Cocteau und den Musikern der Gruppe der Sechs frequentiert wurde. Später zog das Kabarett in die **Rue du Colisée** um. Hier debütierten u. a. Trenet, Mouloudji, Léo Ferré und die Jacques Brüder. Der Ausdruck **„faire un bœuf"** kommt von jener Bar, in der sich die Jazz-Musiker gewöhnlich nach ihren Konzerten trafen, um zusammen zu improvisieren.

Église St-Philippe-du-Roule A1

154 rue du Faubourg-St-Honoré. Chalgrin errichtete die Kirche zwischen 1774 und 1784 nach dem Vorbild einer frühchristlichen Basilika; der halbrunde Chor mit Umgang wurde 1845 angefügt. In der Apsis ist eine Kreuzabnahme von Chassériau erwähnenswert.

*Sie können den Spaziergang an der Metrostation St-Philippe-du-Roule beenden oder die Rue du Faubourg-St-Honoré weitergehen, die Sie in die Nähe des Place des Ternes führt. Vorher können Sie jedoch auch rechts in die Rue Hoche einbiegen und Ihren Spaziergang unter dem romantischen Blätterdach des Parc Monceau (**Monceau – 15**) fortsetzen.*

Ausflug

★Église St-Augustin B1

Place St-Augustin – M° St-Augustin – ✆ 01 45 22 23 12 – Juli-Aug. und in den Schulferien tgl. außer Mo 10-13 Uhr, den Rest des Jahres Mo-Fr 8.15-19 Uhr, Sa, So 8.30-12-30 und 14.30-19 Uhr. Der zwischen 1860 und 1871 von **Baltard** erbauten Kirche liegt ein Metallgerüst zugrunde, das jedoch – ein religiöses Gebäude verpflichtet – mit einer Steinmauer ummantelt wurde. Charles de Foucauld ist hier im Oktober 1886 konvertiert.

TIPPS UND ADRESSEN

ÜBERNACHTEN

Unsere Hoteladressen finden Sie auf S. 405 (8. Arr.).

ESSEN UND TRINKEN

Granterroirs – *30 rue de Miromesnil – M° Miromesnil – ✆ 01 47 42 18 18 – www.granterroirs.com – 1.-24. Aug. und Sa/So und abends geschl. – ♿ – Mittagsmenü 35 € – 20/40 €.* Große Eichentische, Regale voller regionaler Produkte und Körbe mit besonderen französischen Weinen und Spezialitäten … dieses Nichtraucherrestaurant ist ländlich eingerichtet. Gute Salate, Toasts, rustikale Platten aus dem Süden und Westen Frankreichs und hausgemachte Desserts.

Le Griffonnier – *8 rue des Saussaies – M° Miromesnil – ✆ 01 42 65 17 17 – Aug. geschl. – 30/50 €.* Diese Weinbar, die in einem Haus aus dem 17. Jh. untergebracht ist, serviert kleine Imbisse im Bistrostil. Rustikal und etwas eng, aber nett und gemütlich. In dem größeren Raum im 1. Stock kann man alljährlich im November die besten neuen Beaujolais degustieren.

Swoon's – *10 rue des Saussaies – M° Madeleine – ✆ 01 42 68 00 02 – tgl. außer Sa, So 8.30-15.30 Uhr – abends geschl. – Mittagsmenü 6,40 € – 8,90 €/12,70 €.* Die klassische Bistroeinrichtung mit Holztischen und -stühlen, Sitzbänken und Parkett blieb erhalten. Das kleine Lokal serviert Sandwiches, Salate und auch ein paar Tagesgerichte.

Le Bistrot de Jean-Luc – *41 rue de Penthièvre – M° Miromesnil – 01 43 59 23 99 – 1.-20. Aug. und Wochenende geschl. – ♿ – 15/30 €.* Dieses einfache, doch freundliche Restaurant punktet mit seiner attraktiven Bistro-Karte und seiner schönen Auswahl an offenen Weinen, alles zu gemäßigten Preisen.

Village d'Ung et Li Lam – *10 rue J.-Mermoz – M° Franklin-D.-Roosevelt – 01 42 25 99 79 – Sa-mittag, So-mittag geschl. – Menü 19/35 € – à la carte 25/35 €.* Bei Ung und Li geht es gemütlich und herzlich zu. Origineller Rahmen für ein chinesisch-thailändisches Restaurant. Aquarien an den Wänden und Glasflächen mit Sandeinlagerungen am Boden.

L'Arôme – *3 rue St-Philippe-du-Roule – M° St-Philippe-du-Roule – 01 42 25 55 98 – www.larome.fr – Sa, So, 2.-23. Aug. und 19.-28. Dez. geschl. – Mittagsmenü 29, 36 € (abends) – 70/114 € – à la carte 55/75 €.* Das schicke „Neo-Bistro" führen Éric Martins (Restaurant) und Thomas Boullault (Küche). Gedeckte Töne prägen die Einrichtung. Offen einsehbare Küche. Speisekarte je nach Saison.

Chez Cécile la Ferme des Mathurins – *17 rue Vignon – M°Madeleine – 01 42 66 46 39 – www.chezcecile.com – Sa-mittag, So, Aug. geschl. Mittagsmenu (32 €), 36 € (abends), 38/59 €.* Traditionelle Küche, reichliche und liebevoll angerichtete Portionen. Angenehm gediegene Atmosphäre, viele Stammkunden. In diesem authentischen Bistro ist oft kein Platz mehr frei.

AM ABEND

Salle Gaveau – *45 rue La Boétie – M°Miromesnil – 01 49 53 05 07 – www.sallegaveau.com – Tickets tgl. außer Sa, So 10-18 Uhr – Juli-Aug. geschl.* Der prächtige Saal steht seit 1992 unter Denkmalschutz, wurde 2000 komplett renoviert und öffnete 2001 erneut. Seither finden hier wieder Kammermusikabende statt sowie Konzerte für klassische oder barocke Musik und Klavier- oder Chorkonzerte. Am 2. Februar 1927 spielte der elfjährige Yehudi Menuhin hier die Symphonie espagnole von Lalo und sorgte dafür, dass das Pariser Publikum so gespannt war wie sein Geigenbogen.

EINKAUFEN

Baccarat – *11 pl. de la Madeleine – M° Madeleine – 01 42 65 36 26 – www.baccarat.fr – tgl. außer So 10.30-21 Uhr – Fei geschl.* Das Pariser Geschäft dieses angesehenen Hauses ist ein wahres Kristall-Museum. Der diskret luxuriöse Rahmen unterstreicht elegant die leuchtenden Formen der ausgestellten Stücke: Vasen, Lüster, Schmuck, Accessoires u.v.m.

Chanel – *29/31 rue Cambon – M° Madeleine – 01 42 86 28 00 – www.chanel.com – tgl. außer So 10-19 Uhr – Fei geschl.* Es erübrigt sich, sie vorzustellen, die Schöpferin von Kleidern und Parfums, die auf der ganzen Welt für Luxus und Eleganz stehen. Einladende und luxuriöse Salons.

Fauchon – *24-30 pl. de la Madeleine – M° Madeleine – 01 70 39 38 00 – www.fauchon.com – tgl. außer So 9-21 Uhr.* Gleichzeitig Cateringbetrieb, Konditorei, Feinkostladen, Weinkeller und Teestube – das Fauchon bietet Luxusprodukte aus der ganzen Welt. Sehr beliebte Adresse, bei Parisern wie bei Besuchern. Schön gestaltete Schaufenster.

Hédiard – *21 pl. de la Madeleine – M° Madeleine – 01 43 12 88 88 – www.hediard.com – Mo-Sa 10-20 Uhr.* Die Liste der Dinge, die man von diesem Tempel der französischen Gastronomie mitbringen kann, ist lang: Tee, Kaffee, Schokolade, Fleischwaren, Käse,

Gänseleber, Trüffel, Gewürze, Süßigkeiten, aber auch frische Früchte, die auf dem Gehsteig hübsch präsentiert werden.

Hermès – *24 rue du Faubourg-St-Honoré – M° Concorde – ✆ 01 49 92 38 92 – www.hermes.com – tgl. außer So 10.30-18.30 Uhr – Fei geschl.* Seit seiner Gründung durch Thierry Hermès im Jahre 1837 ist der Familienbetrieb zwar gewachsen, hat aber den Geist seines Gründers bewahrt. Alles hat in diesem renommierten Haus natürlich mit Pferden zu tun.

Lalique – *11 rue Royale – M° Concorde oder Madeleine – ✆ 01 53 05 12 12 – www.lalique.com – tgl. außer So 10-19 Uhr – Fei außer 8. Mai, Christi Himmelfahrt und 11. Nov. geschl.* Die ersten Kreationen von Lalique sind heute im Besitz von Sammlern! Diese ruhmreiche Manufaktur hält ein traditionelles Handwerk am Leben, das der Materie Leben und Form gibt. Die Welt des Kristalls ist untrennbar verknüpft mit der Tafelkultur, außerdem mit Schmuck, Accessoires und Parfums.

17 - Opéra – Palais-Royal★★

Die wundervolle Avenue de l'Opéra mit ihren imposanten Gebäuden verbindet das Palais-Royal mit der Oper. Doch über ihre geografische Nähe hinaus haben diese beiden großartigen Gebäude noch mehr gemeinsam. Ihrer beider Geschichte widmete sich voll und ganz der Musik, dem Theater, dem Vergnügen und dem Luxus. Eingebettet zwischen zwei historischen Achsen – Louvre/Tuilerien und die Großen Boulevards – zeichnet sich dieses vornehme Viertel nicht nur durch seine unbeweglichen, zeitlosen Juwelen wie Place Vendôme, Place des Victoires, Église St-Roch und Comédie Française aus, sondern auch durch eine beständig schwungvolle Atmosphäre, die durch die vielen Geschäftsleute und das Publikum der vielen Restaurants entsteht.

WEGWEISER – *Umschlagkarte vorne C2 – 1., 2. und 9. Arr. – Michelin-Stadtplan Nr. 57, Planquadrate G 12-G13.* M° Opéra (Linien 3, 7 und 8), Quatre-Septembre (Linie 3), Pyramides (Linien 7, 14), Tuileries (Linie 1) und Palais-Royal (Linie 1, 7), Bourse (Linie 3). Busse 20, 21, 22, 27, 29, 39, 42, 48, 52, 53, 66, 69, 81 und 95.

UNBEDINGT SEHENSWERT – Die Place Vendôme, die Oper, aber auch die überdachten Passagen, die Place des Victoires, der Garten des Palais-Royal. Werfen Sie auch zumindest einen kurzen Blick in den Lesesaal der Nationalbibliothek.

GUT GEPLANT – Gehen Sie in der Umgebung des Palais-Royal spazieren, essen Sie in der Rue Ste-Anne in einem der zahlreichen japanischen Restaurants zu Mittag. Am Ende des Tages können Sie ein bisschen entlang der Großen Boulevards shoppen gehen, um die Daheimgebliebenen mit Souvenirs zu versorgen, und dann der Oper einen Besuch abstatten.

Zu Fuß unterwegs Stadtplan S. 294/295

VON GLANZVOLLEN STRASSEN UND PLÄTZEN 1

Ausgangspunkt M° Tuileries oder Concorde. 2 Std. Von der Metro kommend, entlang der Rue de Rivoli in Richtung Hotel Intercontinental. In die Rue de Castiglione abbiegen.

Eine Statue von Napoleon dominiert die Place Vendôme.

S. Sauvignier / MICHELIN

Rue de Castiglione A2

Die ehemalige Passage des Feuillants, entlang des dortigen Jakobinerklosters, von dem nur noch das Mietshaus *(235-229 Rue St-Honoré)* existiert, das die Benediktinermönche errichtet hatten, um ihre Einnahmen aufzubessern. Von diesem Kloster, in dem er ab 1791 seinen Sitz hatte, leitete sich der Name des Club des Feuillants ab. Mitglieder waren La Fayette, Sieyès und Talleyrand …
Biegen Sie links in die Rue St-Honoré ein.

Église N.-D.-de-l'Assomption A2

Die polnische Kirche von Paris auf der Place Maurice-Barrès sticht wegen ihrer eigenwillig proportionierten Kuppel ins Auge, die das rotundenförmige Gebäude (17. Jh.) überragt. Im Inneren der Kirche können Werke der Maler Vien, Van Loo und La Fosse bewundert werden.
Es geht zurück durch die Rue Castiglione.

★★Place Vendôme A2

Um 1680 beschloss Louvois, der oberste Verwalter der königlichen Bauten, nördlich der Rue St-Honoré einen großen Platz als Rahmen für die Statue Ludwigs XIV. anzulegen. Rundum sollten Palais entstehen. Er wollte damit die von seinem Vorgänger angelegte Place des Victoires in den Schatten stellen.

WISSENSWERTES ÜBER DIE OPER

– Die Pariser Oper verdankt ihren Namen dem Architekten Charles Garnier, der sie zwischen 1862 und 1875 erbaute.
– Die Oper ist 11 237 qm groß; die Bühne fasst 450 Personen, und der große Kronleuchter wiegt über acht Tonnen; die Oper kann 2200 Zuschauer aufnehmen. Sie schafft Arbeitsplätze für fast 1100 Personen.
– Wer kennt Maria Anna Cecilia Sofia Kalogeropoulos? Allen Opernbegeisterten ist sie als Maria Callas bekannt. Als *Norma* stand sie 1965 in Paris zum letzten Mal auf der Bühne.

Jules Hardouin-Mansart entwarf den Platz, 1699 wurde das Reiterstandbild des Sonnenkönigs, ein Werk von François Girardon, feierlich enthüllt, doch erst 1702-1720 wurde der Platz von durch Vorsprünge aufgelockerte Fassaden und mächtigen Säulen gerahmt (*Fachbegriffe aus Kunst und Architektur, S. 22).* Der Platz verdankt seinen Namen César de Bourbon, dem Herzog von Vendôme (1594-1665), ein unehelicher Sohn Heinrichs IV. und Gabrielle d'Estrées, dessen Wohnhaus auf dem heutigen Platz stand.

Jedes Haus erinnert an ein Ereignis oder einen Namen. Nr. 19 ist das ehemalige Hôtel d'Évreux (1710), Nr. 15 das Luxushotel Ritz, in dem u.a. Prinzessin Diana abstieg; die Häuser Nr. 13 und 11, heute Justizministerium, waren einst die königliche Kanzlei (ein geeichtes Metermaß wurde 1848 in die Fassade eingelassen). Nr. 9 war Ende des 19. Jh. Sitz des Militärgouverneurs; am 17. Oktober 1849 starb Chopin in Haus Nr. 12; in Nr. 16 machte der deutsche Arzt Mesmer erste Versuche zu einem Heilverfahren, das er animalischen Magnetismus nannte. Der Mesmerismus gilt als der Vorläufer der Hypnose.

Die Vendômesäule – In der Revolution wurde das Standbild des Königs zerstört. 1810 ließ Napoleon die Säule von Austerlitz errichten, um die sich, wie bei der Trajansäule in Rom, ein Bronzeband windet, das aus den 1250 bei der Schlacht von Austerlitz (1805) erbeuteten Kanonen gegossen wurde und die von einer Statue Napoleons als Cäsar gekrönt wird. 1814 wurde seine Statue durch die Heinrichs IV. ersetzt, später ließ Ludwig XVIII. eine überdimensionale Bourbonenlilie darauf setzen. Louis Philippe setzte an ihren Platz erneut eine Statue Napoleons, diesmal in Korporalsuniform. Napoleon III. krönte die Säule wieder mit einer Replik der ersten Statue Napoleons.

1871 stürzte die Commune die Säule. Der Maler Courbet wurde dafür zu Gefängnis verurteilt und sollte die Säule wieder errichten, was er 1873 tat. Eine Kopie der Statue des Originals befindet sich an ihrer Spitze.

Rue de la Paix A-B1

Im Monopoly ist sie die teuerste Straße, im wirklichen Leben die mit den schönsten Schaufenstern. Nicht nur um die Place Vendôme herum reihen sich die großen Juweliere wie Van Cleef und Arpels, Boucheron, Mauboussin, Chopard; auch die Rue de la Paix ist berühmt dafür. Cartier hat in Hausnummer 11 seinen Hauptsitz. Doch die Zeiten ändern sich, und heute findet man hier auch die Billigkette Tati Or.

★★Place de l'Opéra B1

Baron Haussmann wollte den Platz vor der Oper zu einer Drehscheibe des Pariser Verkehrs machen. Für die Zeit um 1860 war es ein als zu groß kritisierter Entwurf, den die Verkehrsentwicklung jedoch längst eingeholt hat.

Von dem berühmten *Café de la Paix* aus kann man inmitten des vibrierenden Lebens genüsslich das rege Treiben vor den verlockenden Schaufenstern der eleganten Geschäfte beobachten.

Nach links biegen Sie in den Boulevard des Capucines ein.

Boulevard des Capucines A-B1

Das Gebäude Nr. 27 mit großartiger Jugendstilfassade von Frantz Jourdain war früher das Kaufhaus „Samaritaine de Luxe".

Nach rechts geht es in die Rue Scribe.

Rue Scribe A1

Sie wurde nach dem französischen Dramatiker Eugène Scribe (1791-1861) benannt, der von 1820 bis 1850 das Théâtre Comique Français leitete. Das Grand-Hôtel an der Nr. 4, ein Bau aus dem Zweiten Kaiserreich unter Napoleon III., ist besonders für seine Rotunde mit dem Salon Opéra bekannt, in dem sich heute das Restaurant befindet.

Über die Rue Auber geht es zurück zum Boulevard des Capucines; biegen Sie dort rechts in die Rue de la Michodière ein.

Ein Ort mit vielen Funktionen

VOM PALAIS-CARDINAL ZUM PALAIS-ROYAL

Er war gerade zum Ersten Minister im Staatsrat ernannt worden, als Armand Jean du Plessis, Herzog von Richelieu, 1624 ein Gelände in der Nähe des Louvre erwarb. 1629 ließ er sich dort von dem Architekten Jacques Lemercier das weitläufige und sehr elegante Palais-Cardinal errichten. Sieben Jahre später, als er sein Ende nahen spürte, vermachte er seinen Besitz Ludwig XIII. Dieser starb jedoch nur kurze Zeit später. Das Palais-Cardinal wurde zum Palais-Royal. Der größte Königspalast nach dem Louvre blieb über mehrere Generationen im Besitz der Familie. Anna von Österreich und ihr Sohn Ludwig XIV. bewohnten das Palais bis zu dem Aufstand der Fronde. 1652 kehrte der 14-jährige Ludwig XIV. in den Louvre zurück. Im Palais-Royal ließ er Henriette von Frankreich, die Witwe Karls I. von England, und nach ihr deren Tochter Henriette von England wohnen. Sein Blick fiel auf eine ihrer Brautjungfern, Louise de La Vallière. 1663 erblickte ihr erstes Kind im Palais-Royal das Licht der Welt.

ERWEITERUNGEN

1780 ging das Gebäude in den Besitz Louis Philippes von Orléans, später auch Philippe-Égalité genannt, über, der auf drei Seiten zum Garten Wohnungen mit gleicher Fassade errichten ließ. Da er stets knapp bei Kasse war, wurden diese vermietet.

Erbaut wurde das bemerkenswerte Ensemble von **Victor Louis.** Die drei neuen Straßen wurden nach den jüngeren Brüdern der Orléans Valois, Montpensier und Beaujolais benannt. 1786-1790 ließ Philippe-Égalité von demselben Architekten das Théâtre Français errichten, die heutige **Comédie Française**, sowie das **Théâtre du Palais-Royal**. 1801 wurde das Palais unter Napoléon Verwaltungsgebäude, 1807 Sitz der Börse und des Handelsgerichts. Ludwig XVIII. gab das Gebäude an die Orléans zurück. Von hier aus begab sich Louis Philippe 1830 zum Rathaus, wo er zum „Bürgerkönig" proklamiert wurde.

AUFSTIEG UND FALL DES PALAIS-ROYAL

Das Gebäude beherbergte zahlreiche Cafés, in denen das Glücksspiel blühte. Nach der Schließung der Spielsäle 1838 verfiel das Gebäude. Die Commune steckte das Palais in Brand, 1872-1876 wurde es von Chabrol restauriert.

VON DER OPER ZUM PALAIS ROYAL

Die Geschichte der Pariser Oper begann im Jahre 1669, als Ludwig XIV. Pierre Perrin mit dem Bau einer königlichen Musikakademie beauftragte. Während der folgenden zwei Jahrhunderte musste die Pariser Oper wegen zahlreicher Brände mehrmals umziehen. Zwischendurch war sie provisorisch in den Tuilerien untergebracht. Erst 1793 zog sie in ein großes, von dem Architekten Louis erbautes Theater gegenüber dem Eingang der Nationalbibliothek. Nach einem weiteren Brand 1820 fand ein neuerlicher Ortswechsel in die Rue Pelletier statt. Napoleon III. ließ schließlich die heutige, vom Boulevard des Capucines zugängliche und der Hauptstadt würdige Oper errichten, und beauftragte auch den Bau der langen Avenue, die die Oper mit dem Palais-Royal verbinden sollte.

Place Gaillon B1

In dem berühmten Restaurant Drouant wird alljährlich der Prix Goncourt verliehen, der bedeutendste französische Literaturpreis. Herausragende Preisträger waren Marcel Proust, André Malraux, Simone de Beauvoir sowie Tahar Ben Jelloun, Jonathan Litell u. a. Das Restaurant Drouant lädt die Mitglieder der Société littéraire des Goncourt vor der Preisverleihung zum Essen ein. Die Damen und Herren „Académiciens“ bezahlen nur die Trinkgelder.

Über die Rue Gaillon geht es zurück zur Avenue de l’Opéra.

★Avenue de l’Opéra B1-2

Die zwischen 1854 und 1878 erbaute Straße ist in knapp einem Jahrhundert zu einer der pulsierendsten Verkehrsadern von Paris geworden. Zugleich findet der Tourist hier typische Pariser „Kleinigkeiten“ wie Parfums, Schals und andere Geschenkartikel. Außerdem ist die Straße ein belebtes Geschäftsviertel, Sitz großer Banken, Immobiliengesellschaften und Buchhandlungen.

Biegen Sie rechts in die Rue de l’Échelle ein.

Rue de l'Échelle B2

Die „Échelle" war im Ancien Régime ein Schafott. Des Ehebruchs, Meineids oder der Gotteslästerung Beschuldigte wurden hier hingerichtet.

★Rue St-Honoré A-B2

Rechts einbiegen. Diese lange Geschäftsstraße lädt zu einem angenehmen Bummel ein. Interessant sind dabei die alten Geschäftsinsignien, Zeugen ihrer ehrwürdigen Vergangenheit: z.B. Nr. 234, das Unternehmen *Biberon et Fils*, das unter einem Portrait Franz I. Papier- und Lederwaren und anderes verkaufte. Gegenüber umrahmen reichlich mit Medaillons, Zierleisten und Girlanden verzierte Holzfassaden von Geschäften das Hôtel St James & Albany (Nr. 211), das ehemalige Hôtel de Noailles, in dem Lafayette heiratete.

Links einbiegen in die Rue des Pyramides.

Place des Pyramides B2

Auf dem Platz thront eine Statue der **Johanna von Orléans** von Frémiet. Die hl. Johanna wurde am 8. September 1429 an der Porte St-Honoré (das Tor

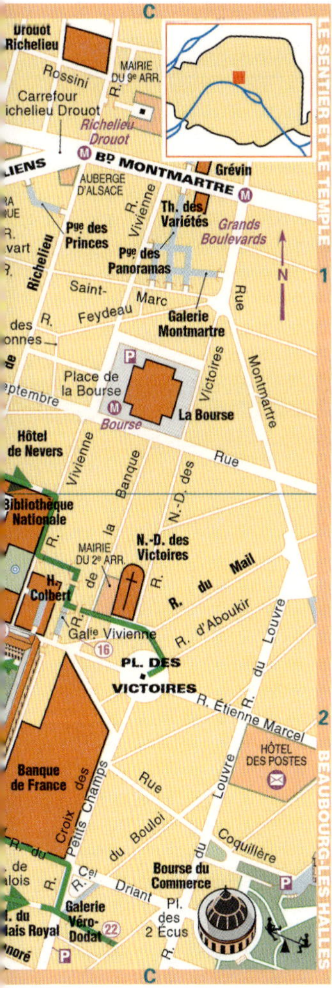

RESTAURANTS

Baan Boran.......... 4
Cristina's Tapas by Mavrommatis.......... 6
Hokkaido.......... 8
Le Costes.......... 10
Legrand Filles et Fils.......... 16
Le Saut du Loup.......... 18
Nodaiwa.......... 20
Véro-Dodat.......... 22
Willi's Wine Bar.......... 24
Yamamoto.......... 25
You.......... 26

stand damals auf der Höhe der Nr. 163 in der Rue St-Honoré) im Kampf gegen die Engländer, die Paris eingenommen hatten, verwundet. Das ist zwar die einzige Verbindung dieser Heiligen zur Hauptstadt, doch Paris errichtete ihr drei weitere Statuen: in der Rue de la Chapelle Nr. 16, am Place Augustin und am Boulevard St-Marcel Nr. 41.

★Rue de Rivoli A-B2

Gegenüber dem Louvre lädt eine lange Arkadengalerie mit zahlreichen Souvenirläden zum Bummeln ein.

Zwischen Rue de Rivoli, Place des Pyramides und Rue de Castiglione erstrecken sich die Tuilerien. Dort wurde am 12. September 1792, am Vorabend des Sieges von Valmy, die Republik ausgerufen. Am 11. Dezember 1792 wurde hier der Prozess gegen Louis Capet (Ludwig XVI.) eröffnet. Vierzig Tage später endete er mit dessen Verurteilung zum Tod.

Genau daneben errichtete General von Choltitz 1944 sein Hauptquartier im Hotel Meurice (Nr. 228), das im Juni 1940 zum Sitz des Generalstabs für Groß-Paris erklärt wurde. Während sich die Panzer der Division Leclerc und der Résistance näherten, führte er Hitlers Befehl, die Brücken und wichtigsten Gebäude der Hauptstadt zu zerstören, nicht aus und wurde hier am 25. August gefangen genommen. Paris blieb verschont und war frei.

ZWISCHEN DEM PALAIS-ROYAL UND DER NATIONALBIBLIOTHEK 2

Ausgangspunkt M° Palais-Royal. 2 Std.

Place du Palais-Royal C2

Hier ist der **Staatsrat** untergebracht – die Fassade besteht aus einem Hauptgebäude von Moreau-Desproux und zwei Seitenflügeln, die Pajou im 18. Jh. mit Waffentrophäen und allegorischen Figuren schmückte. Schräg gegenüber befindet sich der **Louvre des Antiquaires.**

Gegenüber dem Conseil d'État links in die Rue St-Honoré einbiegen.

★Comédie Française B2

Place Colette. Wenn Sie das Gebäude von innen besichtigen möchten, sollten Sie sich eine Vorstellung ansehen! Das „Haus Molières", 1680 von Ludwig XIV. gegründet, beherbergt die schönsten Räumlichkeiten von Paris. Wenn das Repertoire auch in erster Linie klassisch ist, öffnet sich die älteste Schauspieltruppe der Welt doch auch langsam zeitgenössischen Autoren.

Im Foyer hat der Besucher einer Aufführung Gelegenheit, den berühmten **Voltaire**★★ von Houdon zu bewundern oder den Sessel zu sehen, in dem **Molière** an seinem Todestag den *Eingebildeten Kranken* spielte.

Auf der **Place Colette** verleiht der Kiosque des Noctambules mit seinen bunten Glasperlen, den Jean-Michel Othoniel für das 100. Jubiläum der Metro designte, der Metrostation Palais-Royal-Musée du Louvre etwas Feierliches.

Links von der Place Colette, gegenüber der Comédie Française, betritt man die Place André-Malraux.

THEATER-ERINNERUNGEN

Schon im 17. Jh. entschied man sich zu Fusionen, um weiter bestehen zu können. 1680 vereinigt Ludwig XIV. die alte Truppe Molières mit der Truppe des Hôtel de Bourgogne unter dem Namen Comédie Française. Diese lässt sich 1792 in dem von Victor Louis errichteten Théâtre Français (heute Comédie Française) nieder. 1812 erhalten die Schauspieler, angeführt von dem berühmten Talma, durch das „Dekret von Moskau" ein eigenes Statut: Sie werden eine Gesellschaft unter der Leitung eines von der Regierung ernannten Verwalters.

Akkurat geschnittene Bäume säumen die Alleen in den Jardins du Palais-Royal.
Franck Boston / Fotolia.com

Place André-Malraux B2

Seinen jetzigen Namen erhielt der Platz, der unter Napoleon III. angelegt wurde, zu Ehren des Schriftstellers und Kulturministers unter Charles de Gaulle. Zwei hübsche Brunnen schmücken den Platz, der einen wunderschönen Blick auf die Avenue de l'Opéra freigibt.

Jetzt geht es wieder zurück, rechts an der Comédie Française vorbei, durch einen Bogengang in den Ehrenhof des Palais-Royal.

★★Palais-Royal B2

Zur Entstehungsgeschichte des Palais-Royal *Kasten „Ein Ort mit vielen Funktionen", S. 293.* Der Stadtpalast beherbergt heute den Conseil Constitutionnel (französische Entsprechung des Bundesverfassungsgerichts), der über die ordnungsgemäße Durchführung von Wahlen wacht und die Verfassungsmäßigkeit von Gesetzen prüft, das Kultusministerium und den Staatsrat (oberste Verwaltungsinstanz und rechtliche Beraterfunktion der Regierung).

Man gelangt in den **Ehrenhof** durch eine Passage von der Rue Montpensier und der Rue Valois (in der Rue Valois Nr. 6 hielt Richelieu 1638 die ersten Treffen der Académie Française ab). Die Hauptfront zieren allegorische Gestalten, die Seitenfassaden sind von Galerien gesäumt.

Zwischen Hof und Garten befindet sich die Galerie d'Orléans, eine doppelte Kolonnade aus der Zeit der Restauration. Diesen Kolonnaden entsprechen 260 Säulen von verschiedener Höhe aus schwarzem und weißem Marmor, ein Werk des französischen Bildhauers und Konzeptkünstlers Daniel Buren aus dem Jahr 1986. Die beiden Brunnen stammen von dem belgischen Bildhauer Pol Bury.

Die Galerie des Proues (Galerie der Galionsfiguren) auf der Seite der Rue de Valois erinnert an Kardinal Richelieu, denn er war gleichzeitig Oberintendant der Schifffahrt.

Von der Galerie des Proues gelangt man durch eine Passage auf die Place de Valois und stößt, der Rue Montesquieu folgend, direkt auf die Galerie Véro-Dodat. Von hier aus erkennt man das Kulturministerium, dessen Fassade zur Gänze mit einer Art „Kettenhemd" überzogen wurde (Architektenbüro Soler und Drouot, 2004).

Galerie Véro-Dodat C2

Benannt nach den Metzgern Véro und Dodat, war sie eine der ersten Pariser Straßen, die mit Gaslichtern ausgestattet wurden. Zu bewundern ist die schöne klassizistische Innendekoration (bemalte Decken, Böden in schwarz-weißem Schachbrettmuster) mit edlen Boutiquen. Heute hat eine gewisse Melancholie von diesem Ort Besitz ergriffen, und es fällt schwer, sich vorzustellen, dass im 19. Jh. dort geschäftiges Treiben herrschte.

Zurück geht es durch den Garten des Palais-Royal über die Rue de Colonel-Driant. Danach durch die Passage.

★Garten des Palais-Royal B-C2

An klassischer Eleganz ist der Garten kaum zu übertreffen. Die ihn umgebenden Fassaden sind ein Werk des Architekten Victor Louis. In den Galerien reihen sich elegante Geschäfte aneinander.

Die Schriftstellerin **Colette** (1873-1954) starb 1954 in der Galerie de Beaujolais Nr. 94. **Jean Cocteau** (1889-1963) hat jahrelang in einem Apartment der Galerie de Montpensier Nr. 36 gewohnt.

Verlassen Sie den Garten durch die Rue de Beaujolais und durchqueren Sie die enge Passage de Beaujolais. Ihr Weg führt Sie dabei an der eleganten Fassade des Theaters des Palais-Royal vorbei.

Rue de Richelieu B-C1-2

Der Eingebildete Kranke wurde eines Abends im Jahre 1673 traurige Wirklichkeit: Molière starb in seinem Haus Nr. 40. Der Molière-Brunnen ein paar Schritte weiter wurde von Visconti errichtet.

Drehen Sie um und biegen Sie links in die Rue des Petits-Champs ein, dann nochmals links in die Rue Ste-Anne.

Rue Ste-Anne B2

Nr. 47, an der Ecke dieser Einkaufsstraße (in der sich unzählige japanische Restaurants befinden) mit der Rue des Petits-Champs, gehörte einst dem Komponisten Lully, dem Lieblingskomponisten Ludwigs XIV. Lully hatte sich 1671 von Molière 11 000 Livres ausgeliehen, um das Haus zu bauen.

Überqueren Sie die Rue des Petits-Champs und gehen Sie nochmals die Rue Ste-Anne hinauf. Lassen Sie die Rue Chérubin hinter sich und nehmen Sie die enge Passage Ste-Anne. Sie mündet in die Passage Choiseul, in die man rechts einbiegt.

Passage Choiseul B1

Sie wurde 1827 eröffnet und verbindet die Rue des Petits-Champs mit der Rue St-Augustin. Louis-Ferdinand Céline hat seine Kindheit hier verbracht (Nr. 64 und 67) und die Passage in *Mort à crédit* (1936) mit herausragender Wortwahl beschrieben.

Verlassen Sie die Passage bei der Rue St-Augustin und wenden Sie sich nach rechts. Biegen Sie rechts in die Rue Ste-Anne ein, dann überqueren Sie den Square Louvois.

Square Louvois B1

Gegenüber dem Eingang zur Nationalbibliothek. Der von Visconti entworfene Brunnen (1844) zieht mit seinem unaufhörlichen Plätschern die Aufmerksamkeit auf sich. Vier allegorische Figuren stellen die Flüsse Seine, Rhône, Loire und Garonne dar. Früher standen zwei Häuser auf dem Platz, beide wurden jedoch 1792 für den Bau des Nationaltheaters abgerissen. 1794 wurde es die neue Heimat der Oper. 1820 wurde während einer Vorstellung der Herzog von Berry durch Louvel ermordert. Das Gebäude wurde bald zerstört, und die Oper fand in der Rue Le Peletier eine neue Bleibe.

Überqueren Sie die Rue de Richelieu.

Bibliothèque nationale de France: Site Richelieu C2

58 rue de Richelieu – ✆ 01 53 79 59 59 – www.bnf.fr. Seit 1998 ist die Nationalbibliothek im modernen Gebäude am Quai Bercy untergebracht, und der Site

DIE BIBLIOPHILEN FRANZOSEN
Im Mittelalter sammelten Frankreichs Könige Manuskripte. In seiner „Bücherei" im Louvre besaß Karl V. bereits fast tausend Bücher. Nach der Erfindung des Buchdrucks überließ Franz I. seine königliche Bibliothek von Fontainebleau Guillaume Budé. Mit der Verordnung von Montpellier (1537) musste von allem Gedruckten ein Exemplar aufbewahrt werden. Heute zählen Disketten und Fotos dazu. Im Jahre 1666 beherbergte das Hôtel Colbert 200 000 Bände. Die Stadtpalais des Viertels – Palais Mazarin, Hôtel de Nevers und de Chivry – dienten ebenfalls der Lagerung von Büchern und mussten nach und nach erweitert und umgebaut werden.

Richelieu auf besondere Sammlungen spezialisiert: Handschriften, Kupferstiche und Fotografien, Karten und Pläne, Musikaufzeichnungen, Münzen, Medaillen und Antiquitäten.

Das Gebäude – Begonnen von François Mansart (1645), wurde der Bau im 18. Jh. von Robert de Cotte durch zwei Galerien ergänzt. Hinter einer Fensterscheibe erblickt man den **Lesesaal** (ein Werk von Henri Labrouste, 1854), der für seine eiserne Deckenkonstruktion bekannt ist. Die prächtige **Galerie Mazarine**★ von Mansart glänzt mit ihrer Innendekoration wie den Fensteröffnungen und bemalten Nischen. Im Ehrensalon ist eine Statue von Voltaire zu bestaunen, in deren Sockel das Herz des Schriftstellers und Philosophen ruht. Hier finden auch regelmäßig Wechselausstellungen zu zeitgenössischer Fotografie statt.

Musée des Monnaies, Médailles et Antiques★ – *✆ 01 53 79 83 30 – 13-17.45 Uhr, Sa 13-16.45 Uhr, So 12-18 Uhr, Fei und 2. Woche im Sept. geschl. (vor Ort nachfragen) – Eintritt frei.*

Unter den zahlreichen aus Kirchengut und königlichen Sammlungen stammenden Exponaten befinden sich der legendäre Thron des Königs Dagobert, Kameen sowie eine schöne Münzsammlung.

☺ Sehenswert ist das Schachspiel von Karl dem Großen.

Nach Verlassen der Bibliothek geht es rechts in die Rue Richelieu und wieder rechts in die Rue Colbert.

Das von Mansart 1645 errichtete Gebäude an der Ecke Rue Colbert beherbergte im 18. Jh. den literarischen Salon der Mme de Lambert und später das königliche Münzkabinett.

Biegen Sie rechts in die Rue Vivienne ein und gehen Sie dann die Galerie Vivienne entlang. Wenn Sie einen kleinen Umweg nicht scheuen, können Sie links in die Rue Vivienne einbiegen und die Pariser Börse (La Bourse) besichtigen.

Die klassizistischen Kolonnaden dieses majestätischen Gebäudes erinnern daran, dass wir uns im Tempel des Geldes befinden. Das heutige Gebäude wurde 1826 nach den Plänen von **Alexandre Brongniart** errichtet. Seit 1987 werden hier Empfänge veranstaltet.

Galeries Vivienne et Colbert

Die Galerie Vivienne (1823–1826), interessant durch ihr Glasdach und die Modegeschäfte, hat immer noch ihr ursprüngliches, mit Nymphen und Göttinnen geschmücktes Dekor. In Haus Nr. 13 wohnte der Polizist Vidocq, ein ehemaliger Sträfling. Nostalgische Läden, Boutiquen und der geschmückte Teesalon laden zum Verweilen ein. In der Galerie Colbert, die originalgetreu im pompejischen Stil restauriert wurde, veranstaltet die Nationalbibliothek Ausstellungen, Symposien und Konzerte (unter der Rotunde). Im Grand Café Colbert können Sie das Flair der Jahrhundertwende genießen.

Biegen Sie von der Galerie Vivienne in die Passage des Petits-Pères ein (auf der Höhe der Rue de la Banque Nr. 5.). Dann geradeaus in Richtung Place des Petits-Pères.

Basilique Notre-Dame-des-Victoires C2

Place des Petits-Pères. Die ehemalige Kapelle des Klosters Petits-Pères wurde zwischen 1629 und 1740 ausgebaut und erweitert. Die Basilika verdankt ihren Namen dem Sieg Ludwigs XIII. über die Protestanten in La Rochelle. Hervorzuheben sind die schönen Holzschnitzarbeiten aus dem 17. Jh. und sieben Gemälde von Van Loo. Das Grab von Lully befindet sich im Westflügel. 35 000 Ex-Votivgaben von Pilgern schmücken die Wände.

Wenn man vom Platz in die **Rue du Mail** einbiegt, stößt man auf das Hôtel Colbert (Nr. 5 und 7), dessen Fassade das Emblem der Familie Colbert trägt. Franz Liszt hielt sich zwischen 1823 und 1878 mehrmals in Nr. 13 auf.

Südlich des Platzes geht es in die Rue Vide-Gousset, die auf die Place des Victoires führt.

★Place des Victoires C2

Um Ludwig XIV. seine Ergebenheit zu beweisen, ließ Marschall de la Feuillade 1686 den Platz für 7 Millionen Livres gestalten. Ein Denkmal des Königs wird von den eleganten Fassaden des Platzes (von Jules Hardouin-Mansart) stilvoll umrahmt. Heute haben sich hier luxuriöse Boutiquen angesiedelt. An der Rue Aboukir ist in der Verlängerung der Rue Catinat die **Banque de France** zu sehen (19. Jh.), die 1800 auf Anregung Napoleons gegründet wurde.

Hier endet der Spaziergang. Sie können ihn aber fortsetzen, indem Sie von der Rue des Petits-Champs aus die Rue La Feuillade einschlagen, wo sich hinter der Nr. 8 der Hof und die schlichte Backsteinfassade des **Hôtel du Président Tubeuf** (1648-1655) verbirgt. Es beherbergt Karten, Pläne und Kupferstiche der Nationalbibliothek.

Sehenswürdigkeiten

★★Palais Garnier – Opéra National de Paris B1

Place de l'Opéra (Haupteingang) – M° Opéra – ☏ 01 40 01 22 63 – www.operadeparis.fr – 10-16.30 Uhr – Führungen möglich (in der Eingangshalle um 12 Uhr) – Auskünfte und Reservierungen ☏ 08 25 05 44 05 (mind. 0,15 €) – 1. Mai, 25. Dez. und bei Proben am Vormittag oder Sonderveranstaltungen geschl. – 8 € (unter 10 J. Eintritt frei).

Allein die Pracht der Säle und das mächtige Treppenhaus der Pariser Oper lohnen einen Besuch, ganz zu schweigen von der Berühmtheit dieser Pariser Bühne und dem ausgezeichneten Ruf ihres Ensembles.

Die Pariser Oper befand sich ab 1673 im Theater des Palais-Royal, von 1764-1770 in einem Saal des Tuilerienpalastes, dann wieder im Théâtre du Palais-Royal. Nach einer kurzen Zeit in der Opéra-Comique nahm sie 1828 der Salle Peletier auf. Von 1875 bis 1990 war das Palais Garnier das Pariser Opernhaus, seit 1994 bildet es zusammen mit der Opéra-Bastille die Opéra National de Paris (ONP).

DIE PHANTOME DER OPER

Unter den großen Meistern ihres Faches, die auf der Bühne der Pariser Oper brillierten, sind folgende Namen unvergesslich: Jean de Reszké in *Romeo und Julia* (1888), Georges Thill in *Rigoletto* (1928), Serge Lifar, der als Leiter des Balletts u.a. *Ikarus* (1935) und *Les Noces Fantastiques* interpretierte, Yvette Chauviré in *Mirages* und *Giselle* (1947), Maria Callas in *Tosca* und *Norma* (1964-1965), Rolf Liebermann, der als Generalverwalter den zeitgenössischen Tanz einführte und viele Modernisierungen durchführte (1972-1980), Patrice Chéreau, der *Lulu* von Alban Berg inszenierte, Olivier Messiaen mit seinem Ballett *Franz von Assisi* 1983, Ruth Berghaus, die den *Wozzeck* von Alban Berg inszenierte (1985) und Götz Friedrich, der 1988 *Katia Kabánova* von Janácek auf die Bühne brachte.

Heute werden im Palais Garnier hauptsächlich Ballettaufführungen gezeigt. Neben dem klassischen Ballett haben in letzter Zeit auch moderne Musik und Tanz hier Eingang gefunden. Die Pariser Oper hat eine eigene Ballettschule, geleitet von Elisabeth Platel. Von den 150 Balletttänzern unter der Leitung von Brigitte Lefèvre gelten 17 als Stars – u.a. Nicolas Le Riche, Manuel Legris, Agnès Letestu, Aurélie Dupont und Marie-Agnès Gillot.

Das Opernhaus – Das Gebäude wurde 1860 von dem damals 35 Jahre jungen Charles Garnier entworfen und beherrscht mit seiner monumentalen Fassade die Place de l'Opéra. Die Arkaden oberhalb der Freitreppe sind mit Statuen geschmückt. Berühmt ist *Der Tanz* von Carpeaux, dessen Original im Musée d'Orsay steht und durch eine Kopie von Paul Belmondo ersetzt wurde. Der Pavillon der Seitenfassade an der Rue Gluck war den Abonnenten vorbehalten, wobei die Wagen bis in den von Kandelabern von Carrier-Belleuse festlich beleuchteten Hof fahren konnten. Links, in der Rue Scribe, betrat der Kaiser die Oper über einen direkten Eingang mit zweiläufiger Auffahrt.

Innenräume★★★ – Typisch für Garnier ist die Verwendung von Marmorsorten in Weiß, Blau, Rosa, Rot und Grün aus allen Gegenden Frankreichs. Vom Vorraum blickt man in das prunkvolle **Treppenhaus**. Das **Große Foyer** steht nach eingehender Renovierung seiner ursprünglichen Pracht in nichts nach. Im Zuschauerraum kann man (außerhalb der Proben) die von Chagall 1964 mit Opern- und Ballettmotiven verzierte Decke besichtigen.

Bibliothèque-Musée der Oper – *1. Stock (Ebene Baignoires, Orchestre), links.* Die Bibliothek wurde 1866 gegründet und 1882 an ihrem heutigen Ort im Pavillon de l'Empereur, dem Kaiserpavillon eingerichtet. Sie enthält alle Partituren der seit 1669 aufgeführten Stücke, außerdem 80 000 Bücher und Dokumentationen zu den verschiedenen zum Theater gehörigen Kunstformen (Musik, Gesang, Tanz). Die Sammlungen des Museums und Ausstellungen werden in der Rotunde präsentiert. Das Treppenhaus führt in den zweiten Stock. Dort befindet sich die alte Bibliothek mit der Originalausstattung aus dem 19. Jh., die Galerie des Maquettes, in der Modelle von Bühnenbildern ausgestellt sind und die Bildergalerie, die u.a. Gemälde von Hubert Robert, Renoir und Henner zeigt.

DIE DEKORATIVEN KÜNSTE B2

107 rue de Rivoli – M° Tuileries, Palais-Royal oder Musée du Louvre – ✆ 01 44 55 57 50 – www.lesartsdecoratifs.fr – tgl. außer Mo 11-18 Uhr, 11-18 Uhr, Wochenende 10-18 Uhr – 8 € (unter 18 J. Eintritt frei), mit einer Eintrittskarte haben Sie Zutritt zu drei Museen (Arts Décoratifs, Mode et Textile, Publicité).

Mit der Schaffung der Schmuckgalerie im Juni 2004 wurden die drei Museen Musée des Arts Décoratifs, Musée de la Mode et du Textile und Musée de la Publicité zu einer Einheit zusammengefasst, wie sie in Frankreich auf dem Gebiet der angewandten Kunst mit beinahe 10 000 qm einzigartig ist.

Zu dieser musealen Einheit gehört auch das Musée Nissim de Camondo (*Monceau – 15*), die Bibliothèque des Arts Décoratifs, die École Camondo sowie Künstlerwerkstätten für Kinder und Erwachsene.

★★Musée des Arts Décoratifs

Seit 1905 im Marsan-Flügel des Louvre zu Hause, erlebt das Museum derzeit einen Neuanfang. Dank dem Durchbruch aller Fenster- und Türöffnungen, die sorgfältig restauriert wurden, erstrahlen die 5000 Objekte (Mittelalter bis heute) erstmals im Tageslicht: Keramik, Möbel, Goldschmiedekunst, Schmuck, Glas, Papier und Spielzeug. Alle großen Namen der Stilgeschichte sind vertreten: Boulle, Sèvres, Aubusson, Christofle, Lalique, Guimard, Mallet-Stevens, Le Corbusier oder Szekely. Ebenso werden alle Stilrichtungen von der Gotik bis zum Stil Louis XVI., vom Directoire bis zum Jugendstil, von Art Déco bis zum Design der 1940er-Jahre und bis heute gezeigt.

Besonders sehenswert sind die Säle unter dem Dachstuhl, die der Periode ab den 1940er-Jahren bis heute gewidmet sind; von hier bietet sich eine großartige Aussicht auf die Tuilerien.

Die „**periods rooms**" zeigen originalgetreue Innenräume, die die Werke in ihrem damaligen Kontext zeigen.

Die **Galerie des Bijoux** *(2. Stock)* zeigt rund 1200 Ringe, Colliers, Armbänder und Broschen aus dem Mittelalter sowie den großen Werkstätten des 20. Jh. (Lalique, Templier, Fouquet oder den Häusern Boucheron und Cartier).

Musée de la Mode et du Textile★ – Alle sechs Monate wird zu einem bestimmten Thema ein Teil der Sammlung ausgestellt. Der Bestand des Museums umfasst 19 000 Kleidungsstücke, 36 000 Accessoires und 31 000 Stoffmuster vom 17. Jh. bis heute. Darunter große Namen wie Poiret, Lanvin, Schiaparelli, Dior, Paco Rabanne, Raoul Dufy oder Sonîa Delaunay und Rébé mit seinen Stickereien.

Musée de la Publicité – Das Museum organisiert Ausstellungen, in denen 120 000 alte und zeitgenössiche Werbeplakate und -filme zu sehen sind. Die ausgestellten Sammlungen werden drei bis vier Mal im Jahr ausgetauscht.

WEITERE SEHENSWÜRDIGKEITEN

Musée de la Parfumerie Fragonard A1

9 rue Scribe – M° Opéra – ✆ 01 47 42 04 56 – www.fragonard.com – 9-18 Uhr; So 9-17 Uhr (Nov.-März und Fei) – Eintritt frei. Dieses kleine Museum zeigt neben alten Apparaturen aus dem Firmensitz im südfranzösischen Grasse eine sehr schöne Sammlung von Parfumflaschen und Flakons verschiedener Herkunft sowie einen Schrank *(Orgue du Parfumeur)* zur Aufnahme der zur Komposition von Parfum verwendeten Duftstoffe und Etiketten. 1926 eröffnete Fragonard das **Théâtre-Musée des Capucines** über die Alchimie der Parfumherstellung: *39 bd. des Capucines – M° Opéra – ✆ 01 47 42 04 56 – www.fragonard.com – Führungen tgl. außer So 9-18 Uhr – So und Fei geschl. – Eintritt frei.*

AUSSERGEWÖHNLICHE MUSEEN

Paris bietet neben dem Musée du Parfum-Fragonard und dem Théâtre-Musée des Capucines weitere kuriose Museen. Sicher entdeckt man sie nicht gleich beim ersten Besuch, denn verglichen mit dem Louvre oder dem Musée d'Orsay sind sie winzig. Aber gerade deshalb sowie wegen ihrer Sammlungen oder ihrer Lage in alten Stadtpalais oder Villen mit Garten haben sie unglaublichen Charme.

Wer sie besucht, hat das Gefühl, sie ganz für sich zu haben und etwas Besonderes zu erleben.

Musée de l'Assistance publique – Hôpitaux de Paris; Museum für die historische Sammlung der Préfecture de Paris (Quartier Latin – 7).

Musée de la Magie; Musée de la Chasse et de la Nature (Le Marais – 5).

Musée de l'Éventail;

Musée Art nouveau – Maxim's (La Voie triomphale – 14).

Musée Adam-Mickiewicz der polnischen literarischen Gesellschaft (La Cité – 1).

Musée Delacroix; Musée des Lettres et des Manuscrits (St-Germain-des-Prés – 8).

Musée de la Vie romantique; Musée Gustave-Moreau; Musée de l'Érotisme (Pigalle und la Nouvelle Athènes – 18).

Musée du Vin/Caveau des Échansons;

Catacombes (Port-Royal).

1. Marmorgrabmal für Henri de Lorraine (Renard, 17. Jh.) und Büste des François de Créqui (Coysevox, 17. Jh.)

2. Grabmal des Herzogs Charles de Créqui

3. Deckengemälde Triumph Mariä von Jean-Baptiste Pierre (Beleuchtung auf Anfrage in der Sakristei); auf dem Altar eine Geburt Christi, von den Brüdern Anguier für die Kirche Val-de-Grâce geschaffen

4. Die Auferweckung des Sohnes der Witwe zu Naim (Eustache Le Sueur, 17. Jh.)

5. Büste Le Nôtres von Coysevox und Grabinschrift

6. Marmorgruppe der Taufe Christi von Lemoyne; Bildnismedaillon von Falconet

7. Taufkapelle: Fresken von Chassériau (19. Jh.)

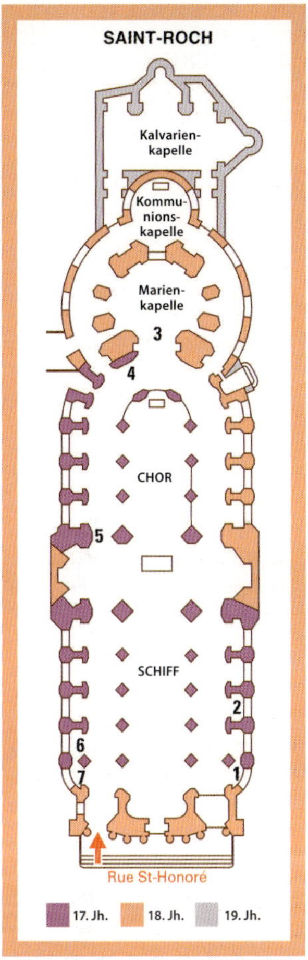

★Église St-Roch B2

296 rue St-Honoré – M° Tuileries oder Palais-Royal. Grundrissplan *S. 303.* In St-Roch werden traditionsgemäß die Totenmessen der in der Hauptstadt ansässigen Künstler gelesen. Im Pariser Volksmund ist sie zur „Kirche der Künstler" geworden. Den Grundstein der Kirche legte Ludwig XIV. im Jahre 1653; Le Mercier musste sich beim Bau der Kirche den Gegebenheiten des Geländes anpassen, das von dem Hügel Butte des Moulins bestimmt war; daher wurde das Chorhaupt nach Norden und nicht nach Osten ausgerichtet. Bald nach Baubeginn gingen die Gelder aus; erst 1705 nahm man die Arbeiten wieder auf und fügte zunächst in der Chorachse Kapellen an: die überkuppelte **Marienkapelle**★ (Entwurf Jules Hardouin-Mansart), mit dem herrlichen Deckengemälde, die Kommunionskapelle und schließlich die im 19. Jh. wieder aufgebaute **Kalvarienkapelle**, die zurzeit restauriert wird. 1719 endlich konnte dank der großzügigen Stiftung von John Law das Schiff vollendet werden. Die Fassade errichtete Robert de Cotte 1736 im Jesuitenstil.

In St-Roch sind u. a. der Dramatiker Pierre Corneille (1606-1684), der Gartenarchitekt Le Nôtre (1613-1700) und der Schriftsteller Denis Diderot (1713-1784) bestattet.

Paris-Story A1

11 rue Scribe – M° Opéra oder RER Auber – ✆ 01 42 66 62 06 – www.paris-story.com – ♿ – 10-18 Uhr (stdl. Vorführungen) – 10 € (unter 18 J. 6 €).

Paris-Story ist eine Filmvorführung (50 Min.) auf Panoramaleinwand, in der Victor Hugo von der römischen Siedlung Lutetia bis zum heutigen Tag durch die Geschichte der Stadt und ihrer Gebäude führt. Außerdem wird die Pariser Architektur dreidimensional dargestellt, und es gibt eine Galerie mit fünf Bildschirmen zu verschiedenen Themen. Eine originelle und spielerische Art, Paris mit Händen und Augen zu entdecken!

TIPPS UND ADRESSEN

ÜBERNACHTEN

Unsere Hoteladressen finden Sie in den angrenzenden Vierteln und auf folgenden Seiten: Beaubourg und les Halles S. 402 (1. Arr.), S. 402 (2. Arr.), S. 402/403 (3. Arr.), La Voie triomphale S. 405 (8. Arr.).

ESSEN UND TRINKEN

Baan Boran – *43 rue de Montpensier – M° Palais-Royal – 01 40 15 90 45 – www.baan-boran.com – ab Sa-mittag und So geschl. – 14/45 €.* Asia-Tempel gegenüber dem Theater des Palais-Royal: Thai-Spezialitäten aus dem Wok, serviert inmitten eines Blütenmeeres aus Orchideen.

You – *11 rue Ste-Anne – M° Pyramides – 01 42 60 55 50 – 12/22 €.* Wenn Sie die japanische Küche lieben, nimmt Sie dieses Restaurant in der Rue Ste-Anne mit auf eine kleine kulinarische Reise in das Land der aufgehenden Sonne. Guter Service in einfachem Rahmen, traditionelle Gerichte werden vor Ihren Augen zubereitet.

Cristina's Tapas by Mavrommatis – *18 rue Duphot – M° Madeleine – 01 42 97 53 04 – www.mavrommatis.com – So geschl. – 20/28 €.* Griechenland, Italien, Spanien, Maghreb, Provence – hier kann man Tapas aus allen Mittelmeerländern probieren. Mit Restaurant (im 1. Stock), Feinkostgeschäft und Weinkeller (im Angebot Weinproben und spanische Wurstwaren).

Hokkaido – *14 rue Chabanais – M° Pyramides oder Quatre-Septembre – 01 42 60 50 95 – Di-So 11.30-22 Uhr – 12/20 €.* Schon der Geruch lässt einem das Wasser im Mund zusammenlaufen, sobald man diese japanischen Kantine des Viertels Opéra/Bourse betritt. Die Köche arbeiten eifrig vor den Augen der Gäste. Serviert werden große heiße Pfannen, Suppenschüsseln und Töpfe voller Gemüse mit Rindfleischstreifen oder Meeresfrüchten. Gut schmecken auch *chukadon* (Reis mit Gemüse und gebratenem Fleisch), *ramen* (dicke Nudeln) und *gyozas*.

Legrand Filles et Fils – *1 rue de la Banque – M° Bourse – 01 42 60 07 12 – www.caves-legrand.com – Mo 11-19 Uhr, Di-Fr 10-19.30, Sa 10-19 Uhr, So geschl. – ♿ – 5/30 €.* Dieser Weinkeller und Feinkostladen ist ein Muss. Besticht durch große Auswahl an Weinen und authentische Atmosphäre. Es gibt schön arrangierte Gourmetteller (Fleisch, Käse, Fisch usw.), von einem Glas Wein begleitet.

Véro-Dodat – *19 galerie Véro-Dodat – M° Palais-Royal – 01 45 08 92 06 – Mo und Aug. geschl. – ♿ – Mittagsmenü 16,50 € – 22,50 €.* Bescheidenes familiäres Restaurant in der entzückenden Passage Véro-Dodat. Mit Wandteppichen und Sitzbänken in rotem Samt. Im Erdgeschoss wenige Tische; im 1. Stock schmücken Gallé-Lampen den winzigen Essraum. Bodenständige Hausmannskost.

Yamamoto – *6 rue Chabanais – M° Pyramides oder Quatre-Septembre – – 01 49 27 96 26 – tgl. außer So – Menü ab 10 € – à la carte 20/30 €.* Dieses japanische Restaurant mit kleinem einfachen Essraum und Vorhang am Eingang hat sich das Flair des alten Japans bewahrt. Reservieren kann man nicht und oft sind alle Tische besetzt. Man muss etwas Geduld haben, um die immer sehr frischen, köstlichen Sushi zu probieren. Oder man gönnt sich diesen Gaumen- und Augenschmaus an der Bar.

Le Saut du Loup – *107 rue de Rivoli – M° Palais-Royal – 01 42 25 49 55 – www.lesautduloup.com – tgl. 12-2 Uhr (18-19 Uhr geschl.) – Mittagsmenü 17/20 €, 40/60 €.* Das vom Boden bis zur Decke elegant schwarz-weiße Restaurant des Musée des Arts décoratifs mit Blick in den Jardin du Carrousel bietet eine feine, fantasievolle Küche. Es gibt z. B. in Orangen und Schokolade gebratene Gänseleber, Hummerbrühe und Spargelcremesuppe. Bei schönem Wetter auf der Terrasse.

Nodaiwa – *272 rue St-Honoré – M° Palais-Royal – 01 42 86 03 42 – Mo-Sa, So geschl. – Degustationsmenü 20/50 €, je nach Portion.* Gegrillter Aal, ein in Japan sehr beliebtes Gericht, ist auch die Spezialität der Pariser Filiale des Nodaiwa in Tokio. Der Aal wird filetiert, über der Glut gegrillt, gedünstet und mehrmals in Také-Sauce getaucht, was ihm den Karamellgeschmack verleiht, und in einer Schüssel auf weißem Reis serviert.

Willi's Wine Bar – *13 rue des Petits-Champs – M° Pyramides – 01 42 61 05 09 – www.williswinebar.com – 9.-24. Aug., So und Fei geschl. – Mittagsmenü 21 € – 27/35 €.* Zahlreiche Werbeplakate, die von zeitgenössischen Künstlern entworfen wurden, zieren diese sehr gemütliche Weinbar. Bistro-Küche und erlesene Weinkarte.

Le Costes – *Hôtel Costes, 239 rue St-Honoré – M° Tuileries – 01 42 44 50 25 – tgl. geöffnet – 50/65 €.* Absolut hippes „World-Food" und daher eher teuer. Wer einen schönen Abend im angesagten Restaurant und der von Jacques Garcia designten Lounge-Bar verbringen möchte, ist hier richtig. Mittags ist es im Innenhof besonders sonnig. Die Stimmung und die Farbe der Mauer erinnern an Rom.

KLEINE PAUSE

Salons de thé

Café de la Paix – *5 pl. de l'Opéra – M° Opéra – 01 40 07 36 36 – www.cafedelapaix.fr – 7-23.30 Uhr.* Das 1862 gegründete Café liegt an einer Kreuzung, die zu den Musterbeispielen der Stadtsanierung durch Baron Haussmann zählt. Es ist eines der lebhaftesten der Hauptstadt. Hier waren schon viele Künstler und Prominente zu Gast, darunter Maurice Chevalier, Joséphine Baker, Mistinguett und Serge Lifar.

À Priori Thé – *Galerie Vivienne – M° Bourse oder Palais-Royal – 01 42 97 48 75 – 9-18 Uhr, Sa 9-18.30 Uhr, So 12-18.30 Uhr – Weihnachten und 1. Jan. geschl.* Lassen Sie den Zauber eines Bummels durch die Galerie Vivienne auf der Terrasse dieses charmanten Teesalons ausklingen. Probieren Sie die köstlichen Pâtisserien des Hauses oder, zu Mittag, das Tagesgericht. Eine Adresse, an der Sie nicht einfach vorbeigehen sollten.

Jean-Paul Hévin – *231 rue St-Honoré – M° Palais-Royal – 01 55 35 35 96 – www.jphevin.com – tgl. außer So 10-19.30 Uhr – Fei geschl.* Der ehemalige Chefpatissier von Joël Robuchon setzt sein alchimistisches Talent ein, um Schokolade in wahre „Preziosen" zu verwandeln. Entdecken Sie seine exquisiten Juwelen, wenn nicht in Tokio oder Hiroshima, im eleganten Rahmen dieses Pariser Teesalons.

Verlet – *256 rue St-Honoré – M° Palais-Royal – 01 42 60 67 39 – www.verlet.com – tgl. außer So 9.30-18.30 Uhr – Aug., 1. Januarhälfte und Fei geschl., außer am 8. Mai und 11. Nov.* Dieser authentische Kaffee- und Teesalon verströmt ein sanftes Aroma gemahlenen Kaffees. Seit 1880 verwöhnen zahlreiche Kaffee- und Teesorten, im Winter auch kandierte Früchte die Sinne der Stammgäste.

EINKAUFEN

Le Louvre des Antiquaires – *2 pl. du Palais-Royal – M° Palais-Royal – 01 42 97 27 27 – www.louvre-antiquaires.com – tgl. außer Mo 11-19 Uhr; Juli-Aug. tgl. außer So und Mo – 25. Dez.-1. Jan. geschl.* Über 250 Antiquitätenläden unter einem Dach. Zwischen den Schaufenstern und Geschäften dieser prächtigen Galerie fühlt man sich wie in einem Museum.

Place des Victoires – *M° Bourse.* Hier reiht sich eine Boutique an die andere: Plein Sud, Victoire, Thierry Mugler, Cacharel, Kenzo, oder, für kleinere Brieftaschen, Blanc-Bleu und Esprit.

AM ABEND

Comédie-Française – *Place Colette – M° Palais-Royal – ✆ 08 25 10 16 80 (0,15 €/Min.) – www.comedie francaise.fr – Ticketverkauf 11-18 Uhr – Ende Juli-Ende Aug. und am 1. Mai geschl. – 5-37 €.*

Opéra National de Paris Palais Garnier – *8 rue Scribe – M° Opéra oder RER Auber – ✆ 01 40 01 17 89 – www.operadeparis.fr – 10-16.30 Uhr – außerhalb der Schulferien Mi, Sa, So Führungen um 11.30, 14, 15.30 Uhr, in den Schulferien tgl. 11.30, 14, 15.30 Uhr – am 1. Jan. und 1. Mai geschl. – 8 € (Kinder: 4 €); Führung 12,50 € (Kinder: 4,50 €).*

18 - Pigalle und Nouvelle Athènes

Pigalle, die Drehscheibe des Pariser Nachtlebens, steht in deutlichem Kontrast zu Nouvelles Athènes, einem ruhigen Viertel abseits der großen Verkehrsadern. Der lange Boulevard de Clichy mit seinen grellen Lichtern, die Kabaretts, Diskotheken, Bars und Sexshops, und vor allem der Moulin Rouge, die Pigalle und der Divan du Monde locken ein internationales Publikum an. Im Süden findet man ruhigere Straßen, hübsche Plätze, Häuschen mit kleinen Gärten und schöne neoklassizistische Bürgerhäuser, die von einem anderen Paris erzählen, das der Romantik entsprungen ist und Heimstätte vieler Künstler und Literaten war. Pigalle ist einer jener Orte, der keine Sehenswürdigkeiten besitzt und den dennoch jeder kennt und sehen will. Nouvelle-Athènes hingegen gehört zu den kaum bekannten Orten, deren Geheimnisse zu entdecken es sich lohnt – ein spannender Kontrast.

WEGWEISER – *Umschlagkarte vorne C2 – 9. Arr. – Michelin-Stadtplan Nr. 57, Planquadrate E 13-E 14.* M° St-Georges, Trinité (Linie 12), Notre-Dame-de-Lorette oder Pigalle (Linien 2 und 12). Bus 26, 30, 32, 42, 43, 54, 67 und 74.

UNBEDINGT SEHENSWERT – Das Musée Gustave Moreau, das Musée de la Vie romantique, die Plätze de Clichy, Blanche und St-Georges, die belebte Rue des Martyrs, die neoklassizistische Architektur des Viertels Nouvelle Athènes, die Cité Véron.

GUT GEPLANT – Starten Sie in Pigalle und gehen Sie in Richtung Nouvelle Athènes. Unter der Woche ist es lebendiger und man hat mehr Gelegenheit, hinter die Kulissen und in die Innenhöfe zu schauen.

Zu Fuß unterwegs Stadtplan S. 307

SCHAUPLATZ DES NACHTLEBENS

Ausgangspunkt M° Place-de-Clichy. 2 1/2 Std.

Place de Clichy A1

Die stets belebte Place de Clichy nimmt den ehemaligen Platz eines der von Ledoux im 18. Jh. erbauten Zollhäuschen ein. Das Denkmal auf dem Platz erinnert an den Kampf, den Marschall Moncey hier 1814 gegen die Alliierten führte.

Boulevard de Clichy A-B1

Mit seinen Sexshops und Nachtlokalen ist er, zwischen der Place Blanche und der Place Pigalle gelegen, einer der Brennpunkte des Pariser Nachtlebens. Das **Théâtre des Deux-Ânes** pflegt heute noch die Tradition der „Chansonniers". Gegenüber (Nr. 64) liegt die vielbesuchte **Chapelle Ste-Rita**.

Einige der kleinen Sackgassen im Norden des Boulevards stehen jedoch in überraschendem Kontrast zu dem hektischen Treiben. In dem Ensemble von Häuschen mit kleinen Gärten in der **Cité Véron** (Nr. 94) lebten Boris Vian und Jacques Prévert. Auch die Fassade der früheren Badeanstalt (Bains-Douches) der **Cité du Midi** (Nr. 48) ist erhalten geblieben. In der Villa Guelma (Nr. 5) malte Raoul Dufy 1911 bis 1953 einige seiner schönsten Bilder. Im Haus Nr. 72 befindet sich das **Musée de l'Erotisme (** *☏ 01 42 58 28 73 – www.musee-erotisme.com – ♿ – 10-14 Uhr – 8 €).* In einer Hochburg der Freizügigkeit gelegen, zeigt das 1997 gegründete Museum die Faszination auf, die alles Erotische seit Urzeiten auf die Menschen ausübt. Ausgestellt ist erotische Kunst (die religiös oder profan inspiriert sein kann) in Form von Gemälden, Skulpturen, Drucken, kunstgewerblichen Objekten und Möbeln. Neben den über 2000 Ausstellungsstücken sind auch Wechselausstellungen zu sehen. Das siebenstöckige Museum ist bis spät in die Nacht geöffnet.

Place Blanche A1

Ihr Name erinnert an die früheren Gipsgruben. Schon von Weitem erkennt man die Flügel des berühmten **Moulin Rouge**, der 1889 gegründet wurde. Um die Jahrhundertwende war die „Rote Mühle" ein beliebtes Tanzlokal,

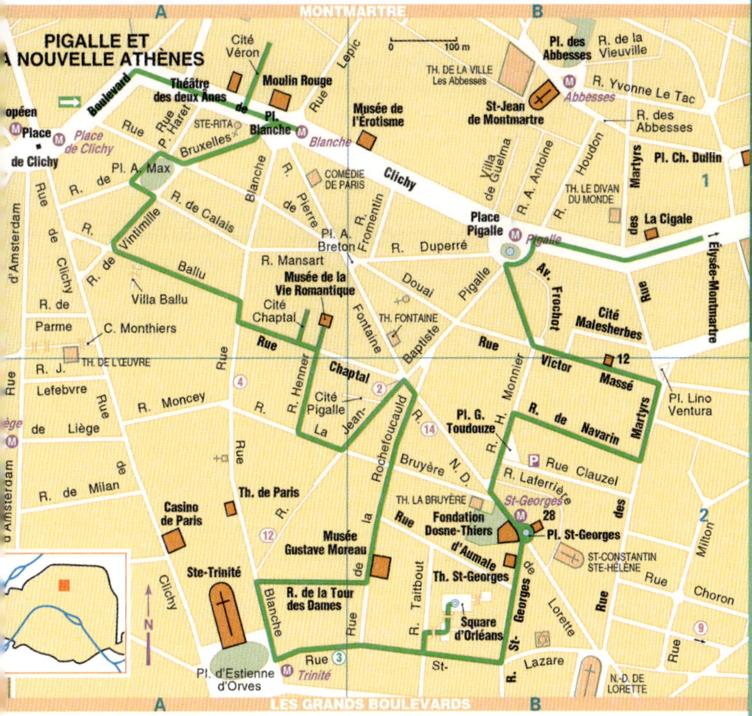

HOTEL
Hôtel Langlois ... (3)

RESTAURANTS
Autour d'une assiette ... (2)
Domaine de Lintillac ... (4)
Le Sinago ... (9)
Momoka ... (12)
La Petite Sirène de Copenhague ... (14)

dessen Atmosphäre der Maler Toulouse-Lautrec in faszinierenden Bildern festgehalten hat. Sowohl das gehobene Bürgertum als auch Angehörige der Bohème von Montmartre kamen in das Lokal, um Yvette Guilbert, Valentin le Désossé, Jane Avril und Louise Weber, genannt „La Goulue" zu bewundern. Später sorgten Mistinguett, Maurice Chevalier und Josephine Baker für ausgebuchte Vorstellungen. Wie auch das Lido und die Folies-Bergères pflegt der Moulin Rouge die Tradition des leichten, aber aufwendigen Variétés weiter.
Von der Place Blanche gehen Sie weiter in die Rue de Bruxelles.

Place Adolphe-Max A1

Adolphe Max war ein bekannter belgischer Politiker in der ersten Hälfte des 20. Jh., der sich besonders für Architektur und Kunst einsetzte. Der Platz wird heute vom Square Berlioz eingenommen. Nr. 10 besitzt ländliches Flair mit einem kleinen Innenhof, Bäumen und einem wunderschönen schmiedeeisernen Gartentor. An der Ecke der Rue de Vintimille steht ein Hochhaus mit Künstlerwerkstatt.
Gehen Sie die Rue de Vintimille hinunter und biegen Sie links in die Rue Ballu ein.

Rue Ballu A1

Hier findet man Bürgerhäuser mit Innenhöfen und Gärten, kleine Sackgassen, mit schmiedeeisernen Gittern verzierte Eingänge, Portierlogen oder Pferderemisen. Diese Straße wurde im Rahmen der Errichtung einer neuen Wohnanlage 1841 eröffnet. Die Place Adolphe-Max und die Straßen Rues de Bruxelles, Calais und Douai stammen aus derselben Zeit. Die **Nr. 23** mit ihrer Holztür und dem Jugendstilbalkon ist sicher das schönste Gebäude der Straße. Émile Zola wohnte hier im Jahr 1867. Hinter der Autoschranke *(während der Woche geöffnet, weil die Firmenautos hier parken)* entdeckt man die **Villa Ballu**, ein architektonisches Schmuckstück inmitten eines schönen Gartens. Rechts steht hinter einem Gitter ein schönes vierstöckiges Bürgerhaus. Die SACD (Société des auteurs et compositeurs dramatiques; Gesellschaft der dramatischen Schriftsteller und Komponisten) hat ihren Sitz in der restaurierten Nr. 5-11.
Wenn Sie am Ende der Rue Ballu angelangt sind, biegen Sie rechts in die Rue Blanche und dann links in die Rue Chaptal ein.

Rue Chaptal A1

Am Ende der Cité Chaptal erkennt man das alte **Théâtre du Grand-Guignol**, das spätere Théâtre 347. Man kann sich den damaligen Erfolg des Grand-Guignol schwer vorstellen, denn es wurden blutige Melodramen voller Spezialeffekte gespielt, die Vorgänger unserer Horrorfilme. Als schließlich das Kino dem Theater den Rang abzulaufen begann, ging es mit dem Theater langsam bergab, bis es 1962 geschlossen wurde.

PIGALLE

Schon der Name (er stammt von einem französischen Bildhauer aus dem 18. Jh.) hat Geschichte gemacht und ist zu einem Synonym für Vergnügen, aber auch Verbrechen geworden. Pigalle war ursprünglich ein aristokratisches Viertel. Im 19. Jh. war es hier nachts noch friedlich. Dann eroberte „das Milieu" diesen Ort. Um 1930 wurde Pigalle von Gaunern und Drogen beherrscht, zog aber ebenfalls Künstler und Schriftsteller an (Aragon, Céline, René Fallet). In den 50er-Jahren wurde es den Gaunern hier zu voll; heute ist von Pigalle nur die glanzvolle Fassade geblieben. Zwar tummeln sich nachts immer noch die Touristen hier, um die Pariser Halbweltdamen zu sehen. Doch Pigalle hat sich seit den 1990er-Jahren gewandelt: In-Lokale und Konzertsäle bilden Anziehungspunkte; in die Sexshops hat der Cybersex Einzug gehalten. Die autofreie Zone und Radwege sind weitere Kennzeichen des Wandels.

Auf der Höhe der Nr. 16: Hier versteckt sich das **Musée de la Vie Romantique** *(✆ 01 55 31 95 67 – www.vie-romantique.paris.fr – tgl. außer Mo 10-18 Uhr – Fei geschl. – Eintritt frei)*. Eine schmale Allee führt zu dem hübschen Wohnhaus mit ländlichem Ambiente. Hier empfing der von Louis-Philippe begünstigte Maler **Ary Scheffer** (1795-1858) seine illustren Künstlerfreunde, zu denen Delacroix, Liszt und Renan gehörten.

Ausgestellt sind u. a. Erinnerungsstücke an die Schriftstellerin George Sand wie Gemälde, Zeichnungen, Schmuck sowie Werke von Ary Scheffer *(1. Stock, außer während Wechselausstellungen)*, darunter das von dem erst 13-Jährigen gemalte *Hannibal schwört Rache für den Tod Hasdrubals*. Mit Gegenständen aus dem Besitz Scheffers (Bibliothek, Staffeleien, Klavier, Gemälde) wurde die Atmosphäre der einstigen Künstlerwerkstatt wieder hergestellt. Der Garten ist sehr beliebt.

Folgen Sie der Rue Henner gegenüber dem Museum.

MADEMOISELLE MARS

Mademoiselle Mars (1779-1847), geborene Anne-Marie-Hippolyte Boulet, gehörte zu den strahlenden Sternen am Himmel des Théâtre Français. Sie spielte Molière und Marivaux. Ihre Spezialität waren die naiven Rollen und im Alter die koketten Damen. Sie wurde „der Diamant" genannt und war die Lieblingsschauspielerin Napoleons I., der auch Talma bewunderte, den vielleicht ersten modernen tragischen Darsteller.

Rue Henner A2

Wie die meisten Straßen des Viertels wurde sie 1840 eröffnet, damals als Rue Léonie. **Jean-Jacques Henner** (1829-1905) war ein Maler, der 1858 den Preis von Rom erhielt und Mitglied der Académie war. **Guillaume Apollinaire** zog im Jahre 1907 im zweiten Stock von Nr. 9 ein.

Biegen Sie links in die Rue La Bruyère ein, danach nochmals links in die Rue Jean-Baptiste-Pigalle.

Cité Pigalle B2

Am Ende dieser langen Allee erinnert ein Schild an Vincent Van Gogh, der nach einem Aufenthalt in 54 rue Lepic *(Montmartre – 24)* hier im vierten Stock bei seinem Bruder Théo einige Tage verbrachte, bevor er wenig später am 27. Mai 1890 im Alter von 38 Jahren in Auvers-sur-Oise Selbstmord beging.

Gehen Sie die Rue Jean-Baptiste-Pigalle hinauf, biegen Sie rechts in die Rue Notre-Dame-de-Lorette und dann wieder rechts in die Rue de la Rochefoucauld ein.

Rue de la Rochefoucauld B2

Im Haus Nr. 14 schuf Gustave Moreau 1895 ein **Atelier-Museum**, um sein Werk auszustellen. Das Atelier ist unverändert erhalten geblieben

★Musée Gustave-Moreau

14 rue de la Rochefoucauld – M° Trinité (Linie 12) – ✆ 01 48 74 38 50 – www.musee-moreau.fr – tgl. außer Di 10-12.45, 14-17.15 Uhr – 1. Jan., 1. Mai, 25. Dez. geschl. – 5 €, So 3 € (unter 18 J. Eintritt frei), am 1. So des Monats Eintritt frei.

1. Stock – 1895 ließ der Maler **Gustave Moreau** (1826-1898) sein Vaterhaus vergrößern und umbauen, um dort ein Museum unterzubringen. Im Empfangsraum *(gegenüber der Treppe)* sind seltene Bücher, die Antiquitätensammlung seines Vaters und vor allem die schönsten Kopien der großen Meister (Raphaël, Carpaccio, Botticelli) zu sehen. Moreau malte sie im Louvre oder während seiner Italienreise. In der Wohnung im 1. Stock hat der Maler Möbel sowie Portraits und Andenken ausgestellt. Im Boudoir sind Möbelstücke und Erinnerungen an seine Freundin Alexandrine Dureux zu sehen.

Das Atelier – Nicht so eng wie die erste Etage sind die Räume im 2. und 3. Stock, zu denen eine Wendeltreppe führt. Hier befinden sich über 6000 Werke (Gemälde, Skizzen, Zeichnungen, Aquarelle und einige Wachsskulpturen).

Als großer Bewunderer von Chassériau, einem bedeutenden Vertreter des Symbolismus, schuf Moreau nach seinen eigenen fantastischen Vorstellungen ein biblisches und mythologisches Universum, in dem Sappho, Salome, Leda und Orpheus die Hauptrolle spielen.

Besondere Beachtung verdienen die **Zeichnungen** in den Rollschränken und das Empfangszimmer.

Rue de la Tour-des-Dames A2

In dieser kleinen Straße, früher das Zentrum von Nouvelle Athènes, gibt es immer noch einige Gebäude zu sehen, in denen Künstler lebten: die Schauspielerin Mademoiselle Mars in Nr. 1, einem Haus des Architekten Visconti, die Tragödiendarstellerin Mlle Duchesnois in der Nr. 3 (die gebogene Fassade erinnert an einen Ehrenhof), die Maler Horace Vernet und Paul Delaroche in Nr. 5 bzw. Nr. 7 und der Schauspieler Talma in Nr. 9 (dort befinden sich im Salon auch Gemälde von Delacroix). Die beiden Stadtpalais gegenüber in Nr. 2 und Nr. 4 gehörten Cambacérès, dem von Napoleon eingesetzten Vorsitzenden der Expertenkommission zur Erarbeitung des Code civil.

Am Ende der Rue de la Tour-des-Dames geht es links in die Rue Blanche. Sie gelangen zur Place d'Estienne-d'Orves.

Église de la Trinité A2

Die 1861-1867 erbaute Kirche der Dreifaltigkeit ist eines der Meisterwerke von **Théodore Ballu** (1817-1885). Der Architekt, ein großer Bewunderer der Renaissance, nahm sich diesen Baustil zum Vorbild. Ein viereckiger Turm an der Hauptfassade ist von einem achteckigen Glockentürmchen gekrönt. Durch diese einzigartige Konstruktion war gewährleistet, dass die Kirche von der Rue de la Chaussée-d'Antin aus sichtbar war.

Sie können Ihren Spaziergang hier beenden und die Metro (Station Trinit) nehmen oder die Rue St-Lazare weitergehen. Biegen Sie links in die Rue Taitbout ein.

Square d'Orléans B2

Das Haus Nr. 80 hat im 19. Jh. viele Künstler ein- und ausgehen sehen. Der Gebäudekomplex wurde von dem englischen Architekten Crésy nach dem Vorbild der Londoner „Squares" um zwei Innenhöfe herum angelegt. Unter den Künstlern, Schauspielern und Schriftstellern, die hier lebten, finden sich so berühmte Namen wie Frédéric Chopin und George Sand.

Wochentags kann man weiter vordringen und in einer überdachten Passage den sogenannten *Englischen Hof* entdecken, in dessen Mitte ein hübscher, von Magnolien umrahmter Brunnen Frieden und Ruhe ausstrahlt.

Wenn Sie links in die Rue St-Lazare einbiegen, gelangen Sie in die Rue St-Georges, die Sie auf der linken Seite weitergehen.

Kurz bevor Sie die Place St-Georges erreichen, kommen Sie an der **Rue d'Aumale** vorbei (zu Ihrer Linken), wo Sie schöne, für das Zweite Kaiserreich charakteristische Steinbauten bewundern können. Wenn Sie ein Stück weitergehen, sehen Sie links das **Théâtre St-Georges** (gegründet 1929) mit Trompe-l'œil-Malereien an der Fassade. Dieses Boulevardtheater diente als Kulisse für François Truffauts Film *Le Dernier Métro (Die letzte Metro)*.

Place St-Georges B2

In der Mitte dieses melancholischen Platzes erhebt sich über einem Brunnen eine Statue zu Ehren des populären Zeichners und Lithografen **Gavarni** (1804-1866). Als Zeichner für eine satirische Zeitschrift des 19. Jh. namens *Charivari* machte Sulpice Guillaume Chevalier, genannt Paul Gavarni, die *lorettes* populär, junge Frauen aus der halbseidenen Welt rund um die Rue Notre-Dame-de-Lorette.

Fondation Dosne-Thiers – Nr. 27 ist das Hôtel Néo-Louis XVI, 1873 erbaut, in dem Adolphe Thiers lebte. Eine Schwägerin des Politikers vermachte es dem Institut de France. Heute beherbergt es eine reichhaltige historische Biblio-

Ruhe und Romantik strahlt der Square d'Orléans im Viertel Nouvelles-Athènes aus.

S. Sauvignier / MICHELIN

thek, die besichtigt werden kann. Auf dem netten Square Alex-Biscarre befinden sich die Gärten der Stiftung.

Hôtel de la Païva – Das beachtliche, im Stil der Neo-Renaissance errichtete Gebäude Nr. 28 bewohnte 1851 Thérèse Lachmann, die Marquise von Païva, eine berühmte Halbweltdame, bevor sie sich auf den Champs-Élysées niederließ. Die Fassade ist üppig verziert: mit Engelchen, kleinen Säulen und Pilastern, Büsten von Diana und Apollo, Skulpturen von Giraud (Weisheit, Reichtum usw.).

Verlassen Sie den Platz durch die Rue Notre-Dame-de-Lorette; biegen Sie rechts in die Rue Henri-Monnier ein und machen Sie auf der Place Gustave-Toudouze Halt.

Place Gustave-Toudouze B2

Die Kastanienbäume, der Wallace-Brunnen und die Terrassencafés verleihen dem Platz ein ländliches Flair und laden zum Verweilen ein.

Es geht wieder die Rue Henri-Monnier hinauf und rechts in die Rue de Navarin.

Rue de Navarin B2

Achten Sie auf das zweistöckige Gebäude mit der neugotischen Fassade (Nr. 9).

Biegen Sie links in die Rue des Martyrs ein.

Rue des Martyrs B2

Sie soll ihren Namen von den ersten Christen haben, die am Montmartre zu Tode gefoltert wurden. Heute ist die Rue des Martyrs eine sehr belebte und geschäftige Verkehrsader mit zahlreichen Gebäuden mit Innenhöfen aus dem 18. Jh.

Nachdem Sie zur Ihrer Rechten die Avenue Trudaine hinter sich gelassen haben, können Sie links den Eingang der Nr. 59 erkennen, der zur **Cité Malesherbes führt**, einem traumhaften Refugium mit schönen Bürgerhäusern, darunter die Nr. 11: Die mit bunten Kacheln geschmückte Fassade ist das Werk des Malers Jules Jollivet.

Nun geht es zurück und dann rechts in die Rue Victor-Massé.

Rue Victor-Massé B1-2

Es ist kein Zufall, dass diese Straße, in der sich eine Musikhandlung an die andere reiht, den Namen des Komponisten **Victor Massé** (1822-1884) trägt,

Die Windmühlenflügel des Moulin Rouge sind ein weltbekanntes Symbol für das Pariser Varieté.

H. Champollion / MICHELIN

Professor am Konservatorium und Chorleiter der Oper. Er lebte hier um die Ecke, in der Avenue Frochot.

In Nr. 12 befand sich das berühmte Nachtlokal **Cabaret du Chat Noir** (1885 gegründet). In der Nr. 20 kann man durch Gitter das andere Ende der Cité Malherbes sehen.

Auf der linken Straßenseite, Ecke Rue Henri-Monnier, sind die Fassaden der Gebäude Nr. 23 bis 27 sehenswert.

Gegenüber liegt die Avenue Frochot.

Avenue Frochot B1

In dieser reizvollen, friedlichen Allee lebten Alexandre Dumas, Vater und Sohn Renoir sowie Victor Massé. Toulouse-Lautrec hatte hier sein letztes Atelier, das heute in Privatbesitz ist. Auf der linken Seite der Avenue sehen Sie das schöne Jugendstilfenster des ehemaligen **Théâtre en rond.**

Gehen Sie die Rue Frochot hinunter, bis Sie zur Place Pigalle gelangen.

Place Pigalle B1

Wenn Malerateliers und Dichtercafés auch verschwunden sind – auf dem Platz ist einiges los. Der Bildhauer **Jean-Baptiste Pigalle** (1714-1785), von dem das Grabmal des Marschall von Saxe und die Statue des nackten Voltaire stammen, gab dieser Straße, in der er wohnte, und später dem Viertel den Namen.

Hier endet der Spaziergang. Sie können aber auch von der Place Pigalle aus den Boulevard de Rochechouart hinaufgehen.

Boulevard de Rochechouart außerhalb der Karte

Die vormals berühmten Tanzlokale und Kabaretts wie La Boule Noire (1822), Le Chat Noir (1881) und das Élysée-Montmartre, dessen Fassade noch an der Nr. 72 zu sehen ist, gehören der Vergangenheit an. Einen Anziehungspunkt bildet heute das bekannte Varieté-Theater „La Cigale“ (Nr. 120), in dem auch Rockkonzerte stattfinden.

Auf der Höhe der Metrostation Anvers führt die Rue de Steinkerque zum Square Willette am Fuße des Sacré-Cœur hinauf: eine gute Gelegenheit für einen Spaziergang auf dem Montmartre (*Montmartre – 24*).

NOUVELLE ATHÈNES: EIN VIERTEL FÜR DIE KÜNSTLER

Mitte des 19. Jh. wächst die Stadt zusehends. Neue Wohnungen müssen errichtet werden. Städteplaner wollen in die Gegend rund um die Oper, wo es bereits zahlreiche Theater gibt, Kabaretts, Maler, Musiker und Schriftsteller locken. Sie bauen komfortable Wohnungen und geräumige Ateliers für die Maler – so ensteht Nouvelle Athènes. Haben die Architekten den Namen *(Neues Athen)* aus der Antike entliehen, deren Stil sie in Form vieler Säulen und Giebel nachempfanden, oder wollten sie damit die Künstler ansprechen? Athen symbolisiert die Geburt der Demokratie und das Ende der Tyrannei, die Gleichheit und die Befreiung der Künste. Mit Nouvelle Athènes war im Herzen von Paris ein Stadtteil geschaffen worden, der sich der Kunst verschrieben hatte.

TIPPS UND ADRESSEN

ÜBERNACHTEN

Unsere Hoteladressen finden Sie auf S. 405/406 (9. Arr.).

ESSEN UND TRINKEN

Autour d'une assiette – *1 rue Chaptal – M° Pigalle – 01 42 81 15 01 – abends und am Wochenende geschl. – – 12,50/18 €.* Wie schon der Name sagt: Dieses kleine Restaurant bietet ein fast komplettes Menü auf einem einzigen Teller. Exotisch, baltisch, italienisch oder orientalisch – die Portionen sind immer reichlich und hübsch angerichtet. Zu empfehlen sind die dekorativen und süßen Desserts des Hauses. Sie sollten ein hausgemachtes Dessert versuchen! Angenehme Atmosphäre, fröhliche Farben, ein bisschen „retro" angehaucht.

Le Sinago – *17 rue de Maubeuge – M° Cadet oder N.-D.-de-Lorette oder Le Peletier – 01 48 78 11 14 – Aug. und So geschl. – 16/30 €.* Dieses kleine asiatische Refugium in einer stark frequentierten Pariser Straße im 9. Arrondissement lockt mit köstlicher kambodschanischer Küche. Traditionelle Gerichte (Suppen, Pfannkuchen) mit frischen Zutaten. Eleganter, winziger Speisesaal (20 Plätze), freundlicher und zuvorkommender Service.

Domaine de Lintillac – *54 rue Blanche – M° Blanche – 01 48 74 84 36 – www.domainedelintillac-paris.com – Sa-mittag und So geschl. – Mittagsmenü 11-30 € – 30 €.* Diese Mini-Restaurantkette aus dem Périgord punktet mit drei Dingen: Gänseleberpastete, Konserven von hoher Qualität und sehr appetitlichen Preise. Es ist daher ratsam zu reservieren, wenn Sie gute Gerichte aus dem Südwesten Frankreichs verkosten wollen. Bistrostil.

Momoka – *5 rue Jean-Baptiste-Pigalle – M° Trinité-d'Estienne-d'Orves – 01 40 16 19 09 – Sa-mittag, So, Mo, Aug. geschl. – 29/49 €.* In diesem Minirestaurant eines französisch-japanischen Pärchens sollte man reservieren. Täglich andere köstliche japanische Gerichte. Sehr authentisch.

La Petite Sirène de Copenhague – *47 rue N.-D.-de-Lorette – M° St-Georges – 01 45 26 66 66 – Sa-mittag, So und Mo, Aug., 23. Dez.-2. Jan. geschl. – 29/34 €.* Der Name erinnert an eines der berühmten Märchen des Dänen Hans Christian Andersen. Warmes Ambiente, gedämpftes Licht, schlichte Eleganz und skandinavische Küche aus dem Heimatland des Märchendichters.

EINKAUFEN

À L'Étoile d'Or – *30 rue Pierre-Fontaine – M° Blanche oder Pigalle – 01 48 74 59 55 – tgl. außer So 11-19.30 Uhr (Mo erst ab 15 Uhr) – 14. Juli.-21. Aug. geschl.* In der im Stil der Jahrhundertwende ausgestatteten Boutique von Denise Acabo findet man die besten Süßwaren Frankreichs.

Les Gourmandes – *62 rue de Clichy – M° Place-de-Clichy – 01 45 26 41 21 – 11.45-15.30 Uhr – am Wochenende, 1. Aug.-Hälfte und in den Weihnachtsferien geschl. – 5-11 €.* Christine und Corinne machen köstliche Sandwiches mit hervorragendem Brot. Zudem gibt es viel Salzgebäck, Salate, täglich wechselnde Gerichte mit Nudeln und Gemüse.

AM ABEND

Moulin-Rouge – *82 bd. de Clichy – M° Blanche – 01 53 09 82 82 – www.moulin-rouge.com –Ticketverkauf 9-1 Uhr – 89-175 €.* Seit 1889 spektakuläre Shows, wie der durch Toulouse-Lautrec unsterblich gewordene Cancan und Revuen mit Federn, Strass und Pailletten. Die aktuelle Revue „Féerie" ist ein Erlebnis.

19 - Bastille und Faubourg St-Antoine★

Place de la Bastille – der symbolträchtige Platz der Französischen Revolution dient heute noch als Ausgangspunkt politischer und gewerkschaftlicher Protestmärsche; manchmal ist er auch Schauplatz für Großkonzerte. Das Viertel ist sehr lebhaft, mit vielen Cafés, kleinen Straßen und Passagen zu Innenhöfen und es hat auch ein reges Nachtleben. Neben der Oper bieten unzählige Bars, Restaurants und Diskotheken Anlaufstellen für Nachtschwärmer. Wenige Schritte weiter liegt Faubourg St-Antoine, früher für die Möbelherstellung bekannt und heute bei jungen Familien der neuen bürgerlichen „Bohème" als Wohnviertel v. a. wegen der Grünanlage Promenade Plantée und dem Marché d'Aligre immer beliebter.

WEGWEISER – *Umschlagkarte vorne D3 – 4., 11. und 12. Arr. – Michelin-Stadtplan Nr. 57, Planquadrate K18-K19.* M° Bastille (Linien 1, 5 und 8), Ledru-Rollin (Linie 8). Busse 20, 61, 65, 69, 76, 86, 87 und 91.

UNBEDINGT SEHENSWERT – Die Place de la Bastille und die Oper, die Passagen in Faubourg St-Antoine (Passage du Chantier, Passage du Cheval-Blanc), die Passage Lhomme.

GUT GEPLANT – Alleine dem Viertel rund um die Bastille könnte man schon einen halben Tag widmen. Abschließend können Sie das Marais-Viertel (*5*) ganz in der Nähe erkunden.

MIT KINDERN – Die Promenade Plantée, der Hafen und die Gärten des Arsenals.

Zu Fuß unterwegs Stadtplan S. 315

DIE BASTILLE UND IHR ARSENAL 1

Ausgangspunkt M° Bastille. 1 1/2 Std.

Place de la Bastille A1

Auf dem Platz ist mit Pflastersteinen der Grundriss der Bastille nachgezeichnet. Heute erhebt sich die 47 m hohe **Julisäule** *(Colonne de Juillet)* mit dem Genius der Freiheit in der Mitte des Platzes (1831-1840). Die Namen der während der Julirevolution von 1830 umgekommenen Pariser und jene der Revolutionsopfer von 1848 stehen auf dem Säulenschaft, im Fundament befinden sich die Gräber.

An der Ecke Boulevard de la Bastille und Rue de Lyon ist bis Februar 2009 ein außergewöhnliches Gebäude entstanden, das von den jungen Architekten Jean Bocabeille und Ignacio Prego entworfen wurde und einen Empfangsbereich der Oper beherbergt.

Kehren Sie zum Hafen Arsenal auf der Höhe des Boulevard de la Bastille zurück.

★Opéra-Bastille A1

Place de la Bastille – M° Bastille – 01 40 01 19 70 – www.operadeparis.fr – – Führungen (1.15 Std.) – 11 € (unter 10 J. 6 €).

Es dauerte nicht weniger als sechs Jahre, bis diese Oper fertig war (1983-1989). An der Stelle des einstigen Bastille-Bahnhofs entstand nach Plänen des kanadischen Architekten Carlos Ott ein modernes Opernhaus, ein zum Platz hin gewölbter Betonbau mit Glasfassade, der im großen Saal 2700 Zuschauern Platz bietet. Seine Besonderheit liegt in der Flexibilität der Ausstattung, den Proportionen und dem Baumaterial (*Fachbegriffe aus Kunst- und Architektur S. 22*). Im großen Saal mit 2700 Plätzen wurde sowohl blauer Granit aus Lanhélin

(Bretagne) verwendet als auch Birnbaumholz aus China. Als erster Opernbau der Welt in dieser riesigen Dimension bietet er allen zur Inszenierung einer Oper notwendigen Künstlern und Berufen Raum: 74 verschiedene Berufe, vom Schuhmacher über den Maler und Elektriker bis zum Perückenmacher, sind hier untergebracht. Alle Bühnenbilder werden hier konzipiert und gelagert. Am 14. Juli 1989 wurde die Oper eingeweiht und die erste Festspielsaison begann im März 1990 mit der Berlioz-Oper „Die Trojaner".

Port de plaisance de Paris-Arsenal A1-2

Der Jachthafen wurde an einem ehemaligen Wassergraben der Befestigungsanlagen Karls V. angelegt und wird vom Kanal St-Martin gespeist, der unterhalb des Boulevard Richard-Lenoir verläuft. Die von Terrassen-Gärten gesäumte, gut 600 m lange Hafenpromenade eignet sich für einen Spaziergang *(Spielplätze und Rasenflächen)*.

Wenn Sie die kleine Brücke über den Kanal hinter sich gelassen haben, gehen Sie den Boulevard de la Bastille entlang. Nehmen Sie dann die Rue Jules-César gegenüber, die in die Kreuzung Rue Lyon/Avenue Daumesnil mündet.

★Promenade Plantée B2

Zugang über die Treppen am Ende der Avenue Daumesnil. Über der alten Bahnlinie (1859-1969) vom Bahnhof Bastille zu den Pariser Vororten wuchs Gras

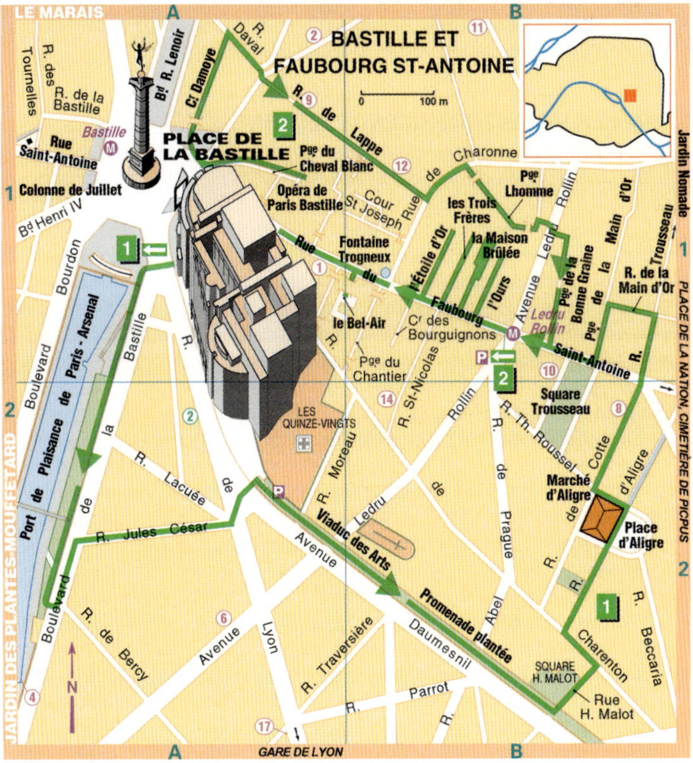

HOTEL

Hôtel Paris Bastille ②

RESTAURANTS

Barrio Latino ①
Blue Elephant ②
Grand Bleu ④
La Biche au Bois ⑥
La Gazzetta ⑧
La Pirada ⑨
Le Bar à Thé ⑩
Le Café Moderne ⑪
Les Sans Culottes ⑫
Swann et Vincent ⑭
Traversière ⑰

und über den Gleisen auf einem Viadukt entstand die Promenade Plantée. Sie bietet Naherholung auf 4,5 km langer Wegstrecke und ermöglicht den Parisern im Bois de Vincennes oder an den Ufern der Marne Landluft zu schnuppern. Gesäumt von Linden, Haselnusssträuchern, Pergolen, Rosen und Kräutern lässt der Weg den Spaziergänger in Farben und Düften schwelgen und beinahe vergessen, dass man sich mitten in Paris befindet, würden nicht wenige Meter unterhalb die Autos fahren. Der Weg eröffnet anfangs auch architektonisch interessante Perspektiven auf die Hochhäuser in halber Höhe.

Sie können sich das alles von unten ansehen, wenn Sie den Viaduc des Arts entlanggehen.

★Viaduc des Arts A2

Das Viadukt aus rosafarbenen Ziegeln und Steinen wurde nach den originellen Plänen des Architekten Patrick Berger erbaut. In seinen 60 Arkaden haben sich Kunsthandwerker niedergelassen. Man findet u. a. Goldschmiede, Möbelschreiner, Kunstschmiede und Designer zeitgenössischer Möbel, aber auch Computerzubehör.

Biegen Sie links in die Rue Hector-Malot ein. Wenn Sie von der Promenade Plantée kommen, nehmen Sie den ersten Aufzug auf der Höhe des Bambusgartens. Am Ende der Rue Hector-Malot biegen Sie links in die Rue de Charenton ein, dann rechts in die Rue d'Aligre.

Place d'Aligre B2

Auf dem **Marché Beauvau-St-Antoine** schlendert man an Obst- und Gemüseständen und Trödelläden vorbei (*Tipps und Adressen, S. 321*).

EINE LEICHT EINZUNEHMENDE FESTUNG

Ein berühmtes Gefängnis – Karl V., der Weise, ließ sich hier die Wohnburg St-Antoine erbauen, die von der Bevölkerung „Bastille“ (kleine Bastion) genannt wurde. Den Grundstein legte Abt Hugues Aubriot im Jahre 1370 und ließ alle Männer der Stadt auf die Baustelle beordern. 1382 war die Bastille fertig. Der übereifrige Abt wurde ihr erster Häftling. Ihre Geschichte war ruhmlos, denn sie wurde in den verschiedenen Bürgerkriegen siebenmal belagert und ergab sich sechsmal kampflos. Das interessanteste Ereignis trug sich im Jahre 1652 zu, als die Grande Mademoiselle, eine Nichte Ludwigs XIV., der rebellischen Fronde das St-Antoine-Tor öffnete und gegen die königlichen Truppen kämpfte.

Die Bastille wird Gefängnis – Im 17. Jh. wurde die Wohnburg zum Gefängnis und Symbol königlicher Willkür. In ihren Verliesen waren hervorragende Persönlichkeiten oft nur aufgrund eines königlichen Haftbefehls (sogenannte *Lettres de cachet*) willkürlich und ohne Gerichtsverfahren inhaftiert. Berühmte Häftlinge waren der geheimnisvolle „Mann mit der eisernen Maske“, der zu offenherzige Voltaire, der junge ausschweifende Mirabeau und der Industrielle Latude, der sich dort so wohlfühlte, dass er gleich zwei Jahre einsaß und nur zweimal Urlaub machte, indem er entfloh.

Der Sturm auf die Bastille – 1784 wurden die *Lettres de cachet* abgeschafft und die Bastille leerte sich. In der revolutionären Stimmung hatte die Abberufung eines Ministers zur Folge, dass das aufgebrachte Volk am 14. Juli 1789 zunächst das Hôtel des Invalides und das Arsenal stürmte und sich dann zur Bastille bewegte, die als Inbegriff der königlichen Willkür galt, um auch von dort Waffen zu holen. Die Schweizergarde warf die Menge zunächst zurück, am Nachmittag erschienen jedoch zum Volk übergelaufene Garden, veranlassten den Festungskommandanten zur Übergabe und töteten ihn und seine Männer. Die letzten sieben Gefangenen wurden von der triumphierenden Menge fortgebracht. Ende 1789 wurde die Bastille von 800 Arbeitern Stück für Stück abgetragen.

Der Jachthafen von Paris-Arsenal ist zur Flaniermeile geworden.

S. Sauvignier / MICHELIN

Gehen Sie eine Runde durch den überdachten Markt und wenden Sie sich dann nach rechts in Richtung Rue de Cotte. Wenn Sie am Ende der Straße angelangt sind, überqueren Sie die Rue du Faubourg-St-Antoine und gehen Sie geradeaus in die Rue Trousseau weiter.

Rue Trousseau B1

Das Gebäude Nr. 22 ist mit Margeriten und Sonnenblumen geschmückt. Etwas weiter, an der Ecke Rue Trousseau/Rue Ch.-Delescluze, liegt der Jardin Nomade; noch ein Stück weiter die Kirche Église Ste-Marguerite mit den beeindruckenden Fresken.

Biegen Sie links in die **Rue de la Main-d'Or** *ein; dann links in die Passage de la Main-d'Or. Überqueren Sie die Rue du Faubourg-St-Antoine. Der Spaziergang endet an der Metrostation Ledru-Rolllin.*

Sie können am Square Trousseau eine Pause einlegen.

Sie können Ihren Spaziergang aber auch fortsetzen 2, zumindest bis zur Bastille, um die unzähligen Passagen an der Rue du Faubourg-St-Antoine zu erkunden.

IM HERZEN DES FAUBOURG ST-ANTOINE 2

Ausgangspunkt M° Ledru-Rollin. 1 1/2 Std.

Höfe und Passagen entlang der Rue du Faubourg-St-Antoine A-B1

Die Rue du Faubourg-St-Antoine folgt der alten Verbindung zwischen Bastille und Abtei St-Antoine, dem historischen Zentrum des Viertels. Sie lädt zu Abstechern in Innenhöfe, Sackgassen, malerische Sträßchen und reine Fußgängerpassagen ein, in denen sich seit Jahrhunderten Möbelschreiner und Tischler niedergelassen haben. Das Paris der Handwerker ist hier auch heute noch lebendig.

Die Straße ist heute noch das Zentrum des Möbelhandwerks. Auch wenn viele alte Stilmöbelläden von den modernen Auslagen der Innenarchitekten verdrängt werden, findet man in den Seitengassen noch kleinere Möbelgeschäfte und die pittoreske Atmosphäre von anno dazumal.

Die Avenue Ledru-Rollin und die Rue de Charonne sind durch vier große Höfe miteinander verbunden. Sie stammen aus dem 17. Jh., der Blütezeit des

Viertels. Nr. 95, die **Cour de l'Ours,** und Nr. 89, die **Cour de la Maison-Brûlée,** sind Kunstschreiner-Werkstätten. In der **Cour des Trois-Frères** (Nr. 81-83) können Sie in den Ateliers Armand wochentags Handwerkern bei der Arbeit zusehen. Am Ende der hübschen **Cour de l'Étoile-d'Or** (Nr. 75), einer gepflasterten Gasse mit Wohnhäusern und eufeubewachsenen Mauern, sind noch einige Möbelwerkstätten erhalten geblieben, die allerdings vor allem als Lager genutzt werden.

An der Ecke Rue du Faubourg-St-Antoine/Avenue Ledru-Rollin sehen Sie den hübschen Brunnen Fontaine Trogneux (1719) und auf der Straßenseite mit den geraden Hausnummern die Passage du Chantier, die Passage **Bel-Air**★ *(Nr. 56)* und die Passage de la Boule-Blanche.

Die **Passage du Cheval-Blanc** am Anfang der Rue de la Roquette *(Mo-Fr 8-20 Uhr, Sa 8-12 Uhr)* war im 17. Jh. ein Holzlager. Von hier aus kann man durch mehrere miteinander verbundene Innenhöfe gehen, die mit den Monatsnamen bezeichnet sind. Beachten Sie in der Cour de Février die Hängevorrichtungen für den Transport von Möbeln von einem Gebäude zum anderen.

Überqueren Sie die Rue de la Roquette und gehen Sie zum Eingang der Cour Damoye, Place de la Bastille, neben dem Café Bastille, zurück.

Cour Damoye A1

So-vormittags geschl. Bildhauerei, Malerei, Seidenmalerei, und in der Mitte des Hofes ein alter Bauaufzug einer Betonfabrik aus den 20er-Jahren.

Wenn Sie den Hof verlassen, treffen Sie auf die Rue Daval, in die Sie rechts einbiegen. Nach Überqueren der Rue de la Roquette gehen Sie die Rue de Lappe geradeaus.

Rue de Lappe A-B1

Sie ist die legendäre Straße der populären Tanzlokale vor dem Zweiten Weltkrieg, von denen als einziges **Le Balajo** bis heute überlebt hat. Vielleicht haben Sie die Gelegenheit, einen Blick in die herrlich begrünten Innenhöfe der Nr. 24, 26 (Cour St-Louis mit der Statue am Eingang) oder 34 (Eingang durch das Café) zu werfen.

Nach Verlassen der Rue de Lappe geht es nach links in die Rue de Charonne, dann – auf der Höhe der Nr. 26 – in die Passage Lhomme.

Passage Lhomme B1

Bei schönem Wetter können Sie den Handwerkern in ihren auf zwei Stockwerken verteilten Werkstätten zusehen: Die Tradition der Kunstschreiner (Ebenisten), die aus Ebenholz und anderen tropischen Hölzern Prunkmöbel herstellten, florierte besonders in der Regierungszeit Ludwigs XV. und Ludwigs XVI. Hier sehen Sie einen Kamin aus dem 18. Jh., der zum Antrieb der

DAS VIERTEL DER KUNSTTISCHLER

Das Viertel entwickelte sich um die 1198 gegründete königliche Abtei St-Antoine. Ludwig XI. gewährte dieser Abtei die Privilegien der Gerichtsbarkeit und Zunftfreiheit, was den Handwerkern von St-Antoine erlaubte, Möbel herzustellen, die von den vorgegebenen Normen in Form und Material abwichen. Vom 17. Jh. an durften sie auch die Schöpfungen der königlichen Werkstätten nachahmen und tropische Hölzer, Intarsien und Bronzeapplikationen als Verzierung verwenden. In der Revolutionszeit war das Viertel außerordentlich dicht bevölkert und die Handwerksbetriebe erlebten ihre Blütezeit. Die Abschaffung der Zünfte durch die Revolution, die Mechanisierung und die Serienherstellung von Möbeln brachten große Umwälzungen mit sich. Dennoch konnten sich bis heute viele kleinere Handwerksbetriebe halten. Die traditionell der Arbeiterschaft angehörige Bevölkerung des Viertels war aktiv an jeder der großen Revolutionen – 1789, 1830, 1848 und 1871 – beteiligt.

BEDEUTENDE KUNSTTISCHLER

André Bouille (1642-1732) war Hoflieferant, dessen Einlegearbeiten aus ausländischen Hölzern, Kupfer und Schildplatt besonders geschätzt waren. Sein Stil kam im Zweiten Kaiserreich wieder in Mode.

Die Schreibtische und Kommoden von **Charles Cressent** (1685-1768) haben vollendete Formen und gelten als die elegantesten des Louis-quatorze-Stils. Vergoldete Bronzebeschläge schmücken viele Stücke.

Jean-Francois Œben (1720-1763), Lehrmeister von Riesener und Leleu, schuf wieder geradlinige Möbel (oft mit integrierter Mechanik) und damit einen Übergangsstil zwischen dem Louis-quinze- und dem Louis-seize-Stil.

Jean-Francois Leleu (1729-1807) prägte den majestätischen Louis-seize-Stil. Die Bronzebeschläge unterstreichen den klaren Aufbau der Möbel.

Jean Riesener (1734-1806) besaß in der Rue St-Honoré 30 Werkstätten und Geschäfte. Er gehört zu den Schöpfern des Louis-seize-Stils. Seine Kommoden und Schreibtische sind mit Bronze verziert, sonst jedoch schlicht.

Georges Jacob hatte seine Werkstatt bei der Porte St-Martin. Seine Arbeiten waren stilbildend zwischen Louis-seize und Empire. Er kreierte u. a. eine antikisierende Sesselform, deren Rückenlehne und Füße die Empire-Möbel vorbereiteten.

Dampfmaschinen gebraucht wurde. Sie werden sich für einen Moment lang wie in einer anderen Zeit fühlen.

Verlassen Sie die Passage Lhomme auf der linken Seite und biegen Sie dann gleich nach rechts in die Passage de la Bonne-Graine ein, die von der Avenue Ledru-Rollin unterbrochen wird.

Passage de la Bonne-Graine B1

Sie war einst Umschlagplatz für Getreide – daher der Name. In der Mitte der Gasse prangt das Schild der 1934 gegründeten Kunstschreinerei Rinck. Gegenüber, bei Boulet Frères, können Sie Posamenten (Kordeln, Quasten für Möbel und Raumausstattung) erstehen. Etwas weiter das Haus Dissidi, das seit Generationen auf den Nachbau alter Möbel spezialisiert ist.

Die Passage de la Bonne-Graine mündet in die Rue du Faubourg-St-Antoine.

TIPPS UND ADRESSEN

ÜBERNACHTEN

Unsere Hoteladressen finden Sie auf S. 406/407 (12. Arr.).

ESSEN UND TRINKEN

Le Bar à Thé – *9 rue Antoine-Vollon – M° Ledru-Rollin – 01 43 40 90 17 – www.barathe.fr – tgl. außer Mo und Di 10–18.30 Uhr – 3. Woche im Aug. und über Weihnachten eine Woche geschl. – 6,80/ 10,50 €.* Gegenüber des grünen Square Trousseau bietet die Bar à Thé ein originelles und vielseitiges Teesortiment an. Es gibt 45 Sorten warme Tees, Eistee mit zehn Aromen, Cocktails, aber auch Crumbles (mit Streuseln überbackene Früchte), Tiramisu und natürlich das berühmte Teegebäck.

Le Café Moderne – *19 rue Keller – M° Ledru-Rollin – 01 47 00 53 62 – Di-So 12-14, 19-0 Uhr – So-mittag, Mo geschl. – 15 €.* Angenehmes Ambiente, hinten hübsche Veranda. Serviert werden Couscous und die leckeren kleinen plats d'Omar. Einfaches, aber beliebtes Restaurant in dem angesagten, oft überteuerten Viertel.

Barrio Latino – *46/48 rue du Faubourg-St-Antoine – M° Bastille – 01 55 78 84 75 – ♿ – tgl.*

12-14 Uhr – 30/40 €. Dieser alte Möbelladen wurde auf großzügigen 3000 qm Fläche in ein Latino-Restaurant mit Bar umfunktioniert. Es erstreckt sich über vier Etagen. Die prunkvolle Treppe, die sie verbindet, steht unter Denkmalschutz. Die Fassade und die metallische Struktur stammen von Gustave Eiffel. Tapasbar im Erdgeschoss, Restaurant im Zwischengeschoss und kubanische Bar mit Ledersesseln und Zigarrenverkauf im 2. Stock. Wilde Abende (Salsa, Bossa nova).

Grand Bleu – *Boulevard de la Bastille, Port de Plaisance de l'Arsenal – M° Bastille – ✆ 01 43 45 19 99 – www.legrandbleu-paris.com – Mittagsmenü 14,50 € – 16/50 €.* Ein idyllischer Ort mitten in Paris. Beim Blick von der Terrasse auf den reizenden Jachthafen und den kleinen Park vergisst man fast, dass die verkehrsumtobte Place de la Bastille nur knappe 50 m entfernt ist. Bei schönem Wetter wird draußen serviert, sonst sitzt man auf der Veranda. Klassische Fischgerichte und Meeresfrüchte.

Les Sans-Culottes – *27 rue de Lappe – M° Bastille oder Ledru-Rollin – ✆ 01 48 05 42 92 – www.lessansculottesfr.com – Di-So geöffnet – mittags geschl. außer Sa, So – 23/30 €.* Bevor man sich ins Nachtleben der Rue de Lappe stürzt, sollte man in diesem Lokal im Stil der Jahrundertwende essen. Das Tagesmenü steht auf der Schiefertafel. Sehr gastfreundlich.

Swann et Vincent – *7 rue St-Nicolas – M° Ledru-Rollin – ✆ 01 43 43 49 40 – Mo-So – Mittagsmenü 15,90/29/38 €.* Gelungene Verschmelzung italienischer Küche mit stimmungsvollem Pariser Bistro: alte Fliesen, Wände mit Patina, rote Sitzbänke, Holzstühle und -tische. Auf einer riesigen Schiefertafel stehen die Empfehlungen des Tages. Das Personal ist sehr freundlich. Das günstige Mittagsmenü hält die Reisekosten im Rahmen.

Traversière – *40 rue Traversière – M° Ledru-Rollin – ✆ 01 43 44 02 10 – So-abend und Mo, 3. Augustwoche, 1. Jan. und 25. Dez. geschl. – ♿ – Mittagsmenü 23/42 €.* Dieses Restaurant hat äußerlich den Charakter eines Landgasthofes bewahrt, ist aber innen modern eingerichtet. Gepflegte traditionelle Küche zu günstigen Preisen und saisonale Wildgerichte.

Blue Elephant – *43-45 rue de la Roquette – M° Bastille – ✆ 01 47 00 42 00 – www.blueelephant.com – tgl. außer Sa-mittag – Mittagsmenü 16 € – 45/60 €.* Kulinarische Reise in das Königreich von Siam vor der Kulisse eines thailändischen Dorfs und zahlreichen Pflanzen, darunter Bäume und Orchideenarrangements. Extrem feine thailändische Küche.

La Biche au Bois – *45 av. Ledru-Rollin – M° Gare de Lyon – ✆ 01 43 43 34 38 – Mo-mittag, Sa, So, 20. Juli, 20. Aug., 23. Dez.-2. Jan. geschl. – 26/36 €.* Man sitzt sehr eng in diesem schlichten Restaurant. Lebhaftes Ambiente, charmanter Service. Traditionelle Küche in reichlichen Portionen und Wild der Saison.

La Gazzetta – *29 rue de Cotte – M° Ledru Rollin – ✆ 01 43 47 47 05 – www.lagazzetta.fr – So, Mo und Aug. geschl. – Mittagsmenü – 16 € – 37/49 €.* Dieses mediterane Restaurant ist zugleich Weinbar, Café (mit internationaler Presse) und sehr in. Es wird eine gute südfranzösische Küche serviert.

La Pirada – *7 rue de Lappe – M° Bastille – www.pirada.com – ✆ 01 47 00 73 61/01 43 57 21 96 – tgl. 17-14 Uhr – 40 €.* Herzliche, junge und feierlustige Stimmung herscht in diesem Bar-Restaurant in einem der lebhaftesten Viertel des Pariser Nachtlebens. Die Tapas schmecken nach der Renovierung noch genauso gut wie vorher und die Paella ist unglaublich gut. Natürlich wird das Ganze mit spanischer Musik oder Salsa untermalt.

KLEINE PAUSE

Café des Phares – *7 pl. de la Bastille – M° Bastille – ✆ 01 42 72 04 70 – 7.30-2 Uhr.* Jeden Sonntagmorgen wird hier über ein großes philosophisches Thema diskutiert – offen sowohl für Laien als auch für solche, die ihren Kant aus der Westentasche zaubern! Französisch sollte man allerdings schon verstehen, um mitzukommen. Schöne Terrasse.

Le Viaduc Café – *43 av. Daumesnil – M° Gare-de-Lyon – ✆ 01 44 74 70 70 – www.viaduc-cafe.fr – 9-2 Uhr, am Wochenende 10-2 Uhr.* Restaurant-Bar unter einer Arkade des alten Viadukts. Steinernes Gewölbe und große Glasfenster. Trotz des nahen Verkehrs angenehme Terrasse im Sommer.

EINKAUFEN

Rue du Faubourg-St-Antoine – Möbel- und Kleidergeschäfte neben Künstlergalerien und -ateliers in den unzähligen Passagen.

Brocante d'Aligre – *Place d'Aligre – M° Ledru-Rollin – tgl. außer Mo 7.30-13 Uhr.* Gebrauchte Kleidung.

Marché d'Aligre – *Place d'Aligre – M° Ledru-Rollin – tgl. außer Mo.* Populärer bunter Markt.

Marché Bastille – *Boulevard Richard-Lenoir (Eingang Rue Amelot oder Rue St-Sabin) – M° Bastille – Do, So.*

Marché parisien de la Création – *Boulevard Richard-Lenoir – M° Bastille – ✆ 01 53 57 42 60 – www.mandon.fr – Sa 9.30-19 Uhr.*

Moisan – *5 pl. d'Aligre – M° Ledru-Rollin – ✆ 01 43 45 46 60 – tgl. außer Mo 6.30-20.30 Uhr.* Es herrscht dichtes Gedränge in der adretten Bäckerei, wo vor Ihren Augen köstliches Brot mit Mehl aus biologischem Anbau gebacken wird. Torten und Brioches werden ebenfalls aus Bio-Mehl hergestellt. Die meistverkauften Backwaren sind: St-Jean (ein enormer Brotlaib), Éclairs (Liebesknochen), Tartes Tatin (Apfelkuchen) und Schokoladen-Charlotte. Eine ausgezeichnete Adresse in Paris.

AM ABEND

Maison des Métallos – *94 rue Jean-Pierre-Timbaud – M° Parmentier – ✆ 01 48 05 88 27 – www.maisondesmetallos.org.* In dieser kulturellen Einrichtung der Stadt Paris wurde früher Kupfer verarbeitet. Später war sie der Sitz der Metallarbeiter-Gewerkschaft. Regelmäßig werden Ausstellungen, Aufführungen, Konzerte, Treffen, Diskussionen und Themenabende in einem Veranstaltungssaal, unter einem Glasdach und zwischen Arbeitsgeräten und Kunstwerken veranstaltet.

Opéra-Bastille – *120 rue de Lyon – M° Bastille – ✆ 08 92 89 90 90 (0,34 €/mn) – www.operadeparis.fr – Ticketverkauf tgl. außer So 10.30-18.30 Uhr – Mitte Juli-Mitte Sept. geschl.* Die von Carlos Ott erbaute Oper verbindet Funktionalität und technische Perfektion. Sie wurde am 13. Juli 1989 von François Mitterrand eingeweiht.

SPORT UND FREIZEIT

Canauxrama: Paris-Flussfahrt – *✆ 01 42 39 15 00 – www.canauxrama.com – nur mit Reservierung – Abfahrt von der Anlegestelle Jachthafen Paris-Arsenal, gegenüber 50 bd. de la Bastille (M° Bastille): 9.45 und 14.30 Uhr; Abfahrt Bassin de la Villette, 13 quai de la Loire (M° Jaurès): 9.45 und 14.45 Uhr – Strecke (ca. 2 1/2 Std.) Bastille-Villette oder umgekehrt – 15 € (unter 12 J. 8 €).*

Canauxrama: Bootsfahrt in die Umgebung von Paris – *✆ 01 42 39 15 00 – www.canauxrama.com – April-Nov. Do und Wochenende – Abfahrt 9 Uhr vom Jachthafen Paris-Arsenal, gegenüber 50 bd. de la Bastille (M° Bastille) – eintägige Kreuzfahrt von Paris zu den Guinguettes in Bry-sur-Marne und zurück (17.15 Uhr) – 34 € (ohne Essen) –für Kinder nicht empfehlenswert.*

20 - Bois und Château de Vincennes★★

Vincennes, der Hauptort des Kantons Val-de-Marne, ist bekannt für seinen Wald mit den malerischen Seen und die Sportmöglichkeiten, den größten französischen Zoo, eine Pferderennbahn und einen sehenswerten botanischen Garten. Das Schloss von Vincennes diente ehemals als königliche Residenz und hat eine reiche Geschichte aufzuweisen.

WEGWEISER – *Umschlagkarte vorne E4 – 12. Arr. und Val-de Marne (94).* An der Grenze des 12. Pariser Arrondissements. M° Porte-Dorée (Linie 8) oder Château-de-Vincennes (Linie 1). Busse 46, 56, PC2.

UNBEDINGT SEHENSWERT – Die Ste Chapelle Royale und der Donjon (Wohnturm) des Schlosses; der Parc floral (botanischer Garten).

GUT GEPLANT – Für Vincennes sollte man sich einen ganzen Tag Zeit nehmen: Beginnen Sie mit dem Besuch des Schlosses und entspannen Sie sich anschließend im Wald.

MIT KINDERN – Der Zoo, der botanische Garten, das Aquarium an der Porte Dorée und der Bauernhof (Ferme de Paris).

Zu Fuß unterwegs Übersichtskarte S. 326/327

WESTLICHER TEIL: RUND UM DAUMESNIL

Ausgangspunkt M° Porte-Dorée (Linie 8). 3 Std.

La Porte Dorée A1

Von der Metro kommend, erreicht man die Place Édouard-Renard, die ehemalige Porte de Picpus, mit ihrem Brunnen aus der Zeit der Kolonialausstellung 1931, auf dem die goldene Skulptur „France colonisatrice" thront. Vor Kurzem wurden hier wieder einige Palmen gepflanzt.

Passanten sagen zu der den Platz dominierenden Statue leichthin „doré" (golden), obwohl der Name eine Anspielung auf ihre geografische Lage in Bezug zum Wald ist. Es sollte eigentlich heißen: Porte d'orée (= zum Waldrand hin).

★Aquarium tropical de la Porte Dorée A1

293 av. Daumesnil – M° Porte-Dorée (Ausgang Boulevard Soult) – ✆ 01 53 59 58 60 – www.aquarium-portedoree.org – tgl. außer Di 10-17.15 Uhr, Sa, So 10-19 Uhr – an manchen Fei geschl. – 4,50 €.

Das schöne Art-déco-Gebäude, das heute das Aquarium beherbergt, wurde für die Kolonialausstellung 1931 von den Architekten Léon Jaussely und Albert Laprade erbaut. Das Relief an der Fassade, ein Werk von Alfred Janniot,

MYSTERIÖSER MORD AN DER PORTE DORÉE

Die Metrostation Porte-Dorée war im Jahre 1937 Schauplatz eines Verbrechens, das den Kriminalisten lange Zeit Rätsel aufgab und nie eine befriedigende Lösung fand. Eine Passagierin wurde erstochen in einem U-Bahn-Wagon gefunden. Nur: Sie war alleine in dem Zug. Vierzig Sekunden, die seit dem Passieren der vorhergehenden Station (Porte-de-Charenton) verstrichen waren, hatten dem Mörder genügt, die Tat zu begehen und zu verschwinden. Es gab eine Reihe von Hypothesen bezüglich der möglichen Motive des Verbrechens, aber man weiß bis heute nicht, wie der Täter vorgegangen ist.

Auszeit von der Großstadt: eine Bootsfahrt auf dem Lac du Bois de Vincennes.
Amélie Dupont / Paris Tourist Office

illustriert auf ebenso lebendige wie bildhafte Weise das Leben in den Kolonien, während die „zivilisierende" Rolle der Kolonialmacht Frankreich mittels großer Figuren hervorgehoben wird, deren Namen und Ruhmestaten auf der Fassade Rue Armand-Rousseau eingraviert sind: Spuren einer Zeit, in der sich der Kolonialismus auf ebenso plakative wie naive Weise darstellte.

Hier leben ca. 5000 Fische aus warmen und gemäßigten Zonen.

Beeindruckende Krokodilsbecken und bunte Riff-Fische.

Cité nationale de l'histoire de l'immigration A1

293 av. Daumesnil – M° Porte-Dorée (Ausgang Boulevard Soult) – 01 53 59 58 60 – www.histoire-immigration.fr – tgl. außer Mo 10-17.30 Uhr – Sa, So 10-19 Uhr (letzter Einlass 45 Min. vor Schließung) – 1. Jan., 1. Mai, 14. Juli und 25. Dez. – 3 € (unter 18 J. Eintritt frei).

Dieses Museum, das sich mit der Geschichte der Einwanderung in Frankreich beschäftigt, ist in einem ehemaligen Pavillon der Kolonialausstellung 1931 untergebracht, der zuvor das Kolonialmuseum und später das Museum für afrikanische und ozeanische Kunst beherbergt hatte. Ziel des Museums ist es, die Geschichte der Immigration nach Frankreich seit dem 19. Jh. zu dokumentieren. Berücksichtigt werden alle Arten der Immigration: wirtschaftliche, politische oder auch kriegsbedingte. Der Rundgang („Repères") in der ersten Etage des Pavillons, die von dem Architekten Patrick Bouchain renoviert wurde, basiert auf Video- und Audiodokumentationen und pädagogischen Ausstellungen. In der Cité befindet sich die Mediathek Abdelmalek-Sayak mit 80 frei und gratis zugänglichen Plätzen. Sie bietet 20 000 Dokumente (Bücher, Zeitschriften, Filme, Schrift- und Tondokumente) zur Geschichte, zu persönlichen Erinnerungen und den Kulturen der Immigration vom 19. Jh. bis heute.

★Lac Daumesnil A1-2

Am Lac Daumesnil mit seiner künstlich angelegten Grotte tummeln sich beim ersten Sonnenstrahl zahlreiche Ausflügler. Auch die Enten watscheln gern über den Weg am Ufer. Über Brücken kann man zwei Inseln erreichen (Kaffeehaus auf der Île de Reuilly – *Tipps und Adressen, S. 331*).

VOM WALD DES KÖNIGS ZUM BOIS DE VINCENNES

Philipp II. August ließ das königliche Jagdgebiet in Vincennes mit einer 12 km langen Mauer einfassen und Hirsche, Dam- und Rehwild einsetzen. Karl V. der Weise veranlasste den Bau des Schlösschens Beauté, das im 18. Jh. abgerissen wurde (heute Nogent-sur-Marne). Seit dem 17. Jh. zog die gute Waldluft von Vincennes Spaziergänger an. Sie gelangten durch sechs Tore in der Mauer in den Wald. Ludwig XV. machte den bisher der königlichen Jagd vorbehaltenen Wald öffentlich zugänglich. Im 18. Jh. forstete man den Wald auf – daran erinnert die Pyramide. 1798 wurde mit dem Polygone d'Artillerie die erste militärische Sperrzone geschaffen; weitere ähnliche Maßnahmen und der Bau mehrerer großer Stadien folgten. 1860 trat Napoleon III. den Forst mit Ausnahme von Schloss Vincennes und der dem Heer gehörigen Anlagen der Stadt Paris ab, die ihn zu einem englischen Park umgestalten wollte. Haussmann ließ den Lac de Gravelle ausheben und mit Marne-Wasser füllen. Er diente als Reservoir für die anderen Seen und Bäche im Wald. Auch eine Trabrennbahn wurde angelegt. Im Institut National des Sports und dem nahen überdachten Stadion wird für die Leichtathletik- und Schwimmmeisterschaften trainiert. Sobald die Sonne scheint, bevölkern die Pariser Wege und Wiesen.

Centre bouddhique du bois de Vincennes B2

Route de la Ceinture-du-Lac-Daumesnil. Das Dach dieses ehemaligen Pavillons der Kolonialausstellung von 1931 ist mit 180 000 handgefertigten Holzschindeln aus Kastanienholz gedeckt. Im Innenraum kann man die 9 m hohe vergoldete Buddha-Statue bewundern.

★★Parc zoologique de Paris B1

53 av. de St-Maurice – M° Porte-Dorée – Busse 46, 86, 325 – ✆ 01 44 75 20 10 – www.mhn.fr – *wegen Umbauarbeiten bis 2013 geschl.*

Der 1934 eröffnete Zoo von Vincennes will sich von einer neuen Seite zeigen. Ökologische Gesichtspunkte rücken in den Mittelpunkt. Das große Renovierungsprojekt begann 2008 und soll 2013 abgeschlossen sein. Es werden auf 16 000 qm neue Gebäude errichtet, 9000 qm bestehende Bauten renoviert und 13 000 qm abgerissen, über 2000 Bäume neu gepflanzt oder umgesetzt und 21 000 qm Glashäuser und Volièren neu errichtet. Das Wahrzeichen des Parks, der 65 m hohe künstliche Felsen, bleibt erhalten. Der Park wird in sechs Biozonen aufgeteilt. Drei sind Afrika gewidmet: der tropische Regenwald als Lebensraum für Gorillas, Okapis, Zwergnilpferde, die Savanne für Giraffen, Antilopen, Löwen und Nashörner, der Trockenwald aus Madagaskar für Lemuren, Fossas und Fledermäuse. Südamerika repräsentieren zwei Zonen: der Regenwald aus Guyana für Ibis, Tapir, Jaguar, Seekühe und die patagonische Küstenlandschaft für Pinguine und Robben. Otter, Biber, Wölfe, Steinböcke und Geier finden in der europäischen Berglandschaft ein Zuhause.

ÖSTLICHER TEIL

★★Parc floral de Paris C1

M° Château-de-Vincennes – ✆ 01 43 28 41 59 – www.parcfloraldeparis.com – ♿ – März-Sept. 9.30-20 Uhr (März 19 Uhr); Okt.-Dez. 9.30-18.30 Uhr; Jan. 9.30-17 Uhr, Feb. 9.30-18 Uhr – Eintritt frei – 5 € (unter 18 J. 2,50 €) für Ausstellungen und Veranstaltungen.

Der 31 ha große Landschaftsgarten wurde für die Gartenschau von 1969 angelegt. Er enthält Hunderte verschiedener Pflanzenarten. Die **Vallée des Fleurs**, das „Blumental", der Dahliengarten (**Jardin des Dahlias**, *Blütezeit Sept.-Okt.*), der Vier-Jahreszeiten-Garten (**Jardin des 4 Saisons**) und der Schwertliliengarten (**Jardin d'Iris**, *Mai*) sind immer reizvoll. Mehrmals im Jahr werden Blumenausstellungen organisiert: eine Kamelienschau *(Anfang März)*, eine Tulpenschau *(ab April)* und eine Rhododendren- und Azaleenschau *(ab Mai)*. Moderne Skulpturen (von Nicolas Schöffer, Calder, Alberto Giacometti, Agam sowie Alicia Penalba) machen aus dem Park ein Open-Air-Museum.

Riesiger Kinderspielplatz an der Ostseite des Parks.

Attraktionen – *13.45-17.30 Uhr, Wochenende 13.45-19 Uhr. Alle sind kostenpflichtig. Die Eintrittskarten sind ein Jahr lang gültig. Freier Eintritt in die Pavillons und den Schmetterlingsgarten. Spielplatz: 2,50 €. Vierradverleih: 10 €-15 € (20 € Kaution). Minigolf: 8 € (unter 12 J. 5,50 €).*

Lac des Minimes D1

Er verdankt seinen Namen dem ehemals in dem königlichen Wald gelegenen Kloster von Minimes. Über eine Brücke erreichen Sie die Insel Île de la Porte-Jaune, wo Sie ein Restaurant vorfinden.

Agrarwissenschaftlicher Tropengarten D1

45 bis av. de la Belle-Gabrielle – RER Fontenay-sous-Bois – Jan. 9.30-17 Uhr; Feb.-März 9.30-18 Uhr (März 19 Uhr); April-Sept. 9.30-20 Uhr, Okt.-Dez. 9.30-18.30 Uhr – Derzeit Renovierungsarbeiten.

Hinter dem chinesischen Portal befanden sich früher ein Versuchsgarten für tropische Pflanzen, ein Zoo (während der Kolonialausstellung 1907) und eine Gedenkstätte für Soldaten aus den ehemaligen Kolonien. Der vor einigen Jahren von der Stadt Paris erworbene Garten hat die reizvolle Atmosphäre eines verlassenen Palasts.

Arboretum der École du Breuil D2

Route de la Pyramide – RER A Joinville-le-Pont – ✆ 01 53 66 14 00 – ganztägig – freier Eintritt.

Das Arboretum gehört zur Gartenbauschule desselben Namens. Die Schule wurde auf Initiative Haussmanns 1867 (damals an der Porte Daumesnil) ins Leben gerufen. Auf 12 ha werden ca. 1200 Bäume 300 verschiedener Arten kultiviert: Riesenmammutbäume, Indische Kastanien, Orientalische Fichten, Blaue-Atlas-Zedern.

Lac de Gravelle C2

Route de la Ferme. Still liegen die Seerosen auf dem Wasser und verleihen dem See einen besonderen Charme.

Hippodrome C2

Die Pferderennbahn – das Heiligtum der Pferdeliebhaber.

Ferme de Paris C2

Route du Pesage – RER A Joinville-le-Pont – April-Sept. Wochenende und Fei 10.30-18.30 Uhr (Osterferien, Juli-Aug. Di-Fr 18 Uhr); Okt.-März Wochenende 10.30-17.30 Uhr, Nov.-Feb. Wochenende außer Fei 10.30-17 Uhr – Eintritt frei.

DER HERZOG VON ENGHIEN

Um ein Exempel zu statuieren, befahl Napoleon, den Duc d'Enghien, der als Emigrant in Deutschland lebte, der Verschwörung gegen ihn anzuklagen und hinzurichten. Der Herzog wurde auf deutschem Territorium entführt und am 20. März 1804 nach Vincennes überstellt. Er dinierte im Pavillon du Roi und ging danach schlafen, während draußen schon sein Grab geschaufelt wurde. Eine halbe Stunde nach Mitternacht wurde er geweckt. Eine Stunde später verkündete ein Kriegsrat das Todesurteil. Der Herzog wurde vor den zuvor ausgehobenen Graben gestellt und erschossen. Seine Hinrichtung löste in ganz Europa Entrüstung aus. Sein Leichnam ruht in der Kapelle des Schlosses.

Kühe, Schweine ... Obstbäume und Weizenfelder – auf diesem Bauernhof lernen die Kleinen, dass der Salat nicht im Supermarkt wächst und dass Hühner Federn haben. Hier kann man beim Kühemelken *(16 Uhr)* und bei der Schafschur dabei sein.

Sehenswürdigkeiten

★★CHÂTEAU DE VINCENNES C1

Avenue de Paris – M° Chateau de Vincennes – ✆ 01 48 08 31 20 – www.chateau-vincennes.fr – April-Sept. 10-18 Uhr (Wochenende 18.30 Uhr), Okt.-März 10-17.30 Uhr – 1. Jan., 1. Mai, 1. und 11. Nov., 25. Dez. geschl. – 8 € (unter 18 J. Eintritt frei).

Das „Versailles des Mittelalters" besteht zum einen aus der trutzigen Wohnburg (Donjon) und zum anderen aus einem majestätischen Gebäudekomplex des 17. Jh.

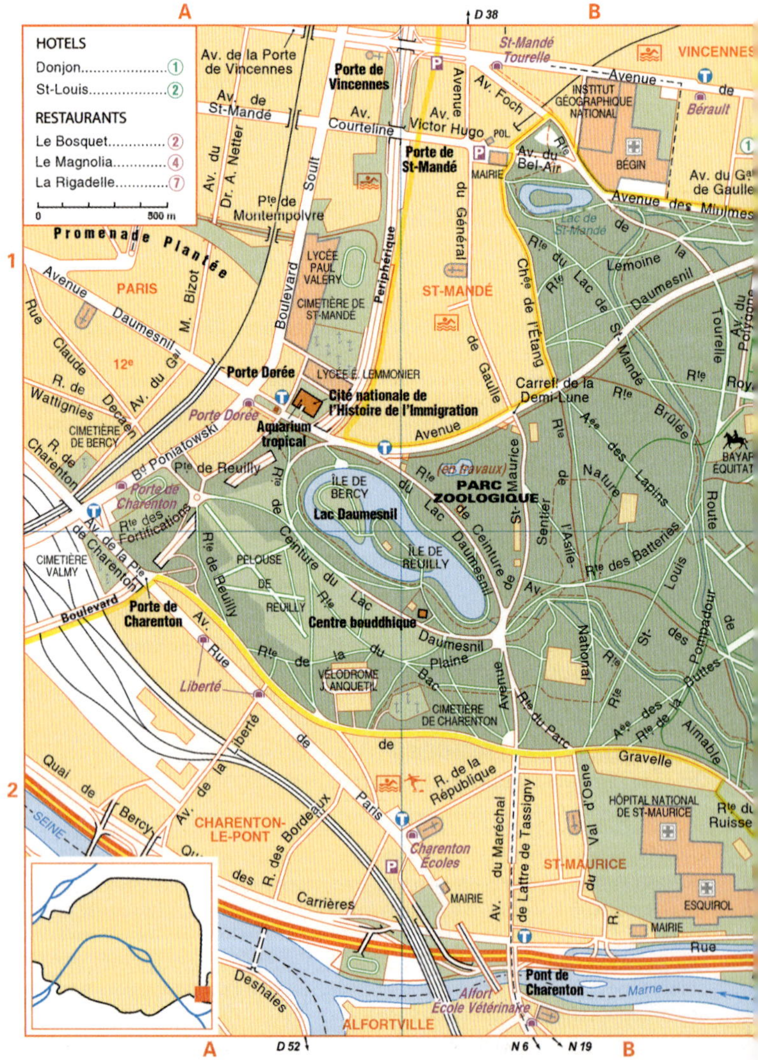

Jüngste Grabungen haben die Überreste jener Räumlichkeiten zu Tage gefördert, in denen sich Philipp II. August und Ludwig der Heilige aufgehalten haben.

Das Schloss im Lauf der Jahrhunderte – Im 11. Jh. erwarb die Krone von der Abtei St-Maur den Wald von Vincennes; im 12. Jh. ließ Philipp II. August dort einen Herrensitz errichten. Ludwig der Heilige fügte die Sainte-Chapelle an. Er verbot, in dem Wald zu jagen. Unter einer Eiche sprach der König Recht. Jeder konnte ohne Voranmeldung und ungehindert zu ihm kommen.

Mit dem Bau der **Burg** begannen die Valois-Herrscher Philipp VI. und Johann der Gute; Karl V. der Weise beendete ihn 1396. Mazarin, der 1652 zum Gouverneur von Vincennes ernannt worden war, ließ von Le Vau die beiden symmetrischen Pavillons du Roi und de la Reine errichten: Entstanden war **das klassische Schloss**. 1660, ein Jahr nach der Fertigstellung, verbrachte König Ludwig XIV. mit seiner jungen Frau Maria Theresia von Spanien seine Flitterwochen im Pavillon du Roi.

Anfang des 16. Jh. bis 1784 wurde der Donjon, den die Könige nicht mehr als Wohnsitz benutzten, **Staatsgefängnis**. Ligisten, Jansenisten, Führer der Fronde, Freidenker, Adelige und Philosophen waren hier inhaftiert. Viele Berühmtheiten zählten zu den Insassen: der Prinz von Condé, der Prinz von Conti, Kardinal von Retz, der ehemalige Finanzminister Fouquet, Herzog von Lauzun, Diderot, Mirabeau. Napoleon benutzte das Schloss als **Arsenal**. Mit zwei Ausnahmen wurden die Türme bis auf Mauerhöhe abgetragen und dort Kanonen aufgestellt. Der Donjon wurde wieder Staatsgefängnis.
Unter Ludwig Philipp wurde Vincennes in die Verteidigungslinie von Paris einbezogen und damit zu einer **Militäranlage**. Neben dem Schloss errich-

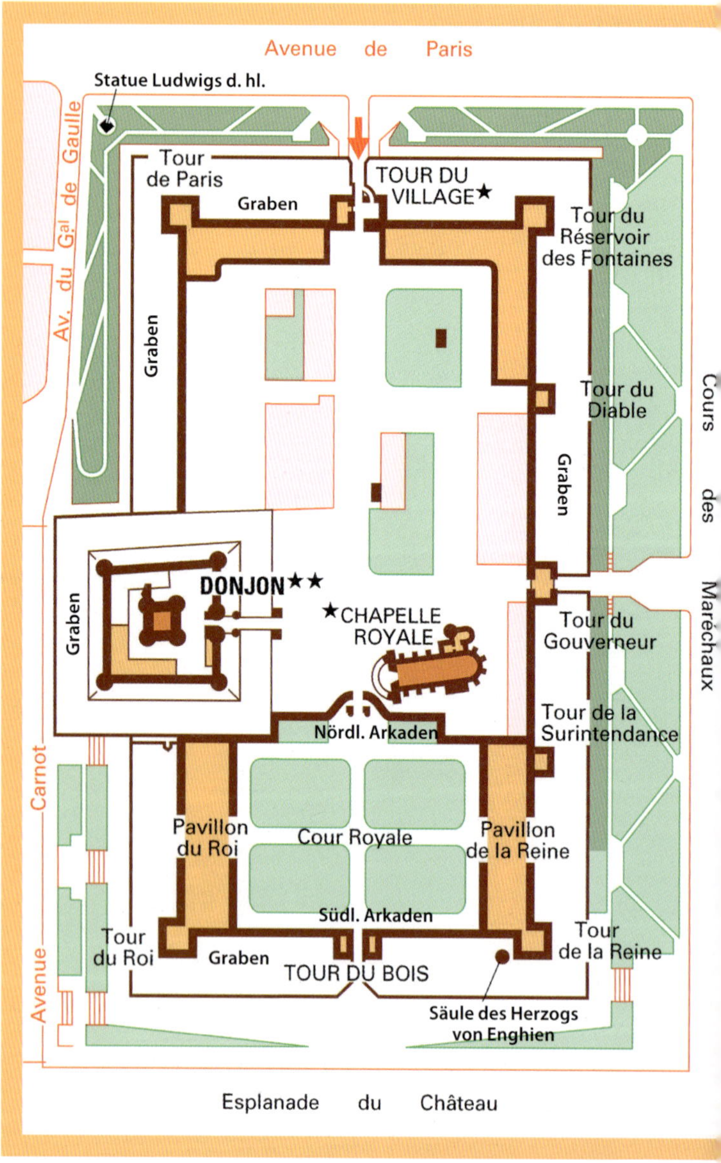

Zeitweilig als Staatsgefängnis genutzt: der Donjon des Château de Vincennes.
Erick Nguyen / Fotolia.com

tete man ein Fort, dessen Mauern mit Kasematten verstärkt waren. Die Erdanschüttungen verbargen die Anlage. Im 19. Jh. begann Viollet-le-Duc im Auftrag Napoleons III. mit der Restaurierung von Vincennes. Heute hat der Haupthof sein elegantes Gesicht aus dem 17. Jh. wieder, nachdem man die Pavillons renoviert, den breiten Graben um den Donjon aufgeschüttet und die Kasematten aus dem 19. Jh. abgetragen hat.

Rundgang um die Außenmauer

Es ist empfehlenswert, vor der eigentlichen Schlossbesichtigung zunächst einen Spaziergang um die Außenmauern zu machen. Gehen Sie die Böschungen am Schlossgraben entlang.

Donjon★★ – Der Wohnturm aus dem Jahre 1337 an der Westseite der Außenmauer, früher noch mit Zinnen und Pechnasen bewehrt, verkörpert die Festungsbaukunst des 14. Jh.

Er ist 50 m hoch und wird von vier runden Ecktürmen verstärkt; im Norden ist ein weiterer Turm angebaut.

Den Donjon umgibt eine Festungsanlage bzw. Ummantelung mit eigenem Wassergraben. Die vier Türme dienten der Verteidigung in vier Himmelsrichtungen. Ein überdachter Wehrgang umrundet den Turm. Unter den Pechnasen wurden Schießscharten für Kanonen ausgebrochen. Der Donjon war bis Ende des 15. Jh. Wohnturm und diente danach als Gefängnis.

Über den Wehrgang konnte der Herzog von Beaufort fliehen; er war ein Führer der Katholischen Liga und auf Befehl Mazarins eingekerkert worden. Er entkam am Pfingstmorgen 1648 während eines Spaziergangs. Der Herzog hatte einen Wärter bestechen können und flüchte mithilfe eines Seils.

Tour du Village★ – In diesem mächtigen Turm wohnte im Mittelalter der Gouverneur von Vincennes; von hier aus leitete er die Verteidigung. Unter dem gotischen Gewölbe sind noch Details erhalten, die an die militärische Nutzung erinnern: die Aufhängung der Zugbrücke und die Furchen der Fallgitter.

Cours des Maréchaux – Diese 1931 angelegte breite Straße weist an der Ostmauer fünf Türme auf, deren oberste Stockwerke abgetragen wurden. Im vorletzten Turm, der Tour du Diable (Teufelsturm), war die **Porzellanma-**

EIN STURER GOUVERNEUR

1814 war General Daumesnil, der seit der Schlacht bei Wagram ein Holzbein hatte, Gouverneur von Vincennes. Als die Alliierten ihn aufforderten, ihnen das Schloss auszuliefern, sagte der wackere Soldat: „Ich gebe Vincennes her, wenn man mir mein Bein zurückgibt." Am Ende der 100 Tage wurde das Schloss erneut belagert. Zum zweiten Mal weigerte er sich, es Blücher zu überlassen. Nach fünf Monaten öffnete der Held Ludwig XVIII. die Tore. Nach den Begebenheiten von 1830 wollten die Aufständischen die Auslieferung der im Donjon einsitzenden Minister erreichen. „Holzbein", der immer noch Gouverneur war, schlug sie in die Flucht und erklärte: „Ich lasse mich mit dem Schloss sprengen und wir können uns dann in der Luft treffen."

nufaktur untergebracht. 1738 erhielten zwei Arbeiter der Porzellanmanufaktur von Chantilly Asyl im Schloss. Sie gaben ihre Geheimnisse preis und begannen, Geschirr mit feinen Blumenmustern herzustellen. 1756 wurde die Manufaktur nach Sèvres verlegt.

Tour du Bois – Von der Esplanade bietet sich ein Blick auf die Arkaden, die die Festung nach Süden abschließen. Le Vau hat die Tour du Bois etwas abgetragen und zur Euphorenpforte umgebaut. Von der den Graben überspannenden Brücke aus sieht man am Fuß der Tour de la Reine eine Säule. An dieser Stelle wurde 1804 der der Verschwörung bezichtigte **Herzog von Enghien**, der letzte Spross des Hauses Orleáns, auf Befehl Napoleons erschossen.

Innenanlagen

Cour Royale – Nach den Plänen Le Vaus schloss man auch die Nordseite des Königlichen Hofs mit einer Arkade ab. An der West- und Ostseite liegen die beiden Pavillons der Königsfamilie.

Im Pavillon de la Reine (Pavillon der Königin) wohnten Anna von Österreich, die Mutter Ludwigs XIV., und dessen Bruder, „Monsieur" genannt. Der Gouverneur Daumesnil starb hier 1832 an der Cholera. Der Herzog von Montpellier war der letzte Bewohner königlichen Blutes (1840-1884). Im Pavillon du Roi (Königspavillon) starb Mazarin 1661, während man sein Appartement im Pavillon de la Reine fertigstellte.

Donjon★★ – *✆ 01 48 08 31 20 – http://vincennes.monuments-nationaux.fr – April-Sept. 10-18 Uhr (Wochenende 18.30 Uhr); Okt.-März 10-17.30 Uhr – 1. Jan., 1. Mai, 1. und 11. Nov., 25. Dez. geschl. – 8 € (unter 18 J. Eintritt frei), 12 € Kombiticket inkl. der Ausstellung in der Königskapelle.*

Der prächtig restaurierte Donjon hat wieder seine schöne klare einstige Farbe. Der Besuch beginnt im Erdgeschoss, das als Küche diente. In der königlichen **Empfangshalle** im 1. Stock wird ein Film über Karl V. gezeigt. Im 2. Stock, dem **königlichen Schlafzimmer**, sind Dokumente zum Schloss ausgestellt. Das Gewölbe weist noch die ursprüngliche Mehrfarbigkeit des 14. Jh. auf. Eine Wendeltreppe führt wieder ins Erdgeschoss, wo man das Gefängisleben im Donjon entdecken kann. Eine Dauerausstellung mit wechselndem Themenschwerpunkt präsentiert die berühmten Persönlichkeiten, die in Vincennes gefangen gehalten wurden.

Ste Chapelle Royale★ – Als Ersatz für die Kapelle Ludwigs des Heiligen wurde dieser Bau im 14. Jh. unter Karl V., dem Weisen, begonnen und erst im 16. Jh. unter Heinrich II. beendet. Abgesehen von einigen Verzierungen und den Fenstern ist das Gebäude gotisch, die Fassade mit den Fensterrosen spätgotisch. In ungewöhnlichen Farben erstrahlen die Renaissancefenster im Chor. Sie stellen die Apokalypse dar. In der Nordkapelle befindet sich das Grab des Herzogs von Enghien. Die Kapelle wurde grundlegend restauriert und im Frühjahr 2009 wiedereröffnet; sie zeigt Wechselausstellungen.

TIPPS UND ADRESSEN

ÜBERNACHTEN

Unsere Hoteladressen finden Sie auf S. 409 (Vincennes).

ESSEN UND TRINKEN

Le Bosquet – *Parc Floral – 94 Vincennes – M° Château-de-Vincennes – 01 43 28 87 15 – (die Öffnungszeiten sind wetterabhängig) – 15 €.* Mit seinem fröhlichen grünen Saal und dem Büffet ist das „Wäldchen" für einen kleinen Snack ideal. Mittags Selbstbedienung, ganze Menüs oder Tagesgerichte. Ab vier Uhr jede Menge Eis. Im gesamten Wald die beste Adresse für Kinder.

Le Magnolia – *Parc Floral – M° Château-de-Vincennes – 01 48 08 33 88 – 17,60/19,80 €.* In diesem Restaurant – mehr für Eltern als für Kinder geeignet – ist Reservierung angeraten, besonders am Wochenende bei schönem Wetter (Terrasse).

La Rigadelle – *23 rue de Montreuil – 94300 Vincennes – RER Vincennes – 01 43 28 04 23 – So, Mo, 28. Juli-17. Aug., 20.-28. Dez. geschl. – Mittagsmenü 24 €.* Die frischen Tagesgerichte, vorwiegend mit Fisch und Meeresfrüchten (Lieferungen aus der Bretagne) werden in einem modernen, sonnigen Raum serviert.

EINKAUFEN

Au Pur Beurre – *10 av. de Paris – 94300 Vincennes – M° Château-de-Vincennes – 01 43 28 13 61, tgl. außer Mo 8-20 Uhr – drei Wochen im Aug. geschl.* Dieses große Geschäft, ausgestattet mit hellem Eichenholz und vielen Spiegeln, beherbergt einen wahren Tempel der feinen Patisserie. Au Pure Beurre bietet hausgemachte Spezialitäten wie den Périgourdin (Haselnuss-Schokoladencreme mit karamelisierten Nüssen) oder den Caraïbe (Schokoladen-Kaffeecreme mit karamelisierten Haselnüssen) sowie köstliches Gebäck und Hefeteilchen. Teesalon anbei.

SPORT UND FREIZEIT

BOOTSVERLEIH

Lac Daumesnil – *Route Circulaire – 06 60 16 06 29 – Mitte Feb.-Mitte Nov. – Öffnungszeiten je nach Saison (Sommer 9.30-20 Uhr) – 10,80 €/Std. für 1-2 Personen; 11,80 €/Std. für 3-4 Personen. Circa 10 € Kaution.*

Lac des Minimes – *März-Nov. Mi, Wochenende und während der Schulferien 14-18 Uhr – 9 €/Std. für 1-2 Personen, 11 €/Std. für 3, 4 oder 5 Personen.*

FAHRRADVERLEIH

Lac Daumesnil – *06 81 34 47 19 – März-Okt. 10-19 Uhr, Wochenende 10.30-19 Uhr (Anf. März -Mitte Mai und Mitte Sept.-Ende Okt. Mi 13-17 Uhr) und in den Schulferien.*

Lac des Minimes – *Route de Nogent – Schulferien 14-19 Uhr; außerhalb der Schulferien Mi und Sa 14-19 Uhr, So 10.30-19 Uhr – 5 €/Std., 6 €/2 Std., 7 €/3 Std.*

FESTE UND EVENTS

Foire du Trône – *Porte Dorée – April-Mai 14-24 Uhr, Fr-Sa und Vorabend von Fei 14-1 Uhr.* 300 Attraktionen für Große und Kleine: Riesenrad, Achterbahn, Karussells, Losbuden, Schießstände, Imbissstuben.

Die „Pestacles du Parc Floral" (Vallée des Fleurs) – *Parc floral – M° Château-de-Vincennes.* Freier Zugang für Besucher des Parks. Theater, Pantomime, Clowns und Marionetten.

Paris Jazz Festival et Festival Classique au Vert – Im Parc Floral werden kostenlose und durchaus hochkarätige Konzerte und Vorstellungen gegeben: Jazz Anfang Juni-Ende Juli, Anfang Aug.-Ende Sept. Klassik. Den Parkeintritt muss man am Eingang bezahlen. *Infos unter www.paris.fr*

21 - Bercy★

Nationalbibliothek François-Mitterrand

Vom Wein zum Geld ist es nur ein kleiner Schritt – Bercy ist der Beweis dafür. An der Stelle der ehemaligen Weinlager befinden sich heute Garten- und Parkanlagen. Aus dem ehemaligen Weindorf ist der Sitz des Finanzministeriums geworden, es gibt aber auch Kinos oder Sportstätten wie den Palais Omnisports de Paris-Bercy. Seit Kurzem hat Bercy auch das rechte Seineufer erobert. Die Simone-de-Beauvoir-Fußgängerbrücke verbindet die Parkanlagen von Bercy mit der Bibliothek François-Mitterrand. Auf beiden Seiten des Flusses entsteht ein neues Viertel, das eine Symbiose zwischen Natur und Moderne bildet, in dem man kein Auto braucht und das man mit drei Wörtern umschreiben kann: Familie, Freizeit und Kultur.

WEGWEISER – *Umschlagkarte vorne D-E 3-4 – 12. Arr. – Michelin-Stadtplan Nr. 57, Planquadrate M 19, N 19-N20.* M° Bercy (Linien 6 und 14) und Cour-St-Émilion (Linie 14), Bibliothèque-F.-Mitterrand (Linie 14 und RER C). Busse 24, 87.

UNBEDINGT SEHENSWERT – Der Park von Bercy, die Cour St-Émilion mit ihren zahlreichen Geschäften, die Cinémathèque française und der Garten der Bibliothek.

GUT GEPLANT – Sie können am rechten Seineufer (auf der Bercy-Seite) oder am linken (auf der Seite der Bibliothek F.-Mitterrand) beginnen.

MIT KINDERN – Der Park von Bercy mit dem romantischen Garten, dem Yitzhak-Rabin-Garten, der großen Wiese, dem alten Karussell und Spielflächen; das Schwimmbad Joséphine-Baker.

Zu Fuß unterwegs Stadtplan S. 334

Ausgangspunkt M° Gare-de-Lyon: Es geht die Rue de Bercy hinauf oder Sie nehmen die M° Bercy.

Das Finanzministerium A1

Die Architekten Chemetov und Huidobro errichteten 1989 das Bauwerk, den Gegebenheiten des Standortes entsprechend mit einem 300 m langen Quer-

DIE BEWEGTE GESCHICHTE VON BERCY

Vom kleinen Schloss zum Weinlager – Der Park von Bercy hat einiges erlebt: Im 17. Jh. gehörte er zum Petit Château (kleines Schloss) oder Petit Bercy, das sich bis Charenton erstreckte. Im Jahre 1880 wurde er in ein Weinlager umgewandelt – Bäume wurden gepflanzt, Feste gefeiert, Bootsfahrten auf der Seine unternommen. Der berühmt-berüchtigte Bandit Cartouche war regelmäßig hier, ebenso der Schriftsteller Hector Malot. Doch nach und nach wurden die Weinlager aufgelassen. Damit begann für Bercy eine neue Bestimmung als Freizeitpark für die Pariser.

Bercy im 20. Jh. – 1980 wurde mit dem Bau des Sportpalastes (Palais Omnisports de Paris-Bercy) begonnen. Zusätzlich wurde der eigentliche Park angelegt. Zuletzt wurde das „Dorf Bercy" restauriert und die Cour St-Émilion geschaffen. Es kommen Erinnerungen an die Vergangenheit des Parks auf, wenn man über die alten Geleise geht, die zum Transport der Weinfässer dienten, oder an alten Weinhallen oder den hundertjährigen Platanen, Kastanien- und Ahornbäumen vorbeischlendert. Lediglich ein paar Rebstöcke wurden neu gepflanzt.

Technische Meisterleistung: Die Passerelle Simone-de-Beauvoir führt über die Seine.

athor / Fotolia.com

teil. Bercy und das Geld – das ist eine lange Geschichte. Schon während der Regentschaft Ludwigs XIV. und Ludwigs XV. ließen Bankiers sich hier Lusthäuser bauen. Das Château de Bercy, das es heute nicht mehr gibt, gehörte Monsieur de Bercy, einem Finanzverwalter.

Palais Omnisports de Paris-Bercy A1

Der Sportpalast wurde von Andrault, Parat und Guvan errichtet. Unter der stählernen, pyramidenförmigen Dachkonstruktion können 22 Sportarten ausgeübt werden. Außerdem kann die Haupthalle auch für kulturelle Veranstaltungen und Konzerte genutzt werden. Der ungewöhnliche Brunnen auf dem östlichen Vorplatz stammt von Gérard Singer; er erinnert an den Grand Canyon in Nordamerika und wurde daher *Canyon Eaustrate* (die Canyon-Wasserstraße) getauft.

Cinémathèque française B1

51 rue de Bercy – ✆ 01 71 19 33 33 – www.cinematheque.fr – ♿ – 12-19 Uhr (Do 22 Uhr), So 10-20 Uhr – Architekturführung am 1. So des Monats um 11 Uhr – Di und Aug. geschl. – 5 € Museum, So 10-13 Uhr Eintritt frei. Das von Frank Gehry für das Centre culturel américain entworfene Gebäude auf der Place Léonard-Bernstein gegenüber des Jardin Yitzhak-Rabin beherbergt heute die Cinémathèque française und die Bibliothèque du film (Bifi). Die Dauerausstellung „Passion Cinéma" zeigt Filme, Gegenstände, Apparate, Kostüme rund um die Geschichte des Kinos.

★Parc de Bercy A1-B2

Zwölf Hektar des ehemaligen Weindepots wurden zu einem Park für Spaziergänger und Naturliebhaber umfunktioniert. Er besteht aus drei Bereichen: Auf der Großen Wiese beim Palais Omnisport verteilen sich neun Fußballfelder für Sonntagsspieler auf den riesigen Rasenflächen. In der Mitte des Parks liegt der Yitzhak-Rabin-Garten mit Grabhügel, Orangerie, Gartenhaus (kleiner Austellungsraum), Weinlager, Gemüse- und Rosengarten. Hinter der Rue Joseph-Kessel bei der Cour St-Émilion schließt sich ein romantischer Garten mit Aussichtsturm, Ententeich mit Häuschen, Skulpturen und Philosophengarten an.

Verlassen Sie den Park auf der Ostseite, überqueren Sie die Rue François-Truffaut und gehen Sie dann unter den Arkaden der ehemaligen Weinlager hindurch.

★Cour St-Émilion B2

Geschäfte mit Einrichtungs- und Freizeitartikeln, Bistros und Restaurants haben in den einstigen Lagerhallen Einzug gehalten; letztere füllen bei schönem Wetter die Gehsteige in der hübschen gepflasterten Straße mit Leben. Auf der Seine-Seite beherbergt ein Gebäudekomplex aus Glas und Stahl, das UGC, 18 Kinosäle, eine Bar und Sandwichbars und bietet zugleich von manchen Stockwerken einen schönen Blick auf den Fluss.

Gehen Sie nochmals in den Parc de Bercy und die Seine entlang. Überqueren Sie die Seine auf der Fußgängerbrücke Passerelle Simone-de-Beauvoir.

Passerelle Simone-de-Beauvoir A2

Sie ist für Fußgänger und Radfahrer reserviert. Das neue Bauwerk ist eine technische und ästhetische Meisterleistung des Architekten Dietmar Feichtinger: Ihr Mittelteil spannt sich – ohne Pfeiler – 190 m lang über die Seine. Mit den Bouquinisten und verschiedenen Attraktionen ist die 37. Brücke von Paris ein kurzweiliger Ort für einen Spaziergang mit der Familie, bevor man sich im Schwimmbad **Piscine Joséphine-Baker** (*Tipps und Adressen, S. 336*) in die Fluten stürzt.

★Bibliothèque nationale de France – site François-Mitterrand A2

Rue François-Mauriac – M° Bibliothèque-F.-Mitterrand (Linie 14 und RER C) oder Quai-de-la-Gare (Linie 6) – Bus 89 – 01 53 79 53 79 – www.bnf.fr – – tgl. außer

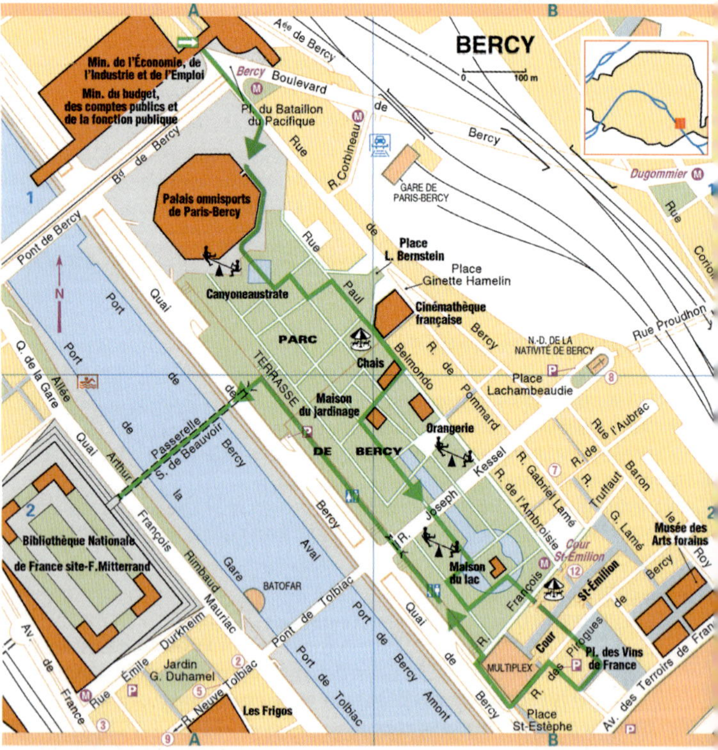

RESTAURANTS
BIOart ... 2
Café Bibliothèque ... 3
Fil O'Fromage ... 5
L'Auberge Aveyronnaise ... 7
L'Oulette ... 8
La Zygothèque ... 9
Le Vinéa Café ... 12

Mo 10-19 Uhr, So 13-19 Uhr – in der zweiten und dritten Septemberwoche und Fei geschl.
Der von dem Architekten Dominique Perrault geschaffene Komplex besteht aus vier Hochhausblöcken mit Glasfassaden, die aufgeschlagene Bücher symbolisieren. Sie umgeben einen höher gelegenen, mit dem zentral- und südamerikanischen Holz Ipe gepflasterten freien Platz. Die Lesesäle sind um einen tiefer gelegenen Innenhof angeordnet, der mit Pinien bepflanzt ist. Hier werden auch Wechselausstellungen veranstaltet.

Der Yitzhak-Rabin-Garten im Herzen des Parc de Bercy beherbergt auch einen Weinkeller.

Ph. Gajic / MICHELIN

Magasins généraux de Paris außerhalb des Stadtplans

Quai d'Austerlitz, zwischen der Bibliothek und dem Austerlitz-Bahnhof. Dieses 1907 erbaute Einkaufszentrum zählt zu den ersten Gebäuden von Paris, die aus Stahlbeton konstruiert wurden. Als die wahrscheinlich einzigen Gebäude der Stadt, die direkt an der Seine liegen, dienten sie bis 1950 als Lager für den Pariser Hafen, wo die Hochseeschiffe aus Großbritannien, Marokko oder Skandinavien ankerten. Sie waren eine Zeit lang vom Abbruch bedroht, bis die Architekten Jakob und MacFarlane sie zu den „Docks an der Seine" erklärten und sie so zu einem Zentrum der Mode und des Designs avancierten. Hinter den Türmen der Bibliothek, auf der Avenue de France, liegt das **Cinéma MK2 Bibliothèque.** Das lang gestreckte Gebäude aus Glas, das der Architekt Jean-Michel Wilmotte entworfen hat, belebt ein Viertel im Wandel.

TIPPS UND ADRESSEN

ÜBERNACHTEN

Unsere Hoteladressen finden Sie auf S. 409 (Vincennes).

ESSEN UND TRINKEN

Fil 'O' Fromage – *12 rue Neuve-Tolbiac – M° Bibliothèque-François-Mitterrand – 01 53 79 13 35 – www.filofromage@free.fr – tgl. außer So 10-19.30 Uhr (Do-Sa 22.30 Uhr) – zwei Wochen im Aug. und Fei geschl. – – Mittagsmenü 10€.* Weinbars, Tapasbars, die kennt jeder … aber eine Käsebar? – Voilà! Im Erdgeschoss können Sie sich an Käse, Wurst und Wein delektieren, im 1. Stock verwandelt sich der Speisesaal am Nachmittag in einen Teesalon. Ausstellungen und Konzertabende finden einmal im Monat statt. Sie werden begeistert sein!

L'Auberge Aveyronnaise – *40 rue Gabriel-Lamé – M° Cour-St-Émilion – 01 43 40 12 24 – 2.-18. Aug. geschl. – Mittagsmenü 19€ – 24/26€.* Auf der Karte dieser modernen Brasserie mit Bistroflair stehen Spezialitäten aus dem Aveyron. Große neorustikale Räume und angenehme Terrasse.

BIOart – *3 quai François-Mauriac – M° Bibliothèque-F.-Mitterrand – 01 45 85 66 88 – www.restaurantbioart.fr – 25. Dez.–1. Jan. geschl. – Menü (34€), 46€ – à la carte 46/56€.* Riesiges Bio-Restaurant direkt an der Nationalbibliothek auf zwei Etagen. Nach Fengshui-Kriterien eingerichet, mit schallschutzverglaster Fassade Richtung Seine.

Café Bibliothèque – *128-162 avenue de France – M° Bibliothèque-François-Mitterrand – ✆ 01 56 61 44 00 – www.mk2.com – 12-24 Uhr – Mittagsmenü 17,50 € – 17,50/22 €.* Die zeitgenössische Architektur, die Jean-Michel Wilmotte für den MK2-Komplex erdacht hat, bildet den Rahmen für diese moderne Brasserie ganz in Rot. Auf der Karte: Salate, Sandwiches, Burger und kleine Gerichte. Zur sonnigen Terrasse passend: Starallüren und dunkle Sonnenbrille.

Vinéa Café – *26-28 cour St-Émilion – M° Cour-St-Émilion – ✆ 01 44 74 09 09 – www.vinea-cafe.com – tgl. geöffnet – ♿ – Mittagsmenü 15 € – 14,50/31,50 €.* Atmen Sie den Geist des Weines in diesem ehemaligen Weinlager von Bercy. Alte Balken und Steinmauern kokettieren mit der modernen Küche. Es gibt auch ein paar Bistrogerichte. In Kinonähe kann man sich hier auf einen Drink an der Leopardenbar oder auf der Terrasse treffen.

La Zygothèque – *15 bis rue de Tolbiac – M° Bibliothèque-François-Mitterrand – ✆ 01 45 83 07 48 – Sa-mittag und So, drei Wochen im Aug. geschl. – ♿ – Mittagsmenü 15, 32 €.* Die Einrichtung ist nicht so bizarr wie der Name sagt, sondern gemütlich. Der Chef bietet eine verlockende französische Küche.

L'Oulette – *15 pl. Lachambeaudie – M° Cour-StÉmilion – ✆ 01 40 02 02 12 – www.l-oulette.com – 8.-23. Aug. geschl. – 41/90 €.* Das moderne Restaurant mit eleganter Fassade in Bercy bietet innovative südwestfranzösische Küche. Sichtgeschützte Terrasse hinter Lebensbäumen (Thujas).

KLEINE PAUSE

Éric Kayser – *81 quai Panhardet-Levassor – M° Bibliothèque-F.-Mitterrand – ✆ 01 56 61 11 06 – www.maison-kayser.com – tgl. außer So 7-20 Uhr – Fei geschl.* Dieser Bäcker und Konditor beliefert zahlreiche große Restaurants. Seine neue Bäckerei liegt zwei Schritte von den ehemaligen Großen Mühlen von Paris entfernt. Originell ist vor allem: Man kann hier Weizen- und Buchweizen-Sandwiches mit Maronencreme und Feigen probieren.

Lina's – *2 rue Henri-Desgrange – M° Bercy – ✆ 01 43 40 42 42 – www.linasbercy.fr – tgl. außer So 8.30-16.30 Uhr (21.30 Uhr an Konzertabenden).* Das Lina's liegt direkt gegenüber dem Palais Omnisports und bietet sich daher als idealer Zwischenstopp an, wenn Sie vor dem Spaziergang der kleine Hunger überkommt. Suppen, Sandwiches, Salate und Süßes zum Mitnehmen oder vor Ort genießen, in heller und südländischer Atmosphäre.

T pour 2 Cafés – *23 cour-St-Émilion – M° Cour-St-Émilion – ✆ 01 40 19 02 09 – www.tpour2cafe.com – So-Do 10-23.30 Uhr, Fr, Sa 11-2 Uhr – 16/25 €.* Eine interessante Auswahl an Tees und Kaffees aus der ganzen Welt ist in diesem Salon zu entdecken, in dem man sich auf Plasmabildschirmen Musikkanäle ansehen kann. An den Wochenenden ziehen DJ-Abende ein junges Publikum nach dem Kinobesuch an. Mittags wird eine einfache Küche serviert. Mit Laden und Teakholz-Terrasse.

SPORT UND FREIZEIT

Piscine flottante Joséphine-Baker – *Port de la Gare – Quai François-Mauriac – M° Bibliothèque-F.-Mitterand – ✆ 01 56 61 96 50 – Mo-Fr 13-21 Uhr, Di und Do 13-23 Uhr, Wochenende 11-20 Uhr – 3 € die ersten zwei Std. (Kinder: 2,60 €).* Das neue Joséphine-Baker-Bad ist ein auf der Seine schwimmender Sport- und Spielkomplex mit Freibecken, Sauna, Hamam, Jacuzzi u.v.m. Zu Füßen der Bibliothek François Mitterrand gelegen, ersetzt es die frühere Piscine Deligny.

Dieser Blick auf den Friedhof und die Tour Montparnasse verdeutlicht die für Paris charakteristische Mischung aus Tradition und Moderne.

J.-P. Clapham / MICHELIN

22 - Montparnasse★

Auch wenn dieses Viertel, das von 1900 bis in die 1960er-Jahre den Künstlern und Philosophen gehörte, sich seitdem sehr verändert hat und Restaurantketten die Stelle der berühmten Künstlercafés eingenommen haben, lädt die lockere Atmosphäre von Montparnasse immer noch zu einem gemütlichen Plausch oder einem Kinoabend ein. Und die Künstlerateliers, hinter blühenden Gärten versteckt und heute in Museen umgewandelt (u. a. die Museen Bourdelle, Zadkine oder Montparnasse), laden immer noch zum Träumen ein. Könnte man doch meinen, hier Picasso, Matisse oder Braque zu treffen oder zufällig Apollinaire oder Hemingway über den Weg zu laufen!

WEGWEISER – *Umschlagkarte vorne C3 – 14., 15. Arr. – Michelin-Stadtplan Nr. 57, Plaquadrate L-M 11-12.* M° Montparnasse-Bienvenüe (Linien 4, 6, 12 und 13), Edgar-Quinet (Linie 6), Vavin (Linie 4), Gaîté (Linie 13) und Raspail (Linien 4 und 6). Busse 28, 58, 82, 88, 91, 92, 94, 95 und 96.

UNBEDINGT SEHENSWERT – Der Blick von der Terrasse der Tour Montparnasse (Montparnasse-Hochhaus), das Musée Bourdelle, das Musée Zadkine, die zahlreichen Künstlerateliers (Rue Vavin, Rue Notre-Dame-des-Champs, Villa Marie-Vassilieff), eine Kaffeepause in einem der Cafés am Boulevard wie dem „Dôme" oder dem „La Coupole".

GUT GEPLANT – Auf dem langen Spaziergang durch das Viertel können Pausen im *Jardin Atlantique* oder am Ende im *Jardin du Luxembourg* eingelegt werden. Ein Besuch der Tour Montparnasse ist ein idealer Ausgangspunkt oder Schlusspunkt eines Paris-Aufenthalts, denn hier kann man den Blick über die ganze Stadt schweifen lassen und sich so einen sehr guten Überblick verschaffen. Nach Montparnasse kann man auch Port Royal mit der Rue Campagne-Première, der Passage d'Enfer und der Fondation Cartier erkunden.

MIT KINDERN – Der Jardin Atlantique und seine Spielplätze; die Künstlerateliers des Musée Bourdelle; das Musée de la Poste.

Zu Fuß unterwegs Stadtplan S. 340/341

Ausgangspunkt M° Montparnasse-Bienvenüe.

Dieser Spaziergang zeigt Montparnasse von zwei Seiten: das Montparnasse von heute, mit dem Hochhausturm, dem Bahnhof und der Place de Catalogne, und das traditionellere Montparnasse, wo Cafés und Theater das Bohème-Viertel der 1920er-Jahre fortbestehen lassen.

Place du 18-Juin-1940 B1

Den Platz nahm bis 1967 der alte Bahnhof ein. Dieser war bei der Befreiung von Paris das Hauptquartier des Generals Leclerc. Hier unterzeichnete der deutsche General von Choltitz die Übergabe seiner Garnison. Heute ist der Platz von Kinos und Cafés gesäumt. Die Galeries Lafayette und zahlreiche Modegeschäfte sind in dem riesigen Einkaufszentrum Ecke Boulevard de Montparnasse/Rue de l'Arrivée untergebracht.

Am 22. Oktober 1895 ereignete sich im alten Bahnhof ein spektakulärer Unfall: Der Zug von Granville konnte nicht mehr bremsen und raste durch das Bahnhofsgebäude. Seine Fahrt endete in dem Glasdach über dem Bürgersteig. *Gehen Sie die Rue de l'Arrivée hinauf.* Rechts sehen Sie die Villa Marie-Vassilieff und das Musée du Montparnasse *(Sehenswürdigkeiten, S. 345)*. Gegenüber liegen die Rue Antoine-Bourdelle und das gleichnamige Museum *(Sehenswürdigkeiten, S. 344)*.

★Tour Montparnasse (Montparnasse-Hochhaus) B1

01 45 38 52 56 – www.tourmontparnasse56.com – ♿ – April-Sept. 9.30-23.30 Uhr; Okt.-März So-Do 9.30-22.30 Uhr, Fr-Sa und Vorabend von Fei 9.30-23 Uhr (letzter Aufzug 30 Min. vor Schließung) – 10,50 € (unter 20 J. 7 €, unter 15 J. 4,50 €).

Das Projekt von Raoul Dautry aus dem Jahr 1934 sah vor, die alten Bahnhofsanlagen und die Avenue du Maine zu einer Einheit zusammenzufassen. 1958 entstand daraus ein großes städtebauliches Konzept. Die Bauarbeiten begannen 1958 und im September 1973 war das Hochhaus fertig: 209 m hoch, 59 Stockwerke, 120 000 t schwer. 56 Fundamente reichen 70 m tief in die Erde. In 38 Sekunden erreicht der schnellste Aufzug Europas die 56. Etage in 196 m Höhe. Audiovisuelle und interaktive Installationen lassen den herrlichen Rundblick über Paris zu einem besonders einprägsamen Erlebnis werden: Es gibt Orientierungstafeln, Hintergrundinformationen, historische Fotos u.v.m.

Ein paar Stufen höher erwartet den Besucher eine Aussichtsterrasse – die höchste in Paris –, die ein außergewöhnliches **Panorama**★★★ bietet. Die gesamte Stadt liegt Ihnen zu Füßen – bei klarem Wetter kann die Sicht bis zu 40 km weit reichen.

Gare Montparnasse A1

Die Züge fahren von Westen und Südwesten in den Kopfbahnhof ein, den an drei Seiten Wohnblocks umgeben, sodass er eine U-förmige Anlage bildet. Eine Stahlbetonplatte verdeckt die tiefer liegenden Gleise und trägt den Jardin Atlantique, den größten hängenden Garten von Paris.

EIN GROSSER KÜNSTLER

Henri Cartier-Bresson ist einer der großen Zeugen des 20. Jh. Sein Geheimnis? Über sein unnachahmliches fotografisches Talent hinaus war er ständig auf der Suche nach dem „entscheidenden Augenblick." Er verstand es, auf zutiefst menschliche Art das Gesicht hinter den Ereignissen einzufangen. Er war mit den Surrealisten und mit Robert Capa befreundet und gründete die Agentur Magnum, die uns ein großes Werk hinterlässt und seinen Schülern und Nachfolgern die Möglichkeit bietet, ihre Arbeiten zu präsentieren.

Die Goldenen Zeiten von Montparnasse

POLKA UND CANCAN

Als die Studenten von Königin „Margot" von ihrem Stammplatz Pré-aux-Clercs vertrieben wurden, fanden sie hier eine Zufluchtsstätte. Sie waren es, die dieser unwirtlichen Stätte den Namen Mont Parnasse gaben – in der Mythologie war der Berg Parnass Sitz Apollons und der Musen. Mit Beginn der Revolution entstanden am Stadtrand zahlreiche Cafés und Kabaretts. Le Jardin des Montagnes-Suisses, l'Élysée-Montparnasse, Bal de l'Arc-en-Ciel, la Grande Chaumière hießen die ersten Treffpunkte der Feierlustigen. Von ihnen aus eroberten die Polka und der Cancan Paris. Im Bal Constant und in den umliegenden Kneipen des Dorfs Plaisance tanzte man Mazurka und trank den herben Wein von Suresnes. Haussmann machte der planlosen Entwicklung des Viertels ein Ende. Er ließ die Rue de Rennes, die Boulevards Arago und Raspail anlegen und verband die Dörfer Plaisance, Vaugirard und Montrouge mit Paris.

DIE BOHÈME VON MONTPARNASSE

Um 1900 zogen Maler und Schriftsteller der Avantgarde nach Montparnasse, wo bereits Alfred Jarry und Henri Rousseau (der Zöllner) lebten. Ihnen folgten Henri Murger, dessen Roman „Die Bohème" in diesem Stadtteil spielt, danach Apollinaire, Max Jacob und Jean Moréas. Nach der Weltausstellung von 1900 wurde der Weinpavillon in der Rue de Dantzig Nr. 92 wieder aufgebaut und erlangte als *La Ruche* (Bienenhaus) eine ähnliche Berühmtheit wie zuvor das Bâteau-Lavoir am Montmartre. Die oft mittellosen Maler und Bildhauer Modigliani, Soutine, Chagall, Zadkine, Léger bezogen hier ihre ärmlichen Behausungen und Ateliers und wandten sich einer neuen künstlerischen Ausdrucksform zu, dem Expressionismus. In den Cafés am Boulevard Montparnasse diskutierten russische Emigranten (Lenin, Trotzki), Komponisten (Strawinsky, Satie und die „Gruppe der Sechs"), Dichter (Cendrars, Fargue, Breton, Cocteau) und andere Künstler wie Eisenstein, Prokofiev u.a. Es war das goldene Zeitalter der **Pariser Schule**, das erst mit Beginn des Spanischen Bürgerkriegs und dem Zweiten Weltkrieg ein Ende fand.

Aus dem Viertel der internationalen Bohème wurde ein echter Pariser Stadtteil: In der Welle des Materialismus und der Selbstdarstellung, die Fernand Léger als eine Gegenreaktion auf die schrecklichen Ereignisse des Krieges deutete, entwickelte sich das Carrefour Vavin zum „Nabel der Welt", wo sich die exzentrischen Reichen und „Ausgeflippten" mit allen Mitteln zur Schau stellten – Luxuscoupés in knalligen Farben, Jazzbands, Kleidung und Konsumverhalten. Im *Dingo*, *Viking* oder *Caméléon* ersetzten neumodische Cocktails den guten alten Kaffee. Die amerikanische Kultur der 1950er-Jahre hat hier ihre Wurzeln (Hemingway).

In den 1960er-Jahren traf man hier zwar noch auf Aragon, Cocteau und Braque, doch Foujita, Chagall oder Picasso kehrten dem Viertel den Rücken zu. Große Caféterrassen und unzählige Nachtlokale haben Montparnasse zum Ziel der Nachtschwärmer gemacht. Mit den umfangreichen städtebaulichen Änderungen seit den 1960er-Jahren hat das Viertel neue verkehrstechnische Bedeutung und geschäftliche Impulse bekommen.

Das Lesepult in der schlichten kleinen **Kapelle St-Bernard** *(links, wenn man den Bahnhof vor sich hat)* war einst eine Eisenbahnschwelle.

Jardin Atlantique A1

Zugang über den Bahnhof (Treppe auf der linken Seite des Quai Nr. 1), über die Außenlifte Boulevard de Vaugirard und Rue du Cdt-Mouchotte, oder über die Place des Cinq-Martyrs-du-Lycée-Buffon. Ideal für einen Moment der Entspannung: kleine Stege, Brückchen und die sanften Wogen der Rasenflächen und der Wasserläufe, die die Wellen des Ozeans nachempfinden. Die Themengärten (im Osten) sind eine Oase der Ruhe.

Um zur Place de Catalogne zurückzukehren, gehen Sie bis zum Ende des Jardin Atlantique und überqueren Sie die Place des Cinq-Martyrs-du-Lycée-Buffon. Links von Ihnen liegt die Place de Catalogne.

Place de Catalogne A2

Das steinerne **Amphitheater** und die gläsernen **Säulen** sind Werke des zeitgenössischen Architekten Ricardo Bofill. Die zwei halbrunden Gebäude heben sich durch ihre neoklassizistischen Reminiszenzen von der Umgebung ab. Von hier hat man einen sehr schönen Blick auf den Eiffelturm.

In der Mitte des Platzes steht ein Brunnen in Form einer Scheibe, die sich in die Erde bohrt (*Le Creuset du temps*, „Der Schmelztiegel der Zeit").

Gehen Sie unter dem Bogen hindurch. Sie kommen zur Kirche **Église Notre-Dame-du-Travail**, einem Metallbau (1900). Der Innenraum ist einen Besuch wert.

Folgen Sie der Rue Vercingétorix (hier Fußgängerzone); biegen Sie links in die Rue R.-Croce-Spinelli ein, dann in die Rue Guilleminot. Sie mündet in die Place de l'Abbé-J.-Lebeuf. Gehen Sie die Rue de l'Ouest entlang, dann rechts die Rue Lebouis.

HOTELS

- Hôtel Apollon Montparnasse...... 1
- Hôtel de la Paix...... 3
- Hôtel Delambre...... 5
- Hôtel l'Aiglon...... 9
- Hôtel Lenox Montparnasse...... 12

RESTAURANTS

- À la Duchesse Anne...... 2
- L'Opportun...... 3
- La Cerisaie...... 4
- Le Bistrot des Pingouins...... 6
- Le Bistrot du Dôme...... 7
- Les Zazous...... 13
- Severo...... 15

CIMETIÈRE DU MONTPARNASSE

1 - J.-P. Sartre
2 - Soutine
3 - Baudelaire
4 - H. Laurens
5 - Tristan Tzara
6 - Zadkine
7 - Jussieu
8 - Rude
9 - Serge Gainsbourg
10 - Henri Poincaré
11 - César Franck
12 - Guy de Maupassant
13 - Bartholdi
14 - Kessel
15 - André Citroën
16 - Le Baiser
17 - Sainte-Beuve
18 - Saint-Saëns
19 - H. Langlois
20 - Léon-Paul Fargue
21 - Marguerite Duras
22 - Man Ray
23 - Julio Cortazar
24 - Jean Carmet

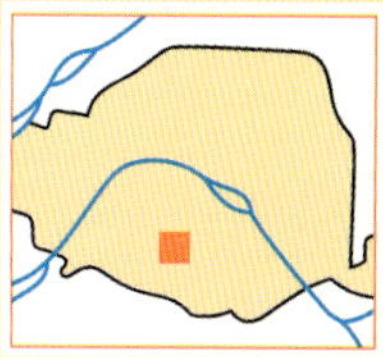

An der Kreuzung der Sackgasse und der Rue Lebouis steht ein Gebäude von Molinié, Nr. 7, dessen Fassade 1913 prämiert wurde.

Fondation Henri Cartier-Bresson B2

2 impasse Lebouis – M° Gaîté oder Pernety – ✆ 01 56 80 27 00 – www.henricartierbresson.org – Di-Fr und So 13-18.30 Uhr (Mi 20.30 Uhr), Sa 11-18.45 Uhr – Mo und Aug. geschl. – 6 € (unter 26 J. 3 €).

Die Stiftung ist ein Treffpunkt für alle Liebhaber der Fotografie. Zwei Ebenen sind für Wechselausstellungen reserviert. Hier kann man natürlich die Werke von Cartier-Bresson (1908-2004), aber auch Film- oder Videoprojektionen ansehen oder an Diskussionen und Kolloquien teilnehmen.

Biegen Sie links in die Rue Raymond-Losserand ein.

Rue Raymond-Losserand A-B2

Diese lange Einkaufsstraße, der ehemalige Chemin de Vanves, verbindet die Porte de Vanves mit der Avenue du Maine. Sie ist seit 1945 nach einem Stadtrat des 14. Arrondissements benannt, der 1942 auf dem Mont Valérien von den Deutschen erschossen wurde.

Biegen Sie links in die Avenue du Maine, dann rechts in die Rue de Froidevaux ein. An dieser Straßenecke finden Sie die Eingänge zum Cimetière du Montparnasse.

Cimetière du Montparnasse B2

Dieser große Pariser Friedhof ist seit 1824 die letzte Ruhestätte vieler Künstler und Schriftsteller. Unter den 34 000 Gräbern stößt man auf die von Baudelaire, Maupassant, Bourdelle, Soutine, Desnos, Jean Seberg, Marguerite Duras, Serge Gainsbourg, Jean Poiret, Maurice Pialat und das des Kunstkritikers Pierre Restany, für den der Künstler Jean-Pierre Raynaud ein Grabkunstwerk geschaffen hat, das nicht zu übersehen ist. Das gilt auch für die Mehl-Mühle aus dem 17. Jh., dem einzigen erhaltenen Zeugnis, das die Aktivität der Müller auf diesem Hügel belegt.

Verlassen Sie den Friedhof auf der Seite der Rue Froidevaux (von wo Sie ihn betreten haben), gehen Sie die Avenue du Maine hinauf und biegen Sie rechts in die Rue de la Gaîté ein.

Rue de la Gaîté B1

Sie macht ihrem Namen *(Straße der Fröhlichkeit)* alle Ehre. Kabaretts, Theater, Restaurants und andere Vergnügungsstätten machten sie im 18. Jh. berühmt. Heute sind es die Theater Montparnasse (Nr. 31), Gaîté-Montparnasse (Nr. 26), das berühmte Bobino (Nr. 20), die Comédie Italienne (Nr. 17) und das Théâtre Rive-Gauche (Nr. 6).

Am Ende der Rue de la Gaîté, auf der Place Edgar-Quinet biegen Sie in die Rue Delambre ein. Sie erreichen das Carrefour Vavin. Von der Rue de la Gaîté aus gelangen Sie auch durch die Galerie des Parnassiens zum Boulevard Montparnasse, wo die berühmten Cafés zu finden sind.

26 RUE VAVIN

Dieses Gebäude von Henri Sauvage beeindruckt durch die interessante Aufeinanderfolge der Stockwerke und die vollständig mit Kacheln bedeckte Fassade. Die Stufen bilden große Balkone und sind im Sommer zugleich üppig bepflanzte Blumentröge.

Carrefour Vavin (bzw. Place Pablo-Picasso) C1

Die Kreuzung war einst der pulsierende Mittelpunkt des alten Künstlerviertels. Einen Hauch der damaligen Zeit kann man noch auf der Terrasse eines der vier berühmten Cafés verspüren.

Le Dôme C1

108 bd. du Montparnasse – ✆ 01 42 63 48 18 – 12-15 Uhr, 19-0.30 Uhr. Das um 1906 eröffnete Café war begehrter Treffpunkt der Schriftsteller und Maler, aber auch der amerikanischen Bohème der 1920er-Jahre und der Zwischen-

Genießen Sie die Atmosphäre des Viertels im Straßencafé La Rotonde.
S. Sauvignier / MICHELIN

kriegszeit. Heute sind hier Einwohner des Viertels und Menschen aus der Welt des Show-Biz und der Politik zu finden.

La Coupole C1

102 bd. du Montparnasse – ✆ 01 43 20 14 20 – www.flobrasseries.com – 12-1 Uhr (Fr und Sa 1.30 Uhr). Diese Hochburg des Pariser Lebens muss man nicht mehr vorstellen. Das beliebte Tanzlokal der 1920er-Jahre mit seinen herausragenden Fresken und einer erstklassigen Weinbar mit großen Glasfassaden ist immer noch bei Nachtschwärmern beliebt.

Le Sélect C1

99 bd. du Montparnasse – ✆ 01 45 48 38 24 – So-Do 7-2.15 Uhr, Fr und Sa 7-4 Uhr – 24. Dez. und abends geschl. Das Café im hübschen Art-déco-Stil wurde 1925 eröffnet. Max Jacob, Apollinaire, Picasso, Modigliani, Cocteau, Zadkine, Henry Miller, Miro, Soutine sowie Breton – die Liste der Intellektuellen und Künstler, die dieses Café besuchten, ist lang und hat es zur Legende gemacht.

La Rotonde C1

105 bd. du Montparnasse – ✆ 01 43 26 48 26 – 7.30-2 Uhr. Dieses 1903 eröffnete Café setzt die Tradition der Pariser Brasserien fort. Hier speist man französische Zwiebelsuppe, eine Meeresfrüchteplatte oder ein Kotelett. Kaum zu glauben, dass auf diesen mit Kunstleder bezogenen Stühlen einst Lenin, Trotzki, Picasso, Chagall, Léger, Modigliani, Matisse oder Vlaminck Platz nahmen.

Folgen Sie dem Boulevard Raspail, bis Sie zu der Statue des **Balzac** *(1939) von Rodin gelangen und biegen Sie in die Rue de la Grande-Chaumière ein.*

Rue de la Grande-Chaumière C1

Die Nr. 10 war die Académie Charpentier, die Arbeitsstätte von Gauguin, Manet und Whistler. Bis heute besteht die Nr. 14, die Académie de la Grande-Chaumière (1904 gegründet und von den russischen und polnischen Künstlern der späteren Schule von Paris besucht). Hier unterrichteten Künstler wie Brayer, Zadkine oder Bourdelle, der Giacometti zum Schüler hatte. In der Nähe befindet sich ein bekannter Laden für Malerzubehör, der von Henri Sennelier auf Anregung Picassos gegründet wurde.

Biegen Sie rechts in die Rue Notre-Dame-des-Champs ein.

Rue Notre-Dame-des-Champs C1

Bouguereau und später Othon Friesz bewohnten die Nr. 75. Die Nr. 82 (1905 von Constant Lemaire errichtet) besitzt eine schöne Fassade mit einem von zwei Karyatiden (Frauenfiguren als Säulen) umrahmten Portal. In Nr. 86 lebte und starb Fernand Léger in einem 1880 erbauten Wohnhaus, in dem heute noch Künstlerateliers untergebracht sind.

Nehmen Sie direkt gegenüber die Rue Joseph Bara, biegen Sie dann links in die Rue d'Assas ein, bevor Sie auf der Höhe der Nr. 101 bis in die Sackgasse einbiegen, die zum Musée Zadkine führt.

Musée Zadkine C1 – *Sehenswürdigkeiten, S. 346*

Folgen Sie der Rue d'Assas und biegen Sie links in die Rue Vavin ein. Sie kommen zu einem reizenden kleinen Platz an der Kreuzung der Straßen Rue Bréa, Rue Vavin und Rue Notre-Dame-des-Champs. In Letztere biegen Sie rechts ein.

Kultur und Unterhaltung bietet das **Lucernaire** (Nr. 53) mit Kinos, zwei Theatersälen, einem Restaurant und dem Café Avant-Scène.

Place Pierre-Lafue C1

Auf dem Platz zwischen dem Boulevard Raspail, der Rue Notre-Dame-des-Champs und der Rue Stanislas erhebt sich eine Skulptur mit Namen *Hommage au capitaine Dreyfus*, ein Werk von Louis Mitelberg, genannt Tim (1919-2002). Der Jude polnischer Abstammung, dessen Familie im Warschauer Ghetto verschwand, war eher als Karikaturist bekannt denn als Bildhauer. In Paris gibt es noch an zwei Stellen Werke von ihm zu sehen: das *Monument aux déportés* auf dem Friedhof Père-Lachaise, und *Daumier dessinant Ratapoil* in der Nationalversammlung.

Nächstgelegene Metrostationen: Notre-Dame-des-Champs, Vavin.

Sehenswürdigkeiten

Musée Bourdelle★ A1 – *18 rue Antoine-Bourdelle – M° Montparnasse-Bienvenüe – ✆ 01 49 54 73 73 – www.bourdelle.paris.fr – tgl. außer Mo 10-18 Uhr – Fei geschl. – Eintritt frei.* Der bisher nur wenig bekannte Bildhauer Émile-Antoine Bourdelle, ein Schüler Rodins, gewann 1910 mit dem Werk „Herkules tötet die Stymphalischen Vögel" (*Héraclès archer tue les oiseaux du lac Stymphale)* die Herzen des Publikums. Er starb 1929 in Le Vésinet, einem westlichen Vorort, weltberühmt geworden nach Ausstellungen in den Vereinigten Staaten und Japan.

Bourdelles Kunst ist die Synthese. Ihre Wurzeln sind in der bäuerlichen Herkunft des Künstlers und in seiner Vorliebe für die romanische, byzantinische und gotische Kunst zu finden, also für Epochen, in denen Architektur und Bildhauerei besonders stark miteinander verbunden waren. Er war der Ansicht, Altertümliches habe es zu allen Zeiten gegeben: „Jede Synthese hat etwas Archaisches und Althergebrachtes ist das Gegenteil dessen, was man Kopie nennt, der geborene Feind der Lüge, der dummerweise hinterhältigen Illusionskunst (Trompe l'Œil), die den Marmor in einen Leichnam verwandelt."

Vom Beispiel des Musée Rodin inspiriert, konstruierte Bourdelle ein Gebäude, das zugleich Atelier und Museum ist. Hier lebte und arbeitete Bourdelle. Die Gipsmodelle des **Reliefs vom Théâtre des Champs-Élysées★** sind besonders kostbar. In der erst 1961 eröffneten Halle findet man *La France*, den **Héraclès archer★★**, das allegorisch von den Figuren Sieg, Eloquenz, Freiheit und Stärke gerahmte *Denkmal des Generals Alvear* (einer der führenden Köpfe der argentinischen Unabhängigkeitsbewegung), flankiert von den vier Tugenden *(Klugheit, Gerechtigkeit, Tapferkeit und Mäßigung), Le Fruit*, einen hervorragenden Frauenakt. Im Halbrund vertreten sind der *Centaure mourant* und *Carpeaux au travail* (Bronze). In den beiden Räumen neben dem Museum werden Studien des *Monument de Montceau-les-Mines* gezeigt, dem Bourdelle die Form einer Lampe für Minenarbeiter gab.

Der Garten enthält mehrere Bronzebildwerke, darunter die Tugenden *(Vertus)* und Tierfiguren sowie Teile eines Debussy-Denkmals, das niemals verwirklicht wurde.

Das Atelier und die Wohnräume des Künstlers sind unverändert geblieben, was auch ihren Charme ausmacht. Der zweite Atelierbereich besteht aus einer Folge von Räumen mit großen Glasfenstern. Herausragend sind die Portraitbüsten, darunter ein *Rodin*, der **bronzene Apollo-Kopf**★ und die sehr ausdrucksstarke Reihe von **Beethoven-Büsten**★.

Der von Christian de Portzamparc entworfene und 1992 fertiggestellte Anbau zeigt Studien und Fragmente des Denkmals für *Adam Mickiewicz*, das sich in der Nähe der Place de l'Alma erhebt, und des *Kriegerdenkmals für 1870* (in Montauban aufgestellt), von dem die *Schreienden Figuren* und die *Roland-Säule* stammen. Der erste Stock des Anbaus birgt Entwürfe der Fresken des Théâtre des Champs-Élysées.

„La liberté" (Die Freiheit) von Antoine Bourdelle (1922).

Seit kurzem zeigt das Museum auch zeitgenössische Kunst: In wechselnden Ausstellungen wird das Prinzip der Auseinandersetzung und Begegnung eines Künstlers mit dem Werk Bourdelles dargestellt.

Musée de la Poste A1 – *34 bd. de Vaugirard – M° Montparnasse-Bienvenüe (Linie 6) – ✆ 01 42 79 24 24 – www.museedelaposte.fr – tgl. außer So 10-18 Uhr – Fei geschl. – 5 € (unter 18 J. Eintritt frei).* Das Museum bietet eine moderne Präsentation der Geschichte des Post- und Fernmeldewesens – vom berittenen Postboten bis zur E-Mail – und seinem Beitrag zur Kommunikation in der Geschichte der Zivilisation.

Briefträger und Briefmarken sind nicht voneinander zu trennen. Letztere werden vor Ihren Augen hergestellt; sämtliche französische Wertzeichen und die vieler anderer Länder sind ausgestellt.

Musée du Montparnasse A1 – *21 av. du Maine – M° Montparnasse-Bienvenüe – ✆ 01 42 22 91 96 – www.museedumontparnasse.net – tgl. außer Mo 12.30-19 Uhr – 1. Mai und bestimmte Fei geschl., bitte erkundigen Sie sich – 5 € (unter 12 J. Eintritt frei).*

Dieses Museum liegt in einer hübschen Allee, gesäumt von Künstlerateliers: z. B. der Villa Marie-Vassilieff, wo sich Picasso, Matisse, Braque, Chagall und Modigliani zum Essen trafen. Hier werden Ausstellungen gezeigt, die mit der Geschichte des Viertels und seiner Künstler zu tun haben.

Am Ende der Sackgasse ist eine Dauerausstellung über den brasilianischen Bildhauer polnischer Herkunft, Frans Krajcberg, zu sehen.

Musée du Maréchal Leclerc de Hauteclocque et de la Libération de Paris – Musée Jean-Moulin A1 – *Jardin Atlantique – 23 allée de la 2e-Division-Blindée – M° Montparnasse-Bienvenüe – ✆ 01 40 64 39 44 – www.ml-leclerc-moulin.paris.fr*

– ♿ – *tgl. außer Mo 10-18 Uhr – Fei geschl. – Eintritt frei, außer bei Sonderausstellungen.* Historische Dokumente zeichnen die Lebensläufe dieser beiden Männer nach, des Befreiers von Paris, Marschall Leclerc, und eines der bedeutendsten Akteure der Résistance, Jean Moulin. Beide werden im Kontext der militärischen Ereignisse, des inneren und äußeren Widerstandes und der Okkupation bis zur Befreiung von Paris dargestellt (im 1. Stock Videopräsentation über die Befreiung von Paris).

Musée Zadkine C1 – *100 bis rue d'Assas – M° Vavin – ☏ 01 55 42 77 20 – www.zadkine.paris.fr – tgl. außer Mo 10-18 Uhr – Fei geschl. – Eintritt frei, außer bei Sonderausstellungen.* Der russisch-französische Bildhauer Ossip Zadkine (1890-1967) kam 1909 nach Paris, wo er begann, seinen Ideen und Ängsten in Stein und Holz Gestalt zu geben.

In der stillen Atmosphäre des Gartens sind 300 kubistische bis abstrakte Werke ausgestellt, die auf geheimnisvolle Art berühren.

Besonders sehenswert sind *Die Mänaden, Die Zeichenstunde, Orpheus und Prometheus.* Die *Frau mit Fächer* stammt aus der kubistischen Periode.

Wenn Sie nach diesem langen Spaziergang durch Montparnasse müde geworden sind, erholen Sie sich doch im Jardin du Luxembourg (*Quartier Latin – 7*) Dabei entdecken Sie vielleicht eine weitere Skulptur Zadkines, *Der Dichter oder Hommage an Paul Éluard (in der Nähe des Eingangs Rue d'Assas).*

TIPPS UND ADRESSEN

ÜBERNACHTEN

Unsere Hoteladressen finden Sie auf S. 407 (14. Arr.).

ESSEN UND TRINKEN

À la Duchesse Anne – *5 pl. du 18-juin-1940 – M° Montparnasse-Bienvenüe – ☏ 01 45 48 97 21 – 8-20 Uhr – So und Fei geschl.– ♿ – 7,20/13 €.* Teesalon, ideal für eine Pause am Fuße der Tour Montparnasse. Sandwiches, Quiches, Tagesgerichte, Süßspeisen oder Eis, alles auch zum Mitnehmen. Klassisch gut und schick eingerichtet.

Bistrot des Pingouins – *79 rue Daguerre – M° Gaîté – ☏ 01 43 21 92 29 – Aug. und So geschl. – ♿ – Mittagsmenü 14 € – 13,50/15 €.* Von wegen „Pinguin" – hier geht es lässig zu! Mittags ein beliebter Treffpunkt der Büroangestellten, die vor allem die preisgünstigen Menüs schätzen. Abends hat man mehr Muße, die Einrichtung auf sich wirken zu lassen: Moderne Gemälde schmücken die gelben Wände; Sitzbänke, Tische und Stühle sind aus Holz.

Les Zazous – *46 bd. du Montparnasse – M° Montparnasse-Bienvenüe – ☏ 01 45 49 32 88 – 2 Wochen im Aug. geschl. – ♿ – Mittagsmenü 9,90 € – 14/25,50 €.* Die Bekleidung des Personals hat wirklich etwas von jener der exzentrischen Jugendlichen (*zazous*): weite weiße Hemden, Hosenträger, schwarze Hose und schräg aufgesetzte Kappen. Die Küche wirkt etwas zahmer; je nach Tageskarte Fisch, Entrecôte, Entenbrust und Eingelegtes. Der Stil: modernes Bistro.

Cerisaie – *70 bd. Edgar-Quinet – M° Edgar-Quinet – ☏ 01 43 20 98 98 – Sa, So, 1.-11. Mai, 11. Juli-17. Aug., 19. Dez.-4. Jan. geschl., Mittagsmenü 23 € – 34/40 €.* Das winzige Restaurant liegt mitten im „bretonischen" Viertel. Der Chef höchstpersönlich schreibt täglich mit Kreide die sorgfältig ausgewählten südwestfranzösichen Tagesgerichte an die Tafel.

Severo – *8 rue des Plantes – M° Mouton-Duvernet – ☏ 01 45 40 40 91 – am Wochenende, 24. Juli-24. Aug., eine Woche über Weihnachten, eine Woche im Feb., eine Woche im April geschl. – 13/26 €.* Highlights von der Schiefertafel sind in diesem gastfreundlichen

Bistro die Produkte aus der Auvergne (Fleisch, Wurstwaren). Sehr erlesene Weinkarte.

Le Bistrot du Dôme – *1 rue Delambre – M° Vavin – ✆ 01 43 35 32 00/01 43 21 40 64 – tgl. 12-14.30, 19.30-23 Uhr – à la carte 45/55 €.* Das Angebot in diesem Bistro hängt davon ab, ob frischer Fisch geliefert wurde. Ob Vorspeise, Hauptgericht (nur Fisch und Meeresfrüchte) oder Nachtisch – alles steht magische sieben Mal auf der Karte. Die Einrichtung recht retro, der Service sehr professionell und freundlich.

L'Opportun – *62 bd. Edgar-Quinet – M° Montparnasse oder Edgar-Quinet – ✆ 01 43 20 26 89 – tgl. 12-14.30, 20-23 Uhr (reservieren) – 30/45 € – à la carte 50/60 €.* Diese einfach eingerichtete Lyoner Kneipe mit viel Ambiente bietet eine große Auswahl an Delikatessen: Rindfleisch mit Fourme d'Ambert, provenzalische Jakobsmuscheln, Nierenfrikassee, Würste aus Innereien. Dazu Weine aus den besten Lagen des Beaujolais. Jacques Chirac speiste hier schon mit José Maria Aznar und Gattinnen.

EINKAUFEN

Marché parisien de la Création – *Boulevard Edgar-Quinet – M° Edgar-Quinet – ✆ 01 53 57 42 60 – www.mandon-fr – So 10-19 Uhr – Bastille – Boulevard Richard-Lenoir – Sa 10-19 Uhr.* Auf dem Pariser „Markt der Kreationen" stellen jeden Sonntag ca. 100 Künstler ihre Werke aus.

Les Bonbons – *6 rue Bréa – M° Vavin – ✆ 01 43 26 21 15 – tgl. außer So 10.30-13.30 und 14-19.30 Uhr – Aug. und Fei geschl.* Dieses Mini-Geschäft mit der rosa Fassade … ein einziges Bonbon! Bonbons aller Sorten quellen aus Schachteln und Dosen, so wie Schokolade, Mandeln und andere süße Köstlichkeiten.

Christian-Constant – *37 rue d'Assas – M° Notre-Dame-des-Champs – ✆ 01 53 63 15 15 – 9.30-20.30 Uhr.* Er ist nicht nur einer der besten Chocolatiers, Pâtissiers und Glaciers (Eismacher) von Paris – er forscht auch unermüdlich nach neuen Geschmacksrichtungen, die er zu subtilen Kompositionen verschmelzen lässt.

Jean-Paul Hévin – *3 rue Vavin – M° Vavin oder Notre-Dame-des-Champs – ✆ 01 43 54 09 85 – www.jphevin.com – tgl. außer Mo und So 10-19 Uhr – 3 Wochen im Aug. und Fei geschl.* Einer der besten Chocolatiers von Paris (1986 als Meilleur Ouvrier de France ausgezeichnet) bietet in seinem Schokoladengeschäft eine große Auswahl köstlicher Kreationen aus den edelsten Kakaosorten (Tafeln, Trüffel, Pralinen etc.) Berühmt sind die feinen *macarons* (Makronen), Karamellbonbons und Früchtebrote.

Des gâteaux et du pain – *63 bd. Pasteur – M° Pasteur – ✆ 01 45 38 94 16 – tgl. außer Di 7.30-20.30 Uhr.* Die Konditorin Claire Damon im Quartier Pasteur ist eine ernstzunehmende Konkurrenz für Pierre Hermé. Ihre Kuchen und Brote sind köstlich und kreativ – wahre Kunstwerke. Auch die Deko kann sich sehen lassen: Minimalistisches Schwarz hebt die appetitanregenden Farben hervor. Doch dieser modische Touch will leider teuer bezahlt werden: Brot mit Comté (Käse), Kürbiskernen oder Chorizo kostet 5 €.

Roi de Bretagne – *10 rue du Maine – M° Montparnasse-Bienvenüe – ✆ 01 43 20 84 60 – coppbreizh@yahoo.fr – tgl. außer So 10-13 und 14-19 Uhr – Fei geschl.* Wie der Name des Geschäfts schon sagt: Hier finden Sie wirklich alles, was die Bretagne an hervorragenden Produkten zu bieten hat. Natürlich fehlen weder Cidre (Apfelmost) oder bretonisches Bier, noch feine Crêpes oder der vorzügliche Rührkuchen Kouign-amann, Puppen in der Tracht des Bigoudenlandes sowie verzierte Untersetzer.

23 - Bois de Boulogne★★

Mit seinen Seen, Wasserfällen, Teichen und Parkanlagen hat der Bois de Boulogne den Charme vergangener Zeiten bewahrt. Ein paar größere Zufahrtsstraßen, schattige Alleen, Wanderwege und Gärten – für jeden hat er etwas zu bieten: für Jogger, Ruderer, Angler, Radfahrer und natürlich für die Kinder!

WEGWEISER – *Umschlagkarte vorne A2-3 – 16. Arr.* M° Porte-Maillot (Linie 1), Sablons (Linie 1), Porte-d'Auteuil (Linie 10). RER Porte-Maillot (Linie C). Busse 32, 43, 52, 63, 73, 82 und PC1.

UNBEDINGT SEHENSWERT – Der Bagatelle-Park mit seinen Lilien und dem Rosarium; der Pré catelan (Garten); die Seen.

GUT GEPLANT – Den Besuch des Bois de Boulogne kann man gut mit einer Besichtigung der Stadtviertel Auteuil oder Passy verbinden. Vergessen Sie nur nicht die entsprechende Ausrüstung und kommen Sie am besten am Vormittag, wenn Sie den Ansturm der Spaziergänger vermeiden wollen.

MIT KINDERN – Der Jardin d'Acclimatation ist ein Paradies für Kinder.

Zu Fuß unterwegs Stadtplan S.350/351

Von der Place du Mar.-de-Lattre-de-Tassigny (M° Porte Dauphine) nehmen Sie die Route de Suresnes, die Sie zum Lac Inférieur führt.

★Die Seen C 2-3

Der **Lac Inférieur** (Unterer See) mit seinen zwei kleinen Inseln bietet wie der kleinere **Lac Supérieur** (Oberer See) Erholung und Entspannung (*Tipps und Adressen S. 353*).

Wenn Sie vom Carrefour des Cascades aus den Lac Inférieur entlanggehen, erreichen Sie die Route de la Grande-Cascade. Unmittelbar danach biegen Sie rechts in den Chemin de la Croix-Catelan ein, der in der Nähe des Racing Club de France vorbeiführt. Gehen Sie bis zum Croix-Catelan.

EIN WALD IM LAUFE DER JAHRHUNDERTE

Von der Jagd zum Vergnügen – Im Jahre 1308 machte Philipp IV. (der Schöne) eine Wallfahrt nach Boulogne-sur-Mer. Begeistert von der herrlichen Kirche, ließ er nach seiner Rückkehr eine ähnliche erbauen, die er Notre-Dame-de-Boulogne-le-Petit nannte. Zur Zeit der Merowingerkönige jagte man in dem als Wald von Rouvray bekannten Gebiet Bären, Hirsche, Wölfe und Wildschweine. Heinrich II. ließ den durch Räuber unsicher gewordenen Forst mit einer achttorigen Mauer umgeben; die geraden Straßen mit den Wegkreuzen an den Sternplätzen wurden im 17. Jh. unter Ludwig XIV. angelegt. Im 17. und 18. Jh. war der Wald der Bevölkerung zugänglich und als Ort heimlicher Liebschaften und diesbezüglicher kommerzieller Angebote bekannt. Während der Revolution bot der Bois de Boulogne Verfolgten Unterschlupf.

Modernisierung – Im 19. Jh. ließen Napoleon III. und Haussmann das Gelände umgestalten; damals entstanden verschlungene Wege und die beiden Seen mit den Inseln, Restaurants und Pavillons. Im 20. Jh. kamen die Stadtautobahn, der Jardin des Serres und das berühmte Prinzenparkstadion (Parc des Princes) hinzu. Bei dem orkanartigen Sturm am 26. Dezember 1999 erlitt der Wald großen Schaden. Ein grünes Refugium für Spaziergänger ist er aber geblieben.

★Pré Catelan B2

Catelan war ein Troubadour, der am Hofe Philipps des Schönen in der Provence weilte und einen gewaltsamen Tod fand. In dieser schönen Anlage mit großen schattigen Rasenflächen und einer riesigen **Rotbuche** kann man von Juni bis Oktober im Duft der Magnolien schwelgen oder den Mammutbaum und die Chilenische Araukarie (auch Affenschwanzbaum oder Schuppentanne genannt) bewundern.

Im **Shakespeare-Garten** findet man ein Freilufttheater und sämtliche Pflanzen, die in den Schauspielen des englischen Dichters erwähnt sind.

Gehen Sie die Route de la Cascade in westl. Richtung zurück.

Longchamp A-B2-3

Zwischen der Wasserfläche des Étang de Longchamp und dem Carrefour des Tribunes standen bis zum 18. Jh. die Gebäude eines Klosters, das 1255 von der Schwester Ludwigs des Heiligen gegründet worden war.

Carrefour de Longchamp – Die Kreuzung wird von dem künstlichen Wasserfall (Grande Cascade) belebt. Das Denkmal für die Erschossenen (Monument des Fusillés) erinnert an die Ermordung von 35 Jugendlichen durch die Deutschen am 16. August 1944.

Château de Longchamp – Der WWF nutzt das Schloss für Ausstellungen zum Thema nachhaltige Entwicklung. Bei Führungen mit einem Naturkundler auf dem Lehrpfad erfährt man viel Neues über die Vielfalt der Flora und Fauna des Waldes. Als einer der letzten Zeugen der hier gelegenen Abtei blieb der Turm erhalten, der von der Route des Moulins aus zu erkennen ist. Am Ende der Rennbahn erhebt sich eine **Mühle.**

EIN GLÜCKLICHER IRRTUM

Die beiden Seen des Bois de Boulogne sind aus einem menschlichen Irrtum heraus entstanden! Zwischen 1852 und 1858 wurde der Wald nach dem Wunsch Napoleons III. vollkommen umgestaltet. Der Landschaftsarchitekt Varé veränderte durch Nivellierungen den Lauf des Flusses, der heute die beiden Seen speist. In der Folge trocknete der untere Teil aus. Der Ingenieur Alphand fand eine Lösung, indem er zwei Seen schuf, die durch einen Damm getrennt waren, aus dem ein 6 m hoher Wasserfall herabstürzte.

Pferderennbahn – Das **Hippodrome** wurde 1857 von Napoleon III. eingeweiht; die Route des Tribunes führt um das Gelände. Das Panoramarestaurant bietet Aussicht auf alle Rennbahnen. Am südlichen Ende nahe des Polo de Paris erinnert ein Gedenkstein an den brasilianischen Flugpionier Santos-Dumont, der hier am 12. November 1906 auf einer Strecke von 220 m in 21,4 Sekunden einen der ersten Flugrekorde der Welt aufstellte.

Von der Route de la Seine zur Butte Mortemartre erscheint in der Achse der Hauptrennbahn das Hochhausviertel La Défense im Blickfeld.

★★Parc de Bagatelle B2

Route de Sèvres à Neuilly – Bus 43 – ✆ 01 49 57 94 37 – Sommer 9.30-20 Uhr, Winter 9.30-17 Uhr – Eintritt frei.

Das Schlösschen wurde binnen drei Monaten infolge einer Wette zwischen dem Graf von Artois (dem späteren Karl X.) und seiner Schwägerin Marie-Antoinette 1775 errichtet. Der berühmte Gartenarchitekt Blakie legte den englischen Park an.

Auf der Ostseite werden Ihre Schritte vom Murmeln des Wassers begleitet; einem Feengarten gleichen die kleinen Brücken, Felsen, Grotten, spiegelnden Wasserflächen und Wasserfälle. Die Äste einer 140 Jahre alten Hängebuche tauchen in den Seerosenteich ein, den Lotus und Wasserrosen zieren. Sie werden eine chinesische Pagode aus dem 19. Jh. und, nachdem Sie ein

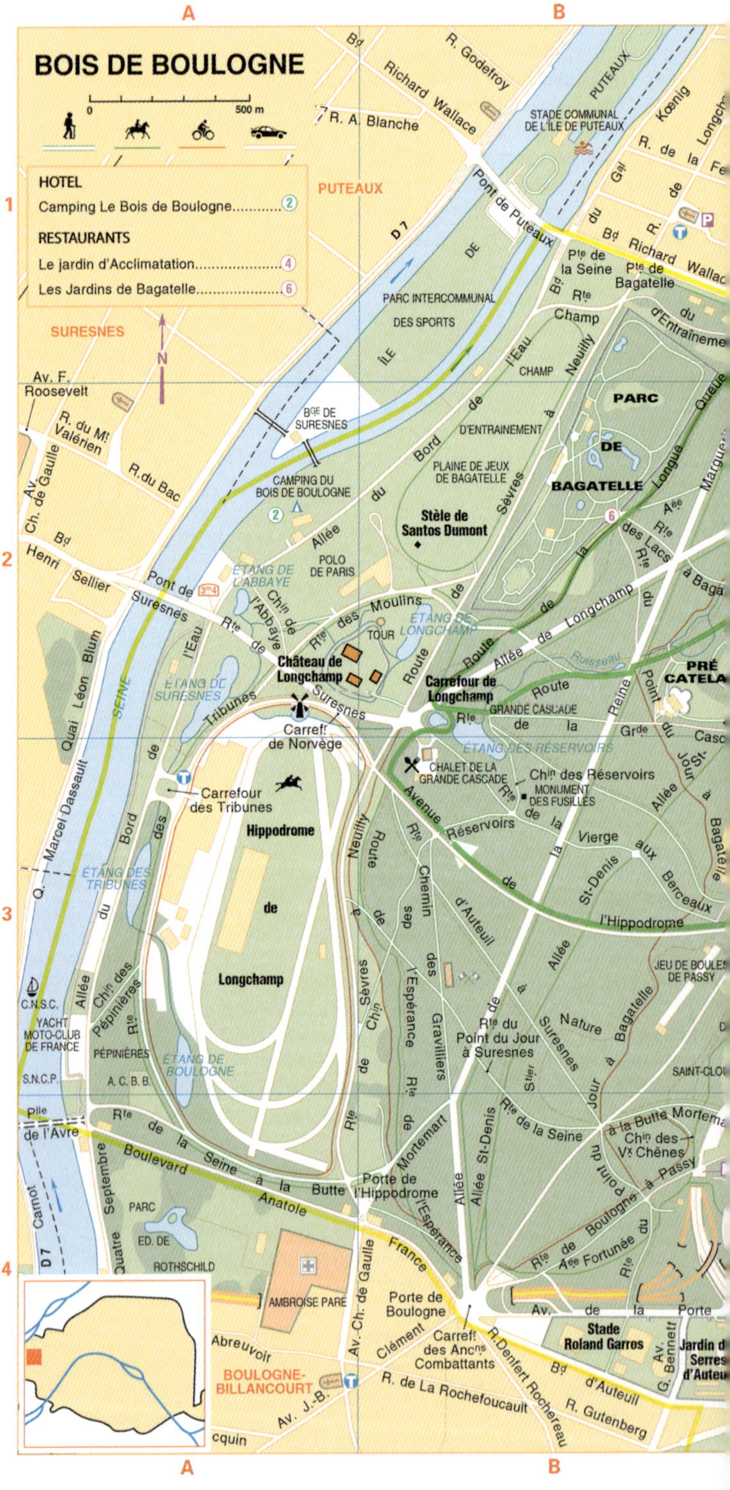
BOIS DE BOULOGNE
0
500 m
HOTEL
Camping Le Bois de Boulogne............2
RESTAURANTS
Le jardin d'Acclimatation....................4
Les Jardins de Bagatelle....................6
A
B
1
2
3
4
N
PUTEAUX
SURESNES
BOULOGNE-BILLANCOURT
Bd Richard Wallace
R. Godefroy
R. A. Blanche
STADE COMMUNAL DE L'ILE DE PUTEAUX
PUTEAUX
Pont de Puteaux
D 7
PARC INTERCOMMUNAL DES SPORTS
ÎLE DE PUTEAUX
Pte de la Seine
Pte de Bagatelle
Rte du Champ d'Entraînement
Av. F. Roosevelt
R. du Mt Valérien
R. du Bac
Av. Ch. de Gaulle
Bd Henri Sellier
Pont de Suresnes
BGE DE SURESNES
CAMPING DU BOIS DE BOULOGNE
Bd de l'Eau
CHAMP D'ENTRAINEMENT
PLAINE DE JEUX DE BAGATELLE
Stèle de Santos Dumont
PARC DE BAGATELLE
Allée du Bord de l'Eau
POLO DE PARIS
ÉTANG DE L'ABBAYE
Chin de l'Abbaye
Rte des Moulins
TOUR
ÉTANG DE LONGCHAMP
Château de Longchamp
Carrefour de Longchamp
Allée de Longchamp
Ruisseau
PRÉ CATELAN
GRANDE CASCADE
Rte de la Grde Cascade
ÉTANG DES RÉSERVOIRS
CHALET DE LA GRANDE CASCADE
Chin des Réservoirs
MONUMENT DES FUSILLÉS
ÉTANG DE SURESNES
Rte de Suresnes
Allée des Tribunes
Carreft de Norvège
Quai Léon Blum
SEINE
Carrefour des Tribunes
Hippodrome de Longchamp
Avenue de l'Hippodrome
Rte de la Vierge aux Berceaux
Rte des Lacs à Bagatelle
Allée de la Reine Marguerite
Allée de Longue Queue
Route de Sèvres à Neuilly
Chemin des Réservoirs
Chemin de l'Espérance
Chemin des Gravilliers
Rte d'Auteuil
Rte du Point du Jour à Suresnes
Allée de Bagatelle
Rte de Suresnes
Allée de la Reine
Allée St-Denis
JEU DE BOULES DE PASSY
Rte de la Seine à la Butte Mortemart
Chin des Vx Chênes
Q. Marcel Dassault
ÉTANG DES TRIBUNES
Allée du Bord des Pépinières
Chin des Pépinières
PÉPINIÈRES
C.N.S.C.
YACHT MOTO-CLUB DE FRANCE
S.N.C.P.
A. C. B. B.
ÉTANG DE BOULOGNE
Rte de la Seine à la Butte Mortemart
Pile de l'Avre
Boulevard Anatole France
Porte de l'Hippodrome
Rte de Mortemart
Rte de Boulogne à Passy
Aée Fortunée
Quai du Quatre Septembre
Carnot
PARC ED. DE ROTHSCHILD
AMBROISE PARÉ
Abreuvoir
Av. Ch. de Gaulle
Porte de Boulogne
Carreft des Ancns Combattants
Clément
R. de La Rochefoucauld
R. Denfert Rochereau
Av. de la Porte
Stade Roland Garros
Av. G. Bennett
Jardin des Serres d'Auteuil
Bd d'Auteuil
R. Gutenberg
Av. J.-B.
SAINT-CLOUD

C
D
1
2
3
4
NEUILLY-SUR-SEINE
Palais des Congrès de Paris
17e
Jardin d'Acclimatation
FONDATION LOUIS-VUITTON (en construction)
MARE ST-JAMES
MARE D'ARMENONVILLE
CERCLE DU BOIS DE BOULOGNE
PAVILLON D'ARMENONVILLE
PAVILLON DE L'ORÉE DU BOIS
PAVILLON DAUPHINE
PAVILLON ROYAL
ÎLE DES CÈDRES
Porte Maillot
Neuilly Porte Maillot
Porte Dauphine
Av. Foch
Mée d'Ennery
Mée Arménien
E.S.I.T.
UNIVERSITÉ PARIS IX
AMBASSADE DE RUSSIE
Carrefour du Bout des Lacs
LAC INFÉRIEUR
CHALET DES ÎLES
PELOUSE DE LA MUETTE
RACING CLUB DE FRANCE
Square Lamartine
MAIRIE DU 16e
Rue de la Pompe
PARIS
O.C.D.E.
MUSÉE MARMOTTAN
Jardin du Ranelagh
La Muette
Boulainvilliers
LAC SUPÉRIEUR
Hippodrome d'Auteuil
16e
Ranelagh
Jasmin
Castel Béranger
Maison de Radio France
Av. Président Kennedy Maison de Radio France
Fondation Le Corbusier
Statue de la Liberté
SEINE
Front de Seine
Michel Ange Auteuil
Porte d'Auteuil
Église d'Auteuil
Pl. d'Auteuil
Mirabeau
Javel
Michel Ange Molitor
Chardon Lagache
CHARDON-LAGACHE
15e
Av. Émile Zola

Blütenpracht: der Parc de Bagatelle.

N. Parneix / Fotolia.com

Bambuswäldchen durchquert haben, einen Aussichtspunkt mit schönem Blick auf die Hochhäuser von La Défense entdecken. Auf dem Fußballfeld unterhalb lassen bei schönem Wetter Leute ihre Drachen steigen.

Der Park ist ein Paradies aus Düften, Farben und verschlungenen Wegen. Im Frühling blühen Kirsch- und Pfirsichbäume vor dem Hintergrund Tausender Tulpen, Hyazinthen und Narzissen. Im Mai und Juni ist die Zeit der Lilien und, hinter dem Schloss, der Pfingstrosen. Im Juni kann man im Rosengarten *(gegenüber der Orangerie)* die preisgekrönten Exemplare bewundern. Der Sommer ist die Zeit der Seerosen, die malerische Impressionen auf die Wasseroberflächen zaubern, und auch im Herbst ist der Park ein eindrucksvolles Farbenmeer. Entlang der Mauer an der Westseite gibt ein Gemüsegarten Einblick in die im Laufe eines Jahres geernteten Pflanzen. Überall begegnen dem Spaziergänger Pfaue, die sich, unbeeindruckt von den Menschen, stolz zur Schau stellen.

Jardin d'Acclimatation C1

Eingang Boulevard des Sablons – M° Les Sablons – ☏ 01 40 67 90 82 – www.jardindacclimatation.fr – ♿ – Mai-Sept. 10-19 Uhr; Okt.-April 10-18 Uhr – 2,90€ (unter 3 J. Eintritt frei).

Der kleine Park mit seinen verschiedenen Attraktionen ist vor allem eine Zauberwelt für Kinder.

Die Boote auf dem **Verzauberten Fluss** *(Rivière enchantée)* schaukeln sachte die Kleinsten; bei den Tieren in dem kleinen **Zoo** sind sie alle wieder hellwach, und auf den Spielplätzen oder im **Zauberhaus (Maison enchantée)** können sie sich austoben. In dem fantastischen **Drachen (Dragon)** können die Kinder in den russischen Bergen im Miniaturformat die Luft des Orients schnuppern. Außerdem:

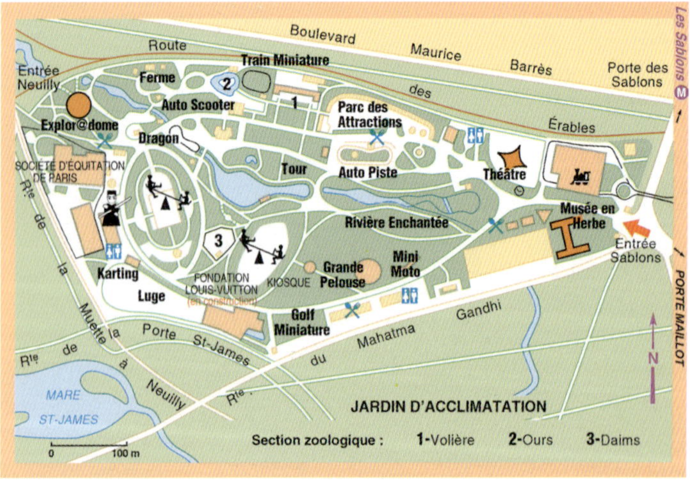

Musée en herbe – *✆ 01 40 67 97 66 – www.musee-en-herbe.com – ♿ – tgl. 10-19 Uhr – Workshop und Ausstellung 10 €.*
Das 1975 gegründete „Museum im Grünen" hat schon unzähligen Kindern die Kunst und die Wissenschaft schmackhaft gemacht. Die Kinder dürfen bestimmte Werke anfassen, sie betrachten, neu zusammensetzen, tanzen, sich verkleiden … Wechselausstellungen machen mit so unterschiedlichen Themen wie Monet und Picasso, Zirkusartistik, Vietnam oder Müllrecycling vertraut.
Explor@dome – *✆ 01 53 64 90 40 – www.exploradome.com – 10-18 Uhr – 7 € (Kombiticket Besichtigung und Workshop 9 €) – an dem Wochenende des Festes der Wissenschaft (Mitte Okt.) Eintritt frei – Workshop (1 Std.) um 10.30, 14.30 und 16.30 Uhr – Reservierung wird empfohlen.*
Unter dieser Kuppel kann man sich mit der Welt der Wissenschaften und der Medien vertraut machen. Nicht berühren verboten! Während die Kleinen ihre Erfahrungen sammeln (Federball, Seifenblasen) und an Workshops teilnehmen, können die Größeren den Bereich Multimedia/Internet kennenlernen und am iMac neue interaktive Verfahren und Spiele entdecken.

TIPPS UND ADRESSEN

ÜBERNACHTEN

Unsere Hoteladressen finden Sie auf S. 408 (16. Arr.).

ESSEN UND TRINKEN

Restaurants im Jardin d'Acclimatation – *Bois de Boulogne, Carrefour des Sablons – M° Sablons oder Porte-Maillot – www.jardindacclimatation.fr – ♿ – 10 €.* Im Jardin d'Acclimatation gibt es mehrere Restaurants: das **Club-House du Golf** (Salate, Tartines), den **Pavillon des Oiseaux** (einfachere Gerichte und Sonntagsbrunch) und die **Ferme du Golf** (hauptsächlich Grillspezialitäten).
Les Jardins de Bagatelle – *Parc de Bagatelle, Route de Sèvres – ✆ 01 40 67 98 29 – www.bagatellerestaurant.com – ♿ – 20/30 €.* Dieser hübsche Pavillon im Herzen des Parc de Bagatelle mit seiner schattigen Terrasse ist ideal für einen sonntäglichen Familienbrunch.

SPORT UND FREIZEIT

Lac Inférieur – Ein Motorboot bringt Sie über das Wasser, wo Sie ein Restaurant (mit Terrasse) erwartet.
Bootsverleih – *Am Carrefour du Lac Inférieur – ✆ 01 45 25 44 01 – Juni-Sept. 10-18 Uhr, Wochenende 9-18 Uhr, 20. März-Mai und Okt.-11. Nov. 12-17.30 Uhr, Wochenende 9-17.30 Uhr – 12. Nov.-19. März geschl. – 10 €/Std.*
Fahrradverleih – *Carrefour des Sablons – ✆ 01 47 47 76 50 – tgl. Mitte April-Mitte Okt., Mitte Okt.-Mitte April Mi, an Wochenenden und Fei 10-19 Uhr, im Winter bei Schnee geschl. – 5 €.* Gegenüber dem Haupteingang des Jardin d'Acclimatation, am Carrefour des Sablons und in der Nähe des Pavillon Royal am Carrefour du Bout-des-Lacs gibt es Stände, die Fahrräder verleihen.
Kleiner Zug durch den Jardin d'Acclimatation – *Abfahrt an der Porte Maillot – 5,40 € Hin- und Rückfahrt und Eintritt in den Park.* Auf diese Art kann man den Bois de Boulogne bis zum Haupteingang des Jardin d'Acclimatation durchqueren.
Zirkus Alexandra-Bouglione – *Jardin d'Acclimatation, Bois de Boulogne – M° Sablons – ✆ 01 45 00 87 00 – Mi 14.30 Uhr, Wochenende 16 Uhr.*
Guignol & Compagnie – *Jardin d'Acclimatation, Bois de Boulogne – M° Sablons – ✆ 01 45 01 53 52 – www.guignol.fr – Mi, Wochenende, Fei und Schulferien 15 und 16 Uhr.*

24 - Montmartre★★★

Ein Dorf inmitten der großen Stadt, ein echtes Dorf mit seinem eigenen Fremdenverkehrsamt, kleinen Straßen und einem Weinberg. Hier lebten Maler und Porträtisten im Schatten von Sacré-Cœur. In diesem alten Viertel mit seinen Cafés und Kabaretts kann man nur ein Boheme-Leben führen, wie es die Künstler taten, und so ist Montmartre denn auch einer der Hauptanziehungspunkte für Paris-Besucher.

ALLGEMEINER HINWEIS
Fremdenverkehrsamt – *21 pl. du Tertre – 750018 Paris –* *01 42 62 21 21 – www.montmatre-guide.com – 10-19 Uhr.*

WEGWEISER – *Umschlagkarte vorne C1 – 18. Arr. – Michelin-Stadtplan Nr. 57, Planquadrate C-D 12-14.* M° Anvers (Linie 2), Abbesses (Linie 12) oder im Norden Lamarck-Caulaincourt (Linie 12). Busse 30, 54, 67, 80 und Montmartrobus.

UNBEDINGT SEHENSWERT – Das kleine rosafarbene Haus des viel besuchten Kabaretts Lapin Agile, der Weinberg in der Rue St-Vincent und natürlich der Blick auf Paris von der Terrasse von Sacré-Cœur aus.

GUT GEPLANT – Vergessen Sie nicht: Ob Sie von Norden oder von Süden kommen, Montmartre ist ein Hügel, und Sie müssen bergauf gehen! Auf der Südseite jedoch gelangen Sie mit einer Seilbahn ohne besondere Anstrengung auf die Terrasse von Sacré-Cœur. Auch mit dem Montmartrobus kann man den Hügel kräfteschonend erklimmen.

MIT KINDERN – Die Place du Tertre mit ihren Straßenmalern, die Moulin de la Galette, die Treppen und engen Gassen abseits der Massen.

Zu Fuß unterwegs Stadtplan S. 356/357

VOM BOULEVARD DE ROCHECHOUART ZUR KIRCHE SACRÉ-CŒUR 1

Gehen Sie die Rue de Steinkerque hinauf, von wo aus man eine schöne Aussicht auf Sacré-Cœur hat. Biegen Sie links in die Rue d'Orsel ein.

Place Charles-Dullin D2

An dem kleinen schattigen Platz steht das ehemalige Théâtre Montmartre (1822) mit seiner hübschen Fassade. 1922 richtete der berühmte Schauspieler Charles Dullin dort das **Théâtre de l'Atelier** ein, wo er innovative Inszenierungen zeigte.

Gehen Sie in die Rue des Trois-Frères und von dort aus nach links in die Rue Yvonne-Le-Tac. Die **Martyrium** genannte Kapelle (Nr. 11) steht an der Stelle, an der der hl. Dionysius und seine Gefährten der Legende nach ihr Martyrium erlitten haben. Im 16. Jh. gründeten hier Ignatius von Loyola und sechs Glaubensbrüder den Jesuitenorden, der 1540 von Papst Paul III. anerkannt wurde.

★Place des Abbesses C2

Etwa 100 m oberhalb des stark befahrenen Boulevard de Clichy gelegen ist die ruhige Place des Abbesses mit ihren Schatten spendenden Platanen und ihrem Brunnen einer der Plätze, die dem Montmartre seinen Dorfcharakter verleihen. Hier befindet sich eine der Jugendstil-Metrostationen von Hector Guimard sowie die Kirche **St-Jean-de-Montmartre**, der erste Kirchenbau aus Stahlbeton (1904) mit einer bemerkenswert kühnen Konstruktion und schlanken Stützen.

Legen Sie eine kurze Pause am **Square Jean-Rictus** *(Nordseite des Platzes)* ein, um an Ihrer Liebeserklärung zu feilen. Auf der **Wand der Liebeserklärungen**

Unerwarteter Anblick inmitten der Großstadt: der Weinberg auf dem Montmartre.

S. Sauvignier / MICHELIN

können Sie 311 verschiedene Liebeserklärungen in 280 Sprachen nachlesen!
Biegen Sie in die Rue des Abbesses (nordwestl. Richtung) und dann in die Rue Ravignan ein.

★Place Émile-Goudeau C2

An diesem Platz wurde zu Beginn des 20. Jh. die moderne Malerei und Dichtung geboren. Zahlreiche Maler und Schriftsteller wohnten oder trafen sich im Atelierhaus **Bateau-Lavoir** (Nr. 13), das 1970 ausbrannte, jedoch wieder aufgebaut wurde und auch heute Ateliers und Künstlerwohnungen beherbergt. Hier entwickelten Picasso, Braque und Juan Gris den Kubismus, und hier brachen Max Jacob, Apollinaire und Mac Orlan mit der traditionellen dichterischen Ausdrucksform.

Gehen Sie die Treppe hinauf. Von der Rue Ravignan bietet sich ein kleiner Umweg über die **Place Jean-Baptiste-Clément** an, die nach dem beliebten Dichter des Chansons *Le Temps des cerises* (1866) benannt ist.

L'Auberge-de-la-Bonne-Franquette C1

Die Auberge an der Ecke Rue des Saules/Rue St-Rustique zählte um 1890 viele bekannte Künstler zu ihren Stammgästen (Pissarro, Sisley, Cézanne, Toulouse-Lautrec, Renoir, Zola etc.). Sie hieß damals Aux-Billards-en-Bois und hatte den Charme eines kleinen Landgasthauses. Van Gogh hielt in seinem Gemälde La Guinguette den Garten der Auberge fest. Maurice Utrillo, der Sohn der Malerin Suzanne Valadon, verewigte diese Kreuzung auf seinen Gemälden. Sie wurde zum Inbegriff des alten Montmartre.
Die Rue Poulbot führt rechts zur winzigen Place du Calvaire. Von hier aus bietet sich ein besonders schöner, weiter **Blick** auf Paris.

Espace Montmarte (Espace Dalí) C1

9-11 rue Poulbot – ✆ 01 42 64 40 10 – www.daliparis.com – 10-18.30 Uhr (letzter Einlass 30 Min. vor Schließung) – 10 € (unter 8 J. Eintritt frei). Einen Vorschlag für einen Rundgang für Kinder erhalten Sie am Eingang.
Wenn Sie in den ehemaligen Keller hinabsteigen, gelangen Sie in die Welt des berühmten surrealistischen Malers **Salvador Dalí** (1904-1989).

HOTELS

Chambre d'hôte Paris-Oasis..... ①
Comfort Hôtel Place du Tertre.... ②
Ermitage Hôtel.......................... ④
Hôtel des Arts.......................... ⑥
Hôtel Roma Sacré Cœur........... ⑧

RESTAURANTS

Bistro Poulbot............................ ①
L'Été en Pente Douce................ ③
La Mère Catherine.................... ⑤
Le Café qui parle...................... ⑥
Le Moulin de la Galette........... ⑦
Le Templier de Montmartre...... ⑧
Le Vieux Chalet....................... ⑪
Miroir... ⑫

CIMETIÈRE DE MONTMARTRE

1 - Lucien et Sacha Guitry
2 - Eugène Labiche
3 - Émile Zola
4 - Dalida
5 - Hector Berlioz
6 - Greuze
7 - Heinrich Heine
8 - François Truffaut

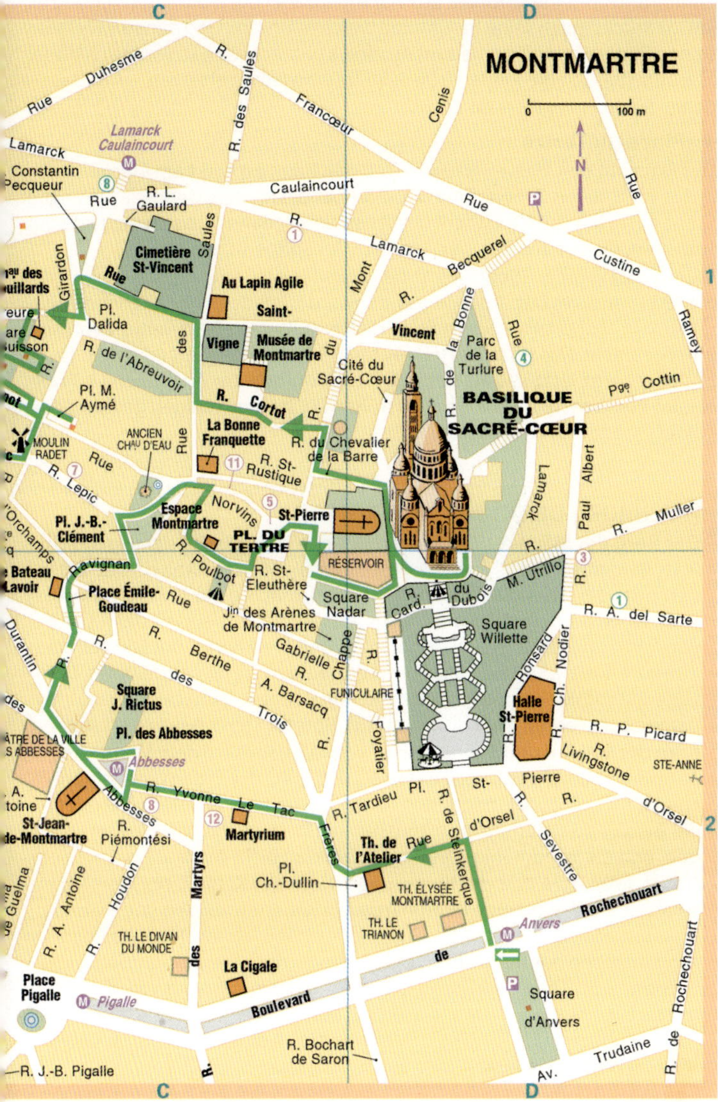

- **9 -** Théophile Gautier
- **10 -** Edgar Degas
- **11 -** Léo Delibes
- **12 -** Poulbot
- **13 -** Jacques Offenbach
- **14 -** Charles Fourier
- **15 -** Nijinski
- **16 -** Ernest Renan et Ary Scheffer
- **17 -** Alexandre Dumas fils
- **18 -** Henri-Georges Clouzot
- **19 -** Edmond et Jules de Goncourt
- **20 -** Alfred de Vigny
- **21 -** Louis Jouvet
- **22 -** Alphonsine Plessis, la Dame aux Camélias
- **23 -** Georges Feydeau
- **24 -** Marcel Jouhandeau
- **25 -** André Ampère
- **26 -** Madame Récamier
- **27 -** Stendhal (Henry Beyle,"milanese")
- **28 -** La "Goulue"
- **29 -** Michel Berger

Die Symbole, die sich in allen Werken des Künstlers wiederfinden, sind eine Erinnerung an seine Kindheit: Brot, Orangen, aber auch die verrinnende Zeit (ausgedrückt durch seine berühmten weichen Uhren). Und genau wie Dalí in seinen Bildern seine Träume zum Ausdruck gebracht hat, so wird auch dieser Museumsbesuch die Kinder in visuelle Traumwelten versetzen.
Gehen Sie Richtung Place du Tertre.

★★Place du Tertre C1

Der Platz mit den kleinen Häusern und den Bäumen wirkt am Morgen noch etwas verschlafen. Am Nachmittag und Abend dagegen, wenn die Maler ihre Szenen von Montmartre oder Porträts anbieten, dann füllt sich der Platz mit Touristen, die vor den Cafés im Freien in der Sonne sitzen.
Haus **Nr. 21** (vorher 19bis) ist Sitz der *Commune libre*, der Freien Gemeinde, die 1920 von Jules Depaquit gegründet wurde, um den ursprünglichen Charakter von Montmartre zu erhalten. Heute ist hier ein Fremdenverkehrsamt untergebracht. Das erste Bürgermeisteramt des Dorfes befand sich in **Nr. 3**. Es beherbergt jetzt das Maison des P'tits Poulbots im Andenken an **Francisque Poulbot** (1879-1946), der im frühen 20. Jh. die drolligen großäugigen Kindersilhouetten zeichnete.

HOCHBURG DER KUNST UND POLITIK

Der Berg der Märtyrer – Obwohl der Name Montmartre sich eigentlich von „Berg des Merkur" ableitet, dessen Tempel sich in römischer Zeit neben dem des Mars auf dem Hügel befand, machte der Volksglaube im 8. Jh. einen Berg der Märtyrer daraus. Als der hl. Dionysius, erster Bischof von Paris, und seine Gefährten Rustikus und Eleutherius um 250 auf der Cité zum Tode verurteilt worden waren, wurden sie hier enthauptet. Der Legende zufolge soll der Heilige dann sein Haupt aufgehoben haben und damit nach Norden in Richtung des heutigen St-Denis gewandert sein.
Berg der Mühlen und Steinbrüche – Vormals gab es auf dem Montmartre 30 Mühlen zum Mahlen von Feuerstein und Korn, das in den Gipssteinbrüchen benötigt wurde (heute sind noch zwei Mühlen erhalten). Nachdem der Berg völlig unterhöhlt war, mussten die Steinbrüche geschlossen werden, und die Windmühlen drehten sich fortan nicht mehr.
Der Montmartre und die Kommune – Nach der Kapitulation von 1871 versteckte die Gemeinde Montmartre 171 Kanonen vor den ungeliebten Preußen. Sie verweigerte auch die Herausgabe, als am 18. März Regierungstruppen zur Requisition entsandt wurden. Die beiden Generäle Lecomte und Thomas wurden gefangen genommen und von der aufgebrachten Menge erschossen. Dieses blutige Ereignis führte zum Aufstand der Kommune. Der Bezirk Montmartre blieb bis zum 23. Mai in den Händen der Föderierten.
Boheme-Leben – Das ganze 19. Jh. hindurch zog der Montmartre Künstler und Literaten an. Berlioz, Nerval, Murger und Heine waren die Vorboten der für die Kunst so entscheidenden Zeit von 1871-1914. Maler suchten auf dem Markt der Modelle an der Place Pigalle Inspiration.
Die ersten Dichterzirkel (z.B. der Club des Hydropathes oder Le Chat Noir) verwandelten sich in sogenannte *caf' conc'* (Café-Concert), durch die die Chansons von **Aristide Bruant**, die Gedichte von Charles Cros und Jehan Rictus, der Humor von Alphonse Allais und die Zeichnungen von Caran d'Ache und André Gill bekannt wurden. Bis zum Ersten Weltkrieg war der Montmartre dank dem **Lapin Agile** und dem **Bateau-Lavoir** die Hochburg der Literaten und Künstler. Danach wurde das Montparnasse-Viertel zum neuen Künstlerviertel, während Montmartre zum Inbegriff des Pariser Nachtlebens wurde.

Auf der Place du Tertre stellen Maler ihre Werke aus.

S. Sauvignier / MICHELIN

Louis Renault fuhr am 24. Dezember 1898 als erster in einem mit Benzin betriebenen Kraftfahrzeug auf den Montmartre.

★Église St-Pierre-de-Montmartre C1

Von der Abtei von Montmartre blieb nur die Kirche aus dem 12. Jh. (1134) erhalten; die Gewölbe des Langhauses stammen aus dem 15. Jh. Die drei Bronzetüren in der schlichten Fassade des 18. Jh. sind ein Werk des Italieners Gismondi (1980).

Das Kreuzrippengewölbe im Chorjoch ist das älteste von Paris (1147). Bei den romanischen Kapitellen handelt es sich teilweise um Nachbildungen. Max Ingrand stattete 1953 die Apsis und die Seitenschiffe mit modernen Glasfenstern aus. ☺ Die gesamte Ausstattung des Chores (Altar, Kreuz, Bischofstuhl, Ambo) aus vergoldetem Messing und buntem Email ist ein zeitgenössisches Werk von Jean-Paul Froidevaux. Kreuzweg aus Bronze von Gismondi.

★★Sacré-Cœur D1

Place du Parvis-Sacré-Cœur – ✆ 01 53 41 89 00 – www.sacre-cœur-montmartre.com – 9.30-17.30 Uhr. Die weiße Silhouette mit ihren Kuppeln und dem 80 m hohen Glockenturm ist aus dem Stadtbild von Paris nicht mehr wegzudenken. Ihre unvergängliche weiße Farbe verdankt Sacré-Cœur den Kalkablagerungen, die entstehen, wenn Regen auf den beim Bau verwendeten Kalkstein fällt.

Das Innere der Wallfahrtskirche ist mit Mosaiken geschmückt. Im Chorgewölbe erinnert das Christus-Mosaik von Luc-Olivier Merson an die Herz-Jesu-Verehrung in Sacré-Cœur.

Kuppel – *300 Stufen – Zugang von der Krypta aus – 5 €.* Von der innen umlaufenden Galerie hat man einen schwindelerregenden Blick ins Innere der Kirche, von der äußeren Galerie indes einen atemberaubenden **Rundblick**★★★ über Paris, der bei klarem Wetter 30 km weit reicht.

Die **Savoyarde**, eine der größten Glocken überhaupt (19 t Gewicht), wurde 1895 in Annecy gegossen und der Kirche von den Diözesen Savoyens geschenkt.

Krypta – *Links von der Kirche die Treppe hinunter – Eintritt frei.* Sie enthält den Kirchenschatz. Außerdem zeigt ein Film Informationen zur Geschichte der Basilika und zum Herz-Jesu-Kult.

Die Terrasse – Von der Terrasse oberhalb des Square Willette hat man einen herrlichen Blick auf Paris. Links schließt sich der kleine **Square St-Pierre** an. Von hier aus verließ Léon Gambetta am 7. Oktober 1870 im Ballon das belagerte Paris und flog nach Tour, im Deutsch-Französischen Krieg Sitz der Regierung der Nationalen Verteidigung.

VON SACRÉ-CŒUR ZUR RUE LEPIC 2

Gehen Sie links an Sacré-Cœur vorbei. Nehmen Sie links die **Rue du Chevalier-de-La-Barre**, *eine kleine Straße mit zahlreichen Souvenirläden.*
Biegen Sie rechts in die Rue du Mont-Cenis.

Rue Cortot C1

In Haus Nr. 12 haben Renoir, Friesz, Utter, Dufy, Suzanne Valadon und ihr Sohn Utrillo gewohnt. Hier lebte auch der Lyriker Pierre Reverdy (1889-1960), Autor von *La Guitare endormie* und *Etoiles peintes*, mitten im Kiez der Künstlerateliers des Montmartre und verweigerte sich den in Mode gekommenen Zugeständnissen der Nachkriegszeit. 1926 zog er sich in ein bescheidenes Haus der Abtei Solesmes zurück. In seinem Wohnhaus befindet sich das **Musée de Montmartre** (*Sehenswürdigkeiten, S.361*).

Gehen Sie rechts in die Rue des Saules, wo ein kleiner Weinberg liegt. Zu Beginn der Weinlese (1. Samstag im Oktober) findet in den umliegenden Straßen ein Volksfest statt.

Rue St-Vincent C1

An der Kreuzung der Rue St-Vincent und Rue des Saules zeigt sich Paris von der malerischsten Seite. Halb hinter einer Akazie versteckt liegt das viel besuchte Kabarett Lapin Agile. Zwischen 1908 und 1914 war es Treffpunkt von Malern wie Picasso und Vlaminck; heute treten hier allabendlich um 21 Uhr *(außer Montag)* talentierte Künstler auf.

Im Eckhaus zur Rue du Mont-Cenis lebte Hector Berlioz. Hier entstanden seine beiden Werke *Harold en Italie* und *Benvenuto Cellini.*

Steigen Sie über die Treppen links hinauf und gehen Sie unmittelbar dahinter rechts in die kleine Gasse.

Cimetière St-Vincent C1

Auf diesem Friedhof haben Künstlerpersönlichkeiten wie der Schauspieler Harry Baur, der Journalist und Schriftsteller Émile Goudeau, der Komponist Arthur Honegger, der Maler Maurice Utrillo, der Schriftsteller Roland Dorgelès, der Maler Eugène Boudin, der Filmregisseur Marcel Carné oder auch der Dramatiker Marcel Aymé ihre letzte Ruhestätte gefunden.

Das hinter dem Friedhof in der Rue Lamarck Nr. 52 gelegene elegante Restaurant *Le Beauvilliers* hat seinen Namen von **Antoine Beauvilliers**, Leibkoch des Grafen der Provence (des späteren Ludwig XVIII.) und erster Restaurantbesitzer in Paris. Das Lokal wartet im Inneren mit einer üppigen Ausstattung vom Ende des 19. Jh., Skulpturen und alten Gemälden auf.

Château des Brouillards C1

Ehemaliges Lustschlösschen des 18. Jh., das später als Ballhaus genutzt wurde. An der Stelle, wo sich

EINE KIRCHE VON ERKLÄRTER GEMEINNÜTZIGKEIT

Nach dem Desaster von 1870 legten Katholiken das Gelübde ab, eine Herz-Jesu-Kirche zu errichten. 1873 erklärte die Nationalversammlung den Bau dieser Kirche als von allgemeinem öffentlichem Nutzen.

Der Architekt **Paul Abbadie** (1812-1884) begann mit dem Bau im Jahr 1876, doch erst 1914 wurde dieser vollendet. Seit der Weihe 1919 pilgern unentwegt Gläubige zur Verehrung des Herzens Jesu in die Kirche.

Der weiße Kalkstein der Basilika Sacré-Cœur spiegelt sich in einem Schaufenster.
S. Sauvignier / MICHELIN

früher der Park befand, soll der Legende nach der hl. Dionysius sein abgeschlagenes blutiges Haupt gewaschen haben (Statue des Heiligen auf dem Square Suzanne-Buisson).

Avenue Junot B1

Die breite, ruhige Straße wurde 1910 auf dem unbebauten, verrufenen Gelände angelegt, auf dem sich damals noch Windmühlen drehten. Heute säumen Ateliers und kleine Häuser mit Garten die Straße, z.B. das **Künstlerdorf** (Nr. 11, Hameau des Artistes) oder die **Villa Léandre★**. In der oberen Avenue Junot am Place Marcel-Aymé erinnert die Statue *Le passe muraille* von Jean Marais an Marcel Aymés berühmte gleichnamige Novelle *Der Mann der durch die Wand ging*.

Moulin de la Galette B1

Das ehemals populäre Ballhaus, das Ende des 19. Jh. Furore machte, regte die Maler Renoir, Van Gogh und andere zu Meisterwerken an. Darüber befindet sich die Windmühle Blute-Fin, die bereits 600 Jahre alt ist. Sie wurde 1814 heroisch vom Müller Debray gegen die Kosaken verteidigt – leider vergeblich, denn Debray wurde auf den Mühlenflügeln gekreuzigt.

Die lange, kurvenreiche **Rue Lepic** verlief einst durch die Steinbrüche und wurde im 19. Jh. unter Napoléon III. ausgebaut. Jedes Jahr im Herbst findet hier ein Oldtimerrennen statt.

Der Schriftsteller **Louis-Ferdinand Céline** (1894-1961), der lange in der Rue Lepic Nr. 98 gewohnt hatte, hat diesen Ort in Romanen wie *Féerie pour une autre fois* oder *D'un château l'autre* verewigt.

Gehen Sie die Rue Lepic hinunter, die an der Place Blanche in den Boulevard de Clichy mündet.

Sehenswürdigkeiten

Musée de Montmartre

✆ 01 49 25 89 39 – www.museedemontmartre.fr – tgl. außer Mo 10-18 Uhr – 1. Jan., 1. Mai, 25. Dez. geschl. – 7 € (unter 12 J. Eintritt frei, 12–26 J. 4 €).

Im Museum finden sich Erinnerungsstücke an die Künstler und das Boheme-Leben auf dem Montmartre sowie Rekonstruktionen des von Utrillo frequentierten Café de l'Abreuvoir und des Büros von Gustave Charpentier. Kulturzentrum mit Konzerten und Vorträgen.

Halle St-Pierre D2

Rechts von der Treppe, die zu Sacré-Cœur hinaufführt – M°Anvers – ✆ 01 45 58 72 89 – www.hallesaintpierre.org – ♿ – Aug. Mo-Fr 10-18 Uhr; übrige Zeit 10-18 Uhr – 1. Jan., 1. Mai, 14. Juli, 25. Dez. geschl. – 7,50 € (Kinder: 6 €).
In der ehemaligen Markthalle aus dem Jahr 1868 befinden sich heute ein Ausstellungsraum für Wechselausstellungen, eine Buchhandlung, Ateliers sowie eine Galerie für zeitgenössische Kunst.

Cimetière de Montmartre A-B 1-2

Avenue Rachel. Nachdem bei einem Aufstand am 10. August 1792 mehr als 500 Soldaten der Schweizergarde in den Tuilerien von den Aufständischen erschlagen worden waren, schaffte man ihre Leichen eilig in die Steinbrüche des Montmartre. Dies war der Anfang des Friedhofs.
Hier sind berühmte Persönlichkeiten begraben, darunter Émile Zola (bevor er ins Pantheon überführt wurde), der Maler Edgar Degas, der russische Tänzer und Choreograf Nijinskij, die Cancan-Tänzerin „La Goulue", Jacques Offenbach, François Truffaut oder auch die Schlagersängerin Dalida.

TIPPS UND ADRESSEN

ÜBERNACHTEN

Unsere Hoteladressen finden Sie auf S. 409 (18. Arr.).

ESSEN UND TRINKEN

L'Été en Pente Douce – *23 rue Muller – M° Anvers oder Château-Rouge – ✆ 01 42 64 02 67 – www.parisresto.com – 24.-25., 31. Dez. und 1. Jan. geschl. – ♿ – 9/19 €.* Von Sacré-Cœur müssen Sie nur einige Schritte auf der Treppe hinuntergehen und in eine kleine Seitenstraße links einbiegen. Das Café-Restaurant befindet sich in einer ehemaligen Bäckerei. Bei schönem Wetter kann man auf der Terrasse gegenüber dem Park sitzen und es sich bei einem Salat, einem Tagesteller oder Kuchen wohlergehen lassen.

La Mère Catherine – *6 pl. du Tertre – M° Abbesses – ✆ 01 46 06 32 69 – www.lamerecatherine.com – 12-23.30 Uhr – Mittagsmenü 16 € – 14/38 €.* Das Restaurant ist eine Institution in Montmartre, und das zu Recht! Schon Danton und seine Anhänger pflegten in dem Haus aus dem 17. Jh. zu speisen. Rustikales Interieur. Die Terrasse kommt bei den ersten warmen Sonnenstrahlen zu Ehren.

Bistro Poulbot – *39 rue Lamarck – M° Lamarck-Caulaincourt – ✆ 01 46 06 86 00 – Aug., Mo-mittag und So geschl. – Mittagsmenü 14 € – 18/35 €.* Das Bistro-Schild erinnert an die Kinder vom Montmartre wie Poulbot sie gemalt hat. Neue Leitung, gastfreundliches Ambiente, traditionelle Gerichte der Saison (abends).

Le Café qui Parle – *24 rue Caulaincourt – M° Lamarck-Caulaincourt – ✆ 01 46 06 06 88 – Aug., So-abend und Mi geschl. – Menü 13/17 €, à la carte 28/34 €.* In nettem Ambiente kann man hier eine klassische französische Küche probieren, die talentiert dem modernen Gaumen angepasst wurde. In Schokoladentönen eingerichtet; Sonntags Brunch; Ausstellungen.

Le Templier de Montmartre – *9 rue des Abbesses – M° Abbesses – ✆ 01 42 54 88 64 – tgl. geöffnet – 17,80/35 €.* Einladendes Bistro mit kleiner, auf dem Bürgersteig abgegrenzter Terrasse gegenüber der Place des Abbesses. Wechselnde Tagesgerichte und Brunch am Wochenende.

Le Vieux Chalet – *14 bis rue Norvins – M° Abbesses – 01 46 06 21 44 – 1. Dez.-15. März, So-abend und Mo geschl. – – – 16/38 €.* In dieser über einhundert Jahre alten Gaststätte mit ländlichem Ambiente können Sie nur 50 m von der Place du Tertre entfernt einfache Hausmannskost essen, ohne allzu tief in die Tasche greifen zu müssen. Auf der hübschen Terrasse haben schon Apollinaire und Picasso gesessen und die wohltuende Ruhe genossen.

Miroir – *94 rue des Martyrs – M° Abbesses – 01 46 06 50 73 – 2.-24. Aug., 23.-28. Dez., So-abend und an Fei geschl. – 25/32 €.* Ein professionelles junges Team steht an der Spitze dieses recht neuen Bistros. Modern eingerichtet, ein Raum hat ein Glasdach. Die Gerichte von der Schiefertafel richten sich nach dem Marktangebot. Gute Weinauswahl.

Le Moulin de la Galette – *83 rue Lepic – M° Abbesses – 01 46 06 84 77 – www.lemoulindelagalette.fr – Mittagsmenü 17/25 €, Menü 50/60 € – à la carte 50/70 €.* Bis 1622 Mühle, dann populäres Ballhaus, verewigt von Renoir und Toulouse-Lautrec – das renovierte heutige Lokal bricht zu neuen Ufern auf. Bistroküche und grüne Terrasse.

EINKAUFEN

Arnaud Larher – *53 rue Caulaincourt – M° Lamarck-Caulaincourt – 01 42 57 68 08 – www.arnaud-larher.com – tgl. außer So und Mo 10-19.30 Uhr – erste Februarwoche, Aug., 1. Jan. und 1. Mai geschl.* Die Kreationen von Arnaud Larher, im Jahr 2000 zum besten Patissier und 2007 zum *Meilleur Ouvrier de France* gekürt, haben schon viele Feinschmecker betört. Neben Klassikern wie Cremeschnitten aus Blätterteig, Blätterteigkuchen mit Schlagsahne oder Obstkuchen sollten Sie auch die süßen Köstlichkeiten mit den vielsagenden oder berühmten Namen Récif, Toulouse-Lautrec, Suprême oder Caraïbe probieren.

Musée de la Halle St-Pierre – *2 rue Ronsard – M ° Anvers – 01 42 58 72 89 – www.hallesaintpierre.org – 10-18 Uhr, im Aug. 12-18 Uhr – am Wochenende im Aug., 1. Jan., 1. Mai, 25. Dez. geschl. – 8 € für alle Ausstellungen des Museums – (Kinder: 6 €).* In dem ehemaligen überdachten Markt, 1868 von einem Schüler Baltards errichtet, befinden sich heute ein Museum, eine Buchhandlung, Ateliers und eine Galerie, in der Wechselausstellungen gezeigt werden. Im Schnellrestaurant des Teesalon-Bereichs bekommt man Gebäck und kalte oder warme Getränke (u.a. zahlreiche Tees).

AM ABEND

Au Virage Lepic – *61 rue Lepic – M° Abbesses – 01 42 52 46 79 – tgl. außer Di 19-23 Uhr – Di, zweite und dritte Augustwoche und am 25. Dez. geschl.* Typisches kleines Montmartre-Bistro, wo man sich einfach nur ein Gläschen genehmigt oder auch zu Abend isst.

Chez Michou – *80 rue des Martyrs – M° Abbesses – 01 46 06 16 04 – www.michou.com – Reservierung nur telefonisch – tgl. außer am Wochenende 10-17.30 Uhr – Aug. und 1. Mai geschl. – 35 € Vorführung um 22.30 Uhr; 105 € Abendessen und Vorführung.* Besitzer dieses berühmten Kabaretts am Fuß des Montmarte ist der extravagante Michou, eine Persönlichkeit des Pariser Nachtlebens. An seiner großen blauen Brille ist er leicht zu erkennen. Humor und Unterhaltung prägen die Dinnershows. Ein fröhliches Travestiten-Team imitiert Stars aus dem Schlager- und Showgeschäft. Formelle Kleidung erforderlich.

25 - La Villette★★

Im größten Park von Paris sind nebeneinander die Cité des Sciences et de l'Industrie (Museum für Wissenschaft, Technik und Industrie), die Cité de la Musique, die Grande Halle und der Zénith entstanden. Und damit ist die Liste noch lange nicht komplett. In La Villette kommen Kultur und Erholung, Kreativität und Erfindungsgeist gleichermaßen zur Geltung. Wenn Sie mit Kindern reisen, sollten Sie auf jeden Fall hierher kommen!

WEGWEISER – *Umschlagkarte vorne E1 – 19. Arr. – Michelin-Stadtplan Nr. 57, Planquadrate B-C 20-21.* M° Porte-de-la-Villette (Linie 7 – Zugang Cité des Sciences et de l'Industrie), Porte-de-Pantin (Linie 5 – Zugang Cité de la Musique). Busse 75, 139, 150, 152, 249 und PC.

UNBEDINGT SEHENSWERT – Die Sammlungen der Cité des Sciences, das neue Planetarium, La Géode, die Architektur und die Sammlungen des Musée de la Cité de la Musique; der Bambusgarten.

GUT GEPLANT – Vormittags Besuch der Cité des Sciences, nachmittags Erholung im Park. Sie können einen ganzen Tag in La Villette verbringen, ohne sich zu langweilen. Besuchen Sie das Musée de la Cité de la Musique am späten Nachmittag und abends ein Open-Air-Kino (im Sommer) oder ein Konzert im Trabendo.

MIT KINDERN – Es ist alles wie für sie gemacht, doch besonders die Cité des Enfants (für die Zwei- bis Zwölfjährigen), die Rutsche des Riesendrachen (ab 4 Jahren) sowie der Jardin des Dunes *(Garten der Dünen)* und der Jardin des Voltiges.
Die Cité des Sciences stellt mit dem Palais de la Découverte, dem Musée des Arts et Métiers und dem Muséum national d'Histoire naturelle einen Wissenschafts-„Pool" für die Kinder dar. Im Sommer berechtigt das Ticket für die Cité gleichzeitig zu einem ermäßigten Tarif an bestimmten anderen Orten. Erkundigen Sie sich.

Sehenswürdigkeiten Stadtplan S. 366

★★CITÉ DES SCIENCES ET DE L'INDUSTRIE A1

30 av. Corentin-Cariou – M° Porte-de-la-Villette.
Das Bauwerk des Architekten Adrien Fainsilber, 1986 eröffnet, ist keinesfalls ein Museum wie jedes andere. Es hat sich zum Ziel gemacht, erstens ein breites Publikum anzusprechen und zweitens den Besucher in eine aktive Rolle zu versetzen und dabei auf die modernsten Technologien zurückzugreifen.
Stolz auf ihre nunmehr 20-jährige Erfahrung und ihren Erfolg, versucht die Cité, immer eine Nasenlänge voraus zu sein. Um den Erwartungen anspruchsvoller Besucher zu entsprechen und um am Puls der ständigen Entwicklung der Wissenschaft und Technik zu bleiben, gestaltet sie ihre ständigen Sammlungen und Neuerwerbungen derzeit um, ein Prozess, der 2015 abgeschlossen sein soll. Die Cité hat beschlossen, auch während dieser Arbeiten ihre Pforten für Besucher offen zu halten. Man muss daher mit Absperrungen und kleineren Baustellen rechnen. Es ist deshalb möglich, dass unsere Beschreibungen nicht immer dem neuesten Stand entsprechen.

Die Ausstellungen

www.cite-sciences.fr – ♿ – tgl. außer Mo 10-18 Uhr 8 € (unter 26 J. 6 €; unter 7 J. Eintritt frei) – Zusatzticket für das Planetarium 3 € – Reservierungen für Einzelpersonen ✆ 08 92 69 70 72 (0,34 €/Min. + 1,60 € Reservierungsgebühr) oder www.cite-sciences.fr.

In der Kuppel von La Géode finden spektakuläre Filmvorführungen statt.
S. Sauvignier / MICHELIN

Im Zuge der Renovierungsarbeiten werden nach und nach drei thematische Ausstellungen zu sehen sein.

Das große Abenteuer des Universums wird in zwei Flügeln präsentiert. Der erste widmet sich den **Ursprüngen und der Geschichte der Materie**. Hier entdecken Besucher die Materie, das Licht und die Energie.

Der zweite Flügel hat das Thema **Die Gesetze des Universums**. Hier werden Sie als Besucher zum Mittelpunkt des Rundgangs. Von Newton bis Einstein begegnen Sie den großen Persönlichkeiten, die mit der Entdeckung der physikalischen Gesetze und der Zusammenhänge des Kosmos verbunden sind. Und Sie haben Gelegenheit, Experimente mit Ihrem eigenen Körper zu machen. Steigen Sie z. B. auf die Waage, um zu verstehen, dass Ihr Körper ein Teil der Materie ist. Sie werden gefilmt und Ihre Silhouette erscheint im Zentrum einer Vorführung. Sie rekapituliert u.a. den Wasseranteil Ihres Körpers, seine chemische Zusammensetzung und ständige Regeneration. Am Ende des Films wird Ihre Körpermasse angezeigt und am Ende des Rundgangs kann man einer Tafel entnehmen, wie die klassische Physik, die Relativitätstheorie und die Quantenphysik mit vergleichbaren Themen umgehen.

Das große Abenteuer des Lebens (*im Aufbau*) präsentiert die aktuellsten Erkenntnisse aus Biologie, Genetik und Medizin. **Das große Abenteuer der Kulturen** (*ebenfalls im Aufbau*) erzählt die Geschichte der durch den Menschen geschaffenen grundlegenden Innovationen, seitdem der Homo sapiens existiert. Ziel der Ausstellungen ist es, die Welt zu verstehen, darzustellen und zu überdenken.

Die bewährten Ausstellungen *Jeux de lumière* (Lichtspiele), *Images* (Bilder), *Sons* (Klänge) und *Mathématiques* (Mathematik) bleiben derzeit unverändert.

Weitere Ausstellungen

Lichtspiele – *Ebene 2, Nordbalkon*. Ein magischer Ort der Cité. Ein Objekt existiert nur, wenn es Licht reflektiert. Die Haut eines fotogenen Menschen nimmt Licht gut auf. Sind Sie sich sicher, dass in Ihrer Vorstellung genau das ankommt, was Ihre Augen wahrnehmen? Magie der Farben, optische Täuschungen: Sie können sich im Selbstversuch überzeugen, dass dem ersten Eindruck nicht immer zu trauen ist.

Bilder – *Ebene 1, Nordgalerie.* Nach dem Licht die Bilder. Wir leben inmitten von Bildern und verbringen Stunden vor dem Bildschirm oder beim Blättern in Büchern. Was verbirgt sich hinter den Bildern? Was verstecken sie? Antworten geben Experimente mit dem Daedalum (bzw. Zoetrop), mit der Mona Lisa oder dem Ultraschall.

Klänge – *Ebene 1, Nordgalerie.* Komödianten im Fernsehen hört man, aber man muss ihnen auch zuhören. Entdecken Sie die Vielfalt der Klänge in unserer Umgebung: von kleinen Geräuschen, die wir kaum mehr bemerken über die von Parabolantennen übertragenen Geräusche bis zum erstaunlichen Universum der Sprachen.

Mathematik – *Ebene 1, Nordgalerie.* Die Ausstellung richtet sich an alle, die nichts von Mathematik verstehen und sich nach dem Besuch wundern werden, wie sehr sie sich plötzlich dafür interessieren.

Galerie der Innovationen – Sie bildet einen passenden Rahmen für die angewandten Wissenschaften, oder, in anderen Worten, die technischen und industriellen Anwendungen der Wissenschaft. Der Schwerpunkt liegt auf der Gegenwart; zukünftige Entwicklungen als Folge möglicher heutiger technologischer Entscheidungen werden vorweggenommen.

Fünf Ausstellungen umfassen die Bereiche: **Energie** – Risiken, Erzeugung und Verbrauch; **Mobilität** – individuelle, kollektive, von Personen, Gütern und Daten; **Einfluss auf die Ökologie** – Sensibilisierung der Menschen für die

Auswirkungen ihres Lebensstils auf die Umwelt; **Wasser** – auf einer Fläche von 200 qm hinter einer Glaswand finden Sie alles über diesen essenziellen Bestandteil des Lebens; **die Erde vom Weltall aus gesehen** – oder wie man mittels von Satelliten übertragener Daten den Einfluss menschlichen Handelns auf unserem Planeten beobachten kann.

Das Observatorium der Innovationen zeigt Wechselausstellungen über Innovationen wie z. B. die Nanotechnologien. Dazu werden Simulationen, Experimente sowie Bilder und Daten in Jetztzeit aus der ganzen Welt präsentiert.

Neues Planetarium – *Ebene 2, Nordbalkon –* *Besuchsinformationen für Ausstellungen.* Machen Sie es sich in den Polstersesseln bequem und lassen Sie sich von dem Schauspiel der Planeten mitreißen. Das neue Simulationssystem ermöglicht 3-D-Projektionen des Himmels, Simulationen von Sonnen- oder Mondfinsternissen, Flüge über die Marslandschaft. Die Animationsvorführungen werden von wissenschaftlichen Mediatoren erläutert.

★★★Cité des enfants

Erdgeschoss – www.cite-sciences.fr – ♿ – tgl. außer Mo 9.45-17 Uhr, Schulferien, Wochenende 10.30-18 Uhr (1 1/2 Std. mit einer Animation) – 1. Jan., 1. Mai, 25. Dez. geschl. – 6 € – Kinder nur in Begleitung Erwachsener – Reservierung unter ☏ 08 92 69 70 72 (0,34 €/Min. + 1,60 € Reservierungsgebühr) oder unter www.cite-sciences.fr

Zahlreiche Aktivitäten ermöglichen Kindern in Begleitung eines Erwachsenen auf 5000 qm Ausstellungsfläche auf spielerische Weise zu experimentieren und zu lernen. Die Eltern werden gebeten, aktiv mitzumachen, denn von ihrer Anleitung hängt ab, was ihre Kinder hier erleben können. Es gibt einen Bereich für Zwei- bis Siebenjährige, der sich der kindlichen Entwicklung und Selbsterfahrung widmet. Auch Fünf- bis Zwölfjährige können in einem eigenen Bereich ihre ersten Entdeckungen in Wissenschaft und Technik machen.

La Cité des 2-7 ans – Es den Großen nachtun, aber wie Kleine spielen: Fünf Themen (Ich entdecke mich selbst, Ich weiß, wie es geht, Ich finde mich zurecht, Alle zusammen, Ich experimentiere) sowie Spiel- und Versuchsinseln ermutigen Kinder, sich selbst und ihre Umgebung zu entdecken. Mehrere Ebenen mit Themen wie für die Größeren, sind für Zwei- bis Dreijährige reserviert.

Ein Muss sind das Flipperspiel, das Labyrinth, die Wasserspiele, die Garage und die Baustelle.

La Cité des 5-12 ans – So kompliziert ist die Welt gar nicht: Es gibt für alles eine Erklärung und eine Funktionsweise. Hier wird gespielt und beobachtet. Die Kinder machen erste Entdeckungen in Wissenschaft und Technik. Die Experimente drehen sich um folgende große Themen: Maschinen und Mechanik, Untersuchungen des Lebens, Du und die anderen, Kommunikationstechniken.

Das Kino Les Shadoks in der Mediathek für Kinder (*unten*) zeigt ein reines Kinderprogramm.

Médiathèque

Erwachsene: Ebenen -1 und -2, Kinder: Erdgeschoss.

Die Multimedia-Bibliothek enthält ca. 300 000 Bücher, Zeitschriften, audiovisuelle Dokumente sowie pädagogische Softwareprogramme.

Cité de la santé – *Ebene 1 der Mediathek*. Fachleute aus der ganzen Welt heißen Sie in diesem ausschließlich der Gesundheit gewidmeten Bereich willkommen. Hier erfahren Sie, wie Sie gesund bleiben, einen kranken Angehörigen begleiten oder mit einer Behinderung leben können.

Cyber-Base – *Ebene 1 der Mediathek*. Mit Hilfe speziell geschulter Betreuer können Sie sich hier mit dem Internet vertraut machen: navigieren, Suchmaschinen nützen, Bilder importieren und verändern, eine eigene Website einrichten etc.

Cité des Métiers – *Ebene 1 der Mediathek – ☏ 01 40 05 85 85 – Di-Fr 10-18 Uhr, Sa 12-18 Uhr – So, Mo und Fei geschl. – Eintritt frei.* Hier geht es um Berufe: Orientierungshilfen, Kurse, Schulungen und Diskussionen werden angeboten.

Aquarium

Ebene 2 der Cité des Sciences – Eintritt frei. In drei Becken können Sie Raubfische und andere Fische in ihren unterschiedlichen Lebensräumen beobachten.

Kino und Theater auf Filmleinwand

Relief-Kino Louis-Lumière – *Erdgeschoss, Säle 1 und 2 – 01 40 05 80 00 – www.cite-sciences.fr – – tgl. außer Mo 11-17 Uhr (10-12 Vorführungen von ca. 15 Min. pro Tag) – Ticket für Ausstellungen berechtigt zum Eintritt.* Dank spezieller Brillen und der innovativen Technik der Ectoplasmovision (eine Weltneuheit!) scheinen die Bilder von der Leinwand zu springen. Der Effekt ist faszinierend.

La Géode★★ – *Außerhalb der Cité des Sciences – 01 40 05 12 12 – www.lageode.fr – – Di-So 10.30-20.30 Uhr, für Mo und Fei erkundigen Sie sich bitte nach den Öffnungszeiten – 10,50 €.*

In dieser riesigen, mit spiegelglanzpolierten Stahlplatten bedeckten Kugel, die über der Wasserfläche zu schweben scheint, findet die Vorstellung statt. Die halbkugelförmige Leinwand (1000 qm) ermöglicht einen Blick wie aus der Vogelperspektive; es entsteht der Eindruck, man sei selbst Teil des Films – ein atemberaubendes Gefühl! Das Programm besteht vorwiegend aus wissenschaftlichen und kulturellen Dokumentarfilmen. Ein Tipp: Wählen Sie die oberen Plätze, Sie haben dort einen besseren Überblick und Ihr Nacken wird es Ihnen danken.

Cinaxe – *Außerhalb der Cité des Sciences – 01 42 09 85 83 – tgl. außer Mo 11-13 und 14-17 Uhr – Vorführungen alle 15 Min. – 5,40 € (ermäßigt 4,80 €).* Hier können Sie durch einen Simulator und 3-D-Brillen die Handlung eines Films

MUSIK UND TECHNIK IN DEN EINSTIGEN SCHLACHTHÖFEN

DIE EHEMALIGEN SCHLACHTHÖFE VON LA VILLETTE

Der Park von La Villette ist an jener Stelle angelegt worden, an der früher die Schlachthöfe für ganz Paris standen – damals eine Innovation, denn bis zum Ende der Herrschaft Napoleons I. wurden die Tiere gleich in unmittelbarer Umgebung ihres Verkaufsortes geschlachtet, einfach um die Straßenecke. Zwischen 1865 und 1866 errichtete der Architekt Baltard, der schon die berühmten Pavillons der Hallen entworfen hatte (*Beaubourg und les Halles – 4*), diese „allgemeinen Schlachthöfe".

Es war eine Stadt innerhalb der Stadt, wo sich die fast 12 000 Metzger von Paris versammelten. Davon angelockt, delektierte sich ganz Paris in den Restaurants, die entlang der Avenue Jean-Jaurès aus dem Boden schossen, an Schweinshaxen und dergleichem Deftigem. Mit dem Beginn des Tiefkühlzeitalters in den 50er-Jahren ging es mit den Schlachthäusern langsam bergab. 1974 wurden sie endgültig geschlossen.

DIE ERSCHAFFUNG DES PARKS

1980 wurde ein großes Projekt begonnen: ein architektonisches Ensemble, das ausschließlich der Musik gewidmet sein sollte, ein Nationalmuseum für Wissenschaft und Technik und ein öffentlicher Park, der diese beiden Pole verbinden sollte. Ein weiteres Ziel war, den Osten von Paris stärker in den Rest der Stadt zu integrieren. Dies geschah mit der feierlichen Eröffnung des Zénith im Jahre 1984. Von den Schlachthöfen blieben u. a. erhalten: die Fontaine aux Lions (1811), wo die Tiere tranken, der Pavillon Janvier, das ehemalige Polizei- und Postbüro, der Pavillon de la Bourse, ehemals die Viehbörse, heute Sitz des Théâtre Paris-Villette, die ehemalige Verkaufshalle, die heute die Cité des Sciences et de l'Industrie beherbergt, und die Rinderhalle (heute Grande Halle).

„hautnah“ miterleben, z. B. einen Flug in den Weltraum oder die Fahrt auf einer Rennstrecke. Hier empfehlen sich die vorderen Reihen, wo die Empfindungen noch stärker sind!

Argonaute

Außerhalb, neben der Géode – tgl. außer Mo 10-18 Uhr – 3 €.

Ein U-Boot mitten in Paris? Das ist kein Witz. Klettern Sie ins Innere seines Rumpfes und Sie werden staunen. Hier musste die Besatzung auf engstem Raum, mit Hitze und Lärm und knappen Wasservorräten auskommen. Die heutigen Atom-U-Boote sind dagegen wesentlich komfortabler.

★Cité de la Musique B2

241 av. de Jean-Jaurès – M° Porte-de-Pantin – 01 44 84 44 84 – www.cite-musique.fr – – tgl. außer Mo – 1. Jan., Ostermontag, 1. Mai, 25. Dez. geschl. – 8 € (unter 18 J. Eintritt frei), Wechselausstellungen 3,40 €.

Das Musikzentrum liegt am Südeingang des Parks, zu beiden Seiten des Löwenbrunnens. Sein Architekt war Christian de Portzamparc. In dem westlich gelegenen Gebäude hat die Staatliche Hochschule für Musik und Tanz (**Conservatoire national supérieur de musique et de danse de Paris**) Platz gefunden. Im östlichen Gebäude sind ein Konzertsaal und das Musikmuseum untergebracht. Sie können auch im **Café de la Musique** (*Tipps und Adressen, S. 370*) eine Pause einlegen.

Für 2012 ist der Bau eines großen Auditoriums für Symphoniekonzerte und andere Großveranstaltungen geplant.

Musée de la Musique★

Di-Sa 12-18 Uhr, So 10-18 Uhr (der Ticketverkauf schließt 45 Min. vor der Vorstellung) – 8 € (Führung 10 €).

Nach monatelanger Renovierung von 2007 bis 2009 erstrahlt das Museum in neuem Glanz. Auf 2000 qm und fünf Etagen zeigt es Tausende Instrumente und Kunstobjekte, Modelle von Opern- und Theatersälen sowie einige Musikerportraits. Der Besuch mit kostenlosem Audioguide erfolgt in chronologischer Reihenfolge vom 17. Jh. bis heute. So dokumentieren zahlreiche Lauten, Cornette, Cembalos, Spinette und verschiedene Violinen die Geburtstunde der Oper (17. Jh.). Anschließend repräsentieren Violinen, Pedalharfen, Handpauken und Mandolinen die Musik des Zeitalters der Aufklärung (18. Jh.). Stradivaris, Tafelklaviere, Flügel, Oboen, Violoncellos sowie das Modell des Pariser Konservatoriums und der Oper stehen für das Europa der Romantik (19. Jh.). Charakteristisch für das 20. Jh. sind eine schnellere Entwicklung und der technische Fortschritt (Synthezizer, Mischpulte, elektronische Orgeln und Geigen). Die Gitarre à la Django Reinhardt und Jacques Brel und die Geigenklänge von Stéphane Grappelli prägten die populäre Musik der Städte. Schließlich vereinte die Weltmusik verschiedene Musikrichtungen aus Afrika, Amerika und Asien.

Ziel in der Umgebung

Le Centquatre

104 rue d'Aubervilliers, 5 rue Curial – www.104.fr – tgl. 11-20 Uhr, Fr-Sa 11-22 Uhr – Eintritt frei. Mitten in einem benachteiligten Viertel am Rand der Hauptstadt widmet sich ein historischer Ort auf 39 000 qm der Kunst und ihrer Verbreitung. Der für das 19. Jh. typische Bau aus Eisen und Ziegelsteinen mit einem großen Glasdach (*Abb. S. 59*) war einst Verwaltungsgebäude des Bistums und später Schlachthaus der Gemeinde La Villette und städtisches Bestattungsinstitut. Die neue Pariser Kultureinrichtung eröffnete 2008. Der helle, weitläufige Komplex mit zwei Veranstaltungssälen, 19 Künstlerateliers und einem hängenden Garten erstreckt sich von der Rue d'Aubervilliers Nr. 104 bis zur Rue Curial Nr. 5.

TIPPS UND ADRESSEN

ALLGEMEINE INFORMATIONEN

Wechselausstellungen – Die Cité zeigt pro Jahr drei bis vier Wechselausstellungen, meist für Kinder (z. B. „Le zizi sexuel" oder „Crad'expo").

ESSEN UND TRINKEN

La Violette – *11 av. Corentin Cariou – M° Corentin-Cariou – 01 40 35 20 45 – www.restaurant-laviolette.com – Sa, So, 18.-22. Mai, 9.-24. Aug., 25. Dez. geschl. – begrenzte Plätze, Reservierung empfohlen – à la carte 35/53 €.* Nettes gastfreundliches Ambiente, moderne Einrichtung in Schwarz-Weiß mit violetten Sitzbänken, an den Wänden Weinkisten. Leckere kleine Gerichte der Saison.

Au Boeuf Couronné – *188 av. Jean-Jaurès – M° Porte-de-Pantin – 01 42 39 44 44 – www.rest-gj.com – Menü 32 € – à la carte 35/60 €.* Diese Institution gegenüber den alten Hallen von La Villette ist stets gut besucht. Besonders Fleischliebhaber freuen sich über die reichlichen Portionen. Freundlicher Service. Einrichtung im Retro-Look.

KLEINE PAUSE

Café de la musique – *213 av. Jean-Jaurès – 01 48 03 15 91 – www.cafedelamusique.com – 8-2 Uhr.* Dort, wo sich früher der Viehmarkt von La Villette befand, steht heute ein elegantes Terrassencafé; ein perfekter Ort, um eine Tasse Tee und die Sonne zu genießen.

EINKAUFEN

Boutique Explorus – *Erdgeschoss der Cité des Sciences, ohne Ticket zugänglich.* Hier werden Spiele, Geschenkartikel und andere Souvenirs angeboten. In der Bücherabteilung finden Sie Ausstellungskataloge und Führer zu verschiedenen Themen; des Weiteren Ansichtskarten, CD-Roms, Videos, Zeitschriften, Literatur u. a.

SPORT UND FREIZEIT

Bootsfahrt auf den Pariser Kanälen

Canauxrama – *01 42 39 15 00 – www.canauxrama.com – nur mit Reservierung – Abfahrt vom Anleger Paris-Arsenal gegenüber 50 bd. de la Bastille (M° Bastille): 9.45 und 14.30 Uhr – Abfahrt Bassin de la Villette, 13 quai de la Loire (M° Jaurès): 9.45 und 14.45 Uhr – 2 1/2 Std. Fahrt von der Bastille bis La Villette oder umgekehrt – 15 € (unter 12 J. 8 €).*

Paris Canal – *01 42 40 96 97 – www.pariscanal.com – nur mit Reservierung – Bootsfahrt auf der Seine und auf dem Kanal St-Martin zwischen Musée d'Orsay und Parc de la Villette – von Mitte März-Mitte Nov. Abfahrt 9.30 Uhr am Musée d'Orsay (M° Solférino) oder 14.30 Uhr am Parc de la Villette (M° Porte-de-Pantin) – Dauer 2 1/2 Std. – 17 € (Kinder: 14 €).*

FESTE UND EVENTS

Im Parc de la Villette – *01 40 03 75 75 – www.villette.com.* Im Sommer werden Aufführungen in den Musikpavillons und den Gärten des Parks veranstaltet: Es gibt ein Open-Air-Kino auf der Triangle-Wiese *(tgl. außer Mo)*, sowie Jazz in La Villette und der Cité de la Musique, im „Trabendo" und im Park.

26 - Le Père-Lachaise★★

Ein Friedhof ist wohl kaum ein Ausflugsziel für Spaziergänger. Der größte Friedhof von Paris macht da allerdings eine Ausnahme, nicht wegen seiner enormen Fläche, sondern aufgrund der berühmten Persönlichkeiten, die hier begraben sind. Zur Zeit des Kaiserreiches von dem französischen Architekten Brongniart geschaffen, stellt diese Variante eines englischen Gartens mit ihren eindrucksvollen und bisweilen herzergreifend gestalteten Grabsteinen ein regelrechtes Open-Air-Museum dar.

WEGWEISER – *Umschlagkarte vorne E2-3 – 20. Arr. – Michelin-Stadtplan Nr. 57, Planquadrate H 20-H21.* M° Père-Lachaise, Gambetta und Porte-de-Bagnolet (Linien 2 und 3), Philippe-Auguste und Alexandre-Dumas (Linie 2). Busse 26, 57, 60, 61, 64, 69 und 76.

UNBEDINGT SEHENSWERT – Der zentrale Teil des Friedhofs, zwischen der Avenue de la Chapelle und der Querstraße Nr. 1, wo Bäume und Grabmäler ein stimmungsvolles Ambiente schaffen.

MIT KINDERN – Der Jardin naturel in der Nähe des Friedhofs.

Le Père-Lachaise im Überblick Stadtplan S. 372/373

★★Die Nekropole

16 rue du Repos. Der Friedhof erstreckt sich über 40 ha Fläche und hat mehrere Eingänge. An den Eingängen Porte des Amandiers und Porte Gambetta bekommt man einen kostenlosen Übersichtsplan. Der Friedhof ist in 97 unterschiedlich große Abschnitte unterteilt. In der Regel liegen die mit den niedrigeren Ziffern in der Nähe des Tors am Boulevard de Ménilmontant und die mit den höheren im höher gelegenen, jüngeren Teil des Friedhofs.

Mitte des 20. Jh. kamen die Grabsteine aus Granit in Mode. Um den besonderen Charme des Père-Lachaise zu bewahren, den vor allem seine romantischen alten, individuell angefertigten Grabsteine aus Marmor oder Lavagestein aus der Auvergne ausmachten, wurde ein großer Teil des Friedhofs unter Denkmalschutz gestellt. Seine reiche Vegetation mit mehr als 3000 Bäumen unterstreicht die besondere Atmosphäre dieses Ortes. Die vielen Berühmtheiten, die hier begraben sind, machen aus dem Ort eine Art historische Pilgerstätte. Das bewegendste Denkmal ist vielleicht jenes, das den Widerstandskämpfern und Deportierten des Zweiten Weltkriegs gewidmet ist *(Südostecke).*

PATER DE LA CHAISE: VOM BEICHTVATER DES KÖNIGS BIS ZU LA FONTAINE

Dieser große Landbesitz gehörte einst den Jesuiten. Pater de la Chaise, 34 Jahre lang Beichtvater Ludwigs XIV., empfing hier oft Besuche von Damen, die eigentlich die Gunst des Königs suchten – und die seines Beichtvaters erhielten! Von seinem schillernden Gründer bekam der Friedhof schließlich auch seinen Namen. Bei seiner Eröffnung 1804 war Paris noch weit, und niemand wollte sich in so großer Entfernung von der Stadt beerdigen lassen. Überzeugend wirkte dann im Jahre 1817 die Überstellung der Särge zweier berühmter Männer nach Pére-Lachaise: La Fontaine und Molière. Auch die Liebenden Héloïse und Abélard wurden hier bestattet. Fortan ließen sich berühmte und betuchte Pariser barocke und pharaonenhafte Monumente bauen (z. B. Konsul Félix de Beaujour, 48. Abschnitt). Der Öffentlichkeit zugänglich, wurde dieser große Garten rasch zu einem beliebten Ausflugsziel für Spaziergänger, wo die kleinen Leute vielleicht einer großen Berühmtheit zu begegnen hofften.

Mur des Fédérés

Südostecke. Am 28. Mai 1871 spielte sich hier die letzte blutige Episode der Commune ab. Die letzten im Friedhof verschanzten Aufständischen wurden am Vorabend angegriffen. Die 147 Überlebenden wurden im Morgengrauen an der Friedhofsmauer erschossen. Die Mauer ist seitdem ein politischer Wallfahrtsort.

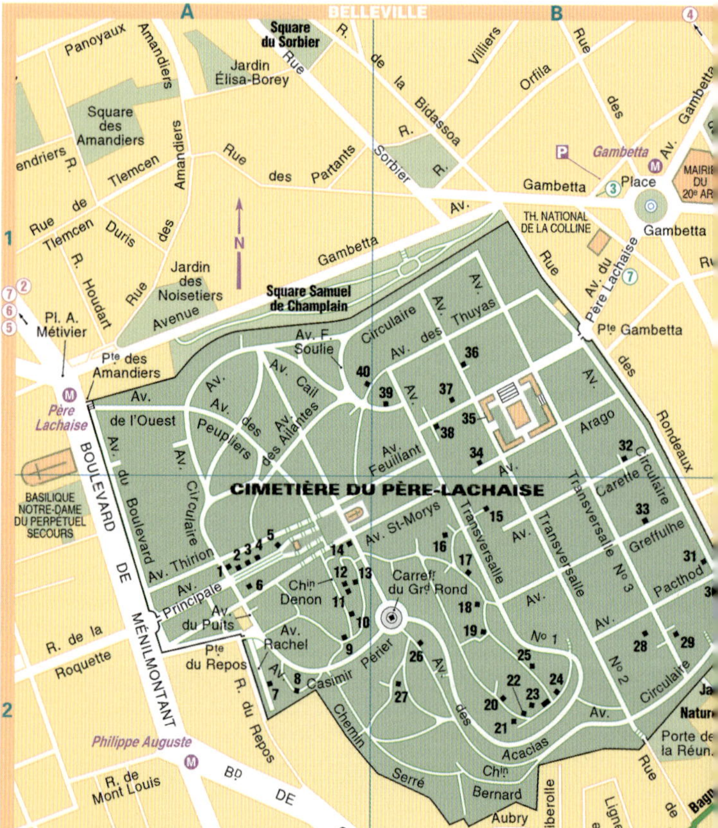

HOTELS

Hôtel Palma .... (3)
Hôtel Paris-Gambetta .... (7)
Mama Shelter .... (9)

RESTAURANTS

Aux Troubadours .... (2)
Bistrot des Soupirs "Chez les On" .... (4)
Café Charbon .... (5)
Café Justine .... (6)
Keur Makha .... (7)
Les Allobroges .... (8)

CIMETIÈRE DU PÈRE LACHAISE

1 - Colette
2 - Louis Visconti
3 - Rossini (cénotaphe)
4 - A. de Musset (sous un saule, selon son vœu)
5 - Baron Haussmann
6 - Arago
7 - James de Rothschild
8 - Abélard, Héloïse
9 - Miguel Angel Asturias
10 - Chopin
11 - Cherubini
12 - Bernadin de S. Pierre
13 - Bellini
14 - Thiers
15 - Sarah Bernhardt
16 - Corot
17 - Molière et La Fontaine
18 - Alphonse Daudet
19 - Jean A. Brillat-Savarin
20 - Famille Bibesco (Anna de Noailles)

Zu Fuß unterwegs Stadtplan S. 372/373

Das Dorf Charonne

Im 18. Jh. war Charonne nur von Weingärten umgeben. Es ist bekannt durch die Landhäuser der Pariser Bourgeoisie oder die im Freien abgehaltenen Kabarettveranstaltungen und hat lange seinen dörflichen Charakter behalten.

21 - Maréchal Ney
22 - Beaumarchais
23 - Maréchaux Davout, Masséna, Lefebvre
24 - Murat et Caroline Bonaparte
25 - David d'Angers
26 - Auguste Comte
27 - Jim Morrison
28 - Modigliani
29 - Édith Piaf
30 - Paul Éluard, Maurice Thorez
31 - Gertrude Stein, Alice B. Toklas
32 - Oscar Wilde
33 - Sylvia Monfort
34 - Yves Montand
35 - Isadora Duncan
36 - Marcel Proust
37 - Guillaume Apollinaire
38 - Allan Kardec (fondateur de la philosophie spirite)
39 - Delacroix
40 - Balzac et la Comtesse Hanska

Viele Straßen erinnern an seine landwirtschaftliche Vergangenheit: Rue des Grands-Champs, Rue des Maraîchers, Rue des Vignoles usw.
Gehen Sie vom Friedhof Père-Lachaise zur Place Gambetta und dann weiter durch die Rue Belgrand zur Place de la Porte-de-Bagnolet.

★„Ein Stückchen Land in Paris" C1

Über die Metrostation (M° Porte-de-Bagnolet), am nordöstl. Ende der Place de la Porte-de-Bagnolet: Zugang über die Treppe in der Rue Géo-Chavez. Die ehemalige, Anfang des 20. Jh. errichtete Arbeitersiedlung mit ihren von kleinen Gärten umgebenen Häuschen aus Back- oder Kalkstein ist trotz der Nähe zum Boulevard Périphérique eine friedliche, ländliche grüne Oase. Ein Spaziergang durch die Straßen Rue du Père-Prosper-Enfantin, Irénée-Blanc, Mondonville und Jules-Siegfried ist durchaus reizvoll und bietet Einblicke in ein „anderes" Paris.
Gehen Sie am südwestl. Ende der Place de la Porte-de-Bagnolet die Rue de Bagnolet hinunter.

Rue de Bagnolet B-C1-2

Die Nr. 148, der **Pavillon de l'Ermitage**, war das ehemalige Lusthaus der Herzogin von Orléans, Tochter Ludwigs XIV., später Wohnhaus und Hospiz. Der Pavillon im Stil Louis XV. kann besichtigt werden; schöne Wandmalereien aus dem 18. Jh. sind hier zu sehen. *148 rue de Bagnolet – ✆ 01 40 24 15 95 – Fr-Sa 14-17 Uhr – Ende Juli-Anfang Sept. geschl. – 3 € (unter 12 J. Eintritt frei).*
Im **ehemaligen Bahnhof von Charonne** (Nr. 102 bis) finden heute Live-Konzerte statt (**Café Flèche d'or**). Die Schienen des stillgelegten Pariser Eisenbahnrings führen unter dem Friedhof Père-Lachaise hindurch. Wenn man die Straße hinuntergeht, trifft man auf weitere Zeugnisse des alten Charonne: Villa Godin (Nr. 85), Villa Riberolle (Nr. 35), Cité Aubry (Nr. 15) etc.

★Église St-Germain-de-Charonne C2

Die Kirche und der Platz St-Blaise waren einst Mittelpunkt des Dorfes Charonne. Chor und Seitenkapellen der Kirche wurden gerade renoviert. Interessant ist ein gedrungener Glockenturm aus dem 13. Jh. Die Kirche steht auf einer Anhöhe in einem kleinen Friedhof, der zu den letzten Gemeindefriedhöfen in Paris gehört. Hier ruht François Bègue, auch Père Magloire genannt, ein lebensfroher Spaßvogel, der sich als Robespierres Sekretär ausgegeben hat und den man als „Maler, Dichter, Patriot und Philosoph" bezeichnen kann.

★Rue St-Blaise C2

Die einstige Hauptstraße des Dorfes bildet mit ihren hübsch renovierten alten Häusern einen charmanten Kontrast zu den modernen Hochhäusern in der unmittelbaren Umgebung der Kirche. Vor der Nr. 35 steht noch ein Portalvorbau aus der Zeit Ludwigs XV.
Die alten Gebäude des ausgehenden 19. Jh. sind am **Square des Grès**★ und in der **Rue Vitruve** besonders malerisch. An der Fassade des Hochhauses Nr. 50 in der Rue Vitruve erinnert ein Schild an die Sängerin Barbara (1930–1997), die hier von 1946–1959 wohnte. Kurios ist die Wandskulptur zur Legende des Salamanders an der Ecke von Rue Vitruve und Rue Florian.
Kehren Sie zur Rue Bagnolet zurück und lassen Sie Ihren Spaziergang im Jardin naturel (Naturgarten) ausklingen.

Jardin naturel B2

120 rue de la Réunion – M° Alexandre-Dumas – ♿ – 7.30-17.30 oder 20 Uhr (je nach Sonnenuntergang), Sa, So 9-17.30 oder 20 Uhr (je nach Sonnenuntergang). Um die Fauna und die Flora in diesem naturbelassenen Garten nicht zu beeinträchtigen, ist für Kinder ein Spielbereich auf der anderen Seite der Rue de Lesseps vorgesehen.
Den typischen Pflanzen der Île-de-France wird in diesem Garten ein vom Menschen noch unbeeinflusster Lebensraum geboten. Die Wiese wird nicht gemäht, was sehr insektenfreundlich ist, und es werden keine Pflanzenschutzmittel benutzt. Und im trüben Tümpel tummeln sich die Frösche!

TIPPS UND ADRESSEN

ÜBERNACHTEN

Unsere Hoteladressen finden Sie auf S. 409 (20. Arr.).

ESSEN UND TRINKEN

Les Allobroges – *71 rue Grands-Champs – M° Maraîchers – 01 43 73 40 00 – So-abend, Mo, 3.-25 Aug. geschl. – 20/34 €.* Sympathische Adresse abseits der ausgetretenen Pfade nahe der Porte de Montreuil. Solide und gefällig eingerichtet. Der neue Küchenchef bietet eine zeitgenössische Küche.

Bistrot des Soupirs „Chez Les On" – *49 rue de la Chine – M° Gambetta – 01 44 62 93 31 – So, Mo, 1.-8. Mai, 5.-25. Aug., 25. Dez., 1. Jan. geschl. – 17 €.* Dieses sympathische Bistro serviert kleine, einfache Gerichte (in der Saison Wild). Interessante Weine.

Café Charbon – *109 rue Oberkampf – M° Parmentier oder St-Maur – 01 43 57 55 13 – Di-Do 9-2 Uhr, Fr-Sa 9-16 Uhr – 15/25 €.* Diese Institution des Viertels ist wegen ihres wundervollen Saals mit unterteilten Sitzbänken, antiken Kronleuchtern, Terrakotta und Spiegeln beliebt. Man kann hier etwas trinken, ein typisches Bistrogericht bestellen oder sonntags brunchen. Kleine Terrasse.

Café Justine – *96 rue Oberkampf – M° Parmentier – 01 43 57 44 03 – Mo-Sa 8-2 Uhr, So 10-2 Uhr –15/30 €.* Angesagtes Café mit Partystimmung und jungem Publikum auf zwei Etagen; sehr gemütliche Einrichtung komplett aus Holz. Klassische Brasserieküche; qualitativ hervorragendes Fleisch.

Aux Troubadours – *70 bd. de Ménilmontant – M° Père-Lachaise – 01 47 97 21 08 – www.troubadours.com – So-abend und Mo geschl. – ♿ – 33/65 €.* Traditionelle Küche, alte, vor allem mittelalterliche Rezepte und Gerichte aus allen Ecken der Erde. Schöne, sonnige Terrasse; Teestube und Sonntagsbrunch.

Keur Makha – *3 rue Crespindu-Gast – M° Ménilmontant – 01 48 06 86 30 – www.keur-makha.com – jeden Abend.* Alles hier hat mit Afrika zu tun: Süßkartoffeln, Jamswurzel, *atiéké*, *foofou* und *foutou*, entweder mit Maniok- oder Bananenmehl. Unbedingt probieren: die Pasteten, senegalesische Beignets als Vorspeise und das senegalesische Nationalgericht Thieboudienne.

KLEINE PAUSE

La Maroquinerie – *23 rue Boyer – M° Gambetta oder Ménilmontant – 01 40 33 35 05 – www.lamaroquinerie.fr – Konzertsaal Mo-Fr 14–19 Uhr, Konzertabende 18.30-1.30 Uhr – Aug., 15 Tage Ende Dez.-Anfang Jan. geschl.* Zugleich Bar-Restaurant und Galerie, aber vor allem ein Konzertsaal mit 500 Plätzen: La Maroquinerie bietet ausgewählte Programme, wobei der Schwerpunkt auf zeitgenössischer Musik liegt.

La Mère Lachaise – *78 bd. Ménilmontant – M° Père-Lachaise – 01 47 97 61 60 – 9-2 Uhr geöffnet, So 11-2 Uhr.* Ein Highlight des Viertels, oft ausgebucht. Einerseits die Bar mit ihrem bizarren Dekor, andererseits das Restaurant-Bistro mit den aluminiumfarbenen Wänden, wo Werke des japanischen Fotografen Araké ausgestellt sind. Traditionelle Küche und Sonntagsbrunch.

EINKAUFEN

La Campagne à Paris – *210 rue des Pyrénées – M° Gambetta – 01 46 36 88 57 – tgl. außer Mo 9.30-12.45, 15.30-19.45 Uhr, Sa 9.30-13.30, 15.30-20 Uhr, So 10.30-12.45 Uhr – 1. Jan. und 25. Dez. geschl.* In den Regalen finden sich Gänseleberpastete, Tee, Bonbons, Honig, Konfitüre, Gewürze. Ein Sommelier gibt Auskunft über Weine.

Die Umgebung

27 - La Défense★★

Das Geschäftsviertel ist auch ein Viertel der Kunst, ein Freilichtmuseum zahlreicher zeitgenössischer Skulpturen. Der Kubus (Grande Arche) liegt in einer geraden Linie vom Louvre über die Place de la Concorde und den Triumphbogen in westlicher Richtung und bildet einen Kontrapunkt zu den imperialen Bauwerken vergangener Jahrhunderte.

WEGWEISER – *Umschlagkarte vorne A2 – Michelin-Stadtplan Nr. 57 S. 90-91.* M° Esplanade-de-la-Défense (Linie 1) oder La Défense-Grande Arche (Linie 1). RER La Défense-Grande Arche (Linie A). Busse 73, 141, 144, 159, 161, 174, 178, 258, 262 und 272. Tramway T 2 La Défense.

UNBEDINGT SEHENSWERT – Erleben Sie Paris von der anderen, der umgekehrten Perspektive – vom Westen über die Esplanade bis zum Louvre. Mit einem guten Fernglas ist der Blick noch besser.

GUT GEPLANT – Das Geschäftsviertel pulsiert im Takt der Büro- und Geschäftszeiten: morgens, von 12-14 und nach 17 Uhr ist am meisten los. Bei Nebel, starkem Dunst oder Regen lohnt ein Besuch eher nicht.

MIT KINDERN – Die zeitgenössischen Skulpturen in autofreier Umgebung.

DER AUFBAU DES VIERTELS

DAS GESCHÄFTSVIERTEL

Weniger als 1 km von Paris entfernt, erstrecken sich insgesamt 11 Bezirke auf 130 ha, die von den Kommunen Puteaux, Courbevoie und Nanterre verwaltet werden. Seit 1964 sind 48 Bürohäuser entstanden und immer höher geworden. Ca. 900 Unternehmen haben sich hier niedergelassen.

DAS VIERTEL DER PARKS

In der Ebene von Nanterre wechseln sich Büro- und Wohnhäuser, soziale Einrichtungen und Grünflächen ab: Im Park André-Malraux (24 ha) befindet sich u.a. ein botanischer Garten. Am Rand des Parks liegen das Théâtre des Amandiers und die Ballettschule der Pariser Oper des Architekten Christian de Portzamparc.

Das Paris des 21. Jahrhunderts: La Défense bei Nacht.

Toutenphoton/Fotolia.com

Sehenswürdigkeiten

La Grande Arche★★ – *✆ 01 49 07 27 27 – www.grandearche.com – 10-19 Uhr (letzter Einlass 45 Min. vor Schließung) – 7,50 € (unter 6 J. Eintritt frei).* Der mit Glas und weißem Carrara-Marmor verkleidete, in der Mitte offene Betonkubus ist 110 m hoch und wiegt 300 000 t (Architekt war der Däne Otto von Spreckelsen). Der Bau befindet sich nicht genau auf der Achse La Défense – Triumphbogen – Louvre, da er aus technischen Gründen auf zwölf im Untergeschoss verankerten Pfeilern ruht. Gläserne Fahrstühle bringen die Besucher bis ins Dachgeschoss. Mehrere Ministerien, französische und internationale Unternehmen sowie die Stiftung für Menschenrechte (Arche de la Fraternité) haben hier ihren Sitz. Außerdem findet man hier eine Galerie, eine Buchhandlung und ein Restaurant *(11.30-14.30 Uhr, Brasserie 10-16.30 Uhr, 35. Etage, ✆ 01 49 07 27 32).*

Auf dem Boden der vier Innenhöfe ist die Himmelskarte zu sehen, eine Idee von J.-P. Raynaud.

Zu Fuß unterwegs Stadtplan S. 378/379

ESPLANADE DE LA DÉFENSE

Ausgangspunkt rechts vom Kubus. In der Fußgängerzone kann man einen großartigen **Spaziergang★★** machen (1200 m), vorbei an moderner Architektur und Plastiken aus dem 20. Jh.; man kommt an einer Statue von Barrias vorbei, die die Verteidigung von Paris im Jahr 1871 verewigt.

Auf der Place Carpeaux trifft man auf den *Daumen* **(1)** von César, anschließend schreitet man durch ein metallenes Kunstwerk aus 25 durch Stahldrähte miteinander verbundenen Säulen aus der Werkserie Utusrohi **(2)** der japanischen Künstlerin Aiko Miyawaki.

Optional: Bei einem Abstecher über die Fußgängerbrücke vom Boulevard Circulaire zum Faubourg de l'Arche kann man die monumentale Skulptur Koloss **(3)** des polnischen Künstlers Igor Mitoraj von Weitem sehen.

Nordseite der Esplanade

Palais de La Défense (CNIT) – Das „Centre des Nouvelles Industries et Technologies" ist der älteste (1958) und vielleicht berühmteste Bau von La Défense. Es wurde nach Ideen der Architekten Mailly, Zehrfuss und Camelot, aber auch des Industriellen Emmanuel Pouvreau erbaut. Das Betondach, ein flach gewölbtes gleichseitiges Dreieck, das an den Eckpunkten aufliegt,

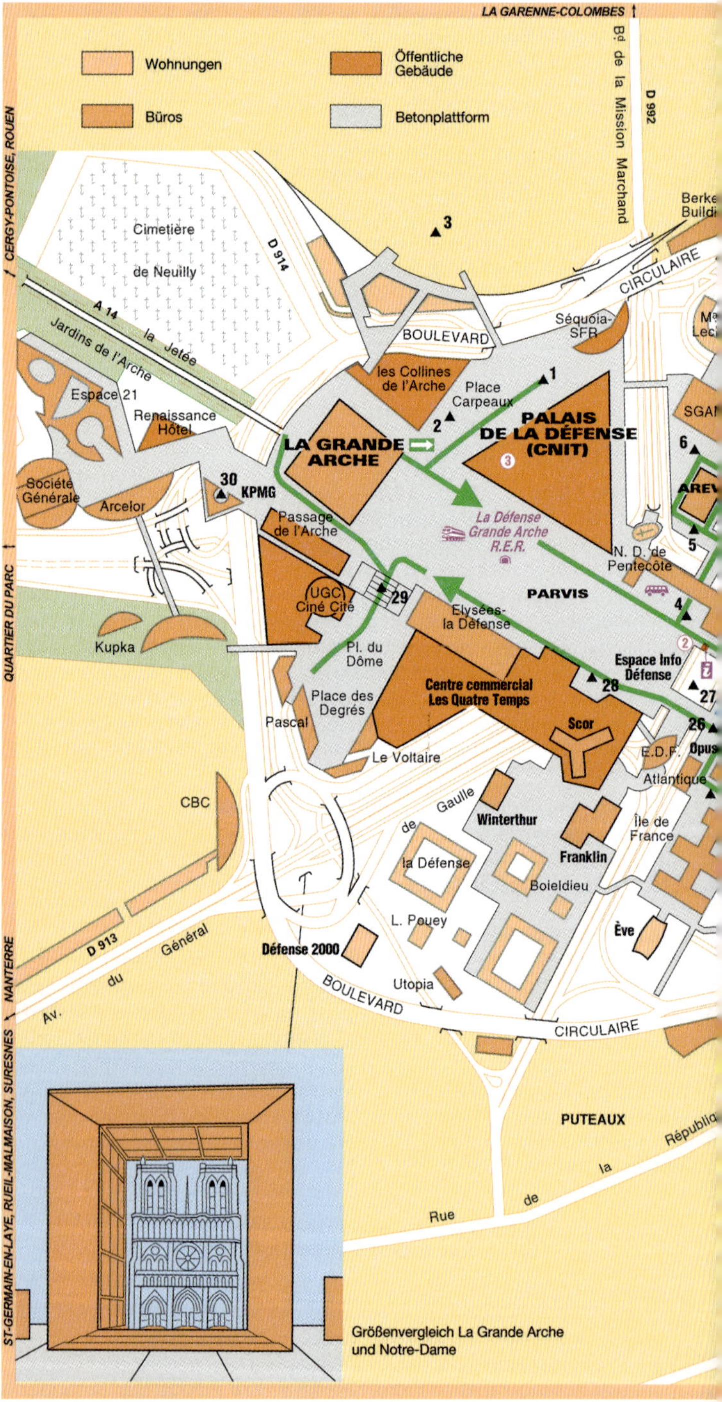

Größenvergleich La Grande Arche und Notre-Dame

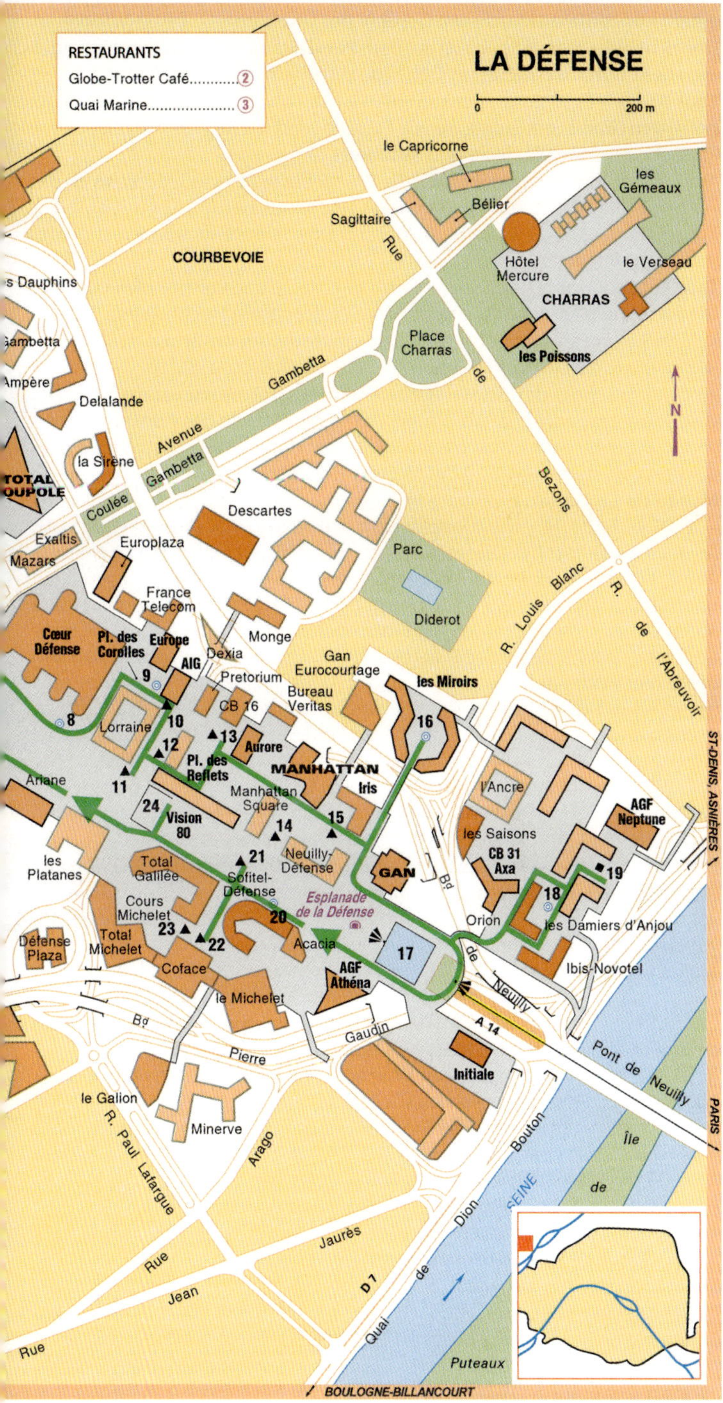
RESTAURANTS
Globe-Trotter Café.......... 2
Quai Marine.................... 3
LA DÉFENSE
0
200 m
COURBEVOIE
CHARRAS
Place Charras
le Capricorne
les Gémeaux
Bélier
Sagittaire
Hôtel Mercure
le Verseau
les Poissons
Rue de Bezons
Avenue Gambetta
Coulée Gambetta
Descartes
Parc Diderot
R. Louis Blanc
R. de l'Abreuvoir
Europlaza
France Telecom
Monge
Cœur Défense
Pl. des Corolles
Europe
AIG
Dexia
Pretorium
CB 16
Gan Eurocourtage
Bureau Veritas
les Miroirs
Lorraine
Aurore
MANHATTAN
Pl. des Reflets
Manhattan Square
Iris
l'Ancre
les Saisons
AGF Neptune
CB 31 Axa
Vision 80
Neuilly-Défense
GAN
Total Galilée
Sofitel-Défense
Esplanade de la Défense
Orion
les Damiers d'Anjou
Cours Michelet
Total Michelet
Acacia
Coface
AGF Athéna
Ibis-Novotel
le Michelet
Bd de Neuilly
A 14
Bd Pierre Gaudin
Initiale
Pont de Neuilly
le Galion
Minerve
R. Paul Lafargue
Arago
Rue Jean Jaurès
Quai de Dion Bouton
D 7
SEINE
Île de Puteaux
s Dauphins
Gambetta
Ampère
Delalande
la Sirène
TOTAL
OUPOLE
Exaltis
Mazars
Ariane
les Platanes
Défense Plaza
ST-DENIS, ASNIÈRES
PARIS
BOULOGNE-BILLANCOURT
8
9
10
11
12
13
14
15
16
17
18
19
20
21
22
23
24
N

überspannt mit einer Rekordweite von 220 m eine 80 000 qm große Fläche (Architekt Nicolas Esquillan). Sie wird an nur drei Punkten gestützt, die jeweils einem horizontalen Druck vom Gewicht des Eiffelturms (7500 t) standhalten. Der 15 m hohe *Stabile Rouge* (**4**) auf dem **Parvis** ist das letzte Werk von Calder. Man geht durch ein niedriges Gebäude zum Framatome-Hochhaus.

Tour Areva – Es ist zusammen mit dem Elf-Hochhaus das höchste. Seine mit poliertem Granit verkleidete dunkle Fassade wirkt nachts, wenn das Gebäude erleuchtet ist, wie ein riesiges Schachbrett.

Am Fuß des Wolkenkratzers steht die Bronzebüste *Der große Toscano* (**5**) des Polen Mitoraj. Geht man links um das Hochhaus herum, kommt eine aus Kunstharz gestaltete Skulptur (**6**) in Sicht, eine Science-Fiction-Kreation des Italieners Delfino.

Tour Total Coupole – Mit seiner Form und der je nach Lichteinfall changierenden blauen Farbe ist es eines der majestätischsten Hochhäuser.

Kehren Sie zur Esplanade zurück, in deren Mitte der **Agam-Brunnen** (**7**) thront. *Wasserspiele mit Licht und Musik – Mi 13 Uhr, Wochenende und Fei 16 Uhr.*

Im Untergeschoss der *Galerie* werden Kunstausstellungen veranstaltet. Der Weg führt am Landschaftsbrunnen *Mittag-Mitternacht* des Künstlers Clarus vorbei, eigentlich ein Lüftungsschacht in einer Umgebung künstlicher Felsen, der den Lauf der Sonne und des Mondes darstellt.

Musée de La Défense – *Espace Info-Défense (Ebene -1) – 15 pl. de la Défense – ☏ 01 47 74 84 24 – www.ladefense.fr – 10-18 Uhr – an Wochenenden und Fei geschl. – Eintritt frei.* Dieses Museum, das im Espace-Info von La Défense untergebracht ist, dokumentiert die Geschichte von La Défense bis zu ihren Ursprüngen. Die Ausstellung zeigt zahlreiche Modelle angenommener und abgelehnter Entwürfe, einen Reliefplan der Seine/A 14 bis zur Cour Carrée des Louvre sowie kürzlich realisierte und derzeit laufende Projekte. Man entdeckt hier auch ein Miniatur-Modell des Aérotrain, den der Ingenieur Jean Bertin entwickelte: Dank seines Triebwerks konnte er in Tests 430 km/h erreichen und sollte La Défense mit Cergy-Pontoise verbinden. Dann aber fiel die Entscheidung zugunsten der RER aus und er wurde nicht realisiert. Anschließend geht es an dem Hochhaus Coeur Défense vorbei, an dessen Ecke der Künstler E. François einen Lüftungsschacht in einen begrünten Kamin verwandelt hat (**8**).

Place des Corolles – Der Platz vor den **Hochhäusern Europe** und **AIG** verdankt seinen Namen der kupfernen Brunnenskulptur *Die Blütenkelche des Tages* (**9**) von Louis Leygue. Das Emailfresko auf Lava mit dem Titel *Wolkenbildhauer* (**10**) von Atila bringt Farbe und Fantasie in die Betonlandschaft. Über der Terrasse breitet der *Mechanische Vogel* (**11**) von Philolaos seine riesigen Stahlflügel über zwei mechanischen Brunnen aus, den Weißen Seerosen (**12**).

Les Reflets – Jenseits des auf Stützen ruhenden Gebäudes **Vision 80** (wird derzeit renoviert) liegt die **Place des Reflets**, faszinierend durch das goldene Lichterspiel auf der Fassade des **Aurore-Hochhauses** (1970) und der **Tour Manhattan** (1975), dem seine Glashülle und seine Form etwas Leichtes verleihen. Auf dem Platz steht die Bronze-Allegorie *Erde* (**13**) von Derbré. Geht man weiter sieht man von Weitem auf der rechten Seite die extravagante Silhouette des *Moretti-Hochhauses* (**14**)**;** Raymond Moretti verwandelte diesen unansehnlichen, 32 m hohen Lüftungskamin in ein Kunstwerk, indem er ihn mit 672 verschiedenfarbigen Glasfaserrohren umhüllte.

Auf der **Place de l'Iris** sieht man die von Henri de Miller geschaffene zierliche Silhouette des *Nachtwandlers* (**15**), der das Gleichgewicht haltend auf einer Kugel steht, die wiederum auf der Kante eines würfelförmigen Sockels ruht. *Gehen Sie vor dem GAN-Hochhaus in Form eines griechischen Kreuzes nach links.*

Les Miroirs – Der Bau von Henri La Fonta entstand als erstes Bürohaus der „dritten Generation" 1981. Acht Gebäudeteile des Komplexes öffnen sich wie ein Paravent zum Innenhof. In dessen Mitte steht der Mosaikbrunnen

(**16**) von Deverne. Mit einer Fläche von 2500 qm gilt das Werk als das größte Mosaik der Welt.

Von hier aus sieht man in der Ferne das Quartier Charras und seine Tour des Poissons: Hier zeigt ein Barometer mit Uhr das Wetter im Großraum Paris an (blau: veränderlich, grün: schönes Wetter, rot: schlechtes Wetter). Die Uhr zeigt die Stunden durch Blinklicht an.

Bassin Takis (**17**) – Das Wasserbecken wird durch 49 bunte Lichtsignale belebt, die auf Metallstangen unterschiedlicher Höhe angebracht sind. Interessanter Blick auf die Grande Arche, den Triumphbogen, die Tour Montparnasse und den Eiffelturm.

Bemerkenswert ist auch das **Axa-Hochhaus** in Form eines dreizackigen Sterns, von Pierre Dufau: Bei der derzeitigen Reovierung wird das Gebäude erhöht und bekommt eine gedrehte nadellartige Spitze. Mit 275 m wird es für die Skyline von La Défense zukunftsweisend sein.

Busatos *Dialog-Brunnen* (**18**) mit zwei Bronzefiguren ziert den Square Vivaldi. Am Fuße der Tour Neptune steht auf der Place Napoléon-Ier ein Denkmal (**19**) in Form des Kreuzes der Ehrenlegion zum *Gedenken an die Rückkehr von Napoleons sterblicher Hülle*. Der kaiserliche Adler, der das Gebäude ziert, stammt von den Gittern der Tuilerien.

Kehren Sie zum Bassin Takis zurück.

Tour Initiale – Dieses 1967 in Stahlskelettbauweise errichtete Hochhaus war das erste von La Défense, das 100 m Höhe erreichte. Die ehemalige Tour Nobel hat eine blaugrüne Glasfassade, die die Feinheit metallischer Armaturen mit der Transparenz einer Glaswand verbindet.

Die Südseite der Esplanade

Linker Hand kommt man an der **Tour AGF Athéna** mit dreieckigem Grundriss vorbei und geht weiter bis zu einem Frosch-Brunnen (**20**) von Torricini; von dem katalanischen Bildhauer Fenosa stammt das Bronzerelief Ophelia (**21**). Gehen Sie links um das Hotel Sofitel herum. Von der über dem Cours Michelet gelegenen Terrasse aus ist die 14 m hohe bemalte Stahlskulptur *Unendliche Doppellinien* (**22**) von Bernar Venet zu sehen, und etwas weiter, auf der rechten Seite, aneinander geschweißte Eisenzylinder von Jakober mit dem Titel *BC1* (**23**), die an eine Schutzmaske amerikanischer Football-Spieler erinnern. Ist man wieder auf der Esplanade geht es nach links, an dem Hochhaus Total Galilée vorbei auf einen kleinen Platz und man entdeckt die 35 Blumenkästen mit Gesichtern und verschlungenen Händen – *La Danse* (**24**), ein Werk des polnischen Künstlers Selinger.

Zwischen den Hochhäusern **Opus 12**, dem Sitz der EPAD (der Verwaltungseinrichtung der Region La Défense) und Atlantique erscheint die weiße Marmorskulptur *Dame Luna* (**25**) des argentinischen Bildhauers Julio Silva im

EINE NEUE SKYLINE AM HORIZONT

Überall auf der Welt entwickeln fantasievolle Architekten skulpturengleiche neue Türme, die das Prestige ihrer Standorte steigern. Zwar befand sich Europa nie im Wolkenkratzer-Fieber, doch die großen Wirtschaftsmetropolen gieren immer mehr nach Projekten, die multinationale Konzerne anziehen. Um mit dem Bau eines 310 m hohen Turms in Form eines Eispickels von Renzo Piano in London mitzuhalten oder mit Barcelona, wo seit 2005 die Torre Agbar von Jean Nouvel steht, wartet La Défense ebenfalls mit Türmen der „vierten Generation" auf, die den Kriterien der nachhaltigen Entwicklung entsprechen. Beispiele sind die Tour T1 (2008), das B Building (2008), die Tour Generali (2011) der Architekten Valode und Piestre und die Tour Granite (2011) von Christian de Portzamparc sowie die Tour Phare (2012) von Thom Mayne.

Blickfeld. Von hier bietet es sich an, die Perspektive zu genießen. Links in der Ferne sieht man die weiße, ellipsenförmige Silhouette des Wolkenkratzers Ève, die sich im Süden des Villon-Viertels erhebt. Noch etwas weiter rechts erhebt sich der nach unten breiter werdende Wohnbau **Défense 2000**. Etwas näher erheben sich die imposanten Türme **Franklin** (zwei, sich ineinanderschiebende Blöcke) und **Winterthur**. Sie werden halb von der dreiflügeligen **Tour Scor** (1983) verdeckt.

Hat man Opus 12 komplett umrundet, sieht man am Fuß des Hochhauses an der Esplanade die Skulptur Growth Punkt oder *der Totems* (**26**) des Koreaners Lim Donk-Lak aus Edelstahl, Stahl und Bronze, ein sphärischer Spiegel, aus dem sich eine pflanzliche Form in harmonischen Kurven erhebt.

Das Bronzedenkmal *La Défense* (**27**) von Barrias steht am Platz in der Mitte der Esplanade unterhalb des *Agam-Brunnens* und im Schatten des Hochhauses EDF (1999), das der Architekt der Louvre-Pyramide Peï entwarf. Es verewigt die Verteidigung der Stadt Paris gegen die Preußen 1971: Eine blutige Niederlage, aber eine mutige Aktion, die ermöglichte, dass 1883 auf dem Rond-Point de Courbevoie der Name „Défense" stehen durfte. Dort stand das Denkmal zuerst, bevor es 1983 zwischen die Türme versetzt wurde.

Vor dem **Einkaufszentrum Quatre Temps** steht die monumentale Skulptur *Figuren* von Miró (**28**), die aus zwei grell-bunten Giganten besteht.

Nehmen Sie **die Treppe** (**29**) von Kowalski links von dem Wohnblock Élysées-La Défense.

Die **Place des Degrés** wurde auch von Kowalski als Mineral-Landschaft konzipiert (Teile von Pyramiden, Granitwelle). Der kreisförmige Boden des Hochhauses **KPMG** ist ein Schmuckkästchen für *Tindajo* (**30**), den monumentalen Kopf des Bildhauers Mitoraj. Der Spaziergang endet unter der Arche bei den Terrassen der **Jardins de l'Arche** und dem Damm davor, der zeitweiligen Verbindung mit dem Park Chemin-de-l'Île. Beide zusammen sollen künftig die weitläufige Grünfläche „Seine-Arche" bilden.

TIPPS UND ADRESSEN

VERKEHRSMITTEL

Touristenbähnchen (Petit train touristique) – *01 42 62 24 00 – Besichtigung des Viertels (45 Min.) Mai-Sept. 10-18 Uhr, Abfahrt jede Std. am Kubus – 5,50 € (unter 10 J. 3,50 €).* Vom Startpunkt am Kubus fährt man über eine 6 km lange Strecke, vorbei an den Plastiken, den Parks und den bekanntesten Hochhäusern.

ESSEN UND TRINKEN

Globe-Trotter Café – *16 pl. de la Défense – 01 55 91 96 96 – www.globetrottercafe.com – Mo-Fr mittags geöffnet – 26/40 €.* Mitten im Herzen des Hochhausviertels La Défense, gegenüber dem Kubus. Großer Speisesaal und Terrasse mit Blick auf den Agam-Brunnen. Aromatische Gerichte, begleitet von französischen und internationalen Weinen.

Quai Marine – *Im CNIT – 2 pl. de la Défense – 01 46 92 13 70 – mittags von Mo-Fr geöffnet – 22,80/40 €.* Dieses Restaurant verströmt eine Brise Meeresluft im CNIT. Elegantes Design. Beliebter Treffpunkt von Angestellten und Geschäftsleuten zu einem schnellen Mittagessen in entspannter Atmosphäre bei traditionellen Fischgerichten.

EINKAUFEN

Les Quatre Temps – Dieses Einkaufszentrum gehört zu den größten Europas. Nicht weniger als 90 000 Besucher bevölkern täglich den Supermarkt, die Modeboutiquen oder Möbelgeschäfte.

Die Kathedrale von St-Denis gilt als Gründungsbau der französischen Gotik.

Franco Di Meo / Fotolia.com

28 - St-Denis★★

In dieser Stadt haben viele Jahrhunderte ihre Spuren hinterlassen. Aus einem Meer von Gassen erhebt sich die Kathedrale, in der fränkische und französische Könige und Königinnen begraben sind. Sie beherbergt eine in Europa einzigartige Sammlung von Grabplatten und Grabmälern vom 12. bis ins 16. Jh. Einen architektonischen Kontrapunkt stellt das futuristische Stade de France dar, in dem im Jahr 1998 das größte je in Frankreich durchgeführte Sportereignis, die Fußballweltmeisterschaft, stattfand.

ALLGEMEINE HINWEISE

Stadtführungen – St-Denis, das den Titel „Stadt der Kunst" trägt, bietet Stadtführungen (2 Std.) mit vom Kulturministerium anerkannten Führern an. *6 € – Informationen beim Fremdenverkehrsbüro oder unter www.saint-denis-tourisme.com – ✆ 01 55 87 08 70.*

Historischer Rundgang – Von der Kathedrale aus geht es zu Fuß (1,7 km) bis zum Stadion: 20 Meilensteine führen den Aufstieg von St-Denis ab dem 6. Jh. vor Augen. Auch Nachbildungen archäologischer Funde sind zu sehen.

WEGWEISER – *Umschlagkarte vorne C/D1 – Michelin-Stadtplan Nr. 101 Klappe 16 und 106 Klappen 19-20 – 10 km nördl. von Paris.* M° St-Denis-Basilique und Stade-de-France (Linie 13). RER La Plaine-Stade-de-France (Linie B) oder St-Denis und Stade-de-France (Linie D).

UNBEDINGT SEHENSWERT – Die Grabdenkmäler der französischen Könige und Königinnen in der Basilika.

GUT GEPLANT – Am Di-, Fr- oder Sa-vormittag müssen Sie am Marché du Monde (*Tipps und Adressen*) vorbeischauen. Am Ende des Tages können Sie mit der Straßenbahn bis Courneuve (Metrolinie 7) bequem nach Paris zurückkehren.

Sehenswürdigkeiten

Die Basilika★★★

Das Gotteshaus war die erste große Kirche im gotischen Stil und inspirierte die Baumeister anderer französischer Kathedralen wie Chartres, Senlis oder Meaux. Sie ist im Wesentlichen ein Werk Sugers (im 12. Jh.) und Pierre de Montreuils (im 13. Jh.).

Baugeschichte – Unter **Suger** entstanden die Fassade und die beiden ersten Joche sowie die Krypta (1140-1144). Das Kirchenschiff aus der Karolingerzeit wurde 1145-1147 umgearbeitet. Zu Beginn des 13. Jh. erhielt der linke Turm eine steinerne Spitze, danach wurden Chor und Querschiff ausgebaut und der Neubau des Schiffes begonnen. Ludwig der Heilige übertrug die Arbeiten **Pierre de Montreuil**, der sie von 1247 bis zu seinem Tod im Jahre 1267 leitete.

Verfall – In späteren Jahrhunderten wurde die Kirche vernachlässigt und verfiel. Besonders stark verwüstete man das Innere während der Revolution. Napoleon ließ dringende Restaurierungen durchführen und die Kirche 1806 neu weihen.

Restaurierung – Die ab 1813 von **François Debret** unternommenen Renovierungsversuche scheiterten wegen der Unkenntnis des Architekten in mittelalterlichen Bautechniken. Der Turm stürzte 1846 ein und musste abgerissen werden. Von 1858 bis zu seinem Tod im Jahr 1879 stellte **Viollet-le-Duc** die Kirche nach sorgfältigem Quellenstudium so her, wie sie heute vor uns steht.

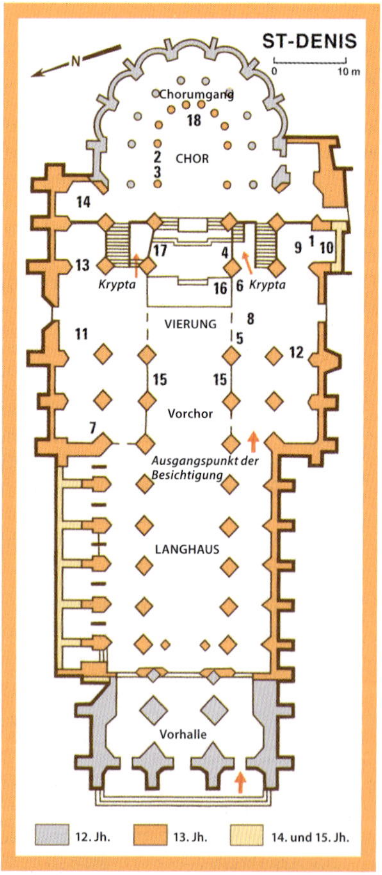

Außenansicht

Im Mittelalter war die gesamte Klosteranlage von einer Mauer umgeben. Der seit 1847 fehlende Nordturm beeinträchtigt die Harmonie der Westfassade. Im Tympanon des restaurierten Mittelportals ist das Jüngste Gericht dargestellt: am rechten Portal die letzte Kommunion des hl. Dionysius und links das Martyrium des Heiligen und seiner Begleiter. An den Türpfosten sind die Darstellungen der Klugen und Törichten Jungfrauen erhalten *(Mitte)*, *rechts* Monatsdarstellungen, *links* die Tierkreiszeichen. Auf der linken Seite wird das Schiff von doppeltem Strebewerk gestützt. Die Fassade des Querschiffs ist mit einer schönen Fensterrose geschmückt und sollte ursprünglich zwei Türme (sechs Türme für die Kirche insgesamt) erhalten, deren Bau jedoch nach dem 1. Geschoss nicht fortgesetzt wurde.

Innenraum

☏ 01 48 09 83 54 – April-Sept. 10-18.15 Uhr, So und Fei 12-18.15 Uhr; Okt.-März 10-17.15 Uhr, So und Fei

Ruhestätte des Königtums

DAS GOLDENE ZEITALTER

Die Zeit der Pilger

Bei Ausgrabungen stieß man auf die Reste der gallo-römischen Siedlung Catolacus (1. Jh. v. Chr.) an einer strategisch wichtigen Stelle oberhalb der Ausfallstraße von Paris nach dem heutigen Rouen. Der im Volksmund „Monsieur St-Denis" genannte hl. Dionysius soll um 250 auf einem der umliegenden Felder begraben worden sein. 475 baute man in dem Dorf St-Denis die erste der **hl. Geneviève** geweihte Kirche. 630 ließ **König Dagobert** die beliebte Wallfahrtskirche durch ein größeres Gotteshaus ersetzen und stiftete sie dem Benediktinerorden, der sich des zunehmenden Pilgerstroms annahm.

„Der Friedhof der Könige"

754 ließ **Pippin der Kurze (Pépin le Bref)** unter dem Chor ein „Martyrium" anlegen, in dem er die Überreste des hl. Dionysius und seiner Begleiter Rustikus und Eleutherius in einem Reliquienschrein beisetzen ließ. Zwölf Jahrhunderte lang, von Dagobert bis Ludwig XVIII., ließen sich fränkische und später französische Könige fast ausnahmslos in St-Denis bestatten. 151 Adelige fanden in der Basilika ihre letzte Ruhestätte.

Wertvolle Reliquien

Im Mittelalter galten Reliquien als Beschützer des Körpers und der Seele der verstorbenen Könige, aber auch der in der Schatzkammer verwahrten königlichen Insignien. Sie bewachten auch die Kriegsfahne (Oriflamme), mit der der König von der Kathedrale aus in die Schlacht zog. Eine Nachbildung der Fahne kann besichtigt werden.

Abt Suger, Mönch und Staatsmann

Die überragende Persönlichkeit Sugers prägte die Geschichte von St-Denis. Er war als Zehnjähriger, aus ärmlichen Verhältnissen kommend, in das Kloster eingetreten und gewann bald Einfluss auf seinen Mitschüler, den Sohn König Ludwigs VI. Als Berater des späteren Ludwig VII. kam er an den Königshof und wurde Minister und Regent des Königs, als dieser 1147 den zweiten Kreuzzug antrat. Wegen seiner großen Weisheit und gerechten Verwaltung erhielt der Abt vom König den Ehrennamen „Vater des Vaterlandes".

SEIT DER REVOLUTION

Der Zorn der Revolution

1793 wurde die Abtei in einen Tempel der Vernunft umgewandelt. Die Aufständischen machten auch vor der Nekropole nicht Halt, rissen 1793 die Gräber auf und warfen die Gebeine in ausgehobene Gruben. Der Architekt Alexandre Lenoir hatte glücklicherweise zuvor einige der schönsten Grabmäler in ein Depot in Paris transportieren lassen (das heutige Musée des Monuments Français), um sie vor der Zerstörungswut zu retten. 1817 ließ Ludwig XVIII. sie wieder in der Kirche aufstellen. Zwei Jahre davor waren die Leichname Ludwigs XVI. und Marie-Antoinettes vom Friedhof La Madeleine überstellt worden.

Industrieansiedelungen

St-Denis, das während der Revolution *Franciade* geheißen hatte, erhielt 1800 seinen Namen zurück. Im selben Jahr begann auch die industrielle Ära der Stadt: Druckereibetriebe und später die Schwerindustrie (in der Ebene von St-Denis) siedelten sich an. Heute hat die Stadt ein vollkommen neues Gesicht. Renommierte Institute haben sich hier niedergelassen, Sportstätten (nicht nur das Stade de France, auch eine Radrennbahn, ein nautisches Zentrum, eine Sportschule) und Museen laden zum Besuch ein.

12-17.15 Uhr (letzter Einlass 30 Min. vor Schließung) – Führungen möglich – 1. Jan., 1. Mai, 25. Dez. geschl. – 6,10 € (unter 18 J. Eintritt frei), 1. So des Monats (Okt.-März) Eintritt frei.

Mit einer Länge von 108 m, einer Breite von 39 m im Querschiff und einer lichten Höhe von 29 m ist die Kirche etwas kleiner als Notre-Dame. Die zweijochige Vorhalle unter den Türmen weist noch ein Spitztonnengewölbe aus der Zeit Sugers auf. Der Architekt Pierre de Montreuil (ca. 1200-1266) hat dem dreischiffigen Langhaus und dem Chor eine schwebende Leichtigkeit verliehen (um 1231). Als eine der ersten Kirchen besitzt St-Denis ein Triforium, dessen Außenwand eine Durchfensterung aufweist. Das Hauptschiff ist mit modernen Glasfenstern versehen.

DER JAHRMARKT VON LENDIT

Der Markt, 1109 von Abt Suger gegründet, wurde in der Ebene von St-Denis abgehalten und blieb mit seinen 1200 Holzbuden 600 Jahre lang einer der bedeutendsten europäischen Märkte. Hier deckte sich auch die Universität von Paris mit Pergament ein. Aber die Nähe zu Paris brachte auch zahlreiche Geißel mit sich wie Kriege und Epidemien, was teilweise auch erklärt, warum St-Denis sich engagiert an der Französischen Revolution beteiligte.

Grabdenkmäler★★★ – In St-Denis ruhen 46 Könige, 32 Königinnen, 63 Prinzen und Prinzessinnen und 10 treue Diener der Krone wie **Du Guesclin** (**1**). Seit der Revolution sind die Grabstätten leer.

Im Mittelalter waren die Gräber nur mit Liegefiguren geschmückt. Besonders schön sind die Grabplatten von **Chlodwig I.** (**2**) und von **Fredegunde** (**3**) mit ihren von Kupferdraht durchzogenen Mosaiken, die im 12. Jh. für die Klosterkirche von St-Germain-des-Prés angefertigt worden waren.

Um 1260 ließ Ludwig der Heilige die Bildnisse aller seiner Vorgänger seit dem 7. Jh. anfertigen. Sie haben alle idealisierte Gesichter und tragen Krone und Szepter. Diese überhöhte Darstellung königlicher Personen ist charakteristisch für das Mittelalter. Hervorzuheben sind das eindrucksvolle Grabmal **Dagoberts I.** (**4**) mit seinen Szenen voller Vitalität, die Liegefiguren von **Karl Martell** (**5**) und **Pippin dem Kurzen** (**6**) sowie eine weibliche Liegefigur (**7**) aus Tournai-Marmor. Mit **Isabella von Aragon** und **Philipp III. dem Kühnen**, der 1285 starb, beginnen die auf Ähnlichkeit bedachten Darstellungen (**8**) sowie die Verwendung eines neuen Materials: Marmor.

Ab dem 14. Jh. entnahm man dem Leichnam bei der Einbalsamierung das Herz und die Innereien. Herz, Eingeweide und Körper wurden niemals an ein und demselben Ort bestattet. In St-Denis ruhten die Körper.

Seit der Mitte des 14. Jh. ließen sich große Herrscher schon zu Lebzeiten Grabmäler fertigen, die mit authentischen Figuren geschmückt waren, so **König Karl V. ‚der Weise (9), Karl VI**. und **Isabella von Bayern (10)**.

In der Renaissance entstanden üppig ausgestattete, tempelartige **Mausoleen**. Auf der oberen Platte war das königliche Paar in seiner ganzen irdischen Pracht dargestellt, darunter die unbekleideten Leichname in der Totenstarre.

DER HL. DIONYSIUS

Der **hl. Dionysius**, Wanderprediger und der erste Bischof von Lutetia, dem späteren Paris, ist in der Kathedrale beigesetzt, die auch seinen Namen trägt. Seit dem 5. Jh. ranken sich Legenden um seine Geschichte: Er soll nach seiner Enthauptung am Montmartre seinen Kopf in die Hand genommen haben und davongegangen sein. Einer Legende nach brach er auf dem Land zusammen und starb und eine fromme Frau begrub ihn heimlich.

Die doppelten Grabmäler von **Ludwig XII.** und seiner Gemahlin **Anne de Bretagne** (**11**) sowie **Franz I.** und **Claude de France** (**12**), von Philibert Delorme und Pierre Bontemps geschaffen, gehören zu den prächtigsten.
Katharina von Medici, die ihren Gemahl Heinrich II. um 30 Jahre überlebte, gab bei ihrem Landsmann Francesco Primaticcio (**13**) ein Grabmal in Auftrag, doch entsetzte sie sich angesichts der Darstellung ihres Leichnams dermaßen, dass sie ein zweites (**14**) von Germain Pilon anfertigen ließ, bei dem der Tod eher einem sanften Schlaf gleicht.
Chor – Das schöne Chorgestühl im Stil der Renaissance (**15**) im Vorchor stammt aus dem normannischen Schloss Gaillon. Die romanische **Muttergottes** aus farbig gefasstem Holz (**16**) stand ursprünglich in der Kirche St-Martin-des-Champs und stammt aus dem 12. Jh. Der Bischofsthron (**17**) gegenüber ist dem Thron Dagoberts nachgebildet: Das Original befindet sich im Medaillenkabinett der Nationalbibliothek. Dahinter steht ein neuzeitlicher Reliquienschrein (**18**) mit den Reliquien der hll. Dionysius, Rustikus und Eleutherius. Der frühgotische **Chorumgang★** mit wuchtigen Bögen und schlanken Säulen stammt noch aus Sugers Zeiten. Mehrere Retabel (13. Jh.) und Fragmente gotischer Fenster (Übergang zwischen Romanik und Gotik, 12. Jh.) schmücken die Apsidialkapellen.
Krypta★★ – Der innere Chorumgang der im 12. Jh. von Suger erbauten Krypta im romanischen Stil wurde von Viollet-le-Duc restauriert. Die zentrale Kapelle aus dem 9. Jh., nach ihrem Erbauer **Chapelle d'Hilduin** genannt, birgt das Gemeinschaftsgrab der Bourbonen (u.a. Ludwig XIV., Marie-Antoinette und Ludwig XVIII.). Zu ihnen gesellte sich im Juni 2004 der junge Ludwig XVII., der im Alter von 10 Jahren gestorben war und dessen Herz durch DNA-Analysen identifiziert werden konnte. Im **Beinhaus** sind seit 1817 die sterblichen Überreste von Königen und Königinnen, Prinzen und Fürsten aus den Häusern der Merowinger, Kapetinger, Orléans und Valois bestattet.

Ausflug

★Stade de France

M° Stade-de-France (Linie 13) – RER B La Plaine-Stade-de-France oder RER D Stade-de-France – Führung „Im Herzen des Stadions" (1 Std.) 10-17 Uhr – 10 € (unter 12 J. 8 €). Erkundigen Sie sich vorher wegen Besichtigungsmöglichkeiten, denn während der Konzertsaison sind Besichtigungen nicht immer möglich. – ✆ 08 92 70 09 00 (0,34 €/Min.) – www.stadefrance.com – ♿.
Basierend auf dem Entwurf der Architekten Zublena, Macary, Regembal und Costantini, wurde das Stadion in einer Rekordbauzeit von 31 Monaten fertiggestellt und 1998 feierlich eröffnet. Der ovale Bau kann allen möglichen Veranstaltungen angepasst werden. Die Zuschauerzahl lässt sich von 80 000 bei Fußballspielen auf 105 000 bei Konzerten erhöhen. Das runde Dach aus Teflon und Aluminium wird ergänzt durch eine riesige, das Tageslicht filternde Glasfläche (1 ha).

TIPPS UND ADRESSEN

ESSEN UND TRINKEN

Les Verdiots – *26 bd. Marcel-Sembat – M° St-Denis-Porte-de-Paris – ✆ 01 42 43 24 33 – verdiotsperney@wanadoo.fr – So und Mo geschl. – 11 € Mittagsmenü – 12/18 €.* Saisonales und viele Spezialitäten aus dem Südwesten Frankreichs.

EINKAUFEN

Markt – Reges Treiben finden Sie am Di-, Fr- und So-vormittag in der Rue Jules-Joffrin und der Rue Auguste-Blanqui. Auf der historischen Place de la Foire du Lendit (Pont de Soissons, in der Ebene von St-Denis) ist Sa-vormittag Markt.

METR
OULIN ROUGE

PRAKTISCHE HINWEISE

Das Moulin Rouge bei Nacht

Reisevorbereitung

Nützliche Adressen

INTERNET

www.franceguide.com – Die Website der Französischen Zentrale für Tourismus, Atout France, enthält Informationen über Reisemöglichkeiten in ganz Frankreich in deutscher Sprache. Es gibt interessante Links zu Reiseveranstaltern, Hotels und Restaurants.

www.botschaft-frankreich.de – Die Website der französischen Botschaft in Berlin.

http://deutsch.pidf.com – Offizielle Tourismus-Website von Paris, zahlreiche aktuelle Informationen und Veranstaltungstipps.

www.parisinfo.de – Bietet eine Fülle von Informationen rund um Übernachtung, Freizeitaktivitäten etc.

www.wikitravel.org/de/paris – Urlaubstipps und weiterführende Links.

ATOUT FRANCE – FRANZÖSISCHE ZENTRALE FÜR TOURISMUS

Um sich vorab zu informieren, eine entsprechende Dokumentation des Ziels vorzubereiten und die Reise in aller Ruhe vorzubereiten, wende man sich zuerst an die Vertretungen der Französischen Zentrale für Tourismus in Deutschland, Österreich oder der Schweiz:

In Deutschland

Atout France

Postfach 100128, 60001 Frankfurt am Main, info.de@franceguide.com, www.franceguide.com

In Österreich

Atout France

Tuchlauben 18/12, 1010 Wien, ✆ 01/5 03 28 92, Fax 01/5 03 28 72, www.franceguide.com, info.at@franceguide.com

In der Schweiz

Atout France

Postfach 3376, 8021 Zürich, ✆ 04 42 17 46 00, Fax 04 42 17 46 17, info.ch@franceguide.com, www.franceguide.com

ÖRTLICHE FREMDENVERKEHRS-ÄMTER

Auf den Stadtplänen des vorliegenden Reiseführers sowie des Roten Michelin-Hotel- und Restaurantführers France sind die örtlichen Informationsstellen durch das Symbol **i** gekennzeichnet.

Office du Tourisme et des Congrès de Paris – 25 rue des Pyramides – M° Pyramide – 75001 Paris – ✆ 08 92 68 30 00 – www.parisinfo.com – 1. Juni-3. Okt.: 9-19 Uhr; 1. Nov.-3 Mai: Mo-Fr 10-19 Uhr, Wochenende 11-19 Uhr – 1. Mai geschl. Informationen zu Unterkünften, Restaurants, Verkehrsmitteln, Sehenswürdigkeiten, Veranstaltungen. Hotelbuchungen vor Ort und telefonisch. Verkauf von Ausflugs- und Kreuzfahrtvouchers, der Carte Paris-City Passport oder des Pass RATP.

Bureau de la Gare de Lyon ✆ 08 92 68 30 00 – tgl. außer So 8-18 Uhr – 1. Mai, 25. Dez. geschl.

Bureau de la Gare du Nord 18 rue de Dunkerque – 75010 Paris – ✆ 08 92 68 30 00 – 8-18 Uhr – 1. Jan., 1. Mai, 25. Dez. geschl.

Bureau Opéra - Grands Magasins 11 rue Scribe – 75009 Paris – ✆ 08 92 68 30 00 – 9-18.30 Uhr – 1. Jan., 1. Mai, 25. Dez. geschl.

Espace du Tourisme d'Île-de-France – Place de la Pyramide-Inversée – Carrousel du Louvre – Eingang 99 rue de Rivoli – 75001 Paris – M° Palais-Royal oder Musée-du-Louvre – ✆ 08 26 16 66 66 – www.pidf.com – 10-18 Uhr – Anlaufstelle, Information, Verkauf touristischer Artikel.

BOTSCHAFTEN UND KONSULARISCHE VERTRETUNGEN

Bundesrepublik Deutschland

Informationsstelle der deutschen Botschaft
24 rue Marbeau, 75116 Paris,
✆ 01 44 17 31 31
Generalkonsulat
34 avenue d'Iéna, 75116 Paris,
✆ 01 53 83 45 00

Österreich

Botschaft
6 rue Fabert, 75007 Paris,
✆ 01 40 63 30 63
Honorarkonsulat
86 cours Balguerie-Stuttenberg, 33300 Bordeaux, ✆ 05 56 00 00 70
Generalkonsulat
17 avenue de Villars, 75007 Paris,
✆ 01 40 63 30 90

Schweiz

Botschaft
142 rue de Grenelle, 75007 Paris,
✆ 01 49 55 67 00
Generalkonsulat
14 cours Xavier Arnozan, 33080 Bordeaux Cedex, ✆ 05 56 52 18 65

Reiseformalitäten

Papiere – Für den Besucher aus der Bundesrepublik Deutschland, aus Österreich und der Schweiz genügt zur Einreise nach Frankreich der Personalausweis. Kinder unter 16 Jahren benötigen einen Kinderausweis oder müssen im Reisepass der Eltern eingetragen sein.

Für Kraftfahrzeuge einschließlich Wohn- oder Gepäckanhänger braucht man nur die Papiere des Heimatlandes. Die grüne Versicherungskarte wird nicht mehr verlangt, bei Schadensfällen vereinfacht sie jedoch die Abwicklung.

Zollbestimmungen – Die Warenmengen, die zollfrei ein- und ausgeführt werden können, sind Änderungen unterworfen. Auskünfte erteilen die Zollämter. Für Mitgliedsstaaten des Schengener Abkommens (u. a. Deutschland, Frankreich und Österreich) bestehen bei Waren für den Privatbedarf keine Mengenbeschränkungen mehr.

Kranken- und Unfallversicherung
EU-Angehörige sollten sich vor der Abreise bei der heimischen Krankenkasse die europäische Krankenversicherungskarte (EHIC) ausstellen lassen. Das bisherige Formular E 111 ist nicht mehr gültig. Übrigens bezahlt man in Frankreich die Konsultation bei einem Arzt sofort in bar oder per Scheck (*➲ auch Alles, was für Sie wichtig ist, Ärzte und Apotheken, S. 412*).

Da es in der **Schweiz** keine gesetzliche Krankenkasse gibt, ist der Reisende verpflichtet, in Frankreich seine Kranken- und Unfallkosten aus eigener Tasche zu bezahlen. Privat Versicherte können bei ihrer Krankenversicherung einen französischen Krankenschein vorlegen, die Kosten werden dann den Bestimmungen entsprechend vergütet.

Notrufnummern ➲ S. 412

Klima und Reisezeit

Das Pariser Klima weist alle typischen Merkmale eines gemäßigten Klimas auf: kalte Winter, heiße Sommer, lachender Frühling, melancholischer Herbst. Allerdings hält sich unter den Parisern hartnäckig das Gerücht, seit einigen Jahren gäbe es keine Jahreszeiten mehr.

Frühling – Er ist, sagt man, die ideale Jahreszeit für einen Parisbesuch. Boulevards und Gärten sind von Blumen übersät, und die Straßencafés füllen sich mit Leben. Regenschauer sind allerdings recht häufig. Etwas wärmere Kleidung ist nicht verkehrt, die Tage können noch kühl sein.

Sommer – Die Hitze kann erstickend sein, vor allem, wenn Luftverschmutzung dazukommt. Die Brunnen spenden etwas Kühle, doch vergessen Sie nicht: Baden ist verboten! Ein Sonnenbad allerdings können alle Sonnenanbeter am Jachthafen Paris-Arsenal oder an den Ufern der Seine nehmen, besonders während der Zeit, die unter dem Motto *Paris-Plage* steht (Sandstrände, Liegestuhlverleih, Wassersport und andere Aktivitäten). Genießen Sie die Freibäder der Hauptstadt, doch Achtung! – sie sind sehr gut besucht.

Herbst – Die sogenannte graue Jahreszeit ist in Paris nicht ohne Poesie und oft von schönen, sonnigen Tagen unterbrochen. Im Herbst findet auch die Traubenernte auf der Butte Montmartre statt.

Winter – Er kann sehr streng sein, aber die Kälte ist kein Hindernis für einen Paris-Besuch. Niemals ist dort der Himmel so klar und leuchtend wie an einem sonnigen Wintertag. Erwarten Sie jedoch keine verschneite Stadt, denn das ist ziemlich selten. Stattdessen regnet es viel. In der Weihnachtszeit glänzen die Schaufenster der großen Boulevards um die Wette, und die Kinder erfreuen sich am festlichen Duft heißer Maroni.

Wetterdienst – Vor Ort kann man beim französischen Wetterdienst nationale und regionale Vorhersagen über das Telefon abfragen. Die allgemeine Vorhersage erhält man unter ✆ 08 92 68 01 01 (0,34 € /Min.) oder im Internet unter www.meteo.fr

GESETZLICHE FEIERTAGE UND FERIEN

Feiertage – 1. Januar (Neujahr); Ostern (Sonntag und Montag); 1. Mai (Tag der Arbeit); 8. Mai (Waffenstillstand 1945, *Jour anniversaire de la victoire de 1945*); Christi Himmelfahrt; Pfingsten (Sonntag; Pfingstmontag wurde zwar als gesetzlicher Feiertag abgeschafft, wird jedoch vielerorts noch als ein solcher gehandhabt); 14. Juli (Nationalfeiertag); 15. August (Mariä Himmelfahrt); 1. November (Allerheiligen); 11. November (Waffenstillstand 1918, *l'Armistice*); 25. Dezember. An diesen Tagen können Museen und sonstige Sehenswürdigkeiten geschlossen sein oder geänderte Öffnungszeiten haben.

Ferien – Abgesehen von den üblichen Schulferien an Weihnachten, Ostern und im Sommer sind die Schulen im Februar und Anfang November für zehn bis 14 Tage geschlossen. Im August schließen viele Geschäfte und Betriebe.

Verkehrsmittel

Mit dem Auto oder Motorrad

ANREISE

Aus Deutschland nehmen Reisende aus dem Norden die Autobahn über Aachen und Belgien, wer aus dem Süden kommt, fährt auf der A4 über Metz und Reims.

Aus der Schweiz erreichen Sie Paris über die A 36 und dann über die A 6.

Aus Österreich fahren Sie via Deutschland (A 8, A 6) und folgen dann der A 4 Richtung Paris und Metz.

Reiseplanung – Verkehrsinformationen erhalten Sie rund um die Uhr unter ✆ 08 92 68 10 77 oder im Internet unter **www.autoroutes.fr**. Während der Ferienzeit herrscht in der Regel starker Verkehr (vor allem an den Juli- und Augustwochenenden). Staus kann man umgehen, indem man den beschilderten Ausweichstrecken folgt.

MICHELINKARTEN

Als Autofahrer sollten Sie sich vor Reiseantritt geeignete Karten be-

sorgen. Die Michelin-Produkte ergänzen einander: Jeder Ort, der in diesem Reiseführer vorgestellt wird, ist auch auf den Karten wiederzufinden. Nutzen Sie die verschiedenen Kartentypen von Michelin:
Für Ausflüge in das Umland von Paris empfiehlt sich die **Zoomkarte Nr. 106 Paris/Umgebung**. Sie verzeichnet Sehenswürdigkeiten und bietet Ihnen viele weitere touristische Zusatzinformationen.
Die **Michelin-Karte Nr. 724** (Frankreich Nord) bietet Ihnen einen Überblick über die gesamte Region und alle Hauptverkehrsstraßen im Maßstab 1:1 000 000.

Internet

Nutzen Sie auch die Michelin-Reiseplanung im Internet. Auf **www.ViaMichelin.de** stehen Ihnen ein Routenplaner, Karten, Stadtpläne, eine Auswahl von Hotels und Restaurants sowie viele weitere Informationen zur Verfügung.

VOR ORT UNTERWEGS

Verkehrshinweise – Die **Höchstgeschwindigkeit** beträgt in Ortschaften 50 km/h, auf Landstraßen 90 km/h (80 km/h bei Regen), auf Schnellstraßen mit getrennten Fahrbahnen 110 km/h (100 km/h bei Regen) und auf Autobahnen 130 km/h (110 km/h bei Regen). Ein Aufkleber mit einem großen A kennzeichnet Verkehrsteilnehmer, die ihren Führerschein noch kein Jahr besitzen. Es besteht allgemeine Gurtpflicht. Bei **Alkohol** am Steuer (Promillegrenze bei 0,5) und Geschwindikeitsüberschreitungen gelten strenge Vorschriften. Oft wird sofort Bußgeld verlangt, unter Umständen kann das Fahrzeug beschlagnahmt werden.
Pannendienst – Die orangefarbenen Notrufsäulen an den Autobahnen stehen jeweils in Abständen von 2 km. Sie sind Tag und Nacht direkt mit der Gendarmerie oder der Verkehrswacht verbunden. Bei einer Autopanne führt eine zugelassene Reparaturwerkstatt die gesamte Reparatur aus oder

ÄNDERUNG DER STRASSEN-NUMMERIERUNG

In Frankreich findet momentan eine Neunummerierung der Nationalstraßen statt. Dieser Prozess hat 2006 begonnen und wird voraussichtlich mehrere Jahre andauern. Bei Redaktionsschluss lagen noch nicht alle Informationen über die jüngsten Neunummerierungen vor. Die Änderungen konnten deshalb nicht systematisch in alle unsere Karten und Wegbeschreibungen übernommen werden.

schleppt den Wagen zu einem Festpreis bis zur Werkstatt Ihrer Wahl ab. Bei einem Unfall schickt die Gendarmerie die Unfallhilfe.
Parken – In manchen Zonen kann man nur beschränkt oder gegen Gebühr parken. Die Aufschrift *payant* auf dem Asphalt kennzeichnet dabei die gebührenpflichtigen Parkzonen: Lösen Sie am Parkscheinautomaten *(horodateur)* einen Parkschein und legen Sie ihn auf der Fahrerseite gut sichtbar hinter die Windschutzscheibe. Verkehrswidriges Parken wird mit hohem Bußgeld belegt; das Fahrzeug kann abgeschleppt werden. In manchen Städten gibt es blaue Parkzonen *(zone bleue)*, die durch eine blaue Linie oder ein blaues Schild mit einem P und einem kleinen Viereck darunter gekennzeichnet sind. Dort können Sie mit einer Parkscheibe 1 ½ Std. (während der Mittagszeit 2 ½ Std.) kostenlos parken. Parkscheiben *(disques de stationnement)* sind in Supermärkten und Tankstellen erhältlich.
Autobahngebühren – In Frankreich sind die meisten Autobahnen gebührenpflichtig *(péage)*. Sie können bar oder mit Kreditkarte zahlen. Die Schalter für Kreditkarten sind an den Mautstationen besonders ausgeschildert *(CB = Carte bancaire)*.
Zur Vermeidung der Mautgebühren empfiehlt sich das Ausweichen auf die gebührenfreien Landstraßen.

Automobilclub – Der französische Automobilclub **Fédération française des Clubs Automobiles** unterhält Geschäftsstellen in allen größeren Städten Frankreichs. Anschriften erhalten Sie im **Roten Michelin-Führer France** des laufenden Jahres.

DIE WICHTIGSTEN HINWEISE IM STRASSENVERKEHR

accident	Unfall
accotement dangereux	unbefestigter Seitenstreifen
aire de service	Autobahnraststätte mit Tankstelle
attention	Vorsicht
bouchon	Stau
chantier	Baustelle
dangereux	gefährlich
début	Anfang
déviation	Umleitung
échangeur	Autobahnkreuz
entrée	Einfahrt
essence	Benzin
feu (tricolore)	Ampel
fin	Ende
gravillons	Rollsplitt
interdiction de doubler	Überholverbot
poids lourd	Lkw
priorité	Vorfahrt
rappel	Wiederholung eines Verkehrshinweises
rétrécissement	Fahrbahnverengung
rond-point	Kreisverkehr
rue à sens unique	Einbahnstraße
sortie	Ausfahrt
tourner à droite	rechts abbiegen
tourner à gauche	links abbiegen
toutes directions	alle Richtungen
virage	Kurve
voie unique	einspurig
voiture de tourisme	Pkw

Leihwagen – Autoverleihfirmen finden Sie in Flughäfen, Bahnhöfen und allen größeren Städten Frankreichs.

Reservierungszentralen in Frankreich:

Avis: ✆ 0 82 12 30 70 60 – www.avis.fr

Budget France: ✆ 08 25 00 35 64 – www.budget.com

Europcar: ✆ 08 25 35 83 58 – www.europcar.fr

Hertz France: ✆ 01 39 38 38 38 – www.hertz.fr

Tanken – In Frankreich werden vier Kraftstofftypen verkauft: Super verbleit *(super)*, Super Plus *(sans plomb 98)*, Super *(sans plomb 95)* und Diesel *(diesel/gazole)*. Wer sparen möchte, sollte Autobahntankstellen und Tankstellen mitten in der Stadt meiden, und die Tankstellen der großen Supermarktketten, der hypermarchés (Auchan, Leclerc, Carrefour, Les Trois Mousquetaires etc.), aufsuchen. Diese liegen meist in den Gewerbegebieten am Stadtrand.

Tipps für den Pariser Verkehrsdschungel

Wenn Sie auf das Auto verzichten können, tun Sie es. So vermeiden Sie die täglichen Staus, die Hektik, die fast aussichtslose Suche nach einem Parkplatz und wohl auch einige Strafzettel.

So tragen Sie auch dazu bei, die Umweltverschmutzung zu verringern. Und Sie werden feststellen, dass das Pariser Netz an öffentlichen Verkehrsmitteln – Metro, Busse, RER – sehr praktisch ist und Sie schnell, einfach und bequem an Ihr Ziel bringt.

Wenn Sie sich von Ihrem Auto nicht trennen können, beachten Sie die folgenden Informationen.

Der Boulevard Périphérique – Die innere Stadtautobahn folgt dem Uhrzeigersinn, die äußere Stadtautobahn verläuft genau umgekehrt. Ungefähr 13 Ausfahrten *(portes)* stellen Verbindungen zu den größten Avenues her. Geschwindigkeitsbeschränkung: 80 km/h. Autos, die auf die Autobahn auffahren, haben Vorrang.

Schnellstraße – Praktisch, um schnell vom Westen in den Osten der Stadt zu gelangen. Vorsicht: Sie ist am Sonntag und an Feiertagen von 9 bis 17 Uhr für den Verkehr geschlossen.

Die Boulevards des Maréchaux – Sie umgeben die Stadt ringförmig wie die Stadtautobahn, sind aber weniger befahren. Von der Ausfahrt Porte d'Ivry zum Pont de Garigliano werden sie zum Teil vom Tramway eingenommen.

Parken – Von 9 bis 19 Uhr tgl. außer So gebührenpflichtig, ganzjährig mit Ausnahme des Augusts. Durchschnittliche Gebühr pro Stunde: 1-3 €. Die Tarife sind je nach Zone unterschiedlich. Je weiter man vom historischen Zentrum der Stadt entfernt ist, desto günstiger ist das Parken. Die Parkzeit ist auf zwei Stunden beschränkt (das ist kurz, wenn man ein Museum besuchen oder essen gehen will!).

Samstags sind die Parkplätze im Freien gratis (dort, wo auf dem Parkscheinautomaten ein gelber Punkt zu sehen ist) und gebührenpflichtig zwischen 9 und 19 Uhr auf den Parkplätzen ohne gelben Punkt.

Fast alle Parkscheinautomaten nehmen keine Münzen, sondern funktionieren nur mit der **Paris-Carte**, die es in den Tabakläden und an Zeitungskiosken zu kaufen gibt. Preis: 10 bzw. 30 €.

Ist Ihr Auto verschwunden? *Préfourrière* (Abstellplatz für amtlich abgeschleppte Fahrzeuge) – ✆ 08 91 01 22 22 (lokaler Telefondienst, 0,225 €/Min.).

Es gibt zahlreiche gebührenpflichtige **öffentliche Parkplätze:** 200, von denen viele (darunter die teuersten) in der Nähe der wichtigsten Sehenswürdigkeiten liegen (Louvre, Musée d'Orsay). Gebühr pro Stunde: 2-3 €.

Es gibt verschiedene Angebote: Pauschalpreise für die Woche oder das Wochenende inkl. Fahrradverleih. Hier finden Sie alle Pariser Parkplätze sowie Auskünfte zu den verschiedenen Gebühren: www.parkingsdeparis.com

Tanken – 24 Stunden geöffnet sind folgende Tankstellen:
10 rue Bailleul, 1. Arr.
338 rue St-Honoré, 1. Arr.
2 place de la Bourse, 2. Arr.
6 boulevard Raspail, 7. Arr.
166 rue du Faubourg-St-Martin, 10. Arr.
152 rue La Fayette, 10. Arr.
56 avenue du Maine, 14. Arr.
47 boulevard Vaugirard, 15. Arr.
7-11 boulevard Garilbadi, 15. Arr.
2 avenue de la Porte-de-St-Cloud, 16. Arr.
6 avenue de la Porte-de-Clichy, 17. Arr.
30 avenue de la Porte-de-Clignacourt, 18. Arr.

Mit der Bahn

ANREISE

Von Deutschland, der Schweiz und Österreich empfiehlt sich eine Anreise mit dem Zug nach Paris, das sehr gut an das Netz der Hochgeschwindigkeitszüge TGV, ICE und Thalys angebunden ist.

Die Büros, Schalter und Internetseiten der Deutsche Bahn AG (www.bahn.de), der Österreichischen Bundesbahn (www.oebb.at) und der Schweizerischen Bundesbahnen (www.sbb.ch) informieren über Bahnverbindungen nach und in Frankreich.

Detaillierte Auskunft über Fahrpläne, Streckenverbindungen und verbilligte Fahrkarten (Euro Domino, Billet Séjour, Inter Rail u. a.) erhalten Sie in den Verkaufsstellen der Bahn oder in Ihrem Reisebüro. Die französische Staatsbahn SNCF unterhält Generalvertretungen in Berlin, Frankfurt am Main und Bern, die jeweils telefonisch unter ✆ 0 30/2 00 40 24 für Berlin, ✆ 0 69/72 84 45 für Frankfurt, ✆ 01 80/5 21 82 38 in ganz Deutschland und ✆ 0 31/3 81 11 01 oder ✆ 0 31/38 29 90 00 für Bern zu erreichen sind.

Empfehlenswert ist auch die Website der SNCF: www.voyages-sncf.com (auch in Englisch und Deutsch), auf der Sie für die gewünschte Verbindung mehrere Abfahrtszeiten sowie den entsprechenden Preis erhalten. Unter ✆ 08 92 35 35 35 erteilt die SNCF in Frankreich Auskunft in deutscher Sprache (man sollte sich allerdings nicht von der zunächst französischsprachigen Ansage vom Band abschrecken lassen). In Frankreich müssen Fahrscheine am Abfahrtstag vor dem Einsteigen in den Zug entwertet *(composter)* werden. Zu diesem Zweck sind direkt an den Bahnsteigen orangefarbene Entwerter aufgestellt. Wenn Sie beabsichtigen, einen TGV zu nehmen, ist eine vorherige Platzreservierung erforderlich.

VOR ORT UNTERWEGS

Metro (U-Bahn)

Sie ist das einfachste, schnellste und günstigste Verkehrsmittel, wenn man die Stadt nicht kennt.
14 Linien fahren kreuz und quer durch die Hauptstadt. Mit ihnen kommt man überall hin!
Takt – Im Durchschnitt alle zwei bis vier Minuten bzw. alle sechs bis acht Minuten nach 20.30 Uhr und am Wochenende.
Fahrplan – Erste Metro: 5.30 Uhr. Letzte Metro: zwischen Mitternacht und 1 Uhr früh (365 Tage im Jahr).
Es gibt nur einen Nachteil: Zu den Stoßzeiten herrscht ein ziemliches Gedränge (8-9.30 und 17-18.30 Uhr).
Sollten Sie vergessen, an einer Station auszusteigen: keine Panik, Sie müssen keine neue Fahrkarte kaufen, sondern können an der nächsten Haltestelle aussteigen und auf den gegenüberliegenden Bahnsteig wechseln, um die nächste Metro in entgegengesetzter Richtung zu nehmen.
Wenn Sie aber den Bereich der U-Bahn verlassen haben (nach dem Ausgang) müssen Sie ein neues Ticket kaufen.
Tipp – Wenn es mehrere mögliche Umsteigestellen gibt (um z. B. von Bastille nach Miromesnil zu kommen, kann man an den Stationen République, Strasbourg-St-Denis, Bonne-Nouvelle, Grands-Boulevards oder Richelieu-Drouot umsteigen), wählen Sie jene, an der sich weniger Linien kreuzen.
Im Falle unseres Beispiels sollten Sie also in Bonne-Nouvelle, Grands-Boulevards oder Richelieu-Drouot umsteigen, denn an diesen Stationen kreuzen sich nur jeweils zwei Linien. Das Umsteigen geht daher deutlich schneller!

KURZ GESAGT

Fahrplan – Metro: tgl. 5.30-0.30 Uhr (letzte Abfahrt); RER: tgl. 5-0.20 Uhr; Busse: Mo-Sa 6.30-21.30 Uhr und Nachtbusse.
Zonen – Paris Innenstadt = Zonen 1 und 2, Randzone von Paris = Zonen 3 bis 8, je nach Entfernung.
Auskünfte – ✆ 08 92 68 77 14 (0,34 €/Min.) – www.ratp.fr

RER

Das regionale Schnellbahnnetz ist ideal, um an den Stadtrand von Paris zu gelangen (La Défense, Versailles, Disneyland, Flughäfen von Roissy und Orly). Das Netz umfasst fünf Linien; drei davon treffen sich am zentralen Bahnhof Châtelet-Les-Halles (Linien A, B und D).
Für die Fortbewegung in der Innenstadt ist die Schnellbahn weniger geeignet, denn ihre Bahnsteige liegen tiefer als die der Metro und sind deshalb nicht so schnell erreichbar.

Tramway

Er ist ein umweltfreundliches Verkehrsmittel, jedoch für Touristen nicht wirklich geeignet, da er eher Orte am Stadtrand (wie z. B. die Porte d'Ivry im 13. Arr. mit dem Pont du Garigliono im 15. Arr.) miteinander verbindet.
Er ersetzt (auf einer Strecke von fast 8 km) den ehemaligen Bus PC und bedient 17 Haltestellen mit Umsteigemöglichkeiten zu bestimmten Bus-, Metro- oder RER-Linien. Die Tramway-Linie Maréchaux soll verlängert werden, sodass sie einen Ring um Paris bildet.

Auskünfte – ✆ 01 42 76 86 10 – www.tramway.paris.fr oder www.ratp.fr

Das Ticket T

Mit dem „Ticket T" kann man innerhalb der Pariser Innenstadt (Zonen 1 und 2) alle Linien benützen und umsteigen sooft man möchte. Es ist einzeln oder im Block erhältlich.

Für die Metro (oder RER) in der Innenstadt – Ein Ticket genügt.

RER für Fahrten an die Pariser Peripherie – Bei den Fahrkarten für die RER-Züge ist die Nummer der Zone bereits berücksichtigt, in die man fährt; die Fahrkarte ist daher (ab Zone 3) eine andere als jene für die Metro.

Sobald Sie mit der RER die Zone der Pariser Innenstadt verlassen, gilt das (violette) Ticket T nicht mehr, und Sie müssen eine andere Fahrkarte kaufen, deren Preis sich nach Ihrem Reiseziel richtet.

Tipp – Werfen Sie Ihre RER-Fahrkarte nicht weg, bevor Sie den Bahnbereich verlassen, Sie brauchen sie an der Sperre beim Ausgang.

Mit dem Bus in die Innenstadt – Mit einem Ticket können Sie auf der gesamten Linie fahren (Ausnahmen sind die Linien 350, 351, 297, 299 und 221). Ein zweites Ticket muss gelöst werden, wenn man den Bus oder die Linie wechselt.

Preis

– „Ticket T": 1,40 €; 10er-Block (Vollpreis): 10,90 €; ermäßigter Preis (Kinder ab 4 Jahren): 5,45 € . Es ist vorteilhafter, Blocks zu kaufen und keine Einzeltickets.

– „Tickets T" im Block gibt es in Metro, RER und Bus zu kaufen (für Paris Innenstadt), und zwar in den Metro- und RER-Stationen, an den entsprechenden Verkaufsstellen und den Busbahnhöfen.

– In den Bussen gibt es das „Ticket T" nur in Form von Einzelfahrscheinen zu kaufen.

GÜNSTIGER REISEN

Mobilis – Dieses Ticket erlaubt es Ihnen, einen ganzen Tag lang verschiedene Verkehrsmittel zu benützen, mit Ausnahme der Flughafenverbindungen.

Diese Tagespauschale ist viel interessanter als der Fahrscheinblock, wenn Sie als Tourist reisen.

Preis: 5,50 € (Paris Innenstadt).

„Paris-Visite" – Dieses Pauschalticket bietet dieselben Konditionen wie das Ticket »Mobilis«, ist jedoch einen, zwei, drei oder fünf Tage lang gültig (unabhängig von der Kalenderwoche) und erlaubt auch die Benützung der Flughafenverbindungen (Tickets für die Zonen 1-3 und 1-5).

Preis Erwachsener, zwei Tage (Zonen 1-3): 13,70 €. Preis Kind, zwei Tage (Zonen 1-3): 9,15 €.

Carte orange – Die „kleinste" ist eine Woche lang, von Montag bis Sonntagabend, gültig. Unbegrenzte Streckenwahl, mit Bus, Metro und RER. Der Preis richtet sich nach der Anzahl der Zonen.

Preis: 16 € (Paris Innenstadt).

TIPP

Die Magnetcoupons „Mobilis", „Paris-Visite", „Carte Orange" und alle Wochen-, Monats- oder Jahreskarten für Touristen dürfen nicht im Bus entwertet werden. Es genügt, sie dem Chauffeur beim Einsteigen zu zeigen. Andernfalls funktionieren sie in der Metro oder in den RER-Schnellbahnzügen nicht mehr.

Mit dem Bus

ANREISE

Eurolines (Paris), 28 avenue du Général-de-Gaulle, 93541 Bagnolet, ✆ 08 36 69 52 52. In Deutschland können Sie Eurolines unter www.deutsche-touring.com (✆ 0 69/79 03 59) erreichen, in Österreich unter www.eurolines.at (✆ 01/712 04 53) und in der Schweiz unter folgender Adresse: www.euroli nes-schweiz.ch (✆ 09 00 57 37 47; 1,49 SFr./Min.).

VOR ORT UNTERWEGS

Der Bus ist zweifellos das angenehmste Verkehrsmittel. Die 59 Pariser Buslinien vervollständigen das Verkehrsnetz der Hauptstadt. Manche fahren an den bekanntesten Sehenswürdigkeiten und Gegenden von Paris vorbei (insbesondere die Busse Nr. 24 und 72).
Nachteil: Man muss sich sehr gut auskennen (Linienfahrpläne an den Bushaltestellen). Vermeiden Sie, wenn möglich, die Spitzenzeiten. Wenn Sie wollen, dass der Bus hält, drücken Sie auf den roten Knopf, den Sie an den Haltestangen finden.
Tipp für Familien mit Kindern – die Fahrer neigen dazu, zu den Stoßzeiten keine Kinderwägen zu akzeptieren – bestehen Sie darauf, oder ignorieren Sie es einfach!
Nachtbus (Bus Noctilien) – Die 35 Nachtbuslinien heißen „Noctiliens", und man erkennt sie am Buchstaben N, der der Nummer vorangeht. Sie fahren zwischen 0.30 und 5.30 Uhr. Abfahrt ist an folgenden fünf Haltestellen: Gare-de-Lyon, Gare-de-l'Est, Gare-St-Lazare, Gare-Montparnasse und Châtelet; die Linie N 01-N 02 fährt diverse nachts stark frequentierte Plätze an (alle 17 Min. bzw. alle 10 Min. am Wochenende).

Mit dem Flugzeug

Büros bzw. Internetadressen der Fluggesellschaften

Air France – 119 avenue des Champs-Élysées, 75008 Paris, ✆ 08 20 82 08 20; deutschsprachige Website: www.airfrance.de
Austrian Airlines – 106 boulevard Haussmann, 75008 Paris, ✆ 08 20 81 68 16 (0,12 €/Min.), www.aua.com
Lufthansa – 21-23 rue Royale, 75008 Paris, ✆ 01 42 65 37 35, www.lufthansa.com
Swiss International Airlines – www.swiss.com

Flughafen Charles-de-Gaulle

Der Flughafen liegt 23 km nördlich von Paris, erreichbar über die A 1 mit folgenden Verkehrsmitteln:
Cars Air France – ✆ 08 92 35 08 20 (rund um die Uhr, sieben Tage die Woche) – einfache Fahrt 12 €, hin und zurück 18 €, Kinder von 2-12 Jahren einfache Fahrt 6 €. **Trajet Roissy - Porte Maillot** (Boulevard Gouvion-St-Cyr) – **Étoile** (1 avenue Carnot) – Dauer: durchschnittlich 35 Min. – Abfahrt zwischen 5.45 und 23 Uhr – alle 15 Min. **Trajet Roissy - Gare de Lyon** (20 bis boulevard Diderot) – **Gare Montparnasse** (Rue du Com.-Mouchotte, gegenüber dem Hôtel Méridien) – Dauer: durchschnittlich 50 Min. – Abfahrt zwischen 7 und 21 Uhr – alle 30 Min.
Bus der RATP: Roissybus – ✆ 08 92 68 77 14 – nur Hinfahrt 8,40 € – **Abfahrt bei der Oper** (Rue Scribe - Ecke Rue Auber) – Dauer: 60 Min., Abfahrt zwischen 6 und 23 Uhr von Roissy nach Paris; zwischen 5.45 und 23 Uhr von Paris nach Roissy – alle 15 Min.
RER B – einfache Fahrt 8 € – Roissy-Aéroport CDG – Terminal 1 oder 2 – alle 15 Min. – Dauer: 30 Min.
So kommen Sie in Paris zum Flughafen: Nehmen Sie die RER-Bahnlinie B Richtung Flughafen Charles de Gaulle 2 TGV – Abfahrt zwischen 5 und 23.30 Uhr.
So kommen Sie vom Flughafen nach Paris: Nehmen Sie die RER-Bahnlinie B Richtung St-Rémy-les-Chevreuses-Massy – Abfahrt zwischen 4.56-0.15 Uhr.
Auf diesen Linien gelten die üblichen Tarife. Die Carte Orange, Ermäßigungen, Verbindungen zu den anderen Verkehrsmitteln sind im Allgemeinen gültig.
Taxi – ung. 35 € (Tagestarif). Teurer, nicht unbedingt schneller, aber praktischer, wenn man viel Gepäck hat …

FLUGHÄFEN IN PARIS

Abflug- und Ankunftszeiten, Verspätungen, Zufahrten zu den Flughäfen, Bahnverbindungen: ✆ 08 92 68 15 15-36 15 oder 36 16 horav – www.aeroportsdeparis.fr.
Auskunft Roissy rund um die Uhr: Terminal 1 und 2: ✆ 01 48 62 12 12

(Allgemeines); ✆ 01 48 62 22 80 (Flüge).
Auskünfte Orly rund um dieUhr: ✆ 01 49 75 52 52 (Allgemeines); ✆ 01 49 75 15 15 (Flüge).

Flughafen Orly

Der Flughafen liegt 11 km südlich von Paris, an der Autobahn A 6.
Sie erreichen ihn mit den folgenden Verkehrsmitteln:
Cars Air France – ✆ 08 92 35 08 20 (rund um die Uhr, sieben Tage die Woche) – einfache Fahrt 8 €, hin und zurück 12 €, Kinder von 2-12 Jahren einfache Fahrt 4 €.
Trajet Orly - Gare Montparnasse (Rue du Com.-Mouchotte, gegenüber dem Hôtel Méridien) - **Invalides** (Aérogare, 2 rue Esnault-Pelterie) – Dauer: 30 Min. – Abfahrt zwischen 5.45 und 23 Uhr, alle 15 Min.
Bus der RATP: Orlybus – ✆ 08 92 68 77 14 – einfache Fahrt 5,80 €.
Trajet Orly - Denfert Rochereau (Ausgang von der Metro) – Dauer: 25 Min. – Abfahrt zwischen 6 und 23.30 Uhr von Orly Sud und West nach Paris; zwischen 5.35 und 23 Uhr von Paris nach Orly Sud und West – alle 15 bis 20 Min.
RER – **RER C** Einfache Fahrt 5,65 € – Dauer: 35 Min. Von Paris kommend, nehmen Sie die RER-Bahnlinie C (Richtung Massy-Palaiseau), bis Pont de Rungis/Aéroport d'Orly (Züge „ROMI" oder „MONA"). Am Bahnhof Pont de Rungis gibt es einen Shutt-lebus, der die Flughafenbahnhöfe Orly Süd und Orly West bedient, alle 15 Min.; Abfahrt zwischen 5.50 und 22.50 Uhr.
Um nach Paris zu kommen, nehmen Sie die RER-Bahnlinie C (Züge „GOTA" oder „NORA"). Abfahrt zwischen 5.45 und 23.15 Uhr.
RER B einfache Fahrt 9,05 € – Dauer der Strecke Châtelet-Orly: 35 Min. – bis Antony, dann Orlyval – alle 7 Min., Abfahrt 6-23 Uhr.
Die **Carte Orange** gilt hier nicht. Für Orlyval gibt es ein spezielles Ticket von Paris nach Orly via Antony.
Taxi – Teurer, nicht unbedingt schneller, aber praktischer, wenn man viel Gepäck hat …

Mit dem Taxi

Wenn man sie auch noch so nett herbeiwinkt, oft bleiben sie nicht stehen. Sie sind nämlich unterwegs zu einem anderen Kunden, der sie telefonisch gerufen hat … Verlieren Sie nicht die Geduld und merken Sie sich: Wenn ein Taxi frei ist, leuchtet der Schriftzug „Taxi" auf dem Dach weiß; wenn es besetzt ist, orange.
Wo finde ich ein Taxi? Die meisten Taxis findet man in der Nähe der Bahnhöfe und der großen Verkehrsknotenpunkte. Es ist Zeitverschwendung, in einer wenig befahrenen Straße zu warten. Es gibt auch knapp 200 Taxi-Rufsäulen auf großen Plätzen und in der Nähe der U-Bahnstationen sowie 470 Taxistandplätze, die mit einem blauen Schild gekennzeichnet sind. Doch oft sind diese leer, und die beste Variante bleibt letztendlich die Bestellung per Telefon.

Ein Taxi bestellen

Die blauen Taxis – ✆ 08 91 70 10 10 (0,23 €/Min., rund um die Uhr, sieben Tage die Woche).
Alpha Taxis – ✆ 01 45 85 85 85 – www.alphataxis.com
Taxis G7 – ✆ 01 47 39 47 39 – Kreditkarten werden ab einem Fahrpreis von 15 € angenommen.
Taxis G-Space – ✆ 01 47 39 01 39, Kleinbusse für fünf Passagiere und Gepäck – ✆ 01 47 39 00 91, Taxiruf für Personen mit eingeschränkter Mobilität.
Bezahlung – Wenn Sie mit EC-Karte oder Scheck bezahlen möchten, müssen Sie das bei der Taxi-Bestellung bekanntgeben. Der Preis für die Anfahrt wird zu Ihrem Fahrpreis dazugerechnet. Taxis an Bahnhöfen oder Flughäfen berechnen eine Zusatzgebühr.

Tarife

Minimum für eine Fahrt: 5,50 €.
Fahrpreis für 1-3 Personen: 2 €; mehr als 3 Personen oder auch Haustiere: 5,70 €.
Zuschlag für das 2. im Kofferraum beförderte Gepäckstück: 1 €.

Übernachten/ Essen und Trinken

Tipps und Adressen

Im Folgenden einige spezifische Informationen zu den verschiedenen Unterkunftsmöglichkeiten:

Kleines Budget – Unter der Preiskategorie ⊜ finden Sie einfache Hotels, Gästezimmer und Campingplätze sowie Adressen von Restaurants mit ansprechenden Mahlzeiten zu korrekten Preisen.

Mittleres Budget – Wenn Sie mehr Komfort anstreben und größeren Wert auf eine schöne Lage legen, werden Sie garantiert unter der Kategorie ⊜⊜ das Richtige finden. Hier sind weitgehend stilvoll eingerichtete Hotels oder Ferienwohnungen sowie Privatzimmer mit mehr Komfort in charmantem Ambiente verzeichnet. Zudem finden Sie hier Restaurants, darunter solche mit gehobener Küche.

Großes Budget – Für diejenigen, die sich etwas Besonderes gönnen möchten, halten die Spitzenkategorien ⊜⊜⊜ und ⊜⊜⊜⊜ eine Auswahl an Adressen bereit. Dabei handelt es sich oft um exklusive Häuser, die ein hohes Maß an Komfort und Luxus bieten. Wem die Übernachtung zu teuer ist, der kann das traumhafte Dekor auch beim Tee oder Brunch genießen, und auch ein Sterne-Restaurant kann mittags Mahlzeiten zu erschwinglichen Preisen bieten. In einigen dieser Häuser wird korrekte Kleidung erwartet.

Übernachten

Hotels – Wir haben eine große Bandbreite an Hotels für Sie ausgesucht. Die Preise gelten pro Übernachtung und schließen das Frühstück in der Regel nicht mit ein. Der Frühstückspreis steht jeweils neben dem Tassensymbol. Manche Hotels besitzen ein für jedermann zugängliches Restaurant.

Accueil de France – Die Geschäftsstellen des Accueil de France sind das ganze Jahr über geöffnet und nehmen gegen Entgelt Zimmerreservierungen vor. Das Hauptbüro befindet sich in 75008 Paris, 127 avenue des Champs-Élysées, ✆ 01 49 52 53 54 (nur Auskünfte). Darüber hinaus gibt es Büros in größeren Städten und touristischen Gegenden. Beim Hauptbüro ist die Broschüre *Logis et Auberges de France* erhältlich.

Loisirs Accueil – Dieser in den meisten französischen Départements vertretene Reservierungsservice bietet vielfältige Urlaubsideen und Unterkunftsmöglichkeiten an: Hotelzimmer, Privatunterkünfte, Ferienwohnungen, Berghütten usw. Informationen erhalten Sie bei der Pariser Zentralstelle (Service Réservation Loisirs Accueil, 280 boulevard St-Germain, 75007 Paris, ✆ 01 44 11 10 44). Dort sind auch die Adressen der Geschäftsstellen in den verschiedenen Regionen sowie Broschüren über einzelne Départements erhältlich. Mehrsprachige, auch deutsche Website (www.resinfrance.com oder www.loisirsaccueilfrance.com), über die Sie Reservierungen auch online vornehmen können.

Hotels – Der Rote Michelin-Führer France – Im jährlich aktualisierten Hotel- und Restaurantführer von Michelin finden Sie eine reiche Auswahl an vor Ort geprüften Hotels. Für jedes Hotel werden mehrere wichtige Informationen geboten: Komfort, aktuelle Preise, akzeptierte Kreditkarten, Telefon- bzw. Faxnummer für die Zimmerreservierung sowie eine kurze Beschreibung. Hotels in besonders ruhiger Lage sind mit dem Symbol gekennzeichnet. Der (Bib Gourmand) weist auf Häuser hin, die eine gepflegte Küche für weniger als 26 € bieten, der (Bib Hôtel) auf praktische und einladende Hotels mit guten Leistungen zu moderaten Preisen.

Preiswerte Hotelketten – Diese äußerst preiswerten Hotels (unter 45 € für ein Doppelzimmer) befinden sich meist entlang der Autobahnen oder großen Verkehrsachsen und bieten einen recht bescheidenen Komfort. Hier die Telefonnummern der jeweiligen Reservierungszentralen:

Akena ✆ 01 69 84 85 17
B & B ✆ 08 92 78 29 29
Etap Hôtel ✆ 08 92 68 89 00
Villages Hôtel ✆ 03 80 60 92 70

Die folgenden Hotelketten sind etwas teurer (ab 60 € pro Doppelzimmer), bieten dafür aber mehr Komfort und einen besseren Service:

Campanile ✆ 01 64 62 46 46
Ibis ✆ 08 25 88 22 22
Kyriad ✆ 08 25 00 30 03

Jugendherbergen – **Ligue française pour les Auberges de la Jeunesse** – 67 rue Vergniaud, Bâtiment K, 75013 Paris, ✆ 01 44 16 78 78, www.auberges-de-jeunesse.com. Gegen einen Jahresbetrag von 15,25 € (10,70 € bis 26 Jahre) erhält man die „Carte LFAJ".

DIE WAHL DES HOTELS

Paris ist mehr als eine große Stadt oder ein Konglomerat aus 20 Arrondissements. Es zeichnet sich vor allem durch all die unterschiedlichen Viertel aus, die jeweils ihren eigenen Charakter haben. Von noblen Wohngebieten oder Stadtteilen mit buntem Nachtleben, von melancholischen Vierteln bis zu den Hochburgen der schwulen Szene – suchen Sie sich Ihre Lieblingsgegend aus!

Das Hôtel des Grandes Écoles im 5. Arrondissement.
Ph. Gajic/MICHELIN

Die historischen Viertel

Hier schlägt das historische Herz von Paris, hier sind die großen Monumente und Legenden der Stadt zu Hause.

Die Île de la Cité und ihre Juwelen – Notre-Dame, die Sainte-Chapelle, die Conciergerie … (1. und 4. Arr.).
Die Île St-Louis und ihre aristokratischen Residenzen (4. Arr.).
Le Marais, seine Hotels, sein altes jüdisches Viertel, St-Paul, Pont-Marie (3. und 4. Arr.).
Das Palais-Royal, seine Gärten, die Gegend um die Nationalbibliothek, die Rue de Richelieu (1. und 2. Arr.).
Das Quartier Latin und seine studentische Atmosphäre (5. Arr.).
St-Germain-des-Prés (6. Arr.).
Der Faubourg-St-Germain (7. Arr.).
Les Invalides (7. Arr.).

UNSERE PREISKATEGORIEN

	Übernachten (Doppelzimmer)	Essen und Trinken (Mittagessen)
€	bis 60 €	bis 16 €
€€	60 € bis 90 €	16 € bis 30 €
€€€	90 € bis 130 €	30 € bis 50 €
€€€€	mehr als 130 €	mehr als 50 €

HOTELS IN PARIS

1. ARRONDISSEMENT

Hôtel Britannique – ④ *auf der Karte: Beaubourg und les Halles (4) – 20 av. Victoria – M° Châtelet – 01 42 33 74 59 – www.hotel-britannique.fr – 39 Zi.: 151/247 € – 14 €.* Very british! Die Ausstattung ist von den Romanen Agatha Christies inspiriert, und die Drucke der Turner-Gemälde an den Wänden unterstreichen die englische Atmosphäre dieses hinter dem Châtelet gelegenen Hotels. Die Zimmer sind einfach, doch gemütlich, und das Frühstück ist reichlich.

Hôtel du Cygne – ⑥ *auf der Karte: Beaubourg und les Halles (4) – 3 rue du Cygne – M° Étienne-Marcel – 01 42 60 14 16 – 18 Zi.: 110/135 € – 8 €.* Trotz seiner winzigen Dimensionen ist dieses Hotel in einem alten Gebäude im Herzen von Paris einen Aufenthalt wert und überzeugt mit schöner Zimmerausstattung und modernen sanitären Einrichtungen.

2. ARRONDISSEMENT

Hôtel Tiquetonne – *6 rue Tiquetonne – M° Étienne-Marcel – 01 42 36 94 58 – Aug. und Weihnachtsferien geschl. – 46 Zi.: 50 € – 6 €.* Bescheidenes Familienhotel in einer ruhigen Straße, nur wenige Schritte von Les Halles und der Rue Montorgueil entfernt. Die Zimmer sind in die Jahre gekommen, jedoch hell und recht gepflegt und vor allem wirklich günstig.

Hôtel Vivienne – *40 rue Vivienne – M° Bourse – 01 42 33 13 26 – paris@hotel-vivienne.com – 45 Zi.: 83/106 € – 9 €.* Von diesem netten Hotel aus, gleich bei der Börse und dem Palais-Royal gelegen, kann man Paris gut zu Fuß erkunden: Hier sind Sie ganz in der Nähe der Grands Boulevards, der Geschäfte und der Pariser Oper. Einfache Zimmer, freundliche Atmosphäre.

Hôtel Favart – *5 rue Marivaux – M° Richelieu-Drouot – 01 42 97 59 83 – www.hotel-favart.com – 37 Zi.: 120/135 € – inkl.* Bereits 1824 hielt sich der Maler Goya in diesem Hotel auf. Von hier hat man einen wunderbaren Blick: Das Hotel liegt direkt gegenüber der Opéra-Comique, inmitten eines sehr lebendigen Viertels. Stilvolle Möblierung.

3. ARRONDISSEMENT

Hôtel Bellevue et du Chariot d'Or – *39 rue de Turbigot – M° Arts-et-Métiers – 01 48 87 45 60 – www.hotelbellevue75.com – 59 Zi.: 68 € – 5,25 €.* Wenn der Glanz vergangener Zeiten auch schon etwas verblichen ist, wird man bei diesem Hotel die großzügigen Räume (es gibt auch Zimmer für Familien) zu schätzen wissen. Sehr interessante Lage im Herzen der Hauptstadt; gutes Preis-Leistungs-Verhältnis.

Meslay République – *3 rue Meslay – M° République – 01 42 72 79 79 – www.hotelmeslay.com – 39 Zi.: 90/150 € – 7,50 €.* Paris liegt Ihnen zu Füßen in diesem Hotel mit einer Fassade aus dem Jahr 1840, in einer ruhigen Straße nahe der Place de la République. Zwischen dem Marais, der Bastille und den Geschäftsvierteln gelegen, ist dieses Hotel ideal, um Arbeit und Sightseeing miteinander zu verbinden. Die Zimmer sind relativ klein, aber freundlich eingerichtet.

Hôtel Pavillon de la Reine – ㊱ *auf der Karte: Le Marais (5) – 28 pl. des Vosges – M° Chemin-Vert – 01 40 29 19 19 – www.pavillon-de-la-reine.com – 41 Zi.: 450 € – 25 €.* Fern vom Verkehrslärm in einem begrünten Innenhof an der Place des Vosges gelegen, ist dieses Hotel eine der reizvollsten Adressen von Paris. Die raffinierte Innenausstattung mit Holzvertäfelungen, altem Gemäuer und antiken Möbeln schafft ein warmes Ambiente, das durch elegante Stoffe unterstrichen wird. Interessante Angebote in der Nebensaison.

4. ARRONDISSEMENT

⊖⊖ **Andréa Rivoli** – ② *auf der Karte: Beaubourg und les Halles (4) – 3 rue St-Bon – M° Châtelet oder Hôtel-de-Ville – ✆ 01 42 78 43 93 – www.hotel-andrea-rivoli.com – 32 Zi.: 82/110 € – ☕ 7 €.* Das sehr zentral gelegene Hotel wird Sie nicht enttäuschen: Von der Rezeption bis zu den Zimmern und dem Frühstückssaal ist alles brandneu und voll klimatisiert. Diese Adresse muss man sich merken. Ruhige Lage trotz der Nähe zur Rue de Rivoli. Charmantes Gebäude aus dem frühen 19. Jh.

⊖⊖ **Hôtel Jeanne d'Arc, le Marais** – ㉜ *auf der Karte: Le Marais (5) – 3 rue de Jarente – M° St-Paul oder Bastille – ✆ 01 48 87 62 11 – www.hoteljeannedarc.com – 36 Zi.: 82/98 € – ☕ 6 €.* Dieses im 17. Jh. erbaute Hotel liegt hinter der Place du Marché-Ste-Catherine. Ein atemberaubender, mit Mosaiken umrandeter Spiegel schmückt die Empfangshalle. Bei diesen Preisen und dem gebotenen Komfort sollten Sie nicht vergessen, vorher zu reservieren. Verlangen Sie eines der renovierten und neu gestrichenen Zimmer.

⊖⊖⊖ **Hôtel de la Place des Vosges** – ㉔ *auf der Karte: Le Marais (8) – 12 rue de Birague – M° Bastille oder St-Paul – ✆ 01 42 72 60 46 – www.hotelplacedesvosges.com – 16 Zi.: 105/250 € – ☕ 7 €.* Dieses Hotel in Gemäuern aus dem 17. Jh. hat Charakter. Die Zimmer sind teilweise einfach ausgestattet, teilweise sehr hübsch renoviert. Schönes, stilvolles Foyer; charmante Lage in direkter Nachbarschaft zu den schönsten Plätzen von Paris.

⊖⊖⊖ **St-Louis-Marais** – ㊵ *auf der Karte: Le Marais (5) – 1 rue Charles-V – M° Bastille – ✆ 01 48 87 87 04 – www.saintlouismarais.com – 17 Zi.: 115/160 € – ☕ 10 €.* Dieses Hotel in einem Gebäude von 1740 ist ein malerischer Ort. Den nicht sehr großen Zimmern geben die patinierten Dachbalken eine ganz besondere Note; manche Räume wurden erst kürzlich restauriert. Hübsches Foyer in rustikalem Stil und schönes Gewölbe im Frühstückssaal. Internetzugang.

5. ARRONDISSEMENT

⊖ **Hôtel Les Argonautes** – ㉒ *auf der Karte: Quartier Latin (7) – 12 rue de la Huchette – M° St-Michel – ✆ 01 43 54 09 82 – 25 Zi.: 50/80 € – ☕ 5 € – Restaurant.* Das üppige koloniale Dekor (Masken, bemalte afrikanische Gegenstände) und die bunten Gänge kontrastieren mit den eher nüchternen Zimmern. Viele verschiedene Bars und Restaurants in der Umgebung.

⊖⊖ **Hôtel St-Jacques** – ㉚ *auf der Karte: Quartier Latin (7) – 35 rue des Écoles – M° Maubert-Mutualité – ✆ 01 44 07 45 45 – www.paris-hotel-stjacques.com – 38 Zi.: 95/124 € – ☕ 8,50 €.* Im Herzen des Quartier Latin ist dieses Hotel in einem Gebäude aus dem 19. Jh. untergebracht, das seinen alten Anstrich bewahrt hat (in einigen Zimmern gibt es Kamine). Die geräumigen Zimmer sind mit antiken Möbeln ausgestattet und gut isoliert. Die Preise sind recht vernünftig.

⊖⊖ **Hôtel Sunny** – *48 bd. du Port-Royal – M° Les Gobelins – ✆ 01 43 31 79 86 – www.hotelsunny.com – 1.-28 Aug. geschl. – 37 Zi.: 82 € – ☕ 6 €.* Was verbirgt sich hinter der Fassade dieses Hotels im Stil Haussmanns? Zweckmäßig eingerichtete Zimmer, in Altrosa gehalten (zu empfehlen sind jene mit Blick zum Hof), und ein besonderes Plus: zum Pantheon und dem Jardin und Palais du Luxembourg sind es nur 10 Gehminuten.

⊖⊖⊖ **Grand Hôtel St-Michel** – ⑥ *auf der Karte: Quartier Latin (7) – 19 rue Cujas – M° Luxembourg – ✆ 01 46 33 33 02 – www.grand-*

hotel-st-michel.com – 40 Zi.: 130/ 170 € – ☕ 12 €. Ganz in der Nähe der Sorbonne und des Jardin du Luxembourg liegt dieses zur Gänze renovierte und sehr angenehme Hotel. Die Zimmer sind kuschelig, manche haben Balkone mit Aussicht. Schöner alter Frühstückssaal.

€€€ Hôtel des Grandes Écoles – *⑭ auf der Karte: Quartier Latin (7) – 75 rue du Cardinal-Lemoine – M° Cardinal-Lemoine – ✆ 01 43 26 79 23 – www.hotel-grandes-ecoles.com – P – nur mit Reservierung – 51 Zi.: 110/135 € – ☕ 8 €.* Diese drei Häuser im Cottage-Stil strahlen mit ihrem hübschen Garten eine wohltuende Ruhe aus. Das Hauptgebäude hat seinen etwas altmodischen Charme bewahrt, die beiden anderen wurden nett renoviert. Eine sehr beliebte Adresse.

6. ARRONDISSEMENT

€ Hôtel Delhy's – *⑩ auf der Karte: Quartier Latin (7) – 22 rue de l'Hirondelle – M° St-Michel-Notre-Dame – ✆ 01 43 26 58 25 – delhys @wanadoo.fr – 21 Zi.: 65/85 € – inkl. ☕.* Eine seltene Perle für Liebhaber des kleinen Preises im Herzen des historischen Paris. Dieses familiäre, einfache Hotel verspricht ruhige und angenehme Nächte. Einige Zimmer haben nur Gemeinschaftsduschen und -toiletten.

€€ Grand Hôtel des Balcons – *② auf der Karte: Quartier Latin (7) – 3 rue Casimir-Delavigne – M° Odéon – RER Luxembourg – ✆ 01 46 34 78 50 – www.balcons.com – 50 Zi.: 180 € – ☕ 12 €.* „Ich habe mein Herz an Paris verloren", so schrieb der ungarische Dichter André Ady nach einem Aufenthalt in diesem Hotel. Das Erdgeschoss ist Art-déco, die Zimmer in den Stockwerken haben kleine straßenseitige Balkone. Vernünftige Preise. Reichhaltiges Frühstücksbuffet.

€€ Hôtel de Nesle – *② auf der Karte: Les Quais (2) – 7 rue de Nesle – M° Odéon oder St-Germain-des-Prés – ✆ 01 43 54 62 41 – www.hoteldenesleparis.com – 20 Zi.: 75/100 € – inkl. ☕.* Eine zauberhafte Adresse! Jedes der Zimmer ist einem bestimmten Thema gewidmet (Kolonialzeit, Ferner Osten, Landleben, Molière ...), und der mit tunesischen Palmen bepflanzte Garten trägt das Seine dazu bei. Und alles das mitten im Quartier Latin!

€€€€ Millésime Hôtel – *⑥ auf der Karte: St-Germain-des-Prés (8) – 15 rue Jacob – M° St-Germain-des-Prés – ✆ 01 44 07 97 97 – reservation@millesimehotel.com – 22 Zi.: 205 € – ☕ 16 €.* Dieses Hotel im Herzen von St-Germain-des-Prés, mit seiner spektakulären denkmalgeschützten Treppe, bietet seinen Gästen Qualität und Komfort in einem charmanten Rahmen. Die sonnengelb gestrichenen Zimmer sind zeitgemäß eingerichtet.

7. ARRONDISSEMENT

€€ Hôtel Lévêque – *⑥ auf der Karte: Tour Eiffel und Trocadéro (12) – 29 rue Clerc – M° École-Militaire – ✆ 01 47 05 49 15 – www.hotel-leveque.com – 50 Zi.: 87/125 € – ☕ 8 €.* Dieses Hotel liegt in einer belebten Straße im Schatten der Militärschule, und bietet einfache, nett möblierte, helle Zimmer zu günstigen Preisen. Weil sich das schon herumgesprochen hat, wird empfohlen zu reservieren.

€€ Hôtel du Palais-Bourbon – *② auf der Karte: Les Invalides (11) – 49 rue de Bourgogne – M° Varenne – ✆ 01 44 11 30 70 – www.hotel-palais-bourbon.com – 29 Zi.: 130 € – inkl. ☕.* Dieses 1730 errichtete Hotel, zwischen dem Musée Rodin und Les Invalides gelegen, hat einige Überraschungen parat. Angenehm klimatisierte Zimmer; die Einzelzimmer sind winzig, aber wirklich billig. Das Frühstück ist im Preis inbegriffen.

Hôtel Lindbergh – ② *auf der Karte: Faubourg St-Germain (9) – 5 rue Chomel – M° Sèvres-Babylone oder St-Sulpice – ✆ 01 45 48 35 53 – www.hotellindbergh.com – 26 Zi.: 108/160 € – ☕ 8 €.* Einer der Erbauer des berühmten Eindeckers Spirit of St-Louis, des Lindbergh-Flugzeuges, hat angeblich in diesem Hotel aus dem 19. Jh. logiert. Alle Zimmer sind heute im Geiste der 30er- und 40er-Jahre eingerichtet. Sehr liebenswerte Atmosphäre.

Hôtel de la Tulipe – ② *auf der Karte: Tour Eiffel und Trocadéro (12) – 33 rue Malar – M° Invalides oder La Tour-Maubourg – ✆ 01 45 51 67 21 – www.paris-hotel-tulipe.com – 20 Zi und 1 Appartement: 120/160 € – ☕ 10 €.* Dieses gelbe Gebäude, das aus dem 17. Jh. stammt, beherbergt ein kleines charmantes Hotel. Mit seinem gepflasterten und mit Bäumen bepflanzten Hof verströmt es die Atmosphäre der Provence. Die kleinen Zimmer sind geschmackvoll eingerichtet: Rattan, Stein und Gewölbe ergänzen einander stimmig.

Hôtel Verneuil – ④ *auf der Karte: St-Germain-des-Prés (8) – 8 rue de Verneuil – M° Solférino oder Musée-d'Orsay – ✆ 01 42 60 82 14 – www.hotelverneuil.com – 26 Zi.: 155/200 € – ☕ 12 €.* Dieses Hotel, wenige Schritte von St-Germain-des-Prés entfernt, muss Sie einfach bezaubern: Die Zimmer sind zwar etwas eng, aber ihr raffiniertes und elegantes Dekor verleiht ihnen einen unvergleichlichen Reiz. Hier muss man einfach bleiben!

8. ARRONDISSEMENT

Modern Élysée – ② *auf der Karte: La Voie triomphale (14) – 139 rue Washington – M° George-V – ✆ 01 45 63 27 33 – Aug. geschl. – 26 Zi.: 60/98 € – ☕ 8 €.* Wie schon der Name verrät: Hier sind Sie ganz in der Nähe der Champs-Élysées. Die recht geräumigen Zimmer sind einfach und gepflegt, die ruhigeren gehen in einen Innenhof. Für das Viertel sehr vernünftige Preise.

Hôtel d'Albion – ② *auf der Karte: Faubourg St-Honoré (16) – 15 rue de Penthièvre – M° Miromesnil – ✆ 01 42 65 84 15 – www.hotelalbion.net – 🅿 – 26 Zi.: 85/150 € – ☕ 9 €.* Das Hotel ist ebenso weit von den Champs-Élysées wie von der Kirche La Madeleine entfernt und liegt in einer erstaunlich ruhigen Straße. Geräumige und angenehm familiäre Zimmer, vorzugsweise hofseitig. Im Sommer wird das Frühstück in einem netten Gärtchen serviert.

Hôtel New Orient *16 rue de Constantinople – M° Europe oder Villiers – ✆ 01 45 22 21 64 – www.hotel-paris-orient.com – 30 Zi.: 105/130 € – ☕ 10 €.* Die Fassade dieses Hotels ist ebenso einladend wie seine kokett-elegante Innenausstattung. Die bunten Möbel und die gepflegten, gemütlichen Zimmer schaffen eine warme Atmosphäre. Ein Hotel, wie man es mag, in unmittelbarer Nähe zur Place de l'Europe.

Hôtel Powers – ④ *auf der Karte: Alma (13) – 52 rue François-Ier – M° George-V oder Alma-Marceau – ✆ 01 47 23 91 05 – contact@hotel-powers.com – 55 Zi.: 210/490 € – ☕ 22 €.* Ein diskretes und angenehmes Hotel, einen Katzensprung von der schönsten Avenue der Welt entfernt. Die Zimmer sind groß, mit alten Möbeln und Gesimsen, die ihnen englisches Flair verleihen. Sauna.

9. ARRONDISSEMENT

Hôtel Chopin – *10 bd. Montmartre, 46 passage Jouffroy – M° Richelieu-Drouot – ✆ 01 47 70 58 10 – www.hotel-chopin.com – 35 Zi. 92 € – ☕ 7 €.* In einer überdachten Passage aus dem Jahre 1846, die das Musée Grévin beherbergt, liegt dieses kleine Hotel, ein Refugium der Stille im Herzen des lebendigen Viertels. Unbedingt reservieren!

Hôtel Langlois – ③ *auf der Karte: Pigalle und Nouvelle Athènes (18) – 63 rue St-Lazare – M° Trinité – 01 48 74 78 24 – www.hotel-langlois.com – 24 Zi.: 104/120 € – 10 €*. Das Gebäude (Ende 19.Jh.) beherbergt zwei Arten von Zimmern: die größeren sind auf charmante Weise altmodisch, teilweise mit Kamin, Jugendstil- und Art-déco-Möbeln eingerichtet; die anderen sind bescheidener, aber alle Bäder wurden renoviert. Es ist ratsam, zu reservieren.

10. ARRONDISSEMENT

Hôtel Caravelle – *41 rue des Petites-Écuries – M° Bonne-Nouvelle oder Poissonnière – 01 45 23 08 22 – 38 Zi.: 81/86 € – 5,40 €*. Praktisches Hotel, im Zentrum eines belebten Viertels, das nach Gewürzen duftet. Die Zimmer sind klein, aber makellos, und fröhlich und bunt eingerichtet.

Hôtel Français – *13 rue du 8-Mai-1945 – M° Gare-de-l'Est – gegenüber dem Gare de l'Est – 01 40 35 94 14 – www.hotelfrancais.com – 72 Zi.: 99/106 € – 8,50 €*. Dieses Hotel ist mit Lärmschutzfenstern und Klimaanlagen ausgestattet; die Zimmer sind geschmackvoll renoviert. Foyer und Salon stammen aus der Zeit der Jahrhundertwende; von 6 bis 11 Uhr gibt es ein Frühstücksbuffet in einem originalen Patio mit einem Glasdach.

Hôtel Albert 1er – *162 rue Lafayette – M° Gare-du-Nord – 01 40 36 82 40 – www.albert1erhotel.com – 55 Zi.:.115/119 € – 12 €*. Gleich bei der Gare du Nord. Ein weiterer Vorteil: Zur Kirche Sacré-Cœur und zum Kanal St-Martin ist es nur ein Katzensprung. Die hellen Zimmer sind gepflegt, klimatisiert, lärmisoliert und mit Marmorbädern ausgestattet.

11. ARRONDISSEMENT

Grand Hôtel Amelot – ② *auf der Karte: Le Marais (5) – 54 rue Amelot – M° Chemin-Vert – 01 48 06 15 19 – www.hotelamelot.com – 45 Zi.: 77/108 € – 5 €*. Ein schönes Foyer und zweckmäßige Zimmer auf sechs Etagen (mit Lift) – dieses Hotel in der Nähe der Bastille bringt Sie dem touristischen Paris näher. Familien werden die Zimmer mit vier Schlafmöglichkeiten zu schätzen wissen. Zu bevorzugen sind jene mit Badezimmer, sie sind renoviert und deutlich komfortabler.

Hôtel Beaumarchais – ⑫ *auf der Karte: Le Marais (5) – 3 rue Oberkampf – M° Filles-du-Calvaire – 01 53 36 86 86 – reservation@hotelbeaumarchais.com – 32 Zi.: 110/150 € – 10 €*. Dieses Anfang des 20. Jh. errichtete Gebäude wurde einer Verjüngungskur unterzogen: Die Zimmer erstrahlen in neuen Farben. Der Innenhof ist im Sommer eine reizende grüne Oase.

Grand Hôtel Français – *223 bd. Voltaire – M° Nation – 01 43 71 27 57 – grand-hotel-francais@wanadoo.fr – 36 Zi.: 105/115 € – 10 €*. Die Lage in unmittelbarer Nähe zur Place de la Nation und den wichtigsten Metro- und RER-Linien ist die Stärke dieses restaurierten Gebäudes. Die Zimmer sind neu und lärmisoliert. Freundliche Atmosphäre.

12. ARRONDISSEMENT

Sport Hôtel – *258 av. Daumesnil – M° Michel-Bizot – Près de la Porte-Dorée – 01 43 43 61 36 – www.hotel-paris-sport.com – 44 Zi.: 65/80 € – 6 €*. Dies ist ein Hotel im klassischen Stil mit zeitgemäßer Einrichtung. Man sollte eines der Zimmer zum Hof wählen, denn die sind ruhiger und wurden kürzlich renoviert. Hier gibt es auch ein paar komfortable Suiten. Eine angenehme Bleibe!

Venise Hôtel – *4 rue Chaligny – M° Reuilly-Diderot – 01 43 43*

63 45 – www.hoteldevenise.com – 30 Zi.: 62/67 € – ☕ 7,50 €. Dieses familiäre Hotel befindet sich in unmittelbarer Nähe zum Viaduc des Arts und der Promenade Plantée sowie ganz in der Nähe der Metrostation. Die Zimmer sind vor allem zweckmäßig und auf jeder Etage anders gestrichen; die Badezimmer sind alle mit Badewannen ausgestattet. Herzliche Atmosphäre, persönliche Gästebetreung durch die Besitzer.

⊖⊖ Inter Hôtel Alcyon l'Origan – ② *auf der Karte: Bastille und Faubourg St-Antoine (19) – 17 rue de Prague – M° Ledru-Rollin – ✆ 01 43 43 66 35 – hotel-alcyon@wanadoo.fr – P – 37 Zi.: 66/80 € – ☕ 8 €.* Die Lage dieses Hotels, nur wenige Gehminuten von der Bastille entfernt, ist ideal für all jene, die das Nachtleben lieben. Die manchmal etwas kleinen Zimmer sind zwar schlicht, die Bäder aber gut ausgestattet.

⊖⊖ Hôtel Quartier Bercy Square – *33 bd. de Reuilly – M° Daumesnil oder Dugommier – ✆ 01 44 87 09 09 – 63 Zi.: 79/91 € – ☕ 9 €.* Obwohl es mitten in Paris liegt, bietet dieses Hotel eine ruhige und angenehme Atmosphäre. Die Zimmer sind klein, aber wohnlich und haben zumeist Fenster zu einem der beiden begrünten Innenhöfe. Das Frühstück wird im Sommer draußen serviert, im Winter auf der Veranda.

13. ARRONDISSEMENT

⊖ Arian Hôtel – *102 av. de Choisy – M° Tolbiac – ✆ 01 45 70 76 00 – arian-hotel@wanadoo.fr – 30 Zi.: 50/63 € – ☕ 6 €.* Das Motto dieses Hotels könnte lauten: „Das Hotel mit nur einem Stern, aber dieser strahlt!" Im Herzen des asiatischen Viertels gelegen, bietet das Hotel zwar zumeist kleine, aber sehr gepflegte Zimmer.

⊖⊖ Belambra City Hôtel Le Magendie – *2/4 rue Magendie, Ecke 6 rue Corvisart – M° Corvisart – ✆ 01 43 36 13 61 – 112 Zi.: 75 € – ☕ 7 €.* Dieses Hotel, in einer Gasse hinter dem Boulevard Arago gelegen, ist auch für kleine Budgets verlockend, vor allem die zahlreichen Einzelzimmer (renoviert, eher klein, aber hofseitig ruhig) sind sehr preiswert.

⊖⊖ Hôtel Résidence Vert Galant – *43 rue Croulebarbe – M° Les Gobelins – ✆ 01 44 08 83 50 – www.vertgalant.com – 15 Zi.: 90/100 € – ☕ 7 €.* Dieses moderne, in einer ruhigen Straße hinter der Gobelinfabrik gelegene Haus bietet Ihnen einen kleinen Garten in der Stadt. Die Zimmer im Erdgeschoss sind besonders angenehm; von den Terrassentüren geht es direkt ins Grüne.

14. ARRONDISSEMENT

⊖⊖ Hôtel Delambre – ⑤ *auf der Karte: Montparnasse (16) – 35 rue Delambre – M° Vavin oder Edgar-Quinet – ✆ 01 43 20 66 31 – www.delambre-paris-hotel.com – 30 Zi.: 90/160 € – ☕ 9 €.* In diesem nur wenige Schritte von Montparnasse entfernten, heute vollständig renovierten Hotel wohnte 1921 André Breton. Die hellen, modernen Zimmer werden häufig von Stammgästen genutzt, die den für das Viertel vernünftigen Preis schätzen.

⊖⊖⊖ Hôtel Lenox Montparnasse – ⑫ *auf der Karte: Montparnasse (22) – 15 rue Delambre – M° Vavin oder Edgar-Quinet – ✆ 01 43 35 34 50 – www.paris-hotel-lenox.com – 58 Zi.: 135/290 € – ☕ 14 €.* Dieses Hotel mit einer schönen Fassade aus dem frühen 20. Jh. liegt in einer kleinen belebten Gasse. Die Salonzimmer im 6. Stock sind besonders zu empfehlen. Die Wände zieren alte Spiegel.

15. ARRONDISSEMENT

⊖ Hôtel Avia Saphir Montparnasse – *181 rue de Vaugirard – M° Pasteur – ✆ 01 43 06 43 80 – www.saphirhotel.fr – 40 Zi.: 55/105 € – ☕ 7,50 €.* Das renovierte Hotel ist modern und komfortabel. Die Zimmer sind geräumig, gut ausgestattet und die Stoffe auf die Möbel und Tapeten abgestimmt. Moderner Frühstückssaal.

⊖⊖ **Lutèce Hôtel** – *5 rue Langeac – M° Convention oder Porte-de-Versailles – ✆ 01 48 28 56 95 – www.lutecehotel.com – 23. Juli-1. Sept. und 21. Dez.-3. Jan. geschl. – 35 Zi.: 80/92 € – ☕ 7,50 €.* Dieses Gebäude aus den 1920er-Jahren hat eine Verjüngungskur gemacht. Alle Zimmer sind renoviert; jene im 6. und 7. Stock zum Teil mit Balkon, wo sich dem Gast ein Blick über die Dächer von Paris eröffnet. Im Sommer wird das Frühstück im Innenhof serviert.

16. ARRONDISSEMENT

⊖ **Camping Le Bois de Boulogne** – *② auf der Karte: Bois de Boulogne (23) – Allée du Bord-de-l'Eau (zwischen dem Pont de Suresnes und dem Pont de Puteaux) – ✆ 01 45 24 30 00 – camping-boulogne@stereau.fr – nur mit Reservierung – 510 Plätze 38 € – Restaurant.* Hier darf nur campen, wer keinen Wohnsitz im Großraum Paris hat. Der Platz ist zwar laut (Richtung Seine ist es ruhiger!), aber dafür sind die Preise konkurrenzlos. Der angegebene Tarif bezieht sich auf zwei Personen und einen Zeltplatz. Vermietung von Wohnmobilen und Bungalows. Während der Hauptsaison gibt es Shuttlebusse zur Porte Maillot.

⊖⊖⊖ **Hôtel Ambassade** – *79 rue Lauriston – M° Boissière oder Kléber – ✆ 01 45 53 41 15 – www.hotelambassade.com – 38 Zi.: 107/127 € – ☕ 13 €.* Dieses klimatisierte Hotel profitiert von der Ruhe eines Wohnviertels und ist dabei doch nur einige Hundert Meter von den Champs-Élysées entfernt. Die Zimmer sind im Jugendstil renoviert; die weniger teuren sind etwas klein; mit einem Frühstücksbuffet startet man in den Tag.

⊖⊖⊖ **Hôtel Hameau de Passy** – *M° La Muette – ✆ 01 42 88 47 55 – www.hameaudepassy.com – 32 Zi.: 119/131 € ☕.* Eine Oase des Friedens, in einer Fußgängerzone unweit des Trocadéro gelegen; hier verstummt der Lärm der Stadt. Ruhe versprechen die kleinen, modernen, weiß getünchten Zimmer, alle mit Blick ins Grüne. Ist das nicht der wahre Luxus?

⊖⊖⊖ **Régina de Passy** – *6 rue de La Tour – M° Passy – ✆ 01 55 74 75 75 – www.hotel-paris-passy.com – 63 Zi.: 150 € – ☕ 14,50 €.* In dem schicken Geschäftsviertel Passy fällt dieses architektonisch interessante Gebäude aus dem Jahr 1930 auf. Die Stammgäste lieben es wegen der herzlichen Atmosphäre, der recht großen Zimmer und (ab dem 5. Stock) der Balkone, von denen man den Eiffelturm sehen kann. Gutes Preis-Leistungs-Verhältnis.

17. ARRONDISSEMENT

⊖ **Hôtel de Paris** – *17 rue Biot – M° Place-de Clichy – ✆ 01 42 94 02 50 – hoteldeparis@yahoo.fr – 30 Zi.: 58/68 € – ☕ 5 €.* Nur ein paar Schritte sind es bis zur pulsierenden Place de Clichy. Die Zimmer dieses komplett renovierten Hotels sind zwar klein, aber mit neuen Bädern ausgestattet. Im Sommer wird bei schönem Wetter das Frühstück in einem Patio serviert.

⊖⊖ **Résidence Hôtel Malesherbes** – *129 rue Cardinet – M° Villiers oder Malesherbes – ✆ 01 44 15 85 00 – http://malesherbes.hotel.free.fr – 21 Zi.: 82/87 € – ☕ 7 €.* Kleines, familiäres Hotel; sehr angenehme Atmosphäre. Die Zimmer sind in warmen Farben gehalten, die alle aufeinander abgestimmt sind; gut ausgestattete Küchennische. Das Frühstück wird nur auf das Zimmer serviert.

⊖⊖⊖ **Hôtel Flaubert** – *19 rue Rennequin – M° Ternes – ✆ 01 46 22 44 35 – www.hotelflaubert.com – 41 Zi.: 111 € – ☕ 9 €.* Hinter der diskreten Fassade wartet eine Überraschung: ein ruhiger, begrünter Patio; helle, einladende und kürzlich renovierte Zimmer. Auch mit den für die Hauptstadt relativ günstigen Preisen kann dieses hübsche Hotel punkten.

Hôtel Banville – *166 bd. Berthier – M° Porte-de-Champerret – 01 42 67 70 16 – www.hotelbanville.fr – 38 Zi.: 235/335 € – 15 €.* Dieses Gebäude aus dem Jahre 1926 birgt ein romantisches Innenleben: transparente Stoffe, Baldachin-Betten, die Möbel und sanftes Licht schaffen eine elegante Atmosphäre.

18. ARRONDISSEMENT

Hôtel des Arts – ⑥ *auf der Karte: Montmartre (24) – 5 rue Tholozé – M° Abbesses oder Blanche – 01 46 06 30 52 – www.arts-hotel-paris.com – 50 Zi.: 95/135 € – 8 €.* Eine gute Adresse in Montmartre, Nähe Moulin de la Galette und Place du Tertre. Im Foyer können Sie Gemälde von Roland Dubuc, einem Künstler vom Montmartre, bewundern. Alle Zimmer sind renoviert und hübsch gestrichen. Rechtzeitig reservieren!

Ermitage Hôtel – ④ *auf der Karte: Montmartre (24) – 24 rue Lamarck – M° Lamarck-Caulaincourt – 01 42 64 79 22 – www.ermitagesacrecœur.fr – – 12 Zi.: 90 € – inkl.* . Dieses Stadtpalais aus der Zeit Napoleons ließ ein reicher Bürger für seine Mätresse errichten. Einige Zimmer im Erdgeschoss haben Terrassen; vier bieten einen schönen Blick über die Dächer von Paris.

19. ARRONDISSEMENT

Balladins – *219 rue de Crimée – M° Crimée – 01 40 38 91 00 – www.balladins.com – 38 Zi.: 70 € – 7,50 €.* Das Hotel punktet mit seiner Lage in der Nähe von La Villette und den dortigen zahlreichen Attraktionen. Die renovierten Zimmer sind mit dunklen Holzmöbeln ausgestattet. Angenehmer Frühstückssaal. Superior-Hotel der Balladins-Kette.

20. ARRONDISSEMENT

Hôtel Lilas-Gambetta – *223 av. Gambetta – M° Porte-des-Lilas – 01 40 31 85 60 – www.lilas-gambetta.com – 34 Zi.: 60/71 € – 6,50 €.* Das 1925 erbaute Haus besticht mit einem zeitgenössischen Interieur in blassgelb und mandelgrün. Die ruhigsten Zimmer liegen an einem kleinen Hof, in dem bei schönem Wetter im Sommer das Frühstück gereicht wird.

Hôtel Paris-Gambetta – ⑦ *auf der Karte: Le Père-Lachaise (26) – 12 av. du Père-Lachaise – M° Porte-de-Bagnolet – 01 47 97 76 57 – www.hotelparisgambetta.com – 32 Zi.: 86 € – 8 €.* Liegt es an der guten Lärmdämmung, der wenig befahrenen Straße oder der Nähe des Friedhofs Père-Lachaise? Jedenfalls zeichnet sich dieses einladende Hotel durch seine Ruhe aus. Renovierte und gut ausgestattete Zimmer; gratis WiFi Internetzugang.

VOR DEN TOREN VON PARIS

Chambre d'hôte L'Atelier de Paris – *1 allée de la Ferme – 92170 Vanves – M° Malakoff-Plateau de Vanves – 700 m südl. der Porte de Brancion – 01 40 95 11 70 – – 2 Studios, 2 Ateliers, 2 Maisonetten 60/80 € – inkl.* . Trotz schlichter Inneneinrichtung bietet dieser alte Bauernhof (Ende 19. Jh.) viel Komfort und Platz in den zu Zimmern umgestalteten Scheunen und Pferdeställen. Alle sind mit klassischem Bad und kleiner Küche ausgestattet. Metro-Nähe, angemessene Preise.

Donjon – ① *auf der Karte: Bois de Vincennes (20) – 22 rue Donjon – 94300 Vincennes – 01 43 28 19 17 – www.hotel-donjon-vincennes.fr – 25 Zi.: 62/75 € – 6,50 €.* Traditionelles Familienhotel in der Nähe vom Wald und dem Schloss Vincennes. Zentral gelegen, kleine, aber saubere Zimmer. Nett eingerichteter Frühstücksraum und Salon.

In jedem Viertel gibt es einige Brasserien mit unkomplizierten Tagesgerichten.

S. Sauvignier / MICHELIN

Die schicken Viertel
Hochburgen der Mode und des Luxus, Symbole für die Pariser High Society:
Die Champs-Élysées (8. Arr.).
Der Faubourg St-Honoré (8. Arr.).
Die Place Vendôme (1. Arr.).
Monceau (8. und 17. Arr.).
Alma und die Place Iéna (16. Arr.).
Passy (16. Arr.).
Auteuil und der Ranelagh (16. Arr.).
Die Tuilerien und die Rue de Rivoli (1. Arr.).

Die touristischen Viertel
Montmartre und Sacré-Cœur (18. Arr.).
Der Boulevard St-Michel (5. Arr.).
Pigalle und die Place Clichy (9., 17. und 18. Arr.).
Der Eiffelturm und das Marsfeld (7. Arr.).
Der Trocadéro (16. Arr.).
Die Champs-Élysées (8. Arr.).

Die Museumsviertel
Le Marais (3. und 4. Arr.).
Der Louvre und seine Umgebung (1. Arr.).
Der Faubourg St-Germain (7. Arr.).
Chaillot und die Place Iéna (16. Arr.).
Der untere Teil der Champs-Élysées mit den Palais (8. Arr.).

Die Viertel für Nachtschwärmer
Dazu gehören Cafés, Bars und Diskos, wo gefeiert wird:
La Bastille (11. und 12. Arr.).
Les Grands Boulevards (9. und 10. Arr.).
Die Champs-Élysées (8. Arr.).
St-Germain-des-Prés (6. Arr.).
Oberkampf - Ménilmontant (10. Arr.).

Essen und Trinken

RESTAURANTFÜHRER

Roter Michelin-Führer France – Der Hotel- und Restaurantführer von Michelin enthält eine breit gefächerte Auswahl an Restaurants, in denen Sie feinste regionale Küche kosten können. Piktogramme weisen auf Lokale mit besonders angenehmer Ausstattung, schönem Blick oder ruhiger Lage hin. Der Rote Michelin-Führer nennt nicht nur die Adressen empfehlenswerter Restaurants, sondern gibt auch eine kurze Beschreibung und nennt die kulinarischen Spezialitäten.

FRANZÖSISCHE ESSKULTUR

Tischgewohnheiten – In Frankreich wird das Mittagessen ab 12 Uhr eingenommen, das Abendessen ab 19.30 Uhr. In den Brasserien und kleinen Restaurants empfiehlt sich das Tagesmenü *(plat du jour)*. Die Preise der Restaurants (Menü oder Karte) enthalten immer Brot und Bedienung. Dennoch gibt man meist ein Trinkgeld.
Zahlreiche Restaurants bieten neben den einzelnen Gerichten auch Menüs an; sie sind zumeist preiswerter als ein Essen à la carte. Die Menüs enthalten eine Vorspeise, ein Hauptgericht (in gehobenen Restaurants auch zwei Hauptgerichte), Käse oder Nachtisch (manchmal wird auch beides angeboten). Es kommt vor, dass Getränke und Kaffee im Preis inbegriffen sind, doch ist dies jeweils angegeben.

TIPP

In Paris servieren die Restaurants im Allgemeinen ab 12.30 Uhr das Mittagessen und von 19.30 bis 22 Uhr das Abendessen. In manchen Brasserien ist die Küche ganztägig ohne Unterbrechung geöffnet; in anderen bis Mitternacht und sogar noch länger. Vor allem abends sind Reservierungen ratsam.

Das Frühstück ist in Frankreich oft recht einfach, im Gegensatz zum Mittag- und Abendessen, bei dem man traditionell großen Wert auf eine abwechslungsreiche, gut aufeinander abgestimmte Speisenfolge – begleitet von den passenden Weinen – legt. Hast ist verpönt, beim Servieren ebenso wie beim Essen, für das man zwischen eineinhalb und zwei Stunden einplanen sollte. Wer es eilig hat, sollte statt in ein gepflegtes Restaurant lieber in eine Brasserie oder eines der vielen Cafés gehen. Das französische *Café* ist im Übrigen kein Café im deutschen Sinne (das heißt in Frankreich *Salon de Thé*), sondern eher eine Gaststätte oder Kneipe.

In eher ländlichen Regionen ist es ratsam, in kleinen Lokalen zu essen, wo einen oft besondere kulinarische Genüsse, wenn auch in einfacher Aufmachung, erwarten.

Getränke – Frankreich ist für seine ausgezeichneten **Weine** (*unter Einkaufen & Souvenirs*) aus den unterschiedlichsten Regionen bekannt. Flaschenweine sind jedoch nicht billig. Wer sparen will, kann einen Krug offenen Wein bestellen (*pichet de vin* oder *vin en carafe*), der in Portionen von 33 cl oder 50 cl ausgeschenkt wird. Man erhält fast überall die bekannten französischen oder ausländischen Flaschenbiere. Gezapftes **Bier** (*bière à la pression*) zu bestellen ist aber meistens billiger. Apropos: Unter einem *demi* versteht man in Frankreich nicht einen halben Liter Bier, sondern nur 25 cl. Ein frisch gezapftes, kühles Bier wird auch gerne als **Aperitif** getrunken – in gehobenen Speiselokalen darf es natürlich ein Gläschen Champagner (*coupe de champagne*) sein. Alternativ trinkt man Kir, Kir royal oder einen Pastis.

Mineralwässer werden in Frankreich unter ihrem Namen verkauft. Stilles Wasser ist sehr beliebt (z. B. Contrexéville, Évian, Volvic oder Vittel). Zu den leicht kohlensäurehaltigen Wässern zählen Badoit und Vichy St-Yorre; stark kohlensäurehaltig ist Perrier. In allen Restaurants kann man auch eine kostenlose Karaffe Leitungswasser verlangen (*carafe d'eau*).

Trinkgeld – In den Preisen für Speisen und Unterkunft ist das Bedienungsgeld inbegriffen. Sie brauchen daher in Restaurants und Hotels kein Trinkgeld zu geben. Wenn Sie jedoch mit dem Service zufrieden waren, in einem Lokal gut gegessen haben oder einem sehr zuvorkommenden Taxifahrer begegnet sind, ist es üblich aufzurunden –

Das traditionelle Pariser Frühstück schmeckt auch als Nachmittagssnack.

E. Baret / MICHELIN

1,50 oder 2 €, in einem netten Restaurant können es auch mal 5 % für den Kellner sein. In sehr luxuriösen Restaurants ist das Trinkgeld natürlich entsprechend höher (7 € oder mehr). Man lässt sein Trinkgeld (*pourboire*) auf dem Teller mit der Rechnung zurück und drückt es keinesfalls der Bedienung in die Hand.

Alles, was für Sie wichtig ist

Gut zu wissen

ÄRZTE UND APOTHEKEN

Die französischen Apotheken *(pharmacie)* sind an einem grünen Kreuz erkennbar. Sonn- und feiertags sowie nachts sind an den Türen der Apotheken zumeist die Adressen der diensthabenden Ärzte und Apotheken angeschlagen. Ansonsten erteilt Ihnen auch gerne die Polizei Auskunft. In Frankreich müssen Arztbesuche direkt nach der Behandlung in bar oder per Scheck bezahlt werden.

Apotheken, die täglich 24 Std. geöffnet sind – 84 avenue des Champs-élysées – 8. Arr. – ✆ 00 33 (0)1 45 79 53 19 oder 00 33 (0)1 45 62 02 41, 6 place de Clichy – 9. Arr. – ✆ 00 33 (0)1 48 74 65 18, 6 place Félix-éboué – 12. Arr. – ✆ 00 33 (0)1 43 43 19 03.

Für eine Sprechstunde bei einem allgemein praktizierenden Arzt müssen Sie mit mindestens 20 € rechnen (Kassensatz). Nach der Heimkehr können die vom französischen Arzt bzw. Krankenhaus ausgestellten Papiere (Krankenschein, Rezept) der eigenen Krankenkasse vorgelegt werden, die dann die Kosten gemäß den geltenden Bestimmungen zurückerstattet.

Notrufnummern – Notarzt *(SAMU)*: 15, Polizei: 17, Feuerwehr: 18. Außerdem gilt in Frankreich die europäische Notrufnummer 112.

EINKAUFEN

Geschäfte – In Frankreich gibt es keine einheitlichen Ladenschlusszeiten. Die meisten Kaufhäuser und größeren Geschäfte sind werktags von 9-19.30 Uhr geöffnet, einige an

Bei den Bouquinisten am Seine-Ufer kann man die eine oder andere Rarität ergattern.

J.-P. Clapham / MICHELIN

einem Tag in der Woche auch länger. Kleinere Geschäfte schließen oft in der Mittagszeit (manchmal sogar bis 16 Uhr, dafür sind sie abends länger geöffnet). Bäckereien und einige Lebensmittelgeschäfte sind morgens schon ab 7 Uhr geöffnet. Manche Läden sind an Markttagen nachmittags geschlossen. Bäckereien, Metzgereien und Lebensmittelgeschäfte sind zum Teil am Sonntagvormittag geöffnet, dafür aber in der Regel am Montag geschlossen. Auch viele Buchhandlungen öffnen montags nicht oder erst am Nachmittag. In belebten Straßen können insbesondere kleine Geschäfte auch wesentlich länger geöffnet haben.

Erstattung der Mehrwertsteuer – Für Einkäufe, die bei ein und derselben Adresse und an demselben Tag 200 € übersteigen, ist eine Erstattung der Mehrwertsteuer möglich, jedoch nur für Reisende, die nicht aus den Mitgliedstaaten der Europäischen Union stammen. Die Mehrwertsteuer variiert zwischen

5,5 % und 19,6 %. In großen Läden oder in Luxusgeschäften, die sich in besonderem Maße an Touristen wenden, müssen Sie für die Erstattung der Mehrwertsteuer Ihren Pass und Ihre internationale Kreditkarte vorzeigen.

GELD

Banknoten und Münzen – Seit dem 1. Januar 2002 gilt auch in Frankreich die europäische Währungseinheit Euro. Der Umtausch für französische Francs erfolgt seit Juni 2002 nur noch bei der Banque de France, und zwar 10 Jahre lang für Banknoten (Münzen werden nicht mehr angenommen).

Banken – Außer an Feiertagen sind die Banken Mo-Fr im Allgemeinen von 9-16.30 Uhr geöffnet (manche Filialen haben auch samstags geöffnet, sind dafür aber oft montags geschlossen). Die meisten Bankinstitute sind mit Geldautomaten *(distributeurs)* ausgestattet, die die EC-Card und internationale Kreditkarten akzeptieren (achten Sie auf die Logos der entsprechenden Kreditinstitute). Wenn Sie Schecks (Reiseschecks o. Ä.) einlösen wollen, müssen Sie Ihren Pass oder Personalausweis vorlegen. Banken verlangen üblicherweise eine geringere Gebühr als Hotels, am günstigsten ist es aber, sein Geld direkt mit der Kreditkarte am Geldautomaten abzuheben.

Kreditkarten – American Express, Visa, Mastercard/Eurocard und Diners Club werden in den meisten Geschäften, Hotels, Restaurants und an Tankstellen angenommen. Auch die Autobahngebühren können damit bezahlt werden. Bei Verlust oder Diebstahl wählen Sie umgehend eine der folgenden Nummern:

American Express
✆ 01 47 77 72 00
Diners Club ✆ 08 10 31 41 59
Mastercard/Eurocard
✆ 01 45 67 84 84
Visa ✆ 08 00 90 11 79

Unter der einheitlichen Telefonnummer ✆ **116 116** (aus dem Ausland mit Vorwahl 0049) können fast alle Bank- und Kreditkarten, Mobilfunk- und Krankenversicherungskarten gesperrt werden.

Melden Sie den Verlust von Kreditkarte oder Reiseschecks ebenfalls unbedingt der Polizei *(commissariat de police)*, die Ihnen eine Verlustbescheinigung für Ihre Versicherung oder Kreditkartengesellschaft ausstellt.

POST

Post – Die Postämter (*bureaux de poste*) sind Mo-Fr von 8-19 Uhr, ansonsten von 9-12 und 15-18 Uhr sowie Sa-vormittag bis 12 Uhr geöffnet. Ein Brief kostet 0,53 € Porto (Postkarte ebenfalls). Briefmarken kann man auch bei Zeitungshändlern und in Tabakläden kaufen.

Täglich 24 Std. geöffnet – Bureau de poste du Louvre – 52 rue du Louvre – M° Louvre-Rivoli – 1. Arr. – ✆ 0033 (0)1 40 28 20 00

Auch nachts können Sie Post und Päckchen aufgeben, Briefmarken kaufen etc. Sie können aber keine Postanweisungen oder Geldtransaktionen durchführen.

STROM

In Frankreich ist 220 Volt-Spannung üblich. Meistens werden runde, zweipolige Stecker benutzt. Die Anschlüsse neuerer Elektrogeräte passen im Allgemeinen in französische Steckdosen, solche mit Eurostecker ohnehin. Wenn Sie alte Elektrogeräte mitführen, kaufen Sie gegebenenfalls vor der Abreise einen Zwischenstecker *(adaptateur)*, der in den meisten Drogerien und Flughäfen erhältlich ist. In manchen Hotels sind Zwischenstecker an der Rezeption erhältlich.

TELEFON

Öffentliche Telefonzellen – Kaum noch Telefonzellen sind mit Münzfernsprechern ausgestattet. Für die meisten Telefonzellen benötigt man eine Telefonkarte (*télécarte* mit 50 oder 120 Einheiten); einige Telefonzellen funktionieren auch mit

INTERNATIONALE VORWAHL
(00 + Nummer des Landes):
Deutschland ✆ 49
Liechtenstein ✆ 423
Österreich ✆ 43
Schweiz ✆ 41

Kreditkarten (Visa, Mastercard/Eurocard). Telefonkarten sind in Postämtern, France-Télécom-Agenturen, Tabakläden und manchmal bei Zeitungshändlern erhältlich.
In den französischen Telefonzellen können Inlands- und Auslandsgespräche geführt werden; in Telefonzellen, die mit einer blauen Glocke gekennzeichnet sind, kann man sich auch anrufen lassen.
Telefonieren in Frankreich – Französische Telefonnummern sind zehnstellig. Die Nummern der Hauptstadt Paris und Umgebung beginnen mit 01; in Nordwestfrankreich beginnen sie mit 02; in Nordostfrankreich mit 03; mit 04 in Südostfrankreich und auf Korsika; mit 05 in Südwestfrankreich. Handynummern beginnen mit 06, Telefondienste mit 08 36 (je nach Service zwischen 0,16 und 0,75 € /Min.), Gratisnummern mit 08 00. Die mit 08 beginnenden Nummern können Sie nur anwählen, wenn Sie sich schon in Frankreich befinden. Da Ihnen diese Nummern jedoch vor Ort nützlich sein können, haben wir sie auch in unsere Praktischen Hinweise aufgenommen.
Internationale Telefongespräche – Wenn Sie vom Ausland nach Frankreich telefonieren möchten, wählen Sie zunächst 00, dann die Vorwahl von Frankreich (33) und die neunstellige Telefonnummer (man lässt die erste 0 weg). Möchten Sie von Frankreich ins Ausland telefonieren, wählen Sie 00, dann die Vorwahl des Landes, anschließend die regionale Vorwahl ohne die 0 und schließlich die Nummer Ihres Gesprächspartners. Die Vorwahl für Deutschland ist 49, für Österreich 43, die Schweiz erreicht man mit 41.
Auskunft (französischsprachig): 12

Vergünstigungen für Urlauber

GRATIS

Generell ist der Eintritt in alle französischen Museen am ersten Sonntag jeden Monats frei. Unter 18-Jährige zahlen in den meisten Museen und Denkmälern keinen Eintritt.
In Paris kann man vieles gratis sehen und unternehmen: den Eiffelturm oder den Triumphbogen bewundern, die Champs-Élysées entlanglaufen, in Montmartre spazierengehen, den Friedhof Père-Lachaise besuchen. Die größten Attraktionen (auf die Spitze des Eiffelturms hinauffahren, die Sammlungen des Louvre oder des Musée d'Orsay besichtigen) sind natürlich mit Kosten verbunden.
Mehr Infos **www.parisgratuit.com**

ANGEBOTE FÜR TOURISTEN

Paris Museum Pass – www.parismuseumpass.fr – zwei, vier oder sechs aufeinanderfolgende Tage gültig; mit diesem Pass erhalten Sie freien, direkten und unbegrenzten Eintritt zu mehr als 60 Museen (ständige Sammlungen) und Sehenswürdigkeiten von Paris und der Pariser Region – zu kaufen in den Museen, bei den jeweiligen Monumenten und in den Pariser Touris-

STÄDTISCHE MUSEEN VON PARIS
Städtisches Museum für Moderne Kunst, Haus von Balzac, Musée Bourdelle, Musée Carnavalet, Katakomben, Archäologische Krypta unter dem Place du Parvis (Notre-Dame), Musée Cernuschi, Musée Cognacq-Jay, Musée Galliera, Gedenkstätte für Maréchal Leclerc de Hauteclocques und die Befreiung von Paris/Musée Jean-Moulin, Petit Palais (Musée des Beaux-Arts de la Ville de Paris), Musée de la Vie romantique, Haus von Victor Hugo, Musée Zadkine.

musbüros – Pass für 2 Tage: 35 €, 4 Tage: 50 €, 6 Tage: 65 €.

Tipp: Der Pass lohnt sich, wenn man mehrere Museen an einem Tag besuchen und lange Warteschlangen vermeiden will. Er ist weniger sinnvoll für Familien mit kleinen Kindern.

Paris City Passport – Dieser City Pass mit der Bezeichnung „Offrez-vous Paris" bietet Touristen wie auch Parisern zahlreiche Vorteile innerhalb von Paris. Für 5 € (10 € in Kombination mit dem Mobilis-Ticket für öffentliche Verkehrsmittel) erhalten Sie ein Heft mit Gutscheinen, die gleichzeitig eine kurze Beschreibung der Sehenswürdigkeiten (in Französisch und Englisch) sowie einen Block mit Ermäßigungscoupons für rund 100 Partnerunternehmen enthalten (z. B. Bateaux-mouches, Museen, Kinos, Shopping, Abendveranstaltungen). Dieser sehr praktische Pass ist ein Jahr gültig und übertragbar.

Hinweise für Reisende mit Behinderungen

Einige der beschriebenen Sehenswürdigkeiten bieten eine besondere Ausstattung für Behinderte. In den Rubriken „Sehenswürdigkeiten" sind sie durch das Symbol ♿ kenntlich gemacht. Infos über Museumsbesichtigungen für Behinderte sowie Hör- und Sehgeschädigte erhält man auch unter http://museofile.culture.fr

Die jährlich aktualisierten Michelin-Publikationen **Der Rote Michelin-Führer France** und **Camping Caravaning France** verweisen auf Hotels bzw. Campingplätze, die über behindertengerechte Zimmer und entsprechende Sanitäreinrichtungen verfügen.

Paris en Fauteuil – Der in der Reihe „Paris est à nous" (Éd. Parigramme) erschienene kleine Führer zählt Orte auf, die mit dem Rollstuhl zugänglich sind. Zu jedem Ort gibt es eine detaillierte Beschreibung und nützliche Kommentare zu allgemeinen Aspekten wie Zugänglichkeit sowie zu Anlaufstellen und Serviceleistungen.

Musées de la Ville de Paris – Die Museen der Stadt Paris organisieren verschiedene Programme für Behinderte: Führungen, auch mit Animation, Erzählungen, Diavorträgen, Workshops, aber auch Führungen für Blinde, in Zeichensprache und/oder mit Lippenlesen sowie spezielle Führungen für geistig Behinderte. Zusätzliche Informationen gibt es in den Museen selbst oder in der Direktion für kulturelle Angelegenheiten des „Bureau des Musées" (Services des Relations avec le Public) – 70 rue des Archives – 3. Arr. – ✆ 01 42 76 83 65.

Ein Wochenende in Paris

An einem Wochenende werden Sie zwar nicht alles sehen können, aber wenn Sie sich die Zeit gut einteilen, können Sie sich einen Vorgeschmack auf Ihren nächsten, längeren Aufenthalt holen.

Wir machen Ihnen vier Vorschläge, wie Sie an nur einem Wochenende Paris im Allgemeinen und einen bestimmten Aspekt im Besonderen kennenlernen können. Wenn Sie Näheres erfahren möchten, verweisen wir Sie auf die Kapitel zu den jeweiligen Stadtvierteln.

KUNST UND PANORAMA

Samstagvormittag – Beginnen Sie Ihren Spaziergang beim Triumphbogen auf den berühmten Champs-Élysées. Machen Sie unterwegs Halt, um den Petit Palais zu besichtigen: Malerei und die dekorativen Künste sowie den schönen Park, in dem man zu Mittag essen kann (La Voie triomphale - 14). Direkt daneben im Grand Palais gibt es immer wieder wechselnde Ausstellungen zu sehen.

Samstagnachmittag – Vom Petit Palais aus können Sie den prachtvollen Invalidendom und das Heeresgeschichtliche Museum zu Fuß erreichen. Ebenfalls in der Nähe befindet sich das sehr schöne Musée Rodin mit Garten (Les Invalides - 11).

Samstagabend – Vom Invalidendom aus gehen Sie (immer noch zu Fuß, es ist nicht weit) bis zum Champ-de-Mars (Marsfeld) und dem Eiffelturm, von dem Sie einen herrlichen Blick auf Paris haben und der beleuchtet ist, sobald es dunkel wird (Tour Eiffel und Trocadéro - 12).

Die Kirche Sacré-Cœur liegt malerisch auf dem Montmartre-Hügel.

S. Sauvignier / MICHELIN

Sonntagvormittag – Besichtigen Sie die Sammlungen des Musée du Louvre (Le Louvre - 3).

Sonntagnachmittag – Lassen Sie dem Mittagessen einen Spaziergang durch das Quartier Latin folgen und machen Sie eine Pause im Jardin du Luxembourg (Quartier Latin - 7).

DAS HISTORISCHE PARIS

Samstagvormittag – Der Louvre mit seinen Sammlungen und seiner beeindruckenden Innenarchitektur ist ein unvergessliches Erlebnis für jeden Paris-Besucher. Nehmen Sie sich nicht zu viel vor: Beginnen Sie mit der Mittelalter-Abteilung und sehen Sie sich unbedingt die Appartements Napoleons III. sowie die Galerie d'Apollon an (Le Louvre - 3).

Samstagnachmittag – Die Ufer der Seine in der Nähe des Quartier Latin und um die Inseln Île St-Louis und Île de la Cité eröffnen Ihnen Ansichten, die wie gemalt wirken: In voller Größe sehen Sie das historische Paris, Notre-Dame, die Conciergerie, die Stadtpalais aus dem 17. Jh. auf der Île St-Louis und die Bouquinisten vor sich (Les Quais - 2).

Sonntagvormittag – Das Marais beherbergt eine Fülle von Museen (Picasso, Carnavalet, Kunst und Geschichte des Judentums usw.) und herrlichen Bürgerhäusern mit schönen Gärten. In diesem sehr belebten Viertel können Sie außerdem nach Herzenslust flanieren, zu Mittag essen oder einkaufen, denn die Geschäfte auf der Rue des Rosiers sind sonntags alle geöffnet (Le Marais - 5).

Sonntagnachmittag – Vom Marais gelangen Sie wieder zum Palais-Royal: Spazieren Sie durch die Gartenanlagen, besichtigen Sie den Saal der Comédie Française, bummeln Sie durch die Rue de Richelieu, suchen Sie nach dem Haus von Molière und entdecken Sie dann St-Roch, die Kirche der Künstler (Opéra – Palais-Royal - 17).

DAS PITTORESKE PARIS

Samstagvormittag – Tauchen Sie ein in das Viertel St-Germain-des-Prés mit der Kirche, den Kunstgalerien und Schaufenstern. Machen Sie unbedingt einen Abstecher nach St-Sulpice ganz in der Nähe. Einen Besuch wert sind auch die Geschäfte in der Rue des Canettes und der Rue Bonaparte. (St-Germain-des-Prés - 8)

Samstagnachmittag – Spazieren Sie gemächlich bis zum Odéon und St-Michel im Herzen des Quartier Latin (Quartier Latin - 7). Der Jardin des Plantes (Jardin des Plantes – Mouffetard - 6) lädt zu einer entspannenden Rast ein, bevor es zum Abendessen in die Rue Mouffetard geht.

Sonntagvormittag – Erforschen Sie das pittoreske Paris bei einem

Streifzug auf der Butte (Hügel) von Montmartre (Montmartre - 24).

Sonntagnachmittag – Gehen Sie am späten Vormittag zur Place Pigalle hinunter. Nachdem Sie die Mühlenflügel des Moulin Rouge und die Neonlichter des Vergnügungsviertels gesehen haben, begeben Sie sich auf Entdeckungsreise durch das charmante (und dennoch weniger bekannte) Nouvelle Athènes. Ihr Spaziergang beginnt an der Rue Pigalle. Besuchen Sie auch das Musée Gustave Moreau oder das Musée de la Vie romantique (Pigalle und Nouvelle Athènes - 18).

DAS NOBLE UND GRÜNE PARIS

Samstagvormittag – Genießen Sie zunächst den Anblick des Eiffelturms vom Park des Marsfelds aus. Lassen Sie sich danach am Musée du Quai Branly von dessen riesiger, mit Pflanzen bewachsener Glasfassade beeindrucken. Unwiderstehlich sind auch der schöne, zum Museum gehörende Park und die Sammlungen antiker Kunst (Tour Eiffel und Trocadéro - 12).

Samstagnachmittag – Zu Fuß oder mit der Metro geht es nach Passy. Das ehemalige Dorf ist eine echte Pariser Mischung aus Tradition und Ungewöhnlichem. Heute ein bürgerliches Stadtviertel, strahlt es vor allem Ruhe aus, wobei es sich einen Hauch ländliches Flair bewahrt hat. Der nahe gelegene Bois de Boulogne verspricht eine Ruhepause im Grünen, und den Jardin d'Acclimatation mit seinen zahlreichen Freizeitangeboten werden Ihre Kinder lieben (Bois de Boulogne - 23).

Sonntagvormittag – Im Stadtviertel Monceau bleibt das Paris des 18. Jh. lebendig, sei es in dem schönen Park oder im Musée Nissim-de-Camondo, das in einem Gebäude aus dem 18. Jh. untergebracht ist. Vielleicht interessieren Sie sich aber auch mehr für die asiatische Kunst im Musée Cernuschi gleich nebenan oder das wertvolle Kunsthandwerk aus dem 18. Jh. im Musée Jacquemart-André (Monceau - 15).

Sonntagnachmittag – Ein Rundgang von den Champs-Élysées zu den Gärten der Tuilerien ist ein schöner Abschluss Ihres Paris-Besuchs. (La Voie triomphale - 14).

Themenrouten

Begeistern Sie sich für asiatische Kunst, für die Impressionisten oder vielleicht für Luxusboutiquen? … Wie findet man die wichtigsten Galerien für zeitgenössische Kunst, und in welchen Museen befinden sich die bedeutendsten impressionistischen Sammlungen?
Um sich als Besucher in einer so großen und vielfältigen Stadt wie Paris zurechtzufinden, muss man wissen, was sich hinter all den Sehenswürdigkeiten verbirgt. Deshalb haben wir eine Reihe von thematischen Besuchsvorschlägen für Sie zusammengestellt und geben Ihnen Tipps, wie Sie Paris Ihren individuellen Interessen entsprechend entdecken können.

JUGENDSTIL IN PARIS

Wie schon die Bezeichnung „Art Nouveau" verrät, ist der Jugendstil aus dem Bestreben erwachsen, sich von den Bindungen an die Vergangenheit zu befreien und einen neuen Ausdrucksstil zu finden. Parallel zum industriellen Fortschritt entwickelte er sich in Europa um 1890, vor allem in der Architektur und dem Kunstgewerbe. Charakteristisch für den Jugendstil sind üppige, verschlungene Formen in floralem Dekor.

Auf den Straßen

Metrostationen – Zu den bekanntesten Pariser Ausdrucksformen des Jugendstils zählen sicherlich die Eingänge zu den Metrostationen von **Hector Guimard** (1867-1942). 141 Eingänge in floral verschlungenen gusseisernen Formen bildeten 1898 die Tore zu dieser neuen unterirdischen Welt. Ihnen verdankte der Jugendstil den Beinamen „Art Métro". Bis heute sind 87 davon erhalten geblieben, von denen die schönsten, mit gläsernen Vordächern versehen, an den Metrostationen Abbesses (Montmartre - 24) und Porte-Dauphine zu sehen sind; ebenso Tuileries (Eingang Rue de Rivoli, unweit des Gartens; La Voie triomphale - 14) und Monceau (Monceau - 15).

Gebäude – Um weitere Werke Guimards und des Jugendstils bewundern zu können, muss man durch das 16. Arrondissement, vor allem rund um Auteuil, spazieren (rechnen Sie mit einem ganzen Tag). Schlendern Sie durch die Straßen Rue Agar (selbst das Straßenschild ist ein Manifest des Jugendstils), Rue Gros (mehrere Gebäude von Guimard, Nr. 60: Hôtel Mezzara (1910), Nr. 17 und 19 sowie Nr. 14: Castel Béranger). In der Rue Chardon-Lagache Nr. 41 (Villa de La Réunion) sind die beiden Häuser, die den Eingang umrahmen, von Guimard; links das Hôtel Jassedé (1893) ist ein Jugendwerk, das den Jugendstil ankündigt.

In den Museen

Das Musée d'Orsay ist ein absolutes Muss. Es beherbergt eine bedeutende Sammlung von Objekten, die den internationalen Jugendstil repräsentieren, wie er in Brüssel, Wien, Glasgow oder London und in den Vereinigten Staaten geprägt wurde. Unter diesen Objekten sind äußerst wertvolle Stücke der Belgier Van de Velde und Victor Horta, der Österreicher Loos und Thonet, des Amerikaners Wright und des Briten Mackintosh (Musée d'Orsay - 10).

Einige sehr schöne Möbel und andere Gegenstände sind im Nouveau Musée des Arts Décoratifs ausgestellt (Opéra – Palais-Royal - 17).

Das charmante Musée Art Nouveau - Maxim's präsentiert die Sammlung von Pierre Cardin in den Appartements oberhalb des berühmten Restaurants Maxim's. Sie umfasst über 550 Stücke, unter anderem von Louis Majorelle, Émile Gallé, Antoni Gaudí, Victor Horta oder Pierre Clément Massier (La Voie triomphale - 14).

ZEITGENÖSSISCHE KUNST

Hier finden Sie eine Auswahl von Museen und Galerien, die zeitgenössische Kunst zeigen.

Große Museen

Musée National d'Art Moderne (Beaubourg und les Halles - 4).

Musée d'Art Moderne de la Ville de Paris (Alma - 13).

Kleinere Museen, Galerien

Palais de Tokyo (Alma - 13).

Jeu de Paume – Site Sully (La Voie triomphale - 14).

Le plateau (Regionaler Fonds zeitgenössischer Kunst der Île-de-France) – Place Hannah Arendt – M° Buttes-Chaumont oder Jourdain – www.fracidf-leplateau.com – Wechselausstellungen (19. Arrondissement).

La Maison Rouge – Stiftung Antoine de Galbert (Bastille und Faubourg St-Antoine - 19).

Ensba (École Nationale Supérieure des Beaux-Arts) (St-Germain-des-Prés - 8).

Musée Zadkine (Montparnasse - 22).

Galeries du Marais, St-Germain-des-Prés und Rue Louise-Weiss (13. Arrondissement).

In der Umgebung von Paris: MAC/VAL (Musée d'Art Contemporain du Val-de-Marne) – www.macval.fr

Weitere Hinweise auf Ausstellungen zeitgenössischer Kunst unter www.tram-idf.fr (Netzwerk zur Förderung und Verbreitung zeitgenössischer Kunst in Paris/Île de-France) und in den Tageszeitungen.

DIE IMPRESSIONISTEN

Eine große Auswahl zum Teil berühmter impressionistischer Werke kann man in der ersten Etage des Musée d'Orsay bewundern (Musée d'Orsay - 10). Darunter sind Werke von Berthe Morisot, Claude Monet, Eduard Manet, Paul Cézanne und Vincent van Gogh.

Aber auch das Musée de l'Orangerie in den Tuilerien (La Voie triomphale - 14) beherbergt eine impressionistische Sammlung. Zusätzlich bietet sich ein Besuch im Musée Marmottan an. Dort sind Werke von Gustave Caillebotte, Edgar Degas, Auguste Rodin und anderen zu sehen.

PARKS UND GÄRTEN

Es gibt viele gute Gründe, durch die Parks und Gärten einer Stadt zu streifen: weil Sie die Natur oder die Gartenbaukunst lieben, weil die Kinder sich austoben wollen, wegen der guten Luft oder der schönen Skulpturen. Wir haben unter den 450 Parks, Gärten und Plätzen der Stadt die schönsten für Sie ausgewählt.

Bois de Vincennes – Mit dem Parc Floral erstreckt er sich über 995 ha (Bois und Château de Vincennes - 20).

Bois de Boulogne – Mit Bagatelle, dem Lilien- und Rosengarten umfasst er 846 ha (Bois de Boulogne - 23).

Jardin des Plantes – Dort finden sich ein botanischer Garten und Gewächshäuser (Jardin des Plantes –Mouffetard - 6).

Jardin des Tuileries – Er beherbergt alte und zeitgenössische Statuen (La Voie triomphale - 14).

Jardin du Luxembourg – Ein Ort der Erholung für Studenten und auch zahlreiche Freizeitmöglichkeiten für Kinder bietet (Quartier Latin - 7).

Parc Montsouris – Zusammen mit dem **Square des Batignolles** (17. Arrondissement – M° Brochant) ist er ein Beispiel für englische Gärten.

Park Buttes-Chaumont – Zweifellos der reizvollste Park (19. Arrondissement).

Jardin du Palais-Royal – Ein Refugium der Stille mitten in Paris (Opéra – Palais-Royal - 17).

Japanischer Garten der UNESCO – (Tour Eiffel und Trocadéro - 12).

Park des Musée Rodin – Er ist sehr zu empfehlen, wenn Sie Ihren Museumsbesuch etwas ausdehnen wollen. Schlendern Sie die Alleen hinunter, entdecken Sie weitere

Eine der grünen Lungen von Paris: Der Park von Belleville.

S. Sauvignier / MICHELIN

Skulpturen des großen Meisters der Bildhauerkunst und genießen Sie den herrlichen Blick auf den Invalidendom (Faubourg St-Germain - 9).

Parc Monceau – Hier kann man hinter schönen schmiedeeisernen Toren in Gesellschaft der Statuen Alfred de Mussets, Guy de Maupassants und Frédéric Chopins wunderbar spazieren gehen (Monceau - 15).

Gewächshäuser von Auteuil – Sie sind eine Art botanischer Garten. Gleich daneben liegt der **Jardin des Poètes** (Dichtergarten), wo es sich zwischen Stelen, in die berühmte Verse der größten französischen Dichter eingraviert sind, gut flanieren lässt.

Parc de La Villette – Der größte Park von Paris, akzentuiert durch futuristische Bauwerke (La Villette - 25).

Parc de Bercy – Er erinnert an die Weinbauvergangenheit des Viertels (Bercy - 21).

Jardin de l'Atlantique – Reizvoll über den ehemaligen Gleisen der Gare Montparnasse gelegen (Montparnasse - 22).

Cour du Maroc – Ein Park von über 4 ha Größe, der demnächst neu gestaltet wird (M° Stalingrad).

ÜBERDACHTE PASSAGEN

Die meisten stammen aus dem frühen 19. Jh. und waren einst wichtiger Bestandteil des gesellschaftlichen Lebens. Durch die Handelsbetriebe, die sich dort niederließen, erlebten sie einen starken Aufschwung. Die meisten konzentrieren sich im 2. Arrondissement. 1828 gab es mehr als 100 Passagen, heute sind es knapp über 20. Heute beherbergen sie teils altmodisch anmutende Läden, deren nostalgischer Charakter ihnen jedoch einen ganz besonderen Reiz verleiht. Manche Passagen sind am Wochenende geschlossen.

Galeries du Palais-Royal – *Jardins du Palais-Royal, 1. Arr., M° Palais Royal.* Am „Jardin du Palais-Royal" liegen die Arkaden von 1780, unter denen man den ganzen Garten umrunden kann. Die Läden hier sind eher altertümlich und haben einen eigenen Charme. Manche sind einmalig und lohnen sicherlich einen Umweg: ein Bleisoldatenhändler, ein sehr hübsches Spieldosengeschäft, Antiquitäten- und Briefmarkenläden, eine Geschirr-Designerin und natürlich mehrere Cafés und Restaurants.

Galerie Vivienne – *4 rue des Petits-Champs, 2. Arr., M° Bourse.* 1823 erbaut, vor 30 Jahren sollte sie abgerissen werden. Sie ist heute eine der belebtesten Passagen. Interessant sind die halbmondförmigen Fenster im Zwischengeschoss, das Glasdach, durch das Tageslicht eindringen kann, und das Bodenmosaik des italienischen Künstlers Facchina, der in Paris noch andere Bauwerke verschönerte. Antiquarische Buchhandlungen (Nr. 45 und 46, die 1826 gegründete Buchhandlung Petit-Siroux), Stoffgeschäfte und Kaffeehäuser und Luxusläden wie der von Jean-Paul Gaultier.

Galerie Colbert – *4 rue Vivienne, 2. Arr., M° Bourse.* 1826 eröffnet. Luxuriöse Ausstattung, ruhige und eher sachliche Atmosphäre. Geht in die Galerie Vivienne über und ist der Nationalbibliothek (BN) angegliedert, die dort Ausstellungen, Symposien, Podiumsdiskussionen und (im Auditorium unter der Rotunde) Konzerte veranstaltet.

Passage Choiseul – *23 rue St-Augustin, 2. Arr., M° Quatre-Septembre.* 1827 an der Rückseite des Theaters Les Bouffes-Parisiens eröffnet. Weniger nobel als die vorher erwähnten Galerien, beherbergt sie jede Menge Modeschmuck- und Modeläden und Druckereien. Es herrscht eine fast dörfliche Atmosphäre. Diese Passage hat der Schriftsteller Louis-Ferdinand Céline unsterblich gemacht, als er sie in *Tod auf Kredit* beschrieb.

Passage des Panoramas – *11 bd. Montmartre, 2. Arr., M° Grands-Boulevards.* Die erste öffentliche Anlage, die Gasbeleuchtung erhielt, wurde von Zola in seinem Roman *Nana* verewigt. Hier finden Sie Galerien, Modeboutiquen, Geschäfte für Philatelisten und einen Graveur. Eigentlich hätte sie auch „Passage des Américains" heißen können, denn 1799 baute der Amerikaner James Thayer am Boulevard Montmartre zwei große Rotunden, in denen Malereien seines Landsmanns Fulton an die Wände projiziert waren. Diese Panoramen stellten große europäische Städte dar und gaben der Passage ihren Namen. Die Rotunden wurden 1831 abgerissen, doch die Passage überlebte. Zahlreiche nostalgische Ladenschilder schmücken die Galerie. In Nr. 57 hat man die Gelegenheit, in einem Salon de Thé im Interieur aus der Zeit Napoleons III. vom Einkaufsbummel zu entspannen.

Passage Jouffroy – *10 bd. Montmartre, 2. Arr., M° Grands-Boulevards.* Die erste beheizte Passage von Paris (1847) befindet sich neben dem Musée Grévin. Heute gibt es hier unterschiedliche Geschäfte, darunter Orientläden (in einem davon kann man türkischen Kaffee und orientalische Süßigkeiten kosten) und ein Buchantiquariat.

Galerie Véro-Dodat – *19 rue Jean-Jacques-Rousseau, 2. Arr., M° Louvre-Rivoli.* 1826 eröffnet. Zweifellos eine der Passagen mit der schönsten Innenarchitektur, z. B. wunderbare Deckenmalerei.

Einige der Geschäfte, deren einheitlich gestaltete Fassaden mit Kupfer eingefasst sind, entfalten nostalgischen Charme, so z. B. der auf altes Spielzeug spezialisierte Laden von Robert Capia, die Buchhandlung Gauguin und das Geschäft eines Geigenbauers (Nr. 17). Bemerkenswert ist auch die Buchhandlung FMR: die schwarzen Einbände harmonieren mit den Regalen in Weiß, Schwarz und Gold.

Passage Verdeau – *6 rue de la Grange-Batelière, 9. Arr., M° Richelieu-Drouot* oder *Grands-Boulevards*. Sie liegt, nicht weit vom Hôtel Drouot entfernt, in der Verlängerung der Passage Jouffroy und hat dem Besucher Antiquitäten und alte Bücher zu bieten (die Buchhandlungen La France Ancienne oder Roland Buret, wo vor allem alte Ausgaben von Comiczeitschriften zu finden sind).

Passage du Grand-Cerf – *145 rue St-Denis, 4. Arr., M° Étienne-Marcel*. Zwischen 1825 und 1835 an der Stelle der Hôtellerie du Grand-Cerf erbaut. Marmorfußboden, elegantes, erstaunlich hohes Glasdach, Geländer aus Schmiedeeisen, Schaufenster mit Holzrahmen. Die Läden sind modern.

Passage Brady – *18 rue du Faubourg-St-Denis, 9. Arr., M° Strasbourg-St-Denis*. Aromatische indische Düfte wehen durch diese Passage aus dem Jahr 1828. Viele Restaurants und Lebensmittelgeschäfte.

In Paris unterwegs

MIT DEM BOOT

Der **Batobus** ist ein originelles Verkehrsmittel, um Paris entlang der Seine zu durchqueren. Dieser Service ist auf die Bedürfnisse der Touristen zugeschnitten, da man auf direktem Weg zu den meistbesuchten Sehenswürdigkeiten und Stadtteilen gelangt. Es gibt Pauschaltickets für ein, zwei oder fünf Tage. Sonst sind die Fahrpreise recht hoch.

Haltestellen – Eiffelturm (Port de la Bourdonnais), Musée d'Orsay (Quai de Solférino), St-Germain-des-Prés (Quai Malaquais), Notre-Dame (Quai de Montebello), Jardin des Plantes

Paris entlang der Seine zu entdecken bietet viele neue Perspektiven.

S. Sauvignier / MICHELIN

(Quai St-Bernard), Hôtel-de-Ville (Quai de l'Hôtel-de-Ville), Louvre (Quai du Louvre) und Champs-Élysées (Port des Champs-Élysées).

Fahrpläne und Preise – Juni-Aug. 10-21.30 Uhr; April-Mai und Sept.-Okt. 10-19 Uhr; Jan.-März und Nov.-Dez. 10.30-16.30 Uhr – 11 € pro Tag (unter 16 J. 5 €); 13 € 2 Tage (unter 16 J. 6 €).

Auskünfte – Port de la Bourdonnais – 7. Arr. – ✆ 08 25 05 01 01 (0,15 €/Min.) – RER C Champ-de-Mars-Tour-Eiffel oder M° Bir-Hakeim.

MIT DEM BUS

Auf bequeme und angenehme Weise lässt sich Paris während einer Busfahrt entdecken. Dabei haben Sie mehrere Möglichkeiten: Entweder Sie nehmen an einer **Stadtrundfahrt** per Bus teil, oder Sie setzen sich ganz einfach in einen normalen **Linienbus**, von denen einige mitten durch historisch interessante Viertel fahren. So erlebt man – gegen ein geringes Entgelt – die Stadt mitten unter Pariser Bürgern.

Balabus – Dieser Bus durchquert Paris von Osten nach Westen von der Gare de Lyon bis zum Viertel La Défense und führt an zahlreichen interessanten Sehenswürdigkeiten vorbei (Dauer: 1 1/2 Std.). Die Bushaltestellen sind als Balabus Bb-Haltestellen gekennzeichnet. Der Balabus verkehrt April-Sept. So und Fei 12.30-20 Uhr (ab La Défense) und 13.30-20.30 Uhr (ab Gare de Lyon).

Montmartrobus – Pendelt regelmäßig auf dem Montmartre-Hügel zwischen dem Bürgermeisteramt *(Mairie)* des 18. Arrondissements und der Place Pigalle.

Les cars rouges (Parisbus) – ✆ 01 53 95 39 53 – Haltepunkte der „roten Busse" sind z. B.: Eiffelturm, Champ-de-Mars, Louvre, Notre-Dame, Musée d'Orsay, Oper, Champs-Élysées, Grand Palais, Trocadéro. 2 1/4 Std. kommentierte Fahrt mit beliebigen Unterbrechungen. Der Fahrschein (22 €, unter 12 J. 11 €) wird im Bus gekauft und ist zwei Tage gültig.

Cityrama – ✆ 01 44 55 60 00 – Stadtrundfahrten im Panoramabus, Tages- und Nachtfahrten.

L'Open Tour – ✆ 01 42 66 56 56 – Vier Paris-Rundfahrten unterschiedlicher Länge; man kann an 50 mit „Open Tour" gekennzeichneten Haltepunkten ein- und aussteigen. 28 € für zwei aufeinanderfolgende Tage oder 25 € pro Tag (Kinder: 12 €). Der OpenTour Pass ist direkt im Bus, am OpenTour-Verkaufsstand oder am Kiosk der Haltestelle La Madeleine erhältlich.

Paris-Vision Plus – ✆ 01 42 60 86 00 – www.parisvision.com – Ausflüge und Abendfahrten im Minibus mit 8 Plätzen ab und bis Hotel.

MIT DEM FAHRRAD

Paris per Fahrrad zu erkunden hat viele Vorteile. Es gibt keine Parkplatzprobleme, die Distanzen sind relativ kurz (die Ost-West-Ausdehnung von Paris beträgt nur 11 km) und es gibt immer mehr Fahrradwege. Die Steigungen (in Montmartre, Belleville und auf dem Berg von Ste-Geneviève) sind gut zu bewältigen.

Vorsicht

Die Pariser Autofahrer nehmen nicht gerade Rücksicht auf Radfahrer. Achten Sie außerdem immer auf Ihr Fahrrad. Auch wenn es abgeschlossen ist, lassen sich einzelne Teile (Sattel, Vorderrad) leicht abmontieren, und das kommt in Paris schon einmal vor.

Regeln beachten

Klingel, Lampe und Bremslicht müssen intakt sein. Das Fahrrad muss an den dafür vorgesehenen Plätzen abgestellt werden. Es ist verboten, auf Gehsteigen zu fahren, außer für Kinder unter acht Jahren.

Fahrradverleih

Nachstehend eine Auswahl von Adressen. Weitere Informationen enthält der Plan *Paris à vélo*, der in den Bürgermeisterämtern der Arrondissements und im Pariser Tourismusbüro erhältlich ist. Sie sollten sich ausweisen können, wenn Sie ein Fahrrad zum besseren Vorankommen mieten möchten.

Paris à vélo, c'est sympa ! – 22 rue Alphonse-Baudin – 75011 Paris – M° Richard-Lenoir – ✆ 01 48 87 60 01 – www.parisvelosympa.com – April-Okt. tgl. außer Di 9.30-13 Uhr, 14-18 Uhr, Wochenende 9-13 Uhr, 14-19 Uhr; Nov.-März tgl. außer Di 9.30-13 Uhr, 14-17.30 Uhr, Wochenende 9.30-13 Uhr, 14-18 Uhr – Fahrradverleih 13 €/Tag (250 € Kaution) – Organisierte Ausflüge zu verschiedenen Themen (3 Std.): 34 € (unter 12 J. 18 €).

Paris Vélo – 2 rue de Fer-à-Moulin – 75015 Paris – M° Censier-Daubenton – ✆ 01 43 37 59 22 – 14 €/Tag (10-19 Uhr), 12 €/halber Tag – 300 € Kaution müssen hinterlegt werden.

Bike'n Roller – 38 rue Fabert – 75007 Paris (Esplanade des Invalides) – ✆ 01 45 50 38 27 – M° Invalides – Fahrradverleih: 12 €/halber Tag, 17 €/Tag; Kindersitze – Vermietung von Inlinern 9 €/halber Tag, 12 €/Tag – Kaution.

Roue Libre (RATP) – 1 passage Mondétour – 75001 Paris – ✆ 01 81 04 41 34 – www.rouelibre.fr – Mo-Fr: 10 €/Tag, Wochenende und Fei: 4 €/Std., 10 €/4 Std., 15 €/Tag – Kaution 150 € – Verleih: Maison Roue Libre des Halles, 9-19 Uhr; Wochenende und Fei: Châtelet; Eingänge Pferderennbahn Longchamp und Auteuil sowie auf dem Vorplatz des Château de Vincennes (Bois de Vincennes) – Verleih von Kindersitzen und Schlössern, Versicherung inbegriffen.

Aktivitäten von A bis Z

AUSGEHEN

Bars

Hotelbars, Nachtbars, Lounge-Bars, Bierbars, Weinbars, Cocktailbars, In-Bars, Bars für die „Alten" und Bars für die Jungen ... es ist für jeden Geschmack etwas dabei. Und dann gibt es noch jene Bar, in die Sie zufällig am Ende eines Tages stolpern, weil ihr Äußeres oder ihre Cocktailkarte Ihr Interesse geweckt hat.

Wenn Sie nicht an Zufall glauben, haben wir für Sie eine kleine Auswahl an Bars zusammengestellt, mit Verweisen auf die in diesem Führer beschriebenen Stadtviertel.

Zum Ausklang eines Nachmittags – Le Jokko (5 rue Elzévir – Le Marais - 5); Le Merle Moqueur (Bier und gute Rhythmen; hier tanzt man am Wochenende; 11 rue de la Butte-aux-Caillles); Le Piston Pelican (Cocktails und Musik, hier ist man mitten unter Parisern; 15 rue de Bagnolet – Le Père-Lachaise - 26); Oum Kalthoum Café (für die Liebhaber der Wasserpfeife; 4 square Vermenouze – Jardin des Plantes – Mouffetard - 6); L'entre-Potes (bekannt für seine Whiskys; 14 rue de Charonne – Bastille und Faubourg St-Antoine - 19).

Gute Cocktails – Hemingway Bar (Hôtel Ritz, Place Vendôme – Opéra – Palais-Royal - 17); Harry' s Bar (5 rue Daunou – Opéra – Palais-Royal - 17); Les Étages (5 rue de Buci – St-Germain-des-Prés - 8); Le Bar du Plaza (eine der schicksten Lounges von Paris; im Hôtel Plaza Athénée, 25 avenue Montaigne – Alma - 13); le China Club (50 rue de Charenton – Bastille und Faubourg St-Antoine - 19); Rosebud (hier ist die Nachkriegszeit von Montparnasse noch lebendig; Rue Delambre – Montparnasse - 22).

Gutes Bier – Kitty O'shea's (10 rue des Capucines – Opéra – Palais-Royal - 17); l'Académie de la Bière (88 bis boulevard de Port-Royal; O'Briens (77 rue St-Dominique – Tour Eiffel und Trocadéro - 12); The Frog at Bercy (25 cours St-Émilion – Bercy - 21); Pouchla (10 rue Mandar); Le Bottle Shop (5 rue Trousseau – Bastille und Faubourg St-Antoine - 19).

Bars, in denen gespielt wird – L'Apparemment Café (Schach, Go und Backgammon; 18 rue des Coutures-St-Gervais); Le Bar Ourcq (68 quai de la Loire); La Belle Hortense (literarisch; 31 rue Vieille-du-Temple – Le Marais - 5); Aux Neufs Billards (179 rue St-Maur).

Clubs und Diskotheken

Paris ist ein Paradies für Nachtschwärmer. Hier können Sie sich bis zum frühen Morgen und länger den Rhythmen der Nacht hingeben: House, Techno, Electro, Trance, Hip-Hop, Reggae, Latino, Disco oder alles auf einmal? Das hängt vom Programm, vom DJ und vom Abend ab ...

Sie finden im Folgenden die Namen der wichtigsten Nachtclubs, nach Vierteln geordnet – z. B. in der Nähe Ihres Hotels. Wenn Sie sich lieber an Musikrichtungen orientieren wollen, informieren Sie sich in den entsprechenden Printmedien (*Nova Magazine*, *Les Inrockuptibles*, *Lylo*, *Time Out*).

Oper und Grands Boulevards – Cab (2 place du Palais-Royal – M° Palais-Royal); Le Marquis (130 rue de Rivoli – M° Louvre oder Châtelet); Le Paris Paris (5 avenue de l'Opéra – M° Palais-Royal); Pulp (25 boulevard Poissonnière – M° Grands-Boulevards); Rex Club (5 boulevard Poissonnière – M° Grands-Boulevards); Triptyque (142 rue Montmartre – M° Grands-Boulevards); Vinyl (25 boulevard Poissonnière – M° Grands-Boulevards).

Paris-Zentrum – Marais – Les Halles – Les Bains Douches (7 rue du

Bourg-L'Abbé – M° Étienne-Marcel); Lizard Lounge (18 rue du Bourg-Tibourg – M° Hôtel-de-Ville).

Rund um die Champs-Élysées – Le Baron (6 avenue Marceau – M° Alma-Marceau); Garden Club

TIPPS UND ADRESSEN

Die Pariser Revuen – Das Pariser Leben verdankt seinen internationalen Ruf den prachtvollen Revuen in den Folies Bergère, im Moulin-Rouge – der 1889 gegründet wurde und in dem Toulouse-Lautrec Stammgast war –, im Lido, im Paradis Latin oder im Crazy-Horse. Warum dieser Erfolg? Ganz einfach, weil das Angebot ebenso verlockend wie zufriedenstellend ist. Man zeigt Ihnen nicht nur die schönsten Frauen der Welt, äußerst leicht bekleidet, aber dennoch nicht nackt, sondern man serviert Ihnen auch Champagner oder ein Abendessen.

Chez Michou – *80 rue des Martyrs, Montmartre – M° Abbesses – ☏ 01 46 06 16 04 – www.michou.com – nur mit telefonischer Reservierung: tgl. außer Wochenende 11-18 Uhr – Aug. und 1. Mai geschl.* Das berühmte Kabarett am Fuße des Montmartre, unter der Leitung des extravaganten Michou, den man an seiner großen blauen Brille erkennt. In den fröhlich-humorvollen Revuen imitieren Travestiekünstler Stars aus dem Showbiz. Korrekte Bekleidung ist vorgeschrieben.

Crazy Horse – *12 av. George-V – M° George-V oder Alma-Marceau – ☏ 01 47 23 32 32 – www.lecrazyhorse.com – 2 Vorstellungen pro Abend: 20.30 und 23 Uhr; Sa-abend: 3 Vorstellungen – 50-110 €.* Dieser legendäre Ort des Pariser Nachtlebens bietet eine der schönsten Revuen der Hauptstadt, in denen die Frau wie ein Juwel in einem wunderschönen Rahmen aus Tanz und Lichtern präsentiert wird.

Folies-Bergère – *32 rue Richer – M° Cadet oder Grands-Boulevards – ☏ 01 44 79 98 98 – www.foliesbergere.com – tgl. außer Mo 10-18 Uhr, 19-23 Uhr.* Dieser Ort hat schon Loïe Fuller und Yvette Guilbert, Maurice Chevalier, Yvonne Printemps und Mistinguett, Joséphine Baker und Charles Trenet gesehen ... Ebenso viele legendäre Figuren sind auf der Art-déco-Fassade verewigt; den Wandelgang in der Halle im Hollywood-Stil rühmte schon Guy de Maupassant.

Der Lido – *116 bis av. des Champs-Élysées – M° Georges-V – ☏ 01 40 76 56 10 – www.lido.fr – ab 19 Uhr – ab 80 €.* Dieses prestigeträchtige Pariser Kabarett zeigt seit 1946 jeden Abend ein bemerkenswertes Spektakel, dem, falls gewünscht, ein Abendessen vorausgeht. Auf der Bühne schwingen die großartigen Bluebell Girls Federboas und Pailletten in einer Revue, an der nicht weniger als 70 Künstler in 600 Kostümen mitwirken und erstaunliche Licht- und Wasserspiele gezeigt werden.

Moulin Rouge – *82 bd. de Clichy – M° Blanche – ☏ 01 53 09 82 82 – www.moulin-rouge.com – Kartenverkauf: 9-1 Uhr – von 87-170 €.* Der Moulin Rouge präsentiert seit 1889 Zuschauern aus der ganzen Welt großartige Spektakel: den französischen Cancan, den Toulouse-Lautrec verewigte, Revuen mit Federn, Strass und Pailletten. Die aktuelle Revue „Féerie" vergisst man nicht so leicht.

Le Paradis Latin – *28 rue du Card.-Lemoine – M° Jussieu oder Cardinal-Lemoine – ☏ 01 43 25 28 28 – www.paradis-latin.com – tgl. außer Di 20-24 Uhr.* Berühmtes Pariser Kabarett, errichtet auf Initiative Gustave Eiffels und im Januar 1889 aus Anlass der Weltausstellung eröffnet. Tänzer und Tänzerinnen, Lichter, Dekorationen und Musik erschaffen die Magie einer Revue, in der man natürlich auch den Cancan wiederfindet.

(4 rue Arsène-Houssaye – M° Étoile); MadaM (128 rue La Boétie – M° Franklin-D.-Roosevelt); Mandala Ray (34 rue Marbeuf – M° Franklin-D.-Roosevelt); Maxim's (3 rue Royale – M° Concorde); Le Milliardaire (68 rue Pierre-Charron – M° Franklin-D.-Roosevelt); Nirvana Lounge (3 avenue Matignon – M° Franklin-D.-Roosevelt); Queen Club (102 avenue des Champs-Élysées – M° Georges-V); Regine's (49 rue de Ponthieu – M° Franklin-D.-Roosevelt); Six Seven (67 rue Pierre-Charron – M° Franklin-D.-Roosevelt); La Suite (40 avenue Georges-V – M° Georges-V) ; La Villa (37 avenue de Friedland – M° Étoile); VIP Room (76-78 avenue des Champs-Élysées – M° Georges-V); Le Duplex (2 bis avenue Foch – M° Étoile); L'Etoile (12 rue de Presbourg – M° Étoile); Zebra Square (1 rue des Boulainvilliers – M° Passy).

Rund um Pigalle – Le Bus Palladium (6 rue Fontaine – M° Blanche); La Boule Noire (120 boulevard de Rochechouart – M° Pigalle); Folie's Pigalle (11 place Pigalle – M° Blanche); Le Globo (8 boulevard de Strasbourg – M° Strasbourg-St-Denis); Le Divan du Monde (75 rue des Martyrs – M° Pigalle); Élysée-Montmartre (2 boulevard de Rochechouart – M° Pigalle); La Loco (90 boulevard de Clichy – M° Blanche).

Im Norden - La Villette – Studio 287 (33 avenue de la Porte-d'Aubervilliers – M° Porte-de-la-Chapelle); Cabaret Sauvage und Le Trabendo (Parc de la Villette – M° Porte-de-la-Villette); Glaz'art (7-15 avenue de la Porte-de-la-Villette – M° Porte-de-la-Villette).

St-Germain - St-Michel – Le Babylon Club (8 rue des Anglais – M° Maubert-Mutualité); Le Saint (7 rue St-Séverin – M° St-Michel); WAGG (62 rue Mazarine – M° Odéon).

Rund um Montparnasse – Dancing de la Couple (100 boulevard du Montparnasse – M° Vavin); Mix Club (24 rue de l'Arrivée – M° Montparnasse-Bienvenüe); Redlight (3 rue du Départ – M° Montparnasse-Bienvenüe).

TIPP

Budget – Das Pariser Nachtleben ist relativ kostspielig. Clubs und Diskotheken verlangen zwischen 10 und 20 € Eintritt; ein Getränk kostet durchschnittlich 15 €. Ein Bier in einer Bar kostet ca. 2,50 €, auf den Champs-Élysées muss man jedoch mit bis zu 6 € rechnen.

Öffnungszeiten – Die Clubs öffnen zwischen 20 und 22 Uhr und schließen morgens zwischen 4.30 und 6.30 Uhr.

Informationen – Adressen der Clubs und Bars und Hinweise auf besondere Veranstaltungen findet man in den Magazinen *Nova*, *Les Inrockuptibles*, *Lylo* und *Get out* und auf Internetseiten wie www.zurban.com

Rund um die Bastille - République – Point éphémère (200 quai de Valmy – M° Jaurès); La Maroquinerie (2 rue Boyer – M° Gambetta); Follow me (24 rue Keller – M° Bastille); Gibus (18 rue du Faubourg-du-Temple – M° République); Nouveau Casino (109 rue Oberkampf – M° Oberkampf); La Scène Bastille (2 bis rue des Taillandiers – M° Bastille).

Bercy - Tolbiac – Batofar (Quai de la Gare – M° Quai-de-la-Gare oder Bibliothèque-F.-Mitterrand); La Guingette Pirate (Quai de la Gare – M° Quai-de-la-Gare oder Bibliothèque-F.-Mitterrand).

FÜHRUNGEN

In Paris finden täglich Führungen durch einzelne Stadtviertel, Sehenswürdigkeiten und Ausstellungen statt. Sie finden die Ankündigungen in bestimmten französischen Tageszeitungen, in der Fachpresse (z. B. *L'Officiel des spectacles* und das *Pariscope*) sowie auf den Aushängen am Eingang der Sehenswürdigkeiten. Programme liegen auch beim Pariser Tourismusbüro und seinen Filialen aus. Sie brauchen sich nur am angegebenen Treffpunkt einzufinden. Alles andere erfahren Sie vor Ort.

Der Friedhof von Montparnasse ist die letzte Ruhestätte vieler berühmter Persönlichkeiten von Baudelaire bis Sartre.

J.-P. Clapham / MICHELIN

Führungen sind eine hervorragende Möglichkeit, auch die verborgenen Winkel von Paris kennenzulernen.
Die Führungen werden von folgenden Institutionen organisiert:
Centre des Monuments nationaux – Service Visites-Conférences – 7 boulevard Morland – 4. Arr. – ✆ 01 44 54 19 30/35 – tgl. außer am Wochenende 9-12 und 14-17 Uhr – 8 € (unter 25 J. 6 €) – Besichtigung von Denkmälern, aber auch von bestimmten Stadtvierteln unter einem architektonischen Gesichtspunkt.
Association pour la Sauvegarde et la Mise en Valeur du Paris historique – 44-46 rue François-Miron, 75004 Paris – ✆ 01 48 87 74 31– www.paris-historique.org
Association Faire connaître Paris en réponse au Temps (AFCPRT) – 21 rue du Repos – 20. Arr. – ✆ 01 43 70 70 87 – Führungen zu Sehenswürdigkeiten, Stadtvierteln und Pariser Werkstätten für Kunst und Kunsthandwerk.
Écoute du Passé – 44 rue de Maubeuge – 9. Arr. – ✆ 01 42 82 11 81 Diese Führungen, die Sie mit der Pariser Vergangenheit bekannt machen, finden täglich statt. Sie können sich in bestimmten Tageszeitungen und einschlägigen Printmedien darüber informieren. Das Programm ist in den Tourismusbüros erhältlich.
Führungen durch Parks und Gärten
– Das Pariser Bürgermeisteramt organisiert Führungen (1 1/2-2 Std.) durch die Park- und Gartenanlagen der Hauptstadt. Auskünfte gibt die Park- und Gartenverwaltung – 3 avenue de la Porte-d'Auteuil – 16. Arr. – ✆ 01 40 71 75 60. Das Programm erfahren Sie auch bei den Magistraten der jeweiligen Arrondissements, im Rathaus und unter www.paris.fr
Paris Côté Jardin – ✆ 01 40 30 47 15 – Geschichtliche und architektonische Führungen durch schöne Viertel und Gärten sowie zu Sehenswürdigkeiten.

GÜNSTIGER REISEN

Nachfolgend nennen wir Ihnen ein paar Tipps und Tricks, wie Sie Ihren Budgetposten „Ausgehen" reduzieren und dabei trotzdem viel ausgehen können.

Theaterkioske

Hier sind Theaterkarten (die teureren) am Vorstellungstag zum halben Preis erhältlich. Über 100 Vorstellungen und 120 Theaterstücke (eher private Theater als nationale Bühnen) stehen zur Auswahl. Bedenken Sie, dass das gewünschte Stück vielleicht nicht mehr verfügbar ist und halten Sie Alternativlösungen bereit. Keine Zahlung mit EC-Karte.
Kiosque Théatre de la Madeleine – Place de la Madeleine – M° Madeleine – Di-Sa 12.30-19.45 Uhr, So 12.30-15.45 Uhr.
Kiosque Théatre Montparnasse – Vorplatz des Gare Montparnasse – M° Montparnasse-Bienvenuë – Di-Sa 12.30-19.45 Uhr, So 12.30-15.45 Uhr.

Jugendkioske

Jugendliche unter 29 Jahren können sich hier Einladungen holen oder Karten zu stark ermäßigten Preisen kaufen.

Kiosque Jeunes du Champs de Mars – 101 quai Branly – M° Bir-Hakeim – ✆ 01 43 06 15 38 – Mo-Fr 10-18 Uhr – Fei geschl.

Kiosque Jeunes du Marais – 14 rue François-Miron – M° Hôtel de Ville – ✆ 01 42 71 38 76 – Mo-Fr 10-18 Uhr – Fei geschl.

Im Internet

Auf zahlreichen Internetseiten erfahren Sie, wo Sie ermäßigte Tickets erhalten, u. a.: www.billetreduc.com, www.ticketac.com, www.theatreonline.com (ermäßigte Last-minute-Karten), www.lastminute.com (neben Paris-Lissabon-Flügen gibt es hier ermäßigte Last-Minute-Plätze für alle Veranstaltungen in Paris).

KINOS

Ins Kino gehen bedeutet, sich zu entspannen, Kultur zu erleben, aber auch Gesprächsstoff für gesellschaftliche Anlässe zu sammeln. „Hast du den neuesten Almodovar gesehen?" – „Ja, natürlich, aber mir gefiel der letzte Coppola besser, natürlich der von Sophia!" Kino heißt Lachen oder Weinen, Energie tanken oder Grusel spüren … In jedem Fall ist Paris eine ideale Stadt für Kinoerlebnisse, an die man sich lange erinnert. Die Pariser Kinolandschaft bietet eine riesige Auswahl. Neben aktuellen Filmen kann man Klassiker wiedererleben, seltene Perlen der Filmkunst entdecken, die Palette von Tarkowsky bis Bollywood ausschöpfen, es sich in luxuriösen Polstersesseln vor einer Panoramaleinwand gemütlich machen – kurz: Paris bietet jedem das Filmerlebnis, das er gerade sucht.

Zu den typischsten Pariser Kinos zählen: **Le Grand Rex** mit seinen 7 Sälen und 2 riesigen Leinwänden (1 boulevard Poissonnière – M° Bonne-Nouvelle); das **Max Linder Panorama** mit seiner Riesenleinwand (24 boulevard Poissonnière – M° Grands-Boulevards); das **Mac-Mahon**, 1938 eröffnet (5 avenue Mac-Mahon – M° Étoile – Ⓒ La Voie triomphale - 14); **La Cinémathèque française** (51 rue de Bercy – M° Bercy – Ⓒ Bercy - 21); **La Pagode** (57 bis rue de Babylone – M° St-François-Xavier – Ⓒ Faubourg St-Germain - 9); das **Grand Action** (5 rue des écoles – M° Cardinal-Lemoine – Ⓒ Quartier Latin - 7); **Action Christine Odéon** (4 rue Christine – M° Odéon – Ⓒ St-Germain-des-Prés - 8).

TIPPS FÜR KINOGÄNGER

Für die während der Woche anlaufenden Filme sollte man rechtzeitig am Kino sein, um die oft sehr langen Warteschlangen zu vermeiden. Manche Kinos gestatten keinen Zutritt mehr, wenn der Film schon länger als zehn Minuten läuft. Für die UGC- und Gaumont-Kinos kann man die Plätze auch per Internet reservieren.

KAUFHÄUSER

Sie sind sicherlich die ideale Lösung für alle, die wenig Zeit haben. Die meisten großen Marken sind hier vertreten (Mode, Parfumerie, Lederartikel), und die neuesten Trends werden angeboten. Die Häuser sind von Mo bis Sa geöffnet und haben meist ein Restaurant oder eine Bar.

Les Galeries Lafayette mit den neuen Abteilungen Lafayette Maison und Lafayette VO: M° Chaussin-d'Antin oder Havre-Caumartin.

Le Printemps, M° Chaussin-d'Antin oder Havre-Caumartin.

Bazar de l'Hôtel de Ville (BHV), M° Hôtel-de-Ville (Ⓒ Les Quais - 2).

Le Bon Marché, M° Sèvres-Babylone, (Ⓒ Faubourg St-Germain - 9).

LECKEREIEN

Schokolade, Bonbons, Alkohol oder Wein? Das alles finden Sie in der **Grande Épicerie** des Kaufhauses Bon Marché (Ⓒ Faubourg St-Germain - 9), im **Lafayette Gourmet** in den Galeries Lafayette; in den Luxus-Feinkost- und Cateringläden **Fauchon** oder **Hédiard** auf der

Place de la Madeleine (Ⓜ Faubourg St-Honoré - 16), aber auch in Spezialgeschäften, bei Weinhändlern und den renommierten Pâtissiers und Chocolatiers **Ladurée** und **Dalloyau** (Ⓜ La Voie triomphale - 14), **Debauve & Gallais** (Ⓜ St-Germain des Près - 8) oder im Maison du Chocolat (mehrere Geschäfte).

MÄRKTE

In Paris kann man auf 66 offenen Märkten (ein, zwei oder drei Mal in der Woche) von 7 bis 14.30 Uhr und auf 13 überdachten Märkten (tgl. außer Mo) das Treiben mit allen Sinnen genießen und den Puls der Stadt fühlen. Auskünfte zu den Markttagen bei den Magistraten der Arrondissements oder unter der Telefonnummer 3975.
Einige besonders schöne Märkte – Aligre, tgl. außer Mo (Place d'Aligre: Ⓜ Bastille und Faubourg St-Antoine - 19); Bastille, Do und So (Boulevard Richard-Lenoir: Ⓜ Bastille und Faubourg St-Antoine - 19); Saint-Honoré, Mi und Sa (Place du Marché-Saint-Honoré: Ⓜ Faubourg St-Honoré - 16); Enfants-Rouges, tgl. außer Mo (39 rue de Bretagne); Président-Wilson (Avenue du Prés.-Wilson, zwischen der Rue Debrousse und dem Place d'Iéna: Ⓜ Alma - 13).

MODE

Mode ist in Paris in allen Preislagen und Stilen erhältlich: internationale Kreationen auf der Place des Victoires (Ⓜ Opéra – Palais-Royal - 17); Haute Couture in der Rue du Faubourg-St-Honoré, Avenue Montaigne und Rue François-Ier (Ⓜ Faubourg St-Honoré - 16); junge und trendige Mode und Prêt-à-porter-Marken in den Hallen (Ⓜ Beaubourg und les Halles - 4) und Le Sentier; schicke Labels gibt es rund um die Bastille (Ⓜ Bastille und Faubourg St-Antoine - 19) und den Quai de Valmy und natürlich in St-Germain-des-Prés (Ⓜ St-Germain-des-Prés - 8)!
Wenn Sie ein typisch pariserisches Accessoire nach Hause mitnehmen möchten: Hermès bringt seine berühmten Seidentücher auch mit Pariser Motiven heraus, Lancel druckt Pariser Sehenswürdigkeiten auf seine Taschen und auf andere Accessoires (Ⓜ La Voie triomphale - 14).

MUSEUMSSHOPS

Der Dachverband der Französischen Museen (Réunion des Musées nationaux, RMN) bietet Kopien der Werke seiner großen Museen sowie Schmuck zum Verkauf an (hauptsächlich im Shop des Louvre: Ⓜ Le Louvre - 3).
Zahlreiche Monumente oder Museen verfügen auch über einen Laden, in dem man Bücher, Kunstdrucke u. Ä. erstehen kann. So finden Sie z. B. im **Shop der Comédie-Française** (Ⓜ Opéra – Palais-Royal - 17) verschiedene Gegenstände, die an große Momente des Theaters erinnern, oder im **Shop des Hôtel des Monnaies** (Ⓜ Faubourg St-Germain - 9) Medaillen und sehr schön gearbeiteten Schmuck.

PARFUMS

Parfums stehen sinnbildlich für Pariser Eleganz. Freilich finden Sie sie auch anderswo, aber Paris bietet Ihnen die Gelegenheit, die Mutterhäuser der großen Parfumhersteller zu besuchen, umso mehr als viele von ihnen in traumhaft schönen Läden untergebracht sind, die nicht

TIPP

In manchen Pariser Straßen findet man fahrende Gemüse- und Obstverkäufer sowie Käse- und Fleischprodukte, auf Tischen dargeboten. Diese oft in Fußgängerzonen gelegenen „Märkte" sind praktisch täglich rund um die Uhr geöffnet und oft sehr pittoresk … Dazu zählen: die Rue des Martyrs (Ⓜ Pigalle und Nouvelle-Athènes - 18), die Rue Daguerre (M° Denfert-Rochereau), die Rue Montorgueil (Ⓜ Beaubourg und les Halles - 4) und die Rue de Buci (Ⓜ St-Germain-des-Prés - 8).

nur dem Geruchsinn Vergnügen bereiten.
Das ist vor allem der Fall bei Guerlain auf den Champs-Élysées (Ⓜ La Voie triomphale - 14), der Grande Boutique de l'Artisan Parfumeur gegenüber dem Louvre (Ⓜ Opéra – Palais-Royal - 17), bei Annick Goutal, Place St-Sulpice (Ⓜ St-Germain-des-Prés - 8), Shisheido und Serge Lutens in den Sälen des Palais Royal (Ⓜ Opéra – Palais-Royal - 17), Dior, Yves Saint-Laurent, Chanel und Caron, Avenue Montaigne (Ⓜ Faubourg St-Honoré - 16).

SCHMUCK

Die Schmuckläden und Juweliere bieten manchmal auch „erschwingliche" Produktlinien an. Lassen Sie sich nicht abschrecken und gehen Sie hinein! Van Cleef & Arpels, Chanel, Boucheron (Place Vendôme, Rue de la Paix, Rue Royale - Ⓜ Opéra – Palais-Royal - 17), Harry Winston und Bulgari (Avenue Montaigne)..., aber auch, für weniger gut gefüllte Brieftaschen, Tati Or (Rue de Passy) oder Agatha (im Carrousel du Louvre – Ⓜ Le Louvre - 3).

SOUVENIRS

Das typische Pariser Souvenir gibt es eigentlich nicht, abgesehen von den traditionellen Eiffeltürmen in verschiedenen Größen, den Bierkrügen und T-Shirts, auf denen in bunten Lettern der Name der Hauptstadt prangt, den Reproduktionen von Poulbot oder Toulouse-Lautrec, auf denen die Legenden des Montmartre verewigt sind, oder den Konservendosen, die Pariser Luft enthalten sollen! An vielen touristischen Plätzen oder in Galerien verkaufen Künstler mehr oder weniger konventionelle Bilder von Paris, die durchaus charmant sein können. Wenn Sie etwas Geduld haben, können Sie sich auch in Montmartre, Notre-Dame oder Beaubourg portraitieren lassen.
Je nach Geschmack werden Sie das Souvenir aufspüren, das Ihnen Freude macht oder Sie an Ihren Aufenthalt in der französischen Hauptstadt erinnert.
Im Folgenden nennen wir Ihnen einige Adressen und Tipps, die Ihnen bei der Wahl Ihrer Souvenirs helfen sollen.

Fein gearbeitetes Mosaik im Kaufhaus Bon Marché.

WOHNACCESSOIRES

In Paris biegen sich die Regale unter Designerlampen, Vasen, Stoffen und allen möglichen Dekorationsgegenständen, insbesondere im Stadtviertel St-Germain, und dort in der Rue de l'Abbaye und der Rue Jacob (Ⓜ St-Germain-des-Prés - 8).
Ist man an schöner Tischkultur interessiert, sollte man sich diese Schaufenster nicht entgehen lassen: Rue de Paradis, M°Château-d'Eau oder Poissonnière, Place des États-Unis (Ⓜ Alma - 13) oder Rue Royale mit Bernardaud, Villeroy & Boch (Porzellan) oder Christofle und St-Louis, Baccarat oder Lalique (Kristall) (Ⓜ Faubourg-St-Honoré - 16).

VERANSTALTUNGEN

Die „Stadt der Tausend Lichter" ist auch eine Stadt der Rampenlichter. In Paris werben auf Schritt und Tritt Plakate für die unterschiedlichsten Veranstaltungen: Konzerte, Theater, Oper oder Kino – es gibt eine Fülle von Angeboten. Nützen Sie die Gelegenheit!

Internet

Allgemeine Seiten – www.zurban.com: unverzichtbar, wenn Sie in

Paris ausgehen wollen. Weitere hilfreiche Seiten: www.figaroscope.fr, www.sortiraparis.com, www.evene.fr, www.timeout.com/paris, www.fnac.com

Konzerte – www.paris-concert.com (klassische Musik), www.infoconcert.com

Theater – www.theatreonline.com, www.comedie-francaise.fr

Kinder – www.parismomes.fr, www.cityjunior.com

Kino – www.allocine.fr, www.cinefil.com

Zeitungen und Zeitschriften

Das komplette Programm aller Pariser Veranstaltungen wird jeden Mittwoch im *L'Officiel des spectacles* und im *Pariscope* veröffentlicht: Filme (Beginnzeiten), Theaterstücke, Ausstellungen, Konzerte und Symposien … Hier finden Sie alle nötigen Informationen und Kommentare der Redaktion zu Restaurants, Kabaretts, Revuen oder auch Spaziergängen in Paris – zwei unabdingbare „Werkzeuge" (Preis: 0,35/0,40 €).

Die Tageszeitungen *Le Monde, Libération* und *Le Parisien* enthalten eine eigene Rubrik über Veranstaltungen, Konzerte usw. des Tages und der Woche, die Sie auch im *Le Figaro* und seiner Mittwochs-Beilage, dem *Figaroscope*, nachlesen können.

Die Artikel der Wochenzeitung *Télérama* und ihrer Beilage *Sorties* geben ebenfalls einen guten Überblick über aktuelle Veranstaltungen.

TIPP

Comédie Française – *Place Colette – M° Palais-Royal – ✆ 08 25 10 16 80 – www.comedie-francaise.fr – Kartenvorverkauf 11-18 Uhr – Ende Juli-Sept. und 1. Mai geschl.* Das Repertoire des 1680 von Ludwig XIV. gegründeten Theaters ist traditionell an den klassischen französischen Autoren orientiert. Die Besucher einer Vorstellung haben die Gelegenheit, im Foyer den berühmten *Voltaire* von Houdon zu bewundern sowie in der Galerie der Büsten den Fauteuil (Lehnstuhl), auf dem Molière am 17. Februar 1673 mitten in einer Vorstellung übel wurde, worauf er starb.

VERANSTALTUNGSORTE

Selbstverständlich gibt es in Paris unzählige Veranstaltungsorte: Da sind natürlich die Theater, die Opernhäuser, die Kinosäle, außerdem die Kabaretts, die Theatercafés, die Jazzclubs. Auch Kirchen sind bedeutende Bühnen klassischer Musik.

Die Theater

Die Pariser Theaterlandschaft ist so bunt und vielfältig wie die Stadt selbst. Sehr vereinfacht könnte man sagen, es gibt einerseits das literarische Theater – mit den klassischen und zeitgenössischen Autoren – und andererseits das „leichte" oder komische Theater, in Szene gesetzt von den Boulevardtheatern (die historisch entlang der Grands Boulevards angesiedelt sind). Und dann gibt es die zahlreichen Theater, die irgendwo „dazwischen" liegen und die sich spielplanmäßig nicht festlegen lassen.

Klassische und zeitgenössische Stücke – Manche Theater inszenieren zeitgenössische Autoren und bringen gleichzeitig auch die großen Klassiker von Aischylos bis Molière, andere, die gewöhnlich nur Klassiker auf die Bühne brachten, wie die Comédie Française, öffnen sich zunehmend auch modernen Stücken … Unter allen nationalen, regionalen, subventionierten und privaten Theatern hier eine Auswahl: **Théâtre du Rond-Point** (M° Franklin-D.-Roosevelt – 8. Arr.); **Théâtre de l'Odéon-Europe** (M° Odéon – 6. Arr.); **Théâtre de la Bastille** (M° Bastille – 11. Arr.); **Théâtre de la Ville - Les Abbesses** (M° Abbesses – 18. Arr.); **La Cartoucherie** (M° Château-de-Vincennes; Bois de Vincennes); **Théâtre national de Chaillot** (M° Trocadéro –

16. Arr.); **Théâtre de la Colline** (M° Gambetta – 20. Arr.).

Boulevardtheater – Sie waren immer schon an den Grands Boulevards angesiedelt und setzen die Tradition des Unterhaltungstheaters und der Komödien fort. Es handelt sich eher um private Theater, u. a.: **Comédie Caumartin** (M° Havre-Caumartin – 9. Arr.); **Théâtre du Gymnase-Marie-Bell** (M° Bonne-Nouvelle – 10. Arr.); **Théâtre de la Michaudière** (M° Opéra – 2. Arr.).

Oper

Neben der Pariser Oper mit ihren zwei Sälen Opéra-Bastille und Opéra-Garnier, deren Direktor von 1983 bis 1989 der berühmte Tänzer Rudolf Nurejew war, besitzt Paris auch eine komische Oper. Dort werden z. B. *Carmen, Perichole* oder *Die Lustige Witwe* aufgeführt. **Opéra-Comique Salle Favart** (M° Richelieu-Drouot – 2. Arr.).

Für die Oper ist eine Reservierung unbedingt zu empfehlen. Es ist allerdings auch möglich, Karten vor der Vorstellung zu kaufen, da manche Besucher ihre Karten wieder verkaufen. Versuchen Sie Ihr Glück.

Tanz

Zeitgenössischer oder klassischer Tanz? Carolyn Carlson, Josef Nadj oder *Schwanensee*? Der Spielplan des **Théâtre de la Ville** (M° Châtelet – 1. Arr.) liegt prinzipiell auf dem Schwerpunkt zeitgenössischer Tanz. Für das klassische Repertoire ist die Pariser Oper zuständig.

Klassische und zeitgenössische Musik

Neben der Pariser Oper sorgen die zahlreichen renommierten Orchester für eine lebendige Musikzsene. Das Orchestre National de France, das Orchester des Pariser Konservatoriums, das Orchestre de Paris (1967 von André Malraux und Marcel Landowski gegründet), das Neue Philharmonische Orchester von Radio-France, das Orchestre Colonne und das Orchestre Lamoureux (gegründet 1881) bieten vielseitigen Musikgenuss.

Einige Spielstätten dieser Orchester: **Pleyel-** und **Gaveau-**Saal, Maison de **Radio-France** (M° Passy – 16. Arr.), **Théâtre des Champs-Élysées** (M° Alma-Marceau – 8. Arr.), Théâtre du **Châtelet** (M° Châtelet – 1. Arr.), **Cité de la Musique** (M° Porte-de-Pantin – 19. Arr.), aber auch **Kirchen** wie die Kathedrale von Notre-Dame, die Sainte-Chapelle, die Madeleine, St-Germain-des-Prés, St-Eustache, St-Merri, St-Julien-le-Pauvre und St-Roch.

Jazz

Es heißt, er sei in Paris so lebendig wie nie zuvor! Einige wichtige Vertreter der Szene sind: Louis Sclavis, Saxophon und Bassklarinette, Henri Texier und sein Azur Quintet, Stéphane und Lionel Belmondo (Trompete und Saxophon), Philippe Sellam, einer der größten Altsaxophonisten, Eric Le Lann – ein Meister der Trompete im Jazz wie im Funk – oder die Gruppe Chérie B (großes Orchester, Funk und Groove).

Alle spielen regelmäßig im **New Morning** (M° Château-d'Eau – 18. Arr.) und im **La Villa** (M° St-Germain-des-Prés – 6. Arr.), einem „ausgewählteren" und intimeren Club. Nicht zu vergessen **Le Petit Opportun** (M° Châtelet – 1. Arr.), **Le Sunset** (M° Châtelet – 1. Arr.), **La Chapelle des Lombards** (M° Bastille – 11. Arr.), **Le Petit Journal Montpar-**

TIPP

Opéra-Bastille – *120 rue de Lyon – M° Bastille – ✆ 08 92 89 90 90 – www.opera-de-paris.fr – Kartenverkauf: tgl. außer So 9-18 Uhr, Sa 9-13 Uhr – Mitte Juli-Mitte Sept. geschl.* Die von Carlos Ott erbaute Oper verbindet ihren Dienst am Publikum mit technischer Performance. Sie wurde am 13. Juli 1989 von François Mitterrand eröffnet und begann ihre erste Saison am 17. März 1990 mit einer Neuinszenierung der *Troyaner* von Hector Berlioz unter der Direktion von Orchesterchef Myung Whun Chung.

DIE GROSSEN AUSSTELLUNGEN

In den Veranstaltungskalendern (*Officiel des Spectacles*, *Pariscope*) sowie in den Tageszeitungen (*Le Monde*, *Libération*) und Wochenzeitungen (*Télérama*, *L'Express*) findet man Informationen über die Themen und Termine der Ausstellungen. Weitere Informationen gibt es im Internet unter www.paris.fr. Um lange Wartezeiten (oft über eine Stunde) an den Kassen zu vermeiden, sollte man seine Eintrittskarten rechtzeitig vorher kaufen (zum Beispiel in den Filialen der Buch- und Medienhandlung Fnac).

nasse (M° Montparnasse-Bienvenüe – 14. Arr.), le **Caveau de la Huchette** (M° St-Michel – 5. Arr.), le **Trabendo** (Parc de la Villette – M° Porte-de-Pantin – 19. Arr.) oder **Le Duc des Lombards** (M° Châtelet – 1. Arr.). Und die Fans des **Jazz Manouche** treffen sich am Marché aux Puces von St-Ouen: im Café Piccolo, wo Django Reinhardt spielte, im Chope des Puces oder Chez Louisette. Treffpunkte für Jazzliebhaber sind außerdem: **Jazz à la Villette**, ein Festival, das jedes Jahr während der ersten zwei Septemberwochen stattfindet (Le Trabendo, la Cité de la Musique) und, außerhalb von Paris, das **Festival des Puces** in St-Ouen (Juli). Es wurde 2005 von Serge Malik und dem Geiger Didier Lockwood gegründet (Auskünfte beim Bürgermeisteramt).

Französische Chansons und Variétés

Die „junge Generation" des französischen Chansons spielt in den großen Sälen **Olympia** (M° Opéra – 9. Arr.), **Bercy** (M° Bercy – 12. Arr.) und **Zenith** (M° Porte-de-Pantin – 19. Arr.), aber auch in **La Maroquinerie** (M° Gambetta – 20. Arr.), in **La Cigale** (M° Pigalle oder Anvers – 18. Arr.), im **Bataclan** (M° République – 11. Arr.), im **Flèche d'Or** (M° Alexandre-Dumas – 20. Arr.) und im **L'Européen** (M° Place-de-Clichy – 17. Arr.).

WECHSELAUSSTELLUNGEN

Der Louvre, das Musée d'Orsay, das Centre Georges-Pompidou, die Cité des Sciences, das Arabische Kulturinstitut, der Palais de la Découverte, das Städtische Museum moderner Kunst sowie eine Reihe weiterer Museen organisieren regelmäßig Wechselausstellungen.

Die größten und renommiertesten finden im Grand Palais, im Musée d'Orsay, im Louvre, im Palais du Luxembourg, im Musée Guimet, im Centre Georges-Pompidou und im Arabischen Kulturinstitut statt.

Für die ganze Familie

Wir haben für Sie einige Orte und Aktivitäten ausgesucht, für die sich Ihre Kinder besonders begeistern werden. Die Tabelle auf Seite 433 zeigt Ihnen diese Ziele im Überblick. Sie finden sie auch bei den jeweiligen Orten im Hauptkapitel, markiert mit dem Symbol.

SEHENSWÜRDIGKEITEN UND AKTIVITÄTEN FÜR DIE GANZE FAMILIE

KAPITEL	PARKS	MUSEEN SEHENSWÜRDIG-KEITEN	FREIZEIT
La Cité - 1	Square Jean-XXIII	Notre-Dame, Conciergerie	Eis von Berthillon
Le Louvre - 3		vor allem die ägyptische Sammlung	Führungen für Kinder
Beaubourg und les Halles - 4		Centre G.-Pompidou Stravinski-Brunnen	Animationen auf dem Vorplatz des Centre G.-Pompidou
Le Marais - 5	Park auf der Place des Vosges	Musée de la Curiosité Musée de la Chasse	
Jardin des Plantes – Mouffetard - 6	Alpengarten, Gemüsegarten und Gewächshaus des Jardin des Plantes Square Tino Rossi	Grande Galerie de l'Évolution Galerie de Paléontologie	Stadien Tierpark Reitbahn
Quartier Latin - 7	Jardin du Luxembourg Mittelalterlicher Garten des Musée de Cluny	Musée de Cluny Centre de la Mer et des Eaux	verschiedene Angebote für Kinder im Jardin du Luxembourg
Faubourg St-Germain - 9	Jardin Catherine-Labouré		Die Jugendbibliothek Chantelivre (13 rue de Sèvres)
Les Invalides - 11	Esplanade	Heeresgeschichtliches Museum	Grabmal Napoleons
Tour Eiffel und Trocadéro - 12	Champs-de-Mars	Eiffelturm Musée de la Marine	Aquarium du Trocadéro Bateau-mouche
Alma - 13		Palais de Tokyo Musée Guimet	
La Voie triomphale - 14	Jardin des Tuileries	Palais de la Découverte	versch. Angebote für Kinder in den Tuilerien
Monceau - 15	Parc Monceau	Museum Nissim-de-Camondo	Spielplätze im Parc Monceau
Opéra – Palais Royal - 17	Die Parks und Gärten des Palais-Royal	Säulen von Buren Opéra-Garnier Spielzeuggalerie im Musée des Arts Decoratifs	
Bastille und Faubourg St-Antoine - 19	Promenade Plantée	Port de l'Arsenal	
Bois und Château de Vincennes - 20	Wald, Seen, Spielplätze	Schloss	Zoo Botanischer Garten
Bercy - 21	Parc de Bercy		Cour St-Émilion Inlineskatingpiste von Bercy
Montparnasse - 22	Jardin Atlantique	Musée Bourdelle	Kinos
Bois de Boulogne - 23	Bois de Boulogne		Jardin d'Acclimatation
Montmartre - 24	Square Jean-Rictus Friedhof St-Vincent	Sacré-Cœur, Mühlen, Musée Dali, Halle St-Pierre	Alte Manege am Fuße des Sacré-Coeur Les Poulbots
La Villette - 25	Parc de la Villette	Cité des Sciences Cité des Enfants Cité de la Musique	Workshops und Animationen im Park
Le Père-Lachaise - 26	Jardin Naturel	Cimetière	
St-Denis - 28		Stadion	

Buch- und Filmtipps

Buchtipps

BELLETRISTIK

Louis Aragon: **Der Pariser Bauer** (Suhrkamp, 1996).
Aragons Gedankenstreifzüge durch die Viertel von Paris fügen sich zu einem philosophischen Roman.

Simone de Beauvoir: **Die Mandarins von Paris** (Rowohlt, 2000).
Die Lebensgefährtin von Jean-Paul Sartre schildert in diesem Roman das politische und private Leben der Pariser Intellektuellen nach dem Zweiten Weltkrieg.

Céline Curiol: **Von Liebe sprechen** (Piper, 2008).
Eine Bahnhofsansagerin in Paris versucht, ihre unglückliche Liebesgeschichte in den Straßen und Bars der Stadt und durch Begegnungen mit ihren sonderbaren Bewohnern zu vergessen.

Ariel Denis: **Stille in Montparnasse. Ein Romanbericht** (Atrium, 2007).
Streifzüge eines Musikliebhabers durch Paris. Die Stadt wird dabei zur Kulisse für die Suche nach der wahren Musik.

Lilian Faschinger: **Paarweise. Acht Pariser Episoden** (dtv, 2004).
Zentraler Schauplatz dieses komplexen Episodenromans ist ein Pariser Café, in dem sich Geschichten und Lebensläufe kreuzen und bemerkenswerte Menschen sich begegnen.

Tess Gerritsen: **Verrat in Paris** (Cora, 2005).
Eine junge Frau in Paris versucht, die Wahrheit über den Tod ihrer Eltern aufzudecken.

Ernest Hemingway: **Paris, ein Fest fürs Leben** (Rowohlt, 1999).
Der Literaturnobelpreisträger verbrachte viele Jahre in Paris. Seine Erinnerungen lassen den Leser in die Atmosphäre der 1920er-Jahre eintauchen.

Victor Hugo: **Der Glöckner von Notre Dame** (dtv, 2005).
Dieses Hauptwerk der französischen Romantik spielt im spätmittelalterlichen Paris, das Hugo als Parallele zu den gesellschaftlichen Umwälzungen seiner eigenen Zeit auffasste.

Patrick Modiano: **Unfall in der Nacht** (Hanser, 2006).
Literarische Fragmente über ungewöhnliche Begegnungen in den Straßen, den Cafés und auf den Plätzen von Paris.

George Orwell: **Erledigt in Paris und London** (Diogenes, 2007).
Für Paris-Liebhaber ist vor allem der erste Teil dieses autobiografischen und sozialkritischen Buchs interessant. Hier berichtet Orwell von seiner Zeit als Tellerwäscher und Englischlehrer in einem Pariser Armenviertel.

Henry Miller: **Stille Tage in Clichy** (Rowohlt, 1983).
Millers heiterer und zugleich erotischer Roman erzählt von den Abenteuern zweier Amerikaner im Paris der 1930er-Jahre.

Raymond Queneau: **Zazie in der Metro** (Suhrkamp, 2007). Die freche Zazie wird von ihrer Mutter zum Onkel nach Paris gebracht und erlebt dort turbulente Tage, die sie für immer verändern.

Rainer Maria Rilke: **Die Aufzeichnungen des Malte Laurids Brigge** (S. Fischer, 2006).
Der Roman in Tagebuchform erzählt, wie der Protagonist Malte nach Paris geht, um sich dort eine Existenz als Künstler aufzubauen.

Patrick Süskind: **Die Taube** (Diogenes, 2001).
Ein Angestellter einer Pariser Bank führt ein scheinbar gefestigtes Leben. An einem ganz normalen Sommertag bringt eine Taube alles durcheinander. Die Meisterschaft des Autors von „Das Parfum" entfaltet sich auch in dieser Erzählung.

Fred Vargas: **Die dritte Jungfrau** (Aufbau, 2008).
Ein altes Spukhaus in Paris, ein Skalpellmörder und ein wachsamer Kommissar auf Spurensuche in der Pariser Banlieue prägen Vargas' spannenden Kriminalroman.
Émile Zola: **Der Bauch von Paris** (Lübbe, 2000).
Der vielleicht berühmteste Roman Zolas lässt den Leser in die Atmosphäre der Pariser Markthallen eintauchen. Die Geschichte des Fleischers Qenu ist zugleich eine Kritik an den sozialen Verhältnissen im Paris des ausgehenden 19. Jh.

GESCHICHTE UND KULTUR

Jörg Aufenanger: **Heinrich Heine in Paris** (dtv, 2005).
Der deutsche Dichter kam 1831 in seinem Pariser Exil an. Bis zu seinem Tod lebte, liebte und schrieb Heine im damaligen geistigen Zentrum Europas.
Karl H. Götze: **Immer Paris. Geschichte und Gegenwart** (Siedler, 2002).
Der Autor beschäftigt sich mit dem Mythos Paris und der Gegenwart. Er berichtet lebendig und unterhaltsam von der Vielfalt und Widersprüchlichkeit der Seine-Metropole.
Thankmar von Münchhausen: **Paris. Geschichte einer Stadt von 1800 bis heute** (DVA, 2007).
Der ehemalige Frankreich-Korrespondent der *Frankfurter Allgemeinen Zeitung* führt durch 200 Jahre Geschichte und Kulturgeschichte der französischen Hauptstadt.
Andrea Weiss: **Paris war eine Frau. Die Frauen von der Left Bank: Djuna Barnes, Janet Flanner, Gertrude Stein & Co.** (Rowohlt, 2006).
Weiss portraitiert eine Gruppe von Künstlerinnen in Paris, die unter der Bezeichnung „die Frauen von der Left Bank" im wahrsten Sinne des Wortes Geschichte geschrieben haben, darunter die Schriftstellerinnen Djuna Barnes, Gertrude Stein und die Verlegerin Alice B. Toklas.
Edmund White: **Gebrauchsanweisung für Paris** (Piper, 2007).
Wie ein Flaneur streift White durch Paris und schreibt unterhaltsam über die Seine-Metropole.

KÜCHE

Chuck Williams/ Jean-Blaise Hall/ Marlena Spieler: **Entdecken und Genießen. Paris. Französische Esskultur und Lebensart** (Christian, 2005).
Rezepte für Pariser Spezialitäten, Beobachtungen über Esskultur und Lebensart sowie Einkaufstipps für die frankophile Küche machen Lust auf die nächste Reise nach Paris.

REISE

Marina Bohlmann-Modersohn: **Merian** live! **Paris** (Travel House Media, 2010).
Paris im Pocketformat: Neben ausführlichen Hotel- und Restauranttipps werden auch zahlreiche Touren und Ausflüge empfohlen.
Merian Magazin Paris (Jahreszeiten Verlag, 2010).
Schöne und ungewöhnliche Ansichten von Paris, dazu Berichte, Tipps und Stadtpläne.

Filmtipps

Zahllose Filme wurden in Paris gedreht. Eine Auswahl:
Hôtel du Nord
(Marcel Carné, 1938)
Sie küssten und sie schlugen ihn
(Éric Rohmer, 1959)
Zazie in der Metro
(Louis Malle, 1959)
Außer Atem
(Jean-Luc Godard, 1959)
Charade
(Stanley Donen, 1962)
Der Mieter
(Roman Polanski, 1976)
Die letzte Metro
(François Truffaut, 1980)
Die Spaziergängerin von Sans-Souci
(Jacques Rouffio, 1981)
Die Liebenden von Pont-Neuf
(Léos Carax, 1991)
Die fabelhafte Welt der Amélie
(Jean-Pierre Jeunet, 2001)

Veranstaltungs-kalender

Die Auswahl erhebt keinen Anspruch auf Vollständigkeit. Informieren Sie sich bitte in den Tourismusbüros.

Kultur

JANUAR

La Villette – 2. Jan.-Hälfte – Festival international de Cinéma grand format de la Géode (internationales Filmfest) – www.lageode.fr

MÄRZ

Paris Expo - Porte de Versailles – Ende März-Anfang April – Salon du Livre (Buchmesse) – www.salondu livreparis.com

JUNI

Arabisches Kulturinstitut – 1. Juni-Hälfte – Festival de Musique – www.imarabe.org

In der ganzen Stadt – 21. Juni – Fête de la Musique – www.fetedela musique.culture.fr

In ganz Paris – Ende Juni-Mitte Juli – Festival Paris-Cinéma – www. pariscinema.org

MITTE JULI – MITTE AUGUST

An mehreren Schauplätzen der Stadt – Paris Quartier d'Été: Musik, Theater, verschiedene Veranstaltungen – www.quartierdete.com

AUGUST

La Villette – Ende Aug.-Anfang Sept. – Jazz in La Villette: Open-Air-Konzerte – www.cite-musique.fr

SEPTEMBER

An mehreren Plätzen der Stadt – Mitte Sept.-Ende Dez. – Herbstfestival: Theater, Kino, Tanz, Musik, Plastiken – www.festival-autom ne.com

OKTOBER

In ganz Paris (versch. Stadtviertel, Kirchen, Monumente, Parks) – Anfang Okt. – La Nuit Blanche (Die weiße Nacht): Animationen, Ausstellungen, Theaterstücke – www. paris.fr

Grand Palais und Louvre – Ende Okt. – Internationale Messe für zeitgenössische Kunst (Foire internationale d'art contemporain, Fiac) – www.fiacparis.com

Sport

JANUAR

Pferderennbahn (Hippodrome) von Vincennes – Letzter So im Jan. – Prix d'Amérique – www.cheval-francais.com

APRIL

Durch die gesamte Stadt – Anfang April – Marathon von Paris: Laufstrecke 42 km von den Champs-Élysées bis zur Avenue Foch – www. parismarathon.com

MAI

Roland-Garros Stadion – Ende Mai-Anfang Juni – Internationale Tennismeisterschaften – www.fft.fr

JUNI

Pferderennbahn (Hippodrome) von Vincennes – Mitte Juni – Prix du Président de la République – www.cheval-francais.com

JULI

Champs-Élysées – Zielstrecke der Tour de France (Sonntag).

OKTOBER

Pferderennbahn von Longchamp – 1. So im Okt. – Prix de l'Arc de Triomphe Lucien Barrière – www.france-galop.com
Westen der Stadt, Quai de Seine und Bois de Boulogne – Mitte Okt. – „Die 20 km von Paris"-Lauf: Schleife von 20 km vom Pont d'Iéna zum Quai Branly – www.20kmparis.com

Weitere Events

JANUAR

Asiatisches Viertel (Avenue de Choisy, Avenue d'Ivry, 13. Arr.) – Ende Jan. oder Anfang Feb. – Chinesisches Neujahrsfest – www.mairie13.paris.fr

FEBRUAR

In mehreren Vierteln der Stadt – Karneval von Paris: Umzug durch Paris bis zum Rathaus (am Sonntag vor Faschingsdienstag) – www.carnaval-pantruche.org
Winterzirkus Bouglione – Anfang Feb. – Internationales Festival des Zirkus von Morgen – www.cirquedemain.com
Paris Expo - Porte de Versailles – Ende Feb.-Anfang März – Internationale Landwirtschaftsschau – www.salon-agriculture.com

APRIL

Paris Expo - Porte de Versailles – Ende April-Anfang Mai – Pariser Messe – www.foiredeparis.fr

APRIL-OKTOBER

Botanischer Garten von Vincennes – Blumenausstellungen (Tulpen im April, Rhododendren im Mai, Lilien im Mai und Juni, Dahlien im September und Oktober).

MAI-SEPTEMBER

Pariser Parks und Gärten – Musik in den Gärten: gratis Konzerte in Parks und Gärten von Paris – www.paris.fr

JUNI

Botanischer Garten von Vincennes – Mitte Juni-Juli – Paris Jazz Festival: Open-Air-Konzert Sa- und So-nachmittag – www.parisjazzfestival2007.com oder www.parcfloraldeparis.com

MITTE JULI-MITTE AUGUST

Entlang der Seine – Paris-Plage: Sandstrand, Liegestühle und Animationen – www.paris.fr
In mehreren Vierteln – 13./14. Juli – Bälle und Feuerwerk; Militärumzug am 14. auf den Champs-Élysées.

SEPTEMBER

Grand Palais – 2. Sept.-Hälfte – Internationale Biennale für Antiquitäten (in geraden Jahren) und Sammler-Messe (in ungeraden Jahre) – www.antiquaires-sna.com
Bei mehreren Pariser Sehenswürdigkeiten – 3. Sept.-Wochenende – Tage des Kulturerbes – www.gouv.fr
Paris Expo - Porte de Versailles – Ende Sept.-Mitte Okt. – Zweiradmeisterschaften (ungerade Jahre) – www.mondial-deuxroues.com
Automobilmeisterschaften (gerade Jahre) – www.mondial-automobile.com

OKTOBER

An verschiedenen Plätzen: Cité des Sciences, Jardins des Plantes, Palais de la Découverte ... – Anfang Okt. – Fest der Wissenschaften: Workshops, Symposien – www.recherche.gouv.fr
Montmartre – 2. Okt.-Samstag – Weinlesefest – www.fetedesvendangesdemontmartre.com

NOVEMBER

Paris Expo - Porte de Versailles – Ende Nov.-Anfang Dez. – Pferdeschau – www.salon-cheval.com

DEZEMBER

Paris Expo - Porte de Versailles – Anfang Dez. – Wassersportschau – www.salonnautiqueparis.com

Kleiner Sprachführer

Architektonische Begriffe

Illustrationen zur Baukunst im Kapitel „Paris begegnen"

Geografische Begriffe, Sehenswürdigkeiten

(Berg-)Spitze; Landzunge – pointe (Pte)
Abtei – abbaye (Abb.)
Anhöhe, Hügel – butte
Ausgrabungsstätte – fouille
Aussichtspunkt – belvédère (belvre)
Bach – ruisseau
Berg – mont (Mt)
Bergfried, Belfried – beffroi
Bergspitze – pic
Brücke – pont (Pt)
Brunnen – fontaine (Fne)
Bucht – calanque, crique
Burgmauer – remparts
Deich – digue
Denkmal – monument (mont)
Düne – dune
Erosionstal – combe
Felsen – roche, rocher
Felsen, Klippe – falaise
Festung – fort
Fluss – rivière
Friedhof – cimetière
Garten – jardin
Gebirge – montagne (mgne)
Gebirgsmassiv – massif
Gipfel – cime
Hafen – port
Haus – maison
Herrenhaus – manoir
Hof – cour (Cr)
Höhenstraße, Küstenstraße – corniche
Höhle – grotte, aven
Insel – île
Kaimauer, Uferstraße – quai
Kap – cap
Kapelle – chapelle (chelle)
Kirche – église
Klamm – défilé
Kloster – couvent, monastère
Kluft – gouffre
Kreuzgang – cloître
Kreuzung – carrefour (carrefr)
Küste, Berghang – côte
Landstraße – route (rte)
Leuchtturm – phare
Markt – marché
Markthalle – halle
Mühle – moulin
Museum – musée (mée)
Naturschutzgebiet – réserve naturelle
Notre-Dame – n.-d.
Park – parc
Pass – col
Plateau, Hochebene – plateau (plau)
Platz – place (pl.)
Priorat – prieuré
Quelle – source
Rathaus – mairie
Schleuse – ècluse
Schloss, Burg – château (chau)
Schlucht – gorges (gges)
Schlund, Abgrund – abîme
See – lac
Stadtmauer – remparts
Stadtpalais, Hotel – hôtel
Statue – statue
Staudamm, Talsperre – barrage (bge)
Strand – plage
Straße – rue (r.)
Tal – val, vallée (vée), vallon
Talkessel – cirque
Teich, See – étang (étg)
Tor, Tür, Pforte – porte (pte)
Turm – tour
Versickerungsstelle, „Schwinde" – perte
Wald – forêt (ft)
Wasserfall – cascade, saut
Weg – sentier
Zeichen, Signal – signal (sal)

Auf der Straße, in der Stadt

Ampel – feu (tricolore)
Autobahn – autoroute
Benzin – essence
Führerschein – permis de conduire
links – gauche
Mautstelle – péage
Norden – nord
Osten – est
Parkplatz – parking
Parkscheinautomat – horodateur
rechts – droite
Reifen – pneu
Reparaturwerkstätte – garage
Süden – sud
Tankstelle – station-service

Zeitangaben

Frühjahr – printemps
Sommer – été
Herbst – automne
Winter – hiver
gestern – hier
heute – aujourd'hui
morgen – demain
Woche – semaine
Montag – lundi
Dienstag – mardi
Mittwoch – mercredi
Donnerstag – jeudi
Freitag – vendredi
Samstag – samedi
Sonntag – dimanche

Zahlen

0 – zéro
1 – un
2 – deux
3 – trois
4 – quatre
5 – cinq
6 – six
7 – sept

8 – huit
9 – neuf
10 – dix
11 – onze
12 – douze
13 – treize
14 – quatorze
15 – quinze
16 – seize
17 – dix-sept
18 – dix-huit
19 – dix-neuf
20 – vingt
30 – trente
40 – quarante
50 – cinquante
60 – soixante
70 – soixante-dix
80 – quatre-vingt
90 – quatre-vingt-dix
100 – cent
200 – deux cents
1000 – mille

Einkaufen

Apotheke – pharmacie
Ausgang – sortie
Bäckerei – boulangerie
Bank – banque
Briefmarken – timbres
Buchhandlung – librairie
drücken – pousser
Eingang – entrée
Fischhändler – poissonnerie
geschlossen – fermé
groß – grand
Halsschmerztabletten – cachets pour la gorge
Hustensaft – sirop contre la toux
klein – petit
Laden – magasin
Lebensmittelgeschäft – épicerie
Metzgerei – boucherie
offen – ouvert
Postamt – bureau de poste
ziehen – tirer
Löffel – cuillère
Messer – couteau
Mineralwasser – eau minérale
Mittagessen – déjeuner
Nachtisch – dessert
Obst – fruits
Orangensaft – jus d'orange
Rindfleisch – bœuf
Rotwein – vin rouge
Salat – salade
Salz – sel
Schinken – jambon
Schweinefleisch – porc
Teller – assiette
Wasser – eau
Weißwein – vin blanc
Zucker – sucre

Ausweispapiere, Reise

Bahngleis – voie
Bahnhof – gare
Flughafen – aéroport
Geldbeutel – portemonnaie
Koffer – valise
Kreditkarte – carte de crédit
Pass – passeport
Pendelbus – navette
Zoll – douane
Zugfahrkarte, Flugticket – billet de train, billet d'avion

Kleidung

Anzug – costume
Hemd – chemise
Hose – pantalon
Mantel – manteau
Pullover – pull
Regenmantel – imperméable
Schuhe – chaussures
Socken – chaussettes
Strümpfe – bas
Strumpfhose – collant

Nützliche Ausdrücke

Auf Wiedersehen – au revoir
Guten Tag, guten Morgen – bonjour
Wie? – comment?
Entschuldigen Sie – excusez-moi
Danke – merci
Ja/nein – oui/non
Warum? – pourquoi?
Wann? – quand?
Bitte – s'il vous plaît
Sprechen Sie Deutsch? – Parlez-vous allemand?
Ich verstehe Sie nicht – Je ne vous comprends pas
Sprechen Sie bitte langsam – Parlez lentement, s'il vous plaît
Wo ist ...? – Où est...?
Um welche Zeit fährt der Zug/Bus/das Schiff ab? – A quelle heure part le train/le bus/le bâteau?
Um welche Zeit kommt der Zug/Bus an? – A quelle heure arrive le train/le bus?
Wann öffnet das Museum? – A quelle heure ouvre le musée?
Wann beginnt die Vorstellung? – A quelle heure commence la représentation?
Wann wird das Frühstück serviert? – A quelle heure sert-on le petit déjeuner?
Wieviel kostet das? – Combien cela coûte?
Wo kann ich eine deutsche Zeitung kaufen? – Où puis-je acheter un journal allemand?
Wo ist die nächste Tankstelle? – Où se trouve la station-service la plus proche?
Wo kann ich Travellerschecks umtauschen? – Où est-ce que je peux échanger des traveller's chèques?
Wo sind die Toiletten? – Où sont les toilettes?
Kann ich mit Kreditkarte/Euroscheck zahlen? – Prenez-vous des cartes de crédit/eurochèques?

Register

Hier finden Sie alphabetisch aufgeführt alle in diesem Band beschriebenen Orte und Sehenswürdigkeiten (teilweise unter ihrem französischen Namen) sowie Persönlichkeiten. Namen mit Artikel erscheinen wie folgt: La Cité unter C: Cité, La.
Wird ein Begriff mehrfach aufgeführt, verweist die **fett** gedruckte Zahl auf die Hauptnennung im Band, eine kursive Seitenzahl auf ein Foto.

D

E

Liebe Leserinnen und Leser,
vielen Dank, dass Sie sich für den Grünen Reiseführer von Michelin entschieden haben. Ihre Meinung ist uns wichtig. Bitte schreiben Sie uns, wenn Ihnen etwas besonders gut gefallen hat oder Sie Ergänzungs- und Verbesserungsvorschläge haben. Wir bitten um Verständnis, dass sich manchmal trotz intensiver Recherche der Autoren Fehler einschleichen können und der Verlag dafür keine Haftung übernehmen kann.
TRAVEL HOUSE MEDIA GmbH, Postfach 86 03 66, 81630 München
E-Mail: Michelin@travel-house-media.de

Titelfoto: Louvre und Pyramide des Architekten Ieoh Ming Pei;
laif/hemis.fr: Sylvain Sonnet

1. Auflage
ISBN 978-3-8342-8960-5

Programmleitung
Dr. Stefan Rieß

Redaktionsleitung
Mareike Windel

Redaktion
Anne-Katrin Scheiter

Überarbeitung und Übersetzung
Petra Sparrer

Lektorat
Kerstin Seydel-Franz

Satz/technische Produktion
h3a GmbH, München

Druck und Bindung
Korotan - Ljubljana d.o.o., Slowenien

Gedruckt auf
Eurobulk, Papierunion

TRAVEL HOUSE MEDIA

Ein Unternehmen der
GANSKE VERLAGSGRUPPE